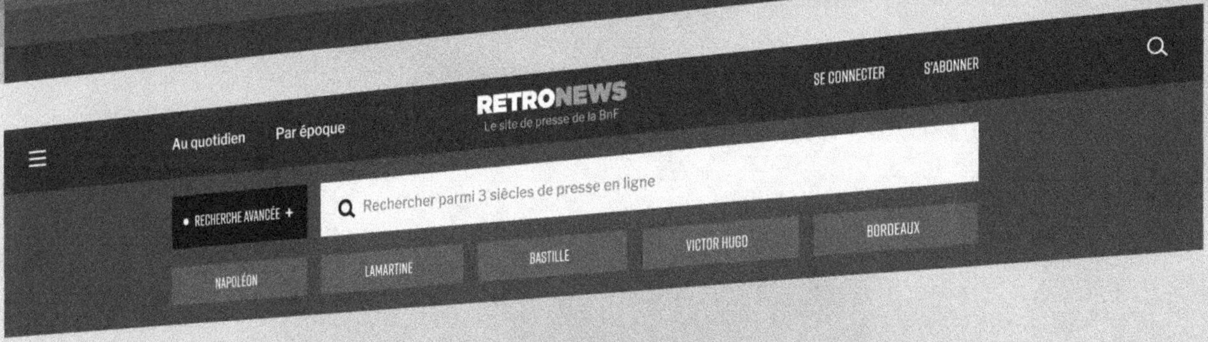

N° 7 — JANVIER 1899

LE PAYS POITEVIN

REVUE MENSUELLE

ILLUSTRÉE

ROY

50 cent.

LE PAYS POITEVIN

Vienne, Deux-Sèvres, Vendée, Charente, Charente-Inférieure

REVUE MENSUELLE ILLUSTRÉE

PUBLIÉE SOUS LE PATRONAGE DU COMITÉ POITOU-CHARENTES D'ETHNOGRAPHIE & D'ART POPULAIRE

SOUS LA DIRECTION DE

GUSTAVE BOUCHER
Délégué régional de la Société d'Ethnographie nationale et d'Art populaire.

CONSTANT ROY
Agrégé de l'Université, Professeur au Lycée de Poitiers.

Administration et Rédaction : LIGUGÉ (Vienne)

Abonnement annuel : Province, 5 fr.; — Paris, 6 fr.; — Étranger : 8 fr.

Par recouvrement, 50 centimes en plus

Les abonnés peuvent recevoir la revue roulée en tube moyennant un supplément de 10 centimes par numéro

COMITÉ POITOU-CHARENTES D'ETHNOGRAPHIE & D'ART POPULAIRE

Fondé en 1895

PRÉSIDENTS

POUR LA SECTION RELIGIEUSE — **Dom CHAMARD,** *Prieur de l'Abbaye de Ligugé*

POUR LA SECTION PROFANE — **M. Th. LÉAUD,** *Conservateur du Musée de Niort*

SECRÉTAIRES

M. Gustave **BOUCHER,** *à LIGUGÉ (Vienne)* — M. Constant **ROY,** *1, rue Saint-Savin, POITIERS*

Programme.

Le Comité Poitou-Charentes d'Ethnographie et d'Art populaire, et le *Pays Poitevin* qui en est l'organe indépendant, ont pour but :

De provoquer la création de musées d'ethnographie, d'histoire, d'art populaire, d'art religieux et profane, d'industrie, de commerce, destinés à assurer la conservation des objets de bibliographie et d'iconographie, de beaux-arts, d'art domestique (meubles, poteries, costumes, bijoux), propres à fournir aux artistes et aux historiens des documents sur l'histoire, la tradition, les idées, les mœurs et l'art en Poitou;

De patronner les musées de ce genre déjà existants ;

D'organiser annuellement des congrès et des expositions, sur un point déterminé de l'histoire ou des traditions locales, religieuses ou profanes ;

De restaurer ou de soutenir les fêtes corporatives, patronales, commémoratives, etc.

D'encourager par des concours le port des costumes locaux ;

De mettre en lumière les industries d'art local, les œuvres originales des artisans ;

De patronner les productions de l'art dramatique local, la publication et la diffusion d'œuvres des artistes, littérateurs et musiciens poitevins ;

De poursuivre, dans les écoles d'art et dans les écoles professionnelles régionales, la création d'un enseignement de dessin basé sur la tradition, l'étude de la faune et de la flore locales ; et dans les facultés, la création d'une chaire d'ethnologie et de philologie poitevines;

De poursuivre, dans les séminaires, la création de cours d'esthétique et d'archéologie, également basés sur les traditions locales ;

De favoriser la restauration du chant grégorien dans les paroisses ;

De favoriser la restauration de l'art religieux (décoratif, pictural et sculptural), par le groupement d'artistes s'inspirant dans leurs œuvres de la tradition, de la théologie et de la liturgie, et ayant pour mission de remplacer, dans les églises du Poitou, les productions actuelles du commerce par des œuvres d'art originales.

LA MAGIE EN POITOU

GILLES DE RAIS

PAR J.-K. HUYSMANS

GILLES de Rais, dont l'enfance est inconnue, naquit vers 1404, sur les confins de la Bretagne et de l'Anjou, dans le château de Machecoul, en Bas-Poitou. Son père meurt à la fin d'octobre 1415 ; sa mère se remarie presque aussitôt avec un sieur d'Eslouville et l'abandonne, lui et René de Rais, son frère ; il passe sous la tutelle de son aïeul Jean de Craon, seigneur de Champtocé et de la Sage, « homme vieil et ancien et de moult grand âge », disent les textes. Il n'est ni surveillé, ni dirigé par ce vieillard débonnaire et distrait, qui se débarrasse de lui, en le mariant à Catherine de Thouars, le 30 du mois de novembre 1420.

L'on constate sa présence à la cour du Dauphin, cinq ans après ; ses contemporains le représentent comme un homme nerveux et robuste, d'une beauté et d'une élégance rares. Les renseignements font défaut sur le rôle qu'il joue dans cette cour, mais on peut aisément les suppléer, en se figurant l'arrivée de Gilles, qui était le plus riche des barons de France, chez un roi pauvre.

A ce moment, en effet, Charles VII est aux abois ; il est sans argent, dénué de prestige, et son autorité reste nulle ; la situation de la France, exténuée par les massacres, déjà ravagée quelques années auparavant par la peste, est horrible. Elle est scarifiée jusqu'au sang, vidée jusqu'aux moelles par l'Angleterre, qui, semblable à ce poulpe fabuleux, le kraken, émerge de la mer, et lance, au-dessus du détroit, sur la Bretagne, la Normandie, une partie de la Picardie, l'Ile-de-France, tout le Nord, le centre

Phot. J. Robuchon.

VUE DE TIFFAUGES (VENDÉE)

jusqu'à Orléans, ses tentacules dont les ventouses ne laissent plus, en se soulevant, que des villes taries, que des campagnes mortes.

Les appels de Charles réclamant des subsides, inventant des exactions, pressant l'impôt, sont inutiles. Les cités saccagées, les champs abandonnés et peuplés de loups, ne peuvent secourir un roi dont la légitimité même est douteuse. Il s'éplore; gueuse à la ronde, vainement, des sous. A Chinon, dans sa petite cour, c'est un réseau d'intrigues que dénouent çà et là des meurtres. Las d'être traqués, vaguement à l'abri derrière la Loire, Charles et ses partisans finissent par se consoler, dans d'exubérantes orgies, des désastres qui se rapprochent; dans cette royauté au jour le jour, alors que des razzias ou des emprunts rendent la chère opulente et l'ivresse large, l'oubli se fait de ces qui-vive permanents et de ces sursauts, et l'on nargue les lendemains, en sablant les gobelets.

Cependant, les armées anglaises se rejoignaient, inondaient le pays, s'étendaient de plus en plus, envahissaient le centre. Le Roi songeait à se replier dans le Midi, à lâcher la France; ce fut à ce moment que parut Jeanne d'Arc. Gilles de Rais, qui se trouvait alors à la cour, fut chargé par Charles de la garde et de la défense de la Pucelle. Il la suit partout, l'assiste dans les batailles, sous les murs de Paris même, se tient auprès d'elle à Reims, le jour du sacre, où, à cause de sa valeur, dit Monstrelet, le Roi le nomma maréchal de France, à vingt-cinq ans!

Quelle fut la conduite de Gilles de Rais envers Jeanne d'Arc? Les renseignements font défaut. M. Vallet de Virville l'accuse de trahison, sans aucune preuve. M. l'abbé Bossard prétend, au contraire, qu'il lui fut dévoué et veilla loyalement sur elle, et il étaie son opinion de raisons plausibles. Quoi qu'il en soit, après la capture et la mort de Jeanne, nous perdons les traces de

Phot. J. Robuchon.

LE CHATEAU DE TIFFAUGES. — Porte du donjon

Gilles, que nous retrouvons enfermé, à vingt-six ans, dans le château de Tiffauges.

La vieille culotte de fer, le soudart qui était en lui, disparaissent. En même temps que les méfaits vont commencer, l'artiste et le lettré se développent en notre héros, s'extravasent, l'incitent même, sous l'impulsion d'un mysticisme à rebours, aux plus savantes des cruautés, aux plus délicats des crimes.

Car il est presque isolé dans son temps, ce baron de Rais! Alors que ses pairs sont de simples brutes, lui veut des raffinements éperdus d'art, rêve de littérature térébrante et lointaine, compose même un traité sur l'art d'évoquer les démons, adore la musique, ne veut s'entourer que d'objets introuvables, que de choses rares.

Il était latiniste érudit, causeur spirituel, ami généreux et sûr. Il possédait une bibliothèque extraordinaire pour ce temps, où la lecture se confine dans la théologie et les vies des Saints. Nous avons la description de quelques-uns de ses manuscrits : Suétone, Valère, Maxime : d'un Ovide sur parchemin, couvert de cuir rouge, avec fermoir de vermeil et clef.

Tout cela coûtait cher, moins pourtant que cette fameuse cour qui l'entourait à Tiffauges et faisait de cette forteresse un lieu unique.

Il avait une garde de plus de deux cents hommes, chevaliers, capitaines, écuyers, pages, et tous ces gens avaient, eux-mêmes, des serviteurs magnifiquement équipés aux frais de Gilles. Le luxe de sa chapelle et de sa collégiale tournait positivement à la démence. A Tiffauges, résidait tout le clergé d'une métropole, doyens, vicaires, trésoriers, chanoines, clercs et diacres, écolâtres et enfants de chœur; le compte nous est resté des surplis, des étoles, des aumusses, des chapeaux de chœur de fin-gris doublés de menu vair. Les ornements sacerdotaux foisonnent : ici, l'on rencontre des parements d'autel en drap vermeil, des courtines de soie émeraude, une chape de velours cramoisi, violet, avec drap d'or orfrasé, une autre en drap de damas aurore; des dalmatiques en satin pour diacres; des baldaquins, figurés, oiselés d'or de Chypre; là, des plats, des calices, des ciboires, martelés, pavés de cabochons, sertis de gemmes, des reliquaires parmi lesquels le chef en argent de saint Honoré, tout un amas d'incandescentes orfèvreries qu'un artiste, installé au château, cisèle suivant ses goûts.

Et tout était à l'avenant; sa table était ouverte à tout convive; de tous les coins de la France, des caravanes s'acheminaient vers ce château, où les artistes, les poètes, les savants, trouvaient une hospitalité princière, une aise bon enfant, des dons de bienvenue et des largesses de départ.

Déjà affaiblie par les profondes saignées que lui pratiqua la guerre, sa fortune vacilla sous ces dépenses; alors il entra dans la voie terrible des usures; il emprunta aux pires bourgeois, hypothéqua ses châteaux, aliéna ses terres; il en fut réduit, à certains moments, à demander des avances sur les ornements du culte, sur ses bijoux, sur ses livres.

Effrayée de ces folies, la famille du Maréchal supplia le Roi d'intervenir; et, en effet, en 1436, Charles VII, « sûr, dit-il, du mauvais gouvernement du sire de Rais », lui fit, en son grand Conseil, et par lettres datées d'Amboise, défense de vendre et aliéner aucune forteresse, aucun château, aucune terre.

Cette ordonnance hâta tout simplement la ruine de l'interdit. Le grand Pince-Maille, le Maître Usurier du temps, Jean V, Duc de Bretagne, refusa de publier dans ses États l'édit, qu'il fit notifier, en sous main, pourtant, à ceux de ses sujets qui traitaient avec Gilles. Personne n'osant plus acheter de domaines au Maréchal, de peur de s'attirer la haine du Duc et d'encourir la colère du Roi, Jean V demeura seul acquéreur, et dès lors, il fixa les prix. On peut penser si les biens de Gilles Rais furent possédés à bon compte!

Réduit aux abois, Gilles se laissa entièrement dominer par la passion de l'alchimie et abandonna tout pour elle. Mais il est bon de remarquer que cette science, qui le jeta dans la démonomamie, alors qu'il espéra créer de l'or et se sauver ainsi d'une misère imminente, il l'aima pour elle-même, dans un temps où il était riche. Ce fut en effet vers l'année 1426, au moment où l'argent déferlait dans ses coffres, qu'il tenta, pour la première fois, la réussite du grand œuvre.

Nous le retrouvons donc penché sur des cornues, dans le château de Tiffauges, et c'est maintenant que va commencer la série des crimes de magie.

En se reportant à son temps, il est facile de se figurer les connaissances qu'il possède sur la manière de transmuer les métaux.

L'alchimie était déjà très développée un siècle avant qu'il naquit. Les écrits d'Albert le Grand, d'Armand de Villeneuve, de Raymond Lulle, étaient entre les mains des hermétistes. Les manuscrits de Nicolas Flamel circulaient; nul doute que Gilles, qui raffolait des volumes étranges, des pièces rares, ne les ait acquis; ajoutons qu'à cette époque, l'édit de Charles V, interdisant, sous peine de la prison et de la mort, les travaux spagiriques, et que la bulle *Spondent pariter quas non exhibent*, que le Pape Jean XXII fulmina contre les alchimistes, étaient encore en vigueur. Ces œuvres étaient donc défendues, et par conséquent enviables; il est certain que Gilles les a longuement étudiées, mais de là à les comprendre il y a loin.

Ces livres constituaient, en effet, le plus incroyable des galimatias, le plus inintelligible des grimoires. Tout était en allégories, en métaphores cocasses et obscures, en emblèmes incohérents, en paraboles embrouillées, en énigmes bourrées de chiffres.

Il est bien évident qu'à Tiffauges, seul, sans l'aide d'initiés, Gilles était incapable de tenter utilement des fouilles. A cette époque, le centre hermétiste était, en France, à Paris, où les alchimistes se réunissaient sous les voûtes de Notre-Dame et étudiaient les hiéroglyphes du charnier des Innocents et le portail de Saint-Jacques de la Boucherie, sur lequel Nicolas Flamel avait écrit, en de kabbalistiques emblèmes, la préparation de la fameuse pierre.

Le Maréchal ne pouvait se rendre à Paris sans tomber dans les troupes anglaises qui barraient les routes; il choisit le moyen le plus simple, il appela les transmutateurs les plus célèbres du Midi et les fit amener, à grands frais, à Tiffauges.

D'après les documents que nous possédons, nous le voyons faire construire le fourneau des alchimistes, l'athanor; acheter des pélicans, des creusets et des cornues. Il établit des laboratoires dans l'une des ailes de son château, et il s'y enferme avec Antoine de Palerme, François Lombard, Jean Petit, orfèvre de Paris, qui s'emploient, jours et nuits, à la coction du grand œuvre.

Rien ne réussit; à bout d'expédients ces hermétistes disparaissent, et c'est alors, à Tiffauges, un incroyable va-et-vient de souffleurs et d'adeptes. Il en arrive de tous les points de la Bretagne, du Poitou, du Maine, seuls ou escortés de noueurs d'aiguillettes et de sorciers. Gilles de Sillé, Roger de Bricqueville, cousins et amis du Maréchal, parcourent les environs, rabattent le gibier vers Gilles, tandis qu'un prêtre de sa chapelle, Eustache Blanchet, part en Italie, où les manieurs de métaux abondent.

En attendant, Gilles de Rais, sans se décourager, continue ses expériences, qui, toutes, ratent; il finit par croire que décidément les magiciens ont raison, qu'aucune découverte n'est, sans l'aide de Satan, possible.

Et, une nuit, avec un sorcier arrivé de Poitiers, Jean de la Rivière, il se rend dans une forêt qui avoisine le château de Tiffauges. Il demeure, avec ses serviteurs Henriet et Poitou, sur la lisière du bois, où le sorcier pénètre. La nuit est lourde et sans lune; Gilles s'énerve à scruter les ténèbres, à écouter le pesant repos de la campagne muette; ses compagnons terrifiés se serrent l'un contre l'autre, frémissant et chuchotant au moindre vent. Tout à coup, un cri d'angoisse s'élève. Ils hésitent, s'avancent en tâtonnant, dans le noir, aperçoivent, en une lueur qui saute, La Rivière exténué, tremblant, hagard, près de sa lanterne. Il raconte, à voix basse, que le Diable a surgi sous la forme d'un léopard, mais qu'il a passé auprès de lui, sans même le regarder, sans rien lui dire.

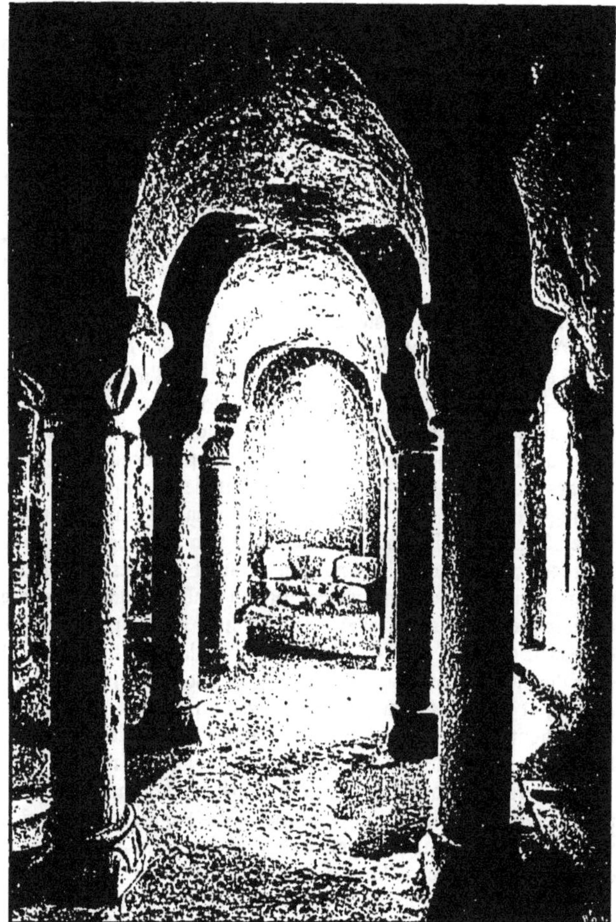

Phot. J. Robuchon.

CHATEAU DE TIFFAUGES. — Crypte de la chapelle

Le lendemain, ce sorcier prend la fuite, mais un autre arrive. C'est un trompette du nom de du Mesnil. Il exige que Gilles signe de son sang une cédule dans laquelle il s'engage à donner au diable tout ce qu'il voudra, « hormis sa vie et son âme », mais bien que pour aider aux maléfices Gilles consente à faire chanter dans sa chapelle, à la fête de la Toussaint, l'office des damnés, Satan n'apparait pas.

Le Maréchal commençait à douter du pouvoir de ses magiciens, quand une nouvelle opération qu'il tenta le convainquit que parfois le démon se montre.

Un évocateur, dont le nom est perdu, se réunit, à Tiffauges, dans une chambre, avec Gilles et de Sillé.

Sur le sol, il trace un grand cercle et commande à ses deux compagnons d'entrer dedans.

Sillé refuse, poigné par une terreur qu'il ne s'explique pas, il se met à frémir de tous ses membres, se réfugie près de la croisée qu'il ouvre, murmure tout bas des exorcismes.

Gilles, plus hardi, se tient au milieu du cercle; mais, aux premières conjurations, il frissonne à son tour et veut faire le signe de la croix. Le sorcier lui ordonne de ne pas bouger. A un moment, il se sent saisi à la nuque; il s'effare, vacille, supplie Notre-Dame la Vierge de le sauver. L'évocateur, furieux, le jette hors du cercle; il s'élance par la porte, de Sillé par la fenêtre; ils se retrouvent en bas, restent béants, car des hurlements s'entendent dans la chambre où le magicien opère. « Un bruit d'épées tombant à coups drus et pressés sur une couette », se fait entendre, puis des gémissements, des cris de détresse, l'appel d'un homme qu'on assassine.

Epouvantés, ils demeurent aux écoutes, puis quand le vacarme cesse, ils se hasardent, poussent la porte, trouvent le sorcier étendu sur le parquet, roué de coups, le front fracassé, dans des flots de sang.

Ils l'emportent; Gilles, plein de pitié, le couche dans son propre lit, l'embrasse, le panse, le fait confesser, de peur qu'il ne trépasse. Il ne reste que quelques jours entre la vie et la mort, finit par se rétablir, et il se sauve.

Gilles désespérait d'obtenir du diable la recette du souverain magistère, quand Eustache Blanchet lui annonça son retour d'Italie; il amène le maître de la magie florentine, l'irrésistible évocateur des démons et des larves, François Prélati.

Celui-là stupéfia Gilles. Il avait à peine vingt-trois ans et il était l'un des hommes les plus spirituels, les plus érudits, les plus raffinés du temps. Qu'avait-il fait avant de venir s'installer à Tiffauges et d'y commencer, avec le Maréchal, la plus épouvantable série de forfaits qui puisse se voir? Son interrogatoire dans le procès criminel de Gilles ne nous fournit pas des renseignements bien détaillés sur son compte. Il était né dans le diocèse de Lucques, à Pistoie, avait été ordonné prêtre par l'évêque d'Arezzo. Quelque temps après son entrée dans le sacerdoce, il était devenu l'élève d'un thaumaturge de Florence, Jean de Fontenelle, et il avait souscrit un pacte avec un démon. A partir de ce moment, il avait dû se livrer aux plus abominables des sacrilèges et pratiquer le rituel meurtrier de la magie noire.

Toujours est-il que Gilles s'éprend de cet homme; les fourneaux éteints se rallument; cette pierre des Sages, que Prélati a vue, flexible, cassante, rouge, sentant le sel marin calciné, ils la cherchent, à eux deux, furieusement, en invoquant l'enfer.

Leurs incantations demeurent vaines. Gilles, désolé, les redouble; mais elles finissent par tourner mal; un jour Prélati manque d'y laisser ses os.

Une après-midi, Eustache Blanchet aperçoit, dans une galerie du château, le Maréchal tout en larmes; des plaintes de supplicié s'entendent à travers la porte d'une chambre où Prélati évoque le diable.

Phot. J. Robuchon.

CHATEAU DE TIFFAUGES. — Salle d'armes de la tour ronde

« Le démon est là qui bat mon pauvre François, je t'en supplie, entre », s'écrie Gilles; mais Blanchet, effrayé, refuse. Alors Gilles se décide, malgré sa peur; il va forcer la porte, quand elle s'ouvre et Prélati trébuche, sanglant, dans ses bras. Il put, soutenu par ses deux amis, gagner la chambre du Maréchal, où on le coucha; mais les coups qu'il avait reçus furent si violents qu'il délira: la fièvre s'accrut. Gilles, désespéré, s'installa près de lui, le soigna, le fit confesser, pleura de bonheur lorsqu'il ne fut plus en danger de mort.

Ce fait, qui se renouvelle, du sorcier inconnu et de Prélati, dangereusement blessés en une chambre vide, dans des circonstances identiques, est relaté dans des documents authentiques: ce sont les pièces mêmes du procès de Gilles.

On peut se figurer combien le mystique qu'était Gilles de Rais dut croire à la réalité du diable, après avoir assisté à de pareilles scènes!

Malgré ses échecs, il ne pouvait donc douter — et Prélati à moitié assommé devait douter moins encore — que s'il plaisait à Satan, ils trouveraient enfin cette poudre qui les comblerait de richesses et les rendrait même presque immortels, car à cette époque la pierre philosophale passait non seulement pour transmuer les métaux vils, tels que l'étain, le plomb, le cuivre, en des métaux nobles comme l'argent et l'or, mais encore pour guérir toutes les maladies et prolonger, sans infirmités, la vie jusqu'aux limites jadis assignées aux patriarches.

Enfin, Prélati, Blanchet, tous les souffleurs et les sorciers qui entourent le Maréchal, déclarent que pour amorcer Satan, il faudrait que Gilles lui cédât son âme et sa vie ou qu'il commît des crimes.

Gilles refuse d'aliéner son existence et d'abandonner son âme, mais il songe sans horreur aux meurtres. Cet homme, si brave sur le champ de bataille, si courageux quand il accompagne et défend Jeanne d'Arc, tremble devant le démon, s'apeure lorsqu'il songe à la vie éternelle, lorsqu'il pense au Christ. Et il en est de même de ses complices; pour être assuré qu'ils ne révéleront pas les confondantes turpitudes que le château cèle, il leur fait jurer sur les saints Evangiles le secret, certain qu'aucun d'eux n'enfreindra le serment, car au Moyen Age, le plus impavide des bandits n'oserait assumer l'irrémissible méfait de tromper Dieu!

La première victime de Gilles fut un tout petit garçon, dont le nom est ignoré. Il l'égorgea, lui trancha les poings, détacha le cœur, arracha les yeux, et il le porta dans la chambre de Prélati. Tous deux les offrirent, dans des objurgations passionnées, au diable, qui se tut. Gilles, exaspéré, s'enfuit. Prélati roula ces pauvres restes dans un linge et, tremblant, s'en fut, dans la nuit, les inhumer en terre sainte, auprès d'une chapelle dédiée à saint Vincent.

Le sang de cet enfant que Gilles avait conservé pour écrire ses formules d'évocation et ses grimoires, s'épandit en d'horribles semailles qui levèrent, et bientôt, de Rais put engranger la plus exorbitante moisson de crimes que l'on connaisse.

De 1432 à 1440, c'est-à-dire pendant ces huit années comprises entre la retraite du Maréchal et sa mort, les habitants de l'Anjou, du Poitou, de la Bretagne, errent en sanglotant sur les routes. Tous les enfants disparaissent; les pâtres sont enlevés dans les champs; les fillettes qui sortent de l'école, les garçons qui vont jouer à la pelote le long des ruelles ou s'ébattent au bord des bois, ne reviennent plus.

Le peuple effaré se raconte d'abord que de méchantes fées, que des génies malfaisants, dispersent sa géniture, mais, peu à peu, d'affreux soupçons lui viennent. Dès que le Maréchal se déplace, dès qu'il va de sa forteresse de Tiffauges au château de Champtocé, et de là au castel de La Suze, ou à Nantes, il laisse derrière ses pas des traînées de larmes. Il traverse une campagne et, le lendemain, des enfants manquent. En frémissant, le paysan constate aussi que partout où se sont montrés Prélati, Roger de Bricqueville, Gilles de Sillé, tous les intimes du Maréchal, les petits garçons ont disparu. Enfin, avec horreur, il remarque qu'une vieille femme, Perrine Martin, erre, vêtue de gris, le visage couvert comme celui de Gilles de Sillé d'une étamine; elle accoste les enfants, et son parler est si séduisant, sa figure, dès qu'elle lève son voile, est si habile, que tous la suivent jusqu'aux lisières du bois, où des hommes les emportent bâillonnés dans des sacs. Et le peuple épouvanté appelle cette pourvoyeuse de chair, cette ogresse, la Meffraye, du nom d'un oiseau de proie.

Combien le Maréchal égorgea-t-il d'enfants? Lui-même l'ignorait. Les textes du temps comptent de sept à huit cents victimes, mais ce nombre est insuffisant, semble inexact. Des régions entières furent dévastées ; le hameau de Tiffauges n'avait plus de jeunes gens, La Suze nulle couvée mâle ; à Champtocé, tout le fond d'une tour était rempli de cadavres; un témoin cité dans l'enquête, Guillaume Hylairet, déclare aussi « qu'un nommé Du Jardin a ouï dire qu'il avait été trouvé audit châtel une pipe toute pleine de petits enfants morts ».

Aujourd'hui encore, les traces de ces assassinats persistent. En 1889, à Tiffauges, un médecin découvrit une oubliette, et il en ramena des masses de têtes et d'os!

Toujours est-il que Gilles avoua d'épouvantables holocaustes et que ses amis en confirmèrent les effrayants détails.

Les habitants des régions qui avoisinent les châteaux du Maréchal savent enfin quel est l'inconcevable monstre qui enlève les enfants et les égorge. Mais personne n'ose parler. Dès qu'au tournant d'un chemin la haute taille du carnassier émerge, tous s'enfuient, se tapissent derrière les haies, s'enferment dans les chaumières.

Et Gilles passe, altier et sombre, dans le désert des villages singultueux et clos. L'impunité lui semble assurée, car quel paysan serait assez fou pour s'attaquer à un maître qui peut le faire patibuler au moindre mot?

D'autre part, si les humbles renoncent à l'atteindre, ses pairs n'ont pas dessein de le combattre au profit des manants qu'ils dédaignent; et son supérieur, le duc de Bretagne, Jean V, le caresse et le choie, afin de lui extorquer ses terres.

Une seule puissance pouvait se lever et, au-dessus des complicités féodales, au-dessus des intérêts humains, venger les opprimés et les faibles : l'Église. — Et ce fut elle, en effet, qui, dans la personne de Jean de Malestroit, se dressa devant le monstre et l'abattit.

Jean de Malestroit, évêque de Nantes, appartenait à une lignée illustre. Il était proche parent de Jean V, et son incomparable piété, sa sagesse assidue, sa fougueuse charité, son infaillible science, le faisaient vénérer par le Duc même.

Les sanglots des campagnes décimées par Gilles étaient venus jusqu'à lui; en silence, il commençait une enquête, épiait le Maréchal, décidé, dès qu'il le pourrait, à commencer la lutte.

Et Gilles commit subitement un inexplicable attentat qui permit à l'Évêque de marcher droit sur lui et de le frapper.

Pour réparer les avaries de sa fortune, Gilles vend sa seigneurie de Saint-Étienne de Mer-Morte à un sujet de Jean V, Guillaume le Ferron, qui délégua son frère Jean pour prendre possession de ce domaine.

Quelques jours après, le Maréchal réunit les deux cents hommes de sa prison militaire et il se dirige à leur tête sur Saint-Étienne. Là, le jour de la Pentecôte, alors que le peuple réuni entend la messe, il se précipite, la jusarme au poing, dans l'église, balaie d'un geste les rangs tumultueux des fidèles, et, devant le prêtre interdit, menace d'égorger Jean le Ferron, qui prie. Le saint sacrifice est interrompu, les assistants prennent la fuite. Gilles traîne le Ferron, qui demande grâce, jusqu'au château, ordonne qu'on baisse le pont-levis et de force il occupe la place, tandis que son prisonnier est emporté et jeté à Tiffauges dans un fond de geôle.

Il venait du même coup de violer le coutumier de Bretagne, qui interdisait à tout baron de lever des troupes sans le consentement du Duc, et de commettre un double sacrilège, en profanant une chapelle et en s'emparant de Jean le Ferron, qui était un clerc tonsuré d'Église.

L'Évêque apprend ce guet-apens et décide Jean V, qui hésite pourtant, à marcher contre le rebelle. Alors, tandis qu'une armée s'avance sur Saint-Étienne, que Gilles abandonne pour se réfugier avec une petite troupe dans le manoir fortifié de Machecoul, une autre armée met le siège devant Tiffauges.

Pendant ce temps, le prélat accumule, hâte les enquêtes. Son activité devient extraordinaire; il délègue des commissaires et des procureurs dans les villages où des enfants ont disparu. Lui-même quitte son palais de Nantes, parcourt les campagnes, recueille les dépositions des victimes. Le peuple parle enfin, le supplie à genoux de le protéger, et, soulevé par les atroces forfaits qu'on lui révèle, l'Évêque jure qu'il fera justice.

Phot. J. Robuchon.

CHATEAU DE TIFFAUGES. — La tour du vidame

Un mois a suffi pour que tous les rapports soient terminés. Par lettres patentes, Jean de Malestroit établit publiquement l' « infamatio » de Gilles, puis, alors que les formules de la procédure canonique sont épuisées, il lance le mandat d'arrêt.

Dans cette pièce, libellée en forme de mandement et donnée à Nantes, le 13 septembre de l'an du Seigneur 1440, il rappelle les crimes imputés au Maréchal, puis, dans un style énergique, il somme son diocèse de marcher contre l'assassin, de le débusquer.

« Ainsi, nous vous enjoignons à tous et à chacun de vous en particulier, par ces présentes lettres, de citer immédiatement et d'une manière définitive, sans compter l'un sur l'autre, sans vous reposer de ce soin sur autrui, de citer devant nous, ou devant l'official de notre église cathédrale, pour le lundi de la fête de l'Exaltation de la sainte Croix, le 19 septembre, Gilles, noble baron de Rais, soumis à notre puissance et relevant de notre juridiction, et nous le citons, nous-même, par ces lettres, à comparaître à notre barre pour avoir à répondre des crimes qui pèsent sur lui. — Exécutez donc ces ordres et que chacun de vous les fasse exécuter. »

Et, le lendemain, le capitaine d'armes, Jean Labbé, agissant au nom du Duc, et Romain Guillaumet, notaire, agissant au nom de l'Évêque, se présentent, escortés d'une petite troupe, devant le château de Machecoul.

Que se passa-t-il dans l'âme du Maréchal? Trop faible pour tenir en rase campagne, il peut néanmoins se défendre derrière les remparts qui l'abritent, et il se rend!

Roger de Bricqueville, Gilles de Sillé, ses conseillers habituels, ont prit la fuite. Il reste seul avec Prélati, qui essaie en vain, lui aussi, de se sauver.

Il est, ainsi que Gilles, chargé de chaînes; Romain Guillaumet visite la forteresse de fond en comble. Il y découvre des chemisettes ensanglantées, des os mal calcinés, des cendres que Prélati n'a pas eu le temps de précipiter dans les douves.

Au milieu des malédictions, des cris d'horreur qui jaillissent autour d'eux, Gilles et ses serviteurs sont conduits à Nantes et écroués au château de la Tour-Noire.

Aussitôt que Gilles et ses complices furent incarcérés, deux tribunaux s'organisèrent : l'un ecclésiastique, pour juger les crimes qui relevaient de l'Église, et l'autre civil, pour juger ceux auxquels il appartenait à l'État de connaître.

A vrai dire, le tribunal civil qui assista aux débats ecclésiastiques s'effaça complètement dans cette cause; il ne fit, pour la forme, qu'une petite contre-enquête, mais il prononça la sentence de mort que l'Église s'interdisait de proférer, en raison du vieil adage : *Ecclesia abhorret a sanguine.*

Les procédures ecclésiastiques durèrent un mois et huit jours; les procédures civiles, quarante-huit heures. Il semble que, pour se mettre à l'abri derrière l'Évêque, le Duc de Bretagne ait volontairement amoindri le rôle de la justice civile, qui d'ordinaire se débattait mieux derrière les empiètements de l'Official.

Jean de Malestroit préside les audiences; il choisit pour assesseurs les Évêques du Mans, de Saint-Brieuc et de Saint-Lô; puis, en sus de ces hauts dignitaires, il s'entoure d'une troupe de juristes qui se relevaient dans les interminables séances du procès. Les noms de la plupart d'entre eux figurent dans les pièces de procédure; ce sont : Guillaume de Montigné, avocat à la cour séculière, Jean Blanchet, bachelier ès lois, Guillaume Groyguet et Robert de la Rivière, licenciés *in utroque jure*, Hervé Lévi, sénéchal de Quimper, Pierre de l'Hospital, chancelier de Bretagne, qui doit présider, après le jugement canonique, les débats civils, assiste Jean de Malestroit.

Le Promoteur, qui faisait alors office de ministère public, fut Guillaume Chapeiron, curé de Saint-Nicolas, homme éloquent et retors ; on lui adjoignit, pour alléger la fatigue des lectures, Geoffroy Piprain, doyen de Sainte-Marie, et Jacques de Pentcoetdic, Official de l'Église de Nantes.

Enfin, à côté de la juridiction épiscopale, l'Église avait institué, pour la répression du crime d'hérésie, qui comprenait alors le parjure, le blasphème, le sacrilège, tous les forfaits de la magie, le tribunal extraordinaire de l'Inquisition.

Il siégea aux côtés de Jean de Malestroit, en la redoutable et docte personne de Jean Blouyn, de l'Ordre de Saint-Dominique, délégué par le grand Inquisiteur de France, Guillaume Mérici, aux fonctions de Vice-Inquisiteur de la ville et du diocèse de Nantes.

Le Tribunal constitué, le procès s'ouvre dès le matin, car juges et témoins doivent être, selon l'usage du temps, à jeun. On y entend le récit des parents des victimes, et Robin Guillaumet, faisant fonction d'huissier, celui-là même qui s'est emparé du Maréchal, à Machecoul, donne lecture de l'assignation faite à Gilles de Rais de paraître. Il est amené et déclare dédaigneusement qu'il n'accepte pas la compétence du Tribunal; mais, ainsi que le veut la procédure canonique, le Promoteur rejette aussitôt, « pour ce que par ce moyen la correction du maléfice ne soit empêchée », le déclinatoire comme étant nul en droit et « frivole », et il obtint du Tribunal qu'on passe outre. Il commence à lire à l'inculpé les chefs de l'accusation portée contre lui ; Gilles crie que le Promoteur est menteur et traître. Alors, Guillaume Chapeiron étend le bras vers le Christ, jure qu'il dit la vérité et invite le Maréchal à prêter le même serment. Mais cet homme, qui n'a reculé devant aucun sacrilège, se trouble, refuse de se parjurer devant Dieu, et la séance se lève dans le brouhaha des outrages que Gilles vocifère contre le Promoteur.

Ces préambules terminés, quelques jours après, les débats publics commencent. L'acte d'accusation, dressé en forme de réquisitoire, est lu, tout haut, devant l'accusé, devant le peuple qui tremble, alors que Chapeiron énumère, un à un, patiemment, les crimes, accuse formellement le Maréchal d'avoir occis des petits enfants, d'avoir pratiqué les opérations de la sorcellerie et de la magie, d'avoir violé à Saint-Etienne de Mer-Morte les immunités de la sainte Église.

Puis, après un silence, il reprend son discours et, laissant de côté les meurtres, ne retenant plus alors que les crimes, dont la punition, prévue par le droit canonique, pouvait être prononcée par l'Église, il demande que Gilles soit frappé de la double excommunication, d'abord comme évocateur de démons, hérétique, apostat et relaps, ensuite comme sacrilège.

Gilles, qui a écouté ce réquisitoire tumultueux et serré, âpre et dense, s'exaspère. Il insulte les juges, les traite de simoniaques et de ribauds, et il refuse de répondre aux questions qu'on lui pose. Le Promoteur, les assesseurs, ne se lassent point; ils l'invitent à présenter sa défense. De nouveau, il les récuse, les outrage, puis, lorsqu'il s'agit de les réfuter, il reste muet.

Alors, l'Evêque et l'Inquisiteur le déclarent contumace et prononcent contre lui la sentence d'excommunication qui est aussitôt rendue publique.

Ils décident en outre que les débats se poursuivront le lendemain.

Ce jour-là, Gilles de Rais comparut de nouveau devant ses juges.

Il se présenta la tête basse et les mains jointes. Il avait, une fois de plus, bondi d'un excès à un autre; quelques heures avaient suffi pour assagir l'énergumène, qui déclara reconnaître les pouvoirs de ses magistrats et demanda pardon de ses outrages.

Ils lui affirmèrent que, pour l'amour de Notre-Seigneur, ils oubliaient ses injures et, sur sa prière, l'Évêque et l'Inquisiteur rapportèrent la sentence d'excommunication dont ils l'avaient frappé, la veille. Cette audience, d'autres furent occupées par la comparution de Prélati et de ses complices; puis, s'appuyant sur le texte ecclésiastique qui atteste ne pouvoir se contenter de la confession, si elle est *dubia, vaga, generalis, illativa, jocosa*, le Promoteur assura que, pour certifier la sincérité des aveux, Gilles devait être soumis à la question canonique, c'est-à-dire à la torture.

Le Maréchal supplie l'Évêque d'attendre jusqu'au lendemain et réclame le droit de se confesser tout d'abord aux juges qu'il plairait au Tribunal de désigner, jurant qu'il renouvellerait ses aveux devant le public et la Cour.

Jean de Malestroit accueillit cette requête, et l'Évêque de Saint-Brieuc et Pierre de l'Hospital, chancelier de Bretagne, furent chargés d'entendre Gilles dans sa cellule ; quand il eut terminé le récit de ses fautes et de ses meurtres, ils ordonnèrent qu'on amenât Prélati.

A sa vue, Gilles fondit en larmes, et alors qu'après l'interrogatoire, on s'apprêtait à reconduire l'Italien dans sa geôle, il l'embrassa, disant : « Adieu, François, mon ami, jamais plus nous nous entreverrons en ce monde. Je prie Dieu qu'il vous donne bonne patience et connaissance, et soyez certain, si vous avez bonne patience et espérance en Dieu, que nous nous entreverrons en grande joie de Paradis. Priez Dieu pour moi, et je prierai pour vous. »

Et il fut laissé seul pour méditer sur ses forfaits, qu'il devait avouer publiquement à l'audience du lendemain.

Ce fut, ce jour-là, le jour solennel du procès. La salle où siégeait le Tribunal était comble, et la multitude, refoulée dans les escaliers, serpentait jusque dans les cours, emplissant les venelles avoisinantes, barrait les rues. De vingt lieues à la ronde, les paysans étaient venus pour voir le mémorable fauve dont le nom seul faisait, avant sa capture, clore les portes dans les tremblantes veillées où pleuraient, tout bas, les femmes.

Le Tribunal allait se réunir au grand complet. Tous les assesseurs, qui, d'habitude, suppléaient pendant les longues audiences, étaient présents.

La salle, massive, obscure, soutenue par de lourds piliers romans, se rajeunissait à mi-corps, s'effilait en ogive, élançait à des hauteurs de cathédrale les arceaux de la voûte qui se rejoignaient, ainsi que les côtes des mitres abbatiales, en une pointe. Elle était éclairée par un jour déteint que filtraient, au travers de leurs résilles de plomb, d'étroits carreaux. L'azur du plafond se fonçait et ses étoiles peintes ne scintillaient plus, à cette hauteur, que comme des têtes, en acier, d'épingles ; dans les ténèbres des voûtes, l'hermine des armes ducales apparaissait, confuse, dans des écussons qui ressemblaient à de grands dés blancs, mouchetés de points noirs.

Et soudain, des trompettes hennirent, la salle devint claire, les Évêques entraient. Ils fulguraient sous leurs mitres en drap d'or, étaient cravatés d'un collier de flammes par le collet orfrasé, pavé d'escarboucles, de leurs robes. En une silencieuse procession, ils s'avançaient, alourdis par leurs rigides chapes, qui tombaient, en s'évasant, de leurs épaules, pareilles à des cloches d'or fendues sur le devant, et ils tenaient la crosse à laquelle pendait le manipule, une sorte de voile vert.

Ils flambaient, à chaque pas, ainsi que des brasiers sur lesquels on souffle, éclairaient eux-mêmes la salle, en reflétant le pâle soleil d'un pluvieux octobre qui se ranimait dans leurs joyaux et y puisait de nouvelles flammes qu'il renvoyait, en les dispersant, à l'autre bout de la salle, jusqu'au peuple muet.

Atteints par le ruissellement des orfrois et des pierres, les costumes des autres juges paraissaient plus discords et plus sombres ; les vêtements noirs des assesseurs et de l'Official, la robe blanche et noire de Jean Blouyn, les simarres en soie, les manteaux de laine rouge, les chaperons écarlates, bordés de pelleteries, de la justice séculière, semblaient défraîchis et grossiers.

Les Évêques s'assirent, au premier rang, entourèrent, immobiles, Jean de Malestroit, qui, d'un siège plus haut, dominait la salle.

Sous l'escorte d'hommes d'armes, Gilles entra.

Il était défait, hâve, vieilli de vingt années, en une nuit. Ses yeux brûlaient dans des paupières rissolées, ses joues tremblaient.

Sur l'injonction qui lui fut adressée, il commença le récit de ses crimes.

D'une voix sourde, obscurcie par les larmes, il raconta ses rapts d'enfants, ses hideuses tactiques, ses meurtres impétueux ; obsédé par la vision de ses victimes, il décrivit leurs agonies, leurs appels et leurs râles ; il confessa qu'il avait arraché des cœurs par des plaies élargies, ouvertes, tels que des fruits mûrs.

Et d'un œil de somnambule, il regardait ses doigts qu'il secouait comme pour en laisser égoutter le sang.

La salle atterée gardait un morne silence que lacéraient soudain quelques cris brefs ; et l'on emportait, en courant, des femmes évanouies, folles d'horreur.

Lui semblait ne rien entendre, ne rien voir ; il continuait à dévider l'effrayante litanie de ses crimes.

Puis, sa voix devint plus rauque ; il arrivait aux effusions sépulcrales. Il divulgua les détails, les énuméra tous. Ce fut tellement formidable, tellement atroce, que, sous leurs coiffes d'or, les Évêques blémirent ; ces prêtres trempés au feu des confessions, ces juges qui en des temps de démonomanie et de meurtre avaient entendu les plus terrifiants des aveux, ces prélats qu'aucun forfait, qu'aucune abjection des sens, qu'aucun purin d'âme n'étonnaient plus, se signèrent, et Jean de Malestroit se dressa et voila, par pudeur, la face du Christ.

Puis, tous baissèrent le front, et sans qu'un mot eût été échangé, ils écoutèrent le Maréchal, qui, la figure bouleversée, trempée de sueur, regardait le crucifix dont l'invisible tête soulevait le voile avec sa couronne hérissée d'épines.

Gilles acheva son récit ; mais alors, une détente eut lieu ; jusqu'ici il était resté debout, parlant comme dans un brouillard, se racontant à lui-même, tout haut, le souvenir de ses impérissables crimes.

Quand ce fut terminé, les forces l'abandonnèrent. Il tomba sur les genoux et, secoué par d'affreux sanglots, il cria : « O Dieu, mon Rédempteur, je vous demande miséricorde et pardon ! » — Puis, ce farouche et hautain baron, le premier de sa race, sans doute, s'humilia. Il se tourna vers le peuple et dit, en pleurant : « Vous, les parents de ceux que j'ai si cruellement mis à mort, donnez, ah ! donnez-moi le secours de vos pieuses prières ! »

Alors, en sa blanche splendeur, l'âme du Moyen-Age rayonna dans cette salle.

Jean de Malestroit quitta son siège et releva l'accusé qui frappait de son front désespéré les dalles : le juge disparut en lui, le prêtre seul resta ; il embrassa le coupable qui se repentait et pleurait sa faute.

Il y eut dans l'audience un frémissement lorsque Jean de Malestroit dit à Gilles, debout, la tête appuyée sur sa poitrine : « Prie, pour que la juste et épouvantable colère du Très-Haut se taise ; pleure, pour que tes larmes épurent le charnier en folie de ton être ! »

Et la salle entière s'agenouilla et pria pour l'assassin.

Quand les oraisons se turent, il y eut un instant d'affolement et de trouble. Exténuée d'horreur, excédée de pitié, la foule houlait ; le Tribunal, silencieux et énervé, se reconquit.

D'un geste, le Promoteur arrêta la discussion, balaya les larmes. Il dit que les crimes étaient « clairs et apperts », que les preuves étaient manifestes, que la Cour pouvait maintenant, en son âme et conscience, châtier le coupable et il demande que l'on fixât le jour du jugement ; le Tribunal désigna le surlendemain.

Et ce jour-là, l'Official de l'Église de Nantes, Jean de Pentcoetdic, lut, à la suite, les deux sentences ; la première, rendue par l'Évêque et l'Inquisiteur sur les faits relevant de leur commune juridiction, commençait ainsi :

« Le saint nom du Christ invoqué, nous, Jean, Évêque de Nantes, et Frère Jean Blouyn, bachelier en nos saintes Écritures, de l'Ordre des Frères Prêcheurs de Nantes et délégué de l'Inquisiteur de l'hérésie pour la ville et le diocèse de Nantes, en séance du Tribunal et n'ayant sous les yeux que Dieu seul... »

Et, après l'énumération des crimes, il concluait :

« Nous prononçons, nous décidons, nous déclarons que toi, Gilles de Rais, cité à notre Tribunal, tu es honteusement coupable d'hérésie, d'apostasie, d'évocation des démons ; que pour ces crimes tu as encouru la sentence d'excommunication et toutes les autres peines déterminées par le droit. »

La seconde sentence, rendue par l'Evêque seul, sur les crimes de sacrilège et de violation des immunités de l'Église, qui étaient plus particulièrement de son ressort, aboutissait aux mêmes conclusions et prononçait également, dans une forme presque identique, la même peine.

Gilles écoutait, tête basse, la lecture des jugements. Quand elle fut terminée, l'Évêque et l'Inquisiteur lui dirent : « Voulez-vous, maintenant que vous détestez vos erreurs, vos évocations et vos autres crimes, être réincorporé à l'Église, votre mère ? »

Et, sur les ardentes prières du Maréchal, ils le relevèrent de toute excommunication et l'admirent à participer aux sacrements. La justice de Dieu était satisfaite, le crime était reconnu, puni, mais effacé par la contrition et la pénitence. La justice humaine demeurait seule.

L'Évêque et l'Inquisiteur remirent le coupable à la cour séculière, qui, retenant les captures d'enfants et les meurtres, prononça la peine de mort et la confiscation des biens. Prélati, les autres complices, furent en même temps condamnés à être pendus et brûlés vifs.

— Criez à Dieu merci, dit Pierre de l'Hospital, qui présidait les débats civils, et disposez-vous à mourir en bon état, avec un grand repentir d'avoir commis de tels crimes.

Cette recommandation était superflue.

Gilles envisageait maintenant le supplice sans aucun effroi. Il espérait humblement, avidement, en la miséricorde du Sauveur ; l'expiation terrestre, le bûcher, il l'appelait de toutes ses forces, pour se rédimer des flammes éternelles après sa mort.

Loin de ses châteaux, dans sa geôle, seul, il s'était ouvert et il avait visité ce cloaque qu'avaient si longtemps alimenté les eaux résiduaires échappées des abattoirs de Tiffauges et de Machecoul.

Il avait erré, sangloté, sur ses propres rives, désespérant de pouvoir jamais étancher l'amas de ces effrayantes boues. Et, foudroyé par la grâce, dans un cri d'horreur et de joie, il s'était subitement renversé l'âme : il l'avait lavée de ses pleurs, séchée au feu des prières. Le meurtrier s'était renié, le compagnon de Jeanne d'Arc avait reparu, le mystique dont l'âme s'essorait jusqu'à Dieu, dans des balbuties d'adorations, dans des flots de larmes !

J.-K. Huysmans.

FOLK-LORE

Contrats burlesques

Je réunis sous ce titre deux contes, d'un genre tout spécial, provenant l'un et l'autre de la vallée de la Boutonne. Ils sont formés de facéties populaires reliées entre elles, d'une façon très fantaisiste, sous l'apparence de contrats de mariage. Dans le numéro 2, des éléments étrangers sont venus s'adjoindre au fond primitif.

Leurs coq-à-l'âne témoignent d'un tour d'esprit volontiers goguenard, un peu gros, facilement amené par le choc d'images inattendues et drôlatiques, par l'association saugrenue d'idées cocasses ou d'expressions baroques.

Les personnes de qui je les tiens les répétaient sans jamais y changer une syllabe, scandant très fortement les phrases, et les marquant, toujours aux mêmes endroits, d'intonations bizarres, destinées à exciter vivement — comme savent, du reste, le faire les conteurs dignes de ce nom — l'attention de leur jeune auditoire.

H. Gelin.

I

Il y a promesse et contrat de mariage entre Jean qui n'a rien et Catherine qui n'a guère.

On lui a donné (à Catherine) bon et valable :

— Cinq linceuls (draps) barbe de lin, il en faut quatre pour en petasser (repriser) un, encore on ne peut pas le rendre sans trous ;

— Une couverte verte, trois cent cinquante pièces aux quatre coins, pour mieux la reconnaître ;

— Une petite maison basse, hutte de tous côtés, faute de murailles ;

— Six chandelles de rousine (résine), pour les éclairer dans leur dite maison ;

— Une petite chèvre, courte queue, longue barbe ;

— Trois petits chevreaux semblables : il faut les mettre bien tard aux champs, et bien de bonne heure au toit, de peur que le soleil leur fasse du mal aux cornes ;

— Un bâton ferré ou non ferré, pour avirer (chasser) le loup venu ou survenu (si le loup venu ou survenu mangeait ladite chèvre, on est prié de porter les cornes chez François de la Roche, dans la rue du Balai, paroisse de Saint-Soufré).

Le contrat est passé le 57 octobre, 25 heures après midi, la semaine des gros raisins, au *Buisson sans feuilles*, en présence de quatre bons témoins : deux sourds, un muet et un aveugle.

(Conté par Louise Provost, de Saint-Séverin-sur-Boutonne, Charente-Inférieure.)

II

Messieurs, Mesdames,
Paysans, Paysannes,

Je suis, de la part du Roi, maréchal de Chef-Boutonne, proche de l'Hâlle. Je donne dix écus d'engagement. C'est bon à prendre, n'est-ce pas ? — Oui !

J'ai eu le bonheur et l'avantage de garder le contrat (de mariage) de ma grand-mère jusqu'à l'heure présente. Il y a quarante mille ans qu'elle est morte. Elle est morte quarante jours avant que le mal de la mort la prenne. Cette femme-là était très sage, croyant en Dieu. Elle avait un chapelet, elle le disait tous les dix ans une fois. Les perles étaient grosses comme des œufs, et elle ne les trouvait pas entre ses doigts [1].

Il y a encore autre chose qu'on ne conte pas.

Elle faisait la lessive dans un pot à traire, et montait la laver au faîte d'un peuplier, au vent de galerne.

Il y a encore autre chose qu'on ne conte pas.

Dans le pays de Gilgondaine, on a vingt-cinq sous pour dormir et trente sous pour rien faire. Dans ce pays-là, les cochons grillés se promènent dans les rues, le couteau piqué sur le dos : coupe qui en veut [2].

Il y a encore quelque chose qu'on ne conte pas.

Nous avons, dans la prairie de Mareuil, un quartier de pré qui contient deux sillons par un bout et cheut (aucun) par l'autre ; il y a la place d'un coq et d'une poule l'un sur l'autre. On y serre tous les ans une brassée de foin ; on la fourre par la bonde d'une barrique, on la tire par le robinet.

Nous avons été à la chasse, mon camarade et moi. Nous avons vu trois lièvres, deux qui ont fui, et l'autre que nous n'avons point pris. Nous avons été dans une maison, là où il n'y en a jamais eu et jamais n'y en aura :

— Tra, tra, tra !

— Entrez, mon mari n'y est pas.

— Bonjour, Madame.

— Bonjour, Messieurs.

— Avez-vous un pot à nous prêter?

— Oui, Messieurs ; nous en avons trois, deux de cassés, l'autre qui a le fond ôté.

— Ah! ah! celui-ci sera bien bon pour mettre le gibier que nous n'avons point attrapé.

Tout en passant par le Duvert (?)
La queue levée, le ... ouvert,
La caillebotine [3]
Lui casse l'échine
Le trognon (tronc) de chou
Lui casse le cou.
Franc de Poitou
Mon conte est au bout [4].

(Conté par Blaise Giraud, né au Vert (Deux-Sèvres), en 1829, et qui le tenait de sa grand-mère.)

---

1. Tant ses mains étaient grandes. C'est sans doute une géante de la famille de Gargantua.

2. Une spirituelle vignette de M. Sébillot, souvent reproduite dans la *Tradition populaire*, montre que la légende du cochon grillé se promenant avec la fourchette plantée sur le dos n'est pas particulière au Poitou.

3. Caillou. On désigne généralement sous le nom de *caillebotine* une couche de calcaire siliceuse du lias, utilisée pour le chargement des chemins et des routes.

4. La petite formule pérorative qui s'ajoute, *ad libitum*, à la plupart des contes poitevins, est plus souvent celle-ci, tout au moins aux environs de Niort :

En passant par le moulin
Je buvis mon quart de vin,
Je trepis (mis le pied) sur la quouette d'une souris.
— Tri, tri, tri !
Mon conte est dit.

UN FERRONNIER

M. VOISIN

Bien longtemps après que la Renaissance eut unifié, pour la plus grande décadence de notre génie national, les aspirations esthétiques des artistes et des amateurs, la bourgeoisie et la noblesse sédentaire, celle dont le goût ne se corrompit pas au contact de la cour, continuèrent à avoir recours aux *maîtres ès arts* du village ou de la cité. Jusqu'au dix-huitième siècle, pas un menuisier qui ne fût capable de sculpter dans la frise d'un coffre quelque scène de chasse, de placer aux angles des meubles ces bons anges joufflus aux ailes éployées, de tailler, dans les panneaux massifs des bahuts de noyer, des figures, des scènes profanes ou sacrées, ou encore de varier les formes géométriques des *pointes de diamant*, l'une des caractéristiques de notre mobilier poitevin. Le plus souvent l'inspiration était prise directement dans la nature, de même d'ailleurs que pour les arts de la céramique, témoin ces faïences de La Rochelle dont nous aurons l'occasion, guidé par l'érudit bibliothécaire M. Musset, d'esquisser l'histoire. Sans doute la nature se trouvait bien parfois un peu déformée par la gaucherie naïve de l'exécutant, mais le plus souvent il atteignait à un réalisme presque parfait.

Le menuisier appelait la collaboration du serrurier, ou plutôt du maréchal-forgeron, car ces trois états se confondaient en une seule personne. Le maréchal fabriquait donc la clef, la serrure, le marteau du coffre, du bahut. Pour trouver une forme à cette clef, il portait les yeux sur l'église gothique, dont la cloche accompagnait le rythme de son marteau, le ronflement de la forge; les ogives des fenêtres, la rosace du chœur, lui fournissaient des motifs qu'ils ne copiait pas servilement; parfois il burinait sur la serrure la vie du saint patron dont le vitrail votif flamboyait au soleil levant. Le châtelain, l'échevin, le tabellion, s'intéressaient à ces œuvres dont ils suivaient pas à pas l'exécution et qui devaient prendre place dans leur cabinet, leur salle à manger, pour des siècles, sans crainte des fluctuations de la mode, devenant pour ainsi dire leurs confidents, leurs amis, s'imprégnant un peu de leur personnalité, et perpétuant après leur mort, au milieu de la famille, le souvenir des vertus ancestrales entretenant la même atmosphère douce et paisible. Dans cette existence de solidarité paroissiale tout se tenait : la prière et le travail, l'une inspirant l'autre, créant entre le bourgeois et l'artisan une conformité d'aspirations que l'art synthétisait.

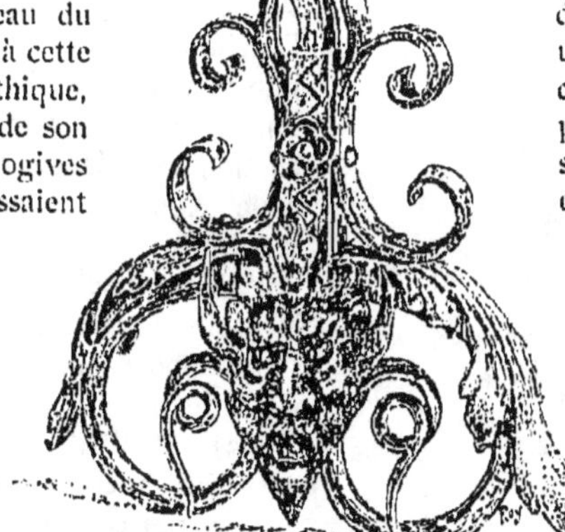

FIGURE 1

Ailleurs, dans les demeures somptueuses, on faisait appel à des artisans plus raffinés. Sur les grilles, les balcons, les garde-fous, les portes et balustres, l'art du ferronnier-serrurier triomphait alors en des moulures poussées aussi net que si elles l'eussent été sur le bois, en des feuillages, rinceaux, couronnes, écussons, figures d'hommes et d'animaux, qui étaient de purs chefs-d'œuvre de patience et de goût passionné.

FIGURE 2

Ce fut longtemps, en ses manifestations rustiques ou délicates, l'art traditionnel, et l'on reconnaissait, dans ces enroulements à la fois gracieux et simples auxquels les ferronniers assouplissaient le métal, le génie robuste et clair de la nation, différencié cependant de province en province.

Ces merveilles étaient obtenues avec le plus rudimentaire des outillages, avec un outillage souvent fabriqué à mesure des besoins nouveaux. L'œuvre devenait ainsi le produit d'un effort développé en raison de l'objet propre, et cet effort constant amenait chaque jour un progrès. Même alors qu'il copiait, l'artisan introduisait dans son travail soit une idée plus complète, soit un calcul plus judicieux, atteignait à une exécution toujours plus logique, toujours plus simple, toujours plus près de la perfection. Il ne se spécialisait pas dans telle ou telle branche. L'art du serrurier était, suivant une expression aujourd'hui en cours, un *bloc*. Qui s'y adonnait, le possédait tout entier. La forge, par exemple, malgré les aléas auxquels elle expose, qui eût songé alors à en limiter l'emploi? Ce n'était certes pas ce serrurier de Nancy qui s'écriait dans un élan d'enthousiasme : « La forge est aux inventions de ce genre ce que le génie est aux sciences. Elle en est l'âme et la force, aucune ne peut se passer d'elle, et elle ne les a précédées toutes que pour les créer. » Cet art de la ferronnerie s'est-il définitivement perdu pour céder le pas aux productions banales de l'industrie? On l'aurait pu dire il y a quelques années, alors que la salutaire réaction que la section des objets d'art au Salon du Champ-de-Mars a produite en faveur des arts manuels ne s'était pas encore fait sentir; aujourd'hui on prête un peu plus d'attention aux efforts des artistes qui ne pensent pas déchoir en devenant artisans, ou aux tentatives plus louables encore des ouvriers qui veulent s'élever jusqu'à la maîtrise. Malheureusement pour ces derniers, l'enseignement suranné des écoles professionnelles, les préjugés d'une éducation esthétique sans liberté, quand cette éducation ne fait pas complètement défaut, et aussi, hélas! l'absence d'une clientèle suffisante, apte à comprendre et à encourager, sont autant d'obstacles presque insurmontables. Il faut, en outre, du goût inné, un certain courage, pour distraire des heures de travail courant le temps nécessaire à l'exécution d'une belle pièce de fer forgé qui s'éternisera derrière une vitrine sans que jamais un amateur avisé éprouve la tentation d'en orner son salon à un prix rémunérateur. Ce courage, allié à un goût que nous ne voudrions pas dire impeccable mais qui ne demande qu'à se purifier, nous l'avons rencontré chez un serrurier de Poitiers, M. Voisin, et en signalant son nom, en reproduisant quelques-unes des pièces qui sont sorties de ses mains, nous ne faisons que remplir une des parties de notre programme, puisque nous y avons inscrit la mise en lumière des œuvres originales des artisans.

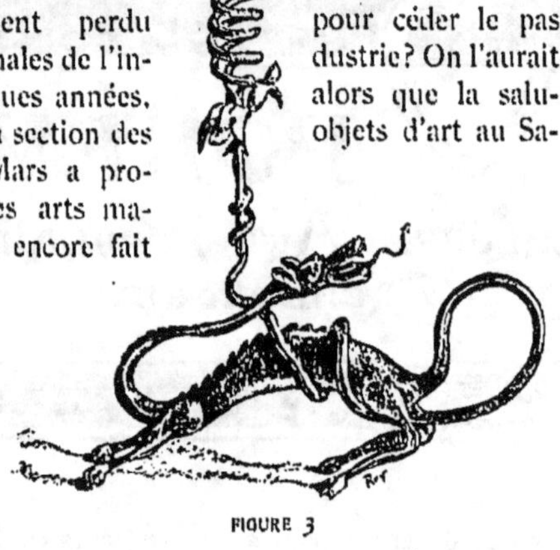

FIGURE 3

M. Voisin doit peut-être sa vocation d'ouvrier d'art à l'accident dont fut un jour victime son père. Celui-ci se brisa la jambe et fut dorénavant dans l'impossibilité de continuer la serrurerie de bâtiment qui était sa profession. Réduit à une stabilité forcée, il s'essaya dans les petits travaux d'atelier, se familiarisa avec les styles, d'ouvrier devint *artisan*. Son fils, qui suivait à ce moment les cours de l'école des Beaux-Arts de Poitiers, lui apportait la collaboration d'une main déjà habile en l'art du dessin pendant qu'il recevait lui-même de son père les éléments d'une excellente technique. Il put donc, à l'âge où tout *compagnon* est pris de la nostalgie du *Tour de France*, entreprendre son voyage dans d'excellentes conditions, et les meilleurs ateliers de province lui furent ouverts jusqu'au jour où il atteignit la capitale, objet de ses ultimes désirs. Là il trouva son bâton de maréchal dans le célèbre atelier de MM. Moreau frères, où il eut la gloire de travailler au chef-d'œuvre de cette maison, la fameuse grille du château de Chantilly. Puis il revint à Poitiers, et enfin il succéda à son père dans la maison qu'il occupe rue de la Cathédrale.

FIGURE 5

Des œuvres que nous avons particulièrement remarquées dans son atelier, voici d'abord, œuvre commune du père et du fils, un landier fleurdelysé (fig. 1), à la base duquel grimace, encadré dans les rinceaux qui se marient aux volutes, un mascaron en tôle repoussée.

Du fils seul, le chandelier à douille (fig. 2), dont l'anguleuse sévérité se corrige de courbures végétales; cet autre (fig. 3), fait d'une chimère, dont les enroulements ont été ingénieusement convertis à un usage pratique.

L'enseigne même de M. Voisin, un animal fantastique, vigoureusement buriné, yssant du rictus d'un satyre, nous a suggéré notre frontispice.

La feuille d'eau, mais stylisée, synthétisée jusqu'à l'abstraction, est un motif qu'affectionnèrent les ferronniers. C'est à la réalité d'une feuille et d'une fleur de nénuphar, celle-ci détaillée jusqu'à son dernier pétale, celle-là reproduite jusque dans le réseau de ses nervures, que le bougeoir (fig. 4) emprunte sa facture. Une grenouille, prête à bondir sur sa proie, ajoute encore à la note de vie.

Par ce bougeoir, comme par le heurtoir d'inspiration naturaliste qui figura à l'Exposition industrielle de Poitiers en 1887, comme par la branche de chêne (fig. 5), au si curieux rendu, M. Voisin fils se rattache à la lignée lointaine de ces ouvriers naturalistes dont nous parlons plus haut.

Que M. Voisin persévère dans cette voie, qu'il emprunte particulièrement au terroir les éléments de ses motifs de décoration. N'a-t-il jamais songé, entre autres choses, à interpréter la végétation puissante de l'*angélique*? Et comme la gracile robustesse du fer traduirait heureusement le port héraldique des *chardonnettes*!

« Il y a dans le travail du fer une poésie particulière, à la fois intime et passionnante, qui vient de ce que l'ouvrier doit lutter contre la résistance de la matière qu'il lui faut dompter pour la tordre en ornements délicats, et cette opposition, ce contraste qui existent entre la grâce de l'œuvre et la violence des coups de marteau par lesquels cette grâce a été obtenue, donnent un charme singulier à ces volutes compliquées, à ces feuillages gracieux. Il semble que le fer obéisse à plaisir à la main qui sait l'assouplir. Mais il ne suffit pas de frapper fort pour lui faire dire des choses tendres : il est nécessaire de frapper juste, d'agir vite, sans hésitation, d'improviser sur l'enclume, tantôt avec une violence formidable, tantôt avec des caresses, l'action par laquelle sa mâle vigueur se laisse séduire. »

FIGURE 4

Voilà en quels termes M. Albert Susse, dans son rapport sur la ferronnerie française à l'Exposition internationale de Chicago (1893), saluait il y a quelques années la renaissance en France de la ferronnerie. Nous ne pouvions mieux faire, en terminant, que de citer cette page éloquente à l'éloge d'un artiste qui a su maintenir en Pays Poitevin une tradition nationale.

AMBO.

EXCURSIONS POITEVINES

Le Seuil de Poitiers

I

Si vous jetez les yeux sur la carte géologique de France par Elie de Beaumont, vous serez frappé de l'impression d'harmonie qui s'en dégage. Déjà Strabon disait : « Il semble qu'une divinité tutélaire éleva ces chaînes de montagnes, rapprocha ces mers, traça et dirigea le cours de tant de fleuves pour faire un jour de la Gaule le lieu le plus florissant de la terre. » Que n'eût-il pas pensé à la vue de cette carte, fidèle traduction du sol superficiel, où les massifs de terres âpres et granitiques alternent dans un rythme harmonieux avec des plaines d'alluvions fertiles créées pour être le centre de civilisations distinctes, mais pouvant se pénétrer. N'était-ce pas là le creuset où devaient se fondre tant de peuples divers?

Donc, au milieu de la carte, un massif de forme triangulaire, uniformément teint en rose (c'est la couleur adoptée pour les terrains cristallisés), paraît être le centre du système. C'est le « Plateau Central », et il répond bien à son nom, non pas qu'il se présente sous la forme d'une table de hauteur uniforme, comme les « Causses » qui l'échancrent profondément vers le Sud, mais parce que son altitude est en effet élevée (700 mètres en moyenne) et que les rares sommets qui le dominent ne paraissent que des collines surmontant la plaine environnante. Vers le Nord, deux soulèvements parallèles, grès et granits mélangés, les Vosges et la Forêt-Noire, enserrent le pays d'Alsace et projettent vers l'Ouest un immense pédoncule de terrains primitifs qui qui ont nom Hundsvück et Ardennes. A l'Ouest, la Vendée et la Bretagne, les plus anciennes terres de France, tranchent également par la teinte rose dont elles sont couvertes sur les terrains environnants; c'est bien là l'aire qui convient à un peuple homogène, fier de son histoire, fidèle à ses traditions, rebelle, aussi longtemps que les chemins de fer n'eurent pas abaissé les barrières, à la civilisation de la plaine qui vient mourir à ses pieds. Au Sud, les Pyrénées, dont les pointes granitiques s'égrènent de la Bidassoa au cap Creux; à l'Est enfin, les Alpes, tourmentées dans leurs formes, parce que les dernières venues, elles ont trouvé la place prise, et qu'elles ont été obligées de se rejeter violemment vers les plaines de Russie au lieu de se dresser uniformément vers le Nord.

Pris trois à trois, ces massifs, immobiles sur leur base, déterminent trois régions qui ne communiquent entre elles que par d'étroits couloirs situés aux trois angles du Plateau Central. En premier lieu, c'est le bassin Parisien, cette admirable cuvette géologique formée par la nature, dans laquelle les fleuves et les rivières, comme autant d'artères, semblent converger vers Paris pour lui apporter le sang des extrémités. Au Sud-Ouest, c'est le bassin de la Garonne, admirable organisme également, mais dont les vaisseaux convergent non vers le cœur mais vers la tête, où une ville puissante devait naître et naquit en effet, et cette ville est Bordeaux. A l'Est, c'est la Saône, dont la réunion avec le Rhône marquait l'emplacement fatal de la grande ville de Lyon.

Ces trois régions, avons-nous dit, communiquent entre elles par d'étroits couloirs, si bien qu'en passant de l'une à l'autre le voyageur fait le tour du Plateau Central. Il semble que trois portes jetées entre ce massif d'une part, les Vosges, les Pyrénées et la Vendée de l'autre, puissent isoler chacune d'elles. Au centre de la première porte est Dijon, devant la seconde est Toulouse, Poitiers tient les clefs de la troisième. Ces trois villes ont donc un rôle géographiquement identique, la nature autant que l'homme les ont créées, ce sont les gardiennes des trois « seuils » par où les invasions humaines, et plus tard les chemins de fer

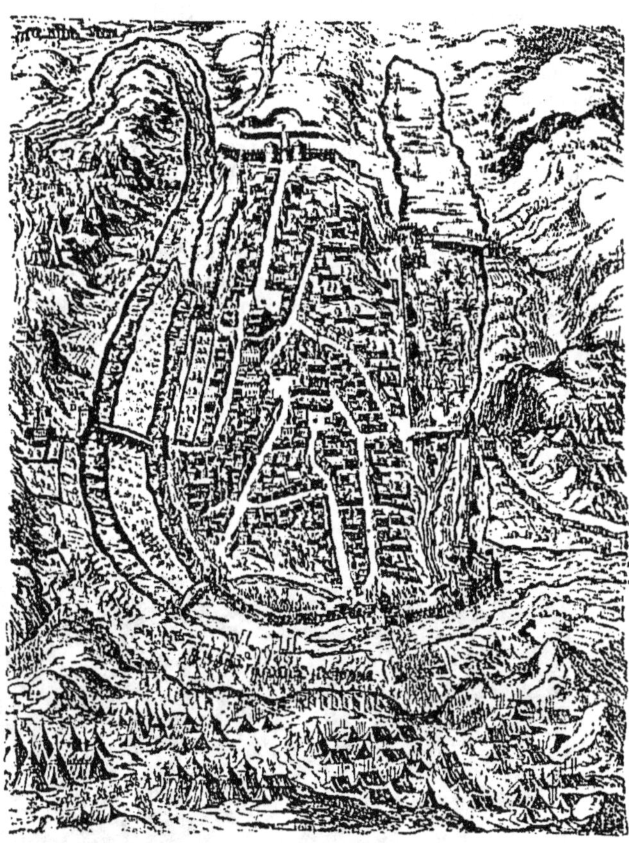

Phot. J. Robuchon.

SIÈGE DE POITIERS PAR COLIGNY. — D'après une ancienne gravure

et les canaux, cette forme de l'invasion pacifique, devaient passer.

Historiquement, ces trois seuils n'ont pas la même importance. Le seuil de Naurouze, entre le Rhône, ou, si l'on aime mieux, entre la Méditerranée et la Garonne, a sûrement servi aux Romains lorsque, débouchant de la « Province », ils allèrent à la conquête des côtes de l'Océan, mais l'invasion dut être pacifique, sans doute à cause d'une certaine affinité de races, et aussi en raison de la proximité de Narbonne, le principal établissement des Romains sur la Méditerannée. Le commerce avait préparé les voies aux armées. Vers le Nord, quand les Romains entreprirent la conquête de la Gaule chevelue, la résistance fut plus énergique, et c'est à Alésia, aujourd'hui Alise-Sainte-Reine, à quelques kilomètres de Dijon, quoique sur le versant de la Seine, que se joua la suprême partie entre la Gaule et Rome, entre Vercingétorix et César. Plus tard, ce fut encore à Dijon que Clovis, en l'an 500, défit l'armée du roi des Burgondes, Gondebaud, et assit ainsi d'une façon incontestable la suprématie des Francs sur leurs cousins de race, les Burgondes. Mais c'est sur le seuil de Poitiers, à l'Ouest, que devaient se jouer les destinées de la France.

Les Romains n'avaient pas ignoré l'importance de Poitiers, les vestiges de leurs monuments attestent par leur grandeur et leur nombre le prix qu'ils y attribuaient; le pays resta sous leur domination jusqu'à l'invasion des Wisigoths, dont les rois firent de cette ville leur poste avancé vers le Nord. Quand Clovis, vainqueur des Alamans à Tolbiac et des Burgondes à Dijon, voulut étendre sa domination sur le reste de la Gaule, il marcha contre les Wisigoths, dont la foi arienne contrariait d'ailleurs son ardeur de néophyte, et c'est dans les plaines de Vouillé[1], à 16 kilomètres à l'ouest de Poitiers, qu'il défit et tua, dit-on, de sa propre main, leur roi Alaric. Ce jour-là, l'hégémonie des Francs fut établie, le Nord imposa sa volonté au Midi, la Gaule enfin devint la France. Ce fut la première bataille de Poitiers (507).

Le souvenir des Mérovingiens ne s'éteignit pas avec Clovis : Radegonde, femme de son fils Clotaire, fonda à Poitiers le monastère de Sainte-Croix qui existe encore, et qui eut comme Supérieure plus d'une princesse de sang royal ; elle y mourut et son tombeau est encore aujourd'hui le but d'un pieux pèlerinage.

Deux siècles plus tard, nouvelle et plus terrible convulsion ; les Sarrazins, maîtres de l'Espagne, ont envahi l'Aquitaine, remontant vers le Nord ; la chrétienté est menacée de disparaître. Un Franc illustre, Charles Martel, fils de Pépin d'Héristal et aïeul de Charlemagne, se porte à leur rencontre avec les contingents du Nord et les taille en pièces dans la seconde bataille dite de Poitiers, en 732. C'est à Moussais-la-Bataille, petit village situé non loin du confluent du Clain et de la Vienne, à 20 kilomètres nord de la ville, qu'eut lieu, dit-on, la terrible mêlée.

Charlemagne dut venir souvent à Poitiers ; sans cesse en route des bords de l'Ebre à la Marche de Brandebourg, la ville était une des étapes forcées de ses armées. N'est-ce pas au cours de l'une de ses expéditions qu'il vit naître non loin de là, à Chasseneuil, son fils Louis le Débonnaire, et qu'il fonda l'abbaye de Saint-Savin-sur-Gartempe, dont l'église est une des merveilles de l'Ouest ?

Sous les premiers Capétiens, Poitiers fait partie du duché d'Aquitaine. Eléonore, par son mariage avec Henri Plantagenet, la fait passer sous la domination anglaise, mais Philippe-Auguste la confisque à Jean-sans-Terre.

Arrive la guerre de Cent ans ; le Nord et le Midi sont de nouveau en présence, Français contre Anglais, et c'est alors que se livre à la ferme Maupertuis, appelée de nos jours la « Caroline-rie », à 7 kilomètres nord-est de la ville, la troisième grande bataille de Poitiers, où le Prince Noir défit son suzerain, le roi Jean le Bon (1356) ; il faudra quatre-vingts ans et Jeanne d'Arc pour réparer cette brèche faite à notre nationalité.

Les guerres de religion mirent encore aux prises le Nord catholique avec le Midi calviniste ; le seuil de Poitiers ne pouvait échapper à sa destinée. Assiégée par Coligny, la ville fut défendue par Guise et Mayenne ; les protestants durent lever le siège, mais pour se faire battre quand même en Poitou, à Moncontour, au pied du massif vendéen.

De nos jours enfin, les destinées de la France faillirent encore

Phot. J. Robuchon. *(Cliché de la Bonne Presse)*

LE PONT-NEUF — FAUBOURG DE LA TRANCHÉE — PARC DE BLOSSAC — LE LYCÉE — HOTEL DE VILLE — TEMPLE SAINT-JEAN — CATHÉDRALE SAINT- — SAINTE-RADEGON

POITIEI

VUE GÉNÉRALE DE LA VILLE ET DE LA VALLÉE DU

1. Il n'est pas sûr que Vouillé soit le lieu précis de la bataille ; on croit plutôt qu'elle eut lieu à Anché-Voulon, sur le Clain, à vingt-cinq kilomètres sud de Poitiers ; mais Vouillé est devenu un nom historique applicable à cet événement mémorable.

se jouer sur la vallée du Clain. Après la bataille du Mans, le général Chanzy, rejeté sur la ligne de la Mayenne, à Laval, hésita un moment pour savoir s'il prendrait appui sur la Bretagne inviolée, ou au contraire sur le Midi, où se tenait debout encore le dernier vestige d'un gouvernement régulier. Il rentra dans la fatalité historique en venant défendre ici même la France du Sud contre un ennemi maître déjà de tout le pays de « langue d'oïl ». Laissant la défense du sol sacré de la Bretagne au général de Colomb, il tendit ses corps d'armée, comme une chaîne au-devant d'une porte, entre Loudun et Le Blanc, et lui-même établit son quartier général dans la vieille cité des Pictaves. L'armistice qui mit fin à la guerre empêcha seul la « quatrième » bataille de Poitiers d'avoir lieu, et c'est de cette dernière ville que date, le 14 mars 1871, l'ordre du jour qui déclarait dissoutes les dernières forces organisées de la France.

Ce rapide aperçu géographique et historique met suffisamment en lumière le rôle capital que joua dans notre histoire le seuil de Poitiers. Je voudrais maintenant décrire rapidement la région qui nous occupe, afin de permettre au touriste qui sait regarder, ou plutôt, car c'est là ma pensée, au cycliste qui voit avant tout dans sa machine un merveilleux instrument mis au service d'une curiosité intelligente, de cueillir au passage les impressions qui se dégagent de ce sol si fertile en événements.

(A suivre.) A. POTEL.

POITIERS

E LA VALLÉE DU CLAIN, PRISE DE LA RAMPE DES DUNES

L'INDUSTRIE EN POITOU

La papeterie en Charente

ET SON HISTOIRE

I. Les origines et le développement (XIVe siècle, 1750)

L'INDUSTRIE papetière apparut en Angoumois au moment où, l'imprimerie découverte, la fabrication du papier devenait une des nécessités du monde moderne. Longtemps réduits à écrire avec des poinçons de fer en guise de plumes sur les revêtements de pierre ou de brique, comme en Assyrie et dans la primitive Egypte, les anciens étaient ensuite parvenus à utiliser pour l'écriture des tablettes de cire, des bandes minces de roseau, le papyrus, des peaux de mouton préparées, le parchemin. Longtemps, le Moyen-Age avait dû se contenter de cette dernière substance, ou bien des peaux de veau ou de chevrotin, jusqu'à ce que le papier, venu de l'extrême Orient à travers l'Asie centrale, la Mésopotamie et l'Arabie, eut pénétré par les pays musulmans d'Espagne jusque dans l'Europe chrétienne. On le fabriquait soit comme en Chine, avec l'écorce du mûrier, les fibres de bambou, les tissus de coton, soit comme chez les Arabes, avec du vieux linge et de vieux cordages, c'est-à-dire avec du chanvre et du lin. Apparu en Languedoc au treizième siècle, dans l'Ile-de-France, à Essonne, au quatorzième (en 1340), le papier de chiffon se propageait avec une extrême rapidité. Il y avait des papeteries en Touraine dès cette époque, et il y en eut à Poitiers dès la première moitié du quinzième siècle, sous la protection du chapitre de Saint-Hilaire. C'est probablement à la même date que se fondèrent les moulins à papier d'Angoumois. Le voisinage d'une rivière navigable, route commode en un temps où les chemins de terre étaient peu sûrs, la présence de ruisseaux aux eaux savonneuses et constantes dans leur débit, favorables à la pourriture des chiffons et à la marche des maillets, contribuèrent certainement à favoriser cette industrie naissante. Qu'on y joigne l'impulsion d'un clergé riche et industrieux, d'une bourgeoisie active et d'une rare aptitude aux affaires, et l'on aura le secret du développement rapide des papeteries charentaises.

C'est en effet en terre d'église, dans le ressort des célèbres abbayes de La Couronne et de Saint-Cybard, que se fondèrent les premiers moulins à papier. Les capitaux ne tardèrent pas à se porter de tous côtés vers cette industrie qui leur offrait un revenu rémunérateur. Un grand nombre de moulins à blé, à huile ou à draps se transformèrent ainsi en papeteries. Les documents permettent d'en suivre la progression étonnante pendant plus de deux cents ans. On n'en connait pas moins de quinze dont les titres attestent la fondation au seizième siècle, plus de vingt-trois apparaissent au dix-septième, et ce n'est là qu'une partie relativement minime des nombreux moulins qui se créèrent, mais dont le nom ou la date de fondation ne sont pas encore parfaitement connus.

D'après un état dressé en 1656 par l'intendant de la généralité de Limoges, il n'y avait pas moins de quatre-vingts moulins à papier, dont quarante aux portes d'Angoulême et quarante sur la lisière du Périgord. A la fin du ministère de Colbert, si l'on en croit une pièce inédite que j'ai entre les mains, l'Angoumois compta jusqu'à cent cinquante papeteries. La province ne devait jamais revoir des jours aussi heureux. Les moulins à papier se concentraient surtout sur la Lizonne, sur la Charente et sur les petites rivières sinueuses et traînantes qui y affluent; la Touvre, la Grande et la Petite-Boême, la Charreau et les Eaux-Claires, forment comme une ceinture de ruches affairées autour des hauts remparts d'Angoulême. Lorsqu'on pénétrait dans la province par la vallée de son fleuve principal, son industrie essentielle se manifestait d'abord avec les papeteries de Verteuil, de Chenon, de Montignac, de Chebrac. Rares encore et isolées dans cette vallée, elles se montraient un peu partout aux portes de la capitale du pays. C'étaient Breuty, Poullet, Cothiers, Girac, L'Abbaye, La Tour-Saint-Jean, Collas, La Rochandry, La Vergne, Chantoiseau, Tudebeuf, La Courade, Beauvais, Barillon, etc., etc., dans le voisinage de La Couronne, Les Brandes et Nersac, Montbron (dans la paroisse Saint-Martin d'Angoulême). Elles se cachaient dans les replis marécageux des plateaux, au milieu ou sur la lisière des bouquets de bois. Un peu plus loin, c'était le moulin de Puymoyen, et sur la Touvre au milieu des prairies que ne souillaient pas encore la houille des hauts-fourneaux et la poussière blanche des chaufourniers, bruissaient les piles de La Ferrière, de Fissac et du Maine-Gaignaud, sur l'emplacement même où la forge de Ruelle devait, en 1756, remplacer la papeterie expirante. Après cette zone industrieuse, il fallait faire des lieues à travers les chaumes ou dans les forêts avant d'arriver aux bords de la Lizonne, où une foule de moulins travaillent le chiffon comme à l'autre bout de l'Angoumois. Cette activité dura deux siècles, pendant lesquels les papiers d'Angoulême n'eurent pas de rivaux en Europe et même en France. L'Angleterre et la Hollande étaient les tributaires de notre province, et nul autre pays, ni la Normandie, ni l'Auvergne, ni le Limousin, ni le Languedoc, dont les papeteries étaient pourtant renommées, ne lui disputaient la première place.

Si la papeterie d'Angoulême déclina ensuite, c'est-à-dire dès la fin du dix-septième siècle jusqu'au milieu du dix-huitième, ce n'est pas que l'énergie ait manqué aux fabricants, c'est qu'elle fut la victime d'une mauvaise politique des gouvernants. Les grandes guerres lui fermèrent les marchés européens, et spécialement les meilleurs, les marchés anglais et hollandais. La persécution religieuse la priva de ses patrons les plus riches, de ses ouvriers les plus expérimentés, qui dotèrent la Hollande et l'Angleterre d'usines destinées à dépasser les nôtres. L'Etat écrasa de taxes les moulins à papier nationaux et enferma l'industrie dans le réseau meurtrier de ses règlements. Le déclin fut aussi rapide que l'avait été la progression. On peut en suivre les étapes : trois ans après la révocation de l'Edit de Nantes, les deux tiers des papeteries d'Angoumois ont disparu, il n'en reste que cinquante. Dix ans plus tard, après la guerre de la Ligue d'Augsbourg, il n'en reste plus que douze; et après celle de la succession d'Espagne, plus que dix, quatorze fois moins qu'en 1680. Vingt années de paix en ramènent le nombre à quinze, puis à vingt; une nouvelle guerre, celle de la succession d'Autriche, en ferme plus de la moitié. Et c'est ainsi pendant près de soixante-dix ans que l'industrie papetière traîne une existence misérable et languissante, jusqu'à l'époque de la renaissance industrielle de la seconde moitié du dix-huitième siècle.

II. La fabrication et les produits

A ce moment encore, et après trois siècles et demi, l'outillage et les procédés de fabrication se sont maintenus presque immuables. L'installation d'un moulin à papier n'exige nullement de grands capitaux. Elle est simple, presque élémentaire. L'eau fournit la force motrice nécessaire. Les mécanismes n'ont rien de compliqué ni de coûteux. Une papeterie d'autrefois n'a pas l'aspect de la vaste usine d'aujourd'hui. Sur un cours d'eau, au-dessous des plateaux pierreux, apparait au regard un groupe d'habitations rustiques dont les murs grisâtres s'étalent dans la verdure des jardins, des enclos et des prairies; le moulin en forme le centre. A la porte des hangars ou des granges, c'est le va-et-vient de lourdes charrettes qui amènent les sacs de chiffon ou qui chargent les balles de papier. Le bruit rythmé des maillets battant le chiffon, le son monotone et doux de la chute d'eau qui actionne les roues des maillets, les appels, les cris et les chants des trieurs et des ouvriers, interrompent seuls le calme profond des vallées environnantes. Le travail est déjà divisé pour être plus facile et distribué. Chaque fabricant a d'abord sous sa direction un agent appelé du nom bizarre de « couteau », qui se charge de l'achat des matières premières, à savoir : les chiffons, les rognures de parchemin et la colle. Le « couteau » va en Poitou, en Saintonge, en Gascogne, en Angoumois même, négocier l'acquisition de ces matériaux. Il parcourt les villes et les bourgs, visite les biffins et les chineurs, c'est-à-dire les chiffonniers de profession, et ne néglige pas d'aller jusque dans les villages relancer les ménagères et les servantes détentrices des précieuses peilles et drilles dont on fera le papier. Il faut qu'il ait le flair commercial : les vieux linges de lin ou de chanvre ont plus ou moins de valeur, suivant leur degré d'usure, et la matière se vend cher : elle coûte, à Angoulême, au début du dix-septième siècle, 23 à 24 francs les 100 kilos, et, au dix-huitième siècle, 16 à 18 francs. On la conserve comme un trésor. L'Etat en interdit l'exportation pendant plus de soixante ans, et, quand il en permit la sortie, c'est en la soumettant à des droits de douane élevés. Les fabricants de chaque province se disputent la matière, si bien qu'il a fallu réserver à chaque région une zone d'approvisionnement. C'est ainsi que les maîtres papetiers d'Angoulême ont seuls, avec ceux du Limousin, du Périgord et du Poitou, le droit d'acheter les peilles de tout le pays entre Loire et Gironde. D'ailleurs, il leur est interdit d'en former des magasins et de spéculer sur l'achat ou la vente pour nuire à leurs concurrents. Quand le « couteau » a accompli sa tâche, les valets, les charretiers, vont avec leurs équipages charger les balles, ou bien les porter au port d'embarquement le plus voisin. De lourdes gabarres remontent la Charente et vont déposer leurs fardeaux dans les entrepôts de L'Houmeau. Quand le chiffon est déchargé au moulin, des ouvrières, les délisseuses, ouvrent les balles, trient les morceaux et les répartissent en lots ou tas différents, suivant le degré de finesse, la couleur et la propreté du linge. Il s'agit ensuite de faire fermenter et pourrir la matière, pour la préparer à être convertie en pâte. Le chiffon est donc entassé dans un local humide et clos (le pourrissoir), où pendant des mois il se dissout sous l'action de la fermentation, perdant ainsi, par cette pratique, dont on reconnut plus tard l'absurdité, une bonne part de ses éléments utiles. Chaque jour, un ouvrier, le gouverneur, assisté d'un apprenti, vient dans cette masse en dissolution prendre une part de linge à demi pourri qu'il divise encore en le hachant pour l'introduire ensuite dans un bac ou baignoire de forme oblongue appelé la pile. Là, sous l'action de l'eau, de gros maillets ferrés s'abaissent alternativement sur le chiffon pour le déchiqueter avec leurs lames de fer ou le triturer et le broyer. La matière sort de la pile en flots de pâte blanche à demi liquide pour passer dans l'eau tiède d'une cuve où le gouverneur l'agite et la délaie. Survient alors un autre agent, le plongeur, appelé ailleurs ouvreur. Il prend rapidement dans la cuve une partie de la pâte au moyen d'un châssis de bois de chêne, nommé la forme, auquel est attachée une grille de fils de laiton (les verjures). C'est dans ce moule que la pâte se condense en s'égouttant lentement. C'est maintenant le tour d'un nouvel ouvrier, le coucheur; il prend la feuille formée sur le châssis; il la renverse sur un morceau de drap, le feutre, et il assemble ainsi successivement sur 25 feutres superposés les 25 feuilles qui constituent la main ou le quay. Mais le papier est encore humide : feutre et feuilles soumis à l'action d'une presse perdent leur humidité sous la main de l'ouvrier leveur. Celui-ci sépare les feuilles des feutres, les assemble ensuite par groupe de cinq et les étend dans des greniers aérés, les étendoirs, où elles sèchent et blanchissent sous l'action de l'oxygène atmosphérique. Après ces manipulations, commence le rôle du sallerant, ou chef d'atelier. Assisté de deux ou trois ouvrières, les sallerantes, il donne au papier la rigidité nécessaire en le trempant dans un bain de colle tiède, il le fait sécher, il préside au nettoiement, au choix des feuilles, à l'assemblage des mains et des rames, aux emballages et aux expéditions. Le papier n'a plus qu'à prendre le chemin de l'entrepôt du marchand, où il recevra sa destination ultérieure.

Le papier ainsi fabriqué à la main ou à bras, comme on disait, était de qualité excellente. D'un blanc mat, de grain rude, s'il est moins agréable à l'œil que le papier d'aujourd'hui, il est, en retour, bien plus solide. On en fabrique en Angoumois de toutes sortes, de toutes dimensions; on n'en compte guère moins de quarante variétés. Les papiers de la province ont une réputation universelle; ils sont recherchés pour l'écriture et pour l'impression; ils ont servi aux belles éditions des Elzevier en Hollande, des Cramoisy, des Crapelet et des Didot à Paris. Au reste, l'Angoumois s'est mis aussi, au dix-huitième siècle, à fabriquer les papiers cartiers pour les cartes à jouer, les registres, le papier à lettre et même les cartons. La fabrication est assez activée pour donner, en 1789, 80.000 rames. Elle n'a cessé, d'ailleurs, de voir, à mesure que la consommation s'étendait, décroître le prix de ses produits. Au milieu du quatorzième siècle, le papier a déjà commencé à supplanter le parchemin, qui coûte de 1 à 2 fr. la feuille, c'est-à-dire dix fois plus que son rival. A ce moment, la feuille de papier se vend encore 0 fr. 15 à 0 fr. 60, vingt-cinq fois plus que de nos jours. Cent ans après, il est descendu à 0 fr. 08 ou à 0 fr. 09 la feuille (près de deux sous), c'est-à-dire qu'il est encore quatre et cinq fois plus cher qu'à notre époque. On l'emploie surtout aux ouvrages d'imprimerie courante et aux correspondances, et les feuilles de grand format qui coûtent le double de nos carreaux de vitre actuels remplacent aux fenêtres le verre encore trop coûteux. Il va de soi qu'on ne l'emploie pas à des usages profanes. Rabelais, qui traite *ex professo* de ce sujet scatologique, ne le mentionne même pas parmi les objets usuels dont se préoccupe le sybarite Gargantua à ses heures de solitude. Au dix-septième et au dix-huitième siècle, de plus en plus employé pour les gazettes, les livres, les tapisseries, la vie ordinaire, le papier diminue de prix en se multipliant. Au seizième siècle, la rame se vend encore en gros (chiffres en valeur actuelle) 14 fr.; dans la première moitié du dix-septième, le papier vaut encore 18 fr. la rame, le papier moyen 12 à 15 fr. A la fin du dix-septième siècle, celui de première qualité vaut encore 17 fr., celui de seconde, au maximum, 14 à 15 fr. Avant la Révolution, il vaut 1 fr. 40 le kilo, soit 8 à 10 fr. la rame. C'est un produit annuel de 800.000 fr. à un million pour la province.

Il est vendu en gros à des marchands d'Angoulême, commissionnaires pour la France ou pour l'Etranger. Un certain nombre sont originaires du pays, d'autres sont d'origine étrangère. Au dix-septième siècle, beaucoup étaient venus de Hollande s'établir au chef-lieu de la province. Ils habitent soit sur le plateau, soit dans le faubourg de L'Houmeau, où tous ont leurs magasins. Les Hollandais, qui forment un groupe nombreux, ont alors presque monopolisé le commerce du papier à Angoulême. Nos archives font mention des Ravestein de Leyde, des Verdouyn et des Vincent d'Amsterdam, des frères Janssen, des Vannezel, des Vangangel, des Vantongeren, des Vander Plasten. La révocation de l'Edit de Nantes en chasse un certain nombre : par exemple cet Isbrahim Vincent, qui dut quitter Angoulême emmenant cinq cents ouvriers. D'autres, comme les Vantongeren et les Vannezel, restèrent et firent souche dans le pays. Des magasins qui bordent la Charente à L'Houmeau, à Saint-Cybard et à Basseau, le papier d'Angoumois est embarqué à bord des gabarres. Il descend lentement la rivière jusqu'à Tonnay, Rochefort, La Rochelle, est parfois expédié à Bordeaux et à Nantes. C'est là que les navires hollandais et anglais viennent le charger pour le répandre en Europe. Longtemps l'Angleterre et la Hollande furent, en effet, nos meilleures clientes. Quand les ouvriers protestants d'Angoulême, chassés par la persécution, furent venus leur apporter nos secrets, quand ces marchés se fermèrent, ce fut la clientèle des Indes-Orientales, de l'Inde et de l'Amérique du Nord, de la Russie et de l'Irlande, qui les remplaça, et dont les commandes maintinrent la fabrication charentaise.

(A suivre.)

P. Boissonnade,
Professeur à la Faculté des lettres de Poitiers.

ETHNOGRAPHIE — FOLK-LORE

Mœurs et coutumes

Le mariage. — Lorsqu'un mariage est décidé, le fiancé, accompagné d'un de ses parents et d'un parent de la fiancée, va faire les invitations. Il attache dans chaque maison, au lit du maître, un petit bouquet artificiel; autrefois, c'était une cocarde de ruban. La veille du jour fixé pour le mariage, les amis du marié se réunissent pour enterrer la vie de garçon de leur camarade. On boit, on rit, on chante; on termine la fête en frappant sur des poêles et en chantant des *libera*.

Le jour du mariage, les amies de la mariée arrivent de bonne heure, car ce sont elles qui font sa toilette. Ses habits sont dans la forme ordinaire; seulement les longues barbes de la coiffe sont rabattues. Chaque jeune fille a soin de mettre une épingle à sa couronne, dans l'espérance d'être mariée plus tôt.

La mariée vient s'asseoir au milieu de la noce pour distribuer les livrées. Cela s'appelle *marquer*. En échange du petit bouquet blanc qu'elle donne aux jeunes filles et de la fleur rose dont elle décore les jeunes gens, elle reçoit de chacun un baiser et quelque argent, renfermé dans une poire, dans une pomme, voire même dans un oignon.

On déjeune, à l'exception de la mariée, qui doit recevoir à jeun la bénédiction nuptiale, car sans cette observance ses enfants risqueraient d'être sourds et muets.

Son plus proche parent, ayant un gros bouquet au côté, la conduit à l'église; le garçon d'honneur la suit, décoré de la même façon, ainsi que le marié.

On retourne avec la même pompe, mais c'est l'époux qui accompagne son épouse.

On se met à table, la mariée a tous les honneurs, le marié est un peu oublié.

Au dessert, on apporte les cadeaux destinés au jeune ménage; ils consistent le plus souvent en vaisselle et ustensiles : poêle, chaudron, marmite, pot, casserole, assiette, plat, verre et bouteille, etc. Chaque invité présente l'objet qu'il a choisi.

Les amies de la mariée lui offrent un gâteau, en chantant une chanson qui n'a point varié depuis un siècle, et qui retrace toutes les peines qui attendent la jeune femme dans son ménage. Puis le bal commence; il ne se termine qu'à l'aurore.

La matinée du lendemain est employée à faire des farces et des mascarades; après le petit déjeuner, on commence *la tournée* : on ferre, on peigne, etc. Chacun s'affuble de déguisements ridicules : l'un prend les instruments d'un maréchal, un autre un grand râteau, un troisième un immense baril. Le maréchal va ferrer les invités, le second poursuit les jeunes filles pour les coiffer, et le porteur du baril, suivi de plusieurs autres qui ont des bouteilles et des verres, arrête tous les gens qu'il rencontre pour les faire boire.

La journée se termine par des danses.

J. B.

(Arrondissement de Parthenay.)

Contes burlesques

JEAN-LE-SOT

L'histoire de Jean-le-Sot est de tous les temps et de tous les pays. Elle se raconte de mille façons. Le plus souvent ce n'est qu'une rapsodie faite de balourdises énormes. Mais dans certaines versions, dans celle, entre autres, que je donne ici, elle devient une sorte d'apologue, de conte essentiellement philosophique.

Non seulement Jean-le-Sot est l'homme qui ne sait pas profiter de l'expérience d'autrui — ce qui est le cas de beaucoup de gens qui ne croient point être des sots, — mais encore ne sait-il ou ne peut-il utiliser à propos l'expérience qu'il vient de tirer lui-même des incidents les plus divers.

Le conteur a rendu cette idée sensible par une succession de mésaventures où son héros applique invariablement à un cas donné la leçon qui résultait de l'aventure précédente. La série des bourdes pourrait s'allonger indéfiniment, mais sans aucun profit pour la moralité de l'apologue, lequel n'en deviendrait ni plus démonstratif, ni plus concluant. Les conteurs habiles savent d'ailleurs conserver une juste mesure, excitant, sans la fatiguer jamais, l'attention de leur auditoire.

Voici comment ma mère raconte l'histoire de Jean-le-Sot, qu'elle apprit dans sa jeunesse aux environs de François, petit bourg situé sur la Sèvre, à une dizaine de kilomètres de Niort :

Un jour, la mère de Jean-le-Sot voulait couler la lessive. Elle envoie Jean quérir une femme pour l'aider; mais comme elle le sait étourdi, et craint qu'il ne lui en amène plusieurs, elle lui recommande de dire à haute voix, tout le long du chemin : « Qu'il n'en vienne qu'une! »

Jean-le-Sot passe à côté d'un homme qui semait des fèves. Il s'arrête à le regarder et continue de répéter : « Qu'il n'en vienne qu'une! qu'il n'en vienne qu'une! » L'homme crut que Jean lui souhaitait de ne récolter qu'une fève. Il se fâcha et le battit.

Jean-le-Sot s'en retourna à la maison tout en larmes.

— Qu'as-tu, mon pauvre Jean? lui demanda sa mère.

Il lui raconta sa première mésaventure.

— Ah! mon pauvre Jean, que tu es sot! dit-elle. Il fallait dire : « Chas (par) charretées! chas milliers! »

— Soyez tranquille, ma mère; une autre fois je le dirai.

Jean se remet en route. Il rencontre un *enterrement*. Et toujours, en passant à côté du cortège, il répète ce que sa mère lui a dit : « Chas charretées! chas milliers! » Les gens qui accompagnaient le mort trouvent ce propos méchant. Ils se fâchent et battent Jean-le-Sot, qui s'en retourne à la maison, toujours pleurant.

— Qu'as-tu, mon pauvre Jean?

Et il raconte l'aventure à sa mère

— Que tu es donc sot, mon pauvre Jean! ce n'était pas ça qu'il fallait dire; il fallait te mettre à genoux et prier le bon Dieu.

— Soyez tranquille, ma mère; une autre fois je le ferai.

Jean-le-Sot s'en va de nouveau. Il trouve, cette fois, un domestique de ferme qui traînait une chienne morte, et allait la jeter dans les *roches*. Il s'agenouilla et se mit à prier le bon Dieu. Le domestique, croyant qu'il se moquait, se fâcha et le battit.

Jean s'en revint encore vers sa mère, pleurant bien fort.

— Qu'as-tu encore, mon pauvre Jean?

Et celui-ci raconte ce qui lui est arrivé.

— Comme tu es sot, mon pauvre Jean! Il fallait crier bien fort : « Fessez-la, la mâtine! Traînez-la, la lice! »

— Soyez tranquille, ma mère; une autre fois je le dirai.

Jean-le-Sot se met en route pour la quatrième fois. Il croise une noce. En passant près de la mariée, il se met à crier le plus fort qu'il peut : « Fessez-la, la mâtine! Traînez-la, la lice. » Le marié, qui trouvait la plaisanterie mauvaise, se fâcha et battit Jean-le-Sot.

Celui-ci rentra à la maison, tout en larmes, et dit à sa mère ce qui s'était passé.

— Tu es tout de même trop sot, mon pauvre Jean. Il fallait la prendre par la main et la faire danser.

— Soyez tranquille, ma mère; une autre fois je le ferai.

Dans son nouveau voyage, Jean-le-Sot rencontra une vieille femme qui se désolait fort, parce que le feu venait de prendre à sa maison. Jean la prit par les deux mains et la força à danser. Mais des voisins arrivèrent, le traitèrent de malhonnête et le rouèrent de coups. Il s'en revint encore, pleurant plus fort que jamais.

— Oh! pauvre Jean, dit sa mère, il t'arrive toujours des malheurs.

Elle lui fit conter l'histoire.

— Que tu es donc sot, mon pauvre Jean! Il fallait prendre un seau d'eau et le jeter sur le feu.

— Soyez tranquille, ma mère; une autre fois je le ferai.

Jean-le-Sot se remet encore en chemin. Il passe à côté d'un villageois qui chauffe son four. Vite il saisit un seau d'eau et le répand sur la bourrée qui flambait. L'homme se fâcha et battit Jean. Celui-ci rentra chez lui roué et moulu, n'en pouvant plus.

Et la mère, désolée de voir son enfant si sot, se mit à couler sa lessive toute seule.

H. Gelin.

EXCURSIONS POITEVINES

Le Seuil de Poitiers

(Suite)

II

Si vous arrivez à Poitiers par le Nord, route ou chemin de fer, la vallée du Clain, d'abord largement ouverte, se rétrécit tout à coup, et vous apercevez bientôt la ville doucement étayée au flanc d'une colline; depuis Paris, c'est la première sensation de ce genre que vous éprouverez. Si vous arrivez par le Sud, en chemin de fer, la vision est plus fugitive, mais, en revanche, combien pittoresque! Une haute muraille de rochers, couronnée de couvents, de villas, de jardins, émerge au-dessus de la rivière, et barre tout l'horizon. Il semble que le train qui vous emporte doive se briser contre ses parois; mais il s'enfonce bruyamment dans la montagne, et au bout de quelques secondes d'obscurité, il en débouche dans la charmante vallée de la Boivre, longe quelques instants les vieilles murailles de la ville et entre en gare, laissant les yeux des voyageurs charmés encore, car ils ont évité la triste sensation du faubourg, avant-garde obligée des villes modernes.

Toutefois, ce n'est là qu'un avant-goût : si vous voulez embrasser le panorama de la ville, passez, par une belle matinée de printemps, sur la rive droite du Clain, montez aux Dunes, à l'endroit même d'où Coligny foudroya les Poitevins de ses bombardes, non loin d'une statue colossale de la Vierge, qui bénit la ville prosternée à ses pieds, d'une main plus colossale encore. Devant vous, le Clain, tranquille et profond, fait à la cité un beau collier d'une eau vert sombre; il sort de dessous le feuillage des peupliers qui le bordent, et disparait à droite, derrière un épais massif d'arbres de haute futaie. A vos pieds, un pont, « moyenâyeux » à souhait, avec, au milieu, une chapelle dédiée à la Vierge, ni plus ni moins que sur le légendaire pont d'Avignon. Puis la ville, baignée par le soleil levant : l'énorme masse de la Cathédrale d'abord, avec son gigantesque mur de chevet, tout droit, sans une inflexion; plus bas, Sainte-Radegonde, moitié romane, moitié gothique ; les deux collèges des Jésuites : celui-là, l'ancien, devenu, comme tant d'autres, lycée national; celui-ci, neuf et pimpant; à l'horizon, la haute toiture du Palais de Justice, le clocher en écailles de Notre-Dame-la-Grande, le beffroi de l'Hôtel de Ville; à gauche enfin, la ligne fuyante des tilleuls de la belle promenade de Blossac, taillés comme au temps du grand Roi. De ci de là, les quarante couvents ou communautés religieuses de la « Rome » de l'Ouest; enfin les mille toitures des maisons, jetées au hasard, sans alignement, coupées par la verdure des arbres et des jardins.

Coligny, qui avait devant les yeux le même panorama que vous, ou peu s'en faut, devait trouver que la ville était bonne à prendre ; mais les murailles étaient solides, le fossé formé par le Clain et la Boivre profond ; d'ailleurs, les Poitevins, prévenus contre ce huguenot, qui n'était rien moins que tendre, faisaient bonne garde : il s'en alla. Ne faisons pas encore comme lui, entrons dans la ville.

Ce n'est pas que j'aie l'intention de vous la décrire. Il existe, à Poitiers, une Société d'Antiquaires qui m'en voudrait de marcher sur ses brisées et qui trouverait, avec raison, que je commets à chaque pas des hérésies. Et puis, j'ai peur que la ville ne réponde pas à l'impression que vos yeux en ont ressentie de là-haut. Le culte du passé n'est pas le fort des démocraties ; elles ont d'autres besoins et elles y sacrifient. Est-ce un bien, est-ce un mal? Pour ma part, j'avoue franchement que mon esprit proteste, mais que le reste est satisfait. Songez seulement que vous allez fouler ici un sol vénérable s'il en fut, et que vingt siècles à peu près vous contemplent.

D'ailleurs, il y en a pour tous les goûts. Si vous avez un culte pour les Romains, vous jetterez un coup d'œil aux derniers vestiges de leurs arènes; elles étaient, dit-on, les plus vastes de l'Empire après le Colisée ; je n'ai pas vérifié, car il en reste malheureusement trop peu de chose. Si les chrétiens de la première heure vous intéressent, vous ferez un pèlerinage au temple Saint-Jean ; c'est le plus ancien monument du culte qui existe en France, et, entre parenthèses, vous ne regretterez pas votre

Phot. Robuchon.

POITIERS. — Le Pont-Joubert.

Phot. Robuchon.

LUSIGNAN. — La Vonne.

voyage, car le sanctuaire est doublé d'un musée infiniment curieux, où le Père de La Croix a exposé d'admirables moulages qu'il relève lui-même avec amour. Si vous avez du goût pour les controverses religieuses, vous irez en son temple faire vos dévotions à saint Hilaire, le champion de la foi chrétienne contre la foi arienne ; cela vous procurera l'occasion d'admirer le seul édifice de France qui possède sept nefs, et ce beau monument de pierre vous inspirera, même profane, quelque chose de la foi religieuse des premiers siècles. Si vous aimez le roman fleuri, allez à Notre-Dame-la-Grande ; sa façade est la merveille de l'Ouest, et à l'intérieur, quelle pureté de formes, quels admirables chapiteaux, quelles merveilleuses chapelles de tous les styles, de toutes les époques ! Si vous avez l'esprit hanté par les récits des temps mérovingiens, vous n'oublierez pas un pèlerinage à Sainte-Radegonde ; vous ferez brûler un cierge en l'honneur de l'infortunée compagne de Clotaire ; à tout le moins, vous admirerez son tombeau, et en sortant, vous n'oublierez ni les verrières de l'église, ni son harmonieux clocher.

Mais quelle est cette muraille gigantesque qui barre le ciel ? C'est le chevet de Saint-Pierre, la Cathédrale. Vous en faites le tour, et trouvez à cette maison du Seigneur un aspect un peu bien rébarbatif ; il semble que cela soit fait pour résister au canon et non pas pour convier les fidèles à la prière. Cela est vrai ; mais franchissez le seuil, et dites-moi si ces trois nefs grandioses, de même hauteur, ne sont pas la majesté même, et si vous avez jamais ressenti en France, aussi fortement que dans ce lieu, l'impression qui répond à ce nom de basilique ? Et quelles verrières ! Où trouver d'aussi beaux bleus ?

Donc, cette « basilique » est l'œuvre d'Eléonore d'Aquitaine et son noble époux, Henri Plantagenet ; les rois d'Angleterre ont régné ici autant que Rome, presque autant que les rois de France eux-mêmes, ils y ont laissé la marque impérissable de leur passage.

Mais voici que nous retrouvons les Valois eux-mêmes.

Le voyageur qui, de la gare, ascensionne péniblement la rue Boncenne, arrive au terme de son voyage devant un portique d'ordre dorique, à moins qu'il ne soit d'ordre corinthien : c'est le Palais de Justice. Bien entendu qu'il y entre, et aussitôt il se trouve dans l'admirable salle des Pas-Perdus, bâtie par Jean de Berry, frère de Charles V. Le mur-pignon de cette salle, avec ses trois fenêtres dans lesquelles l'architecte a, comme en se jouant, fait passer les conduites des trois cheminées monumentales sises à la base du mur, est une des pages les plus originales de l'art gothique au quinzième siècle. D'ailleurs, ce Palais de Justice occupe l'emplacement de l'ancien château du Comte de Poitou, et l'on admire encore, masqués hélas ! par les constructions modernes qui s'y adossent et même y pénètrent, les restes de l'ancienne tour Maubergeon, qui était le chef-lieu féodal de toute la seigneurie du Poitou, le Louvre de cette partie de la France.

Mais je m'aperçois que je fais de l'érudition ; il n'est que temps de monter sur ma « bécane » et de battre un peu le pays. Chemin faisant, passons dans le Poitiers moderne, qui a bien de la peine à se rajeunir, et qui, cependant, possède dans son Hôtel de Ville et dans sa Préfecture deux jolis pastiches de la Renaissance et du style Louis XIII, et, dans son beau jardin de Blossac, quelque chose d'un jardin des Tuileries qui dominerait la Seine d'une quarantaine de mètres. En marche, maintenant, dans la direction de La Rochelle. Justement, la route est parfaite, droite, presque horizontale pendant cinq lieues. C'est l'idéal. Tout à coup, grande descente, emballement ; nous sommes aux pieds de ce qui fut le château de Lusignan.

Lusignan ! La fée Mélusine ! Les rois de Chypre et de Jérusalem ! Nous sommes ici dans le pays des fées et des troubadours, des belles châtelaines, qui attendaient des années, blotties dans l'embrasure épaisse d'une fenêtre, leurs époux partis pour la croisade, et d'où ils revenaient, parfois, avec une couronne, et quelle couronne ! Celle précisément qu'un empereur très moderne, mais très étranger à la France, cherche peut-être en ce moment à se mettre sur la tête. Y eut-il, d'ailleurs, plus exquis paysage pour servir de cadre à plus exquises légendes ? La Vonne, qui coule devant vous, est bien l'une des plus gracieuses rivières du beau pays de France, et comme elle a regret de quitter les bords fleuris qu'elle arrose ! Il n'est de tours et de détours qu'elle ne fasse, semblable à une paresseuse couleuvre, pour retarder le moment où elle se jettera dans le Clain, auprès de cette coquette ville de Vivonne, patrie de la divine Catherine, marquise de Rambouillet.

Phot. Robuchon.

SANXAY. — Ruines du théâtre romain.

Mais, peut-être, cherchez-vous le château qui se mirait au fond de cette rivière? Hélas! les guerres de religion n'en ont laissé pierre sur pierre. Disparue avec le château, la fée Mélusine ! Il ne vous reste plus, pauvre touriste, qu'à rêver de légendes envolées et des grands vassaux de France découronnés ou morts, en contemplant le beau viaduc du chemin de fer qui franchit la vallée : pour une fois, la science n'a pas gâté la nature.

En route, maintenant, pour Sanxay. Qu'est-ce que Sanxay? me direz-vous. Tout simplement une ville romaine sortie de terre de par la science, la volonté, et aussi les deniers du Père de La Croix. Vous n'attendez pas, je suppose, que je vous fasse, à ce sujet, un cours d'histoire romaine et d'archéologie, et d'ailleurs, je n'en sais que ce que m'en a conté un brave homme du pays, commis à la garde des ruines. Combien de temps les gardera-t-il encore? car ils vont bon train ces débris d'un autre âge depuis que la terre ne les protège plus des intempéries. Ce que je vois, en revanche, c'est que la Vonne, ici encore, garde son gracieux sourire, et que j'ai passé, assis sur les degrés du théâtre, dans une solitude que rien n'a troublée, une heure d'exquise rêverie.

Phot. Robuchon.

BEAULIEU-SOUS-PARTHENAY. — Ruines du château de la Meilleraie.

C'est ici le commencement du granit, la première assise de la Vendée ; je devrais donc, pour être fidèle à mon programme, ne pas pousser plus loin et rester, bien qu'en Poitou encore (car le Poitou va jusqu'à la mer), sur la terre classique des grandes luttes historiques. Je ne résiste pourtant pas au plaisir de suivre la vallée jusqu'à sa source. Ceci me donnera l'occasion de vous mener à Ménigoute, où existe une délicieuse chapelle du style ogival fleuri, à l'ancienne abbaye des Châtelliers, bien délabrée, hélas ! mais située près d'un si joli étang, et enfin, aux sources mêmes de la Vonne, aux ruines du château de la Meilleraie.

La Meilleraie fut construit par Charles de La Porte, maréchal de La Meilleraie, et neveu de Richelieu ; il passa ensuite aux mains de son fils, le duc de Mazarin, époux d'Hortense Mancini, l'héritière des millions de son oncle, le Cardinal. Nous sommes donc en pleine histoire, car où trouver deux noms qui l'auraient plus glorieusement faite? Le château était de médiocre importance ; fut-il d'un séjour agréable pour la belle Hortense? C'est douteux, car c'était surtout la jalousie de son mari qui l'y ramenait à l'abri des séductions du monde. Je sais seulement que la nature l'a pavé d'herbes folles, que les arbres les plus variés ont poussé partout, dans toutes les crevasses, dans tous les éboulis, et qu'ils se marient à ravir avec quelques beaux restes d'un portail toscan ; je sais aussi qu'il était entouré de douves qui existent encore, et qu'il possédait enfin une terrasse au milieu de laquelle s'élevait la statue de l'illustre ministre de Louis XIII, statue que l'on voit, actuellement mutilée, au musée de Niort. Qui donc achètera ces ruines, ne serait-ce que pour y relever la statue que cet homme ne possède pas encore en France ?

Je ne sais si c'est l'illusion des choses disparues, mais il m'a semblé aussi découvrir les vestiges d'un beau jardin à la française, dans le goût du parterre de Fontainebleau, et mon imagination a immédiatement reconstitué château et jardin, et j'ai vu la belle Hortense passant sous le porche italien qui menait au pont-levis du château, et allant promener sa grâce sous les allées des tilleuls soigneusement taillés et alignés. A qui pensait-elle dans ces heures d'exil que lui imposait le plus jaloux des maris? A Charles II d'Angleterre, à Turenne, à Charles de Lorraine, qui l'avaient successivement aimée? ou bien redisait-elle ces vers du fabuliste :

. . . .

Hortense eut du ciel en partage
La grâce, la beauté, l'esprit ; ce n'est pas tout :
Les qualités du cœur ; ce n'est pas tout encore :
Pour mille autres appas le monde entier l'adore
Depuis l'un jusqu'à l'autre bout.

. . . .

(A suivre.) A. POTEL.

L'INDUSTRIE EN POITOU

La papeterie en Charente

ET SON HISTOIRE

(Suite)

III. — L'organisation de l'industrie papetière : patrons et ouvriers

En dépit de ces vissicitudes, cette industrie attirait toujours à elle les capitaux. Bien qu'elle ait subi de grandes crises, n'étant pas contrainte comme aujourd'hui de fabriquer sans trêve, elle pouvait, guettant l'arrivée de jours meilleurs, interrompre le travail, attendre la réouverture des marchés ou le relèvement des cours. En temps normal, on calculait qu'une cuve de papeterie coûtait au dix-huitième siècle 13.048 francs tout compris (salaires, nourriture et logement des ouvriers, entretien du matériel et du bâtiment, matières et impôts). Comme elle rapportait 16.800 francs, le bénéfice net s'élevait à 3.751 francs, soit 25 o/o d'intérêt. Aussi la propriété et l'exploitation d'un moulin à papier étaient-elles une source de revenus que l'on estimait fort. Au reste, quatre classes d'hommes s'intéressaient à cette industrie et en tiraient tout ou partie de de leurs ressources. C'étaient les propriétaires, les marchands ou fermiers, les maîtres fabricants et enfin les ouvriers. Rarement le propriétaire du moulin à papier exploite lui-même. Presque toujours il loue son moulin à un marchand ou fermier, par un bail plus ou moins long, et moyennant une rente en argent et en nature. Ainsi en 1631 le moulin des Brandes (paroisse Saint-Michel) s'afferme 1440 francs (valeur actuelle); le fermier s'engage à donner en outre tous les ans quatre rames de papier. Un grand moulin comme celui de Ruelle vaut en pleine guerre, en 1677, jusqu'à 3000 francs de fermage. Au dix-huitième siècle, le prix de location diminue de moitié ou des deux tiers. Le propriétaire, qui est tantôt un marchand comme Cothier ou Vantongeren, tantôt un noble comme MM. de Balzac et d'Hauteclaire, tantôt un ecclésiastique, tantôt une abbaye comme celle de la Couronne, ou une association de paysans, comme ceux du Puymoyen, loue en même temps que le moulin, son matériel et ses dépendances en bâtiments, prés, jardins et champs. La possession se transmet ainsi dans la même famille ou dans le même groupe pendant des siècles.

Le locataire ou fermier appartient le plus souvent à la classe des marchands ou commissionnaires qui font le commerce en gros du papier, comme les Janssen, les Vantongeren, les Henry. Son rôle consiste à fournir au maître-fabricant un capital d'exploitation en argent ou fonds de roulement qui, au dix-huitième siècle, est généralement fixé à 3000 lires (12.000 francs d'aujourd'hui par cuve), quelquefois à 4000 lires. Ce capital ou *cabal* n'est pas productif d'intérêts. Le maître-fabricant le restitue à la fin du contrat qui le lie au fermier marchand, dans toute son intégrité. En retour, le fabricant est tenu de fournir au marchand tout le papier qu'il produit, dans une proportion déterminée, à un poids, à des dimensions et à un prix fixés d'avance par leur contrat. C'est sur la revente que le marchand réalise son bénéfice souvent très considérable.

Au troisième rang, dans cette hiérarchie industrielle, vient le maître-fabricant. C'est un ouvrier actif, entreprenant, habile, qui très souvent s'élèvera par son intelligence à la condition de marchand ou de propriétaire. C'est dans cette élite de la démocratie ouvrière que se forment au dix-huitième siècle les deux grandes dynasties des Laroche et des Lacroix. Il bénéficie de la différence entre les frais d'exploitation et le prix de vente en gros du papier, de sorte que, pour réussir, il faut qu'il sache à la fois bien fabriquer et bien vendre. C'est à lui qu'incombent tous les frais d'entretien du moulin, l'achat des matières premières, les salaires et la nourriture des ouvriers. Aussi a-t-il besoin de vigilance et de dextérité. Levé le premier à trois ou quatre heures du matin, il assiste à l'entrée des compagnons. Pendant tout le jour, il va de cuve en cuve, d'atelier en atelier, surveiller le travail, gourmander la paresse, mettre au besoin lui-même la main à l'ouvrage. Il préside à la table de famille, au repas des ouvrières et des ouvriers, il loge avec sa femme et ses enfants dans le même groupe de bâtiments qu'eux. Dans ces logis simples, mal aménagés, mal clos, il partage leur rude existence, heureux s'il peut maintenir parmi ses bruyants compagnons l'ordre et la discipline.

L'ouvrier papetier constitue, en effet, une aristocratie privilégiée mieux payée et bien plus indépendante que les autres corps de métier du temps. Il a l'orgueil de sa profession et une humeur frondeuse dont l'autorité du maître et même celle de l'Etat souffrent souvent. Il forme dans chaque moulin un groupe assez nombreux. Pour une cuve il faut un personnel de dix-sept personnes, savoir : un couteau ou chercheur de peilles, un valet-charretier (qui dirige quatre chevaux), quatre trieuses ou délisseuses, un maître-ouvrier ou contremaître, un gouverneur assisté d'un ou deux apprentis, un leveur, un coucheur, un sallerant, quatre apprêteuses ou lisseuses. C'est tout un petit monde difficile et exigeant que celui-là. Notons d'abord qu'il est logé gratuitement. Qu'il est aussi chauffé, et il faut annuellement pour le personnel d'une cuve trente charrois de gros bois et deux milliers de fagots. Bien mieux, jusqu'au milieu du dix-huitième siècle, les ouvriers et ouvrières sont nourris : les femmes ont droit à la soupe. Les hommes, mieux traités, se nourrissent aux frais du maître « à bouche que veux-tu », dit un mémoire inédit de 1739. D'après ce même mémoire il faut, pour le personnel de chaque cuve, acheter tous les ans cinquante barriques de bon vin, six pipes de bonne méture blanche, une pipe de froment, six porcs gras, 2600 livres de viande de boucherie, du poisson, du beurre, du fromage et de l'huile en proportion. L'ouvrier peut exiger du pain à discrétion. Il a droit à une pinte (un litre) de vin par repas, et s'il n'en a pas assez, il peut en demander au maître au prix réduit de 1 sou 6 décimes la pinte. Ces conditions étaient si ruineuses, qu'en 1751, les fabricants coalisés, avec l'appui de l'Etat, obtinrent la suppression de cette coutume et remplacèrent l'obligation de la nourriture par une augmentation de salaire.

Ces salaires contrastent par leur taux élevé avec la rémunération modeste des autres corporations. Un tisserand à Angoulême gagne au dix-huitième siècle 7 à 10 sous par jour, soit 12 à 14 francs par mois, sur lesquels il doit prélever sa nourriture et son logement. Le compagnon papetier, qui est logé, nourri, éclairé, chauffé, a un salaire fixe mensuel qui varie de 10 francs au maximum à 7 francs au minimum, soit de 40 à 28 francs en valeur actuelle, et il y joint des suppléments nommés *avantages* pour la fabrication des papiers de première qualité et des papiers forts. Lorsqu'en 1751 les patrons obtinrent de ne plus nourrir obligatoirement l'ouvrier, le salaire mensuel est encore fixé à 24 livres par mois pour le contremaître et le sallerand, 22 livres pour le gouverneur, 21 livres pour le coucheur, 12 livres pour le vireur, 15 livres pour l'apprenti, sans parler des tâches supplémentaires qui sont payées de gré à gré. Il faudrait multiplier par 4 pour avoir la valeur actuelle. Dans la seconde moitié du siècle, les ouvriers les plus habiles arrivent même à gagner 29 à 33 livres par mois. Les compagnons papetiers ne travaillent qu'un nombre limité de jours, une moyenne de 22 sur 30. On a eu beau supprimer, en 1757, vingt fêtes chômées, ils suivent les traditions et les suivront longtemps encore après la Révolution. Ils chôment donc non seulement les dimanches et fêtes légales aujourd'hui consacrées, mais encore quarante autres fêtes qui se trouvent dans l'ancien calendrier, c'est-à-dire 100 jours de l'année sur 365, près du tiers, et ils refusent de travailler, alors même qu'on leur offre ces jours-là un salaire supplémentaire. Tout leur est occasion de chômage extraordinaire, non seulement les vieilles fêtes, mais encore le jour des obsèques du maître, de sa femme ou de ses enfants, mais encore la visite d'un compagnon sans travail, et dans ces occasions nulle puissance au monde ne saurait les ramener à leur besogne. Au reste, il convient de remarquer que leur profession est pénible, insalubre, même meurtrière. Ils sont à l'atelier dès trois ou quatre heures du matin et ils vivent douze à quatorze heures par jour dans l'atmosphère lourde et délétère du pourrissoir et de la cuve, au milieu des vapeurs malsaines, le corps agité d'un mouvement perpétuel, courbé sur le chiffon et la pâte. De bonne heure les infirmités pleuvent sur eux : varices, œdèmes des membres inférieurs, rhumatismes chroniques, scorbut, ulcères des jambes et des malléoles, catarrhe, déviation des genoux, carie dentaire. Entre quarante et cinquante ans, ils sont usés et finissent presque tous en proie au catarrhe chronique.

En eux domine un esprit de corps jaloux et exclusif. Ne se mariant qu'entre eux, ils considèrent leur métier comme une propriété réservée à leurs enfants, refusant d'apprendre leur profession à des apprentis étrangers. Ils excluent de leurs moulins les papetiers des provinces avec lesquelles ils n'ont pas de traité, car ils traitent de puissance à puissance. S'ils admettent, à charge de réciprocité, les compagnons de Gascogne, du Languedoc et de Provence, ils se montrent intraitables à l'égard de ceux des autres pays et notamment de l'Ile-de-France. En 1765, le moulin de Montbron ayant admis des papetiers de Montargis, c'est le signal d'une grève générale parmi les ouvriers de l'usine. Ils ne veulent pas non plus que le fabricant puisse trop choisir ses ouvriers et les mettre en concurrence ; ils se spécialisent jalousement, refusant par exemple, s'ils sont gouverneurs ou coucheurs, d'aller travailler comme sallerants ou colleurs. Leurs mœurs sont turbulentes et grossières. Comme les compagnons imprimeurs et verriers, ils ont de leur profession une haute idée, entretenue par les privilèges dont on les a dotés : exemption ou modération de tailles, dispenses du service et du logement militaires. Au dix-septième siècle, ils portent gravement l'épée ou le poignard comme les gentilshommes. Fort chatouilleux sur le point d'honneur, ils se coupent galamment la gorge dans les combats qu'ils se livrent de moulin à moulin sur les chaumes de Crage. Violents et vindicatifs, ils suspendent le travail au gré de leur caprice, et bravant la loi, désertent l'usine sans avis préalable. Leurs coalitions et leurs grèves fréquentes au dix-huitième siècle font le désespoir des fabricants et des administrateurs, car ils ont la tête aussi dure que le sang chaud. Un maître veut-il leur résister, ils prononcent contre lui la mise à l'index (la damnation), et aussitôt son moulin est déserté. Le fabricant est forcé de tolérer leurs abus et de subir leur loi. L'ouvrier sans travail, le fainéant chassé de moulin en moulin est considéré comme un frère que les laborieux nourrissent. Il va d'usine en usine prélever ce qu'il appelle sa *rente* : chacun lui offre un repas à son tour. Son arrivée est le signal de la désertion du travail et d'une kermesse où les compagnons, ivres du matin au soir, finissent par des batailles accompagnées de jurements horribles. L'ivrognerie est en effet l'un des vices essentiels de cette population ouvrière. Elle croit puiser des forces dans le vin et elle en use à tout propos. Les obsèques des compagnons, des patrons et des membres de leur famille donnent lieu, comme la perception de la rente des ouvriers sans travail, à des ripailles où le vin coule à flots. Il en est de même de la réception des apprentis. L'apprenti paiera 28 pintes de vin par mois pour se faire montrer le métier; il paiera encore pour devenir compagnon, et compagnon il paiera toujours pour franchir les cinq ou six degrés de la hiérarchie de son métier. Le récipiendaire se ruine à assouvir la gloutonnerie de ses camarades; on calcule en 1730 qu'un ouvrier dans sa carrière dépense ainsi 600 livres (c'est-à-dire 2400 francs). Le résultat, c'est qu'il ruine le patron qui lui avance les frais, c'est qu'il finit lui-même dans un lit d'hôpital. Les lois et les règlements échouent contre la puissance de la tradition.

IV. — L'intervention de l'Etat

D'ailleurs, l'Etat lui-même, qui prétend supprimer ces abus, en crée d'autres plus graves encore par son intervention maladroite dans le domaine de l'industrie. Persuadé qu'il peut seul empêcher la fraude, assurer une bonne fabrication, maintenir l'équilibre entre l'ouvrier et le patron, il s'est cru obligé d'assujettir la papeterie d'Angoumois aux règlements pédantesques de 1671, de 1730, de 1739 et de 1741. De vénérables bureaucrates, d'ailleurs bien intentionnés, ont prévu dans ces codes de l'industrie papetière, de plus en plus étendus, toutes les opérations même les plus techniques, sans rien laisser à l'initiative individuelle. Ils ont tout réglé, tout réduit à des préceptes de manuel, obligatoires sous peine de confiscation et d'amende : emploi du chiffon, pourrissage, broyage, mise en forme, séchage, collage, expédition, longueur, largeur, poids, nature de chaque variété de papier. Comme l'administration est la source de la lumière, comme elle connaît seule les meilleurs procédés, nul fabricant ne saurait innover, sans en demander la permission à monseigneur l'intendant. Ce n'est pas trop de son expérience combinée avec celle de nosseigneurs du conseil du roi et de monseigneur le contrôleur général pour décider si le papier aura un pouce de plus ou un pouce de moins de long ou de large, et si pour broyer le chiffon il vaudrait mieux employer des cylindres que des maillets. La bureaucratie est méfiante et elle aime les formes. Aussi chaque papier sera-t-il astreint à des marques compliquées, indiquant son origine et sa variété; chaque rame aura la sienne; chaque moule en devra porter plusieurs, et chaque sorte possédera son emballage spécial. Voilà à quelles chinoiseries gênantes cette sollicitude officielle devait aboutir. La réglementation est plus que ridicule, elle est tyrannique. L'oubli d'une marque, le mélange d'une feuille mal réussie dans une main irréprochable, une enveloppe extérieure mise de travers, l'absence d'une des règles multiples des arrêts, donnent lieu à des visites, à des confiscations, à des procédures, à des condamnations pécuniaires ou infamantes où se révèle l'ingéniosité juridique de l'administration d'autrefois. Elle lèse aussi les intérêts qu'elle prétend concilier : contrat de travail, durée des journées, taux des salaires, elle a voulu tout déterminer, et elle n'a réussi qu'à mécontenter ouvriers et patrons. Jamais on ne réalisa d'aussi près cet idéal du socialisme d'Etat qui fait pleurer de tendresse nos modernes collectivistes. L'industriel, tenu en lisière comme un enfant, trouve son pédagogue renfrogné et grondeur dans l'inspecteur des manufactures qui vient surveiller l'exécution des règlements, gêner la fabrication par ses tracasseries tâtillonnes et auquel on n'échappe que par les inventions multipliées de la fraude. A cette tyrannie qui s'exerce près d'un siècle, l'Etat a ajouté le poids des monopoles et privilèges qu'il concède à tort et à travers. Sous prétexte d'aider les initiatives utiles, il favorise certains fabricants au détriment des autres. En 1734, des capitalistes avisés, dont faisait partie le poète Vivien de Châteaubrun, Angoulême, ne s'avisèrent-ils pas de fonder une société pour la fabrication et la vente du papier d'Angoumois! Ils ont promis monts et merveilles; ils établiront, disent-ils, 50 cuves, et ils ont résolu d'entamer la lutte dans le Nord contre le commerce hollandais. Le gouvernement se hâte de leur accorder le titre de compagnie royale des papiers d'Angoumois avec un monopole de vingt ans, l'exemption des droits de douane à la sortie de la province pour leurs produits et une marque spéciale pour les recommander. La compagnie monte onze cuves, qu'elle réduit bientôt à quatre, et grâce à son privilège qui lui permet de fabriquer et de vendre meilleur marché, elle ruine les papeteries concurrentes, jusqu'au jour où Turgot la ramène au droit commun. Au reste, l'Etat se fait chèrement payer cette tutelle onéreuse. Il frappe de droits élevés à l'entrée de la province le chiffon et la colle; il gêne par ses tarifs de douane exagérés la circulation intérieure et l'exportation des papiers. Depuis Richelieu, il prélève sous le nom de droit de contrôle, de visite et de marque des papiers et cartons, des impôts de taux variables, souvent exorbitants, qui réduisent la consommation, appauvrissent le fabricant, poussent même parfois le peuple aux émeutes comme en 1636 et en 1640, et il fait ainsi le jeu de la concurrence anglaise et hollandaise. Cette expérience plusieurs fois séculaire montra du moins aux hommes éclairés du dix-huitième siècle les avantages de la liberté. La papeterie d'Angoumois fut l'une des industries qui ressentirent le plus vivement le contre-coup des réformes provoquées par les économistes.

V. Les dernières transformations de l'industrie papetière

Les quarante années antérieures à la Révolution marquent en effet comme le prélude de l'étonnante rénovation industrielle du dix-neuvième siècle. Les découvertes se multiplient, les fabricants rivalisent d'ardeur, l'Etat s'inspire de maximes plus libérales, la richesse publique s'accroît. L'invention des cylindres se propage de la Hollande en France; ils apparaissent vers 1760 aux moulins de Montbron et de Puymoyen. La technique de la fabrication s'améliore. Une ère de liberté s'ouvre pour nos fabriques. Deux grands administrateurs, l'intendant de Limoges, Turgot, et l'inspecteur Desmarets, futur membre de l'Académie des Sciences, s'ingénient pour aider au relèvement de l'industrie papetière. Les tyranniques règlements d'autrefois cessent d'être appliqués. « Ce qu'il y a de mieux à faire, écrit Turgot dans une lettre inédite, c'est de les laisser tomber en désuétude. » Les monopoles sont abolis; la manufacture royale d'Angoumois perd son privilège vivement attaqué par les autres fabricants. Le bon ordre est maintenu d'une main ferme, mais l'Etat se refuse à intervenir dans les conflits d'ordre privé entre ouvriers et patrons. « L'ouvrier, écrit encore Turgot dans une correspondance que nous avons découverte, a le droit de servir le maître qui le paie le mieux, le maître a le droit de choisir l'ouvrier qui lui convient. » Les taxes qui frappaient les moulins à papier et leurs produits sont modérées. L'industrie papetière revit en Angoumois, vingt-sept usines y travaillent avec activité, maintenant dans le monde la vieille réputation de nos papiers. A ces bienfaits la Révolution en ajoute un autre immense : elle proclame la liberté absolue de l'industrie et elle garantit la propriété industrielle par les brevets d'invention. Mais bientôt le régime terroriste, l'anarchie qui le précède et qui le suit, ruine la fabrique angoumoisine. Des taxes énormes, l'établissement d'un prix maximum pour ses produits, la prohibition de l'exportation, la levée en masse des ouvriers valides, le système des assignats, ruinent en quelques années une industrie prospère. C'est à peine si en 1800, cinq à six fabricants de papiers avaient pu résister à la tourmente. Avec l'ordre qui reparait sous le Consulat, avec la longue paix qui suit les traités de 1815, les ruines disparaissent peu à peu. En 1817, il y a dans la Charente trentre moulins à papier avec cinquante et une cuves, un peu plus qu'en 1789. Depuis, l'industrie papetière s'est trouvée entraînée dans le mouvement vertigineux, qui, à partir du milieu du siècle surtout, emporte les industries contemporaines. Tout y a été transformé : la matière, les procédés, l'organisation des produits et les prix, le groupement des capitaux et le taux des salaires. Au chiffon, devenu une matière première de luxe coûteux, sont venus s'ajouter la paille, la plante ligneuse méditerranéenne connue sous le nom d'alfa, et surtout le bois de sapin. Pour produire des articles à bon marché et d'une consommation courante, il a fallu aussi modifier les procédés, restreindre la fabrication du papier à la main, employer les machines pour bluter, lessiver, effilocher les matières, et transformer les pâtes en feuilles. Avec leur entrée en scène, a coïncidé la disparition de l'ancien personnel des leveurs, des vireurs et des coucheurs. Nos papeteries modernes ne connaissent plus que des conducteurs de machines ou gouverneurs, que des mécaniciens assistés d'un personnel auxiliaire pour la manipulation du papier fabriqué. L'emploi des agents minéraux ou chimiques : la soude, la chaux, le chlore, le bisulfite, le kaolin, est venu se substituer à celui des agents naturels d'autrefois : l'air, l'eau et le soleil. La production est ainsi devenue moins coûteuse et plus intense. Elle répond à des besoins de plus en plus multipliés. Le papier a reçu des applications d'une variété prodigieuse, suivant les progrès de la science, de la mode, de l'instruction. Il sert à mille usages de la vie publique et de la vie privée : au livre, à la presse, à l'écriture, voire même à la chaussure, à la locomotion, à l'habitation.

L'usage de plus en plus répandu du tabac à fumer (il y a un siècle fort peu connu, on prisait et l'on ne fumait guère), a fait la fortune d'une spécialité de l'industrie charentaise, la fabrication du papier à cigarettes. Depuis 1850, la production du monde entier a décuplé ; elle s'est élevée récemment à 2 milliards 260 millions de kilos. La France, qui produisait en 1789 environ 20 millions de kilos, en 1850 40 millions de kilos, en produit aujourd'hui 350 millions. Dans la Charente, où la préparation du papier fabriqué s'est développée plutôt que la fabrication proprement dite, cette fabrication n'en a pas moins doublé ou triplé depuis un siècle. Les vingt-sept usines charentaises produisent encore depuis vingt ans entre 600,000 et 1 million de kilos, et la Charente occupe le huitième rang parmi les départements producteurs. Les usines Maumont, Veuze, l'Abbaye, Lescalier, Saint-Michel, bien d'autres encore (j'en passe et d'excellentes), soutiennent dignement la vieille réputation de l'Angoumois. En même temps, le prix du papier diminuait d'un tiers depuis 1850, de 10 o/o depuis 1887. L'industrie papetière a dû transformer son outillage, produire à plus bas les prix, s'ingénier pour atténuer le contrecoup des impôts, des tarifs, des transports onéreux, pour s'accommoder enfin à la spécialisation croissante. Autrefois, le fabricant ou le marchand expédiait le papier à l'état brut au commerce de gros ; aujourd'hui, l'industrie charentaise s'est créé une nouvelle ressource en installant, auprès de l'usine qui produit, l'atelier qui transforme le papier pour le livrer au grand et au petit commerce, prêt à passer entre les mains du consommateur. Ainsi se sont formées à Angoulême ces vastes maisons pour le glaçage, la réglure, le foliotage, l'impression, la garniture, l'endossure des papiers d'écriture et d'enveloppes, des carnets, des registres, des copies-de-lettres et des agendas. Groupés dans les faubourgs de la ville même, à Saint-Cybard et à La Bussatte, ils leur donnent cet aspect animé qui en fait la partie la plus pittoresque de la cité. Pour soutenir les entreprises de notre temps, les modestes capitaux d'autrefois ne suffiraient pas. Dès l'époque de la Restauration, ce n'étaient plus 10 à 12.000 fr. qui pouvaient faire marcher une papeterie en Angoumois : il y fallait 75 à 80.000 fr. Aujourd'hui, il faut parler de millions. L'ancienne organisation a donc été bouleversée. Ce sont les capitaux associés qui permettent de soutenir les entreprises actuelles. On a pu jadis, dans l'industrie papetière, réaliser de rapides fortunes. De nos jours, la rémunération du capital se fait de plus en plus modeste. Telle entreprise de papeterie charentaise, dont je pourrais citer le nom, avec un fonds de 4 millions 1/2, distribue à peine 5 o/o à ses actionnaires. De plus en plus s'accroitra, au contraire, la rémunération du travail. C'est la loi du monde moderne. Les salaires des ouvriers papetiers, de ceux surtout qui vivent à la campagne, sont en effet en progression marquée. Des familles entières gagnent modestement leur vie en ces usines ou ces ateliers. Leur profession, jadis insalubre, est devenue de nos jours peu dangereuse. Le développement des institutions de prévoyance, le système des primes de participation, les lois relatives à l'assurance contre les accidents, la création de logements à bon marché, la diminution du prix des objets de première nécessité, tout a contribué à rendre plus douce et moins précaire l'existence de la population ouvrière. Les ouvriers papetiers de la Charente se distinguent d'ailleurs par cette qualité précieuse qui semble l'apanage traditionnel de notre vieille race des Français de l'Ouest, à savoir la modération et le bon sens. La santé morale a fait chez eux des progrès immenses, et l'on ne reconnaîtrait pas en eux les descendants des compagnons turbulents et grossiers du temps jadis.

De cette rapide esquisse, simple résumé de travaux plus approfondis, je voudrais dégager en terminant quelques réflexions pratiques. L'histoire n'est pas seulement l'évocatrice du passé et le témoin du présent, elle est aussi ou devrait être la régulatrice, l'institutrice de la vie humaine. Ce que peuvent de vieilles traditions de travail précieusement conservées, soigneusement entretenues, la persistance de la papeterie charentaise pendant cinq siècles peut nous le montrer. Elle prouve qu'il est mauvais de trop abandonner les traces de nos pères, de nous désintéresser des affaires de nos provinces, pour devenir ces déracinés qui vont s'étioler sur le sol des grandes villes après avoir perdu le contact de la terre natale. Elle nous montre encore combien la liberté est nécessaire dans l'ordre économique. Lorsque l'Etat, cette idole de nos collectivistes, a voulu autrefois mettre sa lourde main sur l'industrie papetière, sous prétexte de la protéger et de la perfectionner, son intervention a abouti à la tyrannie et à la ruine. Elle est encore la preuve vivante qu'une industrie ne peut vivre, dans le présent comme dans le passé qu'avec la solidarité des ouvriers et des patrons, et que si les premiers risquent de la ruiner par leurs exigences, leurs grèves, leurs coalitions, les seconds risquent de la compromettre par leur égoïsme ou leur imprudence. Enfin de cette histoire se dégage surtout une leçon d'énergie. Depuis cinq cents ans, les vaillants industriels de la Charente ont été aux prises avec les crises les plus graves. Ils ont bravé la mauvaise fortune, ils ont lutté contre les fléaux de la guerre, des troubles religieux, contre des lois économiques pires encore, contre la routine, contre les transformations de l'outillage, contre la surproduction et l'avilissement des prix. C'est en eux, c'est dans ces industriels et ces commerçants, que les jeunes générations peuvent trouver des professeurs d'énergie. Leur vie est un perpétuel effort, un démenti éclatant à ceux qui nous représentent comme une nation de décadents et de névrosés. A côté du monde bruyant mais restreint des aigrefins de la politique ou de la finance, des oisifs qui font la fête en attendant de l'expier, des déclassés sans ressort qui au lieu de se sauver eux-mêmes comptent sur l'Etat-Providence, à côté des esthètes contemplatifs qui prennent leur veulerie pour de la distinction, à côté des sophistes creux et déclamatoires qui grisent le peuple de leur vaine rhétorique pour mieux l'exploiter, ces industriels et ces commerçants sont, avec nos paysans, nos soldats, nos savants, la chair et le sang même de la patrie. Ils nous représentent la vraie noblesse, celle du travail, la vraie France, celle qui agit, celle qui aux champs, à l'atelier, à l'usine, au magasin, à l'école et à la caserne, défend le pays, produit la richesse, forme les intelligences, et prépare la moisson féconde que mûrira le soleil de l'avenir.

P. Boissonnade,
Professeur à la Faculté des Lettres de Poitiers.

ETHNOGRAPHIE — FOLK-LORE

Légendes et superstitions

Le Garou. — Le garou est une personne condamnée par Satan à prendre la forme d'un animal, et à parcourir sept communes dans la nuit de la transformation. A l'aube, elle est chez elle, à moins d'accident mortel. Sous sa forme accidentelle, le garou se joue des hommes, des périls où tout être succomberait. La plus légère atteinte d'une arme ou d'un projectile bénit le ramène à sa forme vraie. Une atteinte nouvelle met fin à son existence. On en cite qui ont péri misérablement dans leurs courses aventureuses, et gisent privés des bénédictions et des prières posthumes au pied des grands chênes poitevins, gardiens fidèles du mystère des choses qui se sont passées sous leurs noirs ombrages.

Des gens de Moncoutant avaient l'habitude, aux jours lointains de leur jeunesse, de fréquenter des maisons amies; ils sortirent un soir de l'une d'elles située à la Touche, divisés en deux groupes. Le premier devait s'en retourner par le chemin le plus direct. La dame du logis eut la curiosité de demander à l'autre groupe, composé de deux inséparables et gais compagnons, quelle direction ils voulaient prendre pour arriver au bourg dont ils étaient à cinq cents pas. Ils répondirent : « Nous passerons par la Pierre-Plate. » Ce nom, d'origine celtique, laisse entendre qu'au début de notre histoire locale, existait en ce lieu un monument mégalithique, un dolmen disparu depuis des temps immémoriaux. Il était situé à l'endroit précis où s'élève aujourd'hui la maison du garde champêtre de la commune de Moncoutant. « Mes enfants, leur fit observer leur hôte — ne passez pas par la Pierre-Plate, où se produisent des apparitions bizarres, où s'accomplissent toutes les nuits des choses effrayantes. Vous vous en repentiriez. » La jeunesse est folle et court au danger. C'est ce qui vous explique que les deux camarades eurent une irrésistible envie de passer au lieu redouté. Ils partirent. La terre était couverte de neige, le temps était clair. Minuit sonnait à l'horloge du bourg. En arrivant au pré dit du Cormier, où l'on prenait un sentier, en raison du chemin profond et impraticable qu'il surplombait de deux mètres, ils virent un spectacle qui les cloua sur place et revit toujours inoubliable dans leur esprit, celui d'un fantôme traversant la prairie en geignant. L'un dit : « Je crois que c'est la vache à Colas. — Mais, répondit l'autre, on ne met pas le bétail dehors par un temps pareil. » Le fantôme continua sa route, se dirigeant sur la haie du vieux chemin, comme pour leur couper le passage, en se doulant si lamentablement maintenant, qu'ils en avaient la chair de poule. Plus de doute, c'était un garou. Il s'assit sur la haie sèche qui craquait bruyamment. « Eh bien ! — dit l'un des héros de l'histoire — tirons notre couteau et fonçons sur la bête. Il ne faut pas qu'on rie de nous demain. Fonçons ! » Aux cris répétés de : « Tuons-la ! tuons-la ! » ils foncèrent bravement. Ils la touchaient presque, l'arme désireuse de s'enfoncer dans sa chair, lorsqu'elle disparut avec un fracas retentissant de bois brisé, s'abîmant dans la boue du chemin creux. « Tuons-la ! tuons-la ! » répétaient-ils descendant la pente, quand du bas-fond ils entendirent sortir cette supplication : « Ne me faites pas de mau, mes petits enfants. » Le garou était tout simplement un vieil ivrogne qui rentrait chez lui, hoquetant. Il avait pris un endroit clair de la haie pour l'échalier du sentier, avait essayé de l'enjamber et, manquant de forces, y était resté à califourchon. A l'approche du danger, il avait tenté de s'esquiver, sous ses efforts désespérés, la haie avait cédé. Il s'était enlisé dans cinquante centimètres de neige et de terre détrempée.

Sur le chemin de la Pierre-Plate le père de mon père fut témoin d'un événement inexplicable dont il n'aimait pas qu'on l'entretint. Il y passait un soir, accompagné de son chien, vaillant animal que rien n'avait jamais effrayé. A quelques pas d'eux, tomba du terrier un corps assez gros qui s'évanouit instantanément en touchant la terre.

Le chien courut dessus en aboyant; arrivé au point de chute, il se retira précipitamment derrière son maître, avec les symptômes d'une terreur profonde, insensible aux encouragements, aux excitations les plus énergiques. Le lendemain, mon grand-père, pour se rendre compte de cet étonnant phénomène, retourna sur les lieux, il ne vit rien qui le renseignât. Il défendit à ses enfants de passer par la Pierre-Plate. Ils y sont passés, malgré l'interdiction, et n'ont rien vu.

Je vous affirme, moi, que la vie est encadrée d'un surnaturel qui déroute les plus sceptiques et qu'on n'expliquera jamais.

Un jeune homme du pays s'en allant voir sa mie, le jour fini, est suivi par un chien minuscule. Il essaie plusieurs fois de le chasser. Le chien s'écarte et revient. Impatienté, il le frappe si ardemment de son bâton qu'il lui casse la patte. La pauvre bête lui dit : « Malheureux, tu m'as fait grand mal ! Ne raconte à personne ce qui vient d'arriver. » Le jeune homme est consterné en entendant ces mots sortir de la bouche d'un animal, il l'est davantage encore en le voyant prendre la forme de sa fiancée. Il dut la transporter chez elle la jambe brisée. Puissance de l'amour ! elle lui pardonna sa brutalité, qui pourtant la rendit boiteuse pour toujours. Ils s'épousèrent, et... vous voyez la suite.

Des jeunes gens, un soir, s'emparèrent d'un mouton qu'ils avaient vu plusieurs fois folâtrer dans leur cour. Ils l'entraînèrent chez eux. « Tu vas parler, garou ! » Le mouton restait muet. Ils lui mirent le museau sur le feu. A l'instant même sa peau tomba et disparut, laissant voir une jeune femme d'une beauté parfaite et en complet déshabillé. Vision radieuse aussitôt évanouie.

Au cas où vous ramèneriez un garou à sa forme naturelle, ne citez jamais le nom du sujet de la métamorphose. Vous seriez atteint d'un mauvais sort.

Entre Moncoutant et Courlay, au gué de la Guérinière jadis, existait parallèlement à la route, une étroite passerelle en pierres, pour les piétons. Un domestique y arrivait un soir, quand il aperçut devant lui, barrant le passage, un animal qu'il jugea devoir être un loup. Il fallait passer. Le ruisseau trop gros pour qu'il tentât de le franchir, il prit par la passerelle. Brave et fort comme il l'était, qu'avait-il à craindre d'un loup vulgaire, timide devant qui n'a peur? Il avança prêt à la lutte, s'il le fallait, son couteau, qui avait été bénit le jour des Rameaux, grand ouvert au poing. L'animal recula. Mais, sitôt le passage franchi, il s'élança sur l'homme si brusquement que ce dernier ne put faire usage de son arme.

Un combat furieux s'engagea entre les deux adversaires, où chacun déployait ses forces décuplées par l'énergie qu'on a quand la vie est en jeu. Ils tombèrent dans la boue, en poussant, l'un des cris, l'autre des hurlements de rage, se mordant, se déchirant, sans répit ni miséricorde, un long quart d'heure durant. Enfin l'homme eut le dessus. Il serrait le loup si fortement à la gorge qu'il en râlait presque étranglé. En ce moment, le loup, qui était un loup-garou, parla : « Fais-moi grâce, tu n'auras pas à t'en repentir. » Le vainqueur desserra le collier de ses doigts d'acier et le laissa partir. Il ramassa son couteau et continua son chemin. A la croisée de la Forge, la bête retomba sur lui, sans qu'il ait pu savoir d'où elle venait. Nouvelle lutte aussi acharnée que la précédente, et dans laquelle encore il triompha. Il marchait à grands pas les yeux fixés sur les feux de Moncoutant, tout proche. Le loup-garou, pour la troisième fois, tenta de l'arrêter. Il était prêt, son couteau s'enfonça dans le corps du possédé, en sortit prêt à frapper encore. O prodige ! la bête s'était changée en homme, et lui, François G..., reconnut un de ses voisins. « Tu m'as vaincu, dit-il ; c'est la destinée, je te pardonne. Souviens-toi que si jamais tu racontes ce qui vient de se passer, tu périras d'ici peu. »

François rentra chez lui, les habits déchirés, couverts de boue, les mains et le visage en sang. Il se coucha, son sommeil fut agité, toute la nuit il délira. Le lendemain, il eut le tort de nommer celui qui l'avait attaqué. Dès lors, l'appétit lui manqua, il ne dormit plus, son visage coloré se décolora de jour en jour un peu plus. Il mourut de consomption dans l'année, lui que nous connûmes si fort, si florissant de santé, si débordant de vie.

C. Puichaud.

MÉLUSINE VENGERESSE

Entre Angoulins, plage solitaire et morne que l'Océan couvre chaque jour de monceaux de galets, et Fouras aux verts ombrages, s'étend la jeune et coquette Chatelaillon. Fière de son développement rapide, elle offre aux yeux étonnés et ravis le pittoresque ensemble de ses luxueuses villas, aux lignes majestueuses, et de ses modestes chalets, qui étalent à l'envi les capricieuses fantaisies de leurs structures et les tons clairs et vifs de leurs murs de mosaïques ou de briques.

De la plage, chaque été si animée et si riante, l'œil découvre au Sud la massive silhouette des ruines du Chatelaillon d'autrefois, dont la masse imposante et sombre se détache sur le fond argentin du ciel, semblable à un vieux tronc brisé élevant dans les airs ses branches cassées et tordues par la foudre. Ainsi, vivent presque côte à côte deux cités du même nom ; l'une, la jeune, débordante de vie ; l'autre, l'aïeule, succombant sous les atteintes du temps destructeur.

De ce qui fut jadis l'abbaye, dont les membres appartenaient à la commanderie de Sécheboue, de l'Ordre de Malte, il ne reste à peine que trois ou quatre murs qui semblent être les derniers vestiges d'une ancienne chapelle. Une douzaine de petites maisonnettes entourent ces quelques restes et voient s'abriter sous leurs toits une colonie de pauvres pêcheurs demandant leur pain quotidien au commerce des moules et des huîtres, colonie laborieuse, qui sera bientôt dans l'obligation de déguerpir, car la mer s'avance toujours plus menaçante, emportant à chaque reflux un fragment de la falaise, dont les flancs crevassés se fendent et se désagrègent chaque jour davantage.

Cette incursion quotidienne de la mer ne serait point près de cesser, si l'on en croit la légende qui me fut contée, légende où Mélusine elle-même, sous les traits d'une vieille femme, joue un rôle prépondérant.

La voici dans toute sa naïve simplicité :

Naguère, alors que l'île d'Aix n'était pas encore détachée du continent, s'élevait, là où maintenant la mer se promène en conquérante, un château habité par un seigneur que l'on ne désigne pas d'une façon plus explicite, à la fois très riche et très égoïste. Tandis que ce mauvais riche réduisait le plus qu'il lui était possible la portion nécessaire à la subsistance de ses serviteurs, au point que quelques-uns mouraient de faim ; tandis que nul malheureux ne réussissait à l'attendrir et à obtenir de son cœur insensible le moindre secours, lui se vautrait dans l'orgie et la débauche.

Or, un soir qu'il pleuvait à torrents et que la mer soulevée par un vent impétueux battait avec une violence inaccoutumée le donjon blanc d'écume, un coup timide et craintif fut frappé à la porte de la seigneuriale demeure. Le portier ouvrit. C'était une petite vieille disparaissant presque entière sous un manteau misérable ; courbée et ruisselante, elle sollicitait l'aumône.

Ce soir-là précisément le seigneur du lieu était encore un peu plus ivre que de coutume. Dans la salle à manger régnait un indescriptible désordre et sous les pieds du seigneur gisaient pêle-mêle les flacons vides et la riche vaisselle. Dès que la requête de la pauvre vieille fut présentée à l'immonde personnage, il la rejeta avec force jurons.

Mais, ô stupeur profonde du mauvais châtelain ! à peine eut-il renvoyé le messager chargé de transmettre son refus, que la pauvre vieille, on ne sait comment, se trouva soudain devant lui. En cet instant elle n'était plus courbée, ses yeux brillaient, et d'une voix tonnante qui fit trembler sur son siège l'ivrogne ahuri et craintif, elle lui prédit que la mer prendrait désormais chaque jour un peu de ce bien dont il se montrait si avare pour les déshérités de la vie. Ceci dit, elle disparut.

Et depuis lors la mer avance régulièrement et lentement, dévorant chaque jour un lambeau du patrimoine du mauvais seigneur. Du château il ne reste plus trace, et maintenant elle sape par la base ces altières falaises qui semblaient la défier.

La mer, déchaînée par *Mélusine vengeresse* des pauvres gens, continue son œuvre de destruction.

Auguste Loué.

LUSIGNANA

Léon VI de Lusignan, roi d'Arménie. — On voit encore, à la basilique de Saint-Denis, le tombeau du dernier roi d'Arménie, Livon (Léon) VI de Lusignan. Ce rejeton de l'illustre famille qui fournit des rois à Jérusalem et à Chypre, et qui joua un rôle prépondérant pendant les Croisades, eut à lutter contre une coalition de Turkomans, de Tartares et de Mameluks. La fortune lui fut contraire, et pendant un temps on ne sut ce qu'il était devenu.

Il reparut soudain à Tarse et organisa la résistance. Cette fois encore, il échoua ; fait prisonnier, il fut jeté dans un cachot à Jérusalem, puis au Caire.

A sa sortie de captivité, Léon VI se réfugia à la cour de Charles VI, qui lui fit une pension de 12.000 livres et lui donna un château à Saint-Ouen. C'est là qu'il mourut, en 1392, sans avoir renoncé jusqu'au dernier moment à l'espoir de réunir une armée pour reconquérir son royaume.

C. R.

Eléonore Desmier d'Olbreuse et sa descendance royale

par P. BEAUCHET-FILLEAU

J'AI relevé dans le numéro de janvier 1899 du *Pays Poitevin* les lignes suivantes : *Questions :* GÉNÉALOGIES POITEVINES : « J'ai lu et n'ai malheureusement pas conservé une notice généalogique démontrant la descendance poitevine, par Mme Desmier d'Olbreuse, de la reine d'Angleterre, de l'empereur d'Allemagne et du Tzar. Quelque collègue plus soigneux pourrait-il communiquer cette généalogie? »

Je ne vois pas au juste à quelle notice fait allusion M. J. M. dans sa question, à moins que ce ne soit la thése soutenue l'année dernière par un professeur du collège Rollin (je crois) et dont la presse s'est entretenue pendant un certain temps. Je n'ai jamais eu cette brochure entre les mains et ne peux par conséquent la communiquer, mais à son défaut il est facile de reconstituer cette descendance et de la prouver en s'appuyant sur des documents authentiques : c'est ce que je me suis efforcé de faire dans le tableau généalogique que j'adresse au *Pays Poitevin*.

Mais avant de donner ce tableau, je tiens à démontrer que ce fait était connu depuis longtemps. En effet, ce qu'il s'agit de prouver, c'est le mariage d'Eléonore Desmier d'Olbreuse avec le duc de Brunswick-Zell ; or, cette union n'a jamais été contestée par personne. Tous les historiens et généalogistes qui ont eu à s'occuper de l'histoire des maisons souveraines de l'Europe ont été amenés à parler de cette alliance, et le premier qui en ait fait mention est sans contredit *le Laboureur*, qui fut chargé, en 1674, par Alexandre Desmier d'Olbreuse de dresser la généalogie de sa famille à l'occasion de ce mariage.

Mais parmi ceux qui ont fait des études particulières sur ce sujet, il en est plusieurs qui méritent une mention spéciale.

C'est tout d'abord M. le vicomte Horric de Beaucaire, qui a publié en 1884 un volume intitulé : UNE MÉSALLIANCE DANS LA MAISON DE BRUNSWICK (1665-1725) : ELÉONORE DESMIER D'OLBREUZE, DUCHESSE DE ZELL, et qui l'année suivante a donné, dans le tome XIII des *Archives historiques de la Saintonge et de l'Aunis*, des documents très intéressants sous le titre de : ELÉONORE DESMIER D'OLBREUZE, DUCHESSE DE BRUNSWICK-LUNEBOURG ET ZELL.

En 1875, le regretté comte Louis de La Rochebrochard, si versé dans les questions généalogiques, avait fait paraître dans le quatrième volume des *Archives historiques du Poitou* la correspondance originale de la duchesse de Brunswick-Zell et de sa famille.

Le *Dictionnaire des Familles du Poitou*, dans sa première et deuxième édition, a également mentionné ce fait dans la généalogie de la famille Desmier.

Enfin M. de Saint-Allais, dans un appendice de son premier volume de *l'Ancienne France*, a été amené à traiter cette question, et voici pourquoi. En 1833, *la Gazette de France* ayant publié un article sur l'origine des Pairs de la Grande-Bretagne, dans lequel l'auteur insinue que la famille royale d'Angleterre n'était pas *chapitrale*, c'est-à-dire ne pouvait fournir la preuve de seize quartiers de bonne noblesse, et cela en raison du mariage d'Eléonore d'Olbreuse avec le duc de Brunswick-Zell, Saint-Allais, froissé dans sa fierté nationale, après avoir fait un parallèle entre la Pairie d'Angleterre et celle de France, décrit avec emphase et dans le style pompeux de l'époque l'historique de la famille Desmier, et prouve que cette maison pouvait établir facilement les preuves de son ancienneté et de sa noblesse.

Pensant être agréable aux lecteurs du *Pays Poitevin*, j'ai transcrit l'article de Saint-Allais, en rectifiant certaines erreurs échappées à sa plume ou ignorées de lui.

J'ai cru devoir également ajouter au tableau généalogique que

je donne un fragment prouvant que le duc d'Orléans, prétendant au trône de France, descend lui aussi de la famille Desmier par sa grand-mère paternelle.

PAUL BEAUCHET-FILLEAU.

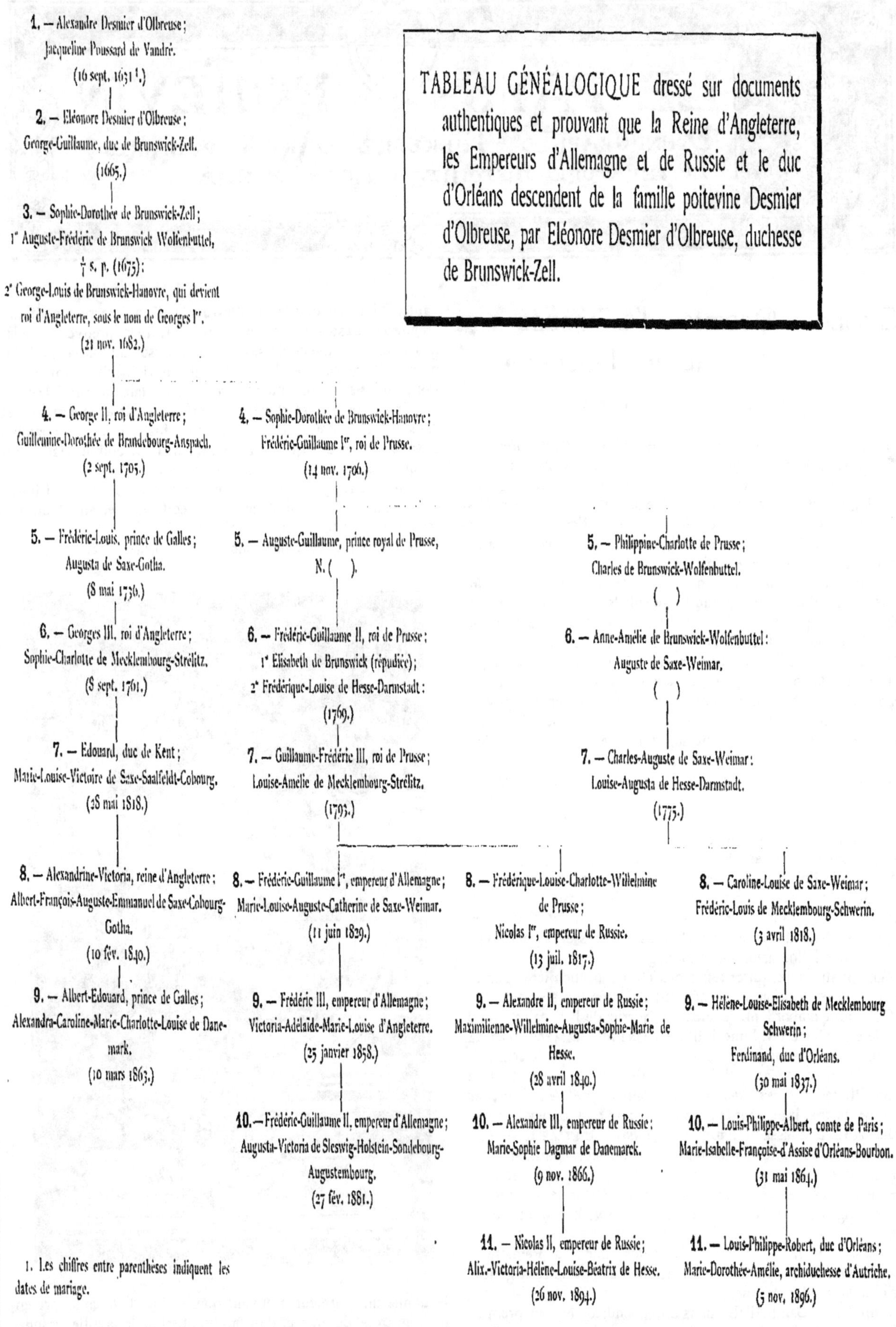

TABLEAU GÉNÉALOGIQUE dressé sur documents authentiques et prouvant que la Reine d'Angleterre, les Empereurs d'Allemagne et de Russie et le duc d'Orléans descendent de la famille poitevine Desmier d'Olbreuse, par Eléonore Desmier d'Olbreuse, duchesse de Brunswick-Zell.

1. — Alexandre Desmier d'Olbreuse ;
Jacqueline Poussard de Vandré.
(16 sept. 1631 [1].)

2. — Eléonore Desmier d'Olbreuse ;
George-Guillaume, duc de Brunswick-Zell.
(1665.)

3. — Sophie-Dorothée de Brunswick-Zell ;
1° Auguste-Frédéric de Brunswick Wolfenbuttel, † s. p. (1675) ;
2° George-Louis de Brunswick-Hanovre, qui devient roi d'Angleterre, sous le nom de Georges Ier.
(21 nov. 1682.)

4. — George II, roi d'Angleterre ;
Guillemine-Dorothée de Brandebourg-Anspach.
(2 sept. 1705.)

5. — Frédéric-Louis, prince de Galles ;
Augusta de Saxe-Gotha.
(8 mai 1736.)

6. — Georges III, roi d'Angleterre ;
Sophie-Charlotte de Mecklembourg-Strélitz.
(8 sept. 1761.)

7. — Edouard, duc de Kent ;
Marie-Louise-Victoire de Saxe-Saalfeldt-Cobourg.
(28 mai 1818.)

8. — Alexandrine-Victoria, reine d'Angleterre ;
Albert-François-Auguste-Emmanuel de Saxe-Cobourg-Gotha.
(10 fév. 1840.)

9. — Albert-Edouard, prince de Galles ;
Alexandra-Caroline-Marie-Charlotte-Louise de Danemark.
(10 mars 1863.)

4. — Sophie-Dorothée de Brunswick-Hanovre ;
Frédéric-Guillaume Ier, roi de Prusse.
(14 nov. 1706.)

5. — Auguste-Guillaume, prince royal de Prusse,
N. ( ).

6. — Frédéric-Guillaume II, roi de Prusse ;
1° Elisabeth de Brunswick (répudiée) ;
2° Frédérique-Louise de Hesse-Darmstadt :
(1769.)

7. — Guillaume-Frédéric III, roi de Prusse ;
Louise-Amélie de Mecklembourg-Strélitz.
(1793.)

8. — Frédéric-Guillaume Ier, empereur d'Allemagne ;
Marie-Louise-Auguste-Catherine de Saxe-Weimar.
(11 juin 1829.)

9. — Frédéric III, empereur d'Allemagne ;
Victoria-Adélaïde-Marie-Louise d'Angleterre.
(25 janvier 1858.)

10. — Frédéric-Guillaume II, empereur d'Allemagne ;
Augusta-Victoria de Sleswig-Holstein-Sondebourg-Augustembourg.
(27 fév. 1881.)

5. — Philippine-Charlotte de Prusse ;
Charles de Brunswick-Wolfenbuttel.
( )

6. — Anne-Amélie de Brunswick-Wolfenbuttel ;
Auguste de Saxe-Weimar.
( )

7. — Charles-Auguste de Saxe-Weimar ;
Louise-Augusta de Hesse-Darmstadt.
(1775.)

8. — Frédérique-Louise-Charlotte-Willelmine de Prusse ;
Nicolas Ier, empereur de Russie.
(13 juil. 1817.)

9. — Alexandre II, empereur de Russie ;
Maximilienne-Willelmine-Augusta-Sophie-Marie de Hesse.
(28 avril 1840.)

10. — Alexandre III, empereur de Russie ;
Marie-Sophie Dagmar de Danemarck.
(9 nov. 1866.)

11. — Nicolas II, empereur de Russie ;
Alix-Victoria-Hélène-Louise-Béatrix de Hesse.
(26 nov. 1894.)

8. — Caroline-Louise de Saxe-Weimar ;
Frédéric-Louis de Mecklembourg-Schwerin.
(3 avril 1818.)

9. — Hélène-Louise-Elisabeth de Mecklembourg Schwerin ;
Ferdinand, duc d'Orléans.
(30 mai 1837.)

10. — Louis-Philippe-Albert, comte de Paris ;
Marie-Isabelle-Françoise-d'Assise d'Orléans-Bourbon.
(31 mai 1864.)

11. — Louis-Philippe-Robert, duc d'Orléans ;
Marie-Dorothée-Amélie, archiduchesse d'Autriche.
(5 nov. 1896.)

1. Les chiffres entre parenthèses indiquent les dates de mariage.

NOTICE SUR LA PAIRIE D'ANGLETERRE

(Extrait de *l'Ancienne France*, tome I, par M. de Saint-Allais)

Au moment où je termine cette livraison, *la Gazette de France*, dans son numéro du 12 août 1833, publie l'article suivant sur l'origine des Pairs actuels de la Grande-Bretagne.

. . . .

« *Origine des Familles et des titres de la Pairie Britannique, par un Pair du royaume.*

« On prétend que lord Shelburne, qui fut ministre d'Angleterre, avait coutume de dire que la noblesse de ce pays était plus ignorante encore et plus vicieuse que celle de France. Dans les idées peu favorables que John Bull entretenait alors à l'égard de ses voisins d'outre-Manche, l'opinion de lord Shelburne devait exprimer un bien profond mépris ; aussi ne faut-il pas la croire fondée, même quant à l'époque[1] dont elle censure si amèrement les travers. Aujourd'hui cette critique serait injuste. La Pairie Britannique compte dans son sein beaucoup d'hommes distingués par le savoir et la dignité de caractère. C'est, en effet, sous les rapports de ce genre que l'institution peut conserver quelque lustre durable aux yeux du pays ; car on n'ignore pas maintenant que l'ancienneté et l'illustration d'origine ne pourraient, comme ailleurs, servir à la recommander. La Pairie d'Angleterre n'est point une classe à part au milieu de la nation. Sortie presque entièrement des rangs du peuple, elle va chaque jour s'y recruter. Placée à sa tête, elle ne possède aucun privilège que les autres classes puissent juger exorbitant. L'aristocratie britannique est la plus jeune qu'il y ait en Europe. Bien peu de familles dans son sein ont à citer d'historiques ancêtres ; pas une, vraisemblablement, ne serait qualifiée de *chapitrale*, selon l'expression allemande, c'est-à-dire ne pourrait fournir la preuve de seize quartiers de bonne noblesse. La famille des Guelphes, incontestablement la plus ancienne du pays, puisqu'elle descend de la maison d'Este, si connue dans les annales d'Italie, n'est cependant pas chapitrale : le mariage d'un de ses ancêtres avec une *jeune Française*, Mlle d'Olbreuse, lui a fait perdre, selon la loi héraldique, les titres qu'elle avait à cette distinction. »

Suit ensuite le détail de la manière dont la Pairie était accordée sous les différents règnes en Angleterre.

A cela Saint-Allais fait un parallèle avec la Pairie de France, et pour ce, donne l'information faite en 1762 pour la réception de César-Gabriel de Choiseul, duc de Praslin, en la dignité de Pair de France, et il ajoute : On peut juger par la production de ces pièces qu'il était impossible à nos princes de pousser plus loin la sagesse et la prévoyance d'un Pair ; et il faut avouer qu'un corps formé avec tant de précaution ne pouvait que jeter le plus grand éclat sur la France, puisque ceux qui le composaient s'étaient rendus recommandables par des faits et des actions dont la célébrité retentissait dans toutes les pages de notre histoire. Quant à ce qui concerne Mlle d'Olbreuse, que l'Angleterre se tranquillise : si le sang d'une *jeune Française* coule dans les veines de ses rois, c'est le sang de la vertu et de l'honneur, c'est le sang des héros ; et il a assez de pureté pour aborder le trône et faire gloire aux deux nations. Mlle d'Olbreuse descendait d'excellents gentilshommes du Poitou et de l'Angoumois, célèbres par leur noble caractère et une valeur militaire à toute épreuve. Leur nom de famille était DESMIER *alias* DEXMIER ; ils étaient connus dans ces provinces dès 1082[2] et l'un d'eux fut fait chevalier par le roi de France Jean II, dit le Bon, vers 1351 ; ils possédaient les seigneuries du Breuil, de Cellefrouin, de Saint-Amand, de Mirande, de Chenon, de Grosbout, de Montfaucon, de Blanzac, des Barrières du Plessis d'Auge, de Chillac, de Lavaur, de Rochefort, du Chillot, de Nutin, de Beauregard, de Chatenet, de Saint-Simon, de Lauron, du Serrier, d'Archiac, du Roc, de la Forest, des Coudrais, de la Remigère, de la Carlière, de la Coutancière, de Lerce, d'Olbreuse et du Montet. Je mets ici toute cette énumération parce qu'il est peu de familles en France qui aient possédé autant de fiefs ; ses membres furent honorés des titres de Marquis, Comte et Baron, et formèrent des alliances avec les maisons les plus illustres, telles que celles des Chasteigners, de

CHATEAU D'OLBREUSE (Deux-Sèvres). — Lieu de naissance d'Éléonore Desmier d'Olbreuse.

Tonnay-Charente, de Maillé, de Saint-Amand-Chastelard, de La Rochefoucauld, de Barbezières, d'Orgemont, de Volvire, de Ruffec, de Vivonne, de La Châtaigneraye, de Bremond d'Ars, de Nesmond, du Plessis, d'Appelvoisin, de l'Aigle, de Beaupoil de Saint-Aulaire, de Polignac-Bussac, de Massougnes, de Villedon, de Livenne, de Beaumont, de Bourdeilles, de Saint-Gelais, d'Archiac, de Mathefelon, etc., etc.

Voilà, pour constater l'ancienneté d'origine, l'opulence et l'état illustre de la parenté de la famille de la *jeune Française*. Maintenant nous allons aborder une énumération plus importante, et qui ne plaira pas moins aux lecteurs : c'est celle des services éclatants des membres de cette famille et comme sujets dévoués de nos rois et comme citoyens de la France.

On a vu ci-dessus que Jean Desmier avait été armé chevalier en 1351 par le roi de France, Jean II dit le Bon, à raison de ses exploits militaires ; c'était dans ce temps la plus éclatante récompense des braves[1].

Jourdain Desmier fut également élevé à la chevalerie dès l'an 1373 et se signala dans toutes les guerres de Guyenne, sous les ordres du maréchal de Sancerre.

François et Allain Desmier, chefs de la branche aînée, se distinguèrent dans les guerres qui eurent lieu sous les règnes de Louis XI, Charles VIII et François Ier ; ils furent gouverneurs de places fortes et capitaines de cinquante hommes d'armes des ordonnances de ces rois.

Jean, Arnaud, Guyot et Raymond Desmier, de la branche du Breuil de Blanzac, firent toutes les guerres de France et celles d'Ecosse, en qualité de capitaine de cent hommes d'armes et se signalèrent pendant toute leur durée.

François Desmier, seigneur de Lerce, neveu de Raymond, fut nommé capitaine du château d'Angoulême en récompense des services qu'il avait rendus dans les armées de nos rois.

Pierre Desmier, seigneur du Breuil de Blanzac, fils aîné de Raymond, s'était dévoué au service de Henri de Bourbon, roi de

1. Fin du règne de Louis XV. (P. B. F.)

2. On trouve, en effet, un Desmier vivant à cette époque, mais ce nom dérivant d'une charge (*Decimarius*), il n'est pas prouvé jusqu'ici que ce personnage appartient à la famille qui nous occupe. (P. B. F.)

1. D'après un mémoire de famille qui n'a pas toute l'authenticité voulue. (P. B. F.)

Navarre, depuis roi de France sous le nom de Henri IV. Ce prince l'honora d'une estime particulière, à raison de sa bravoure, de son expérience à la guerre et de son attachement à la religion réformée. Ce fut pendant ces guerres malheureuses que tous les châteaux de cette branche furent ravagés, pillés et détruits.

Nicolas Desmier, seigneur de Beauregard, cousin du précédent, avait également servi en qualité de capitaine de deux cents hommes d'armes sous les règnes de François II, Charles IX et Henri III. Ses services lui méritèrent le gouvernement des villes et châteaux de Tonnay-Charente et de Saintes. Henri III lui écrivit : *Je ne connois oncques homme d'un plus grand sens, vaillance, suffisance, capacité et expérience en fait d'armes que vous.*

François-Alexandre Desmier, seigneur de Saint-Simon et du Châtenet, petit-fils du précédent, commandant d'une compagnie de quatre-vingt-dix chevau-légers, qu'il avait levés à ses dépens, fut major de la noblesse de Saintonge, et choisi par tous les gentilshommes de cette province pour les commander en qualité de commissaire général. Le roi Louis XIV le nomma dans la suite inspecteur général de toutes les milices de la Province.

Louis-François Desmier d'Archiac, marquis de Saint-Simon, fils du précédent, fut brigadier des armées du roi, en 1734, après avoir passé par tous les grades militaires et servi avec la plus grande distinction.

Etienne-Louis Desmier, comte d'Archiac, marquis de Saint-Simon, fils du précédent, après avoir également passé par tous les grades militaires et fait les campagnes de Bavière, de Bohême, du Rhin et de l'Italie, où il fut grièvement blessé au siège de Parme, se vit élever au grade de lieutenant général des armées du roi, le 25 juillet 1762.

Louis-Etienne Desmier, comte d'Archiac, frère puiné du précédent, fit toutes les guerres de son temps et combattit à Wissembourg, à Fribourg, à Haguenau, Maestricht, Creweldt, et fut nommé en 1781 maréchal des camps et armées du roi ; il était aussi commandeur de l'ordre royal et militaire de Saint-Louis.

Alexandre Desmier Ier du nom, chef d'une autre branche de la maison Desmier, dite d'*Olbreuse*, et descendant de tant de braves, ne pouvait que suivre leurs exemples et soutenir l'éclat de leur nom ; aussi parvint-il, par ses talents militaires, au grade de mestre de camp, puis de lieutenant général des armées du roi, et se fit tuer les armes à la main, au pays de Médoc, pendant les guerres du règne de Louis XIII, ayant un de ses fils à ses côtés qui périt également dans le combat ; mais il restait à cet illustre général un autre fils, qui se nommait aussi Alexandre et qui fut père de : *Eléonore Desmier d'Olbreuse*, qui épousa en 1665 Georges-Guillaume, duc de Brunswick-Lunebourg-Zell, mort le 28 août 1705. De ce mariage il ne vint qu'une fille qui suit :

Sophie-Dorothée, princesse de Brunswick, mariée en 1682 à son cousin-germain Georges-Louis, duc de Brunswick-Lunebourg, électeur de Hanovre en 1698, appelé à la couronne d'Angleterre le 12 août 1714, à la mort de la reine Anne, et couronné à Londres roi de la Grande-Bretagne, sous le nom de Georges Ier, le 31 octobre suivant. Ce prince est la souche de l'auguste maison qui règne de nos jours sur la Grande-Bretagne.

On voit, par cet exposé généalogique et historique, que la *jeune Française* à qui l'honneur était réservé d'être comptée au nombre des mères de l'illustre maison royale de Brunswick descendait d'une famille dont l'ancienneté, la noblesse et la gloire militaire se sont soutenues avec le plus grand éclat. Si donc le sang des héros qui se verse dans les batailles pour les intérêts des princes et la défense des empires ne pouvait, sans critique, couler sur les trônes des rois, l'ordre de la nature, celui de l'honneur et de la gloire se trouveraient intervertis, et la société perdrait à jamais les fruits de la plus noble émulation !

Le pennon généalogique de la maison de Brunswick ne souffrira en aucune manière de compter au nombre de ses quartiers l'écu de la maison d'Olbreuse ; il est celui des braves, il est acquis par près de huit siècles d'honneur, de chevalerie, de batailles et de combats, il a tous les caractères voulus par les lois héraldiques, et il suffira de le décrire pour lui assigner le rang qui lui convient : Ecartelé : *d'azur et d'argent à quatre fleurs de lys de l'un en l'autre.* Jamais de telles armes ne pourront déparer celles auxquelles on voudra les accoler.

Mais les maisons de Plantagenet, de Tudor et de Stuart, qui ont régné sur l'Angleterre avant celle de Brunswick, avaient accoutumé la nation britannique à voir de *jeunes Anglaises*, filles de gentilshommes d'origine, devenir les épouses des princes du sang royal, et parfois arriver au titre et au rang de reine d'Angleterre. L'histoire généalogique des trois maisons nous en fournit une infinité d'exemples qui n'ont inspiré aux autres nations souveraines aucune répugnance à former avec elles des alliances directes.

P. c. c. : B.-F.

LE MARAIS DE LA SÈVRE NIORTAISE

Il est un coin de notre terre de Poitou plus jeune que les autres de bien des milliers d'années, et qui emprunte aux circonstances de sa formation une physionomie tout à fait à part. C'est la terre des Colliberts, des Huttiers et des Cabaniers. C'est le Marais de la Sèvre.

Ce Marais figure une sorte de delta limoneux, encadré de collines calcaires, et où les eaux du petit fleuve, ralenties dans leur cours entre Coulon et la mer, s'épandaient autrefois en vastes nappes, sortes de cloaques et de lagunes semés d'îlots, dont l'industrie humaine a fait, par un réseau de fossés, de digues, contredigues et canaux, une terre féconde, analogue aux polders de la Hollande.

I. — *Origine du sol*

Voici comment cette terre nouvelle, précieux legs de la mer, s'est formée et s'accroit encore.

Il y avait des milliers de siècles que les massifs granitiques de la Gâtine et du Bocage Vendéen émergeaient au-dessus des flots. Les terrains jurassiques, déposés au fond des mers qui battaient leur flanc, soulevés ensuite par l'action lente, continue et infiniment puissante d'une force intérieure, avaient en même temps rejeté toujours plus loin vers l'Ouest le rivage de l'Océan.

Alors l'île de Ré, l'île d'Oleron, l'île d'Yeu, n'étaient pas distinctes du continent, et les cours d'eau qui évacuaient vers la mer la masse énorme des eaux quaternaires eurent un parcours bien plus étendu que celui de la Sèvre et de la Charente d'aujourd'hui.

Ce rivage antique, perdu dans les lointains de l'Océan actuel, resta-t-il stationnaire pendant de longs siècles ? Nul ne pourrait l'affirmer. Mais ce qui est hors de doute, c'est que la mer, qui d'abord avait fui, laissant là roche à sec, revint sur ses pas, usant, creusant, démantelant et broyant, du choc opiniâtre de ses lames, cette même roche issue de son sein. Par l'effet de circonstances locales, dues à quelque brisure préexistante du terrain, ou à sa friabilité plus grande, la mer avança plus vite à creuser dans certains endroits. Un de ces endroits fut le golfe poitevin, qui amena la mer jusqu'à un point voisin de Coulon.

Ceux qui ont vu comment la mer bat encore et dégrade aujourd'hui les falaises de l'île de Ré, de la pointe du Ché, d'Angoulins, de Châtel-Aillon, de Fouras, se feront facilement une idée de la façon dont s'est excavé notre golfe. Le choc quotidiennement répété de la lame désagrège peu à peu le pied de la falaise, creuse, creuse toujours. Si bien qu'à une certaine heure les roches du sommet, qui surplombaient, s'écroulent. La mer saisit alors ces matériaux, les divise, les triture, les dilue, en a bientôt fait une boue fine, des galets et du sable, qu'elle entraîne au loin et dépose sur un autre point du rivage, refaisant ailleurs ce qu'elle vient de détruire ici.

Supposez cette action s'exerçant pendant des milliers d'années, et vous concevrez sans peine que la mer ait pu creuser le golfe poitevin presque jusqu'à Niort, isoler les terres qui ont formé les îles de Ré et d'Oleron.

Mais les immenses courants qui, arrivant du large, viennent ainsi s'amortir et dépenser leur force vive à l'usure de nos côtes, modifient lentement leur direction ; et ils cessent de mordre sur certains points pour en attaquer d'autres. Les détritus provenant de ceux-ci sont employés à combler les baies précédemment échancrées.

C'est ainsi qu'un jour les flots du golfe poitevin perdirent leur force destructive ; ils se chargèrent alors de sédiments boueux et se mirent à refaire le sol qu'ils avaient miné et supprimé. Des vases se déposèrent tout autour de l'estuaire ; et, comme cet état de choses persista longtemps, le golfe se combla peu à peu. La mer recula ainsi, non pas devant un soulèvement du sol, mais devant ses propres limons atterris et desséchés sur ses rivages. Cette action se continue du reste de nos jours, car le comblement du golfe est inachevé. On a même calculé que, bon an mal an, la mer recule d'environ dix mètres sur tout le littoral de l'anse de l'Aiguillon ; ce qui fait, étant donnée la profondeur actuelle de la baie, que trois ou quatre siècles sont encore nécessaires pour en achever la supression et redresser le rivage.

Il suffit de parcourir le Marais actuel pour se convaincre de l'exactitude des théories que nous venons d'exposer.

En partant de l'anse de l'Aiguillon, où ce travail se poursuit encore dans les mêmes conditions où il s'est accompli sur tous les points que la mer a comblés, et en remontant vers Niort, on trouvera partout les témoignages de la même action. Les anciennes îles de la Dive, de la Dune, de Saint-Michel-en-l'Herm, de Triaize, l'île d'Elle, Chaillé, Sainte-Radégonde, Vix, etc., gardent pour la plupart des falaises semblables à celles de nos côtes actuelles ; tout autour d'elles le sol est formé de cette glaise compacte et tenace, que les maraîchins appellent *bri*, et qui est absolument semblable aux dépôts actuels de vase de l'anse de l'Aiguillon.

D'où vient ce bri ? De la mer surtout. Sa composition chimique indique qu'il tire son origine, pour la presque totalité, des côtes granitiques de la Bretagne, et non des débris calcaires charriés en quantité peu considérable par les eaux de la Sèvre.

CANAL DE LA GRANDE CEINTURE *Phot. Robuchon*
et levée de la rive gauche de la Sèvre Niortaise.

Ce bri est un témoignage du passage de la mer, d'autant plus certain qu'il recèle une quantité parfois considérable de coquilles marines.

Ainsi, quand on se pose la question suivante : jusqu'où la mer est-elle remontée ? le moyen de résoudre ce problème est de rechercher la limite atteinte par le bri marin.

Or, l'étude attentive du terrain montre que c'est seulement en aval de Coulon, aux environs d'Irleau, que le bri fait son apparition dans la vallée de la Sèvre, fortement élargie en cet endroit à la façon d'un estuaire maritime.

Les marais placés à l'est de ce point sont d'origine purement fluviatile, et les dépôts n'y contiennent aucune coquille qui ne provienne de la Sèvre elle-même.

La question est donc ainsi résolue, et la tradition qui fait remonter la mer jusqu'à Niort est certainement erronée.

II. — Les premiers habitants

Si maintenant nous recherchons dans quelles conditions et à quelle époque s'est effectuée la prise de possession par l'homme de ces terres nouvelles, nous aurons à constater, tout d'abord, que des outils de silex taillé, des haches en pierre polie ont été récoltés, dans le bri, à Irleau et à Arçais. C'est là une preuve que l'homme robenhausien parcourait déjà, sur des barques, les lagunes restées indivises, au fond de l'estuaire, entre les eaux de la Sèvre et celles de la mer. En effet, ces eaux n'ont pu rouler de tels objets sur le fond vaseux qui formait leur lit ; ils ont nécessairement été perdus par des pêcheurs qui savaient déjà se maintenir et voguer à la surface. Les mêmes hommes ont d'ailleurs laissé d'autres traces de leur existence dans divers dolmens, ceux d'Amuré, par exemple, situés sur un terrain dont le niveau dépasse à peine celui du marais voisin.

Quelques pirogues creusées dans un seul tronc d'arbre, et trouvées dans les vases, datent sans doute de cette même époque.

Un dépôt considérable de cendres anciennes, découvert à Nalliers, sur les bords du Marais, a été récemment expliqué par un archéologue comme étant le résidu d'une ancienne fabrique de soude, exploitée par les Phéniciens. Ce serait alors l'importance des roselières, la richesse des phragmites et des massettes en matières alcalines, qui auraient attiré dans nos lagunes les industriels cosmopolites venus de Tyr et de Sidon.

L'occupation romaine a laissé de nombreuses traces, surtout sur le rivage nord des marécages, où Benjamin Fillon, puis l'abbé Baudry, curé du Bernard, ont fait en divers points des découvertes très probantes.

Au neuvième siècle les Normands passèrent forcément par là lorsqu'ils vinrent piller le riche monastère de Saint-Maixent.

Dès le dixième siècle, on constate la présence, aux abords de l'île de Maillezais, d'une peuplade de pêcheurs, vivant dans des huttes de roseaux, et qu'on appelait, d'un nom d'esclaves, les Colliberts. Le moine Pierre de Maillezais, qui fut presque leur contemporain, en parle comme de gens grossiers et féroces, « qui se seraient détruits eux-mêmes par le fer ».

III. — Les dessèchements

A cette époque l'échancrure du golfe était encore très profonde. Les atterrissements laissés par la mer dépassant peu le niveau moyen des marées, il en résultait que le sol du Marais, les îlots calcaires exceptés, devait être recouvert presque en entier par les eaux de la mer au moment de chaque grande marée. Si l'on considère en outre que les eaux douces apportées par la Sèvre, l'Autise, le Mignon, la Vendée, aux époques des crues, s'écoulaient difficilement, lentement, faute de pente.

on comprendra que les parties basses du terrain étaient alors absolument inhabitables.

Cependant, chaque été, sur quelques points favorisés, un dessèchement naturel s'opérait, amenant le développement rapide d'une végétation luxuriante.

C'est sans doute la constatation de ce fait, et la pensée des avantages que pouvait retirer le pêcheur à planter sa hutte sur un limon fertile, qui le poussa à favoriser le dessèchement du sol par des travaux d'art, digues et fossés, destinés soit à repousser un nouvel envahissement des eaux, soit à rendre leur écoulement plus aisé et plus rapide.

La féodalité dut être lente à s'implanter sur ce sol indécis, et le successeur du collibert fut sans doute, comme lui, d'une indépendance farouche; aussi les premiers travaux d'assainissement ne furent évidemment que des tentatives individuelles, efforts nécessairement impuissants dans la lutte contre des éléments trop redoutables.

Le premier document historique où il soit fait mention des dessèchements accomplis par voie collective est une charte féodale de 1217, par laquelle Pierre de Voluire, seigneur de Chaillé, permet aux abbés de Saint-Michel-en-l'Herm, de l'Absie, de Nieul, de Maillezais et de Saint-Maixent, de faire creuser un canal pour dessécher les marais du Langon et de Vouillé. Ce canal, qui existe encore, a gardé le nom de Canal des Cinq-Abbés. Le travail fut exécuté par des moines de l'Ordre de Saint-Benoit.

Mais c'est à Henri IV, qui avait guerroyé aux alentours de Marans, et qui s'était convaincu des avantages et de la nécessité des dessèchements au double point de vue de la richesse et de la salubrité, que ces travaux durent de prendre, vers l'an 1600, une extension considérable.

L'analogie des marais poitevins avec les polders que le travail opiniâtre des Hollandais avait arrachés à la mer, engagea Henri IV à confier à des ouvriers de cette nationalité la conduite et l'exécution des dessèchements. Le Brabançon Bradley dirigea les travaux, qui furent encouragés par une foule d'immunités et de privilèges accordés à tous ceux qui participèrent à l'entreprise. C'est ainsi que, en vertu d'un édit de 1607, les étrangers furent naturalisés par le seul fait de leur établissement dans le Marais, et douze entrepreneurs reçurent des lettres de noblesse.

Une fois l'impulsion donnée, les travaux de dessèchement acquirent une importance qui s'explique surtout par la prise de possession de terres libres, d'une extraordinaire fertilité.

Des associations syndicales se formèrent partout, exécutant des travaux immenses, dont l'importance ne peut être appréciée que par ceux qui ont parcouru le pays, et se sont rendu compte de l'énorme somme d'efforts nécessités par l'exécution et l'entretien de ce vaste réseau de canaux et de digues, de bots et de contrebots.

Le cadre restreint de cette étude ne nous permet pas d'examiner par le détail l'ensemble des travaux qui assurent le dessèchement. Nous renvoyons ceux de nos lecteurs qui désireraient se renseigner d'une façon complète à la *Statistique de la Vendée*, de Cavoleau, édition La Fontenelle de Vaudoré (1844), et à la *Statistique de la Charente-Inférieure*, de Gautier (1839).

IV. Les Marais desséchés et les Marais mouillés

Dans l'état actuel, les marais se divisent en *Marais desséchés* et en *Marais mouillés*. Les premiers sont complètement garantis contre les inondations, les seconds sont immergés chaque hiver pendant un temps plus ou moins long.

Des digues contournent l'ensemble des terres basses, à peu de distance de la base des collines qui circonscrivent le marais. Ces digues, construites en *bri*, sont imperméables. Elles retiennent les eaux venues des plateaux et des collines, et qui, sans elles, s'étendraient en nappe sur tout le marais, et le stériliseraient. Les prairies qu'elles inondent forment la *zone extérieure* des Marais mouillés. Leurs eaux s'échappent peu à peu par des vannes, réglées de manière à éviter, en hiver, l'inondation des dessèchements, et à maintenir, en été, dans leurs fossés, une quantité d'eau suffisante pour humecter le terrain et entretenir la végétation.

Le lit de la Sèvre est, de même, accompagné sur ses deux rives de digues insubmersibles, distantes l'une de l'autre de un à quatre kilomètres. Les crues de la Sèvre se trouvent ainsi cantonnées dans un étroit espace, qui forme la *zone intérieure* des Marais mouillés.

Les Marais desséchés occupent, sur les deux rives, tout l'espace intermédiaire, parfois très considérable, allant de la zone médiane à la zone extérieure des Marais mouillés.

Un réseau de fossés complète l'assainissement des terres, qui peuvent être cultivées ou conservées à l'état de prairies.

L'eau de ces fossés se déverse dans de grands canaux, dont le principal système forme un immense éventail convergeant vers un point de la Sèvre situé au-dessous de Marans. Ce point est l'anse du Braud, sorte de boucle presque fermée, à partir de laquelle le mouvement des marées permet un rapide écoulement des eaux vers la mer.

Phot. J. Robuchon.

CANAL DES HOLLANDAIS près Saint-Michel-en-l'Herm (Vendée).
Au fond : dunes huitrières.

Les digues ou levées dont nous avons parlé sont toujours formées par les déblais des deux canaux parallèles qui les accompagnent et contribuent à l'assèchement du terrain et à l'écoulement des eaux.

Tous les grands canaux qui débouchent soit dans la Sèvre, soit directement dans la mer, sont terminés par une forte vanne qui se lève ou s'abaisse à volonté, suivant les besoins. Les vannes sont accompagnées de portes busquées ou portes de flot, se mouvant sur un axe horizontal qui occupe leur partie supérieure. Elle sont inclinées du côté de la mer, de façon à permettre l'écoulement des eaux douces sans jamais laisser les eaux salées refluer vers les terres.

D'autres digues circonscrivent l'anse de l'Aiguillon, dans la partie où les laisses de mer sont assez consolidées pour permettre l'exploitation culturale. Elles ont pour but de protéger les terres basses contre les hautes marées, qui répandraient, sans cette précaution, cinq ou six fois chaque année, une nappe de $1^{m}50$ à 2^{m} d'eau sur presque toute l'étendue du Marais.

Ce vaste système de dessèchement et de protection a conquis sur les eaux, dans l'espace de quelques siècles, soixante mille hectares de terre d'une admirable fertilité. Les populations, autrefois pauvres, chétives et clairsemées, rongées par la fièvre, sont maintenant saines, robustes, nombreuses et riches.

Le Marais poitevin est ainsi devenu une de ces conquêtes dont l'homme a le droit d'être particulièrement fier, car elles n'ont coûté ni larmes ni sang, et ont apporté la santé et la fortune où croupissaient misérablement de rares peuplades anémiées par les émanations putrides.

V. — Le Paysage

C'est s'exposer à un grave mécompte que de penser qu'il suffise, pour acquérir du Marais une notion exacte, de descendre la rivière en bateau de Coulon à Marans.

La Sèvre, ainsi vue, est toujours plus ou moins semblable à elle-même ; et si ce n'était, en certains endroits, la bordure plus dense de peupliers et de saules, le faible relief des rives, le chemin de halage complètement dégagé de tout obstacle, l'absence de moulins, les écluses qui régularisent la pente des eaux, un nombre infini de batelets, et çà et là, quelques bateaux plus gros et des gabares, la Sèvre du Marais n'offrirait rien qu'on ne puisse trouver dans un simple trajet effectué entre deux moulins des environs de Niort.

Il est nécessaire, pour jouir du Marais et le comprendre, de quitter le cours d'eau principal et de s'aventurer dans le dédale des fossés qui divisent à l'infini tout le sol de la basse vallée.

Alors la végétation apparaîtra avec son aspect particulier, et le pays prendra une physionomie absolument originale.

L'été, dans tout le Marais mouillé, les eaux dormantes, bordées de touffes vigoureuses de carex, de butomes, de phalaris, de glycéries, de bérules, se couvrent des grands disques verts et des étoiles blanches ou jaunes des nymphéas, de mosaïques luisantes formées d'hydrocharis, sorte de nénuphars minuscules, des grappes lilas des hottonies, des frondaisons serrées des myriophylles, des chevelures vert sombre des utriculaires à fleurs jaunes, soutenues par des vésicules à la façon des algues de la mer. Et, au milieu de tout cela, les hydrophiles noirs et luisants plongent, les gyrins tournoient en faisant scintiller les eaux, les batraciens coassent ; des râles et des foulques s'ensauvent à votre approche, et la fauvette des roseaux, appelée ici *tire-arrache*, vous perce les oreilles de son perpétuel et déchirant refrain.

Puis les vols diaprés des libellules, agrions, calliptérix, hémérobes, sèment sur la verdure ou les fleurs d'or des iris tous les chatoiements de leur riche écrin.

Au-dessus de ce grouillement de vie intense, les saules, les frênes forment un second ensemble végétal, que dominent à leur tour les hautes flèches des peupliers.

De temps à autre, un Maraichin passe, avec son bateau chargé d'herbe fraîche coupée, une brouette renversée et une fourche posées sur l'avant, lui derrière, poussant vigoureusement l'embarcation avec sa longue *pigouille*, appuyée sur le fond solide du *bri*.

Vous pourrez, sur la Sèvre ou les grands canaux, rencontrer quelque barque à fond plat, d'un assez fort tonnage, chargée de vieux troncs de frênes ou *cosses* de marais, de planches et de voliges provenant de quelque scierie mécanique, installée au milieu d'un *abattage* de peupliers. Un marinier, placé sur le chemin de halage, tire à force de corps sur une corde attachée au bâteau ; un autre tient le gouvernail. Parfois une haridelle est substituée à l'homme de peine.

Sur les relevées des fossés, et dans les *mottes* ou carrés de terre entourés de fossés, on fait, l'eau disparue, des cultures de haricots et de fèves ; d'autres espaces, plus constamment humides, sont en prairie ; enfin, lorsque l'eau séjourne tout le temps, ce sont des roselières ou des marais à *rouches*, complètement envahis par une végétation de carex, de joncs, de cladies, de rubaniers, avec, çà et là, aux endroits où le fourré s'abaisse, quelques sanguisorbes aux rouges épis, des gentianes à longue corolle violette. Lorsqu'elle n'est pas exploitée en coupes réglées, cette végétation périt sur place et ajoute chaque année ses débris à la couche tourbeuse dont le bri est partout recouvert.

Le Marais que nous avons dépeint jusqu'ici est le Marais mouillé, boisé, verdoyant et luxuriant, mais pauvre quelquefois en raison de l'uniformité trop restreinte et de la fragilité de sa production. Bien différents sont les desséchements.

Voulez-vous avoir du pays desséché une idée exacte ? Parcourez le pays entre Luçon et L'Aiguillon-sur-Mer.

Une fois sortis des prés humides situés aux abords de la colline, vous entrez dans une terre d'aspect vraiment singulier. Une immense prairie d'une horizontalité parfaite, sans un mur, sans une haie, sans un arbre, s'étend à perte de vue. En été, la terre se gerce ; l'herbe courte paraît brûlée. Est-ce le désert ?

Pourtant de nombreux troupeaux de bœufs, de vaches et de chevaux lèchent avec avidité ce gazon desséché ; et, chose merveilleuse, tout ce bétail, qui séjourne là de jour et de nuit, est dans un état parfait d'entretien. Des fossés, qu'on n'aperçoit que d'une faible distance, découpent la prairie en parcelles de toutes dimensions, y entretenant une fraîcheur suffisante pour que, sous ces apparences de désolation, la végétation n'ait cependant jamais un moment d'arrêt.

VI. — Autour des anciennes îles. — Les Communaux

Nous approchons des anciennes îles. C'est Triaize, c'est Saint-Michel, la ville aux monticules d'huîtres. Autour sont de grands espaces livrés à la culture des céréales et des fèves. Une forte charrue, avec un seul mancheron, réglée au moyen d'un patin de fer recourbé en avant, qui glisse sur le sol, sert à exécuter les labours ; et c'est par suite du mélange que font ces puissants instruments du bri légèrement calcaire du sous-sol avec la tourbe acide de la surface, que la terre acquiert dans cette région une fertilité comparable à celle des *Terres noires* de la Russie.

De cette fécondité extrême résulte une habitude bien étrange, insensée même à première vue. On ne fume pas la terre ; le Maraichin brûle son fumier. C'est que le Maraichin des desséchements n'a pas de bois, et que sa terre produit sans fumure. Voici

Phot. J. Robuchon.

Les Marais salants à Noirmoutier (Vendée).

Phot. J. Robuchon.

Les Marais à Triaize (Vendée).

comment il procède : Les bouses et crottins, desséchés sur le pré, sont d'abord détachés et retournés avec soin, puis empilés sur place en petites pyramides où la dessication s'achève ; après quoi, ce combustible étrange est transporté à la cabane. On y joint le peu de fumier qui se récolte à la ferme dans un pays où la stabulation est chose presque inconnue. Mais on a soin, tout d'abord, de le transformer également en mottes ou briquettes.

Pour cela, on creuse à fleur de sol un trou où l'on met le fumier, puis de l'eau ; et un garçon de ferme, pieds nus et pantalons retroussés, piétine la matière jusqu'à ce qu'elle ait acquis la consistance d'un mortier ; ensuite, pelletée par pelletée, on étend sur le pré voisin cette *bouse* artificielle, qui se dessèche, se retourne et s'empile absolument comme les déjections recueillies dans la prairie même. Le combustible ainsi obtenu se vend un sou la motte. Bien des foyers n'en connaissent pas d'autre.

L'aspect des anciennes iles du Marais desséché offre aussi ses particularités qu'il convient de noter ici. Tout d'abord, le sommet de chaque éminence est couronné par une rangée de moulins à vent dont le nombre est en rapport avec la population du village. Les maisons, quoique bâties sur le roc, ont rarement un étage.

Aux alentours, les vergers et quelques vignes sont envahis par une légion de mauvaises herbes, dont l'étonnante vigueur prouve à la fois la fertilité du sol et la négligence de ceux qui l'exploitent.

A l'extrémité des villages sont des *plans* communaux, où chacun peut venir battre son blé. Vers le mois d'août, les meules d'orge et de féveroles y sont nombreuses. La plupart sont cylindriques inférieurement et coiffées d'un cône formé de gerbes retournées l'épi en bas : cela rappelle vaguement nos vieux moulins à vent privés d'ailes. On bat généralement la récolte à l'aide de gros rouleaux de pierre, que trainent des bœufs ou des chevaux.

Les *Communaux* jouent un grand rôle dans le Marais. Ce sont de vastes espaces demeurés indivis à la suite des dessèchements. Ils consistent généralement en vastes prairies, jamais fauchées, livrées au pacage des bestiaux presque toute l'année, ordinairement d'avril à la Noël. Chacun peut y mener paitre, moyennant une certaine redevance par tête de bétail, 20 à 30 fr. pour un bœuf ou une vache, 60 à 80 fr. pour un cheval.

Plusieurs de ces communaux ont une étendue de deux à trois cents hectares. Le bétail y séjourne dans une demi-liberté, ne rentrant à l'écurie que par les plus mauvais temps d'hiver. On creuse çà et là des trous dans le bri, où les eaux pluviales s'amassent. C'est là que les animaux viennent se désaltérer, l'eau des fossés ayant une salure très prononcée. Dans les sécheresses prolongées on est parfois obligé d'aller quérir fort loin l'eau douce, que l'on transporte dans des bateaux.

Les indigents sont admis, dans la plupart des communaux, un jour par semaine, du lever au coucher du soleil, pour ramasser la *bouse*. C'est l'équivalent du droit à la branche morte des riverains de la forêt, c'est la possibilité donnée au pauvre d'entretenir son foyer durant les rigueurs de l'hiver.

Quelques communes ont réalisé le partage de ces communaux, d'autres les ont vendus. Leur conservation ou leur vente est même devenue une plate-forme électorale sur laquelle se livrent des assauts violents.

Nous nous souvenons qu'au mois d'août 1886, au lendemain d'élections au Conseil général pour le canton de Luçon, nous vîmes les murs de Saint-Michel-en-l'Herm pavoisés d'affiches où le candidat battu (il ne l'avait été que de deux ou trois cents voix) attribuait son échec aux « défections provoquées par des personnes qui seraient allées de maison en maison affirmer mensongèrement qu'il voulait *la vente des communaux* ».

(A suivre.) H. GELIN.

FOLK-LORE

Devinettes

1. *Qu'est-o tchieu qui est le pus segret de la maison?*

Le basseil (seuil) de la porte qui voait tout pllein d'affoaires et qui dit jamoais rein.

2. *Qu'est-o tchieu qui monge la viande le jour et qui la neut lucho la muraille?*

In' agllon (aiguillon).

3. *Qu'est-o tchieu, ine petite gronge toute plleine de jemants blonches?*

La goule et les donts.

4. *Qu'est-o tchieu, père grand, mère maligne, in p'tit infant qui at le darre tout bllanc?*

La châtagne (châtaigne).

5. *Qu'est-o tchieu : in p'tit cru sons fond, les feilles ne sont contoutes que coure alle l'avont?*

Ine bague (l'anneau de mariage).

6. *Qu'est-o tchieu qu'in paisant jete à bas et que nout' sagneur l'évêque sacque dans sa poche?*

La morve.

Proverbes

1. N'on' est pus vite gari d'in cot de ped que d'in cot de bec.
2. Coure le pigeon est saoul, le trouve la garobe amère.
3. O n'y at pas de si grand noue qui ne se défase bé.
4. Le ban Diû tint trejous tchieuque chouse en resarve pre les braves geons.
5. Coure le chein a sali la vionde l'en vaut pus.
6. O n'y at rein de pis qu'in poaill révilé.
7. O faut pas baillaie sa veste, avont d'avaie chaud.
8. Le sair dau Mardigras chaqu'in at besein de sa pêle.

R.-M. LACUVE.

LE MARAIS
DE LA SÈVRE NIORTAISE

(Suite et fin)

VII. — Les marais gâts. — Les bouchots. — Les huîtres. — La dune

En approchant de la mer, on aperçoit quelques espaces régulièrement bosselés, entrecoupés de flaques d'eau saumâtre. Ce sont des *marais gâts*, nom qu'on donne aux marais salants dont l'exploitation a été abandonnée, et que la salure trop accentuée du sol rend encore impropres à la culture. Ils sont assez rares dans l'estuaire de la Sèvre. Au temps où écrivait Cavoleau (1818), les deux seules communes de Saint-Michel et de Champagné se livraient à la fabrication du sel, et elles ont abandonné cette industrie il y a environ cinquante ans.

Dans l'anse de l'Aiguillon, les embouchures vaseuses de la Sèvre et du Lay donnent lieu à une exploitation toute spéciale, la *culture* des moules dans les *bouchots*. Les bouchots sont des clayonnages faits à l'aide de branches de tamarins, où s'attachent et se développent les jeunes moules, que l'on y va cueillir lorsqu'elles atteignent la taille requise. C'est surtout vers Esnandes et Charron que l'industrie des boucholeurs est florissante.

Quant aux huîtres, qui ont été autrefois abondantes à l'embouchure de la Sèvre — les gigantesques entassements artificiels de Saint-Michel-en-l'Herm en font foi, — elles ont à peu près disparu. Les parcs les plus rapprochés sont actuellement ceux de Lauzières, commune de Nieuil-sur-Mer, situés en dehors de l'estuaire proprement dit de la Sèvre, dans les calcaires de la côte charentaise. Un banc naturel a subsisté longtemps sur le rocher des Derges, près de la pointe dite du Rocher; mais elles ont disparu il y a peu d'années, remplacées par des moules, dont les boucholeurs du Lay vont cueillir les jeunes pour en garnir leurs clayons.

Il n'y a pas que des vases entre le Marais et l'Océan. Une magnifique chaîne de dunes, partant de la pointe de l'Aiguillon, forme la côte jusqu'à Jard, sur une longueur de trente kilomètres, interrompue seulement par l'embouchure du Lay, qui la coupe obliquement au niveau de la pointe d'Arçay. Elles ont de huit à dix mètres d'élévation et forment une puissante digue naturelle. La mer, qui se fait parfois le complice de l'homme, a élevé cette digue elle-même, comme une protection de plus pour le Marais « sauvé des eaux ».

VIII. — L'habitant. — La cabane. — Le costume

Si maintenant nous jetons un coup d'œil sur la population du Marais, nous la trouvons riche, prospère, bien portante, en un mot séparée déjà par tout un monde de ce huttier fiévreux et misérable décrit il y a soixante ans par Savary, chef de bataillon du génie, à la suite d'une excursion sur la basse Sèvre.

« Ce qui me frappa tout d'abord dans cette hutte, dit-il, ce fut la grossièreté de l'ameublement; la dernière case de nos paysans est un Louvre en comparaison : deux lits haut montés, sans rideaux, un vieux coffre, deux ou trois débris de plats profonds en terre brune, une bouteille privée de son goulot, une gourde ou calebasse; pour sièges, des billots de bois. Mais ce qu'il y avait de spécial, c'était le foyer occupant le milieu de la chambre : deux bois fourchus, plantés en terre, avec un autre bois en travers portant la crémaillère; du reste, pas de cheminée : nulle autre issue que la porte de la hutte pour la fumée qui avait noirci d'un enduit gluant les perches soutenant les roseaux du toit.

« — Comment faites-vous, dis-je à nos hôtes, pour supporter cette fumée?

« — Ah! mon bon monsieur, il est bien vrai qu'elle nous étouffe; il y a des moments où nous ne pouvons pas nous voir.

« — Pourquoi ne faites-vous pas de cheminée?

« — Que voulez-vous, mon bon monsieur, c'est l'habitude du pays. »

Savary parle d'un huttier qui entrait en rampant dans sa demeure; un autre avait une hutte dont un vieux bateau formait la moitié.

BENET (Vendée) — *Phot. J. Robuchon.*
Les canaux du Marais de la Sèvre

« Enfin, dit-il, je m'aperçus bientôt qu'il existait, parmi les huttiers, des inégalités considérables; en cherchant bien, je découvris le pauvre de la hutte. Sous un toit moins soigné que les autres, fait de quelques roseaux mal attachés, et dont les paquets réunis formaient une pointe vers le haut, je découvris comme un être vivant. J'entrai : je ne vis nul ameublement; seulement, au milieu de la pièce, une toile grossière recouvrait un paquet de roseaux renflé vers une de ses extrémités : c'était le lit... »

Cette peinture ne se rapporte pas aux terres hautes, non plus qu'aux dessèchements, où l'aisance et un confortable relatif avaient déjà pénétré

L'habitation porte toujours le nom de *cabane*, mais elle n'est plus faite exclusivement de roseaux. La pierre et la tuile ont pénétré partout, et le Marais est maintenant semé de gentilles maisonnettes, d'une propreté et d'une blancheur irréprochables. Mais, fait caractéristique, ces maisons sont basses et sans étage; elles se développent en longueur, selon les nécessités ou la richesse de la famille, sans que jamais l'ancien hôte des huttes s'aventure à prendre possession de l'air. La construction d'églises et d'écoles a montré cependant que le bri offre assez d'homogénéité et de consistance pour supporter des édifices élevés; aussi convient-il d'attribuer à l'habitude seule la disposition *terre à terre* du logement des Maraichins. Autre détail curieux : le roseau *(phragmites communis)* des huttes et des primitives cabanes se fait de jour en jour plus rare dans le Marais de la Sèvre. Le peu qu'on en récolte encore sert à capitonner la toiture au-dessous de la tuile; il garnit également de ses clayonnages l'étable et les toits à volailles.

Les femmes du Marais poitevin, de Maillezais à Marans, portent toutes le même costume, caractérisé par la *coiffe à claque*, dite *cabanière*. Marans a gardé une vaste coiffe fort originale, avec ses arcs latéraux qui lui donnent une largeur démesurée, et ses deux cornets en forme d'oublie roulés sur le fond.

Dans la partie la plus orientale du Marais, les femmes désignées sous le nom de *porrandes* par les *cabanières* portent la même coiffe que celles de la Plaine à l'ouest de Niort. C'est qu'elles y représentent la population même de la Plaine, qui a glissé insensiblement vers le Marais assaini, et a conservé son costume et son parler en gardant avec Niort ses anciennes relations commerciales de foires et de marchés.

IX. — Une partie de pêche

Cette dernière fin d'été, un ami m'avait convié pour une partie de pêche dans le Marais.

Au milieu de ce dédale de canaux — des *routes*, comme on les appelle ici, — de fossés bordés de levées et contournant les *mottes*, le Maraichin, qui passe en bateau un bon tiers de sa vie, pêcheur d'instinct, a naturellement trouvé des procédés de pêche spéciaux à la nature de ses eaux. Aussi, en face de lui, le poisson a-t-il besoin de toute l'énergie de sa puissance prolifique pour échapper à la destruction.

L'épervier, ce filet universel; le tonneau cylindrique, à double guichet, cerclé d'arceaux aplatis de châtaignier; les nasses d'osier, compliquées de guichets latéraux, plantés à angle droit sur le corps principal, et absolument *indépêchables*, y sont des engins d'usage courant. Mais la pêche abondante, copieuse, certaine des jours qui réclament grosse récolte de poisson, se fait avec le *tramail*.

Ce tramail, qui représente en miniature le filet le plus ordinaire des pêcheries maritimes, est formé de deux nappes superposées, à mailles inégales, celles plus petites de l'une des nappes s'enfonçant au travers des mailles de l'autre, et formant poche quand un poisson s'y introduit.

Jeté à l'eau, il est maintenu dans une position verticale par de grosses balles de plomb qui coulent à fond, et par une rangée de morceaux de liège carrés qui flottent à la surface.

La pêche étant mise en ferme, chaque pêcheur a ses eaux réservées, son lot plus ou moins considérable de fossés, sa part de *route* où seul il a droit de jeter ses filets.

A l'aide de branchages empruntés aux cosses de frênes, aux cépées d'obier plantées sur les terrées, le pêcheur forme dans quelque recoin, à l'abri de la navigation et du batelage courant, une *cache*. Quelques menues graines jetées par là de temps à autre attirent le poisson, qui, dans ce lieu où rien ne vient troubler sa quiétude, a tantôt fait de pulluler.

C'est alors le moment propice pour le coup de tramail.

Discrètement, sans bruit, le pêcheur s'approche. Il barre hermétiquement de son filet les eaux d'un côté de la cache. Puis, contournant la motte avec son batelet, qu'il manœuvre à l'aide de sa longue perche ferrée ou *pigouille*, il tend du côté opposé de la cache un second tramail, ou la partie restée disponible du premier. On retire alors sur les terrées les branchages qui servaient de refuge au poisson. Effrayé, celui-ci cherche à s'éloigner. Les mailles du tramail le reçoivent. Seule, la carpe demeure en place. On sait en effet que ce poisson, sous l'impression du danger, enfonce sa tête dans la vase. L'épervier glisse sur ses écailles sans l'empocher. Le tramail ne la saisirait pas davantage. Mais le Maraichin s'est construit un engin capable de déjouer la manœuvre de la rusée commère. Cet outil, c'est la *geôle*, formée d'une perche qui se ramifie à l'extrémité en quatre ou cinq rameaux, soit naturels, soit implantés artificiellement. Un cercle relie entre elles les extrémités de ces rameaux, et le cône est revêtu d'un filet formant poche à la base.

On promène l'appareil par toute l'étendue comprise entre les deux branches de tramail, en remuant fortement la vase. Cette opération préliminaire donne par elle-même beaucoup de poisson, cueille, si elle est faite avec soin, toutes les carpes, et fourvoie le poisson restant jusque dans le tramail, où il s'empêtre et demeure.

A la saison où les anguilles séjournent dans la vase, on laboure celle-ci avec une sorte de trident à pointes de fer barbelées, appelé *sabre d'eau*, qui les engage et les retient entre ses lames.

Après, il ne reste plus qu'à soulever le tramail; et c'est vraiment un curieux spectacle que celui des poissons frétillants, dont les écailles scintillent au soleil, qui roidissent leurs arêtes, trémoussent leur queue et s'agitent en bonds désespérés.

La pêche terminée, nous regagnons le village par une levée de ceinture qui sépare le marais desséché du marais mouillé.

Çà et là, sur cette levée, une cabane apparait entre les frênes et les saules. Je fais causer mon compagnon des choses du passé. Il est âgé. Il se souvient des temps lointains où il y avait, là-bas, près du confluent du Mignon et de la Sèvre, une héronnière. Aujourd'hui, quelques sarcelles et les hallebrans nichent seuls, avec les foulques et les râles, dans l'épaisseur des roselières. Il a vu les dernières huttes de roseaux. On y faisait du feu dans une chaudière de potain. La fumée s'échappait comme elle pouvait, par la porte entre-bâillée, par les fissures du toit.

L'hiver, au temps des grandes eaux, on introduisait les bateaux dans la hutte. L'un d'eux recevait le chaudron-foyer. On exhaussait la table à mesure des crues, et on la flanquait de bateaux où s'installait la famille pendant le repas. On soulevait également les lits, dont les *quenouilles* transperçaient la toiture des huttes.

Nous continuons notre promenade sur la levée. Les cabaniers qui y sont installés obtiennent du syndicat des *Marais mouillés* le droit à la récolte des herbes; mais, en échange, au moment des crues, ils sont astreints à des travaux de préservation. Lorsque l'eau du Marais mouillé affleure le sommet de la digue, munis de cordons de *rouche* (iris et rubanier), ils établissent des bâtardeaux dans les parties menacées, fixant la rouche avec des pieux, et la garnissent soigneusement de bri.

« C'est, me dit mon compagnon, une chose curieuse tout

de même que de voir, l'hiver, d'un côté de la levée, le Marais mouillé couvert d'eau à perte de vue, tandis que, en contre-bas de deux mètres, le *Dessèchement* reste aussi sec qu'un terrain de plaine. »

Et le mot d'admiration naïve du vieux pêcheur évoqua devant moi tout l'œuvre colossal de vingt générations de pionniers laborieux et tenaces, qui accomplirent ici, comme autrefois Hercule dans les bourbiers de Lerne, ce miracle glorieux de séparer la terre des eaux.

H. GELIN.

FÉLIBRES POITEVINS

Auguste GAUD
Adolphe MÉTIVIER
Henry MARTIN

Le Félibrige poitevin est né à Niort en 1896. Il n'a pas d'organisation propre; il est une émanation, ou plutôt une section du Comité poitevin d'Ethnographie et d'Art populaire, qui pourrait s'appeler et s'appellera quelque jour l'*Union régionaliste poitevine*.

Nous faisons nôtre ce mot de Félibre, de récente origine provençale, et dont le sens n'a jamais été exactement déterminé, de même que les Provençaux ont accepté du Poitou, au Moyen-Age, l'appellation de troubadours donnée aux tenants d'une école poétique dont Guilhem IX, de Poitiers, fut le chef dès l'an 1100. La Bretagne nous a d'ailleurs devancés dans cette adoption d'un vocable devenu national, car il existe un Fébrilige breton qui fraternisa naguère avec les disciples de Mistral, et nous souhaitons voir chaque province imiter cet exemple.

Le mot *Félibre*, dans son imprécision, est cependant devenu une épithète formelle, caractéristique, ne laissant aucune place à l'équivoque. Est Félibre celui qui défend, qui « maintient » les traditions de son « pays », qui conserve l'originalité de son inspiration, de sa pensée, de son langage.

Le Félibre suit en cela les indications de la Providence, qui fit de notre France le pays le plus varié en climats, en productions, en sites. C'est de cette diversité si féconde des petites patries que découle la richesse économique de la grande : il doit en être de même dans le domaine intellectuel. Pour avoir trop longtemps méconnu ces conditions essentielles de son existence; pour avoir laissé s'obscurcir en elle l'esprit traditionaliste, la France a traversé et traverse encore des crises terribles. Le mal a, Dieu merci, été reconnu alors qu'il n'était pas trop tard, et l'on peut prévoir aujourd'hui le temps de la convalescence et de la guérison.

Parmi les Félibres poitevins qui défendent la *Cause*, comme l'on dit chez nos voisins de langue d'oc, avec le plus de zèle, nous mentionnons aujourd'hui les trois noms qui sont en tête de cet article.

Auguste Gaud a voulu être le chanteur du « pays natal », Ad. Métivier et Henry Martin ont réussi à être les peintres réalistes des mœurs rurales poitevines.

Solitaires ou associés, ils parcourent villes et campagnes, tels les anciens ménestrels, chantent nos vieux refrains, évoquent nos antiques coutumes, faisant applaudir à la fois les productions anonymes du génie local et leurs œuvres continuatrices de la tradition ancestrale.

Récemment, ils vinrent à Poitiers. La vieille ville universitaire les ignora, et ce fut tant pis. Devant deux douzaines d'auditeurs enthousiastes, ils eurent le louable courage d'exécuter un programme de choix, et voici l'éloquent compte rendu que nous adressa, en même temps qu'à l'un de nos confrères, un ami des lettres poitevines :

M. AUG. GAUD
né à Chef-Boutonne, le 26 août 1857.

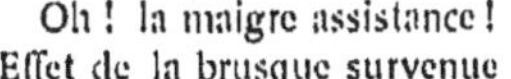

M. Robuchon, dont nul ne méconnaitra l'infatigable zèle artistique, et dont le *Recueil des Paysages et Monuments du Poitou* fut proclamé naguère, à juste titre, « une œuvre unique dans nos provinces », avait pris l'heureuse initiative d'une soirée littéraire que devaient, en grande partie, remplir deux auteurs du cru, prenant, pour la première fois, contact avec le public de Poitiers, MM. Gaud, de Chef-Boutonne, Métivier, de Melle.

Oh ! la maigre assistance ! Effet de la brusque survenue d'un hiver précoce ? peut-être ; de l'indifférence, à coup sûr. Mais si le succès se mesure aussi à la chaleur des applaudissements, MM. Gaud et Métivier n'ont pas perdu leur soirée, et nous sommes heureux de constater le vif enthousiasme soulevé par cette manifestation de ce que le poète appelle « l'antique franchise ».

Dans la préface qu'il écrivit pour le livre[1] où M. Gaud retraçait pieusement ses souvenirs d'enfance, M. André Theuriet disait à l'auteur : « Parmi les bons souvenirs de mon séjour à Niort, lors du Congrès organisé par la Société d'Ethnographie, j'ai gardé celui de votre conférence sur les chansons et les rondes du Poitou. Vous aviez amené avec vous un violoneux et deux chanteurs de votre Pays Mellois : à mesure que vous évoquiez l'un de ces refrains rustiques « où l'âme ingénue des « laboureurs d'autrefois s'est reflétée comme la coiffe pittoresque des « paysannes dans le clair miroir des fontaines », le violoneux jouait la ritournelle de la chanson, et l'un des interprètes la chantait sur ce rythme traînant et mélancolique qui s'accorde si bien avec l'intimité et la douceur du paysage. On se serait cru transporté dans nos brandes poitevines, à la lisière de quelques-unes de nos châtaigneraies solitaires. Après chaque audition, vous nous expliquiez le caractère de ces naïves mélodies dont votre enfance fut bercée, et vous nous faisiez suivre pas à pas, dans leur vie simple et laborieuse, ces générations disparues, qui, nous disiez-vous, « vous avaient appris le secret de leurs amours et de « leurs tristesses ».

L'aimable président de la Société d'Ethnographie aurait, nous n'en doutons pas, retrouvé, samedi, avec un plaisir redoublé, ses impressions de jadis. Tout au plus pouvait-on désirer, dans l'unique interprète qu'il nous fut donné d'entendre, un art moins affiné.

La chanson populaire, en effet, est un domaine tout spécial, fort éloigné de celui de la musique et de la poésie savantes. C'est une musique naturelle, une musique « de bouche », suivant l'énergique expression du poète Eustache Deschamps, dont la pratique, toute de routine, repose uniquement sur la connaissance d'une tradition fidèlement propagée.

Dolentes cantilènes de *La Faucille*, du *Soldat et de la Bergère*, mâle et réconfortant *Chant de labour*, allègre ronde de *La Quenouille*, plaintive complainte du *Déserteur*, ravissant *Noël des trois Bergères*, M. Gaud nous a fait connaître les principaux aspects de cette Muse rustique qui présidait aux diverses manifestations de la vie de nos anciens. Elle les

1. *Ma grand'mère Toinon*. — Paris, Lemerre, 1897, 1 vol. in-12, 3 fr. 50.

accompagnait partout, comme une amie consolatrice, au long des heures accablantes, berçait de ses refrains la série toujours renouvelée de leurs peines. Moissons et vendanges, noces et funérailles, tout commençait, tout se terminait par des chansons.

Il faut savoir gré à M. Gaud des efforts qu'il a faits pour garder de périr cette littérature orale. Ce n'est point là d'ailleurs vaine curiosité d'érudit. Nos poètes, nos musiciens ont mis à profit le trésor populaire. Leur inspiration s'y est renouvelée. Ils se sont repris à goûter, ils ont réappris au public à goûter ces « naïvetés » et ces « grâces » qu'exaltait Montaigne.

M. Métivier s'est mis au premier rang des traditionnistes poitevins par sa pièce des *Poitevins d'autrefail*, dont le succès, au Congrès de Niort, fut éclatant. Il y peignit, de la manière la plus heureuse, les coutumes paysannes, il y exprimait l'esprit de son terroir. Avec les nombreuses légendes, les chansons et les danses qui s'y mêlent, cette pièce constitue l'un des plus curieux monuments de la littérature provinciale.

Nous n'avons pu apprécier M. Métivier que dans ses œuvrettes, mais qui sont des merveilles d'observation sincère et qui suffisent à vous donner la nausée de toutes les pseudo-paysanneries. L'interprète, en M. Métivier, vaut l'auteur. On a, en l'écoutant, le sentiment du parfait. Que déguisé en vieille, il dise la savoureuse ballade du *Triste sort d'ine fame de pésan*, ou qu'il prenne l'habit de droguet de Louichet Lageasson pour détailler ses refrains comiques, M. Métivier est incomparable. Aussi a-t-il été applaudi d'enthousiasme, et nous sommes assuré que le public de Poitiers, mis en goût, retrouverait avec plaisir l'occasion de le fêter encore.

Cet art raffiné, dont notre judicieux correspondant se plaint avec raison, M. Henry Martin savait l'éviter et le faire éviter, par l'exemple, à son camarade, lorsqu'il accompagnait M. Gaud dans ses conférences. Autant que Métivier, mais dans une note différente, plus brutale, plus vibrante, il savait mettre dans l'interprétation des chansons poitevines, avec une prononciation irréprochable, la vérité mélodique que la mesure détruit, et l'impression de vie que la recherche fait disparaître. Les circonstances ont, au grand dommage du conférencier et des auditeurs, rompu momentanément une association que d'autres circonstances prévues rétabliront, il faut du moins l'espérer. Pour qui assista aux premières auditions, dont M. André Theuriet conserve un souvenir si durable, celles qu'organise maintenant M. Gaud, sans Henry Martin et sans le violoneux exquis qu'était le jeune Moinard, sont d'un intérêt bien inférieur, il faut le reconnaître, à la louange des disparus.

Maintenant, disons quelques mots du conférencier.

Auguste Gaud est né à Chef-Boutonne, le 26 avril 1857, d'une familles d'artisans poitevins. Son bisaïeul paternel était originaire du village de Tillou et exerçait la profession de fouacier.

Sorti de l'école primaire à treize ans, et après un court séjour à Niort, où sa famille l'avait placé en apprentissage chez un confiseur, Auguste Gaud se décida à embrasser la profession de son père, qui avait fondé une fabrique de chaussures à Chef-Boutonne.

Cependant Auguste Gaud montrait une véritable passion pour l'étude. Il dévorait volume sur volume, lisant, comme tous les autodidactes, au hasard, par besoin, presque sans choix. Toutefois, vers sa dix-huitième année, cette fringale de savoir se régla. Auguste Gaud se fit une méthode de travail, apprit, comme le conseillait Gautier, la langue dans les lexiques, lut les poètes, les historiens, les orateurs.

Il voyait, comme il arrive souvent, sa famille opposer une vive résistance à sa vocation littéraire, combattre ses goûts, ses inclinations. Il eut enfin gain de cause et commença à écrire, en 1886, dans une revue poitevine, *L'Hirondelle*, qui n'eut qu'une durée éphémère. C'est là qu'il publia ses premiers vers, des contes, des nouvelles, des études biographiques et critiques. Quelques années après, il prenait la direction d'une autre revue, publiée à Paris, *Les Annales critiques et littéraires*, et à laquelle collaborèrent les poètes Paul Harel, Hippolyte Buffenoir, Jacques Madeleine, Camille Mauclair, etc.

En 1890, sur les conseils de l'accueillant Léon Cladel, il publia, chez l'éditeur Savine, un volume de nouvelles, *Caboche-de-Fer*, et, l'année suivante, *Chansons d'un rustre, Poèmes de jeunesse*. Trois ans plus tard, il donna *Au pays natal*, nouveau recueil de poésies, et, en 1895, les *Rimes à ma payse*, gerbe doux fleurante de sonnets.

L'œuvre littéraire d'Auguste Gaud a été appréciée avec éloges, par la chronique parisienne. Nous renvoyons, à cet égard, aux articles bibliographiques que signèrent Albert Cim, Charles Maurras, Jean Bernard, Gaston Deschamps, etc.

Le maître Theuriet le présenta au public dans une exquise préface, que nous reproduisons in-extenso, car elle contient, en même temps que l'éloge du livre qui nous occupe, des conseils qu'il est bon de répandre :

Cher poète,

Parmi les bons souvenirs de mon séjour à Niort lors du Congrès organisé par la Société d'Ethnographie nationale, j'ai gardé celui de votre conférence sur les chansons et les rondes du Poitou. — Vous aviez amené avec vous un *violoneux* et deux chanteurs de votre Pays Mellois : à mesure que vous évoquiez l'un de ces refrains rustiques « où l'âme ingénue des laboureurs d'autrefois s'est reflétée comme la coiffe pittoresque des paysannes dans le clair miroir des fontaines », le violoneux jouait la ritournelle de la chanson et l'un de vos interprètes la chantait sur ce rythme traînant et mélancolique qui s'accorde si bien avec l'intimité et la douceur du paysage. On se serait cru transporté dans vos brandes poitevines à la lisière de quelqu'une de vos châtaigneraies solitaires. Après chaque audition, vous nous expliquiez le caractère de ces naïves mélodies dont votre enfance fut bercée, et vous nous faisiez suivre pas à pas, dans leur vie simple et laborieuse, ces générations disparues qui, nous disiez-vous, « vous avaient appris le secret de leurs amours et de leurs tristesses ».

Tout en vous écoutant avec délices, je songeais à part moi : « Voici un excellent poète qui a eu la chance de naître et de grandir au fond d'un village et qui s'est imprégné de la savoureuse poésie de son terroir poitevin. Combien nous serions intéressés, s'il nous contait comment sa vie s'est écoulée dans ce village, s'il nous disait avec sincérité tout ce qu'il a vu, tout ce qu'il a senti et souffert ! »

En effet, l'homme qui, avec bonne foi, nous narre son histoire et celle du milieu dans lequel il a vécu, a de sérieuses chances de piquer notre curiosité et de gagner notre cœur. On n'est jamais aussi éloquent que lorsqu'on parle de soi-même. A ce travail d'évocation des souvenirs personnels, le talent qu'on peut avoir, reverdit, s'épanouit et donne toute sa fleur. C'est ce qui explique le grand succès des Mémoires. A l'heure qu'il est, personne ne se soucie des *Incas*, de *Bélisaire*, ni des *Contes moraux*, de Marmontel, mais on lit avec plaisir les *Mémoires de sa vie*, qui ont tant de naturel, de charme et de saveur.

Pour devenir une œuvre attachante, l'autobiographie n'exige ni luxueuse mise en scène, ni introduction d'illustres personnages, ni aventures héroïques ou violemment dramatiques. Pourvu que l'auteur nous parle avec sincérité des choses ou des êtres qu'il a connus familièrement, nous ne lui demandons ni d'avoir l'écriture artiste ni d'être un raffiné et un psychologue subtil. On peut dire de l'autobiographie ce que John Ruskin disait de la recherche de la Beauté dans la Nature. Pas n'est besoin de s'y mettre en quête de spectacles rares ou d'effets exceptionnels.

« Les plus simples des choses, les plus banales, les plus chères aussi que vous pouvez voir chaque soir d'été le long de mille milliers de cours d'eau parmi les collines basses de vos vieilles contrées familiales, aimez-les et voyez-les avec droiture ! L'Amazone et l'Indus, les Andes et le Caucase ne peuvent rien vous donner de plus... »

Ainsi procède Jean-Jacques Rousseau dans ses *Confessions*. Lorsqu'il évoque le souvenir du logis de M. Lambercier, où « des framboisiers venaient ombrager la fenêtre et passaient quelquefois jusqu'au dedans », ou lorsqu'il nous conte la journée passée à Thônes avec Mlles Galley et Graffenried, il lui suffit de quelques notes de nature : l'épisode du cerisier et des cerises jetées dans le corsage de Mlle Galley. Il y a là ni ambitieux décor ni aventures extraordinaires, et cependant, à la lecture de ces pages exquises, que de jeunes gens ont senti une sève de printemps leur monter au cerveau, que d'hommes mûrs ont revécu avec délices les heures de leur jeunesse !

En ce temps-ci, les romanciers abondent et beaucoup d'entre eux ont du talent. Les romans nouveaux s'étalent par centaines aux devantures de libraires, puis malheureusement disparaissent, invendus pour la plupart, car l'offre surpasse de beaucoup la demande. S'il m'était permis de donner un conseil aux jeunes débutants qu'irrite et décourage cette apparente indifférence du public, je leur dirais volontiers : « Appliquez vos qualités de style et d'observation à nous conter avec sincérité vos impressions d'enfance et de jeunesse, à nous peindre le coin de terre campagnarde, la petite ville de province où vous avez grandi ; nous y gagnerons, et vous aussi, car vous aurez produit une œuvre intime, colorée, vivante, et vous attirerez à vous tous ceux qui veulent dans un livre sentir battre le cœur humain. »

Tels étaient les vœux que je formais après avoir écouté votre conférence. Aujourd'hui, après avoir lu le manuscrit de ces *Souvenirs d'un paysan*, je suis heureux de voir qu'ils ont été exaucés, et je vous félicite d'avoir écrit cette autobiographie où vous dépeignez avec tant de charme les émotions de votre enfance, le pays silencieux et fertile où elle s'est écoulée, et ces humbles « laboureurs de la terre », au contact desquels vous avez appris de quelles joies et de quelles souffrances la vie est faite.

Ce livre de bonne foi, cher poète, j'en accepte avec reconnaissance la dédicace et je me réjouis d'être le premier à lui souhaiter bienvenue et bon succès, à l'heure où il va enfin paraître en librairie. (André Theuriet.)

Dans le prochain numéro, nous ferons plus ample connaissance avec Métivier, Henry Martin et leurs œuvres. Nous placerons aujourd'hui, sous les yeux de nos lecteurs, quelques-unes des pages les plus savoureuses extraites de *Ma grand-mère Toinon*.

(A suivre.) Ambo.

MA GRAND-MÈRE TOINON

(EXTRAITS)

PRÉAMBULE

Aux heures de tristesse, que je compte, hélas ! plus souvent que les heures de joie sur le cadran de la vie, quand mon âme troublée, par je ne sais quelle vague rêverie, s'affaisse sous le poids d'un trop lourd chagrin, j'éprouve un charme indicible à évoquer mes jeunes années, dont les souvenirs s'éveillent dans mon cœur, comme une ville endormie au bruit des cloches matinales.

J'aime à revivre ces jours lointains, et à remonter vers mon enfance, pour y retrouver des figures aimées, dont le temps n'a pas effacé les traits, et qui m'apparaissent, à travers les brumes du passé, aussi vivantes qu'autrefois.

C'est la source claire où je viens me désaltérer après avoir traversé le désert brûlant de l'âge mûr ; la fraîche oasis où, sous de bruissantes ramures, je m'attarde délicieusement à rêver. Le paysage natal se déroule alors dans toute sa beauté, devant mes yeux éblouis ; et l'aspect de la campagne silencieuse et fertile me fait songer à la vie calme et résignée de ceux qui l'habitent.

Car, je la connais, cette vie, non seulement pour l'avoir vécue, mais encore pour avoir appris dès l'enfance, au contact quotidien des humbles, toutes les joies et toutes les souffrances dont elle est faite.

Et, sans autre souci que celui de l'émotion qu'elles font naître en moi, je recueille, une à une, sur le chemin de ma jeunesse, comme les feuilles d'un même arbre, dispersées par le vent d'automne, mes impressions les plus intimes.

Un coin du Poitou

C'est à l'extrême limite du département des Deux-Sèvres, sur les confins de la Saintonge et de l'Angoumois.

Après avoir quitté, du côté de l'est, les champs d'ajoncs et de genêts où gambadent des troupeaux de chèvres, et les bois de châtaigniers, au feuillage sombre, qui couvrent une partie du canton de Sauzé-Vaussais, le Pays Poitevin change brusquement d'aspect, et l'on pénètre dans une région moins pittoresque que celle que l'on vient de traverser, mais qui vous séduit par la calme beauté de ses paysages et le charme mélancolique qui s'en dégage.

Du sommet d'un vaste plateau qui domine toute la contrée, on aperçoit, dans le lointain, une chaîne de collines aux crêtes dénudées qui s'étagent en amphithéâtre et barrent l'horizon du côté du midi.

Puis, à mesure que l'on s'avance dans cette direction, on découvre successivement une plaine rocailleuse, où ondulent des luzernes, des seigles et des sainfoins, et une longue file de coteaux incultes où, parmi des buissons rabougris et des arbres poussiéreux, croît une herbe courte et rare qui jaunit et se recroqueville dès les premières chaleurs de l'été.

Soudain, comme au fond d'un gigantesque entonnoir, la vallée de la Boutonne vous apparaît, et c'est dans l'éloignegnement comme une masse houleuse de verdure, où l'on distingue les cimes élancées des peupliers et les frissonnantes ramures des saules.

Comme un ruban d'argent clair, la rivière aux eaux limpides s'y déroule capricieusement ; elle fait tourner de nombreux moulins et arrose les ambiantes prairies où paissent, accroupis dans l'herbe, de grands bœufs roux aux yeux rêveurs et des génisses à la robe bringelée et aux cornes noires.

Puis elle se divise en une multitude de minces ruisselets qui s'éloignent, se rejoignent et portent partout aux alentours la fécondité et la fraîcheur.

La vallée, dans toute sa longueur, est d'une remarquable fertilité. On y récolte en abondance du chanvre, du colza, des légumes ; ses vergers plantés de pruniers et de pommiers, à l'ombre desquels s'alignent des ruches, produisent d'excellents fruits, et, dans ses gras pâturages clôturés de haies touffues, le bétail rencontre une nourriture abondante et peu coûteuse.

Puis ce sont des cultures de maïs et de topinambours, dont les tiges fleuries de soleils d'or et les fines aigrettes se balancent au souffle de la brise, et des champs de blé qui étalent sous le ciel bleu la nappe blonde de leurs épis.

Le paysan de cette partie du Poitou se montre moins sauvage et plus expansif que celui des cantons voisins ; ses mœurs sont plus douces et sa gaieté plus bruyante.

Il aime le plaisir, la bonne chère, fréquente assidûment les foires et ne manque jamais, le dimanche, de jouer aux quilles sur la place de son village.

Les femmes sont généralement jolies. Elles portent la petite coiffe de dentelle, arrondie au sommet, et qui, coquettement posée sur leur chevelure soigneusement lissée, donne à leur physionomie une expression charmante.

Les hommes, eux, sont faciles à reconnaître à leur longue blouse bleue, à leur accent lent et traînard, ainsi qu'à leurs manières embobelineuses.

Ce sont, pour la plupart, de bons laboureurs, fortement attachés à la terre natale, et qui sont demeurés fidèles à leurs vieilles coutumes, que la civilisation tend cependant partout à faire disparaître.

Ils ont également conservé leur vieux patois, aux tournures si expressives, et dont la verdeur et l'originalité vous reportent au temps de Rabelais et de François Villon.

Et, vers le soir, à la tombée du crépuscule, quand le pâtre ramène son troupeau vers l'étable, des voix vibrent en réveillant les échos de la vallée, et l'on entend le refrain d'une de ces vieilles chansons poitevines, dont la musique, au rythme lent et berceur, s'harmonise si bien avec le paysage aux teintes indécises, qui vous paraît encore plus triste à l'heure où le soleil descend lentement sur l'horizon.

Mon village

Javarzay, mon village natal, est bâti presque à l'entrée du vallon, à un kilomètre environ de la source de la Boutonne. Il se compose d'une centaine de maisons basses et trapues, échelonnées sur le bord de la route départementale de Niort à Ruffec, et qui, les volets clos, semblent dormir à l'ombre des grands arbres qui les abritent.

Il y a une trentaine d'années, on y comptait à peine quatre cents habitants qui, tous, à l'exception d'un tisserand, d'un cordonnier et d'un tailleur qui exerçait en même temps la profession de barbier et jouait du violon dans les noces, vivaient du produit de la terre et passaient une partie de leur existence au milieu des champs.

C'était un endroit tranquille et peu fréquenté, où l'on n'entendait guère d'autres bruits que le meuglement des troupeaux, le chant du coq aux premières lueurs de l'aube et le tintement argentin de la cloche qui, trois fois par jour, égrenait l'*Angelus*. Son origine était cependant fort lointaine, et c'était le pays le plus anciennement peuplé de toute la région.

Sous les Mérovingiens, il portait le titre de ferme royale, et les rois chevelus y possédaient un palais, en lequel ils avaient installé un atelier monétaire.

En l'an 513, le roi Clotaire Ier, qui se rendait en Aquitaine pour surveiller les agissements de son fils Chramme, alors en révolte contre lui, et qui s'était réfugié en Bretagne, y fit un séjour de plusieurs semaines.

CHATEAU DE JAVARZAY *Cliché Oudin*

Ce fut, sans doute, au cours de ce voyage, que s'opéra le fameux miracle du bâton, que nous rapporte longuement Wulfin, surnommé Boèce, chorévèque de Poitiers, vers le milieu du IXe siècle, dans sa Vie de saint Junien, patron des laboureurs du Poitou.

Ce dernier, qui avait fondé un monastère à Chastinlieu, fut dénoncé au roi par les fiscalins comme ayant empiété sur les dépendances du royal domaine.

Clotaire envoya donc vers lui Aurélius, son intendant, qui l'invita à se présenter devant son maître.

Le pieux ermite le suivit à Javarzay, et, en arrivant aux portes du palais, laissa derrière lui son bâton. Puis il s'avança vers le trône où siégeait le roi et se prosterna devant lui.

Mais, ô miracle ! le bâton qu'il venait d'abandonner se maintint seul debout sur le pavé, et le roi, saisi d'admiration, s'étant levé, s'agenouilla aux pieds du saint homme, en se recommandant à ses prières.

Ce vieux saint est demeuré très populaire en cette partie du Poitou, où l'on aime encore à raconter ses miracles, dont voici les plus remarquables.

Un voleur, qui s'était introduit dans le jardin de son monastère, s'empara de la ruche qui contenait le plus beau miel. Mais, ô désespoir ! ses mains y adhérèrent tellement qu'il ne put les en détacher.

Un autre larron s'avisa de faire sortir une vache du bercail en la tirant par la queue. Mais voici qu'aussitôt au dehors, la bête, s'étant mise à bondir, l'entraîna à sa suite, à travers les bois, les landes et les coteaux, et le ramena exténué à la porte de l'étable, suspendu à son appendice que, malgré tous ses efforts, il lui était impossible de lâcher.

Puis c'était une poule miraculeusement sauvée des griffes d'un renard, lequel, admonesté par le saint homme, eut tellement conscience de ses fourberies, qu'il n'exerça plus désormais ses rapines.

Ces naïvetés me charmaient, et je ne puis, sans émotion, me les remémorer encore. Tous ces récits merveilleux exaltaient mon orgueil enfantin, et il me semblait qu'un peu de la gloire du vieux saint rejaillissait sur la contrée et attirait sur elle les bénédictions du ciel.

Au commencement du XVIe siècle, le fils d'un chambellan du roi Louis XI, François de Rochechouart, ancien gouverneur de Gênes, y fit construire un superbe château, dont on aperçoit les murailles crénelées, surmontées de deux tourelles en poivrières, à travers le feuillage sombre des ifs et des pins séculaires.

On y remarque, vers le milieu, au-dessus du porche qui conduit à l'ancienne chapelle, une vieille tour carrée où, d'après une antique légende, un époux cruel et jaloux fit enfermer sa femme, la belle Yolande, aux yeux pers, après avoir fait poignarder sous ses yeux le page Amaury, son amant.

J'ai souvent pleuré sur les infortunes de la belle châtelaine, et, par les soirs de printemps, à la pâle clarté de la lune, quand les rossignols se pâment d'amour dans les branches du grand cèdre qui se dresse au centre du parc, il me semble encore voir errer son ombre aux alentours du vieux manoir et percevoir le bruit de ses sanglots dans le silence de la nuit.

Et, près de la fontaine qui clapote, non loin de là, à l'ombre des noyers, j'entends encore, comme au temps de ma jeunesse, la voix chantonnante des fillettes du village qui, chaque dimanche, répètent en chœur ce naïf refrain :

Petit oiseau doré, d'argent,
Ta mère attend au coin du champ,
Pour y manger du lait caillé
Que les oiseaux ont barbotté.
Ta mère t'attend,
Va-t'en.

Autour d'une église

Son église romano-byzantine, qui fut bâtie vers le milieu du XIIe siècle, s'élève à peu de distance du château des Rochechouart-Mortemart.

C'était jadis un lieu de pèlerinage très fréquenté, car elle possédait de précieuses reliques, qui lui avaient été léguées par un contemporain de Rabelais, le cardinal Raymond Payrault, et qui disparurent pendant les guerres de religion.

L'auteur de Pantagruel, en relatant les exploits de frère Jean des Entommeures contre les soldats du roi Picrochole, en fait mention : « Les ungs, en fuyant, se vouaient, dit-il, à Saint-Jacques, ès reliques de Javarzay, et mille autres bons petits saints. »

Elle est placée sous le patronage de saint Chartier, dont la statue qu'on apercevait à gauche de l'abside, en face de l'autel de la Vierge, était l'objet d'une très grande vénération de la part des fidèles.

Chaque année, à l'époque de sa fête, les cloches carillonnaient à toute volée, et l'on voyait arriver en foule les habitants des paroisses voisines, qui se dirigeaient vers l'église en psalmodiant de pieux cantiques.

Les femmes, qui portaient la jupe de droguet bleu clair et la haute coiffe de percale, marchaient en tête du cortège en égrenant leur chapelet, tandis que les hommes, au teint couleur de brique et vêtus de la longue blouse luisante, d'un bleu sombre, ne suivaient la procession qu'à distance.

Tous pénétraient dans la nef, et s'agenouillaient dévotement devant la statue du saint, dont ils imploraient la puissante protection, à la lueur vacillante des cierges, qui brûlaient dans des chandeliers de bois aux bobèches de cuivre.

D'après une antique coutume, qui remontait probablement aux jours lointains du paganisme, mais que le clergé tolérait, chacun lui apportait ses offrandes.

Elles consistaient, pour les laboureurs, en une gerbe de blé ou en un gâteau de pure farine de froment ; les jeunes époux lui faisaient l'hommage d'un pot de miel et de deux tourterelles, tandis que d'autres, parmi les plus riches, lui donnaient un jeune chevreau ou la toison d'une de leurs brebis.

Cet usage est aujourd'hui complètement aboli, et le bon saint Chartier ne reçoit plus ni cadeaux ni visites.

A l'ombre du clocher, revêtu d'ardoises, et dont le coq de bronze reluit au soleil, s'étend une petite place ombragée de tilleuls, où les paysans se rassemblaient autrefois, chaque dimanche, en attendant l'heure de la messe.

Ils causaient bruyamment, les mains dans leurs poches, heureux de pouvoir oublier, dans ces brèves minutes de flânerie, toutes les fatigues de la semaine écoulée.

Les jeunes fumaient leurs pipes et s'entretenaient du prix des denrées et de la belle apparence des récoltes, tandis que les vieux à la tête branlante, avec leur bonnet de laine et leurs cheveux blancs, les écoutaient silencieux et graves comme des patriarches des temps bibliques.

Tous les ans, dès que la moisson était terminée, les petits cultivateurs y venaient battre leur blé.

On les voyait, de l'aube au crépuscule, marcher les pieds nus dans l'aire ; la sueur coulait sur leur front et ruisselait sur leur poitrine velue, et tandis que les fléaux s'élevaient en tournoyant au-dessus de leurs têtes, et retombaient en cadence sur les gerbes étendues, le grain, semblable à des perles d'or roux, voltigeait autour d'eux.

Le village, si calme d'ordinaire, s'animait à cette époque de l'année. Dès que les premières gerbes s'entassaient en moyettes, à l'ombre des grands arbres de la petite place, c'était, du matin au soir, un concert bruyant de voix enfantines.

Les gamins, par bandes, quittaient les maisons et se roulaient sur la paille que des femmes se renvoyaient au bout des fourches. Puis on les voyait, les cheveux au vent, courir dans l'aire et plonger leur bras dans les tas de blé, dont les grains ruisselaient entre leurs doigts, comme des gouttes de soleil.

Oh ! que je l'aimais, ce blé nourricier, tout imprégné des senteurs de la terre natale, fécondée par la sueur de nos paysans ! et quel émerveillement, lorsque, vers le soir, on remplissait les sacs, que des gars vigoureux chargeaient sur leurs épaules et montaient en chantant dans les greniers !...

Et quelle fête, dans notre maison, lorsque les batteurs avaient achevé leur besogne !

Ce jour-là seulement, le vin ruisselait sur la nappe et l'on respirait aux alentours l'odeur affriolante des crêpes, qui sautaient dans la poêle, sous un feu clair de sarments. Et, vers la fin du repas, mon oncle Jean, la face bourgeonnée et le verre en main, chantait ce refrain, que les batteurs écoutaient dans un religieux silence :

C'est le pain, le pain, le pain,
Qui nourrit tout le monde
A la ronde ;
Heureux qui se voit certain
D'avoir toujours du pain.

La Motte-Tuffault

A droite de la route qui conduit de Javarzay au bourg de Loubillé, s'élevait un tumulus, que l'on appelait la Motte-Tuffault.

Son origine remontait probablement à l'époque où la tribu gauloise des Taïfales occupait cette partie du Poitou, et il avait servi plus tard de borne-frontière entre cette dernière province et la Saintonge.

Il était situé entre deux vallons, entouré de larges fossés et protégé par un terrain coupé en talus qui devait être défendu par une double ligne de palissades, ce qui en rendait l'accès extrêmement difficile.

Tout indiquait que, par la suite, on y avait établi une sorte de camp retranché, derrière lequel s'abritaient nos aïeux pour repousser les attaques des barbares, dont les fréquentes incursions désolaient la contrée.

Il se composait de deux mamelons qui ressemblaient de loin à d'énormes taupinières, et dont l'un, plus élevé, se rétrécissait vers le sommet, tel un gigantesque pain de sucre.

De ce point culminant, où ma grand'mère me conduisait quelquefois, et dont, malgré ses objurgations, je tentais fréquemment l'escalade, on découvrait un paysage ravissant, et la vue s'étendait au loin sur la campagne.

A droite, le clocher pointu de l'église d'Ardilleux, autour de laquelle les maisons basses du village étaient groupées, se découpait à l'horizon, au-dessus des grands arbres du Bois-Trapeau, où jadis le bon saint Junien s'était retiré pour travailler à la conversion des païens, et où il avait fondé un ermitage.

Puis c'était, vers la gauche, derrière le mince rideau de peu-

LA MOTTE-TUFFAULT

pliers qui marquait le cours de la Boutonne, la vieille église romane de Javarzay et les tourelles percées de mâchicoulis du château des Rochechouart-Mortemart.

J'aimais beaucoup, du sommet de ce pittoresque observatoire, à voir passer à mes pieds, sur le chemin qui contournait le monticule, les troupeaux qui se rendaient au pâturage en soulevant un nuage de poussière, tandis que les bêtes et les gens qui travaillaient au milieu de la plaine m'apparaissaient, dans l'éloignement, comme rapetissés, et me donnaient un instant l'illusion de ces jouets minuscules que les bergers allemands façonnent grossièrement, avec leur couteau, dans de petits blocs de sapin.

Parfois, j'apercevais, derrière une haie d'aubépine, la tache blanche d'une coiffe de pastoure, dont la voix montait jusqu'à moi. Elle chantait :

C'est la bergère de nos amours,
Gardant ses moutons sur l'herbette,
A l'ombre d'un ormeau
Assise sous le roseau,
Filant sa quenouillette.
A l'ombre d'un ormeau
Assise sous le roseau,
Prenant plaisir seulette.

Et d'une voix tremblotante, sur un rythme lent et bizarre, mais d'une infinie douceur, elle continuait à chanter :

Voilà six mois que c'était le printemps,
Toujours fringante sur l'herbette naissante
Mon petit troupeau, ma petite bêlante ;
En m'amusant, je filais tous les jours,
Je n'y craignais que le loup et ma mère.

La voix traînait langoureusement à la fin de chaque couplet ; puis, comme une roulade de rossignol, s'éteignait dans une modulation prolongée. Les paroles, cependant, m'arrivaient assez distinctement :

Or, un beau jour j'ai rencontré Colin.
Oh ! qu'il me dit, mon aimable bergère,
Que fais-tu là, dans ce lieu solitaire ?
Que fais-tu là, dans cet ombreux chemin ?
Prends-moi la main comme si j'étais ton frère.

Oh ! qui dira le charme de ces vieilles chansons, débordantes de poésie rustique, et dont la musique inharmonieuse, selon les règles de l'art conventionnel, traduisait pourtant si bien l'agreste beauté du paysage ambiant ?

En écrivant ces lignes, il me semble entendre encore la voix incultivée, au rude accent campagnard, de quelque bergère d'autrefois, à laquelle, d'un étang voisin, les grenouilles répondent en coassant, cependant que le cri des courlis vibre là-bas, dans la plaine, au creux des sillons, avec des intonations ironiques.

AUG. GAUD.

FOLK-LORE

Devinettes

1. *Qu'est-o tchien qui va pu vite dans les bois?*
Le feut (feu).

2. *Qu'est-o tchien qu'in paisant veut* (voit) *souvent, un roi bein rarement et le bon Diù jamoais?*
Son pareil (semblable).

3. *Qu'est-o tchien qui at foait bouilli le promaie la marmite?*
Le feu (feu).

4. *Qu'est-o tchien que coumme les ouailles n'on tond tous les ans?*
La p aie (prairie).

5. *Combien fedrait-o de coues* (queues) *de vaches pre jeindre la lune?*
Oll' en fedrait qu'ine si all' était assez longe.

6. *Coure les cheins peuvant-els ontraie dans l'églíse?*
Coure la porte cit uvarte.

7. *Qu'est-o tchien que le bon Diù n'at pas poudjiu s'ompêchaie de foaire?*
Ine montaie sons desçonte. Deux bouts à n'in bâton.

8. *Qu'est-o tchien ine petite potaie tbi n'est ni beurraie ni salaie moais pretant bein' assasounaie?*
Ine nouzille (noisette).

9. *Qu'est-o tchien, vif devant, mort au mitant et baptisé darre?*
Les buffs, l'ara et le labourou.

10. *Qu'est-o tchien tchi saute dans la chombre et attrape madame à la jombe?*
Ine piouze (puce).

R.-M. LACUVE.

Chansons et rondes

L'AGEASSON

(Chanson)

Au printemps, la mère ageasse (*bis*)
A fait nic dan-n-in bouesson,
La pibole !
A fait nic dan-n-in bouesson,
Pibolon !

Alle y couvit trois semaines, (*bis*)
Trois semaines tot au long,
La pibole !
Trois semaines tot au long,
Pibolon !

Drèt au bout daux trois semaines, (*bis*)
O végit ine ageasson,
La pibole !
O végit ine ageasson,
Pibolon !

Quond l'ageasson eut daux ales, (*bis*)
Le volit sus lés mésons,
La pibole !
Le volit sus lés mésons,
Pibolon !

Le chézit dan-n-ine église, (*bis*)
Drèt au mitan dau sermon,
La pibole !
Drèt au mitan dau sermon,
Pibolon !

Quond le prêt' dit : *Dominusse*, (*bis*)
Vobiscum dit l'ageasson,
La pibole !
Vobiscum dit l'ageasson,
Pibolon !

Le prêtre dicit aux aôtres : (*bis*)
« Qu'ét-o-tchieu tchi me répond ? »
La pibole !
« Qu'ét-o-tchieu tchi me répond ? »
Pibolon !

— « Ol ét in' petite ageasse, (*bis*)
« O bé-n-in p'tit ageasson,
La pibole !
« O bé-n-in p'tit ageasson »,
Pibolon !

Y l'y f'rant fére daux djeîtres, (*bis*)
Et daux petits canuçons,
La pibole !
Et daux petits canuçons,
Pibolon !

L'envoierons dans tchiés campagnes, (*bis*)
P'r prêcher la mission,
La pibole !
P'r prêcher la mission,
Pibolon !

HISTOIRE

Madame de Maintenon est-elle née à Niort?

Il semblait bien qu'une telle question ne dût plus se poser après les publications si solidement documentées de Th. Lavallée et de M. de Boislisle sur Françoise d'Aubigné. Cependant, soit qu'ils aient ignoré ces ouvrages, soient qu'ils n'aient pas été convaincus, quelques écrivains ont continué, jusqu'à ces derniers temps, de la faire naître en Amérique. L'*Intermédiaire des Chercheurs* a même cru devoir poser tout récemment cette question ; et son numéro du 7 mai 1899 contient les réponses de cinq correspondants, qui tous concluent ainsi : Françoise d'Aubigné est née à Niort.

Mlle de Caylus, la seconde marquise de Villette (Claire Deschamps de Marcilly), Mlle d'Aumale, l'évêque Languet de Gergy, qui tous connurent personnellement Mme de Maintenon, sont d'accord pour dire qu'elle naquit à Niort pendant que son père était prisonnier à la Conciergerie de cette ville. Cependant divers auteurs du XVIIe et du XVIIIe siècle la font naître hors de France. Saint-Simon a écrit qu'elle était née « dans les Iles d'Amérique, où son père, peut-être gentilhomme, était allé avec sa mère chercher du pain... » Tallemant des Réaux, après avoir raconté que Constant d'Aubigné « alla aux Indes, ne sachant que faire », ajoute qu'il pense, que sa « fille y était née ». Le gentilhomme saintongeois, René de Saint-Légier, seigneur de Boisrond, qui prétend avoir connu Françoise d'Aubigné dès sa jeunesse, affirme la même chose dans ses *Mémoires*. Nous ne parlerons pas des nombreux libelles écrits vers la fin du règne de Louis XIV, tels que *la Cassette ouverte de l'Illustre Créole ou les Amours de Madame de Maintenon*, l'*Histoire amoureuse*, le *Testament de Madame de Maintenon*, etc., etc. ; les auteurs de ces sortes d'ouvrages se piquent généralement peu d'exactitude et n'ont qu'un médiocre souci de la vérité historique.

Les historiens de notre siècle ont généralement adopté la version de Mme de Caylus, des Dames de Saint-Cyr et de La Beaumelle. Les incertitudes ne portent guère, dans leurs écrits, que sur la date et des circonstances assez secondaires de la naissance. (Voir pour plus de détails notre étude critique sur *Françoise d'Aubigné*, Niort, 1899, Clouzot.)

ACTE DE BAPTÊME DE MADAME DE MAINTENON

L'acte de baptême de Françoise d'Aubigné, dont le fac-similé photographique est publié pour la première fois, est conçu en ces termes :

« Le vingt-huictiesme jour de novembre mil six cent trente-cinq, fut baptizée Françoise, fille de M. Constant d'Aubigny, seigneur d'Aubigny et de Suiremeau, et de dame Jeanne de Cardillac, conjoints. Son parrain fut François de La Rochefoucauld, seigneur d'Estissac et de Maigné ; et sa marraine, damoiselle Suzanne de Baudéan, fille de haut et puissant Charles de Baudéan, seigneur, baron de Meuilhan, gouverneur pour Sa Majesté de ceste ville et chasteau ;

« Susane de Baude[an] ;
« François de La Rochefoucauld ;
« Constant d'Aubigny ;
« F. Meaulme. »

Ce dernier, qui rédigea l'acte de baptême, était le curé de la paroisse Notre-Dame de Niort. La marraine était une enfant de neuf ans, qui devint plus tard duchesse de Navailles. Le parrain, à peu près du même âge, habitait au château de Magné, près Niort, et était cousin germain de François de La Rochefoucauld, l'auteur des *Maximes*. (On remarquera que, dans l'acte de baptême, le mot *Surimeau* a été orthographié *Suiremeau*, et que les deux dernières lettres de la signature de Suzanne de Baudéan sont effacées.)

Le document original figure à sa date sur l'un des registres des baptêmes de la paroisse Notre-Dame de Niort, conservés à la Bibliothèque publique de cette ville, où il est loisible à chacun de le consulter. Bien que taché de larges mouillures, qui en rendent souvent la lecture pénible, le cahier est resté complet, et rien n'autorise à suspecter l'authenticité d'aucune de ses parties.

Le texte complet de cet acte a été publié — pour la première fois, croyons-nous — par l'archiviste Apollin Briquet, dans le numéro de septembre 1860 du *Bulletin du Bibliophile*.

L'acte de baptême du registre de Niort est bien incontestablement celui de Mme de Maintenon, et non pas, comme certains ont paru le supposer, celui d'une sœur morte en bas âge.

Voici les principales raisons qu'on en peut donner :

1° La date qui figure sur ce document est, à un jour près, celle de l'épitaphe composée en 1719 par l'abbé Vertot, et gravée sur la tombe de marbre noir élevée à Saint-Cyr au-dessus du sépulcre de Mme de Maintenon (Voir *Mémoires de Languet de Gergy*, édit. Lavallée, p. 485). L'épitaphe donne pour date de naissance le 27 novembre 1635. L'acte de baptême est du 28. Cela laisserait supposer que le baptême eut lieu le lendemain de la naissance. Le curé Meaulme a oublié d'en faire mention ; mais il se peut que Mme de Maintenon ait été renseignée sur ce point par sa mère ou par sa tante de Villette, qui l'emporta à Mursay aussitôt après son baptême ;

2° Le prénom de Françoise est celui que l'on retrouve dans sa signature jusqu'au moment où elle devint marquise de Maintenon ;

3° Après la mort de Scarron, qui eut lieu le 6 octobre 1660, sa jeune veuve écrit « à Mme de Villette, à Niort », une lettre où elle demande « un extrait de [son] baptistaire, qui [lui] est absolument nécessaire », et, le 7 décembre 1660, elle écrit à son oncle — M. de Villette avait épousé Louise-Arthémise d'Aubigné, l'une des sœurs de Constant — pour le remercier « de la régularité [qu'il] a eue à [lui] envoyer [son] papier baptistaire ». Cependant il manquait à celui-ci une formalité, et elle renvoie ou redemande la pièce : « J'entends si peu les affaires, ajoute-t-elle, que je ne saurais vous dire que c'est pour faire *compulser* mon extrait baptistaire. Voilà un grand mot, et je ne sais s'il suffira pour vous faire entendre ce que je souhaite de vous ; je vous conjure d'y travailler aussitôt qu'il vous sera possible. » Il se peut que le terme technique, employé d'ailleurs avec doute par la veuve Scarron, manque d'exactitude, et qu'il se soit agi simplement d'une formalité consistant à certifier exacte, à authentiquer la copie relevée sur l'acte original, pour l'usage des gens de loi chargés de débrouiller la succession, fort mince sans doute mais cependant très embarrassée, de son pauvre cul-de-jatte de mari.

Ce qui est, en tout cas, absolument certain, c'est que l'original du « baptistaire », dont on pouvait relever un « extrait » à Niort, que l'on devait *compulser* à Niort, se trouvait dans cette même ville, et qu'il n'existe dès lors aucune raison de ne pas admettre que ce « baptistaire » soit l'acte que nous reproduisons ci-dessus.

Il paraîtra sans doute inutile, après ces explications, d'examiner s'il est possible que Mme de Maintenon soit née aux Antilles. Cependant, comme nous tenons à rendre notre démonstration absolument complète et irréfutable, nous ferons remarquer que Constant d'Aubigné obtint seulement à la fin de mars 1645 — on en trouve la preuve dans les *Procès-verbaux* des Assemblées de la *Compagnie des Iles d'Amérique* — la « commission de gouverneur, pour trois ans, de Marie-Galante ». De plus, on voit sa signature apposée au bas du contrat de mariage de son cousin Benoist Baudoin, passé à La Rochelle à la fin de novembre 1645. Si bien que la famille d'Aubigné, c'est-à-dire le père, la mère, et trois enfants, dont Françoise, ne put aborder aux Antilles que vers le printemps de 1646.

Elle y resta à peine une année ; et Constant, rentré en France avec les siens dans les premiers mois de 1647, arrive au mois de mai à Orange, où il décède le 31 août suivant.

Pour que Françoise d'Aubigné fût née dans les Iles d'Amérique, il faudrait nécessairement placer sa naissance dans le cours de l'année 1646. Or, on sait pertinemment qu'elle épousa Scarron en 1652 ; le contrat de mariage porte la date du 4 avril. Elle n'aurait donc eu, alors, que l'âge très peu nubile de six ans.

L'opinion de ceux qui la font naître en Amérique est devenue absolument inadmissible depuis que l'on connaît de façon certaine l'époque du voyage — de l'unique voyage — fait aux Antilles par Constant d'Aubigné et les siens.

Ainsi, les Niortais peuvent bannir toute inquiétude à ce sujet : personne n'a le droit de rayer Mme de Maintenon de la liste — fort courte, hélas ! — de leurs *célébrités*.

Françoise d'Aubigné est, sans conteste, une enfant du Pays Poitevin.

H. Gelin.

ETHNOGRAPHIE

LES POTERIES DE LA GUÉRINIÈRE

Il existe à la Guérinière, hameau de la commune de Menigoute (Deux-Sèvres), une fabrique de poteries actuellement sans aucune importance, puisqu'un seul ouvrier y trouve péniblement les moyens d'existence de sa famille. Mais au Moyen-Age il n'en était pas ainsi.

Un écrit de 1440, conservé dans les archives du château de la Barre, mentionne les poteries de la Guérinière comme étant « assez connues et répandues ». Il y avait alors dans le village plusieurs fours dont il ne reste que quelques ruines, murs, fragment de voûte en brique d'environ trois mètres de haut et de long, que l'on peut voir près de la route qui traverse le village dans toute sa longueur. On remarque aussi dans les environs plusieurs champs couverts d'excavations qui montrent que l'extraction de la glaise a dû être assez importante jadis ; aujourd'hui on n'y voit plus que des bruyères ou des ajoncs.

Les poteries ont été longtemps florissantes, puisque, en 1712, on remarque plusieurs potiers de la Guérinière inscrits au rôle des contributions. De plus, à un kilomètre de la Guérinière, près de la rivière la Vonne, que l'on traversait sur la chaussée d'un étang aujourd'hui en ruines, se trouvait au point de convergence de six chemins, le hameau de la Poterie, dont il ne reste plus qu'une modeste masure, mais qui, en 1719, possédait « une chaulerie, une poterie, une tuilerie et un chenil ».

Enfin, pour parler d'une époque plus récente, les potiers de la Guérinière envoyaient, il y a cinquante ans, une dizaine de charretées de pots au seul village de La Crèche, à trente kilomètres de là.

Depuis, la pénétration des poteries plus fines et à bon marché, par des moyens plus rapides de transport, a ruiné sans doute pour toujours cette industrie locale.

Les objets fabriqués sont surtout des pots à fleur et des vases à lait, puis des « bies », sortes de cruches à eau, poreuses, analogues aux alcarazas employés pour conserver l'eau fraîche. On

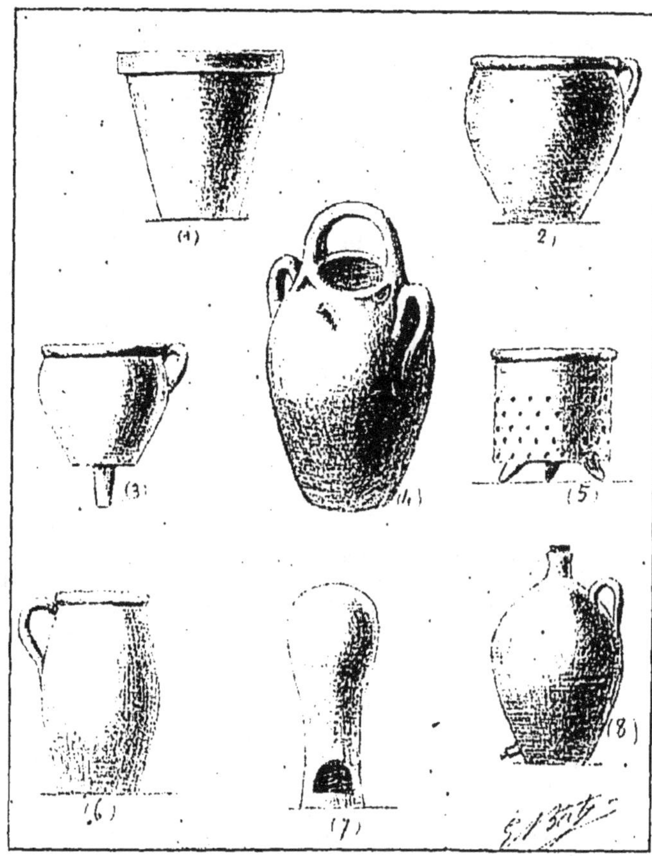

POTERIES DE LA GUÉRINIÈRE

fait aussi, mais plus rarement et sur commande, des entonnoirs, des « marottes » ou porte-coiffe, des « fraisselles » ou moules à fromage, des cruchons à huile, des potets à eau, etc...

Ces ustensiles ne sont pas vernissés; ils sont en terre glaise du plateau granitique de la Guérinière, et, comme cette terre est quelque peu sablonneuse, elle forme après cuisson comme une sorte de grès poreux, rouge ou noirâtre, assez grossier.

Les procédés de fabrication n'ont, que je sache, rien de bien particulier, si ce n'est le détail suivant relatif au tour à potier. Une roue de charrette mise rapidement en mouvement par l'ouvrier, agit sur un engrenage très simple qui transmet le mouvement à l'axe vertical du tour sur lequel est l'objet à façonner. Pendant le temps que dure la rotation, le potier termine presque entièrement son travail avec des outils très rudimentaires, ce qui sans doute augmente le mérite de l'ouvrier, mais nuit à la finesse des lignes et interdit absolument tout détail d'ornementation.

E. BATY.

FÉLIBRES POITEVINS

Auguste GAUD
Adolphe MÉTIVIER
Henry MARTIN

(Suite et fin)

De même qu'Auguste Gaud, exerçant à Chef-Boutonne la profession de cordonnier, Adolphe Métivier pratique un métier manuel à Melle, où il est né en 1850. Associé à son père, il continue la tradition paternelle, en se livrant à la culture maraîchère et à la vente de ses produits. C'est donc un terrien dans toute l'acception du mot, un vrai paysan, mais de genre madré et fin, et non un rustre.

Sorti à douze ans de l'école primaire, il n'eut jamais la tarentule littéraire; son tempérament d'observateur réaliste ne fut gâté ni par l'amas des lectures mal digérées, ni par l'orgueil qui découle ordinairement des acquisitions artificielles et par lesquelles les demi-lettrés entendent parfois en imposer à leurs admirateurs de commande et à eux-mêmes.

Le portrait que nous publions ci-contre ne peut malheureusement donner une idée du Métivier des représentations poitevines, quand, la face rasée, costumé en père Francet et en mère Reingearde, le dos courbé sous le poids des ans ou l'épaule droite déjetée par les travaux domestiques, il enlève par un jeu d'une sobriété pleine d'observation, d'une malice irrésistible, d'une vérité parfaite, le rire et les applaudissements de l'auditoire. Métivier, en effet, interprète lui-même ses œuvres : pièces, monologues, chansons, avec un art inimitable, parce qu'il est pris dans la nature même.

Ce n'est qu'en 1892 qu'il commença à se livrer timidement, sur la prière de ses admirateurs et de ses amis, à la composition de la pièce *Les Poitevins de d'autefait*, qui fit sa gloire et le plaça, sans conteste, au premier rang des auteurs patoisants poitevins. Il s'était essayé depuis de longues années dans la chanson et le monologue. Il était le fournisseur attitré des noces villageoises et des fêtes rurales, où sa présence était toujours réclamée. Entre temps, le goût lui vint de recueillir les costumes anciens dont le pays pèlebois était encore très riche il y a quelques années, et il ne trouva rien de mieux, pour les mettre au jour, que d'organiser, dans les cortèges ou les cavalcades de charité, ces « noces villageoises » qui obtinrent, dans plusieurs villes de la région, un si grand succès. Ces exhibitions n'étaient, cependant, pas du goût de tous; Emile du Tiers les stigmatisa avec raison, à notre avis, au premier banquet du Congrès d'ethnographie. Il y voyait une parodie sacrilège des mœurs paysannes, mais cette critique s'adressait plus à la tenue grotesque des figurants qu'à l'intention qui avait dicté l'organisation de ces divertissements. Il faut cependant le reconnaître, les œuvres de Métivier ne donnent nulle part l'impression d'un travail de piété filiale. L'amour du pays, des traditions séculaires, la compréhension de l'esthétique du costume local ou de la saveur de son parler, comptent pour rien, semble-t-il, dans son inspiration. Métivier n'est ni un apôtre ni un penseur : c'est un peintre caricaturiste, et s'il faut le connaître et l'entendre pour goûter des jouissances archaïques, il ne faut pas lui demander de nous initier à la vie morale du paysan, à son idéal, à ses passions.

M. ADOLPHE MÉTIVIER
né à Melle le 19 mai 1850.

Les Poitevins de d'aut'fait furent représentés une première fois à Melle, en 1893, avec des acteurs improvisés, recrutés par l'auteur lui-même, dans des décors et avec une mise en scène sommaires. Les compatriotes de Métivier surent le payer de ses efforts par l'accueil qu'ils firent à cette œuvre curieuse, et lorsqu'en 1896, la Société d'Ethnographie nationale organisa son premier congrès à Niort, des Mellois intelligents signalèrent à l'attention des promoteurs de ces fêtes les pièces de leur concitoyen. Le crédit mis à sa disposition lui permit de donner à son œuvre plus d'ampleur, de multiplier les rôles, d'acquérir tous les costumes et les accessoires authentiques, de stimuler le zèle des interprètes. La représentation fut triomphale. M. André

Theurlet, qui y assistait, tint à féliciter Métivier et à lui exprimer tout le plaisir qu'il avait pris à l'évocation des scènes rurales qui se déroulent au cours des actes.

Récemment, cette pièce a été éditée luxueusement, avec des phototypies qui éclairent le texte, par Ed. Lacuve, imprimeur à Melle. M. Gaston Deschamps a préfacé le livre ; nos lecteurs nous sauront gré de reproduire cette page de l'éminent critique.

Il y a des pays plus imposants que Melle, plus grandioses ou plus illustres. Il n'en est point de plus pittoresque ni de plus gracieux. Nos campagnes sont charmantes. A défaut d'un fleuve majestueux, nous avons une jolie rivière dont le cours flexible s'égare en sinuosités lentes à travers des bouquets de saules et de peupliers. Nos collines verdoyantes arrondissent, sur l'azur d'un ciel tendre, leurs ondulations molles. Les couleurs de notre pays sont douces. Les lignes en sont délicates. C'est un spectacle qui manque un peu de grandeur, mais à qui l'on ne peut dénier les qualités, si françaises, de la gentillesse et de l'agrément. Rien de saillant ; rien qui frappe l'attention ou qui retienne les yeux. Les grandes routes s'allongent à perte de vue, entre deux plates-bandes gazonnées ; et, sur la chaussée blanche, poussiéreuse, on croise, de temps en temps, un troupeau de moutons qu'une bergère pousse en filant sa quenouille, des bœufs nonchalants et graves, deux gendarmes en tournée, ou bien quelque cabriolet de forme antique, abritant sous sa vaste capote, au trot d'une jument pataude, quelque famille de paysans rougeauds et gourds. Un modeste chemin de fer, dit « d'intérêt local », erre nonchalamment à travers la campagne ; il traîne, de Niort à Ruffec, ses petits wagons souvent vides ; et, pour tuer le temps, il s'arrête, en d'interminables haltes, à des bourgades vaguement entrevues à travers les branches : Aiffres, Prahecq, Mazières, Brioux... Pas de forêts ; des taillis à hauteur d'homme. Pas de futaies, on étête les frênes et les ormeaux dès qu'ils sont d'âge à fournir des fagots, et les malheureux arbres sont tondus et mornes... Pas d'étangs : des flaques d'eau de pluie, ou des mares boueuses où les bêtes viennent boire. Pas de châteaux, des gentilhommières où quelques nobles lignées achèvent de s'étioler. Pas de fleuves : des ruisseaux dont les eaux scintillent au soleil.

Avec tout cela, ce coin de France est charmant. La vallée de la Béronne, surtout, est si avenante, si accorte, que son accueil semble parfois plus doux que les grâces hautaines des sites plus renommés. Les touristes professionnels, les peintres, les photographes et les Mellois eux-mêmes viennent rarement se reposer dans ce paradis de verdure et d'eau claire. Ils ont tort. Tout le long de l'étroite rivière, dont les détours rappellent aux voyageurs lettrés les fameux caprices du Méandre, les larges prés s'étalent, regorgeant d'herbes et parés de ces fleurs sans parfum dont les rimeurs trop magnifiques ne parlent jamais, parce qu'elles n'ont pas des noms assez sonores. Au printemps, les peupliers grêles et blancs font frissonner sur l'azur le fin réseau de leurs branches encore dépouillées. Autour des fermes, les jardins et les haies sont enluminés de rose par les pêchers en fleur et poudrés de blanc par l'aubépine. Parfois, au détour d'un coteau, on entend la mélopée d'un laboureur qui chante en aiguillonnant ses bœufs, et qui s'interrompt pour faire tourner son attelage au bout du sillon.

C'est bien là le paysage sobre, limité, un peu maigre, à portée de la main, qui plaisait aux Français d'autrefois, avant que notre race, amie des idées moyennes et des sentiments raisonnables, s'initiât, à force de courir le monde, au goût de l'étrange et du sublime ; ce décor, peint avec deux ou trois teintes, comme une ancienne miniature, fait songer aux chevaliers, bourgeois, manants, clercs, trouvères et jongleurs, bonnes gens dont l'imagination simple aimait les vergers, les prairies et les minces cours d'eau. On se sent *chez nous*, dans ce cadre « fait à souhait pour le plaisir des yeux ». C'est bien là ce printemps joli que Charles d'Orléans célébrait en ses chansons et auquel retournaient si volontiers, après leur course vers le « Tibre latin », les poètes de la Pléiade. Si vous vous arrêtez quelque temps à l'ombre de cette saussaie, d'où l'on voit poindre, au-dessus des branches, les tourelles de Gagemont, si vous causez avec un de ces paysans dont le patois rappelle encore le langage des fabliaux, vous oublierez un instant le tumulte de l'actualité, les élections prochaines, les ministres nouveaux ou renouvelés, vous aurez une rare sensation d'histoire.

Le patois mellois, un peu rude pour les profanes, a des douceurs nonpareilles pour ceux qui, tout jeunes encore, en ont savouré le goût de terroir. Il faut remercier M. Adolphe Métivier de nous le faire revivre en des scènes vivantes.

D'ailleurs, nous avons à Melle des coutumes originales, dont il serait dommage de perdre la tradition.

Tarascon a sa tarasque ; Nanterre a ses rosières et ses pompiers ; tous les chefs-lieux d'arrondissement ont leur comice agricole ou leurs concours d'orphéon. Mais, dans toute la France, il n'y a qu'une « bachelerie », et c'est Melle en Poitou qui la possède.

La « bachelerie », c'est la fête des bacheliers, c'est-à-dire des jeunes gens et des jeunes filles qui ne sont pas encore engagés dans les liens du mariage. Aujourd'hui, « bachelier » fait penser à « baccalauréat », et évoque des visions moroses d'examinateurs et d'appariteurs. Dans la langue du Moyen-Age et dans le patois exquis du Poitou, ce mot parle d'allégresse adolescente, de beauté printanière et de jeunesse en fleur. Vous vous rappelez sans doute les jolis récits du sire de Joinville : « Quand je revins à ma nef, je mis en ma petite barque un écuyer et moult vaillants bacheliers... » et les menues et enfantines chansons du temps jadis :

L'autr' hier, je chevauchois,
Quand je vis gente bachelette.

Donc les bacheliers et les bachelettes de Melle se réunissent une fois pour célébrer le retour de la saison claire et chaude. Ils mènent des chœurs de danse sur le gazon. Tels, les Athéniens, lorsque l'Acropole commençait à fleurir, envoyaient leurs plus beaux jeunes gens et leurs plus belles jeunes filles aux rivages parfumés de Délos.

L'histoire de la bachelerie, comme celle de toutes les grandes institutions, se perd dans la nuit des temps. Les érudits locaux se sont efforcés d'en découvrir les origines, et ils n'ont pas manqué de faire remonter la fondation de cette fête jusqu'aux Gaulois. Quelques-uns même ont insinué timidement que, dans ces jeux annuels en l'honneur de la verdure et du soleil, il devait y avoir quelque mythe solaire ; car le symbolisme de Kreutzer et de Guigniaut sévit, en province, d'une façon véritablement inquiétante. Ces ingénieuses conjectures n'ont guère éclairci le problème.

Le peuple, qui en sait parfois plus long sur ses propres affaires que toutes les sociétés savantes des départements, raconte que la bachelerie fut instituée, en des temps très anciens, par un vieux garçon qui, enchanté de son célibat, voulut que, chaque année, les jeunes gens et les jeunes filles encore exempts des « chaînes du mariage » eussent l'occasion de faire la fête en son honneur. Il a légué à la commune une vaste prairie, égayée par des saulaies et des eaux vives ; il décida que ce terrain s'appellerait désormais le Pré-Bachelier, et qu'on y danserait, le jour de la Pentecôte, en souvenir du donateur. En quel temps vivait ce célibataire bienfaisant ? Nul ne le sait. Comment s'appelait-il ? Mystère. Son nom a disparu, et sa mémoire est restée. Comme certains géants de la fable, il est anonyme, énigmatique et bon. Respectons pieusement son incognito et honorons cette modestie, si rare chez les hommes riches qui lèguent des sommes à leur ville natale.

Il a existé cependant. Car on peut voir son tombeau dans l'église de Saint-Pierre, à Melle. Sur ce tombeau, il y a une inscription et quatorze vers latins...

Hélas ! la réalité ne répond plus tout à fait aux fraîches descriptions de ce petit poème. Sans doute, on nomme tous les ans le roi de la fête, le capitaine-bachelier. Celui-ci choisit, parmi les jeunes filles au clair visage la reine-bachelière qui sera sa compagne pour quelques jours. Mais la fête n'a plus l'entrain et l'éclat d'autrefois.

Le jour de la Pentecôte, le cortège de la « bachelerie » assiste à une messe solennelle dite en commémoration du fondateur. La gracieuse bachelière fait la quête au bras du maire. Après quoi, on descend au Pré-Bachelier, et, qu'il pleuve ou qu'il vente, on danse sur l'herbe. Le soir, le cortège se rend en grande pompe à un bal donné dans la salle de la mairie, et, à minuit sonnant, les « autorités ouvrent le quadrille officiel. Malgré tout, les gens qui ont de l'âge et de l'expérience s'accordent à dire que cette solennité a perdu sa fraîcheur et son charme. Autrefois, les jeunes gens venaient à cheval au Pré-Bachelier, et se disputaient la palme à la course, comme dans un carrousel. Tout le monde était gai. Les visages étaient ouverts et épanouis. On venait, de dix lieues à la ronde, pour voir, près du champ de foire, une délicieuse évocation des amusements d'autrefois : le jeu du baquet, le jeu du tourniquet, le jeu des ciseaux. Tous les villages des environs, Saint-Genard, Pouffonds, Chail, La Barre, Maisonnais, venaient à la ville dans des charrettes bariolées de coiffes blanches, de blouses bleues et de fichus rouges. Les jolies filles de La Mothe-Saint-Héraye, qui portent encore le hennin d'Agnès Sorel, souriaient à leurs fiancés sous les tilleuls de la grande place. Pourquoi, maintenant, les visages sont-ils plus moroses, les jeux moins animés, les visiteurs plus rares? Pourquoi cette fête semble-t-elle mourir de langueur? Un philosophe pourrait attribuer ce fait à des causes générales et à des raisons particulières. D'abord, tout ce qui est local, individuel, tend à disparaître. La centralisation administrative, les chemins de fer, les grands magasins, façonnent toutes les villes de France sous un moule ennuyeux et uniforme. Plus de mœurs particulières et originales. Un effort maladroit pour tout faire « à l'instar » de Paris. Plus de costumes, des « complets ». Plus d'auberges où « on loge à pied et à cheval », des « hôtels » nigauds et prétentieux. Pour peu que l'on voyage en France, on constate que les communes françaises ressemblent déplorablement les unes aux autres...

Ces considérations ne sont pas étrangères à la préface d'une œuvre qui fait revivre nos traditions locales et que j'ai parcourue avec intérêt.

M. Métivier nous fait assister, tout d'abord, à une veillée poitevine, dans une maison de village. Les voisins du père Chauvinet sont réunis autour de son foyer qu'éclaire la lueur vacillante du « chareuil ». Suzon Chauvinelle est là, filant sa quenouille à côté de son amoureux Jacquet Salmont; puis la Ringearde, sourde comme un pot « dépeu que la chaline renveursit à ras de lé san grou cerisaie et zi cassit ses deux botts »; puis le bonhomme Francet, qui guérit sa femme Madeluche des maux de ventre « en la fasant bouère dans daus tisanes d'ortiges et daus lumats de l'annaie ». On cause, on rit, on chante. Le « bistreau » remplit les verres, et Francet, qui « a-t'ine belle loquence », raconte à son auditoire émerveillé les histoires des grandes batailles d'autrefois, les faits d'armes de « s'n'ancle, in rude gâs si o n'en avait in, bliessai cambé et cambé de feits et thi jameis avait été tué ». Ce récit terminé, les gais refrains se succèdent, lorsqu'un événement considérable vient interrompre brusquement la réunion. C'est le voisin Gadrut qui entre tout essoufflé, semant l'effroi autour de lui. Il a vu la ganipote, quel malheur!

A cette nouvelle tout le monde se sauve pendant que Suzon s'évanouit. Nous allons retrouver bientôt la pauvre fille étendue sur son lit, sa mère Catherine penchée près d'elle, mêlant à ses sanglots les plaintes les plus originales et les plus touchantes. Enfin le médecin arrive, prodigue ses soins à la malade et fait entendre à ceux qui l'entourent de judicieux conseils et de sages exhortations. « Je vous engage, mère Chauvinet, et pour votre bien à tous, de vous débarrasser de ces superstitieuses croyances de sorciers, de bigourgnes, de ganipotes et tous ces racontars de devins qui en font métier pour vivre à vos dépens. »

Au troisième acte, c'est le voyage à Paris du père Salmont, fermier de M. le baron de La Ciraudière. Le père Salmont vient trouver « m'sieu son meitre » pour renouveler son bail. Il y a ici des scènes charmantes, spirituelles et prises sur le vif. Il faut voir les embarras, entendre les réflexions du vieux paysan : « Hum! thiau Paris!... les meisans sont hautes quat'faits coume thiés de chez nous... C'est-o dau bias monuments, ça... V'lat ce thi est fait à profit... » Et c'est le père Salmont qui aura le dernier mot quand nous le verrons tout à l'heure discuter avec ténacité les prétentions du baron vantant l'étendue de sa ferme et les produits de son superbe moulin. « Ah! vous appelez ça un moulin, vous, mossieu nout' meitre, in méchont moulinet voure les grenevilles crevant de sé en pliène métive. »

La célébration du mariage de Jacquet Salmont avec Suzon Chauvinet devant M. le maire de la commune des Egrinat, termine gaiement — avec une note un peu forcée, il est vrai — cette étude saisissante dans laquelle l'auteur a glissé un intermède pour nous faire apprécier le sort d'une femme de paysan.

Tout cela est vécu, amusant, original. Soyons reconnaissants aux écrivains qui, à l'exemple de M. Adolphe Métivier, travaillent généreusement et intelligemment à nous rendre la vraie physionomie de la province natale. (Gaston Deschamps.)

Dans le numéro 7 du *Pays Poitevin*, rendant compte de la représentation d'*Un Pésan de chez nous*, donnée à Civray, le 8 janvier, par M. Auguste Gaud, nous écrivions, à propos du principal interprète de cette piécette, les lignes suivantes : « M. Gaud a eu l'extrême chance de rencontrer en M. Henry Martin mieux qu'un interprète, un véritable collaborateur et un créateur. M. Martin connaît, en effet, toutes les finesses, toutes les malices du patois poitevin; il fournit à l'auteur les locutions les plus pittoresques d'un langage qui lui est familier, et s'efface modestement, pour n'être plus en public qu'un acteur; mais quel acteur! Certes, ce n'est pas par l'artifice qu'il séduit, mais par un réalisme de bon aloi, parfaitement conscient, ne découlant que du tempérament et non de la recherche et de l'étude. C'est un paysan *vrai*, sincère et ému au besoin; joignez à cela une voix de baryton fort agréable, une science suffisante de la musique, et jugez de quelle ressource peut être un semblable interprète dans des scènes émaillées de nos plus jolies chansons poitevines. »

M. Henry MARTIN
dans *Un Pésan de chez nous.*

Aujourd'hui, Henry Martin a déserté l'atelier de cordonnerie de M. Gaud, où, entre deux coups de tranchet, il dictait à son patron une chanson, un conte, un proverbe, une locution du Pays Poitevin. M. Giraudias, l'intelligent maire inamovible de La Mothe-Saint-Héraye, jaloux d'augmenter le petit cercle de littérateurs, de peintres, de musiciens, d'interprètes dont s'enorgueillit la jolie patrie des « rosières », a fait à Henry Martin une modeste situation municipale qui lui permettra de développer ses facultés natives, et peut-être de devenir à son tour un Métivier. Nous ne serions pas surpris, en effet, qu'après s'être entraîné auprès de M. Gaud à la recherche des éléments vivants de notre folk-lore, à leur mise en lumière, à leur interprétation, l'ambition légitime ne lui vint de les coordonner en des scènes pittoresques où il saura mettre toute son originale personnalité.

Nous avons demandé à M. Henry Martin quelques renseignements biographiques, et nous ne croyons mieux faire que de transcrire purement et simplement sa réponse. Elle est intéressante, et constitue un document qui a sa valeur pour l'histoire des lettres poitevines.

« La Mothe-Saint-Héraye, le 2 janvier 1900.

« Monsieur,

. . . .

« Je suis né à Niort, le 29 octobre 1862. Mon père était originaire de la commune de François, près de Breloux, et ma mère avait vu le jour à Echiré. Je suis le douzième d'une famille de quinze enfants.

« J'ai habité Niort jusqu'à l'âge de neuf ans, puis Souché, près Niort. C'est à partir de cette époque que mes parents me louèrent dans les fermes en qualité de *bistrot* (petit berger), dans les communes de Chauray, Aiffres et Souché.

« A quinze ans, ma frêle constitution m'obligea à renoncer aux durs travaux des champs, et j'entrai en apprentissage chez un cordonnier de Souché. J'ai passé environ deux années consécutives à l'école; c'est vous dire que mes études ne furent pas brillantes. Mais en revanche, depuis mon entrée en apprentissage, j'ai lu et étudié autant qu'il m'a été possible de le faire.

« Etant tout jeune, j'avais déjà, dans mon village, la renommée d'un bon chanteur, et c'est souvent à ce titre que j'ai eu le plaisir d'être invité à des noces de campagne. C'est là surtout que j'ai appris à connaître les mœurs des paysans, car j'ai réellement vécu de leur vie. J'ai mangé le pain de *métive* sur le bord du sillon, alors que mes frêles doigts saignaient des coups de faucille que je m'étais donnés en coupant le blé. Je les ai souvent chantées, ces vieilles chansons qui constituent mon répertoire, en gardant les bœufs sur les bords de la Sèvre. Aussi ce temps fut-il la partie de mon existence la plus poétique.

« Parmi les chansons, rondes et mélopées que j'ai interprétées, voici celles qui furent recueillies par moi, naguère, dans les fermes, plus tard dans les réunions de famille : la chanson de *La Faucille*, *La Ronde des Vignerons*, la ronde *Au clair de la lune*, *Le cruel amant*, *Le joli fondeur*, *La fille qui n'a pas d'amant*, *Vigneron Vignerette*, *Le P'tit Bounhoume*, *Les clefs de ma ceinture*, *Le Retour du soldat*, etc., etc.

« Depuis, à Chef-Boutonne, j'ai recueilli, de concert avec M. Gaud, *La belle Ysabeau*, *Le soldat et la bergère*, *La Ronde de la Saint-Jean*, *La Ronde de la quenouille*, etc. D'autres ont été empruntées au recueil de M. Trébucy.

« J'ai toujours eu un goût particulier pour le théâtre. Ma vocation d'interprète des pièces en patois ne m'est véritablement venue qu'après avoir vu jouer l'œuvre de Métivier au Congrès de Niort.

« J'ai eu, dans les pièces patoises de M. Gaud, une part de collaboration tout occulte. Mon rôle consistait à fournir certaines expressions pittoresques, et ensuite à corriger, en quelque sorte, les pièces dans lesquelles l'abondance de littérature voilait le caractère ethnique et réaliste.

. . . .

« Veuillez, etc.

« HENRY MARTIN,
« Concierge de la mairie de La Mothe-Saint-Héraye. »

Il faut savoir gré à M. Gaud d'avoir utilisé les qualités de son ouvrier au plus grand profit du public ; l'un et l'autre se doivent une reconnaissance mutuelle, car il est évident que si le poète a su tirer parti du trésor caché, Henry Martin n'a pris conscience de sa valeur que grâce au succès qui couronnait partout les manifestations collectives dont il était l'un des éléments les plus attractifs. Nous aurons fait le plus bel éloge du caractère de l'auteur de *Ma grand'mère Toinon* en disant qu'à la suite de la publication de l'entrefilet reproduit plus haut, celui-ci nous remercia spontanément d'avoir rendu justice publique à son modeste collaborateur. C'était là un bel acte de désintéressement intellectuel, mais M. Gaud, poète et romancier, est assez riche en lauriers pour en partager quelques-uns avec ceux qui l'aident à les cueillir.

GUSTAVE BOUCHER.

C'est par erreur que la signature AMBO figurait dans le dernier numéro au bas de l'article de notre Directeur.

Les Potevins de d'Aut'fait

COMÉDIE EN PATOIS POITEVIN

(FRAGMENTS)

—

DEUXIÈME ACTE

L'Ensorcelée

SCÈNE PREMIÈRE (*Lever du rideau*)

Chez la mère Chauvinet; la visite de la tante Papotte.

LA TANTE, *du debors*

T'es bé itchi, Chauvinelle?

CATHELINE

Ah! voueil bé, ta... eh ol est ma tonte... Et coumont va-t-o?
Elles s'embrassent.

LA TANTE

Ah! i chemine bé trejou in p'tit en peine prenant, et té, coumont es-tu?...

CATHELINE

Et mé, i'ai bé trejou de bounes jombes, hureusement... et moun' encle, li... at-eil core ses érhumatisses?

LA TANTE

Oh! dépeu que le s'est fait touchaie, l'est jolimont meux, va...

CATHELINE

Allans, allans, l'en veut bé, li otout...

LA TANTE

Ah! l'en veut, l'en at bé sa part, va... Et Suzon, allans-nous la mariaie, beintout?

CATHELINE

Suzon coumoince à repreindre soun' appian: all' at bein déjuné a matin, i'avant fournéyai, all' at meingeai de la galette et all' s'est bein reingalaie.

LA TANTE

Tont meux danc, tont meux; et thielle paure droleisse, all' n'en veut bé, à la veille de san bounheur!...

CATHELINE

O voueil all' n'en veut, n'on peut z'ou dire. Dépeu huit jous qu'all' bouet dau bollian d'osille...

LA TANTE, *vivement*

Dau bollian d'osille?...

CATHELINE

Et voueil, i ne savant ce que feire, et...

LA TANTE

Et l'avaue pas fait touchaie?

CATHELINE

Et i'avant bé tout fait. Oll' y at thicuques jous i mandiriant le mouédecin... le v'nit et le dicit qu'o f'lait li feire preindre de l'heule d'hérissan... et o n'est rein de ban i vous en répand... pace qu'oll' at bé f'lu qu'o tire pre li feire avalaie... Apraie o f'lait qu'all' bouévisse d'au bollian d'osille pre z'ou feire coulaie.

LA TANTE

Thieu ne li fasit ja de maue, mais quand tu me parles de thiés heules d'hérissan, veux-tu?... O vous détrevire les bouyeas, n'on ne sait poué si n'on est mort ou bé onvie...

CATHELINE

Thieu est bé vrai.., et bé, pretont, ol l'at bein dégageaie... mais ol y at bé dau mauvais meinde otout, et de bein mauvais...

LA TANTE

Et o n'at trejou ayu, ma paure Chauvinelle, et o n'arat trejou, que vaue-tu !...

I veudraie bé la veure, thielle paure Suzon?

CATHELINE

Ah ! all' est couchaie dans nout' lit, de tout comptant.

LA TANTE

All' est couchaie?... Et qu'a-t-o ayu danc?...

CATHELINE

All' v'lait allait au champ à nos oueilles; coure all' oyit bein déjuné ça prenit à li brassaie su l'estoumac et dons sa paure teite...

— Ma mère, qu'all' dicit, i vaue me couchaie...

LA TANTE

Et vouéyant danc thielle paure droleisse...

CATHELINE

Suzon... Suzon... parle danc, Suzon... Papotte, ta meirraine, qu'est itchi... I creit qu'all' est assoupie, ma tante...

LA TANTE

Eh ! leiche-la danc dormi... All' se repouse, veut-tu bé... I m'en vat allaie charchaie daus us de canne pre faire couaie chez la meitresse Luchette, et quand i reveindrai, all' s'rat bé réveillaie d'hasard...

CATHELINE

Eh bé voui, ma tante. Allans, i vous reveurant beintout...

SCÈNE II

Un instant après, Suzon, la fille, commence à se plaindre.

CATHELINE

Te réveilles-tu, Suzon, et dors danc core...

SUZON

Hum... hum... mère, i saie appreisse, o me boulotte...

CATHELINE

O te boulotte ! Et qu'as-tu, ma chère feille, qu'as-tu?...

SUZON

Hum... hum... o me teins su l'estoumac...

CATHELINE

O te teins su l'estoumac? Vaue-tu bouère in cot de thielle boune piquette de poume? Ol o f'rat coulaie.

SUZON

Hum... i n'en vaut pas... i n'en vaut pas... i'affouge... i'affouge...

CATHELINE

T'affouges, ma chère feille aimaie, et que vas-i te feire danc... Vaue-tu in morcea de sucre... ta... t'en vaue pas?...

SUZON, *très lentement*

I nan... i n'en vaut pas... i'affouge... i saie pardue... i saie pardue... ma mère...

Suzon se plaint jusqu'à ce qu'elle soit soulagée.

CATHELINE, *se lamentant*

Et nan, ma feille, t'es pas pardue... et nan... Suzon... Suzon... cause me danc... et cause me danc, chère adoraie... et t'es toute en aive... t'es toute suyonte...

Eh ! ses deux œils thi se détrevirant... A mé !... o me boulvarse... o me biblle...

Chère feille, tu vaue danc nous guittaie, té, à la flieur de t'naige...

Té thi étaie si bounc bregère... thi petassaie si bein nos chausses...

Et thiau paur' Jacquet, tu n'y sange pu, danc... Ah ! man Diu ! tu vaue danc mouri, té, ma feille... tu vaue mouri, danc...

Tu n'étreuneras danc pas tes beas habeuillemonts... ta belle cornette... tan bea mouchenaie de cou... ta belle corselette et tan bea davontaue de droguiet... Avouec ta belle cheine d'argeont, té mon cher infont... Et tes belles chausses moulinaies, garnies de velous... ta, les vouet-tu?... tu sais bé que tu les port'ras le jou de tes noces... avec tan bea cot'lian à pliètts, que t'as jameis portai... tes belles chemises piquaies au lac d'amour... et tes jolis soulaies à la boucile, ma chère megnoune, va...

(Elle pleure)... Ah ! man Dieu ! ai-zi bé daus gronds malheux, mé, man ban Sagneur !... Et ol est thielle vilaine beite... thielle ganipotte... thi est cause de tous nos maues, voui... Ah ! man Diu !... mé thi me saies mariaie à tronte-sept ons... i n'ai jameis ayu que thiau cher infont... ma paur' Suzon, va !... Ah ! tu n'étaie poué sargaille ni soutrouse, té, nan !...

Et à toutes thiés feires, aux ballades et à la donse, chère ma mie, tu n'étaie poué la pu mésavenonte, té... chère compagnaie.

(Elle pleure toujours.)

SCÈNE III

Aussitôt, rentre un ouvrier bourrelier avec des harnais sur son épaule.

JOSEPH, LE BOURRELIER

Et qu'est-ce qu'il y a, maîtresse Chauvinet? Avez-vous quelqu'un de malade?

CATHELINE, *toujours en pleurs*

Et ol est nout' feille thi affouge, veuyau bé... all'veut nous guittai...

LE BOURRELIER

Votre fille étouffe? Elle a pris quelque chose qui lui fatigue l'estomac peut-être?

CATHELINE

Et all' at meingeai que de la galette et daus mogettes.

LE BOURRELIER

C'est peut-être ça !... Avez-vous fait appeler le médecin?

CATHELINE

Et nan ! i n'ai pus la teite à mé, veuyaue bé...

LE BOURRELIER

Je viens de le rencontrer à l'instant qui descendait la côte... voulez-vous que je le rejoigne et vous le ramène?

CATHELINE

Et i'au vaue bé, man ban mossieu Joset...

LE BOURRELIER

Mais, avant tout, avez-vous de l'eau chaude?

CATHELINE

La grond marmite est bé su le feu, lé.

LE BOURRELIER

Il faut vite, vite, lui en faire prendre, ça la soulagera peut-être...

CATHELINE

Et que v'lauc que thielle aive chaude li fasse?

LE BOURRELIER

Essayons toujours... Donnez-moi un verre, quelque chose... votre fille étouffe et nous n'avons pas de temps à perdre...

CATHELINE

T'nez, v'la ine tasse qu'all' at gagnai pre la ballade, boun'géons.

Le garçon bourrelier prend vite de l'eau chaude.

CATHELINE

Passez dans la rouette dau lit, si vous pliait.

Le bourrelier passe de l'autre côté du lit et arrive à lui faire prendre le vomitif. Aussitôt, Suzon a des envies de vomir.

LE BOURRELIER

Vous voyez, elle respire déjà mieux à son aise... maintenant je cours chercher le médecin.

CATHELINE

Voui, man ban jene houme... i vous en s'rai bé recouneussante, allez!

SCÈNE IV

Suzon commence à respirer.

CATHELINE

Eh bé, ma boune feille! Que dis-tu, ma chère boune amie?

SUZON

Ah! ma mère... ah!... ah!...

CATHELINE

T'es meux, Suzon, t'es meux? Cause, ma boune, cause...

SUZON

Ah!... saie-zi bé soulageai, ma mère. Si tu creit, i ne savaie pas voure i étaie...

CATHELINE

Ah! i z'ou creit bé, man cher infont, i z'ou creit bé... o me fait plieuraie rein que d'y songeai, veut-tu.

SUZON

Eh bé, ne plieure danc pu, ma mère, pisque i saie soulageaie, i saie guarie...

CATHELINE

Tont meux, ma feuille, tont meux, mais o me soulage, que vaue-tu... o me soulage...

SUZON

Tiré lè ridea, ma mère, i vaue me repousaie.

CATHELINE

Voui, ma boune feuille, tout de suite, ta!... Allans, repousete, dort in ban sange, o te remettrat.

Et nos meindes thi allans v'ni, faut bé thi appreite le collatian...

. . . .

Ad. Métivier.

TRISTE SORT D'UNE FEMME DE PÉSAN

MONOLOGUE EN PATOIS POITEVIN

Paur' veille Ringearde, chez nous in saie de veillaie,
All' nous cantait qu'ol était dur d'eitre fame de peisan,
Et n'on peut au dire, o ne finit jameis toutes les viraies,
Faut talbotaie dépeu janvier jusqu'au premé de l'an.
Trejou pre pliace, de grond matin jus'aprés veillaie.
Et que dire, que feire, faut bé arrétaie pretont.
Voueil, mes bans amis, vous peuvez o creire,
De tout thieu o n'est ja daus cancans.
C'est bein triste sort, allez, d'eitre fame de peisan.

Faut avaie la s'missian, et daus quenailles pas putout mariaie,
Pre sûr, faut poué cantaie d'avaie tous ses agréments.
Mais si o n'avait que thieu, n'on peurrait bé i accottaie.
Faut thiusinaie, j'ençaie la pliace, feire tout le train d'la meisan.
Dès l'écliarcie portaie les chaudères, douné la brenaie aux goreas,
Preindre les jalons, traire les chebres, les vaches et les menaie au chomp.
Quand on reveint, toute terraillouse, n'on ressomble in vrei patrouillet.
Dons thiés cours, dons le fumé et les égails, est-o étounont?
Queu triste sort d'eitre fame de peisan.

Quand les fauches et les métives sont arrivaies,
Faut portaie la soupe et le migeot dons les chomps.
Bein s'vent, si ol est trop tard, n'on est gremelaie.
Pretont, n'on est trejou chargeaie pis qu'in hérissan.
Ol est le cas de dire, n'on raballe, o faue trejou trottaie,
Nous autres, trejou le feix au cou en toutes saisans.
Ich! si les gas veuilliant, le peurriant bé nous soulageaie.
Mais l'ou v'lant ja; o n'y at pas de dongeaie, nan; l'ont jameis le temps.
Qu'eu paur' sort d'eitre fame de peisan.

Quand les grousses gorettes fasant mine qu'all' sant gorounaies,
Forçaie de passai les neuts sans guitté ses habeuillemonts.
Tout plien de cots en se couchant, all' peurriant bé en affougeaie.
Eh bé, faut-eitre thi pr' in cot, pre les feire tetaie de rong.
Ça vous cheut su les œils; quand le jou arrive, on est venaie.
Ol est joliment trop de peine, o fait passaie tout son temps.
Durant deux et trois s'manes, sans peuvaie se couchaie,
N'on at trejou le roumail, n'on est rein dons s'n' apliomb.
Ah! chein de sort d'eitre fame de peisan.

Pre feire les boulingeries, o met hors d'haleine pr'ou bassaie,
Feire les tourteais, les galettes et thiinse grous pains ronds,
Jeindre les fagots, chauffaie le four, tiraie la breise,
Enfournai le pain, raiclai la met, pliaçai les palissons.
Quand ol est fini, on est toute à la nage, esquintaie.
Voueil, nous autres, faut avaie de dur tompéramont.
Ich! une baiete en crev'rait d'attrapaie de pareilles suaies.
Bein dau feits si n'on s'plien, ol est bé avec raisan.
Euch! train de chein d'eitre fame de peisan.

Aus'tout la S'-Michea rondue, les chareuils faut allumaie,
O faut petassai les chausses, bein s'vent qu'all' n'ont pas de talons,
Pr'en feire daus nues, ol est tchi qu'o faut tricottaie,
Faut s'ézinaie, et pas châ p'tit, c'est qu'ol at autre chouse thi attond.
Et trejou faut la preindre, thielle queneuille pre filaie.
O n'veint jameis de bout, au diablle la toueille et les napp'rons.
N'on sait bé qu'ol en faue, mais ol est de trop dure corvaie,
Ça vous étire la potreine, à peine si n'on peut crachaie; c'est rein de ban.
C'est-o de triste sort d'eitre fame de peisan.

Quand n'on vat au marché, ol est là que n'on est chargeaie;
Les poules, les poulets, les canes, les canets, ol est ça thi est pesont,
Les fremages, le beurre, les us, n'on v'drait poué les cassaie.
N'on porte tout san feix, dons daus chemoins tout à cru, à chiron.
Quand n'on est rondue, la chemise est bein reide mouillaie.
Itchi, avoure, o faut sogeaie; heum! n'on trouve le tomps long.
C'est qu'o ne faue rein bougeaie, à sa pliace o faut rechtaie.
Bein s'vent l'hivar, n'on creve de freid, n'on attrappe daus geurnuchons.
Ah! c'est bein triste sort d'eitre fame de peisan.

Quond n'on est à la ville, on est bé tchiurieuse à thiés croisaies,
Ol est chi que n'on veut daus bein reides belles meisans,
O ne monque poué de belles affeires que n'on peut ja avaie.
Sèque si n'on v'lait se creire, n'on mettrait toute sa goulaie d'argeont.
Et le pu jolit, ol at daus freluthiets, de nous autres le faisant risaie,
Le d'sont thi sont coume daus pithiets à tchiés d'vontures daus heures [de temps,
Y creit qu'à lau dire, le nous trouvant rein déluraie.
Le grond malheu, faut creire de ne pas avaie l'instructian,
Et bein triste sort otout d'eitre fame de peisan.

Les houmes sant joliment meux, z'aues, et n'on peut en parlaie;
Que n'on dise ce que n'on veudrat, l'en savant trejou les pus lang.
L'allant aux fouères, aux marchés, bouère les chopines et se ribottaie;
Et ol est trejou bein neus, au sair, quand l'arrivant.
Si n'on vaue dire thieuque chouse, tout plien parlant de vous calottaie.
Le fasant daus trains, thiés groumonds, à feire sounai les poëllans.
Voueil, nous autres, paur' fumelles, apraie s'eitre bein reide demenaie,
N'on attraperait daus cots, à moins; c'est ça thi n'est point sousséyant.
C'est de bein paur' sort, allez, d'eitre fame de peisan.

Ol est pretont bé la vérité, que tout plien ne v'driant ja creire.
Nout' sort est rude, voueil, faut bé dire, la vie en dépend.
Ah! dons thiau meinde, allez, chacun at bé sa p'tite malette à portaie:
Les dames daus grondes villes, coume les fames de peisans.
Ich! mariaue danc, les feilles, tretoutes n'ont a sa destinaie.
Thiés qui sant les pus heureuses, ol est quand rein monque à la meisan.
Mais prenez in jolit houme, ban garçon, thi eige ine boune renoumaie
Et thi arat de bans éthius, ne seiyez poué à façan. [de peisan,
Pre mé, y creit que le sort en s'rait ban, d'eitre fame de mossieu ou fame

Ad. Métivier.

LE PAYS POITEVIN
ETHNOGRAPHIE FOLKLORE ART POPULAIRE
LITTERATURE HISTOIRE ARCHEOLOGIE

ETHNOGRAPHIE

LE MOBILIER RUSTIQUE
EN POITOU

Les objets essentiels du mobilier populaire sont nécessairement le lit, la table et l'armoire.

Le lit poitevin par excellence est le lit *foncé*. C'est une sorte de cage dont le *châlit* se termine, aux deux extrémités, par des panneaux pleins soutenant un fond ou ciel, bordé sur les côtés d'une bande festonnée d'étoffe, dissimulant la baguette de fer où s'attachent, par des anneaux de cuivre, les rideaux ou *courtines* de légère serge grise. Dans l'ameublement des campagnards les plus pauvres, le ciel de planche était absent; mais toujours le devant du lit était accompagné d'une sorte de coffre étroit et allongé, appelé *marchepied*, d'environ cinquante centimètres de hauteur, avec un bras d'appui à chaque extrémité. Le marchepied, fermé par un couvercle qui s'ouvrait sur des charnières placées du côté du lit, faisait à la fois fonction de siège et de coffret.

La *garniture* du lit foncé comporte les pièces suivantes : en dessous, une paillasse en grosse toile, bourrée de paille d'orge, de balle d'avoine, ou de la feuille coriace qui entoure l'épi du maïs; ensuite viennent une, deux, trois, quelquefois quatre *couettes* de plume de volaille, recouvertes de *couettis* ou coutil, à rayures bleues; puis les *linceuls*, en toile plus ou moins fine, selon le degré d'aisance, et enfin une épaisse *couverte* de laine teinte en vert, avec une bande noire de la largeur de la main près de chaque extrémité.

Dans les ménages un peu plus aisés, se rencontrait le *lit à quenouilles*, où l'un des panneaux, celui du pied, était réduit à deux colonnes cylindriques supportant le ciel du lit. Enfin, luxe suprême, le *lit à la duchesse* copiait l'ameublement aristocratique : les deux colonnes disparaissaient à leur tour, et couvertures, baldaquins, ornements divers, se revêtaient de camaïeux bleus ou roses. Il arrive fréquemment aujourd'hui que l'on trouve dans une même habitation ces trois formes de lits, auxquelles se mêle la forme moderne dite *lit bateau*.

La table, très massive, occupe le centre de la pièce; elle est flanquée de bancs de chêne plus massifs encore. L'une de ses extrémités, dans le tiers de la longueur totale, fait bascule, recouvrant une case où viennent se ranger, après le repas, la *touaille* ou nappe, le *chanteau* de pain entamé et les restes de *fricot*. Les pains entiers sont placés dans une huche appelée *tenailler*, composée d'une sorte d'échelle horizontale suspendue à peu de distance du *plancher*, et munie d'arceaux de bois qui soutiennent verticalement les pains et les séparent entre eux.

Généralement le *tenailler* est relégué sur un côté, le long d'un mur; mais bien juste au-dessus de la table se trouvait le *cuillerier*, petit meuble suspendu, dont la forme la plus élémentaire consistait en une planche aux bords crénelés, où s'accrochaient cuillères, fourchettes et aussi la *moque*, ou *mogue*, de terre cuite qui servait de vase à boire.

En un coin de la table reluisait la tête d'un large clou, marquant la place où se devaient casser les noix, lorsqu'on préparait la *tirée* d'huile.

Quant aux armoires, elles appartiennent à deux types : le *coffre* et le *cabinet*, l'un s'ouvrant supérieurement par une *porte* horizontale au repos, l'autre s'ouvrant sur le devant par une porte verticale.

Le coffre a disparu, en même temps que le marchepied, de presque tous les ménages. C'était une vaste caisse, sans ornement à l'extérieur, sans compartiment au dedans, où s'entassaient et se superposaient, dans une promiscuité peu commode, hardes, draps de lit et linge de corps. A l'une des extrémités,

INTÉRIEUR POITEVIN, Costumes de La Crèche (Deux-Sèvres)

quelquefois aux deux, un petit casier, nommé *écrin*, occupait la partie supérieure, et le couvercle de cet écrin, en se relevant, maintenait ouverte la *porte* même du coffre.

L'armoire posée verticalement sur un bout, ou *cabinet*, a survécu au coffre. Elle est divisée dans sa hauteur par des tablettes, ce qui permet une répartition plus facile des linges et des vêtements. Le cabinet est *simple* quand il n'a qu'une *porte* ou *battant;* mais très fréquemment il s'ouvre par un double vantail, et il est toujours surmonté d'une corniche ornée de moulures. Les charpentiers de village — qui sont en même temps menuisiers, tonneliers, charrons, ébénistes — ornent quelquefois le haut et le bas du *cabinet* de rosaces sculptées, de fleurs, de rinceaux ou d'incrustations en bois coloré. Dans les *cabinets* les plus anciens, le vantail s'ouvre sur une tige de fer placée à l'extérieur et nommée *fiche*, dont la ménagère entretient soigneusement le poli.

En continuant notre voyage autour de la chambre, nous rencontrerons des dressoirs, accolés au mur, des bahuts à loger la vaisselle. La chaise et le fauteuil, aujourd'hui très répandus, ont dû longtemps rester rares ou même inconnus. On y suppléait à l'aide de billots de bois posés sur le bout. La place d'honneur du foyer était occupée, à défaut de fauteuil, par un coffret cubique, servant à la fois de *salière* et de siège. Les chenets ou *landiers*, en fer forgé par le maréchal de l'endroit — qui monopolisait la fabrication de tous les ustensiles de fer, — étaient très volumineux. Dans les maisons où l'on pouvait mettre alternativement la poule au pot et le chapon à la broche, le landier était muni de dents où s'accrochait une S soutenant à des hauteurs diverses — selon les dimensions de la volaille — la *broche* à rôtir; et le sommet de ce même landier s'évasait et se divisait en branches réunies supérieurement par un cercle horizontal, ce qui constituait une sorte de réchaud d'un usage très commode.

Les moyens d'éclairage étaient peu variés. On brûlait des chandelles de résine que l'on façonnait soi-même, et qui se plaçaient dans une *lioube*, plantée au mur de la cheminée et munie en avant d'un mors où s'engageait la chandelle allumée. Toutefois l'éclairage poitevin par excellence consistait dans l'emploi du *chareuil* ou *charail*, petite lampe en fer ou en cuivre, ayant la forme de la lampe grecque, mais qui, au lieu de reposer sur un pied, se suspendait à l'aide d'un crochet. On ne brûlait anciennement dans le chareuil que de l'huile de noix récoltée dans le pays; plus récemment, on y a mis aussi des huiles de colza et d'œillette.

Si nous poursuivions nos investigations, nous trouverions encore divers meubles et accessoires. La *maie*, ou pétrin, est quelquefois placée dans la pièce principale; et dans l'intervalle des *fournées*, elle y sert de garde-manger, ou de réceptacle pour les vases à lait, *ponettes*, *terrasses*, *pots de grès*, etc.

Quand la famille a des bébés, la maison est envahie par les berceaux, promenoirs, *bourgnes* ou *baillottes*, virounoux. Au-dessus de la cheminée, nous trouverons le vieux *fusil à pierre*, à un seul coup, transformé fréquemment en *fusil à piston*. Dans un coin, la ménagère a accroché la *poche à caillé*, où s'égoutte le fromage, en attendant de se mouler dans la *faisselle* en terre ou en bois, et de sécher sur la planche à fromages, perchée à côté du tenailler.

LE COSTUME POITEVIN

« Les habitants (du Poitou) sont fort laborieux, durs au travail, grossiers et difficiles dans leurs mœurs... *leurs vêtements* les déguisent à nos yeux. Ils portent presque tous les cheveux courts et de larges chausses à la suisse, avec des rabats... Les bergères y ont, la plupart, de grands talents pour la danse et pour le chant... »

Voilà ce qu'écrivait, en 1727, l'intendant Boulainvilliers; et ce vague document contient ce qui a été dit de plus précis sur les mœurs et le costume du paysan poitevin par ses contemporains dans les siècles passés.

En fouillant avec soin nos bibliothèques et nos archives, on arriverait peut-être à réunir une demi-douzaine de textes de cette importance, dont on ne saurait tirer grand profit; car leurs auteurs n'ont pas obéi à ce besoin d'analyse et de précision qui caractérise notre temps; il n'y a, pour eux, qu'un type poitevin, qu'un costume poitevin, qu'un patois poitevin, alors que nous y pouvons facilement démêler des variétés et des nuances très tranchées, que nous n'avons aucune raison de croire particulières à notre siècle.

A défaut donc d'une documentation certaine empruntée aux écrivains qui ont, incidemment, touché à ce sujet, nous nous résignerons à l'étudier sur les anciens costumes eux-mêmes, dont la collection de la Société du Costume poitevin montre de nombreux spécimens, ainsi que sur les portraits et gravures que nous avons pu recueillir et grouper.

Et d'abord, laissant de côté les coiffes, déjà étudiées, nous remarquerons que le costume comporte deux éléments essentiels, que les objets exposés nous permettront d'examiner tour à tour : l'étoffe et la coupe.

Les costumes poitevins utilisaient des étoffes de trois sortes : la *toile de chanvre* ou *de lin*, les *étoffes avec chaîne en fil et trame en laine*, les *étoffes tout laine*.

La *toile*, outre le linge de corps, les draps et nappes, a longtemps fourni la matière du costume d'été des hommes et des femmes : culottes et pantalons, guêtres, blouses et tabliers étaient faits en toile de fabrication locale, que la villageoise avait filée aux champs ou à la veillée, et que le *tessier* (tisserand) de l'endroit se chargeait de tisser avec ce gros et pénible métier, dont il n'existe plus que de rares spécimens dans nos campagnes. La toile se tissait généralement sur une aune ($1^{m}20$) de largeur, quelquefois sur trois quarts. La fileuse habile, c'est-à-dire produisant un fil régulier et fin, obtenait généralement une aune de toile par livre de fil. Le métier à *galons*, dont l'usage était courant il y a trente à quarante ans, fournit peut-être le modèle le plus élémentaire de la machine à tisser. Les fils de chaîne, enroulés autour des branches d'une petite *fourche* qu'on plante en un trou, sont engagés dans douze trous et douze rainures, alternant entre eux, et percés dans une planchette de 20 centimètres sur 15, que manœuvre la main gauche, pendant que la main droite fait passer une navette entre les fils des trous et ceux des rainures, tour à tour soulevés et rabaissés. A chaque fois, un coup sec de la planchette contre la partie déjà faite du ruban bat et affermit le tissu.

La laine était filée au fuseau comme le chanvre, après avoir été cardée par des cardeurs ambulants, avec des cardes métalliques, et l'étoffe était peignée à l'aide de *peignes* formés par l'assemblage des capitules de la cardère, ou chardon à foulon, cultivé en grand à Augé, et sans doute dans d'autres localités.

Les métiers à foulons des bords de la Sèvre ont longtemps utilisé, pour le dégraissage de la laine, une argile très alcaline, provenant de Chilouc, près Saint-Maixent, et appartenant aux couches faluniennes déposées dans l'ancien lac Vauclair. On se servait également de l'argile kaolinique du Chevreau, paroisse de Vouhé, et de celle de la Giraud d'Asnières, près de Saint-Jean-d'Angély.

Les étoffes avec chaîne en fil fabriquées en Poitou au commencement du siècle, étaient : les *tiretaines*, les *boulangers*, les *trois-marches* et les *droguets*. Elles se façonnaient généralement partout avec le métier ordinaire du simple tisserand.

La *tiretaine* avait une demi-aune (60 centimètres) de largeur. Le fil de trame (laine), développant de 4 à 6000 mètres au kilogramme, était dégraissé et légèrement foulé; le fil de chaîne (lin ou chanvre) était plus fin que dans le *boulanger*. La tiretaine se tissait à *deux pas*, et se livrait lustrée au commerçant.

Le *boulanger*, ainsi dénommé parce qu'il était d'un gris blanchâtre et comme saupoudré de farine, se tissait à deux pas, comme la toile. La chaîne était de fil grossier; la trame, de laine développant de 3 à 4000 mètres au kilogramme.

Il se foulait *à plein moulin*.

Le *trois-marches*, ou *boulanger croisé*, diffère du boulanger ordinaire par son tissage *à trois pas*, qui lui donne un *endroit*, où paraissent les deux tiers de la trame, et un *envers*, où l'autre tiers se montre.

Le *droguet laine et fil* (car il y a un droguet tout laine) se tisse exactement comme la tiretaine et le boulanger; sa largeur est d'une aune; il est dégraissé, mais non foulé. Ses couleurs habituelles étaient le bleu et le noir, formant rayure, et il s'employait de préférence à la confection des jupes et des tabliers.

Les tissus tout laine étaient : le *calmouk*, la *serge* ou *pinchinat*, avec ses variétés dites *serge-seigneur*, *demi-serge*, *sergette*, *molleton*, *droguet blanc*; les *camelot*, *baguette* et *frison*.

Le *calmouk*, employé pour les vêtements d'hommes, et dont la fabrication parait avoir cessé en Poitou avant 1820, était une étoffe à tissu croisé, et à tout poil, ayant une demi-aune de largeur. La pièce, de 38 aunes, pesait 38 livres.

Les *serges* sont des tissus croisés *à quatre pas*, quelquefois blancs, d'autres fois teints en brun au brou de noix, mais le plus souvent bleu de ciel. La pièce de serge avait une demi-aune de largeur, 38 ou 42 aunes de long, et pesait 19 ou 21 kilogrammes. Elle s'employait à faire des gilets, des pantalons et des jupes.

La *serge-seigneur* différait en ce que trame et chaîne y étaient faites d'*étain*, ou laine peignée, tirée à chaud.

Le *molleton*, tissé à quatre pas comme toutes les serges, portait une lisière bleue ou verte, mais ne se teignait jamais en brun; il était ordinairement réservé à la confection des *cotillons de dessous*.

La *demi-serge* se différencie de la serge ordinaire en ce que, pour le même poids de laine, la pièce a une largeur plus grande, $0^{m}70$ à $0^{m}75$, au lieu de $0^{m}60$; ce qui, naturellement, donne au tissu plus de légèreté.

La *sergette*, ou *cadisé*, ne diffère des autres serges que parce qu'elle utilise des laines inférieures, et que la pièce n'a que $0^{m}50$ de largeur.

Les *droguets blancs*, pour doublure, les *camelots*, *baguettes*, *frisons*, utilisent les laines de qualité inférieure ou les déchets. Ils se font à deux pas, comme la toile, la tiretaine et le boulanger. Le droguet blanc s'établissait sur une demi-aune de large et 30 ou 32 aunes de long. Le camelot, fait en laine cardée, avait une *lèse* (largeur) de 50 à 60 centimètres, était tondu, et ne s'employait que pour les vêtements de femmes.

Après l'étoffe, nous allons examiner la coupe, ou, si l'on veut, la forme du vêtement.

De 1820 à 1830, l'introduction des cotonnades dans le vêtement, la substitution du pantalon à la culotte, du chapeau rond au chapeau à claque, et, un peu plus tard, l'adoption générale de la blouse bleue, ont modifié d'une façon complète la physionomie générale des costumes rustiques.

En dehors des renseignements que nous pouvons puiser dans l'examen direct des objets possédés par la Société du Costume poitevin, sa collection de documents iconographiques nous vient en aide et nous permet de reconstituer, d'une façon à peu près certaine, les phases d'évolution des costumes au cours de ce siècle.

Voici d'abord quelques lithographies éditées à Nantes, aux environs de 1830, par MM. Charpentier, père et fils, qui nous donnent, avec une exactitude seulement approximative (le dessinateur a dû compléter et arranger après coup des esquisses trop sommaires), deux grisettes de Niort, une laitière et une marchande de légumes sur la place du Donjon, des femmes des environs de Niort en costume d'été, des femmes de Châtellerault à côté d'une diligence, des femmes de Luçon en toilette ordinaire, des femmes de Luçon en grand costume, des femmes de La Rochelle, des paysans des environs de La Rochelle, etc.

MÉTIER A GALONS

Le dessinateur niortais Gellé a exécuté, de 1840 à 1850, une importante série d'études de costumes ou de groupes de paysans se rapportant à Niort et à ses environs immédiats. Nous relevons dans notre album les planches suivantes reproduisant, pour la plupart, des costumes antérieurs à l'époque où l'auteur les a publiées :

1. *Une noce* (cinq couples, les femmes coiffées de la grisette de Niort, avec *pièce* et *mouchoir de cou*, les hommes en costumes variés : gilet rond, habit à queue, longue redingote, trois avec pantalons, deux avec culottes, l'un coiffé d'un chapeau à claque, les autres de chapeaux hauts de forme, élargis au sommet. Un d'entre eux tient à la main un parapluie énorme, dont le bout est muni d'un large anneau de suspension, mais dont la poignée n'est pas recourbée).

2. *Sortie de l'église Saint-André.* (Beaucoup de femmes avec les coiffes dites *grisettes*, bonnets ronds, rochelaises, chalonnaises, coiffes à pans, bonnets Jamain, différentes coiffes de la Saintonge et des environs de Niort. Un mendiant est vêtu d'une blouse ; un vieillard porte la culotte et le tricorne.)

3. *Une foire à Niort.* (Les paysans portent des blouses longues, des gilets ronds, des justaucorps, des lévites, et sont coiffés, soit du chapeau à larges bords légèrement relevés sur les côtés, soit d'un bonnet de laine. Des bourgeois se mêlent à la foule, quelques-uns portant des culottes.)

4. *Un marché à Niort.* (Les paysans ont la blouse longue ou la veste courte, avec gros replis en arrière. Ils sont coiffés du grand chapeau ou du *bonnet d'étain*. Les coiffes saintongeoises ont le fond large et haut; le béguin des jeunes piotes a les trois angles frontaux à peine adusés. Les ramponneaux de Souché et de Sainte-Pezenne diffèrent de la forme actuelle en ce que le sommet est brisé par un angle, au lieu d'être absolument plan. Une grisette a le fond exagérément dilaté. Les villageoises ont des *pièces de corsage*, des mouchoirs de cou, des mantes; l'une

d'elles a protégé sa coiffe contre les pluies éventuelles à l'aide d'un papier plié et épinglé sur la cornette. Les paniers sont en grosse vannerie du pays. Quelques livres de beurre ont la forme dite *poupée*, qui ne se retrouve guère sur notre marché actuel, et parait bien particulière au Marais, à l'Aunis et à la Saintonge.)

5. *Les grisettes de Niort*. (Quatre grisettes en bonnet rond, une avec le bonnet Jamain.)

6. *Sauquet-Javelot*, le philanthrope niortais, faisant une distribution de soupe aux pauvres. (Sauquet est représenté en culotte, blouse longue ornée de broderies autour du col, et bonnet d'étain.)

7. *Veillée de Noël dans une ferme du Poitou* (1845). (Les femmes sont des piotes, au béguin de linon, simplement reployé au niveau du menton, la *corselette* est courte, la *pièce* étroite. Les hommes ne portent pas la blouse ; ils ont la culotte et les guêtres ou gamaches ; le dessinateur nous a évidemment reportés au premier quart du siècle.)

INTÉRIEUR POITEVIN

8. *L'adoration des bergers du Poitou* (1845). (Mêmes types villageois. Le bœuf et l'âne sont aussi de race poitevine.)

9. *Noce villageoise*. Le dessin original et sa reproduction lithographique figurent en même temps dans le recueil. C'est toujours le même mélange de toutes les formes de costumes portés depuis le commencement du siècle, ce qui est assez naturel, les vieillards restant fidèles à la culotte, aux justaucorps, robes volantes à larges boutonnières vraies et fausses, à longues rangées d'énormes boutons de bois recouverts d'étoffes, et gardant guêtres et tricornes, alors que les générations suivantes atténuent peu à peu les formes anciennes, portant de préférence, avec le *chapeau à la grolle*, les vestes à plis, les gilets ronds, puis le pantalon et la blouse.

10. *L'assemblée de village*. (Ce sont les mêmes types, groupés différemment et montrant, dans le décor d'une *ballade* ou *frairie*, les libres ébats des couples joyeux.)

11. *Le bouquet de la mariée*. (De jeunes paysannes — des piotes, toujours — entrent chez une de leurs compagnes, et lui offrent le bouquet nuptial.)

12. *Le mariage à l'église*. (C'est la suite naturelle, et avec des personnages identiques, de la scène précédente.)

13. Une paysanne — est-ce la mariée de tout à l'heure ? — tient un bébé sur ses genoux, et lui fait manger à la cuillère la soupe d'un gros pot placé à côté d'elle. Un chien de bergère, couché aux pieds de sa maîtresse, suit l'opération du regard.

14. Une paysanne fait boire sa vache au timbre accoté le long de la margelle d'un puits à treuil, recouvert d'une toiture légère, à double appentis.

15. Une vieille piote va au lavoir, portant sous l'un des bras un fort paquet de linge, et tenant de l'autre son *genouillon*.

D'autres dessins, des études de mendiants, d'abord isolés, puis groupés en une seule planche, montrent des haillons qui nous apprennent peu de choses. Ils sont suivis de nombreuses compositions de style romantique, où l'ethnographie n'a absolument rien à voir. La planche des *grisettes* a dû être précédée et préparée par deux autres études, également lithographiées, et représentant, la première, deux grisettes debout en conversation très animée ; la seconde, un groupe de quatre grisettes, dont trois sont assises ; l'une porte le bonnet Jamain.

La vignette de la *Saintongeoise* en coiffe de mariée, à qui un gars à large chapeau pince le menton, clôt ce recueil ; elle figura longtemps dans les almanachs, en tête de la vieille *Chanson de la Mariée* : « Vous souhaitons le bonjour, madame la mariée... »

En dehors de ces documents, rappelons les œuvres ethnographiques confiées à la dernière Exposition de Niort et dont l'analyse succincte complétera cette étude : un dessin original de Gellé, avec ce titre : *Nos paysans des Deux-Sèvres* (deux paysans attablés offrent à boire à un voyageur et trinquent avec lui).

Le portrait au crayon de *la fille Gaultier, de Niort*, également de Paul Gellé, présentait un costume de vieille Créchoise, dont la coiffe n'est pas encore marquée des trois angles frontaux.

Antoine Baugier, dont le vaste savoir et l'infatigable crayon s'intéressèrent si vivement à tout ce qui touche notre région, ne pouvait être resté indifférent à nos costumes populaires. Aussi n'avons-nous été nullement surpris de rencontrer, dans l'inappréciable collection, en grande partie inédite, de ses dessins, des croquis et des aquarelles que son fils, le regretté conseiller général de Niort, avait bien voulu mettre à la disposition des organisateurs de cette Exposition.

Nous avons vu de lui une *Mariée de La Mothe-Saint-Héray* (juillet 1842), une *Grisette de Niort, en bonnet Jamain*, traitée avec une rare finesse de crayon, une curieuse esquisse de la *Fête de sainte Macrine* (1839). Un séjour qu'il fit à Fouras nous a valu toute une série d'études : *pêcheuse cousant, pêcheuse raccommodant ses filets, pêcheur* en bonnet de laine rouge, ficelant une bourriche de coquillages, *boucholeur* montant le *pousse-pied, pêcheuse* portant sur l'épaule le balais de tamarin qui lui servira à nettoyer les bouchots, coiffe de mariée (vus de face et vue de dos), etc.

De cette même collection, réunie par MM. Baugier père et fils, nous avions obtenu deux aquarelles de Henry Monnier, faites à Sainte-Pezenne par l'illustre auteur des *Grisettes*, des *Scènes populaires* et de *Joseph Prudhomme*, et que les visiteurs peuvent admirer à l'entrée de la première salle des costumes.

La première, datée de « Niort, mars 1857 », représente une femme en *ramponneau* de Sainte-Pezenne, assise et cousant ; la seconde, au bas de laquelle on lit cette dédicace : « A l'ami Baugier, Henry Monnier », représente deux tricoteuses coiffées de la capote bourbonnaise.

On voit que, en ces cinquante dernières années, le paysan poitevin, son costume et ses mœurs, n'ont pas été négligés par les artistes.

Tout récemment ce genre d'études a été remis en honneur par un peintre parisien, M. Escudier, maintenant fixé à Niort, et que le pittoresque de nos costumes villageois a très vivement intéressé. Trente eaux-fortes ont été déjà consacrées par lui aux costumes actuels du Poitou, et nous espérons bien qu'il ne s'arrêtera pas avant d'avoir achevé le tour de notre province. Le texte que nous avons écrit pour accompagner ces planches forme la dernière livraison des *Costumes poitevins*.

Ajoutons que M. Escudier applique, de la façon la plus heureuse, *la peinture* sur émail à la reproduction des costumes villageois. Il exposait une dizaine d'épreuves qui attestent qu'aucun procédé ne peut rendre avec plus d'éclat et de finesse la vivacité des coloris, la blancheur azurée des coiffes, et les chatoiements des satins.

L'Exposition de peinture contenait également quelques morceaux fournissant des indications précieuses pour l'ethnographie.

En première ligne, nous citerons les envois de Jean Brunet, de Poitiers : la *Gâtinelle*, la *Jeune Fille de Vivonne* allant au marché, *Un brin de cour au village*, la *Chanson de la mariée* et le *Retour des épousés* (costumes de Mirebalais).

M. Alexandre Bonnin, de Fontenay, nous avait donné une *Noce vendéenne* (Marais de la Sèvre), une *Jeune Cabanière dressant sa coiffe, Deux Cabanières au lavoir*.

Citons également le *Portrait de ma mère* (une Marandaise âgée), de M. Gaborit ; le *Portrait de ma mère* (une Rétoise), de M. Giraudeau ; une *Vieille Femme de Fontenay*, de Mme Clémentine Fillon ; la *Bergère de Saint-Liguaire*, aquarelle de M. Veluet ; la *Mothaise*, dessin à la plume, de M. Giraudias ; une série de *Maraîchins* et de *Maraîchines*, esquisses au crayon, par M. Ch. Milcendeau : Le *Laitier de Coulon*, aquarelle de M. Duplais, des Touches ; un médaillon plâtre, de M. Robuchon, une *Sablaise âgée* ; divers médaillons plâtre de M. de Monterban, représentant une femme d'Echiré, des vieilles femmes de l'Ile-Jourdain ; un médaillon plâtre, de M. Biron, représentant une vieille femme portant la coiffe des Herbiers (Vendée).

L'étude comparée de tous ces documents, étoffes et vêtements anciens, coiffes, portraits, dessins, aquarelles, médaillons et tableaux, jette certainement une vive lumière sur l'histoire du costume poitevin au XIXe siècle.

Jusque vers 1830, le costume du paysan aisé réalisa, avec des étoffes de fabrication locale, une sorte d'imitation de l'habit bourgeois. La culotte, les vestes plus ou moins longues — lévites, angrelines, justaucorps, robes volantes, — rehaussées de boutons en longue file, et boutonnières très largement bordées ou soutachées, les souliers à boucles d'argent, le chapeau à claque, tout s'y trouve.

Mais à côté et au-dessous de cette demi-bourgeoisie, les travailleurs des champs portaient la blouse ou *grandchemise* de toile écrue, le chapeau à bords larges, dit *chapeau à la grolle*, ou le bonnet de laine, tantôt blanche, tantôt bleue, avec une houppette pendant sur l'oreille ; la chemise à col droit, plus ou moins orné, mais sans cravate ; les culottes et guêtres, de *boulanger* pour l'hiver, de simple toile pour l'été ; le *sabaron*, sorte de soulier tronqué en avant, de façon à laisser libres les orteils ; des sabots de bois, *à la courge*, où le pied, chaussé du sabaron, se posait sur un matelas de paille fraîche, soigneusement renouvelé chaque matin.

De 1830 à 1848, l'aspect des costumes villageois s'est sensiblement modifié. Le pantalon a définitivement pris la place des culottes et des gamaches ; l'usage de la cravate s'est répandu ; enfin, aux blouses de toile, aux longues lévites plissées, aux vestes de toutes dimensions, s'est complètement substituée la blouse de cotonnade bleue, lustrée et reluisante en son état de neuf.

Ajoutons qu'à son tour, après un règne à peu près exclusif et qui aura duré plus de soixante années, la blouse bleue tend, elle aussi, à disparaître, remplacée par de bourgeois paletots...

Il est heureux que le costume féminin subisse une évolution moins rapide et qu'il garde, du moins en ses coiffes, une variété qui restera, nous l'espérons, comme le témoin fidèle et le gardien jaloux des vieux groupements ethniques.

Cette coiffe, dont il nous est difficile d'apprécier l'ancien charme d'après les rares et imparfaits échantillons du commencement de ce siècle conservés jusqu'à nous, a subi — en même temps, du reste, que les autres parties du costume — d'importantes modifications. Sans doute, au siècle dernier, était-elle de la toile la plus fine que pouvait donner l'industrie locale. Des linons, puis des mousselines et des tulles sont venus, entre 1815 et 1830, lui apporter des éléments plus souples et d'aspect plus gracieux.

Aux environs de 1840, les coiffes ont acquis un merveilleux développement. Les béguins des mariées, amples de formes, ornés de broderies et de dentelles, garnis d'ailes et de pans volants, rivalisaient entre eux de richesse et d'élégance ; et ce souci de coquetterie, qui est un des attraits de l'art féminin, s'étend des costumes de gala aux costumes des simples dimanches. Seulement les pans volants, solennels et gênants, sont retournés sur le sommet de la coiffe ; les replis bouffants qu'ils forment sur les côtés donnent naissance aux *ramponneaux* ; les saillies de leurs extrémités aux angles supérieurs engendrent les coiffes à cornes et à *oreillons*. Puis, peu à peu, ces appendices eux-mêmes disparaissent. Aujourd'hui, la tendance consiste à amincir, à alléger la coiffe proprement dite, et à donner aux nœuds de tête et aux rubans qui l'accompagnent un développement qui menacerait de devenir exagéré, si les variations de la mode ne corrigeaient d'elles-mêmes les erreurs possibles de l'esthétique féminine.

Les vêtements, dont la coiffure constitue en quelque sorte la floraison, ont obéi, dans toutes leurs parties, aux mêmes tendances évolutives.

La Poitevine de 1815 à 1830 nous apparaît avec de lourds jupons que l'introduction du coton dans les étoffes allégera peu à peu. Sa corselette, évidée autour des épaules de façon à ne plus y former que de minces *brassières*, est armée intérieurement d'un épais bourrelet de filasse, dont la saillie élargit les hanches et soutient les jupes. Peu à peu la partie baleinée du corset s'étend, et à certain moment, remonte presque à niveau du menton, comprimant au delà de toute raison des poitrines trop souvent indigentes. Le devant du buste est garni d'une *pièce* rectangulaire, bordée de larges *livrées* de soie, aux couleurs voyantes, et le corsage, *gilotin*, *justin* ou *blanchet*, est recouvert par un *mouchoir de cou*, aux longues franges pendantes, dont une pointe s'étend en triangle dans le dos, alors que les pointes antérieures vont se dissimuler sous la pièce et le tablier. Ce dernier, qui d'abord occupait tout le devant de la jupe, et était muni de deux larges poches, subsiste encore presque partout, mais atténué, réduit à quelques décimètres carrés. Moins heureux ont été la *pièce* et les *mouchoirs de cou*, que les jeunes femmes ont fini par délaisser complètement.

H. GELIN.

LES HOMMES ET LES ŒUVRES

Alexandre BONNIN DE FRAYSSEIX

ALEXANDRE-Maximilien-Joseph Bonnin de Fraysseix a succombé, le 18 juillet dernier, à l'irréductible maladie contre laquelle il luttait depuis tant d'années avec une héroïque énergie.

Fils d'un ancien préfet de la Vendée qui, ayant renoncé à la vie politique à l'avènement du second Empire, était devenu président de la Compagnie des chemins de fer de la Vendée, et frère du capitaine de vaisseau marquis Bonnin de Fraysseix, dont le fils, lieutenant d'infanterie de marine, était récemment mis et par deux fois à l'ordre de l'armée pour faits de guerre, notre regretté ami appartenait à cette vieille maison de Bonnin, présente à Fraysseix dès le XIIe siècle et dont les sept branches ont donné des chevaliers comme Joubert et Thibaut Bonnin de Messignac, premiers écuyers du roi Jean, morts à Poitiers et inhumés aux Cordeliers, des généraux comme François Bonnin, marquis de Chalucet, beau-frère du grand Condé, des évêques comme Louis-Armand Bonnin, qui sauva Toulon et la Provence, en dépit de l'abandon de Louis XIV, contre les armées du duc de Savoie.

Fidèle à sa race, Alexandre Bonnin servit pendant la guerre, comme engagé volontaire, refusant un grade d'officier par un sentiment de délicatesse qui fut rare à cette époque. L'amiral Pothuau insista, mais ne put vaincre la résistance de ce soldat improvisé, qui ne se croyait pas le droit de commander aux autres sans avoir l'instruction militaire indispensable. Possédant au plus haut degré le culte du devoir, il estimait, du reste, que le grade n'ajoute rien à l'honneur de servir sa patrie et qu'un gentilhomme est toujours en bonne place dès qu'il combat pour elle, à quelque rang que ce soit.

Après avoir achevé ses études au lycée Saint-Louis, à Paris, Alexandre Bonnin entra comme attaché au Ministère des Finances, où il se lia avec M. de Longraire d'une amitié étroite qui ne finit qu'avec la vie de son compagnon de chaine. C'était, en effet, de véritables galères pour Alexandre que l'assujettissement au fastidieux travail de chiffres qui lui était imposé. Les deux amis, épris d'un tout autre idéal, trouvaient heureusement le moyen de tromper les longues heures de bureau. Et, tandis que M. de Longraire s'abandonnait à ses romantiques méditations, Alexandre Bonnin, qui possédait déjà, avec un prodigieux talent d'observation, une étonnante facilité de crayon, dessinait d'heureuses charges dont le personnel du bureau faisait naturellement les frais.

L'influence presque magnétique qu'exerçait sur quiconque l'approchait le singulier mais si supérieur personnage qu'était M. de Longraire ne fut point sans influence sur l'esprit d'Alexandre Bonnin, qui, un beau jour, s'éprit lui-même d'enthousiasme pour le romantisme.

Victor Hugo était alors à l'apogée de la popularité. Quoique sa tête perçât la nue et que ses pieds touchassent à peine la terre, le grand homme n'était pas pour cela dégagé des intérêts terrestres. Il soignait sa publicité et prodiguait des lettres de remerciements aux thuriféraires dont l'encens flattait son orgueil et les réclames grossissaient ses droits d'auteur.

Alexandre Bonnin venait d'entrer, comme secrétaire de M. le vicomte Arthur de La Guéronnière, au journal *La France*. Avec cette bonne foi, cette indépendance et cet enthousiasme qui l'ont toujours caractérisé, il publia sur la nouvelle œuvre de Victor Hugo un article dithyrambique signé de son nom. Publier dans le journal de l'*Empire libéral* un tel éloge de l'auteur des *Châtiments* était un trait de courage, presque d'audace.

Attentif à tout ce qui s'écrivait sur lui, Victor Hugo lut l'article, et aussitôt, du haut du rocher qui lui servait de piédestal, lança à Alexandre Bonnin une lettre de remerciements en prose hyperbolique.

Alexandre fut comblé de joie à la réception de cette missive, mais son enthousiasme fut de courte durée, quand il apprit peu après que le maître en avait écrit à la même occasion quelques milliers d'autres de semblable facture.

Le goût d'Alexandre Bonnin pour la littérature romantique ne fut, du reste, jamais exclusif. Il avait le sens trop droit, l'esprit trop délicat, pour ne pas sentir que le ridicule y coudoie le sublime. Il aimait avec une passion autrement sincère le vrai et le naturel. Aussi fut-il un irréconciliable adversaire du plus moderne décadentisme.

La grande musique ne le captivait pas. Mais, ce qu'il aimait par-dessus tout, c'était la peinture et la sculpture.

Passionné de Géricault et de Delacroix, il n'admirait pas moins David et Ingres. L'apparition de l'école réaliste, avec l'*Olympia* de Manet, ne provoqua pas chez lui la révolte que souleva l'exposition de cette toile aux Champs-Elysées. Il y vit comme une revanche de l'esprit d'originalité sur la platitude des œuvres des représentants d'alors de l'esprit classique.

A ce moment, il faisait à la *France* le Salon, qu'il continua ensuite à la *Presse*. Sa critique, faite avec compétence, indépendance et sans parti pris, était très appréciée. Sa profonde connaissance du métier, son coup d'œil pénétrant, son goût sûr, sa sincérité parfaite, en faisaient un juge impartial et autorisé. Même à la distance où nous sommes — un quart de siècle — de l'époque à laquelle il écrivait, la lecture de ses Salons serait attrayante par la chaleur et la précision du style, et instructive par la sûreté des jugements que la postérité a confirmés. Il avait réuni, peu de temps avant sa mort, en un volume du format de ces journaux, les différents articles de critique d'art publiés par lui dans la *France* et la *Presse*.

Entre tous les artistes — ses contemporains — et au-dessus de tous, il admirait son illustre compatriote Paul Baudry. Il tenait de même en haute estime le talent du paysagiste Lansyer, du sculpteur Guitton et du maître graveur O. de Rochebrune.

Il avait naguère fondé avec Edouard Drumont, qui l'affectionnait profondément, un journal d'art intitulé *Paris-Artiste*, avec comme sous-titre *Chronique des Arts et de la Curiosité*; mais cette publication, qu'il menait de front avec le secrétariat de la rédaction de la *France*, n'eut qu'une existence éphémère. Il collabora avec un égal talent à l'*Art*, à la *Gazette des Beaux-Arts*, à l'*Estampe*, et allait être nommé inspecteur des Beaux-Arts, quand la guerre éclata.

Il subit avec courage les terribles épreuves du siège de Paris, qui lui prirent sa santé pour toujours. Une congélation des deux jambes le mit à deux doigts de la mort. Il en guérit, mais un trouble profond de la circulation en fut le résultat, et sa vie ne fut plus depuis qu'une longue série de luttes et de souffrances contre un mal qui avait son siège au cœur et qu'aucun traitement ne put enrayer.

Il n'en continua pas moins pendant quelques années encore son labeur quotidien dans la presse. Mais un temps vint où la maladie, plus forte encore que son énergie, qui était grande, l'obligea à interrompre tout travail.

C'est alors qu'il rentra dans Fontenay-le-Comte, sa ville natale, la ville de sa famille maternelle, que les Brisson habitent depuis des siècles, et où Madame Pichard de La Blanchère, sa tante, sa seconde mère, l'entoura de la plus affectueuse sollicitude.

Ce fut cette femme de cœur qui le fixa désormais à Fontenay.

Il y vécut plus de vingt ans après elle, entouré de l'affection des uns, de l'amitié des autres, et de l'estime de tous; et c'est dans cette retraite féconde, égayée par l'incessant commerce d'amis intimes et dévoués, qu'il produisit, malgré tant d'assauts répétés que subissait sa santé, ses plus belles œuvres littéraires et artistiques.

Alexandre BONNIN DE FRAYSSEIX Phot. Gaborit.

Doué d'une intelligence supérieure, il s'essaya avec bonheur dans tous les genres et cultiva avec un égal succès l'art dramatique et les Muses. Il laisse notamment deux volumes manuscrits de poésies, dont quelques-unes, très goûtées, ont paru dans la *Revue du Bas-Poitou*, et plusieurs pièces de théâtre, dont deux ont été publiées, et ont valu à leur auteur de mérités éloges : *Un Drame pendant la guerre* et *La Fin d'un parti*.

De son œuvre peinte, autrement considérable, et où l'on retrouve, parmi combien d'autres qualités, cette probité scrupuleuse qui était le fond du caractère éminemment honnête d'Alexandre Bonnin, nous ne saurions essayer de donner ici la nomenclature. Parmi les meilleurs et les plus importants de ses tableaux, nous citerons cependant, du côté religieux : *Une apparition de Jésus-Christ*, donnée au couvent des Capucins de Fontenay; *Une apparition de la Vierge*, offerte à la chapelle de l'hospice de Fontenay, et une *Prédication du Père de Monfort*, dont il modela également le médaillon. Du côté profane, il faut mentionner plusieurs portraits, d'une réelle valeur, entre autres celui de son frère, en grand uniforme, et ceux de MM. O. de Rochebrune et de Verteuil, le dernier qui soit sorti achevé de son pinceau; plusieurs vues du *Clocher de Notre-Dame de Fontenay*, dont l'une a été donnée en son nom à la ville de Fontenay; *Une Descente de justice*, offerte au Musée de La Roche-sur-Yon; *La leçon du chien, Les Vendanges, Le Fauteuil de grand'mère*; et de nombreuses paysanneries empreintes de charme et d'idéal, parmi lesquelles : *Une Noce vendéenne, Le Retour de la foire de Fontenay, Une Bergerette, La Toilette de la mariée*, etc., qui feront gracieusement revivre dans les âges futurs aux yeux de nos arrière-neveux étonnés les pittoresques images d'un passé disparu.

Son œuvre artistique se complète d'une délicieuse série d'aquarelles, de plusieurs jolis fusains et pastels, et de quelques médaillons aussi, parmi lesquels celui qu'il exécuta de lui-même en 1893, et dont nous donnons une fidèle reproduction.

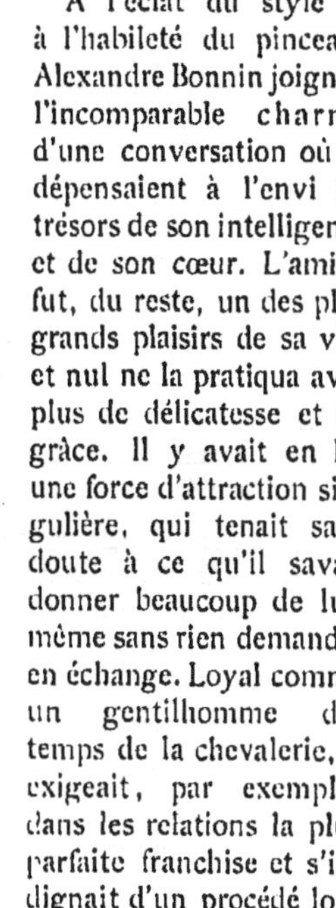

A l'éclat du style et à l'habileté du pinceau, Alexandre Bonnin joignait l'incomparable charme d'une conversation où se dépensaient à l'envi les trésors de son intelligence et de son cœur. L'amitié fut, du reste, un des plus grands plaisirs de sa vie, et nul ne la pratiqua avec plus de délicatesse et de grâce. Il y avait en lui une force d'attraction singulière, qui tenait sans doute à ce qu'il savait donner beaucoup de lui-même sans rien demander en échange. Loyal comme un gentilhomme des temps de la chevalerie, il exigeait, par exemple, dans les relations la plus parfaite franchise et s'indignait d'un procédé louche ou mesquin.

Impossible, au reste, de l'approcher sans éprouver cette générosité d'esprit et de cœur qui lui avait conquis, à Fontenay comme à Paris, d'universelles et si profondes sympathies.

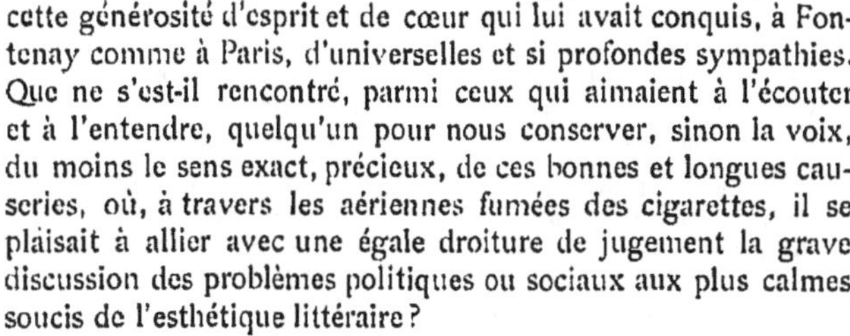

Que ne s'est-il rencontré, parmi ceux qui aimaient à l'écouter et à l'entendre, quelqu'un pour nous conserver, sinon la voix, du moins le sens exact, précieux, de ces bonnes et longues causeries, où, à travers les aériennes fumées des cigarettes, il se plaisait à allier avec une égale droiture de jugement la grave discussion des problèmes politiques ou sociaux aux plus calmes soucis de l'esthétique littéraire?

Retenu par ses infirmités dans ce château de Fontenay, témoin de son incessant labeur, au milieu de ce parc, dont son pinceau aimait à reproduire la grandiose beauté, et qui restera le cadre merveilleux où vivra sa mémoire, il s'y est éteint subitement, comme si l'ange de la mort l'eût emporté sans refermer ses ailes. Mais son âme était déjà au ciel par la contemplation des choses qui sont éternelles, et l'enveloppe humaine, si grande et si élégante, à peine atteinte par la souffrance et les années qui en avaient respecté la forme vigoureuse, héritage des chevaliers de la famille, était prête depuis longtemps aussi pour le suprême voyage.

René Vallette,

Directeur de la *Revue du Bas-Poitou*.

FOLK-LORE

Chansons et rondes

LA GUILLANEU

(Au refrain.)

Réveillez-vous, belle endormie,
Cette nuitée,
Mettez vos cœurs en Jésus-Christ
Et vos pensées.
Au commencement de l'année,
Ah! donnez-nous la guillaneu.

La guillaneu n'est point ici,
All' est dans nos fenêtres,
Il y a-t-un p'tit cheval tout gris,
Qui n'a ni queue ni tête.
Au commencement de l'année,
Ah! donnez-nous la guillaneu.

La fille ainée de la maison,
O faut trousser vos manches.
Allez chercher dans le charnier,
Un bout du lard qui trempe.
Cherchez bé haut, cherchez bé bas,
Apportez n'en-t-un gros morcia.

Si vous voulez rien nous donner,
Nous faites point attendre.
Mon camarade a froid aux pieds,
Et moi j'ai froid aux jambes.
Au commencement de l'année,
Ah! donnez-nous la guillaneu.

Si vous voulez rien nous donner,
Donnez-nous la servante
Alle mettra le pot au feu,
Et balira la chambre.
Au commencement de l'année,
Ah! donnez-nous la guillaneu.

Là-haut, là-haut, parmi ces bois,
Parmi ces landes,
J'ai entendu chanter l'coucou,
Et la calende.
Au commencement de l'année,
Ah! donnez-nous la guillaneu.

Nota. — Le dernier couplet se chante comme le premier; le troisième, le quatrième et le cinquième, comme le second.

(Paroles recueillies par C. Puichaud, air noté par Mme C. P.)

❋ ❋ ❋

LE GORET ÉCOURTINÉ

Un de nos abonnés, M. Maurice Robin, de La Chaize-le-Vicomte, nous communique la spirituelle chanson ci-dessous, paroles et musique recueillies par notre aimable correspondant.

Cette chanson nous semble de facture toute moderne, et peut-être M. Robin pourrait-il, en cherchant un peu, nous indiquer le nom de l'auteur. Quant à la musique qui l'accompagnait, elle n'est autre que celle du *Bal de l'Hôtel-de-Ville*, de Mac Nab. Nous n'avons donc pas cru devoir lui donner place ici.

I

Huit jours just' après la Toussaint,
Pré bé v'conter men' histoire,
Y'emm'nais un p'tit goret bé sain
Pre le vendr' à la foire;
Jamais n'on n'vit si fin goret,
N'y a qu'la parole qui l'y manquait :
N'l'y manquait qu'la parole.

II

Jusqu'à Bournais (*Bourneau*) tchiau
Avait été bé sage, [p'tit câlin
Fallait le voir le long d'au chemin
S'ranger d'aus équipages :
En le voyant tot le monde disait :
Ah! la boun' bête qu'tchiau p'tit
Jarni la bounne bête! [goret!

III

Mais dès la première maison
V'là mossieu qui s'arrête;
Y l'y dis : « Vas donc, man megnon. »
Mais li branlit la tête :
« Veux-tu marcher, chéti goret!
Jamais t'fit tant d'éture (*d'embarras*)
[qu'aneu (*aujourd'hui*).
Jamais t'fit tant d'éture. »

IV

« Si tu n'veux pas t'mettre à marcher,
Y va changer de manière :
Mes brav'gens, v'nez donc m'aider,
Qui l'mette en une civière
Veux-tu grouiller, chéti goret!
T'as pas d'conscience, ben sûr, d'ton
Ben sûr, t'as pas d'conscience. » [fait,

V

Pre le r'lever, Mathurin
S'acotit contr' ine roue;
Jean Louis le t'nait au grouin,
Ma y l'prit pre la queue.
Le poussait daus cris inhumains,
Le s'vautrait dans la gasse d'au ch'min,
Le s'vautrait dans la gasse.

VI

Pre tenir tchiau fichu mâtin,
Fallait être bé leste;
Y prend l'galop, et dans la main
Sa paovre quoue me reste.
« Va-t'en, va-t'en, chéti goret!
As-tu pas d'honte d'tot c'que t'as fait?
Te d'vrais avoir grand honte. »

VII

Fallait entendre tchiés freluquets
Qui passiant en vointure :
« Hé! la mère, vot' p'tit goret
A-t'in' drôle de figure!
— Allez v'coucher, grands bourriquets!
Ve d'vez bé parler d'man goret,
V'z' avez belle entournure. »

VIII

N'y avait poit après tchiau malhu
A espérer de l'vendre; [(*malheur*)
Sans en trouver in seul écu
O me fallit me rendre.
Tant qu'à man p'tit écourtiné,
Dé le lend'main y l'avons saigné,
Saigné sans plus attendre.

IX

O m'fit ben in pouet de chagrin
D' voir mouri, je vous le jure,
Un p'tit goret qu'était pu fin
Que bé daus créatures.
Après tot, l'a fait ine bounn' fin :
L'a rendu six aunes de boudins,
Sans compter la fressure!

Proverbes Poitevins

1. O n'est pas les pirons qui menant les oies au champ.
2. In bon paisant vaut meux qu'in chétit mocieu.
3. Coure l'infant est baptisé, non sait son nom.
4. Chein onragé regarde pas voure que le mord.
5. Les maladies venant à ch'vau et s'en allant à ped.
6. Tant moais le bouc put, tant moais la chebre l'aime.
7. In p'tit chez sé vaut meux qu'in grond chez les autres.
8. Goût de moaître vaut meux qu'ouvrage bein foaite.
9. L'ouvrage trop bein foaite foait crevaie son moaître de foaim.
10. Le louc n'est pas pretout voure que l'ouaille poait.
11. O vaut meux foaire vie qui dure que vie qui rompt.
12. Vaut meux léchaie sa grand'mère morchouse que li copé le naie.
13. Oll'est pas aisé de dire daux monteries que de prétaie de l'argent.
14. Farine de diablle retourne en bran.
15. Le louc mage bé l'ouaille comptaie.
16. La chebre ne rontre jamoais au tait sans omportaie son fagot.
17. O faut pas démonchaie la chârre pre tapaie in pas.
18. O ne faut pas allaie aux moures sans crochet.
19. Les vaches ne vêlant pas deux foaits dans n'in'an.
20. Tchiau tchi moéttrat deux liards sus n'in sou arat bein-tout six bllones.
21. O foait trejous bon de gardaie ine père pre la sé.
22. Oll'est de mode que les geaux chantant avant les poules.
23. O n'est pas la vache tchi brame la pus fort tchi beurre la moais.

R.-M. Lacuve.

LES HOMMES ET LES ŒUVRES

Emmanuel de CURZON et Frédéric LE PLAY

La publication posthume du livre de M. Emmanuel de Curzon[1] vient de faire revivre dans tout son relief la physionomie de ce grand homme de bien. M. Mascarel, le zélateur Poitevin de l'œuvre de Frédéric Le Play, a placé en tête de l'ouvrage la notice lue par lui au dernier Congrès de la *Société d'Économie sociale*, et c'est avec sa bienveillante autorisation que nous la reproduisons ici.

C'est d'ailleurs une dette de reconnaissance que nous payons au promoteur des *Unions de la Paix sociale* en Poitou, en contribuant à le mieux faire connaître. En créant une œuvre qui a pris pour devise « La restauration de la vie provinciale par l'art et les mœurs »; en organisant depuis quelques années en France ces Congrès de la *Tradition nationale* dont la Providence nous a suggéré l'idée en nous donnant la force de les mener à bien, nous n'avons fait qu'entrer dans la pratique des théories de Le Play. C'est devant le buste du célèbre sociologue, inauguré l'an dernier au Congrès de la Tradition nationale, à Honfleur ; c'est en écoutant le discours doctrinal de l'héritier de ses principes, M. Delaire, l'éminent secrétaire général de la Société d'Économie sociale, que nous avons compris quels liens spirituels, quelle filiation intellectuelle, nous rattachaient au grand réformateur. Nous ignorions alors — comme nous ignorons beaucoup de choses — qu'un de nos plus dignes compatriotes, M. Emmanuel de Curzon, avait été l'inspirateur de Le Play, son confident, son guide, et enfin l'instrument caché de sa conversion. Le livre récemment publié nous l'a révélé et nous a fait vouer à la mémoire de M. Emmanuel de Curzon un culte fervent; c'est donc un acte de disciple que nous accomplissons, en communiquant aux lecteurs du *Pays Poitevin* les pages qui suivent.

GUSTAVE BOUCHER.

Cliché de la Bonne Presse.

M. Emmanuel DE CURZON

Le 17 mars 1896, s'éteignait à Poitiers, après une longue existence vouée aux plus nobles travaux et entourée de la considération universelle, M. Emmanuel de Curzon. Ceux qui ont assisté à la naissance de l'école de la Paix sociale n'ont certainement pas perdu le souvenir de la sympathie chaleureuse avec laquelle, en toute occasion, Le Play parlait de cet ami de province qu'un de ses collaborateurs de la première heure, le comte de Butenval, lui avait fait découvrir. Dans quelques semaines paraîtra un ouvrage posthume, signé de ce nom, déjà un peu oublié du public. Une communication bienveillante m'a permis d'en détacher dès à présent quelques pages où l'auteur étudie les conséquences de ce que Le Play a si bien nommé — d'un nom qui est une trouvaille et qui restera — *La Constitution essentielle de l'humanité*.

Il y a deux choses dans l'œuvre de notre fondateur : une méthode et une doctrine. La méthode continue d'être pratiquée chaque jour sous nos yeux par une élite de travailleurs consciencieux, qui, mettant à profit les conseils du maître, explorent dans tous les sens, à l'aide du merveilleux moyen d'investigation qu'est la monographie, le domaine si étendu de l'économie sociale. Peut-être donne-t-on moins d'attention à la doctrine. Et pourtant, jamais il ne fut plus nécessaire de la faire connaître et de l'affirmer en présence du désordre des idées, du trouble et de la confusion qui règnent dans les intelligences. M. de Curzon était fortement pénétré de cette nécessité. Lorsque la mort eut interrompu la correspondance qu'il entretenait

1. *Frédéric Le Play*, sa méthode, sa doctrine, son œuvre, son esprit. Paris-Poitiers, librairie Oudin, 1899. 1 vol. in-12. — 3 fr. 50.

depuis dix ans avec son illustre ami, il résolut de composer l'ouvrage que son fils, fidèle exécuteur de ses volontés dernières, se dispose à offrir au public. Dans une lettre à son frère [1], datée du 9 avril 1883, il donne le motif qui le détermine à se mettre à l'œuvre :

« Les écrits de Le Play sont trop volumineux; ils effraient et ils ne sont lus que par des hommes très sérieux. En outre, les principes y sont noyés dans les détails.

« Le Play avait compris cela lui-même. Quelques mois avant sa mort, alors qu'il ne pouvait plus travailler, il m'avait demandé d'extraire de la *Réforme sociale en France* toutes les questions principales, pour en faire des brochures spéciales à chaque question. »

Le 26 février 1886, il écrit au même correspondant :

« Je me suis mis à faire le travail dont je t'avais parlé, sur Le Play et sa doctrine. Cela pourra faire un volume de la grosseur de la *Constitution essentielle*. J'en ai déjà écrit, à bâtons rompus, la moitié. Ce travail m'intéresse, et je le continuerai, si Dieu me prête vie. La doctrine de Le Play est comme perdue au milieu des développements considérables de ses gros volumes. Peu de personnes les lisent, et ceux qui les lisent ne peuvent en saisir l'esprit sans un grand travail de tête, dont il était lui-même fatigué et dont peu de lecteurs sont capables. Il est donc très certain que ni Le Play ni sa doctrine ne sont connus comme ils mériteraient de l'être. Je crois que ce que j'écris serait de nature, non seulement à honorer sa mémoire, mais à la faire aimer et bénir. »

L'ouvrage composé sous cette inspiration est divisé en huit chapitres dont voici les titres.

I. La Réforme sociale. — II. La Méthode d'observation. — III. La Doctrine de Le Play. — IV. Conséquences de la Constitution essentielle de l'humanité. — Principales erreurs sociales signalées par Le Play. — VI. Les Applications de la Doctrine de Le Play. — VII. Les Objections. — VIII. Les Adhésions. — Conclusion.

Avant de vous donner connaissance de cet ouvrage, qu'il me soit permis, Messieurs, de rappeler en peu de mots, d'après mes souvenirs personnels et les indications recueillies dans les papiers de M. de Curzon, ce que fut cet homme excellent, l'amitié très vive qui l'unit à Le Play, la confiance entière que celui-ci avait en lui, enfin sa part de collaboration très grande, très active, dans l'œuvre des *Unions*, qui lui donne une autorité particulière pour parler au nom de l'école qu'il a puissamment contribué à fonder.

I

Il naquit à Poitiers, le 28 novembre 1811, d'une famille d'origine parisienne, qui posséda en Vendée la terre d'où elle tira son nom. Sa mère était fille du marquis de Lambertye, maréchal des camps et armées du roi et député de la noblesse aux Etats-Généraux. Il fit ses études au collège de la Grand'Maison, à Poitiers, puis à Paris, dans l'institution dirigée par M. l'abbé Poiloup, rue de Vaugirard. Ses débuts comme écolier furent médiocres — du moins c'est lui qui le raconte dans ses Mémoires — mais lorsqu'il fut parvenu au terme de sa carrière scolaire, de nombreuses couronnes vinrent attester le développement de son intelligence. Ses parents songèrent à l'envoyer à l'Ecole Polytechnique : il s'y préparait quand éclata la révolution de 1830. Fermement attaché, comme tous les siens, à la cause de la royauté tombée, il prit la résolution de se retirer à la campagne et de renoncer à toute fonction publique. On vit naître alors et se fortifier en lui deux passions auxquelles il demeura invariablement fidèle, le goût des livres et celui de l'agriculture. Son union avec Mlle Favre, fille d'un chef d'escadron, aide de camp du général Rivaud de La Raffinière, avait été prématurément brisée par la mort; en 1837, il se remaria avec une cousine germaine de sa première femme, et de ce second mariage naquirent dix-neuf enfants. La simplicité de ses goûts et l'ordre rigoureux qui régnait dans son ménage lui permirent d'élever sans trop de peine cette nombreuse famille, malgré la modicité de ses revenus. L'agriculture enrichit rarement ses adeptes, mais elle leur permet de vivre honorablement. Les vrais observateurs y marquent leur supériorité. Tel fut le cas de M. de Curzon, qui réussit à tirer de terres maigres et pauvres, par des améliorations sagement combinées, des rendements inconnus avant lui. Sa réputation d'agronome s'étendit au loin; de toutes parts on venait lui demander des conseils. En même temps, l'estime et la considération étaient acquises à une existence aussi digne, où tous les devoirs étaient simplement et noblement remplis.

L'occasion était favorable pour entrer dans la vie publique. Mais M. de Curzon avait une antipathie invincible pour les fonctions électives. Une seule fois, en 1842, il consentit à se laisser porter au Conseil général pour le canton de Vivonne. Il fut élu à une grosse majorité. Parvenu au terme de son mandat, ayant rendu le service spécial qu'il avait en vue — il s'agissait, je crois, d'un chemin de fer — il refusa de se représenter et désigna son successeur. Ce n'est pas ici le lieu d'insister sur la participation de M. de Curzon à la politique de son temps. Je ne puis cependant me dispenser de dire qu'il fut le représentant du comte de Chambord en Poitou et qu'il eut une grande situation dans le parti légitimiste, comme l'atteste la correspondance qu'il entretint avec des hommes tels que Berryer, Montalembert, M. de Genoude, Henri et Charles de Riancey, Donoso Cortès, etc. Jusqu'en 1846, ses talents littéraires s'étaient révélés presque exclusivement dans des rapports faits aux sociétés d'agriculture. A cette date, il crut devoir à son parti de fonder à Poitiers un journal, *l'Abeille de l'Ouest*, dont le succès fut tel, qu'il ne devait pas survivre à l'établissement du gouvernement impérial. On eut alors la primeur de cette prose claire et limpide, semée de traits mordants et toujours remarquablement justes, qui devait être plus tard si fort appréciée des lecteurs de l'*Annuaire d'Economie sociale*, puis de ceux de *la Réforme sociale*. La qualité principale en était la netteté, qui, au dire de Vauvenargues, est *le vernis des maîtres*.

Rendu à la vie des champs et à ses chères études par la suppression de son journal qui suivit le coup d'Etat du 2 décembre, M. de Curzon revint aux lettres et à la philosophie, ces consolatrices de toutes les déceptions, continuant à amasser le trésor de connaissances où il devait puiser plus tard d'une main si libérale pour répondre à l'appel de Le Play et de ceux qui s'intéressaient à l'œuvre de la réforme.

Sa collaboration à cette œuvre fut aussi active que brillante. De 1875 à 1883, je ne relève pas moins de trente et un articles sortis de sa plume.

II

Mais c'est surtout par sa correspondance avec Le Play que l'on peut juger du rôle important de M. de Curzon dans la fondation des *Unions de la Paix Sociale* et de sa collaboration à l'œuvre de la réforme. Cette correspondance est fort étendue; elle comprend deux cent neuf lettres écrites par Le Play de 1872 à 1882 [1]. Les réponses de M. de Curzon sont au nombre de deux cent quatorze. Toutes ces lettres attestent l'intimité affectueuse qui régnait entre deux hommes si bien faits pour se comprendre l'un et l'autre. Rien n'est plus touchant que de voir une amitié aussi

1. Le peintre Alfred de Curzon, grand prix de Rome, au talent si fin et si distingué.

1. La plupart sont inédites; quelques-unes paraîtront dans l'ouvrage annoncé.

sincère et aussi profonde naître et grandir entre eux, à un âge où l'on n'en contracte plus guère.

Avec une rare modestie, le grand penseur sollicite les avis et les corrections de son correspondant, et cela, dès sa première lettre :

« J'ose vous prier, Monsieur, d'avoir la bonté de noter, en me lisant, les passages que vous n'approuverez pas. Signalez-moi seulement les pages et quelques lignes, comme dans un *errata*; ne prenez aucunement la peine de rien développer. Je comprendrai, non pas seulement à demi-mot, mais sans notes et seulement avec vos chiffres. » (30 août 1872.)

« J'attache un très grand prix aux critiques que vous voulez bien m'adresser au sujet du nº 2. » (4 octobre 1872.)

« En analysant vos impressions, je trouve que la satisfaction dérivant de vos lettres appartient surtout à l'ordre moral. Je dirai plus précisément encore qu'elle tient à l'identité, ou tout au moins à la ressemblance de nos caractères. » (3 novembre 1872.)

« Dieu a été clément en me rapprochant de vous. » (15 novembre 1872.)

« J'ai ressenti vivement et ressens plus que jamais ce que vous dites sur l'amitié. Vous conviendrez que je suis compétent quand vous saurez que sur les soixante-dix mille lieues de mes voyages, j'en ai fait vingt-deux mille avec un ami (Albert de Saint-Léger, de la Nièvre), sans jamais avoir eu une minute de difficulté. Combien je regrette que le sort m'empêche de jouir davantage des sentiments que vous voulez bien me témoigner et que chaque jour développe en moi ! » (5 décembre 1872.)

Ces extraits sont tous de la première année qui suivit leur rencontre. Plus tard, Le Play s'exprimera avec plus d'énergie encore :

« Vous êtes un sage et un saint. Béni est le jour où Butenval vous a rencontré. Je ne suis pas, de mon côté, trop indigne du désintéressement qui vous inspire. » (28 août 1879.)

Et enfin, dans l'année qui a précédé sa mort :

« Mon cher ami, chaque jour je rends grâces à Dieu de m'avoir assuré votre amitié. Vos lettres exhalent un parfum de paix qui, dans ce temps de discorde, est d'un prix inestimable. C'est la sagesse qui s'exprime par votre bouche. » (1er juin 1881.)

Certes, l'homme qui inspirait de tels sentiments devait avoir de grandes qualités d'esprit et de cœur. De son côté, il ressentait vivement l'honneur et le prix de l'amitié de Le Play. Quand celui-ci fut atteint de l'attaque de paralysie qui fit concevoir de sérieuses inquiétudes pour sa vie, M. de Curzon écrivit à son frère :

« Je suis tout attristé de cette prévision de la mort de M. Le Play dans un délai plus ou moins rapproché; il est un des derniers liens qui m'attachent à la vie. Nos peines nous sont insensiblement devenues communes par l'échange fréquent que nous en avons fait; j'ai pris part à ses travaux; j'ai aidé à leur diffusion; je les ai commentés, expliqués. Quand il aura disparu, il me semble que ma vie n'aura plus de raison d'être; je serai comme dans un désert. » (21 octobre 1880.)

M. de Curzon avait une prise singulière sur ceux qui l'approchaient, témoin l'attachement que lui voua le comte de Butenval[1], au sortir de l'entrevue qu'il appelait plaisamment *le colloque de Poitiers* (7 octobre 1872). Peu de temps après être rentré à Paris, il lui écrivait ce charmant billet qu'il serait dommage, en vérité, de laisser dans l'ombre :

« Paris, 9 novembre 1872.

« Monsieur,

« Je ne laisserai point partir le billet de M. Le Play sans vous confier que votre lettre, lue sans qu'on sût qu'elle fût de vous et de qui vous parliez, a été prise pour du Pascal, et sans vous avertir que M. Le Play regrette sérieusement (ce qui vous fera un peu sourire) de n'avoir pas le temps, en s'adressant à vous, de faire la toilette de son style. Il m'a rappelé cette lettre où Machiavel raconte qu'après s'être encanaillé le matin avec les paysans, il revêtait son habit de cour l'après-midi, pour entrer dans sa bibliothèque.

« A bientôt, Monsieur.

« Veuillez agréer l'hommage de sentiments dont la date m'étonne, tant ils me semblent déjà enracinés chez moi.

« Butenval. »

Ce fut lui qui mit M. de Curzon en relations directes avec Le Play, après lui avoir fait connaître ses ouvrages. Voici d'autres lettres qui en font foi :

« J'ignorais, Monsieur, quand je prenais, il y a quelques jours, la liberté de vous dire « que vous apparteniez à l'école de M. Le Play », j'ignorais combien je rencontrais juste; mais ce n'est pas parmi les disciples qu'est votre place, c'est à la tête des maîtres. » (22 août 1872.)

« Je sais par ses lettres (il ne me renvoie les vôtres qu'après s'en être *imbibé* à la façon de M. de Montalembert) que M. Le Play est aussi charmé de vous, que vous l'êtes de lui. Il a bien probablement répondu déjà à l'ouverture que vous m'annonciez lui avoir faite, et vous voici tous deux en mesure de vous passer de mon intermédiaire : ce dont je désire que vous n'abusiez ni l'un ni l'autre. » (2 septembre 1872.)

« Plus je pénètre dans votre pensée, Monsieur, plus je suis étonné et touché de sa conformité avec celle de M. Le Play; ce sont les chapitres de *la Réforme sociale* que vous avez écrits de votre côté : vous vous apparteniez l'un et l'autre sans vous connaître, et j'admire toujours que ce soit moi qui me permets, en quelques points, de différer avec vous deux, qui vous ai rapprochés. » (14 décembre 1872).

La première lettre de Le Play à M. de Curzon est datée du 30 avril 1872. Il le remercie de l'envoi d'un certain nombre de brochures et d'articles traitant *de l'Enquête agricole, de l'Ecole primaire des campagnes, de la Suppression des octrois, de l'Interdiction du remplacement dans l'armée*, etc.

« Cette lecture, écrit-il, confirme les impressions qu'avaient fait naître vos deux lettres à M. de Butenval. Il est certain que nous nous comprenons sur tous les points... Je ne suis absolument pour rien dans la découverte de la vérité que je recommande. Mon succès et mon mérite se fondent sur un fait qui me dispense de toute modestie : c'est que je n'ai rien inventé.

« C'est simplement l'observation, corroborée par l'opinion unanime des autorités sociales, qui m'a conduit aux idées que vous défendez avec talent. »

Le 27 juillet 1874, après une visite de M. de Curzon à Ligoure, M. Le Play lui écrit :

« Vos succès dans l'intérêt de l'*Union* vous placent assurément au premier rang de nos correspondants, et je vous adresse à ce sujet les remerciements sincères du comité de Paris,

« Nous faisons des vœux pour que le colloque de Ligoure devienne pour nous chaque année une institution fondamentale. » (29 juillet 1874.)

On pourrait multiplier à l'infini les extraits de cette correspondance, poursuivie sans interruption pendant dix ans, qui attestent les sentiments d'estime et de confiance de Le Play pour celui qu'il appelait l'un de ses meilleurs collaborateurs. En voici du moins quelques-uns :

« Vous faites allusion à votre *inutile vie*. Je proteste pour ma part contre cette expression, car j'ai largement profité de votre collaboration. » (8 novembre 1874.)

1. Le comte His de Butenval, ministre plénipotentiaire, sénateur de l'Empire.

« Votre lettre d'hier et son annexe démontrent une fois de plus la complète conformité de vues qui existe entre nous. » (25 août 1875.)

« C'est vous qui faites le mieux les articles sur mes gros livres. Je viens vous prier de m'en fabriquer. » (14 janvier 1881).

« Mon cher ami, j'accepte avec enthousiasme votre conception nouvelle; je ne tarde pas à vous le dire. La Tradition vous accordera un haut rang dans l'*Ecole de la paix sociale*... Votre lettre a fait la joie du ménage, elle est admirable. Votre bien dévoué et affectionné. » (14 août 1880.)

La mémoire de M. de Curzon était prodigieuse; de vastes et profondes lectures, conduites avec la méthode rigoureuse qui était, en quelque sorte, innée en lui, l'avaient abondamment pourvu de souvenirs qu'il produisait avec un singulier à-propos. Son ami le comte de Butenval le plaisantait sur cette manière de faire des citations qui, disait-il, «flagellaient son ignorance», mais il n'en faisait pas fi, loin de là...

« Vous me pardonnerez mon pédantisme à propos de citations, Monsieur; c'est pour mieux prendre la mesure de la niche que je leur réserve dans ma mémoire, que je tiens tant à connaître les endroits d'où elles sont détachées. J'écrivais à M. Le Play que les vôtres sont presque toujours des pierres précieuses, qu'il faudrait enchâsser. » (12 septembre 1872.)

Quant à Le Play, il se montrait charmé et reconnaissant. La plupart des maximes et sentences qui servent d'épigraphes aux chapitres de la *Réforme sociale* lui ont été fournies par M. de Curzon.

« Votre texte de Pope est admirable. Quand vous m'envoyez de si belles paroles, ayez la bonté de faire le cadeau complet : donnez-moi l'indication de l'ouvrage, de l'édition et de la page. (3 novembre 1872.) — Je vous remercie particulièrement de l'ample moisson d'épigraphes que vous avez bien voulu m'adresser. (30 novembre 1873.) — Tout vous est possible en fait de citations. (1er avril 1874.) — Je suis maintenant, grâce à vous, muni d'une grande provision de sentences. J'y trouverai, j'espère, les dix textes qui doivent être mis en tête des dix livres de la Constitution anglaise. (6 octobre 1874.) »

Parmi les auteurs ainsi mis à contribution, les encyclopédistes du dernier siècle, Voltaire et Rousseau en tête, paraissaient en bon rang, car M. de Curzon éprouvait un malin plaisir à noter les contradictions de ses adversaires; puis venaient les littérateurs anglais, Pope, Swift, Bolingbroke, Burke, etc. Mais c'était aux auteurs latins et grecs qu'il s'adressait de préférence.

« Vous voyez que j'exploite toujours, par préférence, le monde païen : je suis convaincu que c'est le seul moyen efficace pour remettre quelques idées saines dans la tête de nos lettrés... Pour ma part, plus j'étudie les auteurs latins, même les plus légers, et plus j'admire, à travers les erreurs et les dissolutions qui leur venaient du paganisme, les magnifiques débris de la révélation primitive du Décalogue éternel que Tertullien qualifiait si justement : *Testimonium animæ naturaliter christianæ*. Notre clergé contemporain ne sait pas de quels auxiliaires puissants il se prive en négligeant d'exploiter cette mine féconde. Ses devanciers en avaient mieux compris l'utilité, et l'on trouve dans l'*Imitation* beaucoup de pensées et de phrases entières empruntées à Sénèque, tandis qu'on rencontre, avec bien plus d'étonnement encore, dans Cicéron, des pensées et des expressions qu'on retrouve identiques dans le livre de Job. » (10 novembre 1874.)

Les lettres de Le Play qu'il m'a été donné de parcourir sont presque toujours assez brèves; beaucoup visent des détails matériels concernant l'impression de ses ouvrages ou l'organisation des *Unions*. Quelques-unes cependant contiennent l'expression de vues générales; on en trouvera des extraits dans l'ouvrage qui est sous presse. En voici une que je crois inédite et dans laquelle notre fondateur s'exprime avec une singulière énergie sur la nécessité de restaurer la liberté communale, en prenant pour base la Coutume.

« Permettez-moi, Monsieur, de ne pas aborder la question de la commune dans notre correspondance. Je me borne à affirmer que la France est, sur ce point, en contradiction formelle avec la Tradition nationale et avec la politique actuelle de tous les peuples civilisés. La conception révolutionnaire qui constitue la commune en dehors de la Coutume, qui soumet à une même loi écrite toutes les villes et vingt sortes de campagnes différentes par leurs mœurs et par les conditions de leur existence matérielle, excite justement :

LE MÉPRIS (*sic*)

de tous les penseurs et de toutes les classes dirigeantes des peuples prospères. J'ai entendu, pendant trente ans, du centre de l'Asie jusqu'à l'océan Atlantique, l'expression de ce mépris; et l'un de mes plus grands chagrins est de voir la majorité de nos gens de bien placer dans la conservation de ce régime la condition première de notre vie publique. » (18 septembre 1872.)

Les lettres de M. de Curzon sont presque toujours des réponses aux questions posées par Le Play; elles sont par conséquent plus développées[1]. Que de pensées on pourrait glaner dans ces lettres si remarquables! j'en citerai au hasard quelques-unes.

« Le fameux mot : « l'homme s'agite et Dieu le mène », n'est qu'un sophisme; l'homme a toujours le pouvoir de se sauver au point de vue social aussi bien qu'au point de vue individuel. Mais s'il a la liberté de ses propres œuvres, il n'a pas le pouvoir de détruire l'œuvre de Dieu; il est enfermé dans l'œuvre providentielle; il n'est libre et puissant que dans les limites de son domaine, et s'il tente d'en sortir en s'insurgeant contre les principes qui sont l'immuable loi de ce monde, semblable aux géants légendaires, il est écrasé par l'écroulement des montagnes d'erreurs par lui amoncelées. Voilà où nous en sommes, et personne ne le sait mieux que vous, qui faites de si généreux efforts pour déblayer ce chaos. » (18 octobre 1874.)

*
* *

« L'assimilation de vos œuvres à de vieilles briques peut être vraie en ce qui concerne les faits collectionnés, mais les conséquences que vous en tirez ne vieilliront pas. D'autres gens que vous ont vu ces petits faits; vous en avez fait sortir au profit de la société un enseignement indiscutable. Cet enseignement restera éternellement applicable parce qu'il est conforme à l'éternelle vérité. Voilà le vrai mérite de votre œuvre : il n'est pas seulement dans le collectionneur, il est surtout dans le penseur. » (23 mars 1878.)

*
* *

« Je considère comme absolument impossible en France la reconstitution d'un corps de noblesse. Mais si, comme je le pense, cette institution a disparu pour jamais, il n'est pas impossible de lui trouver des équivalents.

« Les principaux devoirs de la véritable noblesse étaient : la gratuité des services, « noblesse oblige à servir l'Etat de sa personne et de ses biens »; — l'esprit de tradition, — le patronage des inférieurs, — la défense des libertés publiques, — l'enseignement par le conseil et par l'exemple, — le renoncement à la passion de l'enrichissement.

« Tous ces devoirs incombent aujourd'hui à ceux que vous

---

1. Elles sont conservées précieusement dans les archives de la famille Le Play. Des raisons de haute convenance ne permettent pas de les publier intégralement à cause de leur caractère d'intimité.

appelez les *autorités sociales*. C'est à eux de devenir réellement gentilhommes, *gentis homines*, en servant la société avec un véritable dévouement.

« Le plus difficile sera de réfréner la pernicieuse passion de l'enrichissement. L'ancienne institution de la noblesse y avait pourvu efficacement en interdisant le gain sous peine de déchéance. Il est évident que l'Etat n'a pas le droit de fixer des bornes à la fortune des citoyens, mais il a très certainement celui d'interdire à tous les fonctionnaires publics les spéculations lucratives et de les mettre en demeure d'opter entre le soin de leur propre fortune et la gestion des affaires publiques. » (3 juillet 1871.)

***

« Quand les riches et surtout les industriels seront revenus à leur devoir de patronage et quand les corporations religieuses auront la liberté de faire le bien, il y aura toujours des pauvres, mais ils seront efficacement secourus. La pauvreté sera toujours une privation, mais elle n'ira plus jusqu'à la souffrance. Alors on pourra dire avec Burke : « Il faut recommander la patience, la frugalité, le travail, la sobriété et la religion. Le reste n'est que fraude et mensonge. » (23 novembre 1880.)

***

« Ce sont les *autorités sociales*, et non le peuple, qui sont responsables de tout le mal social. Il en a été ainsi dans tous les temps : *vulgus contagione insanit*. Ce n'est pas tant de l'éducation du suffrage universel qu'il importe de s'occuper que de la nôtre propre, puisque c'est nous, les lettrés, qui dirigeons le suffrage universel, qui l'entraînons dans nos erreurs, qui en faisons l'agent de nos haines et de toutes nos convoitises. » (26 juillet 1881.)

***

« Vous vous étonnez que la religion, même catholique, n'ait pas réussi à empêcher le progrès de la corruption chez les grandes races dont les mœurs sont compliquées. Vous oubliez que Dieu n'agit sur l'homme pendant sa vie terrestre que par voie d'induction ou de conseil; il lui laisse toute liberté, s'abstient de toute contrainte : *patiens quia æternus*.

« Or, la prospérité enfle l'orgueil et surexcite la passion des jouissances sensuelles : le corps domine alors de plus en plus toutes les facultés intellectuelles et tous les sentiments moraux ; l'âme étouffe sous la matière. Aussi M. Urquhart a-t-il pu dire avec trop de raison que « l'homme moderne est dépourvu de « jugement et d'intégrité ». Cela ne s'applique qu'aux civilisés. » (31 octobre 1881.)

***

« La meilleure religion, quand on ne la pratique pas, n'a pas plus d'efficacité au point de vue social que n'a d'utilité le trésor enfoui par l'avare. » (10 février 1881.)

***

« Vous vous plaignez de l'indifférence que vous rencontrez, dans certains milieux, pour la vérité.

« La vérité, c'est de la métaphysique, et les hommes de notre temps ne font compte que de ce qui est matériel, palpable, saisissable avec les mains. Voilà pourquoi la raison n'a pas prise sur eux ; toutes leurs discussions finissent par des luttes violentes. Ils ne connaissent pas les voies morales ; tout se résume pour eux en voies de fait ; ce ne sont que chocs violents et réactions plus violentes encore. Leur politique est un jeu de billard; le pouvoir reste à celui qui est le plus fort en carambolage, à moins qu'il ne se blouse, ce qui finit toujours par arriver.

« Enfin vous êtes content de votre santé ! Dieu en soit béni ! Mais ménagez-vous et faites vie qui dure.

« Moi, je suis assez torturé par mes rhumatismes, mais ils n'endommagent pas le cœur, qui est bien à vous. » (15 janvier 1881.)

***

« Chez nos contemporains, l'égoïsme étouffe le dévouement, et le positivisme a brisé les fibres de l'enthousiasme : on acceptera le salut, non pas avec l'enthousiasme de nouveaux convertis, mais avec la satisfaction contenue de créanciers qui touchent, dans une banqueroute, un dividende sortable. » (2 août 1879.)

***

« Les républicains convaincus et honnêtes accepteront une bonne partie de vos idées. Malheureusement ils seront et ils sont déjà débordés par les *prêtrophobes lettrés* et par les *anthropophages illettrés* des bas-fonds de la civilisation moderne. » (21 août 1879.)

***

« La violence ne fonde rien de durable. Comme l'a dit J.-J. Rousseau : « Le plus fort n'est jamais assez fort pour être tou« jours le maître. » (18 novembre 1880.)

***

« Ce qui fait le véritablement honnête homme, c'est la justesse de l'esprit et la droiture du cœur. La justesse de l'esprit nous fait connaître le vrai ; la droiture du cœur nous le fait mettre en pratique.

« Or, les honnêtes gens étant écartés en ce moment (1881) de toutes les fonctions publiques et n'ayant aucun moyen officiel d'exercer leur influence, c'est pour eux un devoir d'autant plus étroit d'user de leur influence personnelle pour propager, par leurs discours et par leurs exemples, la diffusion de tout ce qui est juste et vrai. Ils sont la santé de la société, ils peuvent, en se multipliant, la réformer dans les idées et dans les mœurs, même malgré ce qu'il peut y avoir de démoralisateur dans son gouvernement.

« Chacun de nous a une atmosphère morale qui lui est propre et qui pénètre toujours plus ou moins ceux qui l'approchent. L'homme de bien exerce par là, même sans y penser, une influence heureuse sur l'ordre social. Il propage les saines doctrines et il les fait estimer, non seulement par ses discours, mais encore par la régularité de ses mœurs et par la dignité de sa vie. » (26 juillet 1881.)

***

« La science sociale est immense et éternelle[1] ; nous sommes dans la nécessité de l'étudier toujours, et nous ne la saurons complètement que quand (ici je laisse la parole à Cicéron), *corporibus relictis, videbimus quale quidque sit*.

« Notre vie durant, nous ne serons jamais que des étudiants ; la science n'est acquise que dans l'autre vie. Mais alors notre savoir ne servira qu'à nous, nous n'en pourrons pas faire profiter ceux de ce monde. Voilà pourquoi je vous supplie, par charité pour nos contemporains, de vous laisser vivre et de ne pas vous faire mourir par un travail excessif; ce serait, à notre grand dommage, tuer la poule aux œufs d'or.

« Je souhaite de grand cœur la bienvenue à votre nouvelle *Revue* ; je m'assure qu'elle sortira de votre cerveau bien armée pour votre campagne réformiste.

« Vous ne me dites pas ce que va devenir l'*Annuaire*, ni quel rôle vous assumez à notre excellent ami M. D. Mais je m'en rapporte à votre sagesse et je ne puis mieux faire que de m'endormir sous vos ailes. » (6 décembre 1880.)

***

« Quelle stérilité dans les débats parlementaires ! C'est un

1. Cette lettre fut écrite après une grave maladie qui avait mis les jours de Le Play en danger et qui avait été attribuée à l'excès de travail.

moulin à paroles ; on n'y entend que trop le bruit de la meule, mais on ne voit pas sortir de farine... En vérité, les politiciens de notre temps ne sont que de grands enfants qui passent leur vie à se faire des niches et qui appliquent toute leur intelligence à en inventer de nouvelles. Le malheur, c'est que la société périt, tandis qu'ils se chamaillent.

« Nous, suivons ce conseil de Lamartine : « Faisons le bien, « disons le vrai, cherchons le juste et attendons. » (28 novembre 1880.)

ARNOLD MASCAREL.

(*A suivre.*)

HISTOIRE LITTÉRAIRE

Le Poitou dans l'œuvre de Rabelais

Je comparerais volontiers l'œuvre de Rabelais à quelque forêt merveilleusement étendue, touffue et riche. On y rencontre, mêlant leurs branches, arbres et plantes d'espèces les plus diverses, depuis le chêne au tronc puissant, solidement enraciné et dont la puissante ramure couvre le sol d'une ombre protectrice, le peuplier au feuillage frémissant et qui monte droit vers le ciel, jusqu'à des ronces et des orties, formant des fourrés inextricables, repaires de bêtes puantes. De clairs et poétiques ruisseaux la sillonnent, cependant les bourbiers n'y sont pas rares, et si le sentier qui nous y conduit suit fréquemment des clairières fraiches et pleines d'ombre, s'il gravit des sommets d'où l'œil découvre de vastes horizons, il n'est pas non plus sans côtoyer des précipices et sans se perdre dans des marécages. Je n'ai pas songé, certes, à entreprendre l'étude complète d'une aussi puissante végétation : la tâche ardue en eût été au-dessus de mes forces ; mon ambition, plus modeste, s'est bornée à glaner le long des sentes et au pied des roches un bouquet des fleurs qui y sont écloses ; le parfum et la couleur en sont familiers aux lecteurs de cette Revue, ce sont des fleurs poitevines. Rabelais les a semées à profusion dans son œuvre et cultivées avec un soin dévot.

Le grand railleur du XVIe siècle n'est-il pas né à quelques heures de la marche de Poitou, à Chinon ? Les gens du Loudunais, attirés par les marchés et les foires, venaient sûrement dans le cabaret de son père boire des rasades de ce vin qui sent la framboise et que donnent les coteaux tourangeaux ; et si, au lieu de naître au fond d'une taverne, le futur curé de Meudon reçut le jour derrière les cornues d'un apothicaire, il est présumable aussi qu'il vit purger et saigner plus d'un Poitevin. Dès son enfance il se trouva donc en rapports constants et forcés avec les habitants de la province voisine. Plus tard, durant ses études à Seuillé et sa profession à Fontenay-le-Comte, il ne manqua pas de faire plus d'un voyage en la capitale du Poitou, dont la florissante Université et les maitres illustres qui y donnaient leurs cours devaient exercer, sur son esprit avide de science, un attrait irrésistible.

Combien d'amis compta-t-il, du reste, à Poitiers, à Maillezais et à Fontenay-le-Comte, qui toute sa vie lui demeurèrent attachés par les liens les plus étroits ! Il connut tous les lettrés et tous les érudits de ce pays, et ce fut des presses de Marnef, qui avait établi, proche du Palais, à l'enseigne du « Pélican », l'une des premières imprimeries poitevines, que sortit, en l'année 1533, l'édition, originale peut-être, des livres I et II de *Pantagruel* : *Les horribles et espouuentables faictz et prouesses du tres renommé Pantagruel, roi des Dypsodes, fils du grant geant Gargantua*, composés nouvellement par maistre Alcofribas Nasier, MDXXXIII ?

Rabelais appartient donc un peu au Poitou, et il n'est pas étonnant que sous sa plume se rencontrent si souvent les noms de nos villes et de nos rivières, nos souvenirs traditionnels et nos légendes, sans compter les histoires drôlatiques que l'on disait de son temps et qu'il prêta à ses héros en les arrangeant selon la fantaisie de son imagination merveilleuse.

Vous avez certainement vu, entre les mains des enfants de nos campagnes, un certain jouet rustique composé d'une noix évidée percée de trois trous. Un axe de bois la traverse ; il porte des ailes en croix, qu'une ficelle permet de faire tourner avec rapidité. Dans son jeune âge, Gargantua en eut un semblable, car ses gouvernantes lui donnèrent, « pour s'esbattre comme les petits enfants du pays, un beau virollet faict des aisles d'un moulin à vent du Mirebalays [1] ». Pauvres moulins de Mirebeau, que mes yeux d'enfant contemplaient avec tant de joie autrefois, quand vous étiez une quinzaine alignés fièrement sur la crête de votre colline, vous m'apparaissiez comme de grosses mouches à la tête énorme et dont les pattes et les ailes tournaient dans le ciel. L'exemple des gouvernantes de Gargantua vous a été fatal ; vos ailes se détachent les unes après les autres ; vos corps de bois, que l'on tournait sur un pivot, tombent de décrépitude, et c'est à peine si trois ou quatre d'entre vous, que la génération prochaine ne verra pas, luttent encore de leurs grands bras contre les vents qui se sont donné là rendez-vous. Du moins si vous

Cliché Robuchon.

LA PIERRE-LEVÉE, près Poitiers.

1. Livre I, ch. I.

disparaissez, la race se perpétuera-t-elle encore longtemps, je l'espère, des « quatre cents chapons du Loudunois et de Cornouailles [1] » que l'on apportait à Pantagruel, dont le robuste appétit exigeait encore d'autres victuailles.

Encore que le boire et le manger fussent loin de lui être choses indifférentes et qu'il professât toute sa vie le plus profond respect pour le « piot des coteaux de Ligugé », et que les beuveries de la joyeuse abbaye de Thélème, ainsi que sa devise : « Fais ce que veux », fussent fort à sa convenance, maitre François n'omet pas, cependant, de nous faire savoir que ladite abbaye des Thélémites « estoit cent fois plus magnifique que n'est Bonivet, ne Chambourg, ne Chantilly [2] ». C'est de notre Bonivet de Poitou qu'il s'agit ici, cette merveille que le roi François édifia pour son ami l'amiral et dont les guerres civiles et les révolutions ont emporté jusqu'aux pierres. Le petit nombre de morceaux de sculpture qui en restent est pour nous rendre inconsolables de ce que nous avons perdu.

Mais il n'était pas besoin d'aller à Thélème pour faire ripaille ; autrement Pantagruel, venu à Poitiers suivre les cours de l'Université, en eût été bien fâché. Quoique terriblement buveurs et batailleurs, les étudiants ne travaillaient guère sans doute, « étoient aucunes fois de loisir, et ne sçavoient à quoy passer temps ». Pantagruel « en eut compassion, et un jour print, d'un grand rochier qu'on nomme Passe-Lourdin, une grosse roche, ayant environ douze toizes en quarré et d'épaisseur quatorze pans, et la mit sur quatre pilliers, au milieu d'un champ, bien à son aise, afin que lesdicts escholiers, quand ils ne sçauroient autre chose faire, passassent temps à monter sur ladicte pierre, et là bancqueter à force flaccons, jambons et pastés, et escripre leurs noms dessus avec ung cousteau, et de présent l'appelle-on la Pierre-Levée. Et en mémoire de ce, n'est aujourd'huy passé aulcun, en la matricule de ladicte Université de Poitiers, sinon qu'il ait beu en la fontaine caballine de Croustelles, passé à Passe-Lourdin et monté sur la Pierre-Levée [3] ».

Les escholiers n'escaladent plus la fameuse pierre ; encore moins y gravent-ils leurs noms, et c'est chose assurément regrettable que, parmi ceux de jadis que l'on déchiffre à grand'peine sur ses flancs vénérables, point ne se lise celui du fils de Gargantua. Les étudiants ne passent guère non plus à Passe-Lourdin autrement que pour pêcher à la ligne et quelquefois en parlant de Calvin qui s'y fit un antre, mais je ne crois pas me tromper en attribuant à quelqu'un de ceux qui pèlerinaient à la fontaine de Croutelle le célèbre accent qui apprit au monde étonné une grande nouvelle : « Ce pont a été fait ici : *Hic pons factus est anno...* »

Pantagruel passa peut-être lui-même à Croutelle en se rendant à Maillezais. N'avait-il pas appris que Geoffroy de Lusignan, dit Geoffroy la Grand'Dent, avait son tombeau dans la vieille abbaye ? Aussi prit-il « un jour campos pour le visiter comme homme de bien. Et partant de Poictiers avec aulcuns de ses compagnons, passèrent par Ligugé, visitant le noble abbé Ardillon, par Lusignan, par Sanxay, par Celles, par Collonges, par Fontenay-le-Comte, saluant le docte Tiraqueau, et de là arrivèrent à Maillezais, où visita le sépulchre dudit Geoffroy la Grand'Dent, dont eut quelque peu de frayeur, voyant sa pourtraicture, car il est en image comme d'un homme furieux, tirant à demi son grand malchus de la guaine : et demandant la cause de ce, les chanoines dudict lieu lui dirent que n'estoit aultre chose sinon que *pictoribus atque poetis*, c'est-à-dire que les peintres et les poètes ont liberté de peindre ce qu'ils veulent ; mais il ne se contenta pas de leur réponse et dit : Il n'est pas ainsi painct sans cause, et me doubte qu'à sa mort on lui a fait quelque chose dont il demande vengeance à ses parents. Je m'en enquesteray plus au plein et en ferai ce que de raison [1] ». Il ne semble pas que Pantagruel ait donné suite à son dessein ; en tout cas, le terrible Lusignan, dans sa menace funèbre, ne faisait que garder mort une attitude qui lui fut familière de son vivant, au temps où il pillait les terres de l'abbaye avant d'en incendier l'église, si tant est qu'il n'y brûla pas son frère Froidmont et tous les moines en même temps, selon que le veut bien dire Jehan d'Arras en son roman de *Mélusine*. Il paraît, du reste, que Geoffroy n'a jamais été enseveli à Maillezais et que ce que vit Pantagruel n'était qu'un monument commémoratif [1].

Aux aventures de moines grillés tandis qu'ils chantaient l'office, Rabelais préfère celles de moines joyeux et bons vivants à leur manière. Adam Couscoil, Cordelier observantin à Mirebeau, était bien de ceux-là, certes. N'est-ce pas lui que Panurge fait le héros d'une certaine mésaventure survenue à « Jean Dodin, recepveur du Couldray, au gué de Vede », un jour qu'il y rencontra le Cordelier. Contre promesse d'un habit, frère Adam s'engage à passer sur l'autre bord le receveur poltron. Il charge donc, « comme un beau petit saint Christophe, ledit suppliant Dodin, qui estait un puissant ribault ». Arrivés au milieu du courant, le moine s'arrête, et, d'un ton soucieux, demande à Dodin s'il n'a pas quelques écus dans son escarcelle. Sans doute ; un receveur saurait-il aller sans argent ? Frère Adam se récrie : un Cordelier ne doit

LA TOUR DE RABELAIS (Ligugé).

...Toujours au Nord, mais du côté de l'Orient, un donjon, à la forme circulaire, gardait l'entrée du monastère. Ce donjon, depuis plusieurs siècles, est découronné et délabré comme une ruine. Et il convenait que ce sort lui advînt, car c'est là, dit-on, que le caustique et graveleux Rabelais vint reposer son humeur vagabonde et composer quelques-uns de ses indignes libelles.

(Dom Fr. CHAMARD, *Saint Martin et son Monastère de Ligugé*.)

Turrim quoque Rabelæi nomine denotavere ; quippe in ea dictus Rabelais libros conscripsit nugacium calculis multi faciendos.

(Dom ESTIENNOT, notes manuscrites.)

1. Livre I, ch. XXVII.
2. Ibid.
3. Livre II.

1. Livre II.
1. Voir à ce sujet, dans le *Pays Poitevin* de janvier 1899, l'article de M. Jean Mainguenau.

jamais porter d'argent: la règle est formelle et son compagnon est pour lui occasion de péché grave. « Sans faute, tu en seras présentement puny », s'écrie-t-il en colère. Ce disant, il jette à l'eau le pauvre Dodin, qui s'ébroue et manque de se noyer.

Frère Adam Couscoil devait être quelque peu apparenté à certain juge qui vivait et jugeait non loin de là. Bien avant que Racine et La Fontaine songeassent à l'introduire dans leurs comédies ou dans leurs fables, Bridoye, au dire de Rabelais, alors qu'il faisait ses études à Poitiers, sous *Brocandum juris*, avait connu à Mervé un Perrin-Dandin, qui « appoinctait plus de procès qu'il n'en estoit vuidé en tout le Palais de Poictiers, à l'auditoire de Monsmorillon, en la halle de Parthenay-le-Vieux ». De Chauvigny, Nouaillé, tous les différends étaient arrangés par lui, et frère Jean, de son côté, affirmait avoir connu le bon juge, au temps où il demeurait à Fontaine-le-Comte, sous le noble abbé Ardillon[1]. Rabelais a plus de bienveillance pour la mémoire de Dandin que n'en devaient avoir ses successeurs et ne songe à lui faire gruger ni huitre ni plaideurs, aussi est-ce plutôt sa réputation moderne qui m'a porté à lui supposer certaine parenté avec frère Adam; s'il n'en mérite rien, je demande pardon à ses mânes. Au reste, eût-il été le malin chat fourré de La Fontaine, qu'il faudrait sans doute lui pardonner beaucoup, aussi bien qu'à Couscoil lui-même : ils étaient d'un temps où l'on aimait rire; c'est Rabelais qui l'affirme, et sa parole en vaut bien une autre après toutes les preuves qu'il en donne.

François Villon aussi avait été un joyeux drille en son temps, et son temps prit juste fin une année avant la naissance de Rabelais, qui s'appelait François semblablement, et recueillit plus d'une anecdote sur le poète des ribauds du XVe siècle. A certaine époque où il n'avait aucun démêlé avec les juges, ou peut-être parce qu'il en avait trop, François Villon, selon Rabelais, s'en vint à Saint-Maixent dans l'intention d'y terminer ses jours, sous la protection de l'abbé du lieu. C'était superbe occasion de suivre le conseil qu'il a donné si généreusement en divers points de ses poésies : « Soyez homme de bien si faire se peut », et probablement il en avait le plus ferme propos, mais il fallait bien occuper les loisirs de la vie provinciale, et faute de pouvoir banqueter à force jambons et pâtés, comme les étudiants de Poitiers, à l'aide d'argent dont il était pauvre, Villon entreprit d'ébaudir bourgeois et manants du lieu, en faisant représenter sous leurs yeux la *Passion* en dialecte poitevin.

Un vieux paysan avait été désigné pour remplir le rôle de Dieu le Père. Il lui fallait, selon l'usage, une écharpe et une étole; on demanda ces ornements au frère Tappecoue, Cordelier du cru. Le moine refusa, la règle ne permettant pas que des vêtements sacrés servissent à des usages profanes, et Villon, qui ne se pliait à aucune règle, jura de se venger; l'occasion propice ne tarda guère. Le samedi même qui suivit, frère Tappecoue s'en étant allé, à cheval, faire une quête aux alentours, l'ingénieux poète, après avoir promené par la ville sa troupe de diables, tous déguisés d'horrible façon, alla se poster, le soir venu, sur le chemin de retour du Cordelier, non sans faire un charivari d'enfer. La monture du moine prit peur, désarçonna son cavalier. Frère Tappecoue se rompit la tête et les membres, en sorte que la bête, « au couvent arrivante, de lui ne portait que le pied droit et le soulier entortillé. — Vous jouerez bien, messieurs les diables, dit alors Villon; je décapite la diablerie de Saumur, de Doué, de Poictiers avec sa parloirie, en cas qu'ils puissent être à vous paragonés[1]. » Ne vous disais-je point qu'en ce temps l'on aimait à rire? L'aventure est d'une authenticité contestable sans doute, fort heureusement pour la mémoire de Villon, mais Rabelais la conte si allègrement et avec le petit grain canaille qu'il savait mettre dans ses récits, qu'on ne peut s'empêcher de sourire aux exploits de tels joyeux compagnons.

Si maître François voulait se donner comme historien — mais il n'y prétend guère — il serait juste de lui appliquer en ceci ce qu'il dit de Pline, d'Hérodote, de Marco-Polo, et même d'un certain moine arménien du nom de Hayton, qu'il appelle « Chaïton Arménian », et qui écrivit à Poitiers, au XVe siècle, une *Histoire des royaumes d'Asie*, d'après un petit vieillard bossu, nommé Ouï-Dire. Ce lui est belle occasion de déchaîner sa satire contre les écrivains de son temps, les historiens surtout, « lesquels devenoient clercs et sçavants en peu d'heures et parloient de prou de choses pour la centième partie desquelles sçavoir ne suffiroit la vie d'un homme[1] ».

Je ne sais si, parmi les faux savants qu'il condamnait, Rabelais comprenait cet Ecossais que Panurge baptise pour la circonstance du nom de *Decretalipotens*[2]. Je me plais à croire qu'il n'en est pas ainsi. Le docte Robert Irland, qui professa le droit à l'Université, habita l'hôtel qui fut plus tard la Visitation avant que d'être la prison, et laissa son nom d'Écossais à une rue qui le porte encore aujourd'hui, avait réputation de savant bien établie. Panurge ne s'y attaque pas, bien qu'il soit en verve et conte à ses compagnons, avec force détails, une sorte d'apologue dont la scène est le pays de Châtellerault[3], et par laquelle les inconvénients de la fortune et du bien-être sont exposés de manière assez inattendue, mais qu'il me serait malaisé d'expliquer ici à mon tour.

Il serait bien étonnant que notre écrivain, si féru des choses poitevines, ne parlât point de Mélusine. Aussi n'y manque-t-il pas, mais sans y mettre grande révérence. C'est à propos des gens à tête dure, qui n'ajoutent aucune foi à l'existence de la nation des Andouilles. A ceux-là le jovial curé conseille de visiter Lusignan, Parthenay et d'autres lieux; ils y trouveront témoins de vieux renom et de bonne forge, qui leur jureront, sur le bras de saint Rigomé, que Mélusine, la fondatrice de leurs villes, avait le haut du corps d'une femme, tandis que l'autre partie « était andouille serpentine ou mieux serpent andouillique[3] ». C'est peu de chose que ce souvenir burlesque, rappelé en passant, de la bonne fée sous l'égide de laquelle s'est placé le *Pays Poitevin*. Mélusine méritait mieux, encore faut-il savoir gré à Rabelais de ne l'avoir pas oubliée.

Et voici achevé mon bouquet de fleurs poitevines. La plupart ont été de facile cueillette; pour quelques-unes cependant, je l'avoue, il m'a fallu me garder des épines dont elles étaient entourées. Tel qu'il est, et sans nulle prétention, je me permets de le présenter, certain que son parfum de terroir saura plaire par lui-même à ceux qui aiment tout ce qui a librement poussé dans le vieux sol gaulois.

PHILIPPE DESCOUX.

FOLK-LORE

RODE DES LABOUREURS DU PIN, PRÈS CERISAY

(Recueilli par M. l'abbé Mouchard.)

1. Livre III.

1. Livre V.
2. Livre IV, ch. LII.
3. Livre IV.

ART POPULAIRE

Les Faïences de La Rochelle[1]

I

L'ART de terre fut cultivé de très bonne heure dans la région rochelaise. Dès l'époque gallo-romaine, on cuisait des poteries à Marans. Bernard Palissy séjourna un temps à La Rochelle. Mais l'influence du créateur des *rustiques figulines* sur la fabrication courante, la seule dont nous nous occupions, ne s'est pas fait sentir.

Un nom de faïencier sur un titre relatif à un four, c'est la seule indication qu'on ait sur la fabrication de la faïence dans la contrée au XVIIe siècle.

Entre 1721 et 1722, un certain Catarnet fonda la faïencerie dite de *la Digue*. Bientôt obligé d'éteindre ses fours, Catarnet proposa aux directeurs de l'Hôpital général de fonder une manufacture dans l'Hôpital même. Ses offres furent acceptées. Mais, peu de jours après, il mourait. Sous ses successeurs, l'entreprise ne fit que péricliter. Vers 1728, la faïencerie dut être fermée.

Les produits de cette première fabrication sont reconnaissables à leur pâte rouge (terre de l'île d'Elbe), à leur émail blanc bleuté (sable de Loire), au décor tout bleu, ou bleu relevé de jaune, mais déjà assez compliqué pour qu'un des directeurs ait désiré conserver le secret de sa composition. On imite alors Nevers et Rouen.

Bien qu'en cinq années de fabrication, soixante-dix mille pièces eussent été produites, le pays n'en demeurait pas moins tributaire des autres fabriques.

L'obscur interrègne des faïenceries Bornier et Briqueville (1743-1750) nous mène à la faïencerie de la Place Habert (1751-1789). La fabrication passe de Marans à La Rochelle, mais c'est la tradition de Marans qui se perpétue, et si certains peintres imitent le décor de Moustiers, ou apportent les habitudes de la région du Sud-Ouest, le *style marandais* est maintenu par le peintre Pierre Garnier, né à l'île d'Elbe.

A partir de 1751, les produits étrangers ne sont plus importés qu'en quantités insignifiantes. L'exportation est à l'importation dans l'écrasante proportion de 98 à 2. La concurrence hollandaise n'est plus possible. Le marché de la faïence est aux manufactures locales.

C'est pendant cette période que va s'affirmant le *décor naturaliste*, qui, supplantant les décors conventionnels, les fantaisies exotiques, chinoises ou japonaises, va chercher ses motifs dans la vraie nature. Fleurs, bêtes et gens, tout est emprunté au terroir.

C'est également à cette époque que naît la première idée du genre *à haut relief*. Nous mentionnons avec fierté le nom du peintre rochelais Chauvineau, qui, tout en s'inspirant des porcelaines de Saxe ou des faïences de Strasbourg, dote son pays d'un genre qui lui est demeuré en propre.

Certains marchands vantaient dès alors les produits qu'ils tenaient de Paris. Contre eux, l'une des sociétés qui dirigea de 1768 à 1773 la faïencerie de la Place Habert, la société Barré-Piaud-Cadet, élève la prétention « de faire aussi bon et aussi beau qu'à Paris ».

Avec la société François Crespin (1773-1782), la fabrication parvient à son apogée; le chiffre de l'exportation atteint son maximum. Des faïences bien cuites, sonores, au vernis suffisamment blanc et transparent, aux formes gracieuses, tels sont, avec les caractéristiques pièces ajourées au décor en relief, aux tons éclatants, les produits de cette époque.

Mais la période suivante (1787-1789) est fatale à la faïencerie d'un pays où le commerce se faisait surtout par mer. Les expéditions de faïences supportèrent le contrecoup de la guerre avec l'Angleterre. Puis c'est le fatal traité du 26 septembre 1786, qui favorise les produits anglais au détriment des produits nationaux. Aux erreurs de la politique s'ajoute celle du goût public qui s'entiche, le bon marché aidant, des faïences anglaises.

Toutes ces causes réunies amèneront la ruine, en pleine prospérité, au plus haut période de la production artistique, d'une manufacture qui avait occupé une quarantaine d'ouvriers, et qui méritait de vivre.

II

Les faïenciers de La Rochelle pratiquèrent un large éclectisme jusqu'au jour où ils trouvèrent leur genre propre. D'abord, dominent les influences de Rouen et de Nevers. Puis se constitue *le genre naturaliste*, enfin, par une évolution naturelle, *le genre à haut relief*.

Le modelé des faïences rochelaises fut, en effet, généralement très remarquable, sauf en ce qui concerne la figure humaine.

Mais les formes des vases sont gracieuses, leurs courbes délicates et dégagées. Ce qui préoccupa toujours les artistes de La Rochelle, c'est la poursuite de la ligne, des contours, du relief, des jeux de lumière et d'ombre. Godronnées, chatironnées, guillochées, toutes les pièces, ou peu s'en faut, le sont. Les anses se transforment en guirlandes de roses, en branches gracieuses, relevées de feuillages et de fruits. C'est sur le modelé des pièces que s'est porté tout l'effort des faïenciers rochelais. Ce genre particulier de recherche fait leur originalité. C'est de là, plutôt que de la connaissance parfaite des règles du dessin, qu'ils se relèvent.

III

Voici, classés par genres, les produits de la fabrication rochelaise.

Premier genre. — La décoration, imitée de Nevers, en est composée de fleurs bleues (fig. 1), sur branches aux feuilles pinnatifides. L'emploi de ces fleurettes (bleuet, myosotis), de feuilles aux folioles (cresson, filipendule), concurremment ou séparément, se retrouve dans la majeure partie des faïences

1. *Les Faïences Rochelaises*, par G. Musset, ancien élève de l'Ecole des Chartes, avec 20 planches en couleur. — La Rochelle, 1888, in-4° raisin.

rochelaises. Parfois on trouve des oiseaux au milieu des feuillages ou sur des rochers.

FIG. 1

Nous relevons, dès ici, le procédé du *coup de pinceau en virgule*, pour obtenir les branches, feuilles d'eau, festons, etc. Ce procédé, pour n'être pas particulier à La Rochelle, y fut, semble-t-il, plus communément employé qu'ailleurs et transporté à tous les genres.

Deuxième genre. — L'ornementation est bleue, symétrique et rayonnante, du genre dit à lambrequins, à broderies ou à réserves. Ce décor est imité de Rouen, mais on le traite avec un certain laisser-aller qu'ignore la fabrication rouennaise. La fantaisie s'y glisse sous la forme d'un bouquet, d'un oiseau, d'un jeté de feuilles.

Troisième genre, également imité de Rouen. — Décor polychrome, où domine cependant la note bleue. Le sujet central est un oiseau de fantaisie, ou plus souvent copié sur la réalité, un paon (fig. 2), par exemple, le paon étant très commun dans l'Aunis. Une corbeille ou un arbre, comme dans les produits chinois, l'accompagne. La tendance naturaliste se marque dans l'encadrement composé de feuilles de cresson ou de bleuets, dans ces papillons qui pullulent sur les produits rochelais, paons du jour, zygènes représentées presque au naturel.

FIG. 2

Quatrième genre. — Le décor est imité de Moustiers, mais il est moins conventionnel. Le tracé n'en est pas obtenu au poncif. Les arbres sont traités avec un certain réalisme. On recherche le relief et le mouvement pour les troncs et la feuille.

Le *cinquième genre*, qui se rattache au Rouen, au Nevers, au Moustiers, est caractérisé par des motifs mi-partie jaunes et verts. On y fuit la convention qui règne dans les modèles. Les profils et les ombres sont pris dans la nature.

A cette classe appartiennent les assiettes parlantes (baptême, première communion (fig. 3), mariage), et le curieux bénitier rocaille que nous reproduisons ci-contre (fig. 4), où s'avère l'imitation scrupuleuse de la nature. Rochers couverts d'algues, spongiaires, burgaux, pétoncles, sourdons, cauris, tout ce décor marin est poussé minutieusement. L'artiste ne nous fait grâce ni de la moindre dentelure ni du plus léger pointillé.

FIG. 3

Au *sixième genre* se rattache le nom du décorateur Piaud. La tradition de la peinture ornementale, des *à-plat*, était perdue. Piaud donna tous ses soins au modelé. Finesse de la pâte, blancheur de l'émail, recherche du haut relief, et aussi crudité des tons, voilà les traits distinctifs des pièces que signa Piaud vers 1777 (fig. 5). Ses personnages, ses papillons, ses couleurs (vert émeraude et lie de vin), se retrouvent dans les couvertures d'almanachs, dans les papiers de tenture fabriqués à l'époque.

C'est le genre artistique par excellence.

Nous terminerons avec le genre dit *de Marans*. Comme motifs, des coqs de toutes formes et de toutes attitudes, des canards, des oiseaux, des couvées, des hottes chargées de raisins. Le conventionnel Chinois y est souvent remplacé par le *Maraîchin*, coiffé du grand chapeau, appuyé sur sa brèche ou sa *pigouille*. Et ce qui dit aussi le Marais, ce sont les maisons qui se baignent dans

FIG. 4 FIG. 5

l'eau, les roseaux exécutés au trait en virgule, les feuilles de cresson ou de pimprenelle.

En résumé, les influences du milieu, des habitudes traditionnelles, des efforts personnels et collectifs pour réaliser une certaine perfection, voilà ce qui nous attache dans l'histoire des faïenceries rochelaises. Après s'être pliées à l'imitation étrangère, elles créèrent deux genres bien spéciaux : dans la fabrication vulgaire, le genre *naturaliste* qui écartait de plus en plus le décor conventionnel, les fantaisies exotiques, pour aller chercher la vraie nature, fleurs, bêtes et gens ; dans la fabrication artistique, le genre à haut relief, à couleurs voyantes, imitation originale des porcelaines de Saxe et des faïences de Strasbourg.

G. MUSSET.

LES HOMMES ET LES ŒUVRES

Emmanuel de CURZON et Frédéric LE PLAY

(suite et fin)

On a pu voir avec quelle hauteur de vues M. de Curzon jugeait les hommes et les événements. Quoique fort intransigeant sur certains points de politique pure, il avait l'esprit le plus large, le plus compréhensif dans tout ce qui ne heurtait pas le parti pris intraitable qu'il avait adopté depuis la révolution de 1830[1]. Je trouve la preuve de cette largeur de conception dans une lettre du 29 septembre 1872.

Le Play l'avait consulté sur une critique venue d'un correspondant anonyme qui trouvait mauvais que l'Ecole de la Paix sociale ne prît point d'étiquette religieuse, protestante ou catholique.

1. Il ne put jamais, du reste, amener Le Play à partager sa manière de voir sur ce sujet. C'est peut-être le seul point sur lequel ils ne se soient pas mis d'accord, sans que la cordialité de leurs relations ait été le moins du monde altérée.

M. de Curzon lui répond :

« L'assimilation que vous faites des clergés est civile et nullement dogmatique; il me semble qu'il n'y a rien autre chose à répondre; il s'agit de tolérance civile et nullement dogmatique. Pour donner satisfaction aux critiques qui vous sont adressées à ce sujet, il faudrait effacer *Décalogue* et mettre à la place les *Commandements de Dieu et de l'Eglise*, ce qui vous transporterait en pleine théocratie, avec ses conséquences, l'intolérance absolue et dogmatique. Il me semble de la plus haute importance pour votre œuvre que vous n'arboriez aucun drapeau, ni politique ni religieux, au moins quant à présent. Que vous laissiez percer avec discrétion et peu à peu vos préférences, je le trouverai bon; mais à la condition de vous montrer d'autant plus tolérant, d'autant plus bienveillant pour les dissidents et d'autant plus sévère pour les fautes de notre clergé et de nos amis. »

Son intransigeance en matière politique ne l'empêchait pas de reconnaître qu'on pouvait faire une œuvre bonne et utile en s'unissant au point de vue social.

« Un sage de l'antiquité dont le nom me fuit en ce moment disait que « tout bon citoyen doit porter, sur son front, ce « qu'il pense de la chose publique ». Cela est vrai et je suis loin d'y contredire. J'ajouterai même que tout homme qui a une conviction politique doit la faire prévaloir pour le bien de son pays.

« Mais il s'agit ici d'une œuvre sociale, et non pas politique. Le but que vous poursuivez, c'est la restauration de la véritable constitution sociale, constitution unique, primitive et permanente, créée avec l'homme social, base essentielle de toutes les constitutions politiques, et sur laquelle peuvent venir s'asseoir les constitutions les plus diverses.

« Tous les partis ont donc intérêt à la constitution de cette grande et universelle base. »

Dans une lettre du 18 novembre 1880, il revient encore sur cette pensée qui lui tenait évidemment au cœur :

« Cher et éminent ami,

« Que votre proposition de réaliser une entente entre les hommes éclairés des partis honnêtes soit considérée comme une utopie, cela ne me surprend pas : la perversion des esprits et des cœurs est parvenue à un point tel, que le retour à ce qui est vrai, juste et bon, doit, au premier abord, paraître impossible.

« Mais il me paraît impossible aussi que les esprits éclairés et affranchis du joug des préjugés, que les hommes dévoués à leur pays n'entrent pas dans vos idées et n'en jugent pas la réalisation désirable et possible, dès que vous serez parvenu à le leur faire comprendre.

« Vous ne leur demandez pas de s'entendre sur les questions qui touchent à la forme du gouvernement. A ce point de vue, chacun reste, malheureusement, enfermé dans son camp, et la pression des événements pourra seule vaincre ce parti pris.

« Ce que vous demandez, c'est qu'il s'établisse une entente, une union, une ligue pour procurer la réalisation des réformes en tout ce qui est de l'essence même de l'ordre social, sans lequel aucune forme de gouvernement ne peut subsister.

« Y a-t-il un gouvernement honnête qui puisse refuser d'obéir à la loi morale? de reconnaître les droits du pouvoir paternel? de s'incliner devant la liberté de la conscience et de régler sur ce principe les rapports de l'Eglise et de l'Etat? de respecter les franchises locales, les libertés publiques et privées qui sont de droit naturel?

« Sur toutes ces questions et sur bien d'autres encore qui sont de nécessité sociale, on peut s'entendre sans abdiquer ses préférences pour telle ou telle forme politique. Puisqu'on le peut, on le doit... »

Ainsi, dès 1880, Le Play se sentait pris de découragement à la vue de la grandeur de sa tâche et de l'inutilité apparente de ses efforts. Qu'eût-il dit aujourd'hui en présence des passions déchaînées qui menacent si gravement la paix sociale? Il y aurait vu sans doute un motif de plus pour travailler à l'œuvre, puisqu'elle est bonne en soi et qu'elle répond à une idée juste. Cette œuvre, nul ne l'a définie avec plus de netteté que M. de Curzon.

« Le grand but de Le Play[1], dit-il, sa préoccupation constante, fut de procurer la paix sociale. Mais cette paix ne peut se produire que par l'union des esprits et des cœurs dans une action commune.

« Il dut donc borner provisoirement ses efforts à procurer l'union sur le seul terrain où elle lui parût alors possible, celui des principes essentiels, universels, permanents, constitutifs de toute société humaine, abstraction faite des formes gouvernementales et des dogmes religieux. « Comme les particuliers « sont profondément divisés au sujet des débats nationaux, « politiques et religieux, il faut, dit-il, que notre enseignement « ne s'étende jamais jusqu'à ces questions. » (*Les Ouv. europ.*, I, p. 594.)

« Mais « la constitution essentielle n'est spéciale à aucun lieu, « à aucune race, à aucune forme de religion et de souveraineté ». (*Ibid.*, p. 616.)

« Elle est essentielle dans tous les lieux, pour toutes les races, quelle que soit la forme de la souveraineté et quelles que soient les institutions religieuses. Or, le premier, le principal, *le principe*, enfin, des éléments de cette constitution, c'est, selon Le Play, « la loi de Dieu, les prescriptions du Décalogue, avec les « interprétations établies, chez les peuples fidèles à la constitu- « tion essentielle, par la religion, la coutume et les lois écrites ».

« Il a donc pris pour principe fondamental de l'Union : *le Décalogue éternel*. (Lettre du février 1875.) Il l'a pris pour base de l'union, parce qu'il a constaté que : « Toutes les races modè- « les ont cru et croient encore qu'il a été révélé par Dieu aux « hommes » (*Ouv. europ.*, I, p. 450), et que, par conséquent, il ne pouvait pas asseoir son œuvre sur une base plus solide, ni qui fût mieux à l'abri de toute discussion. Il élargissait ainsi la base de l'union en y donnant accès à tous ceux qui croient en Dieu et à une loi morale d'origine divine, et il écartait toute contestation contraire à ce grand fait d'ordre surnaturel.

« Nous trouverons en commun, écrivait-il, les formules qui excluront absolument de nos écrits les matières politiques, philosophiques et religieuses qui depuis deux siècles ont, chez nous, le déplorable résultat de diviser les hommes. (Lettre du 3 décembre 1874.)

« Le Play invitait donc tous les gens de bien à faire abstraction de ces grandes causes de division, et à s'unir dans des efforts communs pour restaurer la paix sociale. Il ne leur proposait aucune capitulation de conscience : il ne leur demandait le sacrifice ni de leurs principes, ni de leurs convictions, ni de leurs intérêts; il ne leur déniait pas la liberté de travailler, chacun de son côté et selon ses convenances, au triomphe de leurs doctrines religieuses et politiques : il leur démontrait qu'il était de leur intérêt à tous de sauvegarder l'ordre social et de s'unir dans ce but supérieur, parce qu'il est évident qu'aucun régime politique n'est possible en dehors d'une société constituée et stable, et que, dans notre état d'anarchie matérielle, intellectuelle et morale, aucune doctrine saine en matière politique, philosophique et religieuse n'a chance de se faire accepter.

« Et comme à cette union il fallait une base, un programme accepté d'avance sans conteste, il leur proposait le Décalogue, qui est la loi de Dieu réduite à son minimum, incomplète, mais qui, ayant suffi à élever les hommes primitifs jusqu'à la connaissance des vérités plus complètes et à les rendre capables de recevoir une loi plus parfaite, peut encore ramener les hommes

1. *Frédéric Le Play, sa méthode, sa doctrine*, etc., p. 210.

de nos jours, par son observance, à la connaissance des vérités sociales, politiques et religieuses, qu'ils ont perdues. »

Après avoir défini le but des *Unions*, M. de Curzon examine les critiques dont elles ont été l'objet.

« La base d'union proposée par Le Play [1], dit-il, a soulevé l'opposition de deux groupes radicalement ennemis entre eux : les libres-penseurs repoussent le Décalogue, parce qu'ils n'admettent aucune restriction à la liberté de penser; certains catholiques, faute d'avoir compris le but poursuivi par Le Play, ont refusé d'entrer dans l'union, estimant que la base simplement *décaloguère* était insuffisante et serait inefficace. Il est très évident qu'entre ces deux groupes radicalement opposés aucune union doctrinale n'est possible; mais il ne s'agissait pas d'une telle union; il était simplement question de travailler ensemble, *salva doctrina et conscientia*, à rétablir la paix sociale.

« Les faits eux-mêmes, nous écrivait Le Play, mettent en pleine lumière l'efficacité du principe sur lequel repose l'enseignement de notre école, à savoir : la fécondité de la pratique adoptée par les races d'hommes qui, étant attachés à des croyances religieuses fondées sur des rites rigoureusement définis, n'exigent pas que leurs voisins, même ceux qui sont soumis à leur domination, renoncent aux rites positifs d'un culte différent. C'était la situation des Français sous Louis XIII et Richelieu. (Lettre du 10 septembre 1881.)

« Il ne s'agissait donc pas de fonder l'union sur l'indifférence *doctrinale*, mais sur une tolérance mutuelle, impartiale et bienveillante, non quant aux erreurs, mais quant aux personnes. »

Pour préparer l'union des volontés, il faut commencer par réaliser l'union des esprits. Le Play souhaitait que l'accord se fit sur les cinq points suivants, qu'il considérait comme les éléments de la *constitution essentielle* : 1° la loi de Dieu; 2° l'autorité paternelle; 3° la religion ou le pouvoir spirituel; 4° la souveraineté ou le pouvoir temporel; 5° la propriété, avec les devoirs et les droits qui en résultent. Elargissons ce programme, ou plutôt dépouillons-le de sa forme synthétique. Qu'y trouvons-nous?

Le respect de Dieu et le culte qui lui est dû, le respect du pouvoir, les droits de la conscience, le respect du père, l'intégrité des mœurs, la sainteté et l'indissolubilité du lien conjugal, le culte du foyer domestique, la loi du travail, avec son corollaire le repos du dimanche, l'esprit de devoir et de sacrifice, la pratique du patronage, le devoir d'assistance.

Quel cadre magnifique! et comme on comprend qu'il ait attiré tant de généreux dévouements!

III

Les résultats acquis ainsi, grâce à la méthode d'observation, ont-ils un caractère provisoire ou doivent-ils être regardés comme définitifs? M. de Curzon les tenait pour définitifs. Il n'admettait pas qu'on pût reléguer le Décalogue à l'état d'hypothèse, voire de sublime hypothèse, mais inutile, comme on a osé le dire de Dieu lui-même. Et, en cela, il interprétait fidèlement la pensée de Le Play, qui considérait comme la plus belle récompense de ses travaux d'avoir pu démontrer scientifiquement, à l'aide d'un procédé de démonstration emprunté aux sciences exactes, la réalité de la loi divine et son efficacité, pour le bonheur temporel des hommes réunis en société. La science sociale, telle que Le Play la comprenait, n'a donc rien de commun avec les sociologies plus ou moins naturalistes qui prennent pour point de départ la doctrine de l'évolution. Non qu'il fermât les yeux à une vérité aussi évidente que la lumière du jour, à savoir que les sociétés se transforment. Sans doute elles se transforment, surtout par le progrès des sciences qui modifient la physionomie de notre planète et les conditions d'existence matérielle de ses habitants, mais en dépit de tous les changements, l'homme, en tant qu'être moral et sociable, demeure soumis à une règle suprême, qu'il n'a pas faite, qu'il n'est pas en son pouvoir de modifier, de détruire, et qu'il doit observer s'il veut accomplir la fin pour laquelle il est en ce monde. C'est ce qui faisait dire à Démosthène : « La loi est une conception de Dieu, entrevue par les sages, réalisée ici-bas par l'assentiment commun de la société [1]. » Donc tout ce qui nous ramène à l'observation de la loi est fait pour le bien de l'humanité. Tout ce qui nous en éloigne est fait pour son malheur.

Est-ce à dire que la science sociale, une fois reconnue et fixée, ne soit pas perfectible? Ici l'on doit répondre par une distinction : Non quant aux principes, oui quant aux applications. « Il faut faire, en effet, dans les travaux de Le Play, deux parts bien distinctes : celle qui a trait à la découverte, par sa méthode, des vrais principes sociaux, et celle qui a pour but leur mise en pratique. »

La première constitue sa doctrine, ce qu'il appelle la *Constitution essentielle de l'humanité* : celle-là, nous dit-il, est immuable, universelle, essentielle dans tous les lieux et dans tous les temps; aucune société humaine ne peut s'en écarter sans souffrir, se corrompre et finalement périr.

« Il n'en est pas de même de la mise en pratique des principes; elle varie selon les temps et les lieux, à la condition pourtant que, dans son élasticité, la mise en pratique n'ira pas jusqu'à l'infraction des principes.

« Il faut donc d'abord conquérir la connaissance de la *Constitution essentielle* sans laquelle aucune nation n'a prospéré. Il faut ensuite en concilier les éléments avec les idées, les mœurs et les institutions de son pays [2].

« C'est à cette recherche que Le Play s'est appliqué dans tous ceux de ses écrits qui ont pour but la *pratique* de la réforme. Il a toujours considéré cette partie de ses écrits comme inachevée, et il a provoqué lui-même la critique. « Nous mettrons à profit, « dit-il, dans les éditions suivantes, toute observation indiquant « le moyen de mieux atteindre le but que nous nous sommes « proposé. » (*La Réforme en Europe*, p. 244.)

Cette distinction entre la science sociale, qui est immuable parce qu'elle s'alimente à la source de vérités éternelles, et l'économie sociale, qui est perfectible, parce qu'elle se meut dans le domaine des applications, paraissait très importante à M. de Curzon. Avec sa pénétration habituelle, il voyait dans l'assimilation complète de la science sociale aux autres sciences naturelles la source de graves mécomptes pour l'avenir.

« Je vois s'introduire dans les écrits sur la science sociale une expression qui me semble fort dangereuse : c'est celle de politique *expérimentale, méthode expérimentale*. Je ne sache pas que vous vous soyez jamais servi de ce terme; vous dites méthode d'observation; vous voulez que l'on tienne compte de l'expérience acquise et qu'on se garde bien d'en tenter de nouvelles, de chercher des nouveautés.

« Or, le terme *expérimental* est amphibologique et s'applique

1. Loc. cit., p. 214.

1. Cité par M. Gaston David, dans son *Rapport à l'assemblée générale de la Ligue pour le repos du dimanche*, 14 mars 1899. — Notre éminent confrère fait suivre la citation des réflexions suivantes auxquelles nous nous associons pleinement : « Cette loi dit à l'homme : Tu ne mentiras pas, tu ne voleras pas, tu ne commettras pas l'homicide ni l'adultère, tu ne travailleras pas le dimanche. — Est-ce que cette loi n'est pas visiblement la charte tutélaire de l'humanité? Est-ce que le respect et l'application intégrale de cette loi ne feraient pas cesser le désordre moral où notre société se débat avec angoisse et n'aideraient pas puissamment à rétablir l'harmonie sociale? Ce n'est pas la vie ni la société qui sont mal faites. C'est l'usage que nous faisons de l'une et le trouble que nous apportons dans l'autre qui les rendent mauvaises et font retomber sur nous le poids de nos fautes quand nous violons la loi. »

2. De Curzon, loc. cit., p. 208.

aussi souvent à ce qu'on veut expérimenter qu'à ce qu'on a expérimenté. Je crois qu'il devrait être exclu de votre école.

« Les expressions mal définies et à double entente introduisent l'erreur dans les idées, et l'erreur dans les idées est bien plus pernicieuse que la violence dans les actes. Les violences de 93 sont passées et leur souvenir fait horreur. Les faux dogmes de 1789 subsistent; ils infectent encore de bien bons esprits et ils peuvent encore servir de prétexte à de nouveaux 93. » (Lettre du 2 août 1881.)

Quand M. de Curzon écrivait ces lignes, il était certainement d'accord avec Le Play. Celui-ci n'a-t-il pas en effet formulé les pensées suivantes qu'on ne saurait trop méditer :

« Le mot science sociale est une nouveauté et l'on doit peut-être regretter qu'il ait été introduit dans notre langue, car il a pu quelquefois *stimuler mal à propos l'esprit d'invention.* » (*Les Ouv. europ.*, I, p. 15.)

« Je tiens pour condamnée *à priori* toute conclusion qui ne serait pas conforme aux indications de la raison et de la loi morale, et c'est précisément pour obtenir ce contrôle que je me suis sans cesse adressé à la recherche des vraies autorités sociales. » (*La Réforme sociale*, I, p. 90.)

« Sur les points fondamentaux de la science sociale, il n'y a rien à inventer : le nouveau est simplement ce qui a été oublié. » (*La Méthode*, pp. 389 et 392.)

N'est-ce pas, en d'autres termes, la vérité qu'a exprimée le penseur vigoureux qui donne, depuis quelque temps, un si bel exemple de courage intellectuel et que Le Play eût été heureux, certainement, de saluer comme un précieux auxiliaire pour notre école? — vous avez compris, Messieurs, que j'ai nommé M. Brunetière — quand il a dit : « La question sociale est surtout une question morale [1]. »

La sociologie, dans ses manifestations variées, a de grandes prétentions. Peut-être agirait-elle sagement, en ne prenant pas au pied de la lettre le conseil donné par Renan : « Tâchez d'organiser scientifiquement l'humanité. » — Quelle que soit la perfection de la méthode d'observation créée par Le Play, ayons la modestie de reconnaître qu'elle ne saurait avoir pour résultat de conduire à une nouvelle révélation capable de rivaliser avec celle du Sinaï. Aussi bien Le Play n'a-t-il jamais voulu donner une portée semblable à ses travaux. Comme le dit très heureusement M. de Curzon : « Le Play a voulu *limiter son enseignement aux vérités révélées par les faits*, mais non pas du tout *limiter la vérité à ce que lui ont révélé les faits observés* [2]. » Il a donné ainsi un exemple qui aurait gagné à être imité par quelques-uns de ses anciens disciples, trop peu fidèles.

M. de Curzon gémissait de la déviation qu'ont tenté d'imprimer à l'école de la Paix sociale d'imprudents novateurs. Il y voyait la perversion d'une œuvre qui ne demeurera bienfaisante et féconde qu'autant qu'elle sera fidèle à l'esprit qui animait son fondateur. Que de fois ne m'a-t-il pas confié ses appréhensions à ce sujet ! Il donnait, comme toujours, la raison philosophique de son jugement. Puisque j'ai recueilli ses *novissima verba*, permettez-moi, Messieurs, de les résumer en terminant.

« La science, disait M. de Curzon, dans son acception la plus générale, peut être définie « la connaissance des causes ».

« Le Play, grâce à sa méthode, a bien pu constater avec certitude que les sociétés prospèrent quand elles pratiquent la loi de Dieu, et qu'elles souffrent quand elles s'en éloignent. Il n'est jamais allé plus loin en fait de recherches des causes, et il a eu raison de ne pas aller plus loin. En effet, ce serait une grande présomption que de vouloir déterminer, à l'aide de la méthode d'observation, les lois inconnues qui président à l'évolution des sociétés humaines, avec la même certitude que s'il s'agissait des lois qui régissent le monde physique. A cela il y a plusieurs raisons. D'abord les phénomènes sociaux sont très difficiles à bien observer, à raison de leur infinie complexité, et très souvent l'on doit être exposé à prendre pour des faits scientifiques des apparences qui n'en sont point. Ensuite, rien ne prouve que ces phénomènes se reproduisent selon un ordre invariable, attendu que l'on ne saurait ne pas tenir compte, en cette matière, d'un facteur très important, le libre arbitre, dont l'intervention est de nature à déranger tous les calculs. Or, la solidarité des phénomènes, leur enchaînement nécessaire est la vérité première qu'il faut admettre si l'on veut procéder à la façon du chimiste et du physicien. Il y a plus. Le chimiste dans son laboratoire, le physicien dans son cabinet d'expérience, ont un avantage marqué sur le sociologue. Ils peuvent reproduire artificiellement, autant de fois que cela leur convient, le phénomène qu'ils étudient afin de vérifier la loi qu'ils présentent et qu'ils cherchent à découvrir. Il est à peine besoin de dire que ce moyen de contrôle échappe et échappera toujours au sociologue. — Pour tous ces motifs, l'assimilation *complète* qu'on voudrait établir entre la sociologie et les sciences physiques est inexacte. Cela n'affaiblit pas la valeur du procédé de démonstration que Le Play a mis à la disposition de ses contemporains pour retrouver les grandes vérités sociales oubliées ou méconnues, mais cela condamne les tentatives qui auraient pour but de substituer de nouvelles vérités sociales aux vérités anciennes, telles que nous les trouvons conservées dans la tradition du genre humain. »

IV

M. de Curzon, je l'ai dit, avait la passion de la vie rurale. En 1876, il vint s'établir dans sa propriété de Moulinet, près Poitiers; ce fut là qu'il passa, de son propre aveu, les dix meilleures années de sa vie. Quand sa santé l'obligea à rentrer dans sa ville, ses regrets s'exhalèrent, en termes touchants, dans une lettre à son frère.

« Le départ de Louis — l'un de ses fils qui l'aidait dans ses travaux — va faire un grand changement dans ma vie. Depuis Noël, je ne suis pas sorti de la maison, pas même pour aller à la messe. Il est évident que je ne puis pas rester à Moulinet dans ces conditions. Or, quitter Moulinet est désormais le plus grand sacrifice que je puisse faire; car, très certainement, je déménagerai plus volontiers de mon corps que de ma maison. (10 février 1886.)

« Et pourtant la raison me commande de faire ce sacrifice.

« Quand le temps sera devenu plus clément, je planterai pour la dernière fois. Je maintiendrai la propreté dans les sentiers que je ne devrai plus parcourir. Et puis, quand viendra l'automne, je dirai à tout ce que j'ai bâti, à tout ce que j'ai planté, un adieu éternel!... *Linquenda tellus et domus*... c'est la condition de notre vie terrestre.

« Déjà je ne puis plus penser sans tristesse aux dix années de paix complètes que j'ai vécues ici : car je ne trouverai plus cette paix que dans ma tombe, et je sens bien que mon cœur restera saignant jusqu'à ce qu'il y soit enfoui. » (10 février 1886.)

Cette vie rurale qu'il aimait tant, il la prit pour texte d'une conférence faite à Paris [1]. Précédemment il avait traité le même sujet à Poitiers.

« On m'a demandé d'écrire quelque chose pour la séance publique de la *Société d'Agriculture*; j'ai pris pour texte et pour titre : *La vie rurale*.

« Elle est la plus naturelle : la base de la prospérité et de la

1. *Après une visite au Vatican; Revue des Deux-Mondes* du 1er janvier 1895, M. Brunetière a développé cette thèse dans son admirable conférence sur *les Ennemis de l'âme française*. Voyez la *Réforme sociale* du 1er avril 1899.

2. De Curzon, loc. cit., p. 258.

1. *La vie rurale en Poitou. Annuaire de l'Économie sociale*, 1877.

grandeur des peuples : elle assure le mieux l'autonomie, la stabilité, la moralité de la famille. L'agglomération dans les villes est une cause de démoralisation ; elles sont le rendez-vous des oisifs : c'est là que devient extrême le contraste et, par conséquent, l'hostilité entre la richesse et la pauvreté ; c'est là que naît et se recrute le paupérisme. — La propriété rurale oblige aux devoirs ruraux ; elle est une fonction sociale, une adscription à la glèbe. L'intérêt social et l'intérêt personnel du propriétaire rural exigent son séjour à la campagne.

« Telle est la théorie que je développe. Je me suis inspiré de cette pensée de Sénèque : *Non tantum corpori, sed etiam moribus salubrem locum eligere debemus... Id agere debemus ut irritamenta vitiorum quam longissime profugiamus.* » (Epist. L., 1.) (Lettre du 10 novembre 1874.)

Ce fut peut-être grâce à cette circonstance qu'il dut d'avoir conservé une intelligence aussi remarquablement saine. Parmi ceux qui vivent dans l'effervescence du milieu parisien, combien peuvent se flatter d'échapper toujours à la contagion de certaines idées ambiantes, plus ou moins infestées d'erreur? Ayant passé la plus grande partie de son existence aux champs, il avait gardé au fond de son cœur et de son intelligence comme le reflet des spectacles paisibles qu'il avait eus sous les yeux. Il y avait quelque chose du patriarche des temps bibliques dans ce chef de famille entouré d'une nombreuse postérité, qui donnait à ses enfants l'exemple de tous les devoirs simplement et virilement remplis. Aussi ne suis-je point étonné que Le Play l'ait distingué comme étant de cette rare espèce d'hommes où se recrutent les autorités sociales, que l'antiquité nommait « des sages », et Platon « des hommes divins ».

Quand je le connus, c'est-à-dire dans les trois dernières années de son existence, M. de Curzon, bien qu'ayant atteint les limites de l'extrême vieillesse — il est mort âgé de quatre-vingt-quatre ans, — avait conservé toute la fraîcheur de ses facultés, toute la vigueur de son intelligence. Son abord était digne et réservé, mais d'une courtoisie parfaite ; on sentait en lui l'homme fidèle à toutes les traditions qui ont fait le bon renom de notre race. Il me semble encore le voir dans cette bibliothèque, où s'écoulait sa vie, assis devant une petite table, près d'une large fenêtre donnant sur un jardin solitaire, un jardin de ville, enclos de hautes murailles tapissées de lierre, qu'égayait seulement le chant des oiseaux. Tout autour de lui s'étendaient les rayons chargés de livres, — de bons vieux livres aux reliures fatiguées, — que surmontaient les bustes de Fénelon et de Bossuet. Dans un angle de l'appartement, un petit lit de fer attestait les habitudes exemptes de mollesse du maître du logis. C'était là que, levé de grand matin, M. de Curzon se mettait chaque jour au travail. Sa plume agile courait sur le papier et couvrait d'une fine écriture, sans une seule rature, sans une surcharge, quatre ou cinq pages de ce qu'il nommait « ses cahiers », vaste répertoire où il consignait ses impressions sur les hommes, les choses, les idées, les événements. Le reste de son temps appartenait à la lecture, à ses visiteurs, à sa famille, à ses amis. Préoccupé de maintenir constamment l'équilibre entre l'âme et le corps, il donnait quotidiennement — pourquoi tairais-je ce détail? — une heure environ à un travail manuel. Il réussit ainsi à conserver une excellente santé jusque dans l'extrême vieillesse. Quand la plume lui tomba littéralement des mains, à la suite de la première atteinte du mal qui devait l'emporter, il ne voulut plus avoir sous les yeux que deux objets, sa Bible et son crucifix, parfaitement résigné à l'arrêt de la Providence, et tout entier à l'attente des joies éternelles. Il avait médité souvent sur la mort. Dès 1867, il écrivait ces belles pensées[1] :

« ... En vérité, la mort n'est effrayante que pour les enfants et pour les gens légers qui ne cessent jamais d'être des enfants. Fuyez ce fantôme, il vous poursuit ; allez à lui, il s'évanouit ; et, derrière cette horrible fantasmagorie, vous découvrez des horizons vraiment admirables, dont votre imagination s'étonne et dont votre cœur goûte les providentielles beautés.

« Voulez-vous savoir mon remède contre toutes les douleurs et tous les maux de cette vie, la cause de cette froideur apparente qu'on me reproche, le mobile qui me fait braver toutes les menaces et toutes les déceptions? C'est la contemplation de la mort. Dès qu'il me vient une douleur, une contrariété vive, je lis l'office des morts et surtout la messe des morts ; je pourrais dire que je les récite, car, à force de les avoir lus, je les sais par cœur. Or, il n'y a pas d'impression douloureuse de l'âme qui ne s'évanouisse ou qui ne s'adoucisse après cette lecture attentive. Alors, on n'a plus d'autres soucis que de *s'endormir*, comme dit saint Paul, que de *retourner* vers la patrie, comme dit le prophète, et on attend avec Job : *Donec veniat immutatio.* »

Telles étaient les pensées dont il nourrissait habituellement son âme et qui le préparèrent à voir venir sans effroi le suprême passage. Entouré d'une légion d'enfants et de petits-enfants, à qui il avait inculqué au plus haut degré l'esprit de famille, et bien qu'il eût donné deux de ses fils à l'émigration, il ne connut pas les tristesses de l'isolement, fruit amer du *particularisme*. Aussi sa vie s'acheva-t-elle sous les bénédictions de la religion qu'il avait fidèlement pratiquée, « comme le soir d'un beau jour ».

ARNOLD MASCAREL.

1. Lettre au comte de Touchimbert.

FOLK-LORE

La Merlaisse blianche

CONTE POITEVIN

O l'était ine feit ine merlaisse blianche thi avait bâti son nic au bia mitan d'un bouesson. O faut bein thi vous appringe que thielle merlaisse avait cinq petits merlatas, megnons, mais megnons, comme o n'est guière possible d'en veure, avouec daux jolis petits œuils qui terleusiant comme daux parles nègres, et daux ales qui coummoinciant à léchaie cheure leu coutans.

O faut bein thi vous dise otout qu'o li avait, pas bein lein de thio l'endrett, in groud chenapan de renard, cheti comme ine gale, avec un musia quasiment pu pointu que le naie d'ine museragne.

O l'arrivit qu'un tantout, juste au moument où thielle merlaisse était à queri la bechaie à ses merlatas, que thio câlin de renard s'approchit dau nic, le fasit cheure dans la palène avec ses pattes, et marme ne fasit qu'ine goulaie de thié paôvres petits osias.

Quand la merlaisse retournit, qu'a veugit son nic ébouillé, et le song et la plliume de ses petits merlatas, éparrés partout dans l'harbe et dans les airondes, a se mettit bein si fô à huchaie et à silaie, qu'on arait peyut l'ontondre de la Peyandrie ou bein daus Arciax.

« Oh ! mes paôvres petits merlatas, huchait-t-aille, y vedrai bein savaie thi a peyut vous dévoraie comme thieu, attendit thi n'y était pouai. »

Une bascouette qui l'entendit bramaie comme thieu li dicit qu'o l'était compère le renard thi avait fait le cot.

« Eh ! bein, marme, qu'o dicit la merlaisse, y m'en vat allaie trouvai thio l'animaue ! »

Alle y allit aussitout...

« Grand câlin, qu'a dicit a thio renard, o lé té, pas vrai, thi a meingé mes petits merlatas ?

— Inan ! inan ! o n'est poué mé, lui répondit thio thi ; per de que me prenau, Madame la merlaisse ? Thié lé qui vous avant dit thieu sant daux menteus ; le savant bein tertous thi sait incapable de fouère dau mau a n'ine mouche !

— Oh ! grond fourbe, grond imposteu, répliquit la merlaisse, coument oses-tu bein dire daux menteries ; y vouait core dau sang de mes petits merlatas dans le coin de ta goule, et marme o l'est rechté core daux plliumes dans tes babines !

« D'ailleurs, si o n'est pas thé thi les a meingés, tu vindras avouec mé, demoin matin a la piquette dau jou, lé-bas, darre thielle grond' palisse, et tu feras sarmant, sur la teite d'un chin mô, qu'o n'est pas té thi a fait le cot !

— I o vaut bein ! i o vaut bein ! qu'o li répondit thio grond affronté de renard !... Y ne sarait jà voyau bé être accusé comme thieu, o finirait bé per me portaie neusance... »

La merlaisse le thittit su thié entrefouaites, et alle allit trouvaie un vieux chin bliane thi était soun ami, et thi était en train de badaie la goule en se chauffant l'échine au souleil.

« Grond chin blianc, qu'a li dicit, le renard a meingé mes petits merlatas, et o faut que tu me bailles tes sarvices ; y ne taut demandes poué per rein, cré-z-ou bein, et tu n'y perdras jà ton temps...

— I o vaut bein, qu'o dicit le chin blianc, mais o faut que tu m'appringes ce qu'o li a-t-a faire !

— O faudra, mon paôvre chin blianc, qu'o dicit la merlaisse, que tu vinges te couchaie là-bas, darre thielle grond' palisse, et que tu fasses le mô durant in bou moument ; et quand thio grond chenapan de renard levera la patte su ta teite, en jurant qu'o n'est pas li thi a meingé mes petits merlatas, tu li sauteras à la gorge, et o faudra que tu tâches de l'étrangllaie ! »

Le chin blianc, qui n'était poué peurrichou, acceptit thielle propousitiou, et le lendemain dès au matin, coure le renard s'approchit de li, le l'attrapit per le gargena, et le serrit bein si fô avec ses donts, que le renard cheyit de thiul. L'était mô !...

« Avoure, qu'o li dicit la merlaisse, o n'est poué le tout de thieu, et pisque t'as été per mé in bon bougre de chin, y vaut te fouère bouère dau lait, maugeai dau beurre et dau fremage, et te fouère rire tout ton saoûl.

« Tu n'as qu'a me sègre et a bein ouvrir les œuils !... »

*
* *

Marme thio chin blianc thi était câlinou et gormand, se mettit à la sègre en effilant bein ses oureilles et en raballant sa quouette entre ses pattes de darre.

L'arrivirant bintoût au moulin daux Bessons, pas bein lein ma foué de la Boutounne, thi coulait ithi sous les popillons et les aubets, et voure o li avait tout un soulas de canets et de pirons qui fasiant daux pllongeans.

La mounaire, une veille bounne femme, qui sortait dau coûté de Saint-Voincent et thi portait le coiffis daux pelhoises — vous savez bein thielle coiffe pllate qui rassemble per darre à un thiul d'assiette — arrivait juste à thio moument de traire ses vaches, et thielle particulière tenait per la quoue in grand jalan tout rempli de lait.

Quand la merlaisse l'agit apercegine, a se mettit à voltigeai autour de sa taite en sabiotant ; et thielle boune femme qui creyait qu'alle arait peyut l'attrapaie, posit sa jalonnaie de lait à coûté de la muraille dau moulin, huchit après soun houmme le mounai, thi arrivit avec sa bliouse de taile blianche et son chapia tout farinou, et le se mettirant à galopaie après thielle merlaisse en huchant tout deux deux coume daux gatais.

« I ai le bel oseaie ! I ai le bel osaie !... »

Mais pendant thio temps, le chin blianc lapit tout le lait thi était dans le jalan, et quand l'agit fini d'en bouère tout son crevai de soûl, la merlaisse et li décampirant pas chat petit, en riant coume daux fous de thio mounai et de thielle mounaire que l'aviant si bein attrapai.

*
* *

« Eh bein, avoure es-tu content ? qu'o dicit la merlaisse au chin blianc coure le segirant arrivai à ine versanne dau moulin.

— As-tu pouai vu thio mounai et thielle mounaire thi me galopiant en badant si raide la goule et a fasant petaie leu botts ?

— Marme, o n'est terjous pouai de ma faute si tu n'as pouai peyut te ribotaie de lait pendant thio temps. »

— Ouail, ouail, y sait bein contont, qu'o dicit le chin, et y en eot marme lapaie mon pllein jabot ; mais o me semble avoure thi meingerait bein otout ine goulaie de beurre et de fermage !...

— Eh bein, qu'o dicit la merlaisse, o faut que tu me segues core un pouai ; i allons allait dau coutai dau marchai de Cheboutounne et tu perras marme core te rempili le jabot. »

L'arrivirant bintoût devant l'halle, et le vengirant dans un pilot daus fumelles de Teillou, de Fonteneuilles, d'Ardilleux, thi aviant tertoutes dans panaies remplis d'ûs, de canets, de jaus, de beurre et de fermage...

O li avait otout daus cocassaies, daus marchands de mouclles, de serdrines, daus bouchaies, qui vondiont dau gigot d'oueille, daus pirots de vias, dau thieur de vache et dau ralles de bûs.

« Arrête un pouai », qu'o dicit la merlaisse au chin blianc.

Et la v'la qui se mettit core a voltigeaie pertout autour de la taite de thiés fumelles au grand coueffis, en chantant comme ine gataie.

O l'arrivit marme core coume au moulin dau Bessans ; les fames posiriant leu panaies par tairre ; les poissounnaies léchirant leu mouclles et leu serdrines ; les bouchaies thittirant leu vionde sur leus bones, et thié mandes se mettirant tertous a couri après la merlaisse en huchant : lai ! le bel osaie ! iai, le bel osaie !...

Mais persounne ne peugit core liattrappaie ; ce qui n'empouéchit pouai le chin blianc de meingeai dau beurre, dau fermage, dau pouessans et de la vionde, attendit que thié particuliers et thié particulières galopiant thio bel osaie.

*
* *

Marme, thio grond bougre de chin s'était si bein ribotai, que la pia dau vontre li pettait ; et l'eyit bein de la paine a segre la merlaisse, lhi pertant velait core le fouère rire in pouai, après l'avaie si bein fouait ringalé. Le montirant tous deux su la Pllaine, vous savez bein, lé-sus, tout de cantre l'égllise, voure o se tint le champ de fuère aux bûs.

O li avait marme dans thio l'endrett tout pllein de mandes qui battiant avec daus fllias. On n'ontondait que thieu dau matin au sai ; et o l'était marme bein raide joli de veure le bia froument que les mandes outiant de sous la paille et mettiont dans in grand pilot.

Thio chin blianc, thi était marme bein raide vassai et thi peuvait thiasiment pu apiraie, se mottit tout de cantre ine maillaie et le rechtit ithi d'assian su son darre.

La merlaisse se mettit core à voltigeaie ; a se raballait dans l'aire, comme si alle avait ayut les ales cassaies, et a virounnait autour de thié gas et de thié fumelles, thi tertous come le veugirant se mettirant a bramaie comme les aôtres.

« Iai, le bel osaie !... Iai, le bel osaie !... »

Et marme o l'était core ithi a thi la prindrait ; mais la merlaisse, thi fasait sembliiant de s'apouaie thieuque cots, ne se léchaie guierre attrappaie.

O durit bein de même in bau moument ; les gas couriant tertous, le ripiant su la paille avouec leu grous botts ; et o l'arrivit que le groud Crevetarre, un vieux pésan que le noummant otout Peignechetif, et thi a le naie grou comme ine petate, chegit dau croupeugnion au bia mitan d'un pilot de balles, et marme coure le se relevit, l'en avait pertout, dans la goule, dans les œuils, dans les orailles et jusqu'à la cime daus piaus.

Et le chin bliane, thi regardait tout thieu d'assian su son darre, badit bein tant la goule que le se la fendit jusqu'au cacouët.

Et comme o fasait neut, la merlaisse thittit le chin et se sauvit daus coûté de Coupiame, et thio thi allit se couchaie dans le cru de son pallaie. I ne sait poué marme ce que le sont devenus de peu thio tomps, et y ne m'en sait guièrre émoyé.

Et, avoure, o faut bein thi vous dise, comme défunt Jean Bliaise, à la veuillaie chez Rigardeau, coure y pelions le garouil, en buvant dans cots de piquette longs comme le bras :

« Cric, cric, man cante est dit: cric, crac, man cante est dons le sac..... »

Recueilli dans les environs de Chef-Boutonne par M. Aug. Gaud.

PETITES LÉGENDES

La potence au maçon

A environ un kilomètre de Menigoute, sur la route de Saint-Germier (Deux-Sèvres), se trouvé un carrefour connu sous le nom de « la potence au maçon ». La tradition rapporte qu'une jeune fille aurait été assassinée par un maçon, qui y fut ensuite pendu. Chaque année on a vu, maintes fois, une dame habillée de blanc se promener la nuit en cet endroit.

La nuit du mardi-gras, les chats de Menigoute et des environs se réunissent à ce carrefour et font, en signe de réjouissance, des danses fantastiques présidées par le diable.

(Communiqué par M. Allard, instituteur public, à Coutières (Deux-Sèvres).

Prise du château de Bois-Pouvreau

FUITE DE JEAN D'ESTISSAC

Dans la seconde moitié du XVᵉ siècle (1473), Jean d'Estissac était seigneur de Bois-Pouvreau, près Menigoute (Deux-Sèvres). Louis XI, fort mécontent de son refus d'obéissance, vint assiéger la forteresse. Jean d'Estissac esseya bien de résister. Il s'enferma avec ses gens derrière les épaisses murailles de Bois-Pouvreau, entourées par l'étang qui rendait la position très forte, puisqu'il était impossible d'en approcher.

Le siège commençait à trainer en longueur lorsqu'une femme, ancienne domestique du château, vendit aux assiégeants le point faible de la défense, en indiquant la vanne qui retenait l'eau. Cette vanne aussitôt levée, le lendemain l'étang était à sec, et l'armée royale put s'avancer.

Jugeant alors la situation intenable, le seigneur de Bois-Pouvreau, comprenant bien le sort qui l'attendait s'il venait à être fait prisonnier, n'eut d'autre pensée que celle de s'enfuir. Mais ce n'était pas chose facile, car l'armée royale entourait la forteresse. Une idée lui vint : il fit enlever les entrailles d'un vieux cheval, se cacha dans le ventre de l'animal, qu'un domestique chargea ensuite sur un charrette, et put, sans éveiller le moindre soupçon, traverser les rangs ennnemis. Cette ruse sauva Jean d'Estissac.

(Communiqué par M. E. Bâty, instituteur-adjoint à Menigoute.)

La Fosse aux Filles

A la limite des deux communes de Chantecorps et de Vasles, non loin du village de Coutières (Deux-Sèvres), sur la rivière de la Vonne, se trouve une fosse profonde connue sous le nom de « la fosse aux filles ». La tradition rapporte que deux jeunes demoiselles, deux sœurs d'une grande beauté, s'y sont noyées en se baignant. De nombreuses personnes prétendent avoir vu deux dames blanches errer la nuit en ce lieu, et pensent que ce sont les âmes des deux sœurs qui reviennent visiter l'endroit où la cruelle Atropos a tranché le fil de leur vie mortelle.

(Communiqué par M. Allard, instituteur public, à Coutières (Deux-Sèvres).

R.-M. LACUVE.

(*Revue des Traditions populaires*, février 1900.)

DICTONS RIMÉS

1. Annaie de fein (foin)
   Annaie de rein.
2. Belle feille et bon froument
   Ne pardant jamoais leu temps.
3. Goule attrapaie
   Signe de compagnaie.
4. Femme couchaie et bois debout
   N'on en voait jamoais le bout.
5. Femme maligne et poule tchi pond
   Foait grond brut à la moaison.
6. Jeine femme, poain tondre et bois vert
   Mettant la moaison à l'anvers.
7. Le tomps cllairâ
   Amene l'aive à moéssiâ.
8. Poaires et feilles meures
   Sont sujettes à macheures.
9. Tomps poumelé, femme fardaie
   Ne sant jà de longue duraie.
10. Sons les sotts,
    Les avocats porteriant daux botts.
11. Tchi at à brulaie
    N'at pas t'à nigeaie.
12. Tchi crait sa femme et son tchuré
    Court grond risque de se ruiné.

R.-M. LACUVE.

Proverbes poitevins

1. O faut pas vondre son ch'vau pr'achetaie de l'aveine.
2. Tchiau tchi est fourni de paille peut foaire dau fumaie.
3. Toute bêite tchi cheut et tchi se relève n'est poué t'ine rosse.
4. Coure le moulin est froumé les ânes se battont.
5. Pre mordre à l'hameçon, o faut trouvaie la pâte bounne.
6. O faut pas s'arraché le naie pre foaire honte à son visage.
7. O n'y at pas de si p'tit saint tchi ne mérite bé sa chondelle.
8. Besougne bein coummoinçaie est à mété faite.
9. In bon goret gras vaut meux qu'in chétit chein.
10. La pus belle feille de Paris ne peut baillaie que ce qu'all' at.
11. L'aive qui court ne porte pas poésan.
12. Le ch'vau tchi court trejous n'at pas b'sein d'étchurie.
13. Le pus à craindre, oll'est pas le chein tchi jappe.
14. L'ageasse est pretout pigeaude.

R.-M. LACUVE.

HISTOIRE LITTÉRAIRE

J.-K. HUYSMANS A LIGUGÉ

Nous avons la bonne fortune de pouvoir accompagner de photographies inédites la reproduction d'un article que M. Lucien Descaves vient de consacrer, dans l'*Echo de Paris* du 29 avril, à la relation d'un séjour à Ligugé, auprès de son maître, le président de l'académie Goncourt, J.-K. Huysmans.

La *France illustrée* du 16 mars a aussi, sous la signature de Dom Besse, donné des détails précis sur le genre de vie actuel du célèbre converti, et sur l'oblature bénédictine, dans laquelle l'auteur de *La Cathédrale* vient d'être admis; nous en publions également la reproduction.

Ce sont là, en effet, des documents trop précieux pour l'histoire des lettres contemporaines et du mouvement religieux de notre temps, pour que le *Pays Poitevin* néglige de leur assurer une place d'honneur dans les Archives poitevines.

UNE BONNE JOURNÉE

Des fenêtres de la Maison Notre-Dame, j'aperçois, à mon réveil, le toit triangulaire de l'abbaye et les vieilles pierres grises de son petit clocher, à travers le rideau transparent des tendres frondaisons nouvelles. Mon ami, de sa chambre, chaque matin, a ce décor sous les yeux. Le monastère est toujours là, sentinelle séculaire qu'on ne relève pas... et cette constatation suffit à la sécurité du croyant chez qui je suis venu passer quelques jours.

A gauche, les maisons basses du village et les bâtiments de l'usine franchis, c'est la campagne, la riante et molle vallée, la modique rivière aux lenteurs de laquelle il ne faut pas se fier, car elle a, dans le temps des pluies, de brusques emportements qui la jettent hors de son lit.

Elle est bien paisible, à présent... Au fond de ses eaux limpides, la brise et le courant rabattent les flammes vertes des herbes, tandis que veillent, sur ses bords, et s'étirent des peupliers benêts, pareils à des asperges érigées; d'autres où s'emmêlent, dans les branches, les grosses pelotes de laine du gui, et d'extraordinaires mendiants, enfin, aux jambes enterrées, courts et trognonneux, exhibant, comme pour intimider ou apitoyer le passant, leurs bras tordus, leurs troncs difformes, d'horribles moignons et les plaies vives faites par un émondage opportun.

LIGUGÉ. — Maison Notre-Dame, résidence de J.-K. Huysmans.

LIGUGÉ. — L'église abbatiale vue de la maison Notre-Dame.

Mais autour d'eux les champs, la prairie, sont en joie, émaillés de boutons d'or et de pâquerettes et fleuris, par les arbres fruitiers, de bouquets de neige.

Dans le jardin, sous ma fenêtre, les lilas, dont les capsules ont éclaté pendant la nuit, embaument; les pins répandent leurs gommes amères; les buis s'humilient et le grand cèdre superpose, au milieu de la pelouse, ses palmes tutélaires. Tout naît, croît, travaille et multiplie. Les miracles quotidiens du printemps s'accomplissent.

Ce matin, nous déjeunons à l'abbaye. Nous y

ABBAYE DE LIGUGÉ. — Cour claustrale.

ABBAYE DE LIGUGÉ. — Réfectoire.

J.-K. HUYSMANS DANS SON CABINET DE TRAVAIL, A LIGUGÉ.

sommes reçus par le Père Abbé lui-même, un aimable et fin vieillard levé tous les jours bien avant le soleil et d'une étonnante activité. Autrefois, dans sa jeunesse, il fut peintre, et je le soupçonne d'avoir gardé pour les artistes une secrète inclination.

Nous sommes bientôt rejoints, dans la galerie du cloître où nous faisons les cent pas en causant, par le prieur, un historien ecclésiastique distingué, auquel l'âge, à lui non plus, n'a rien ôté de sa verdeur et de sa lucidité, et par le maître des novices, moine à carrure puissante, aux traits énergiques et doux, et dont la physionomie respire l'intelligence et la bonté. Il a également publié des ouvrages estimés.

Si je ne suis pas, hélas! perméable à la foi, je le suis à la confiance, à la sympathie, et ces Bénédictins gagnent tout de suite l'une et l'autre.

Midi sonnant, le Père Abbé nous précède au réfectoire, nous verse de l'eau sur les mains et nous conduit à notre place.

Le réfectoire, où les repas se prennent en commun, est une grande salle rectangulaire, claire, blanche et nue, au plafond formé de poutres en saillie et meublée seulement de tables de chêne et de bancs fixés à la haute boiserie qui recouvre la partie inférieure des murs. Mais deux tables encore, distinctes, sont réservées, au milieu du réfectoire, aux hôtes des Bénédictins et aux frères convers. La nôtre est la plus rapprochée des tables séparées qu'occupe, au fond, l'Abbé, ayant à sa droite le prieur et à sa gauche le sous-prieur. Les autres moines se distribuent autour de la salle, suivant un ordre déterminé, je crois, par leur entrée en religion.

Cependant l'Abbé récite le *Benedicite*, et c'est comme un petit souffle frais qui courbe, par intervalles, les moines, ainsi que des épis de blé noir. Puis l'on s'assoit et le déjeuner commence.

Les fonctions de serviteur de table, dont les convers sont dispensés, sont remplies par les moines de chœur, pour montrer que l'inégalité de rang, dans l'abbaye, ne diminue pas la force des liens fraternels qui unissent entre eux les Bénédictins.

Menu : la soupe, radis, beurre, deux plats de viande, légumes, fromage et noix. Du vin, un vin rouge, un peu vert, du cru. Mais j'observe que la plupart des Pères ne boivent que de l'eau et qu'ils n'ont droit qu'à un plat de viande. Pendant le Carême, la nourriture — on leur mesure jusqu'au pain! — est réduite au strict nécessaire pour ne point tomber d'inanition. Les vieux prêtres s'accommodent aisément de la rigueur du régime, mais il est dur aux jeunes novices, qui se regardent, aux derniers jours, comme devaient s'entre-regarder les naufragés, à la fin, sur le radeau de la *Méduse*.

Le repas, qui dure à peine vingt minutes, se poursuit en silence, silence rompu seulement par la lecture que fait, en chaire, l'hedomadaire. Il lit, ce matin, la *Vie de Louis Veuillot* par son frère. On croirait qu'il lit mal exprès. L'écoute-t-on? L'état de la presse en 1835, dans le Périgord, paraît laisser les moines singulièrement indifférents.

Mais l'Abbé, ayant lui-même, comme tous les religieux, essuyé son couvert, a donné sur la table un coup de son petit marteau de bois... Les moines se lèvent et, après la prière liturgique qui termine le repas, se rendent, deux par deux, en psalmodiant un psaume, à la chapelle, où nous les suivons.

L'office achevé, l'Abbé nous retrouve sous les voûtes du cloître et nous invite, avec le prieur et le maître des novices, à prendre le café. Le sujet de la lecture du jour, proposé par nous, défraie la conversation. L'Abbé et le prieur, qui ont connu Louis Veuillot et Montalembert, échangent des souvenirs, se rappellent des anecdotes puériles et charmantes; puis nous les quittons pour aller, accompagnés par le maître des novices, visiter l'imprimerie de l'abbaye, où une vingtaine de jeunes garçons du village font leur apprentissage sous la direction d'un Père, et la bibliothèque, récemment construite, une tour à trois étages où sont rangés, en nombre considérable, des volumes anciens et modernes. Nous passons là une heure délicieuse.

C'est vraiment, ici encore, une clairière, et une clairière qui m'agréerait, que je comprends. Tout bien considéré, je me sens plus près de ces moines que des gens de négoce, de finance et de politique.

Des hommes cherchent un refuge au-dessus de leur temps; d'autres, sans esprit religieux, se groupent en dehors... L'essentiel, pour tous, est d'oublier le plus possible, dans le travail et la fraternité, la basse ignominie d'un monde pustuleux.

Je suis encore confirmé dans cette opinion par la rencontre, au monastère, d'un jeune novice qui fut naguère l'ami et le compagnon de lettres des Rosny et des Margueritte. C'est aujourd'hui le Frère Anselme. Mais les Pères n'ont point sarclé en lui le chant de l'inspiration poétique. J'en trouve la preuve dans le dernier *Bulletin de Saint-Martin*, revue mensuelle publiée par les Bénédictins, imprimée à l'abbaye et hospitalière à ce *Chant de moines* du Frère Anselme :

Un pâlissant rayon erre le long du cloître
Et le déclin du jour est infiniment doux.
Oh! tandis qu'ici-bas meurt la lumière en nous,
Puisse, puisse, mon Dieu! votre lumière croître!

Soleil qui rayonnez, sans soir et sans hiver,
Nous délivrant du mal aux perfides étreintes,
Faites mûrir en nous toutes les œuvres saintes,
Purifiez, Seigneur, notre âme et notre chair!

Que nulle herbe stérile ou mauvaise n'abonde
En cette âme qu'enchaîne à vous un triple vœu :
Retranchez par le fer, consumez par le feu,
Ce qui demeure en nous des lâchetés du monde,

Afin que nous soyons des moines pénitents
Mais joyeux, sous le deuil de nos longs scapulaires,
Et que nous observions les règles séculaires
Avec une ferveur digne des anciens temps.

Que le Frère Anselme, le compagnon des cénacles littéraires d'autrefois, soit heureux aujourd'hui, qui donc en douterait, après avoir lu cette pièce et telle autre, *Præconium paschale*, qui paraîtra bientôt dans le même Bulletin et que j'emporte, manuscrite, comme une fleur que l'impression n'a pas encore séchée?...

Le soir, à la maison Notre-Dame, au milieu des ouvrages sur les ordres monastiques, les sciences occultes, les vies des saints, la liturgie, le Moyen-Age, tant d'in-folio vénérables qui font du cabinet de travail de mon ami une sorte d'annexe de la bibliothèque bénédictine, nous feuilletons, sous la lampe, papiers loyaux, inaltérables encres défiant le temps! l'obituaire d'une ancienne abbaye royale, un précieux registre relié en peau de daim et contenant les professions et prises d'habit, la biographie des religieuses et abbesses, depuis la Réforme jusqu'à la Révolution.

1624-1792. De ces vies encloses, le témoignage, traversant les siècles, arrive jusqu'à nous, toujours odorant, en un registre qui est comme un sachet aux rayons de la bibliothèque.

Mais j'y vois surtout, mon cher Huysmans, un souvenir plus propre à vous évoquer, dans votre retraite ligugéenne, que les commérages et les indiscrétions de ceux qui pénètrent avec effraction dans votre intimité et ne manquent pas de terminer l'article relatif à votre conversion par une pesée de ce ciseau à froid : le point d'interrogation.

LUCIEN DESCAVES.

J.-K. HUYSMANS OBLAT BÉNÉDICTIN

M. J.-K. Huymans remplissait, au ministère de l'Intérieur, les fonctions de sous-chef de bureau. Il n'eut pas plus tôt obtenu sa retraite, qu'il se mit en mesure de quitter Paris et de se fixer à la campagne, auprès d'un monastère bénédictin.

Les enfants de saint Benoit n'étaient pas pour lui des inconnus : les Cisterciens d'Igny lui avaient donné l'hospitalité en 1892 et en 1893; en 1894, il passa une semaine dans l'abbaye de Saint-Wandrille, qui venait d'être restaurée par l'un de ses amis; il y fit plus tard une seconde visite, en compagnie de l'abbé Féret, son confesseur. L'Abbé et les moines de Solesmes lui firent à plusieurs reprises un accueil empressé. C'est à Saint-Maur qu'il fit sa retraite en 1898. Je ne dis rien des religieux qu'il eut fréquemment l'occasion de rencontrer et d'entretenir à Paris.

Durant l'été de 1898, la présence d'un ami l'attira sur les bords du Clain, à Ligugé. La beauté du site, le voisinage de l'abbaye et les grands souvenirs de saint Martin et de saint Hilaire, qui avaient sanctifié ces lieux, l'impressionnèrent vivement. La sympathie qu'il trouva chez les Bénédictins et chez des prêtres distingués l'encouragea à faire l'acquisition d'un terrain qui était à vendre; quelques mois suffirent pour élever une maison et organiser un jardin. Il put s'y installer en juillet 1899.

Dès son arrivée, l'auteur de *En route* et de *La Cathédrale* se mit à suivre religieusement les offices monastiques. Son zèle, qui ne s'est jamais ralenti, édifie les moines et les paroissiens. On le voit tous les jours, vers neuf heures, quand sonne la messe conventuelle, prendre le chemin de l'église. Il suit, dans son diurnal, les heures de Tierce et de Sexte qui encadrent l'oblation du saint sacrifice, et, dans le missel des fidèles, les cérémonies de la messe. Lorsque les religieux vont au chœur, le soir, psalmodier None et chanter Vêpres, ils peuvent l'apercevoir, les yeux fixés sur un livre et occupé à prier ou à méditer, en attendant le début des chants liturgiques.

Certains jours, il arrive de bonne heure à l'église pour assister à une messe de communion.

M. Huysmans savait que l'Ordre de Saint-Benoit s'affilie spirituellement de pieux séculiers ou laïcs qui manifestent le désir de conformer autant que possible leur vie dans le monde à l'esprit de son saint fondateur. Ceux qui méritent cette faveur portent le nom d'Oblats.

Ce sont des Tertiaires bénédictins. Ils ne mènent pas la vie religieuse et ne sauraient d'aucune manière être confondus avec les moines. Le scapulaire qu'ils reçoivent les fait participer aux grâces de l'habit monastique; mais ils ne le mettent pas en évidence. Il n'y a qu'à voir sa forme pour ne le jamais confondre avec le costume religieux proprement dit. Les Oblats vivent chez eux, disposent d'eux-mêmes comme bon leur semble; ils n'ont aucun vœu d'obéissance. On leur demande seulement de vivre en bons chrétiens et de suivre les offices.

Quelques hommes, épris des beautés de l'art chrétien et persuadés du grand rôle qu'il doit jouer dans l'œuvre de la christianisation d'une société, avaient émis la pensée d'établir entre eux et l'Ordre Bénédictin ce lien moral de l'oblature; ils espéraient ainsi augmenter leur force et travailler par la plume, par la parole et par tous les moyens en leur pouvoir, à la restauration de l'art chrétien. Ce désir, qui deviendra peut-être une réalité, a pu faire croire que Huysmans songeait à fonder une œuvre religieuse à Ligugé.

Il n'en est rien. Son but est plus simple : vivre en bon chrétien, de la vie de l'Eglise, par l'assistance aux offices liturgiques, et travailler à faire admirer de ses contemporains l'Eglise du Christ, sa vie, ses Saints, son art incomparable. Il s'adresse moins aux catholiques convaincus qu'aux hommes séparés de nous par l'ignorance ou le préjugé. Dieu lui permet de constater souvent que ses efforts ne sont pas inutiles. Il n'en faut pas davantage pour lui faire oublier ce qu'a de pénible la défiance dont il est l'objet de la part de quelques-uns.

Dom BESSE.

LE MERVEILLEUX EN POITOU

Apparitions, visions et fantômes

On parle bien fort d'aparition de visions et de batailles données en l'air, qui ont duré et couvert la terre de sang », écrivait de Paris, le 5 février 1642, Pierre de Nesmond de Sansac, gendre de Josué de Caumont, seigneur d'Ade ou d'Adou, et de Marie d'Aubigné, fille de l'historien d'Agrippa, à son beau-père, M. Dadan (229, catalogue Thouzat). En vrai sceptique, il ajoutait : « Mais je ne croy que les prodiges que je voy. » De quelles apparitions, visions ou batailles en l'air s'agit-il particulièrement ? Les feuilles du temps ne nous en ont pas conservé le souvenir, ou je n'ai pas le moyen de le savoir. Mais j'ai recueilli de ci de là, dans les mémoires de l'époque, dans les historiens, quelques faits assez curieux qui montrent les croyances populaires d'alors. On consultera aussi le *Bulletin de la Société de Géographie de Rochefort* (t. XVI, 1894, n° 2, avril-juin).

M. Piteau y a publié un travail très original : *Ephémérides météorologiques et sismiques de la Charente-Inférieure*. L'auteur a tiré des ouvrages sur la Saintonge, Arière, Jourdan, Massiac, Le Popelinière, des *Archives de Saintonge et d'Aunis*, les phénomènes atmosphériques qu'il a pu rencontrer : tremblements de terre, comètes, ouragans, cyclones, tempêtes, pluies, grêles, froids excessifs, chaleurs anormales, météores, prodiges célestes, etc.[1]

Je me borne à notre région, Angoumois, Poitou, Saintonge. Il est probable que dans d'autres pays on trouverait des anecdotes semblables, à moins que ce ne soit particulier à la contrée où la fée Mélusine a fait sentir son influence.

*
* *

Toujours les événements imprévus, les accidents tragiques, les morts subites des grands personnages, ont ému les populations, et elles y ont mêlé l'intervention divine ; elles ne peuvent s'imaginer que ces catastrophes aient des causes naturelles ; il leur faut du mystérieux. On ferait un livre des prodiges qui précédèrent et accompagnèrent la mort de Henri IV. D'abord, les cinq soleils qui parurent en Gascogne et les astres qui changèrent de position, comme le chante en vers le Père François Gavarre, d'Angoulême, d'Angoulême qui était la patrie de Ravaillac :

> Namque perhibent quinque ante tua funera soles
> Astraque non solito visa fuisse loco.

Nicolas Pasquier, lieutenant général à Cognac, fils d'Etienne Pasquier, énumère gravement les prédictions des devins, les horoscopes des magiciens, qui auraient dû prévenir l'assassinat, si l'on croyait aux avertissements d'en haut. N'est-il pas certain qu'il avait été prédit que l'année 1610 et le mois de mai seraient funestes au roi ? Janet, natif de Besançon en Bourgogne, et Farear, Ecossais, passant, l'an 1608, à Ruffec en Angoumois, avaient annoncé que le roi serait tué dans deux ans[2]. Nicolas Coeffier, conseiller au présidial de Moulins et maitre des requêtes de la reine, « à qui j'ay ouy dire, raconte Pasquier tout naïvement, beaucoup de choses qui se sont succédées comme il les avoit dites avant qu'elles arrivassent, m'a dit « qu'il avoit asseuré le « roy qu'entre le solstice d'hiver et le solstice d'été de la pré- « sente année il était dangereusement menacé ».

De plus, l'heure même où Henri IV était frappé par François Ravaillac, Honoré du Laurens, archevêque d'Embrun, disait de lui, qu'à cette heure même il pouvait « luy survenir quelque désastre ». Est-ce que, d'ailleurs, l'assassin n'était pas « magicien et sorcier, qui communiquoit avec le diable » ? Pasquier le sait bien, lui. Il avait eu jadis à son service Du Bois, natif de Limoges, qui déposa de ce fait au procès, en 1608 ; il s'était trouvé rue de la Harpe, à l'enseigne des Rats, au même logis et dans la même chambre que Ravaillac, qui venait d'Angoulême à Paris. Il avait entendu Ravaillac, qui le croyait endormi, faire une conjuration pour évoquer le démon. Le démon lui était apparu sous la forme « d'un gros dogue qui avait la queue retroussée jusques sur la teste ». Et Du Bois l'avait vu lui-même dans la chambre, éclairée à moitié, car l'autre partie restait dans l'ombre[1].

L'esprit malin devait, en effet, jouer un grand rôle dans la tragédie du 14 mai 1610. Ici le démon est un chien, ailleurs il a la forme humaine. Un paysan d'auprès de Meaux, raconte le pasteur Merlin, étant allé, le 12 juin 1610, au marché à Cloyes vendre des fromages, « rencontra le diable en forme humaine, habillé comme un grand laquais ou valet-de-pied du roy, qui l'arraisonna sur la mort du feu roy et lui dit que c'estoit un grand tyran, et que François Ravaillac, qui l'avoit tué, estoit bien heureux et n'avoit senti aucun mal lorsqu'on l'avoit exécuté par justice ; lui présenta un sac de pistoles et un cousteau du tout semblable à celui duquel Ravaillac avoit fait le malheureux et détestable assassinat, le persuadant de tuer un autre tyran aussi meschant que le premier, à sçavoir le maréchal de Bouillon, l'asseurant qu'il en viendrait à bout dans le 15 juillet prochain, qu'il le tueroit facilement à Charenton, et incontinent après avoir fait le coup, deviendroit invisible. Ce jeune homme, qui est de la religion et a toujours esté recogneu homme de piété, se voyant attaqué de ceste sorte, se mit à prier Dieu, et lors le diable disparut, le laissant fort espouvanté, de sorte qu'il ne se peut rendre chez lui[2] ».

En outre, « devant le mort du roy, naquirent deux petits gémeaux en la ville de Poitiers, conçus de trois à quatre mois auparavant ; et par superfétation, chose en tout prodigieuse, ils sont liés par des embrassements amoureux ; l'un porte un heaume en tête, et l'autre, un atour, moule ou perruque sur les épaules, de même que portent les dames aujourd'hui ». Et ce n'est pas tout : car, l'année même (1608) où Ravaillac conçut le projet de son double parricide, dit Pasquier, « il se vit en nostre païs d'Angoulmois une espouventable et prodigieuse vision de spectres et phantômes, qui parut en plein jour vers le ciel. C'estoit quantité de petits nuaux qui descendirent en terre, desquels se formèrent environ douze cents hommes grands et beaux, armez d'armes bleuës, d'enseignes partie bleuës et partie rouges, à demy desployées. Les tambours avaient leurs caisses comme prêts à battre. Un chef marchait à dix pas devant eux. Cette armée a gagné une forêt où le tout disparut. » Pasquier n'inventait rien. Car le *Mercure François*, journal officiel du temps, année 1608, rapportait déjà le fait, page 292. « Il se publia aussi en ce temps-là un petit discours d'une prodigieuse vision de fantosmes au pays d'Angoulesme. Le iour estant clair et serain, en un instant il se veid un grand nombre de petites nuées espaisses, qui descendirent à terre et se formèrent en hommes

---

1. Notons un fait oublié. Le 11 juin 1708, un ouragan à Lignères, canton de Segonzac : « Je soussigné, prêtre curé de nostre damme de Lignieres, certifie à Messieurs les présidants et éleux de la ville de Cognac que, l'onze du présent mois, plus des trois cars de ma paroisse a estée antièrement délabré par la tampeste, et l'autre cart très endommagé. A Lignières, le 13 juin 1708. Prévost, *curé de Linnieres.* » Ces lignes ont été copiées sur l'original appartenant à M. Giraudeau, propriétaire chez Piet, commune de Lignères, par M. Jules Pellisson.

2. *Lettres de Nicolas Pasquier*, livre I, lettre 1re.

---

1. Voir *Un fils d'Estienne Pasquier, Nicolas Pasquier.* Etude sur sa vie et ses écrits, par Louis Audiat ; in-8, 1876, p. 60.

2. *Archives historiques de la Saintonge*, t. V, p. 159. *Daire*, du pasteur Souques Merlin.

de guerre qui paroissoient estre de dix à douze mille hommes, tous beaux et grands, couverts d'armes bleuës, rangez sous des enseignes bleuës et demy rouges, à demy desployées, tambours ayans leurs quaisses sur les espaules comme prests à battre. Dix pas devant estoit le chef, d'une grande et belle apparence ; puis l'armée se mit à marcher en grande haste et en ordre, divisée en bandes et troupes. Cette vision fit que plusieurs païsans et la noblesse mesme en prit l'alarme. Ils s'assemblèrent en grand nombre pour recognoistre ce prodige ; mais, en le poursuivant, ils remarquèrent que s'approchans d'un bois taillis, afin de ne rompre leur ordre en le passant, ils s'enlevèrent tous par-dessus le bois, touchant seulement la feuille des arbres de l'extrémité de leurs pieds, puis cheminerent encores à terre iusques vers une une forest où ils se perdirent tous, et ne parurent plus. » Tout cela est intitulé : *Prodigieuses visions de fantosmes en Angoumois.*

Jacques Merlin précise l'endroit : c'est à deux heures de La Rochefoucauld : « En la saison d'automne de l'année 1608, note-t-il dans son journal (*Archives historiques de la Saintonge*, t. V, p. 145), à deux heures de La Rochefoucauld, tirant vers le Limouzin, un jour de feste en plein midi, on entendit en l'air un grand bruit, comme des tambours et gens armez ; les personnes en divers lieux ainsi disposées par ce bruit, virent, à fleur de terre, paroistre une armée, bien ordonnée et rangée en bataille, de mousquetaires, arquebuziers, lanciers, piquiers, qui cheminoient avec tambours et étandarts de bleu et rouge ; et parut ceste armée une demie heure, et disparut à l'encontre d'une forest, ce qui dessus a esté attesté par maintes personnes et escrits à Sa Majesté[1].

« Il se publia aussi en ce temps-là un petit discours d'une prodigieuse vision de fantosmes au pays d'Angoulesme. Le iour estant clair et serain, en un instant il se veid un grand nombre de petites nuées espaisses, qui descendirent à terre, et se formèrent en hommes de guerre qui paroissoient estre de dix à douze mille hommes, tous beaux et grands, couverts d'armes bleuës, rangez sous des enseignes bleuës et demy rouges, à demy desployées, les tambours ayant leurs quaisses sur les espaules, comme prests à battre. Dix pas devant estoit le chef, d'une grande et belle apparence ; puis l'armée se mit à marcher en grande haste, et en ordre, divisée en bandes et troupes. Ceste vision fit que plusieurs païsans et la noblesse même en prit l'allarme : ils s'assemblèrent en grand nombre pour recognoistre ce prodige, mais en le poursuivant, ils remarquerent que s'approchans d'un bois taillis, afin de ne rompre leur ordre en le passant, ils s'enleverent tous par-dessus le bois, touchant seulement la feuille des arbres de l'extrémité de leurs pieds, puis cheminerent encore à terre iusque vers une forest où ils se perdirent tous, et ne parurent plus. »

Le *Mercure* ne cachait pas qu'il copiait une pièce qui parut à Paris, en 1608, chez Heureux Blanvillain (suivant la copie imprimée à Périgueux) sous cet en-tête : « L'espouventable et prodigieuse vision des fantosmes, au nombre de douze mille, advenus au pays d'Angoumois, veuz par les habitans ; de là est grande admiration. » Le journal officiel tenait à bien renseigner ses lecteurs avec les nouvelles des autres. Bel exemple : car l'opuscule périgourdin, réimprimé à Paris, et dont M. Claudin a donné, en 1875, à Lyon, chez Perrin, une réédition in-8°, fut traduit, l'année suivante, en allemand. Abel Sazerac de Forges en a communiqué un exemplaire à la Société archéologique d'Angoulême (13 juillet 1881). Voici la traduction du titre : « Récit merveilleux et authentique d'un prodige effrayant, inouï depuis des siècles, et qui s'est produit en France, dans le pays d'Angoumois, au mois d'octobre de l'an dernier 1608, où l'on voit en plein jour, d'abord, au firmament, un grand nombre de petits nuages, puis bientôt après, une armée parfaitement équipée, à pied et à cheval ; ce dont plusieurs milliers d'hommes ont été les témoins épouvantés. Ce que le Dieu tout-puissant, juste, patient et miséricordieux, a présagé aux hommes par ce prodige effrayant, le temps nous l'apprendra. Cependant détournons, par le repentir, la piété et de ferventes prières, les fléaux dont le Dieu des miséricordes nous menace, de peur que, dans sa colère, il nous frappe à notre tour et nous anéantisse dans sa fureur. Offert à la commune patrie de la nation allemande comme spectacle et comme sincère avertissement. Traduit en haut allemand, d'après l'exemplaire français imprimé à Paris en l'an MDCVIII. »

Et ce fait n'était pas nouveau ; quelque cinquante ans auparavant, Pierre de Jarrige, viguier à Saint-Yrieix en Limousin, notait ceci dans son journal : « Audict moys et le onzième audict an (11 juillet 1564), feut ouï en l'air un bruit de tambourins, trompettes et gens s'entrebattant ensemble, signe de guerre future. Dieu par sa saincte grâce et miséricorde nous veuille envoyer sa paix et délivrer d'icelle[1]. » A l'exemple des hommes, les animaux selivrent aussi bataille et de même en l'air. *Prodige étrange* est la rubrique d'un récit fait par Merlin : « Le mercredi 25 juin 1616, fut veu un merveilleux prodige en l'air, à deux heures après midi, à Tallemont-sur-Gironde. C'est un dragon de grandeur extrême qui se combattoyt furieusement avec un serpent de la longueur de trois piques, gros à l'advenant ; et au-dessus de ces deux estoit une nuée épaisse et obscure, dont sortait une fumée, comme d'une fournaise ; puis après ce combat, le dragon et le serpent tombèrent sur la ville de Tallemont et rompirent les convertures, fenestres et portes de plusieurs maysons en laditte ville. De là ces furieux météores remontent en l'air ; et après s'être encore combattus, ils tombèrent tous deux dans la mer, avec une telle impétuosité qu'il semble que ce fust une montagne qui fust tombée en la mer, dont l'eau rejaillit fort haut en l'air, et bouillonna la mer longtemps[2]. » Hélas ! le chroniqueur ajoute que : « Du depuis nous avons sceu au vrai qu'il n'y a eu du monstre que la nouvelle portée. »

Le dragon et le serpent de Talmont étaient des chimères, et aussi sans doute les toits enlevés, les maisons ruinées par l'ouragan. Mais que dire de la croix lumineuse apparue dans l'ile d'Oleron ?

Je lis dans un manuscrit du XVIIIe siècle : « Le mardi de Pâques, 13 avril 1705, on vit dans l'île d'Oleron (paroisse de Dolus) un phénomène particulier. Il parut en l'air une croix lumineuse pendant une procession générale du Saint-Sacrement qu'on faisoit pour conclure la mission. Cette croix était longue de 50 coudées ; elle parut à la sortie du Saint-Sacrement et le précéda pendant toute la procession qui dura près de deux heures : elle s'arrêtoit quand la procession, s'arrêtoit et disparut quand le Saint-Sacrement rentra dans l'église. Le temps était chaud, serein, sans nuage et sans vent. La croix étoit presque couchée et tendoit d'Orient en Occident ; le pied en étoit fort long. Plus de mille personnes la virent, et entre ces mille plus de cinquante nouveaux convertis. Celui qui écrivoit ceci, et d'après lequel j'ai transcrit le récit, attestoit l'avoir vu... »

J'ai dans la *Revue de Saintonge et d'Aunis*, tome XVII, page 377, demandé de plus amples détails. En vain. Ne serait-ce pas la croix qui parut à Migné (Vienne) en décembre 1824, et qui a fait tant de bruit à cette époque ?

On sait comment une légende se transmet : surtout pour les faits extraordinaires. C'est une épidémie comme les suicides, qui dans une localité sont rarement seuls. L'esprit, une fois excité, voit du merveilleux partout. La fameuse bataille aérienne en Angoumois, passant de bouche en bouche, se transmettant par la correspondance privée, par les plaquettes imprimées en France,

1. Le *Mercure françois*, année 1608, donne encore le fait, en lui donnant la publicité d'un organe officiel.

1. *Journal historique de Pierre Varège, viguier de la ville de Saint-Yrieix* (1460-1574), publié par la Société archéologique d'Angoumois ; 4e série, t. V, p. 167.

2. *Archives historiques de la Saintonge et de l'Aunis*, t. V, p. 281.

rééditées en Allemagne, arrivait déformée ou embellie dans les provinces; même, au bout de quelques années, on l'annonçait comme récente, ainsi les vendeurs de complaintes et les colporteurs de village vendent comme tout frais des crimes de quatre-vingts ou cent ans.

Le curé de Pons, arrondissement de Saintes, signale, le 6 février 1652, l'apparition en l'air d'une armée, infanterie, cavalerie et artillerie, extrait des registres paroissiaux de Saint-Martin de Pons ces lignes : Le mesme jour (6 février 1652), sur les quatre heures du matin, a paru en commète, en l'air, une grande armée visible de cavalerie et infanterie, entendions les coups de mousqueton, pistollet, avec le canon; et ensuite un grand tonnerre avec trois ou quatre esclairs, le tonnerre bruiant, quantité de grèle, et le reste du jour mal plaisant, de grandes bourrasques de pluie. Ainsi le certifie PÉRIER, *curé*. »

On pouvait bien, à la rigueur, en février, à quatre heures du matin, entendre mousqueterie de pistolade et cannonade en même temps que le tonnerre accompagné de quatre éclairs. Mais distinguer cavaliers, fantassins et artilleurs, était peut-être un peu plus difficile. Pourtant on avait vu mieux : la peste visible, la contagion prenant forme et se montrant régulièrement tous les soirs, à heure fixe. Agrippa d'Aubigné l'affirme (*Histoire universelle*, t. III, liv. IV, chap. III,) en l'année 1586. « Quelques jours après la prise de Tors, le marquis seigneur du lieu, festinant celui qui l'avoit remis en sa maison, lui promist de lui faire voir après souper un spectacle qu'il ne croyoit pas avoir esté jamais remarqué, asçavoir la peste comme elle descendoit de la moyenne région de l'air. L'ayant donc mené dans un jardin un peu avant soleil couché, ils virent descendre sur la bourgade de Beauvais sur Mata une nuée ronde d'une couleur horrible à regarder, pour la couleur de laquelle il me faut user du mot latin *subfusca*. Ceste nuée sembloit un chapeau qui avoit au milieu de soi une ovalle, des couleurs d'une gorge de coq d'Inde, que leur spectateur jugea pareille en toute chose au flegmon qu'on lui avoit arraché dans l'apostume de sa peste qu'il avoit eue à Orléans. Ce chapeau, avec sa funeste enseigne, vint entrer et fondre auprès du clocher, n'ayant point manqué de faire le semblable au matin et au soir, tant que dix-huict mois de peste durèrent, comme nous vismes deux jours que nous demeurasmes au lieu. Ayant fait ce présent au physicien, je m'en retourne à mes soldats qui font la guerre en Xainctonge[1]. »

D'Aubigné se borne à constater le fait, la peste descendant chaque soir du ciel. Merlin, comme les paysans, voit dans les épidémies la puissance de sorciers. A la date du 15 juin 1619, il écrit avec une naïve persuasion : « Le maire (de La Rochelle) a reçu avis qu'on vouloit surprendre cette ville par magie et sortilège, en ensorcelant l'air et foisant tomber en griefves maladies tous les habitants de cette ville. » Et comme si ce n'était pas assez : « Le mesme jour. M. nostre mayre eut un advis qu'il avoist un notable sorcier et enchanteur qui debvoit venir en ceste ville, pour faire que ni les canons, ni les mousquets, ni arquebuzes, ni poudre à canon, ni hallebardes, ni piques, ne pourroient jouer au besoing; et le pis est que par luy et ses enchantements les hommes seroient ou malades ou rendus stupides et hébétés ; mais nous nous sommes remis en la protection de Dieu. »

Pendant le mémorable siège que la ville eut à subir en 1628, les signes célestes ne manquèrent pas. La nuit du dimanche venant au lundi (21 août), raconte Pierre Mervanet, « il y eut une violente charge, ce qui fit que quelques-uns disent avoir vu du côté de la mer comme des hommes se choquans et combatans les uns contre les autres, et que le bruit courut par la ville que sur l'heure de minuit il étoit apparu au ciel, à l'endroit de la digue, une armée navale comme de feu, qui attaquoit une forme de digue, où, après un grand combat, il s'étoit fait une ouverture qui donna passage aux navires. Les sages n'y ajoutoient pas grand foy : seulement le pauvre peuple s'en repaissoit[1]. »

La nuit du jeudi venant au vendredi 22 septembre, « fut apperçu par ceux qui étoient en garde un meteore de feu en l'air, ressemblant à une poignée de verges, qui dura environ une heure et venoit de l'Ouest-Nord-Ouest vers la ville, resplendissant en la nuit qui étoit très obscure. Cette impression commença à paraître à neuf heures et disparut à onze, et deux heures avant la levée de la lune. »

Il semble d'ailleurs que les événements singuliers aient eu pour théâtre préféré La Rochelle. Le pasteur Merlin raconte avec le plus grand sérieux, que, « le 5 décembre 1599, à La Rochelle », Mlle Féret, revenant de souper de la ville et allant à son logis, qui pour lors estoit en la place du Château, accompagnée de son beau-frère, le sieur de La Noue, vit sur les dix heures du soir, auquel temps il y avoit une forte et épaisse brouée, un fantosme, qui cheminoit le long de la courtine des murailles, venant devers l'hospital de cette ville, qui passe par derrière Sainte-Anne qui est au cimetière de Saint-Berthommé, puis vint entre les deux tours du château et alla fondre sur Neuil. Ledit fantosme avoit un flambeau à la main et portoit comme une robe noire. Ce fust un mauvais augure au sieur des Roziers pour son procès, lequel il perdit[2]. »

Les revenants sont fréquents dans les traditions populaires. Il y a : « Histoire admirable advenue vers la ville de Thoulouse d'un gentilhomme qui est apparu plusiurs fois à sa femme deux ans après sa mort : premièrement en forme naturelle, puis en forme de corps mort, ayant été recognu de plusieurs personnes, tant docteurs, conseillers, que médecins et autres. » Cela fut imprimé à Paris en 1623.

Les chroniqueurs n'ont pas manqué de citer néanmoins les faits de tératologie les plus extraordinaires, qui, comme les apparitions, étaient des signes de guerre, d'épidémie, de disette, de calamités en général. Nicolas Pasquier signalait comme présage de la mort d'Henri IV la naissance à Poitiers de deux jumeaux adhérents. Déjà la chronique de Geoffroy, prieur du Vigeois, avait mentionné en l'an 1122, un phénomène à peu près semblable en Aquitaine. C'était une femme qui était double jusqu'à la ceinture ; elle avait deux nez, deux têtes, deux poitrines, quatre mains, mais deux pieds seulement et un seul abdomen. Mais tandis que les jumeaux de Poitiers étaient armés de casques, la femme d'Aquitaine possédait une voix magnifique qui faisait la joie des dilettantes; on devait l'exhiber dans les foires, comme les géantes ou les naines. Le bon prieur de Vigeois ne dit pas s'il l'a entendue[3].

Le célèbre intendant de Rochefort, Michel Begon, n'avait que deux têtes à sa fille. Il manda à son ami Cabort de Villermont, le 10 janvier 1695 : « Ma femme estoit accouchée à Surgères d'une fille à deux testes, je l'ay fait apporter icy et accommoder de manière qu'elle se conservât longtemps. J'en ay fait faire une figure de cire très ressemblante à l'original. » Et voilà Mlle Begon rangée parmi les phénomènes et les bizarreries naturelles que collectionne son père, parmi ses tableaux, ses médailles, ses conquêtes et le reste.

Begon gardait sa fille dans un bocal chez lui. Notre siècle, plus pratique, en eût tiré parti.

---

1. Agrippa d'Aubigné, *Histoire universelle*, t. III, liv. IV, ch. III, année 1586.

1. *Le journal des choses les plus mémorables qui se sont passées au dernier siège de La Rochelle.*

2. *Dicaire et Jacques Merlin ont écrit des choses les plus mémorables qui sont passées en ceste ville de La Rochelle de 1589 à 1620.* (Voir les *Archives historiques de Saintonge et d'Aunis*, t. V, p. 104.)

3. Tunc temporis (1122) in Aquitania visa est mulier cuinasi duo, duo capita, duo pectora, quatuor manus, venter unus, pedes duo, erant; hanc optime cantasse ferunt, » Chronique de Geoffroy, prieur du Vigeois, t. II, p. 299, ch. XI, *Nova Bibliotheca* de Labbe.

Le 12 avril 1829, à Saint-Pierre-d'Oleron, naissaient « deux enfants jumeaux du sexe féminin », issus du légitime mariage de Jean Cramail, laboureur, né et domicilié en cette commune, âgé de vingt-sept ans, et de Marie Vitet, « son épouse vivante », et dans un état d'adhérence qui a été considéré par les gens de l'art comme un phénomène d'autant plus intéressant, qu'il est fort rare et qu'il est de nature à exciter la curiosité publique ainsi que l'attention des anatomistes. » Ces deux filles, nées à sept heures et demie du matin, furent enregistrées à la mairie à huit heures sous les noms de Marie et Jeanne. Elles ont reçu l'eau sainte du baptême au moment de leur naissance. » Elles ont vécu très peu de minutes, raconte le maire qui ajoute : « et leur décès a été déclaré le même jour vers les dix heures du matin ». Que faire de ce double cadavre? N'en pourrait-on pas faire argent ? On montre sur les places publiques des difformités moins extraordinaires. Le père traite avec deux voisins, Pierre Mirambau, tonnelier, et Joseph Cellier, cloutier ; il leur abandonne ses deux enfants « pour en disposer à leur gré et volonté ». Le maire, M. de Rulon, ratifie cet arrangement, et « cédant aux vœux du public et aux instances des père et mère, fort pauvres », n'ordonne point l'inhumation [1].

L'officier de l'état civil, s'il se dispense « de faire une description anatomique dont les termes, dit-il, ne sont point à notre portée », tient cependant à nous rassurer sur l'état de la mère : « L'accouchée est autant bien que sa situation peut le permettre après tant de souffrances et d'efforts pour se voir délivrer. »

Louis Audiat.

Le Géant Gargantua en Saintonge

Comme suite à l'article de notre collaborateur M. Philippe Descoux, paru dans le n° 15 du *Pays Poitevin*, nous croyons intéressant de reproduire les lignes qui suivent, que la *Revue historique de Saintonge et d'Aunis* publie dans son numéro de mars sous la signature de M. Emile Bodin.

« Je viens de relire avec délices, en dépit du jugement sévère de La Bruyère, « la vie très horrifique du grand Gargantua..., « jadis composée par Mᵉ Alcofribas, abstracteur de quinte « essence. » J'ai trouvé l'œuvre rabelaisienne pleine de « pantagruélisme » et de « haulte gresse ». Tout a été dit sur Rabelais, et loin de moi la fallacieuse pensée d'apporter sur le grand écrivain, le maître moqueur, à la verve bouffonne et géniale, « qui résume en lui tout le Moyen-Age sensuel, facétieux, satirique et railleur », un jugement nouveau qui ne serait qu'une inutile compilation.

« L'île d'Oléron a conservé le souvenir du géant; ce sont quatre mégalithes à Saint-Pierre, Saint-Denis, Dolus, qu'on appelle galoche ou fourchette, cuiller et palet de Gargantua. Manger comme Gargantua est d'ailleurs un proverbe vulgaire en Saintonge.

« C'est le héros de Rabelais qui fait forger, pour lier son fils Pantagruel, une des quatre chaînes qui ferment le port de La Rochelle ; c'est encore lui qui, assis sur la flèche de Fontenay-le-Comte, un pied sur le clocher de Niort, l'autre sur celui de Luçon, remplissait le port de La Rochelle (*Revue d'Aunis*, IX, 348), d'après une tradition poitevine. On dit encore, en Saintonge : « Thieu l'houme a-t-in vent' de Gargantian. » C'est sa femme qui, à Saint-Fort-sur-Gironde, au terrier de Beaumont, avait voulu construire un pont ; elle avait chargé de pierres sa *dorne*, mais les cordons du tablier, s'étant rompus, formèrent l'éminence qu'on y voit encore, et que les Saintongeais nomment bizarrement « un terrier ».

« Les recherches fécondes des érudits contemporains, savants et patients, tels des Bénédictins et des enlumineurs moyenâgeux — et notamment de notre grand Burgaud des Marets, une des gloires de la Saintonge, parce qu'il est le prince des poètes patois, — ont prouvé surabondamment que le bon géant Gargantua n'était pas sorti tout armé du cerveau de Rabelais, n'était pas une pure invention de son imagination puissante. « Rabelais avait pris son thème dans une chronique fabuleuse, dans une légende burlesque, de celles que colportaient des marchands ambulants [1] », où « le géant Gargantua allait de pair avec les « héros des vieux romans carolingiens et bretons... [2] »

« Il m'a paru intéressant et passionnant à la fois de rechercher si notre chère Saintonge n'avait pas eu son géant Gargantua à elle. J'ose dire que j'ai réussi dans cette œuvre pie.

« Je ne sais si le Gargantua saintongeais était une manière d'Hercule et de mythe, si c'était, comme ailleurs, un

Gargantua qui a chepveulx de plastre.

Tout ce que je puis affirmer, c'est que la tradition orale dont les racines plongent dans un lointain et mystérieux Moyen-Age, nous a transmis un géant Gargantua dont l'image s'estompe et s'efface, et qu'il faut conserver à la postérité avant l'évanouissement total.

« J'entends encore mon grand-père me conter joliment de sa voix chevrotante : « Le grand jhian Gargantian à chevau sû sa « jhubine ç'avait, en manière de talbot, ine troûgne de châgne, « avait but la Chérente en passan à Cougnat ; il allait devar « Bourdià faire la yeire ou Sab'Razin anvec Charlemagne. Arri- « vet à Guitre, i'tombit dans l'eive (en parlan prr' raspé) et « tombe que te tombe et russe que te russe si bein qu'o fasit « thieillei deu grand russià thi s'intitulan l'Isle et la Droune. A « fine force de trr'pé et de gassouyé dans la fagne, sei bot eitian « enchoutit. Arrivet à Fronsat (près Libourne), i-l-eit curit et o « fasit la butte de Fronsat. Fatidié il allit à Libourne prr'faire « ine boune mérienne. Il avait sé. Fouquette ; le v'lat thi se « fouette de jhambiyon sû la ruvière de Libourne et bouet que te « bouet. O fasait soubarne. Il avalit ine dozaine de bourrée « d'ajhon et jhuchit en étrr'nuan : Atchoum ! atchoum ! Cré, « boune jhen, que jhe vin d'avalé in mouchit. »

« Ce qui vient d'être narré et qui n'est qu'un extrait des contes populaires, parfois graveleux, ce ne sont point des imaginations de grand-père pour bercer le sommeil d'un enfant curieux, mais bien plutôt des légendes savoureuses qui se transmettent pieusement, fidèlement de génération en génération et qui ont été contrôlées : car il faut se défier des souvenirs d'enfance. Que si vous interrogez les paysans de la Saintonge et de la Gabacherie sur l'origine de ces légendes, ils vous répondront naïvement : « Savon point, boune jhen. O-l-eit vrai puisque lei- « z-ancien de nou-z-ancien-z-ou avant apprit à nou-z-ancien. »

« Touchant respect ! si vous me croyez maintenant, nous laisserons le bon jhian Gargantian de jhambiyon, pour l'éternité, sur la Dordogne : car suivre sa trace plus au Sud, vers Bordeaux, serait nous exposer à conter des gasconnades ou des galéjades. Et maintenant, merci aux anciens de nos anciens.

« Emile Bodin. »

1. Voir la pièce entière, p. 37, t. VIII du *Bulletin de la Société des Archives historiques de Saintonge*.

1. Louis Molland, *Vie de Rabelais*, page xv.
2. Id., ibid.

LES ABBAYES POITEVINES

SAINT-PIERRE DE MAILLEZAIS

La fondation de cette illustre abbaye remonte au dixième siècle, vers l'an 980, croit-on. Voici à quel événement est due, d'après la tradition, la naissance de ce monastère bénédictin à qui le Bas-Poitou doit sa fortune, car ce sont les moines de Maillezais qui ont transformé, par leurs travaux, des marais bourbeux et des terres incultes en riches pâturages et en florissantes cultures.

Guillaume IV, duc d'Aquitaine et de Poitou, venait d'épouser la comtesse Emma, fille de Thibault le Tricheur, comte de Blois. La cour du duc se livrait aux plaisirs de la chasse, et poursuivait ses exploits dans une île sauvage et déserte qu'on croit avoir été habitée précédemment par les Colliberts chassés et détruits par les Normands. Cette île, Maillezais, fait actuellement partie du département de la Vendée; elle est entourée des eaux de l'Autise et de la Sèvre, et les canaux des marais poitevins complètent sa ceinture.

Un chevalier, Gancelin, apercevant un énorme sanglier, traqué sans succès depuis plusieurs jours par ses compagnons, se précipite à sa poursuite. L'animal s'enfonce dans un hallier presque impénétrable, et le chasseur est obligé de se frayer avec son épée un passage jusqu'à ce qu'il arrive à une sorte de clairière où la bête, accroupie sur des ruines, le menace de ses terrifiantes défenses. Par bonheur la troupe a suivi l'aventureux chevalier, et à son approche le sanglier disparait. Alors tous s'émerveillent au spectacle des restes d'une basilique dévastée. La comtesse Emma voit dans cette découverte dramatique une intention du ciel et décide sans peine son mari à ériger là une église et un monastère. Les travaux achevés, Emma fit appel à son parent et ami, Gauzbert, abbé du couvent de Saint-Julien-Martyr de Tours, et celui-ci consentit à envoyer une colonie de douze Bénédictins, sous la conduite du sage Théodelin. Gauzbert, sans abandonner, semble-t-il, son abbaye de Tours, fut le premier abbé de Maillezais, et ce n'est que plus tard que Théodelin en prit le titre que lui conféra l'élection de ses frères.

✠

« Arrêtée au milieu de sa prospérité naissante par les graves dissentiments qui avaient éclaté entre Emma et son époux, l'abbaye de Maillezais trouva heureusement un protecteur dans leur fils, Guillaume V. Le nouveau duc d'Aquitaine ne se borna pas à rappeler les religieux dans l'église et dans les possessions dont le ressentiment de son père les avait dépouillés. Digne continuateur de l'œuvre commencée par Emma, il s'appliqua en outre à augmenter les biens et les privilèges que le monastère avait reçus d'elle; puis, sentant sa fin approcher, il se retira à Maillezais, et, à l'exemple de plusieurs de ses ancêtres, termina sous le froc une vie passée au faîte des grandeurs. La protection accordée par ce prince à l'abbaye de Saint-Pierre lui fut continuée par ses successeurs; de nombreuses chartes attestent la magnificence des souverains du Poitou envers Maillezais, et grâce à ce haut patronage, bien mérité du reste par la conduite comme par les lumières de ses moines, l'église de Saint-Pierre se trouva promptement placée au rang des communautés les plus riches et les plus renommées de toute la province. Maillezais était devenu, dès le commencement du onzième siècle, le rendez-vous d'un grand nombre de fidèles. Plusieurs personnages y avaient embrassé la vie monastique; d'autres, parmi lesquels on compte trois ducs d'Aquitaine, avaient voulu que leur dépouille mortelle y fût déposée. Deux abbayes et un grand nombre de prieurés étaient soumis à sa suzeraineté; plusieurs monastères avaient aussi choisi leurs abbés parmi ses religieux, et c'est aussi parmi les moines de Saint-Pierre que l'Eglise de Saintes était venue chercher le vénérable Guillaume, cité par tous les auteurs ecclésiastiques comme le modèle des évêques. Grâce à la sage administration et au travail des moines, d'abondantes

Phot. J. Robuchon.

MAILLEZAIS. — Ruines de la cathédrale

Phot. J. Robuchon.

MAILLEZAIS. — Ruines de la cathédrale

récoltes couvraient déjà le sol resté inculte depuis les invasions des Normands, et les vastes marais formés par la Sèvre ne tardèrent pas à se convertir en d'excellents pâturages qui sont encore de nos jours une des principales richesses du Bas-Poitou.

« L'abbaye n'avait pas obtenu de résultats moins brillants sous le rapport de la science et des lettres. Non seulement elle possédait une bibliothèque riche et nombreuse, mais encore elle avait produit des ouvrages d'une grande importance pour l'histoire générale comme pour celle de la province. En un mot, elle avait conquis les plus justes titres à l'admiration et à la reconnaissance publique; et elle avait mérité l'honneur que lui fit le Pape Jean XXII, lorsqu'en 1317 il fixa à Maillezais le siège d'un des deux évêchés supplémentaires qu'il venait d'établir en Poitou.

« Comme évêché la ville de Maillezais n'a pas manqué non plus d'un certain éclat; mais elle ne jouit pas longtemps des avantages que lui promettait ce nouveau titre. Occupée à diverses reprises par les catholiques et par les calvinistes pendant la guerre civile du seizième siècle, elle finit par rester au pouvoir des religionnaires, et devint, sous le célèbre Agrippa d'Aubigné, une de leurs forteresses les plus importantes. Ce fut sous leur domination que périrent à Maillezais, comme dans toutes les églises voisines de La Rochelle, les trésors littéraires réunis par le zèle éclairé des moines. La ruine des protestants par le cardinal de Richelieu, au lieu de rendre à Maillezais son rang de siège diocésain, ne fit, au contraire, que consacrer sa spoliation. L'évêché, qui avait été provisoirement transféré à Fontenay-le-Comte par le Pape Urbain VIII, fut, en 1648, fixé à La Rochelle par Innocent X; et, en cessant d'être chef-lieu du diocèse, Maillezais fut en outre dépouillé par ce Pontife du rang de ville, auquel Jean XXII l'avait jadis élevé. La Révolution française, auprès de laquelle les souvenirs religieux étaient une bien mauvaise recommandation, ne lui a pas rendu son ancien titre de ville; mais s'il n'est encore qu'un bourg du département de la Vendée, Maillezais peut du moins se consoler en voyant la richesse du pays qui forme sa circonscription cantonale. » (Paul Marchegay.)

✠

L'abbaye de Maillezais eut à subir, au cours de son existence, bien des vicissitudes. Les invasions, les spoliations, les incendies, ne l'épargnèrent pas. Un épisode particulièrement a laissé des traces profondes dans les souvenirs populaires : les démêlés tragiques du monastère avec le personnage quasi-légendaire que le peuple donne pour fils à Mélusine, Geoffroy II, dit Geoffroy la Grand'Dent. Celui-ci, voulant affirmer des droits imaginaires que sa qualité de seigneur de Vouvent lui donnait, prétendait-il, sur l'abbaye, se livrait à toutes sortes de déprédations et de pillages à la tête de ses hommes d'armes. Les moines ayant obtenu un interdit contre leur sauvage agresseur, celui-ci les menaça tous de mort s'ils n'obtenaient pas sa réconciliation. Les négociations traînant trop à son gré, il incendia l'abbaye et poursuivit les religieux, qui n'échappèrent à la mort que par miracle. A la suite de ces hauts faits, Geoffroy fut frappé d'excommunication. Il fut vaincu dans ce duel du droit contre la force sauvage, il dut faire sa soumission au Pape, qui, le 15 juillet 1232, leva l'anathème. Par un acte signé à Spolète, le sire de Vouvent reconnait ses torts, renonce aux droits de chasse qu'il s'arrogeait et à l'entretien des fauconniers, chasseurs, servants, meutes, chevaux et oiseaux de proie; il rend à l'abbaye ses possessions, et en signe de réconciliation en ajoute de nouvelles. De son côté, l'abbé de Maillezais, Rainald, lui fait remise de l'amende de 4000 marcs d'argent à laquelle il avait été condamné, et s'engage à lui payer, pendant trois ans, cent livres tournois pour l'indemniser des pertes qu'il avait subies depuis le commencement des hostilités.

A sa mort, Geoffroy fut inhumé dans l'église de Vouvent, chef-lieu de ses Etats, mais les moines de Maillezais lui élevèrent un cénotaphe dans leur église. Rabelais, qui pourtant vécut en Bénédictin à Maillezais, induit en erreur par la présence de ce monument, écrit : « Geofroy de Lezignem, dit Geofroy la Grand'Dent, estoit enterré à Maillezais, dont print (Pantagruel) un jour campos pour le visiter comme homme de bien. Et partant de Poictiers avec aulcuns de ses compagnons, passarent par Ligugé, visitant le noble Ardillon, abbé, par Lusignan, par Sanxay, par Celles, par Colonges, par Fontenay-le-Comte, saluant le docte Tiraqueau, et de là arrivarent à Maillezais, on visita le sépulchre dudit Geofroy la Grand'Dent, dont eût quelque peu de frayeur, voyant sa pourtraicture, car il y ait en image comme d'ung homme furieux tirant à demi son grand malchus de la guaine : et demandant la cause de ce, les chanoines dudict lieu luy dirent que n'estoit aultre cause, sinon que *pictoribus atque poetis*, c'est-à-dire que les painctres et les poètes ont liberté de paindre ce qu'ils veulent; mais il ne se contenta de leur response, et dit : Il n'est ainsi painct sans cause, et me doubte qu'à sa mort on lui a faict quelque tort, duquel il demanda vengeance à ses parents; m'en enquesteray plus à plein, et en feray ce que de raison. »

Des fouilles faites dans les ruines de l'abbaye, en 1835, amenèrent la découverte de la tête décrite par Rabelais; on en peut voir un moulage au musée de Niort.

✠

Quelques années après la soumission de Geoffroy, l'abbaye

Phot. J. Robuchon.

MAILLEZAIS. — Ruines de l'abbaye

faillit périr encore une fois sous les coups inattendus d'une bande de croisés : « L'an de Notre-Seigneur douze cent trente-six, écrit Poëy-d'Avant, entre le dimanche de la Résurrection et la solennité de saint Jean-Baptiste, il y eut une grande tuerie de juifs faite par les croisés. Un grand nombre de croisés se réunit de divers côtés, à Niort, pour occire les juifs de ladite ville ; mais ils ne purent y parvenir, parce que les juifs, par une permission du roi, purent se renfermer dans le château et s'y défendre de leur mieux, craignant pour leurs peaux.

« Les croisés, voyant qu'ils ne pouvaient parvenir à s'emparer des juifs, vinrent à Saint-Liguaire, y tinrent conseil, et quelques-uns de leur bande proposèrent de se porter sur l'île de Maillezais, et, s'ils pouvaient s'en emparer, d'en faire leur réceptacle, et, de là, aller dévaster divers lieux. »

Ces étranges soldats de la Croix furent arrêtés dans leurs criminels desseins par l'énergie de l'Abbé, qui assura en toute hâte la défense de l'île ; mais la troupe n'en mit pas moins, en route, une maison religieuse au pillage. Ils ne jouirent d'ailleurs pas longtemps de leur butin, qu'ils durent abandonner; la plupart furent arrêtés et incarcérés, les autres se dispersèrent et errèrent en mendiants sur les routes. Des historiens se sont demandé, avec quelque apparence de raison, si l'inspirateur de cette sacrilège entreprise n'était pas encore Geoffroy la Grand'Dent, qui avait reçu la croix de la main de Grégoire IX.

✠

L'abbaye, comme nous l'avons vu plus haut, devait être définitivement ruinée par les huguenots. Agrippa d'Aubigné sut se faire de ses ruines une fructueuse retraite; c'est là qu'il écrivit son *Histoire universelle*, dont il imprima le premier volume dans un domaine voisin, Le Doignon. Il y garda prisonnier le roi de la Ligue, le cardinal de Bourbon; il y recueillit un être mystérieux, sorte de mauvais génie, qui lui inspirait les vaticinations lugubres dont il aimait à effrayer la cour lorsqu'il se rendait auprès du Béarnais.

La vie religieuse reprit cependant à Maillezais en 1601. D'Aubigné occupait la maison épiscopale, et ses soldats étaient établis dans les lieux réguliers. Les moines se logèrent dans la cité, et d'Aubigné leur concéda pour l'exercice du culte l'ancien réfectoire, pièce voûtée, que l'on appropria facilement, mais c'était un réveil factice, bientôt suivi d'une lente agonie qui ne se termina que le 16 novembre 1666. Dans l'intervalle toutes les puissances, religieuses et civiles, s'étaient inutilement liguées contre la moribonde ; malgré la déchéance du siège épiscopal transporté d'abord à Fontenay-le-Comte, puis et définitivement à La Rochelle, malgré les édits et les bulles, des hommes persistaient à venir, dans des cloîtres dévastés, mener la vie monastique. Le poète Nicolas Rapin y avait envoyé son fils, et le recrutement se continuait en dépit de tout. Ce 16 novembre 1666, l'évêque de La Rochelle, commissaire du Saint-Siège, fulmina la bulle de sécularisation que des lettres patentes de Louis le Grand, du 30 mai 1664, avaient déjà inutilement promulguée. Il fallut se soumettre, la plupart des religieux durent, par ordre du roi et du Pape, quitter leur habit et retourner dans le monde auquel ils avaient cru définitivement renoncer. On ne put cependant avoir raison de quelques vieillards, qui continuèrent à prier sur les autels en deuil et s'éteignirent tristement, mais en paix.

Telle fut la fin de la plus célèbre et puissante abbaye poitevine.

JEAN MAINGUENEAU.

HISTOIRE ECCLÉSIASTIQUE

Dom Fonteneau

BÉNÉDICTIN DE LA CONGRÉGATION DE SAINT-MAUR

Historien du Poitou *(suite)*

(1705-1778)

POUR apprécier sainement la conduite de Dom Cailhava, il est nécessaire de rappeler les circonstances pénibles que traversait la Congrégation de Saint-Maur. Elles expliquent en partie sa sévérité et celle des Supérieurs majeurs.

Les monastères français étaient loin de ces temps heureux où la science et la sainteté s'épanouissaient à l'ombre de leurs cloîtres. On n'y trouvait plus guère l'esprit de foi et la simplicité de cœur qui font les vrais moines. Les religieux restaient, en général, fidèles aux engagements de leur profession. Mais il était facile de voir que l'Ordre Bénédictin était dévoré par un mal latent, qui un jour ou l'autre finirait par se manifester au dehors. La chose ne se fit pas longtemps attendre.

Le scandale fut grand à Paris et en province, quand on apprit qu'un groupe de moines de la vénérable abbaye de Saint-Germain-des-Prés avait adressé au roi une supplique dans laquelle ils formulaient contre leurs Supérieurs des plaintes amères et demandaient au prince d'abroger, en vertu de son autorité, un certain nombre de pratiques minutieuses, contraires à ce qu'ils appelaient la noble simplicité de l'Evangile. Or ces pratiques n'étaient autres que « la singularité de l'habit monastique », « l'abstinence et les austérités de la Règle », et « l'obligation d'interrompre le sommeil de la nuit pour prier ». Ils réclamaient en outre des mesures bien propres à détruire l'esprit de subordination dans une communauté religieuse. Les signataires de cette requête (ils étaient au nombre de vingt-huit) prétendaient faciliter par ce moyen le recrutement monastique, faire aux études la part plus large, assurer aux moines une influence plus grande et enfin supprimer des abus criants.

Cette démarche aurait jeté le déshonneur sur toute la Congrégation de Saint-Maur, si des protestations nombreuses et autorisées n'étaient venues dégager la responsabilité de la plupart de ses membres. Les moines des Blancs-Manteaux, qui, eux aussi, habitaient la capitale, furent les premiers à élever la voix contre les prétentions de leurs confrères de Saint-Germain. Ils adressèrent au roi, le 30 juin 1765, une réclamation où ils montraient l'injustice des plaintes et des demandes formulées par les rédacteurs de la trop fameuse requête[1]. De leur côté, Dom Joseph Delrue, Supérieur général, ses assistants et les religieux qui formaient le régime de la Congrégation, présentèrent à Louis XV, le 27 juillet suivant, une supplique pour obtenir le maintien des observances religieuses. Elle fut signée par la grande majorité de leurs moines[2]. Ces deux pièces dissipèrent l'impression fâcheuse que la tentative des moines de Saint-Germain aurait pu produire sur l'esprit du roi.

Mais les Supérieurs ne se contentèrent point de ce succès. Le scandale donné par les vingt-huit moines de Saint-Germain mani-

1. *Réclamations des Religieux Bénédictins du monastère des Blancs-Manteaux contre la requête des Religieux de Saint-Germain-des-Prés,* in-4°, 68 p.

2. *Requeste présentée au Roy par le Supérieur général, le Régime et la plus nombreuse partie de la Congrégation de Saint-Maur contre l'entreprise de l'abbaïe de Saint-Germain-des-Prés.* Paris, 1765, in-4°, 507 p.

festait un état d'esprit très inquiétant pour l'avenir. Ils devaient avoir des partisans dans plusieurs monastères de la Congrégation. Il était à craindre que leur nombre ne vint encore à augmenter, car les hommes glissent promptement sur cette pente dangereuse. Les Supérieurs résolurent d'appliquer au mal un remède énergique.

Tel était l'état moral de la Congrégation de Saint-Maur quand Dom Cailhava fut nommé Prieur de Saint-Cyprien.

Dom Fonteneau, qui vivait sous ses ordres et contre lequel il dut faire assez promptement acte d'autorité, avait-il des relations avec les réfractaires de Saint-Germain? Ne manifestait-il pas devant ses confrères des sentiments analogues à ceux qu'ils avaient exprimés dans leur requête? Le ton de la lettre à laquelle nous avons fait de si larges emprunts porterait à le croire. Le soupçon est singulièrement confirmé par cette hauteur, cette indépendance, cette maladie d'esprit et de cœur, qu'on lui reprochait non sans raison. Ses dénonciations contre son Prieur et contre ceux qui appuyaient son autorité l'aggravent encore. Dom Cailhava avait dès lors quelque motif sérieux de le traiter avec sévérité.

Mais si Dom Fonteneau était compromis avec ses confrères de Saint-Germain, comment expliquer la présence de son nom parmi les religieux de Saint-Cyprien qui signèrent la requête de juillet 1765? Le texte imprimé que nous avons sous les yeux porte bien, en effet, le nom de Léonard Fonteneau ; mais il le fait suivre de cette note : absent. Ce n'est donc pas lui qui a signé.

On a trouvé parmi ses notes un mémoire *sur l'état de la Congrégation de Saint-Maur*, qui est des plus compromettants pour lui[1]. C'est un manuscrit de huit pages, écrit de sa propre main. Son but est de prouver aux philosophes « que les moines sont des hommes, qu'ils sont leurs frères, et comme tels membres de l'Etat et de la société, qu'ils doivent entrer dans le plan de félicité publique que se propose toute bonne législation ». Le tableau qu'il trace des Bénédictins de Saint-Maur et en particulier de leurs chefs hiérarchiques est peu flatteur. A l'en croire, ces derniers n'étaient guère, depuis l'origine, que des hommes vulgaires, guidés dans tous leurs actes par une basse hypocrisie et par une ambition déguisée. Ne pouvant faire de leurs moines « des cultivateurs utiles », ils en firent « des contemplatifs oisifs ». Les études n'avaient à leurs yeux aucune importance. Plusieurs ne cachaient pas la répulsion qu'elles leur inspiraient. « Ce n'est que peu à peu que les Supérieurs de cette célèbre Congrégation ont pu s'apprivoiser avec les lettres et avec ceux qui les cultivaient. »

Les encouragements que les fortes études reçurent toujours des Supérieurs majeurs de la Congrégation de Saint-Maur sont trop connus pour qu'il soit utile de réfuter les assertions contenues dans ces lignes. L'auteur, qui du reste néglige constamment les mobiles surnaturels, se fait des moines studieux une bien petite idée. Il les représente comme la « portion de citoyens la moins remuante, la plus paisible. Un loisir occupé, exempt de toutes tracasseries, est le terme de tous leurs désirs. » Les Bénédictins, d'après lui, ne cherchent dans le travail intellectuel qu'un moyen facile de se délivrer des entraves d'une trop scrupuleuse régularité, et de se dégager du joug importun des occupations étrangères. « En quoi ils n'ont été que trop souvent traversés par la basse jalousie, qui ne règne nulle part avec plus d'empire que dans les cloitres, et par l'ignorance et l'aveugle tyrannie qui ne manquent point de prétextes ni de motifs pour persécuter le mérite qui fait ombrage; ce qui arrive toujours avec des Supérieurs qui ne sont que dévots ou hypocrites. »

On reconnait ici la plume qui, dans la requête à Dom Mausousseau, a lancé tant d'insinuations contre le Prieur de Saint-Cyprien de Poitiers.

« La preuve en est sensible », continue Fonteneau, et c'est ici qu'il manifeste toutes ses sympathies pour ses confrères de Saint-Germain, « dans la requête du Régime des Supérieurs de Saint-Maur, qu'ils ont sans doute fait composer par quelqu'un de leurs ennemis. Ils apprennent au Roy, avec la charité fraternelle qui respire dans leur déclaration ampoulée, que leurs confrères ne sont plus que des ignorants. « Déjà, Sire, disent-ils, le goût « des études diminue ; déjà nos savants, moins modestes et « moins appliqués, redoutent des recherches lentes et pénibles ; « leur ardeur s'est refroidie; la voix des Supérieurs peut à peine « les ranimer. »

« Un pareil texte n'a pas besoin de commentaire. Des scavants moins modestes et moins appliqués avaient malheureusement osé révéler au Roy le secret de la conduite de leurs Supérieurs qu'il leur était impossible de réprimer sans le concours d'une autorité souveraine. Ils ne devoient raisonnablement pas compter ni sur leur modération ni sur leur patience. Ils leur doivent encore cependant scavoir gré de leur retenue, après la longue et vigoureuse satyre de leurs confrères Jansénistes des Blancs-Manteaux, qui dans le fond étoient moins intéressés aux représentations que les Religieux de Saint-Germain faisoient au Roy... »

Il suffit de lire attentivement cette pièce et la lettre de Dom Fonteneau à son Supérieur général pour se convaincre de l'identité des sentiments qui les animent l'une et l'autre. On comprend dès lors que l'historien du Poitou ait paru aux yeux de Dom Cailhava un sujet dangereux pour la paix de son monastère.

Malgré la rigueur de la mesure qu'ils prirent contre lui, les Supérieurs de la Congrégation se montrèrent pleins de bienveillance à son endroit. En lui assignant pour séjour le monastère des Blancs-Manteaux, ils cherchaient à lui être agréables. Cette maison, située dans la capitale, et habitée par des hommes de valeur, était l'une des plus appréciées de la Congrégation après Saint-Germain. Il lui eût été facile par conséquent de continuer sa vie studieuse.

Mais Dom Fonteneau ne semble pas avoir envisagé de cette manière l'obédience qui l'appelait à Paris. Il lui répugnait de quitter le Poitou. Le Supérieur général voulut bien tenir compte de ses désirs, en lui assignant l'abbaye de Saint-Jean-d'Angély, qui était située sur les limites de cette province. Il avait eu l'occasion d'y séjourner. Il se trouvait donc en pays connu.

Lorsque ses Supérieurs lui défendirent de s'occuper plus longtemps de l'histoire du Poitou, ils ne renonçaient pas à la continuation de ce travail. Ils conservèrent ses manuscrits à Saint-Cyprien, afin de pouvoir les remettre au moine qui serait jugé capable de prendre sa succession. Dom Fonteneau rédigea pour lui ses *Observations sur toutes les chartes contenues dans des boîtes de carton*, qui nous ont servi à reconstituer sa méthode de travail. Il les termina par une réflexion où l'on sent, à travers l'ironie, la peine qu'il éprouvait en renonçant pour toujours à une œuvre qui avait rempli la meilleure partie de son existence.

« Mon successeur ne doit pas s'imaginer que, pour donner au public l'histoire du Poitou, il ne reste plus de dépouillement à faire. Sans parler d'une multitude de chartriers des gros châteaux du Poitou, les seules archives de la ville de Poitiers, de l'évêché et du grand-prieuré d'Aquitaine, demandent un travail de plus de deux ans, et même le travail le plus assidu. Je lui souhaite toutes les facilités, toutes les douceurs et le plus brillant succès. Fait en l'abbaye de Saint-Cyprien de Poitiers, le 11 septembre 1767. Fr. Fonteneau[1]. »

Le contrôleur général, Bertin, ne put voir d'un bon œil les

1. Bibliothèque de Poitiers, n. 545, *Résidu de la collection Fonteneau.*

1. Collection Fonteneau, LVIII, p. 548

mesures prises contre le moine qu'il honorait de sa protection et de son amitié. L'empressement et l'intelligence avec lesquels il avait constamment répondu à ses desseins lui avaient donné trop de satisfaction pour qu'il le laissât perdre son temps à Saint-Jean-d'Angély. Il ne voulait pas se mêler d'une question de discipline religieuse dans laquelle il n'avait rien à voir. Sa lettre du 28 octobre 1768 se bornait à relever son courage. Les troubles qui agitaient la Congrégation de Saint-Maur pouvaient le chagriner, mais non l'abattre. Il lui était toujours possible de faire dans son nouveau séjour ce qu'il faisait à Poitiers.

« Envoyez-moi la carte ou plutôt l'état des dépôts qui sont dans votre province. Mandez-moi l'ordre dans lequel on pourrait les dépouiller. Dites-moi enfin celui par lequel vous voulez commencer, et je vous fournirai les mêmes secours que je vous faisais tenir à Poitiers. Mon estime pour vous est invariable. »

On ne pouvait être plus encourageant.

Bertin n'avait pas attendu jusqu'à ce jour pour donner à Fonteneau des témoignages de son estime et de sa sympathie, en intervenant en sa faveur auprès de son Supérieur général. Nous le voyons dans une lettre que ce dernier lui fit écrire par Dom Rousseau, le 25 janvier 1768.

« Mon Révérend Père, les motifs qui vous ont engagé à abandonner le projet de votre travail pour l'histoire du Poitou ne nous ont point consolés ici du parti que vous avez pris d'y renoncer. Il parait même que Mgr de Bertin vous voit avec regret interrompre la correspondance que vous remplissiez si dignement pour la collection des chartes. Il serait fâcheux que des talents éprouvés et connus ne fussent pas employés à l'utilité publique. Je suis chargé du R. Père Supérieur Général de vous engager, en son nom, à accepter la même correspondance dans le pays de Saintonge et les provinces adjacentes. Il vous exhorte et vous prie de déférer à cette invitation. Vous serez en ce cas le maître d'établir votre résidence à Saint-Jean-d'Angély. »

Dom Boudier ajoutait en *post-scriptum* : « Mon Révérend Père, toujours accablé de lettres, j'ai prié Dom Rousseau de vous écrire celle-ci pour que vous ayez à me marquer selon les intentions de M. Bertin, ministre, si vous continuez le travail des chartes. Il me charge, dans sa lettre, de vous témoigner qu'il a toujours été content de votre travail et de vous dire que, si vous voulez continuer à Saint-Jean-d'Angély les recherches littéraires que vous faisiez à Poitiers, vous trouveriez de sa part les mêmes facilités et les mêmes marques de satisfaction. Je suis charmé que cette occasion me procure celle de vous renouveler les sentiments pleins d'estime et de respect avec lesquels je suis bien sincèrement, mon Révérend Père, votre très humble et affectionné serviteur[1]... »

Cette lettre, toute flatteuse qu'elle fût, ne pouvait donner à Dom Fonteneau pleine satisfaction. Les Supérieurs lui proposaient de reprendre sa vie d'étude; mais il n'était nullement question de le rappeler à Poitiers ou tout au moins de lui restituer les manuscrits laissés à Saint-Cyprien. L'invitation de Dom Boudier le trouva donc assez froid. Son grand sacrifice était l'interruption de l'histoire du Poitou. Il usa des diverses influences dont il disposait pour faire cesser un état de choses qui lui était si pénible. Mais l'esprit de ses Supérieurs restait toujours bien prévenu contre lui. Les démarches en sa faveur demandaient à être faites avec une grande circonspection, si on voulait les voir aboutir. C'est ce que lui écrivait son ami, le comte de Polignac, le 8 octobre 1768 : « J'ai reçu votre lettre, mon très aimable Fonteneau. J'en ferai l'usage qui convient auprès du Père Général. Je l'ai déjà prêché plus d'une fois. Mais je crois que la circonstance et la prudence demandent dans ce moment de ne pas aller trop vite. Un de ces matins les Cailhavistes se trouveront pris dans la souricière. Comme je viens de vous le dire, la circonstance s'y oppose dans ce moment par lequel il ne faut pas succomber en tentant d'agir de force. Le roi sait tout. Il viendra à votre secours. Il faut attendre[1]. »

Bertin, lui aussi, attendait le moment favorable, sans perdre de vue son protégé.

(A suivre.) Dom J.-M. Besse.

1. De La Marsonnière, XIII, 345-349.

1. De La Marsonnière, XII, LXI.

LES SAINTS DU POITOU

Nous publierons dans chaque numéro de l'année 1899 une notice succincte sur les Saints du Poitou. Notre intention n'est pas de faire œuvre d'érudition, ni d'apporter notre contribution aux études critiques, dont nous laissons la dangereuse spécialité aux publications savantes; notre seul but est de populariser les « gestes » de nos héros chrétiens, en acceptant ce que l'histoire, la tradition et la légende nous ont transmis.

Ces notices ne sont dans notre esprit que le sommaire de développements que nous demandons à nos lecteurs de vouloir bien nous fournir. Nous accueillerons avec une profonde reconnaissance toutes les communications qui nous seront faites, au jour le jour, sur le culte des Saints dont nous aurons esquissé la vie, et nous les insérerons dans le *Pays Poitevin* au fur et à mesure de leur réception. Indiquons brièvement les principales matières : Notices sur les sanctuaires, les statues, les fontaines, les pèlerinages, les usages et les croyances populaires; communications des litanies, cantiques, complaintes, oraisons, etc., etc... Nous sollicitons, en outre, l'envoi de photographies ou dessins, d'ex-voto, d'enseignes de pèlerinages, d'images populaires, de brochures et volumes, voire même de statues. Ces objets seront classés, au nom de leurs donateurs, dans les collections du musée Saint-Martin, à Ligugé; leur reproduction ou leur analyse dans le *Pays Poitevin* seront d'un grand profit pour nos lecteurs. Lorsque notre moisson de matériaux sera suffisante, nous les coordonnerons pour en faire un ouvrage illustré, monument élevé aux saints patrons de notre province par nos collaborateurs, qui seront heureux de retrouver dans cet ouvrage les documents fournis par eux, suivis de leurs noms. Nous nous ferons un devoir de leur offrir un exemplaire à titre d'hommage.

G. B.

Saint Honoré (Honoratus), *Martyr*

9 JANVIER

Saint Honoré, natif de Buzançois,
Etait aimable et courtois;
Il tirait de sa pochette
Pour marier nos fillettes.

Cet émule de saint Nicolas est invoqué particulièrement à Thénezay (Deux-Sèvres), où il fut inhumé dans l'église, placée, après sa canonisation, sous son vocable. De Thénezay, son culte se propagea, et sa ville natale, Buzançais, au diocèse de Bourges, mit à son tour son église sous son invocation.

Honoré vivait vers la fin du treizième siècle. Il avait succédé à son père dans le commerce des bœufs, et ses affaires l'obligeaient à de fréquents voyages en Poitou. Il s'acquit peu à peu une véritable popularité dans nos contrées par sa rigoureuse probité et sa charité sans bornes. Il prêtait sans intérêts aux paysans, payait les dettes des artisans, dotait les fiancées pauvres. A ces secours matériels il joignait un incessant apostolat dont on devine aisément l'efficacité, basé qu'il était sur une telle charité chrétienne.

Ces fréquents déplacements étaient devenus pour la mère du Saint l'occasion de mortelles inquiétudes; les trop justes pressentiments de la veuve se précisèrent alors qu'Honoré prit à son service deux *toucheurs,* les frères Gabidier, qu'une instinctive répulsion désignait aux préventions de la pauvre femme. Elle manifesta ses craintes à son fils, se plaignit, ne pouvant le retenir, du long temps qu'elle allait, encore une fois, rester sans nouvelles de lui. Honoré lui montra alors un figuier planté au milieu de la cour (quelques chroniqueurs disent un laurier). « Vous vous souvenez, mère, lui dit-il, que cet arbre, lors d'une maladie qui m'alita pendant mon enfance, avec moi dépérit, avec moi revint à la santé : regardez-le souvent, son état vous dira le mien. » Hélas ! à quelque temps de là, l'arbre se dessécha tout à coup, et la malheureuse mère connut ainsi la mort de son fils, arrivée dans les circonstances suivantes.

Honoré s'était aperçu de la présence, au milieu des bœufs achetés par lui, de bêtes introduites indûment dans le troupeau. Il en fit de sévères reproches à ses domestiques, et exigea une immédiate restitution. Les deux frères conçurent un profond ressentiment, et craignant que leur action divulguée ne les désignât dans la suite au mépris de leurs concitoyens, ils décidèrent la mort de leur maître.

Ils étaient arrivés au village de Buzay, près Thénezay. Honoré, ayant soif, entra chez une paysanne solliciter un verre d'eau; mais la bonne femme, occupée à pétrir sa pâte, venait de verser sa dernière provision, et ne put, en s'excusant, qu'indiquer une fontaine proche où le Saint se rendit, suivi de ses serviteurs. Pendant qu'il se désaltérait, ceux-ci, trouvant le lieu désert et l'heure propice, lui tranchèrent la tête, puis l'ayant dépouillé, ils entraînèrent le troupeau, qu'ils vendirent bientôt.

Cependant, au moment où s'accomplissait le crime, la paysanne vit tout à coup sa pâte devenir sanglante. Effrayée de ce prodige, elle se précipita au dehors en jetant des cris. Au loin, un cortège en larmes s'approchait. C'étaient des cultivateurs qui venaient de trouver et de reconnaître le corps de leur bienfaiteur, et le transportaient à l'église de Thénezay.

Grâce à la paysanne de Buzay, les auteurs du crime furent bientôt découverts. Leur race, qui se perpétua jusqu'à la fin du dix-huitième siècle, fut en exécration au peuple, qui flétrissait les assassins du nom de *Gabidier*.

Sur la tombe d'Honoré, les grâces, les guérisons se multiplièrent. L'instinct des populations les avait poussées à solliciter par des prières les secours de celui qui, pendant sa vie, avait été si pitoyable à leurs maux, si préoccupé du salut de leur âme. Leur confiance ne fut pas trompée, et l'Eglise, en la personne du Pape Eugène IV, sanctionna, en 1444, cette légitime piété envers un élu, par un décret qui autorisait les villes de Thénezay et de Buzançais à invoquer saint Honoré et à lui décerner un culte public. Dans ces deux villes, des pèlerinages s'établirent le lundi de la Pentecôte; à Thénezay une chapelle expiatoire fut érigée sur les lieux du crime, auprès de la fontaine, qui a tari, dit-on, depuis que la Révolution a profané et détruit le sanctuaire, aujourd'hui désigné à la piété des pèlerins par une simple croix.

Saint Honoré souffrit le martyre pour la justice le 9 janvier. C'est donc à cette date que l'Eglise de Poitiers célèbre sa fête, dont l'office est celui du commun des laïques. Le 9 janvier 1520, la translation solennelle du corps du Saint fut faite de l'église de Thénezay à celle de Buzançais, sa ville natale : Philippe de Chabot, comte de Buzançais, grâce à son crédit auprès de François Ier, avait obtenu ce transfert. Thénezay conserva seulement le chef de son patron. De nos jours, cette petite ville dut encore consentir à un nouveau sacrifice. Les reliques de Buzançais avaient été, en 1562, livrées aux flammes par les huguenots; le peu qui avait pu en être sauvé disparut pendant la Révolution. Mgr Bouillé, Évêque de Poitiers, nomma en 1833 un tribunal ecclésiastique qui, après examen des reliques conservées à Thénezay, confirma les procès-verbaux de 1584 et de 1685, démontrant leur authenticité. Le crâne entier fut alors détaché du chef et concédé à l'église de Buzançais par le généreux prélat.

Saint Honoré est invoqué contre les fièvres. Les parents chrétiens lui demandent aussi de favoriser et de bénir l'union de leurs enfants.

Un vieux manuscrit poitevin nous a conservé les litanies du Saint ; nous les reproduisons :

LITANIES DE SAINT HONORÉ

DE BUZANÇAIS

Kyrie, eleison.	Seigneur, ayez pitié de nous.
Christe, eleison.	Jésus-Christ, ayez pitié de nous.
Kyrie, eleison.	Seigneur, ayez pitié de nous.
Christe, audi nos.	Jésus-Christ, écoutez-nous.
Christe, exaudi nos.	Jésus-Christ, exaucez-nous.
Pater de cælis, Deus, miserere nobis.	Dieu Père céleste, ayez pitié de nous.
Fili Redemptor mundi Deus, miserere nobis.	Dieu Fils, Rédempteur du monde, ayez pitié de nous.
Spiritus Sancte Deus, miserere nobis.	Dieu, Esprit-Saint, ayez pitié de nous.
Sancta Maria, ora pro nobis.	Sainte Marie, priez pour nous.
Sancte Joseph, ora.	Saint Joseph, priez.
Sancte Stephane, ora.	Saint Etienne, priez.
Sancte Honorate, ora.	Saint Honoré, priez.
Fili obedientissime, ora.	Fils très obéissant, priez.
Fili amantissime, ora.	Fils très aimant, priez.
Christiane fidelis, ora.	Chrétien fidèle, priez.
Christiane fortis, ora.	Chrétien courageux, priez.
Speculum probitatis, ora.	Miroir de probité, priez.
Fons charitatis, ora.	Source de charité, priez.
Exemplum juventutis, ora.	Exemple de la jeunesse, priez.
Protector conjugum, ora.	Protecteur des époux, priez.
Salus infantium, ora.	Salut des enfants, priez.
Sanitas ægrorum, ora.	Santé des malades, priez.
Fecunditas terræ, ora.	Fécondité de la terre, priez.
Martyr justitiæ, ora.	Martyr de la justice, priez.
Protector Buzancæi, ora.	Protecteur de Buzançais, priez.
Refugium Thenezæi, ora.	Refuge de Thénezay, priez.
Patrone mercatorum, ora.	Patron des marchands, priez.
Præsidium laniorum, ora.	Secours des bouchers, priez.
Pater pauperum, ora.	Père des pauvres, priez.
Agnus Dei qui tollis peccata mundi, miserere nobis (ter).	Agneau de Dieu qui effacez les péchés du monde, ayez pitié de nous (trois fois).
℣. Hic est fratrum amator.	℣. C'est lui qui est l'ami de ses frères.
℟. Hic est qui multum orat pro populo et universa civitate.	℟. C'est lui qui prie beaucoup pour le peuple et pour toute la ville.

OREMUS.

Deus qui mirabilis es in Sanctis tuis, in quibus exemplum nobis et præsidium constituisti; præsta, quæsumus, ut beati Honorati memoriam recolentes, ejus imitatione ac meritis in terris tibi placere, et in cælis tua perfrui gloria mereamur. Per Dominum nostrum Jesum Christum, qui tecum vivit et regnat, in unitate Spiritus Sancti, Deus, in secula seculorum.

Amen.

ORAISON

O Dieu qui êtes admirable dans vos Saints, en qui vous avez établi notre exemple et notre secours, faites, nous vous en prions, que vénérant la mémoire du bienheureux Honoré, nous puissions en l'imitant et par ses mérites vous plaire sur la terre et jouir dans le ciel de votre gloire. Par Notre-Seigneur Jésus-Christ, qui vit et règne avec vous, en l'unité du Saint-Esprit, étant Dieu dans tous les siècles des siècles.

Ainsi soit-il.

Sainte Néomaye (Neomadia), *Vierge*

14 JANVIER

Les chroniques sont muettes sur cette Sainte. Nous savons qu'elle vivait au cinquième siècle, et qu'elle est originaire des environs de Boussay. Elle a donné son nom à un village près de Saint-Maixent, village dont l'église paroissiale lui est dédiée. Plusieurs paroisses lui ont élevé des autels.

Elle est invoquée contre l'épilepsie.

Saint Hilaire (Hilarius), *Évêque de Poitiers, Confesseur et Docteur de l'Église*

13 JANVIER

SAINT HILAIRE

(d'après un tableau du Musée Saint-Martin)

Nous consacrerons un numéro spécial à saint Hilaire à l'occasion de la fête de la Translation de ses reliques, le 26 juin. Nous remettons à cette date la notice sur la vie du grand Docteur.

Saint Vivence (Viventius), *Prêtre et Confesseur*

16 JANVIER

Saint Benoît de Quinçay, Évêque de Samarie, obligé par la persécution de se démettre de son siège, se rendit, suivi de quarante compagnons, auprès de saint Hilaire de Poitiers. Au nombre des disciples, était Vivence, prêtre, qui ne tarda pas à se séparer de ses frères, dans le but de mener la vie solitaire. En cherchant une retraite, il rencontra saint Martin en tournée apostolique, et, entraîné par son exemple, il se joignit au Thaumaturge et l'aida dans sa moisson d'âmes. Le don des miracles lui fut largement dévolu, aussi son évangélisation fut-elle des plus fécondes. Lorsqu'il crut sa mission terminée, il revint à son ancien dessein, et s'en alla vivre dans une grotte, près des lieux qui sont devenus la ville des Sables-d'Olonne. D'après Jean de Beauvais, il y mourut à cent vingt ans, vers la fin du quatrième siècle; d'autres chroniques lui assignent pour lieu de sa sépulture Château-Gravier, près Poitiers, où vivaient en commun ses anciens compagnons.

Saint Maixent a écrit la vie de saint Vivence, et à sa lecture, un Évêque de Clermont, du dixième siècle, Agilmarus, se sentit animé d'une profonde vénération pour ce modèle de la vie érémitique. Or la Providence ne devait pas tarder à donner au prélat l'occasion de manifester sa dévotion pratique envers le Saint.

En 868, l'invasion normande fit partir de leur monastère de Saint-Benoît de Quinçay les Bénédictins, qui emportèrent les reliques dont ils avaient le dépôt, et au nombre desquelles se trouvèrent celles de saint Vivence. Il se réfugièrent précisément auprès d'Agilmarus, qui leur bâtit un monastère dans son diocèse, sous l'invocation de son Saint de prédilection. Bientôt il fallut encore fuir devant une nouvelle horde de Normands, et les reliques passèrent en Bourgogne, au château de Vergy. Là encore une abbaye s'érigea pour enchâsser les restes du Saint. Ce monastère disparut avec tous les autres, à la Révolution.

Saint Alaume (Adelelmus), *Abbé*

30 JANVIER

Né à Loudun, au commencement du onzième siècle, Alaume, de même que saint Martin, suivit d'abord la carrière des armes. Un pèlerinage au tombeau des saints Apôtres fut l'occasion de sa détermination de se consacrer à la vie religieuse, et il entra à l'abbaye de la Chaise-Dieu, en Auvergne.

Sa science, sa piété, ses vertus, ne furent pas ignorées de ses contemporains, et portèrent au loin sa réputation. La reine de Castille venait de fonder à Burgos un hôpital destiné à réfugier les pèlerins pauvres; elle appela Alaume, et lui confia la direction de cet établissement, où il mourut en odeur de sainteté vers l'an 1100.

LÉGENDE DORÉE

Fondations légendaires

La dame qui mange les enfants. — L'abbaye des Fontenelles, près de La Roche-sur-Yon (Vendée) est aujourd'hui ruinée. On dit que Guillaume de Mauléon et Béatrix de Machecoul, sa femme, ses fondateurs, et Jehanne, épouse d'Aimery, vicomte de Thouars, leur fille, sont enterrés dans la chapelle; cependant on n'y voit que le tombeau de Jehanne, attribué, on ne sait trop pourquoi, par les gens du pays, à *Madame Béatrix*. Il y a même sur la fondatrice une légende curieuse.

« Madame Béatrix était une femme cruelle qui aimait à manger la chair des petits enfants; le mets le plus délicat pour elle en était le cœur et le foie. Son cuisinier ayant été parrain, elle alla jusqu'à lui demander son filleul. Cet homme, touché de pitié, prit un petit chien dont il apprêta le cœur et le foie et les servit à Béatrix; celle-ci trouva le plat si amer que, se doutant qu'on l'avait trompée, elle se livra aux transports de la plus affreuse colère. Elle fit venir son cuisinier, qui lui avoua que, pressé par le remords, il n'avait pu exécuter ses ordres; il s'exprima avec tant de persuasion que Béatrix elle-même, touchée de repentir, leva les yeux au ciel et fit vœu de faire pénitence. C'est à cette occasion qu'elle fit, dit-on, construire l'abbaye des Fontenelles au lieu où elle existe encore. Elle fit aussi creuser un souterrain qui se divisa en sept branches, à prendre de l'église de l'abbaye pour aller à une petite chapelle située à Ambois, hameau à deux kilomètres et demi des Fontenelles. Elle s'y rendait chaque jour en prenant le premier souterrain qui était couvert d'épines, marchant dessus pieds nus ; elle restait toute la journée à prier, ne se nourrissant que de racines. Au bout de sept ans d'une pénitence aussi exemplaire, Béatrix mourut comme une Sainte. On ajoute même qu'elle fut canonisée. Son prétendu tombeau est très vénéré dans le pays, et chaque année, le lundi de la Pentecôte, on y porte les petits enfants, qu'elle ne mange plus, et dont elle est devenue la protectrice. »

(De Monbail, *Monuments religieux, militaires et civils du Poitou*. Notes et croquis de la Vendée, in-4°, Niort, Robin, 1843, p. 127.)

D'après Humbert, *Histoire de Thouars*, 113, ce serait, au contraire, Béatrix de Machecoul, veuve en premières noces de Guillaume de Mauléon, seigneur de Talmond, qui aurait épousé, avant 1214, Aimery VIII, vicomte de Thouars, et Jehanne de Thouars serait leur fille.

***

Mégalithes sacrés

Les pierres d'Amuré. — Les pierres d'Amuré (Deux-Sèvres) (dolmen renversé) ont été longtemps l'objet d'un culte presque sacré ; autrefois même, les âmes pieuses ne se contentaient pas de leur offrir de ferventes prières, elles leur offraient encore de petites pièces de monnaie.

A la veillée la grand-mère vous dira :

« Les pierres qui sont là-bas au delà du ruisseau sont les premiers fondements de notre église, mais les maçons avaient beau travailler, chaque matin leur ouvrage avait disparu ; alors, dans son découragement, l'un d'eux jeta son marteau bien loin en lui disant : « Va-t'en où nous pourrons travailler. » Le marteau s'arrêta sur l'emplacement de notre pauvre église, qu'il fut alors facile de bâtir et d'achever. Une fois, on attacha tous les bœufs du village à ces blocs, mais leurs efforts furent impuissants, et les pierres sont restées là où on les voit encore. »

(*Monuments rel., mil. et civ. du Poitou* (Deux-Sèvres). Niort, Robin, 1843, p. 10-11.)

◆◆◆

Dévotions populaires

Les Dévoucies. — Le 15 août, les populations des environs se rendent à Lapland (Charente) pour y faire leurs *dévoucies* à la fontaine.

Pour observer le rite, il faut se lever de grand matin et partir à jeun. Quand on est arrivé, on fait le tour de l'église, puis le tour de la fontaine, dont il faut boire de l'eau en remettant aux pauvres quelque pièce de monnaie. On entre alors dans l'église et on fait le tour de l'autel, que l'on touche avec respect, et on laisse à l'autel du Saint dont on a invoqué le secours un nœud de rubans. Certains pèlerins chargent des pauvresses d'accomplir pour eux le rite et se contentent de l'assistance aux offices.

Un paroissien de Roumazières (Charente).

Les Oraisons populaires

LES CONDITEUX

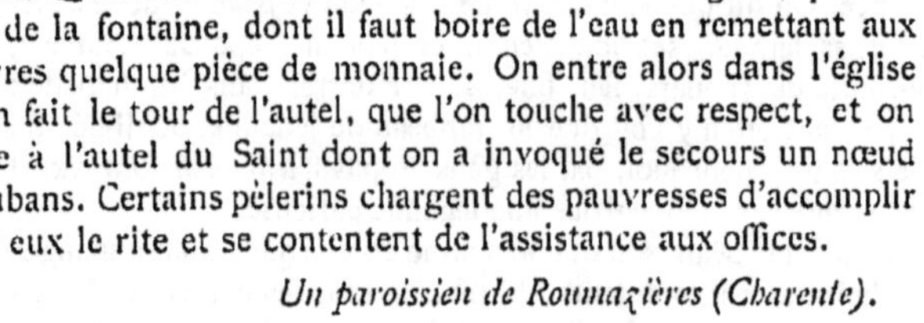

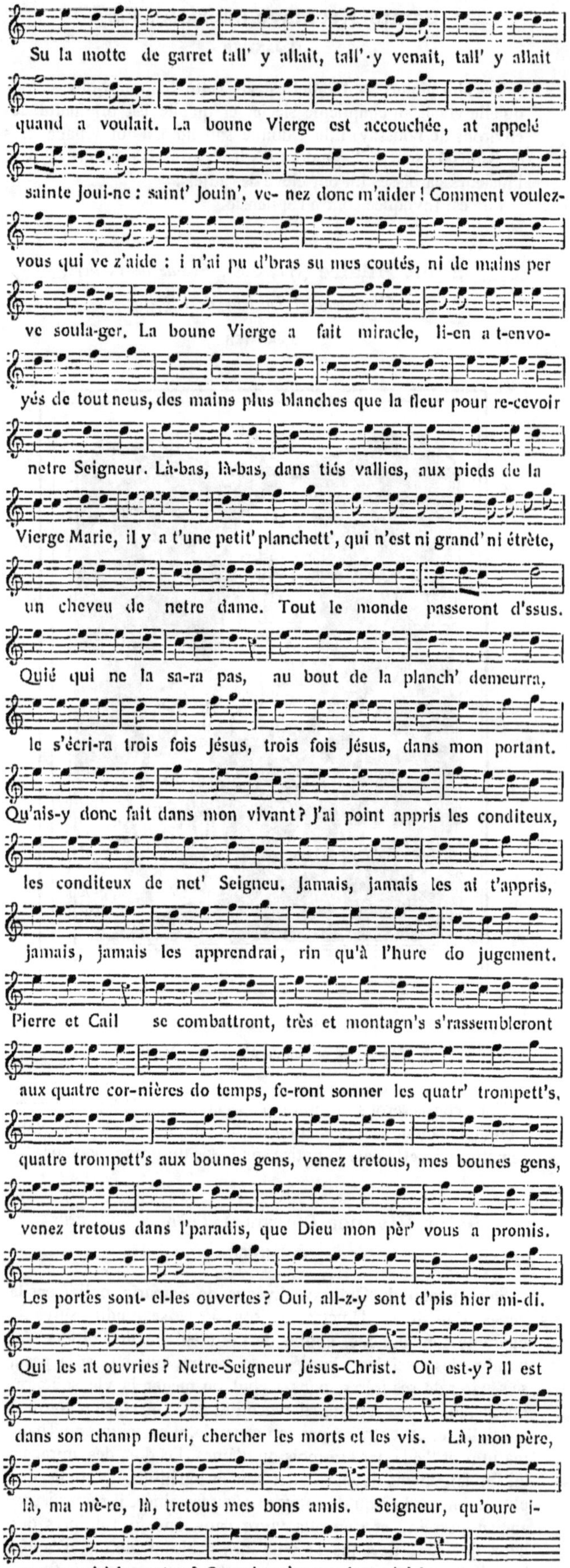

Largo

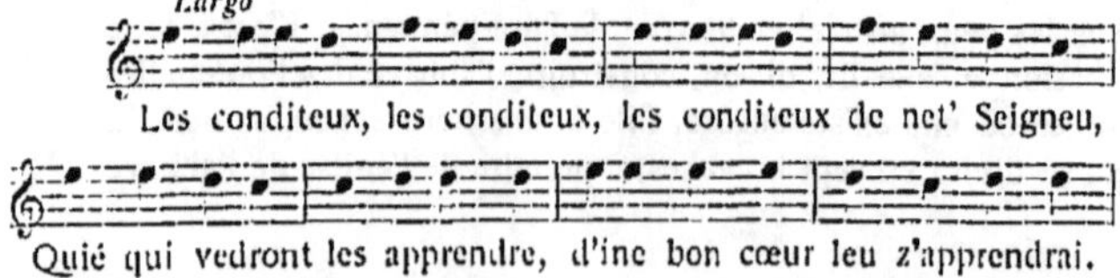

Su la motte de garret tall' y allait, tall'-y venait, tall' y allait
quand a voulait. La boune Vierge est accouchée, at appelé
sainte Joui-ne : saint' Jouin', ve- nez donc m'aider ! Comment voulez-
vous qui ve z'aide : i n'ai pu d'bras su mes coutés, ni de mains per
ve soula-ger. La boune Vierge a fait miracle, li-en a t-envo-
yés de tout neus, des mains plus blanches que la fleur pour re-cevoir
netre Seigneur. Là-bas, là-bas, dans tiés vallies, aux pieds de la
Vierge Marie, il y a t'une petit' planchett', qui n'est ni grand' ni étrète,
un cheveu de netre dame. Tout le monde passeront d'ssus.
Quié qui ne la sa-ra pas, au bout de la planch' demeurra,
le s'écri-ra trois fois Jésus, trois fois Jésus, dans mon portant.
Qu'ais-y donc fait dans mon vivant ? J'ai point appris les conditeux,
les conditeux de net' Seigneu. Jamais, jamais les ai t'appris,
jamais, jamais les apprendrai, rin qu'à l'hure do jugement.
Pierre et Cail se combattront, très et montagn's s'rassembleront
aux quatre cor-nières do temps, fe-ront sonner les quatr' trompett's,
quatre trompett's aux bounes gens, venez tretous, mes bounes gens,
venez tretous dans l'paradis, que Dieu mon pèr' vous a promis.
Les portes sont- el-les ouvertes ? Oui, all-z-y sont d'pis hier mi-di.
Qui les at ouvries ? Netre-Seigneur Jésus-Christ. Où est-y ? Il est
dans son champ fleuri, chercher les morts et les vis. Là, mon père,
là, ma mè-re, là, tretous mes bons amis. Seigneur, qu'oure i-
rez-ve qu'ri les netres ? Quand o s'ra son bon plaisi.

Recueilli par M. C. Puichaud, air noté par Mme C. P.

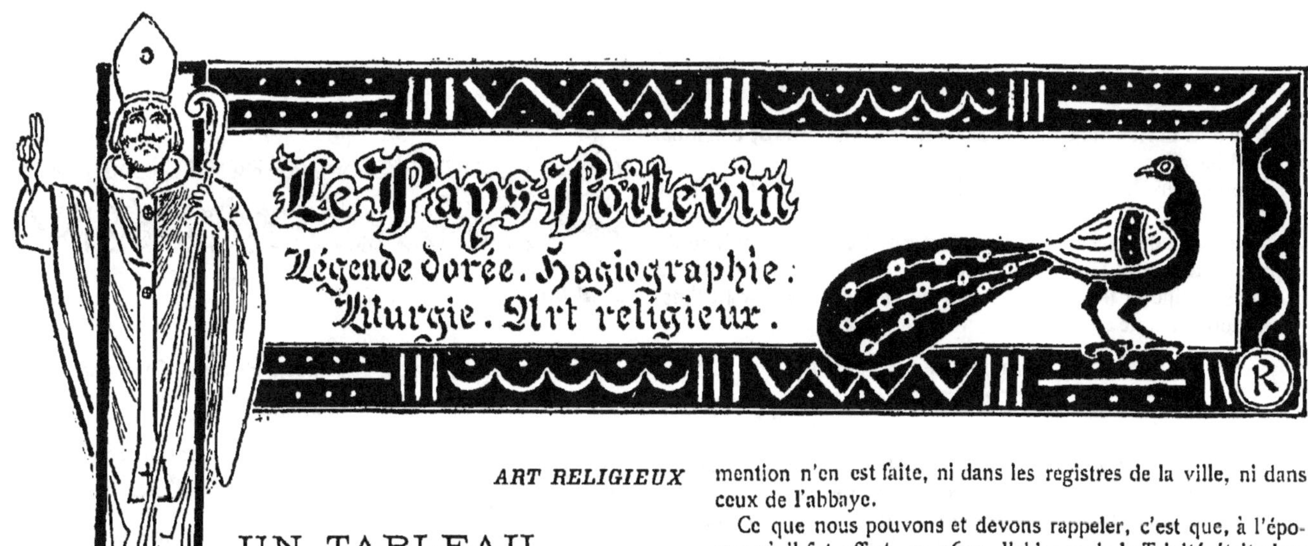

ART RELIGIEUX

UN TABLEAU CORPORATIF

Le tableau, dont nous donnons ici la description et le dessin, est placé dans le vestibule de la sacristie du lycée, au-dessus de la porte qui conduit à la chapelle.

Ce tableau, peint sur bois, mesure 1 m. 95 de large sur 1 m. 35 de haut, y compris l'encadrement, qui est de bois noir, orné çà et là de quelques frises d'or.

Il provient de l'ancienne abbaye bénédictine de la Trinité, à Poitiers, autrefois située dans la rue de ce nom, et remplacée actuellement par la maison d'instruction des Filles de Notre-Dame.

Au moment du Concordat de 1802, ledit tableau, compris parmi les dépouilles des églises et abbayes de la ville, fut attribué à la chapelle du lycée. Il est vrai qu'aucun procès-verbal de cette attribution n'existe, ni aux archives municipales, ni aux archives départementales. Mais le seul fait de la possession suffit pour l'attester.

Les origines de ce tableau sont indiquées par l'inscription suivante, tracée à la partie inférieure en lettres noires sur fond blanc, dans un petit rectangle de 0 m. 19 de large sur 0 m. 05 de haut, dont voici le *fac-simile* :

TABLEAU VOTIF DE LA CORPORATION DES MAITRES TAILLEURS DE POITIERS

> CE TABLEAV FVT DÉDIÉ A LA St TRINITÉ ET POSÉ EN CE LIEV. DON ET CONSENTEMENT DE TOVS LES Mes TAILLEVRS D'HABITZ DE CETTE VILLE L'AN 1603 LE XXIIIIe MAY : PAR P. PENEVOT A. DAVTIÉ, F. MORSEAU, P. PAPOT, Mes IVRÉS DVDIT MESTIER DE TAILLEVS D'HABITZ.

Immédiatement au-dessus de cette inscription apparaissent les armes symboliques de la Corporation des Maitres Tailleurs. Ces armes consistent en une paire de ciseaux d'or, ouverts et entourés de branches d'olivier : le tout sur champ de gueules et inscrit dans un écu de forme ovale à bordure d'or.

A quelle occasion ce tableau fut-il offert à l'église abbatiale de la Trinité? Est-ce à la suite d'un vœu, ou pour consacrer le souvenir de quelque événement? Nous l'ignorons, attendu qu'aucune mention n'en est faite, ni dans les registres de la ville, ni dans ceux de l'abbaye.

Ce que nous pouvons et devons rappeler, c'est que, à l'époque où il fut offert, en 1604, l'abbesse de la Trinité était alors Jeanne Guischard de Bourbon[1], et que le maire de la ville se nommait François Dreux, sieur des Barres, conseiller au Présidial et assesseur criminel[2].

Les armes de ce dernier sont précisément reproduites à gauche du tableau, savoir : écusson timbré d'un casque de face, d'azur, au chevron d'or, accompagné en chef de deux roses d'argent et en pointe d'un soleil d'or[3].

Voici maintenant la composition et les détails du tableau.

Il se compose de plusieurs épisodes, empruntés soit à l'Ancien soit au Nouveau Testament, mais qui tous, en raison même de la destination du tableau, ont rapport au mystère chrétien de la sainte Trinité.

D'abord, au sommet, c'est Dieu le Père, sous l'aspect d'un vieillard et d'un Pontife, portant la tiare au front et revêtu d'une chape d'or. De la main gauche il soutient le Christ en croix, et,

1. Biblioth. Municip. de Poitiers. — *Manuscrits de D. Fonteneau*, tome V, p. 294 : catalogue des Abbesses de la Trinité.
2. Mém. des Antiq. de l'Ouest, 1897. — *Les Maires de Poitiers*, par B. Ledain.
3. *Diction. Héraldique*, par Charles Grandmaison, p. 152, éd. Migne, 1861. — *Armorial Général*, par J.-B. Rietstap, tome I, p. 563.

sur le bras droit de la croix, le Saint-Esprit, en forme de colombe, étend les ailes.

Au-dessous de cet emblème trinitaire, deux sujets forment le second plan.

A gauche du spectateur, Adam est nu et couché au milieu du paradis terrestre. Le Créateur, en toge blanche et couronne en tête, s'incline et tend la main vers lui. Par-dessous, se lit l'inscription suivante :

FACIAMVS HOMINEM AD IMAGINEM ET
SIMILITVDINEM NOSTRAM.
GENÈSE, II[1].

Sur le même plan, à droite du spectateur, on aperçoit un lac, au bord duquel se dressent d'un côté un château fort, et de l'autre des rochers. Au-dessous de ce paysage, la scène représente Abraham ployant le genoux devant trois anges, avec cette inscription :

TRES VIDIT ET VNVM ADORAVIT
GE. XVIII.

Le troisième plan est formé de deux autres sujets.

A gauche, le Sauveur, dont les pieds baignent dans les eaux du Jourdain, reçoit le baptême des mains de Jean-Baptiste son précurseur, et l'Esprit-Saint, sous la forme d'une colombe, plane au milieu d'une auréole de lumière.

Cette scène est soulignée par l'inscription qui suit :

ET ECCE APERTI SUNT EI CŒLI
ET VIDIT SPIRITVM DESCENDENTEM
SICVT COLVMBAM ET VENIENTE
SVPER SE. S. MATH. III.

A droite, c'est la transfiguration de Jésus-Christ sur le Thabor, entre Elie et Moïse (ce dernier tient en main les deux tables de la Loi), et en présence des trois apôtres Pierre, Jacques et Jean, dont l'attitude accuse l'étonnement et la frayeur.

Sur le flanc droit du Christ, se lit en biais cette inscription :

HIC EST FILIVS
MEVS DILECTVS IN
QVO MIHI BENE COPLA
S. LVC. IX. CVI.

Enfin, aux deux angles inférieurs du tableau, sont représentés les donateurs en costume de cérémonie, avec large collerette blanche et manteau noir.

Deux sont à gauche, et deux à droite. Tous les quatre à genoux et les mains jointes.

Sous les deux personnages de gauche, on remarque deux P entrelacés, et sous les deux personnages de droite, les initiales des quatre maitres tailleurs désignés dans la dédicace du tableau.

L'intérêt tout particulier qui s'attache à leur représentation en peinture, c'est qu'ainsi nous avons sous les yeux un spécimen du costume des corporations d'artisans pendant l'ancien régime, et comme une évocation vivante de cette curieuse époque de notre histoire.

Abbé A. BLEAU,
Aumônier du lycée de Poitiers.

1. Il y a ici une légère erreur de référence. La parole indiquée se trouve au chapitre premier de la Genèse, et non au deuxième.

LES SAINTS DU POITOU

Saint Lienne (LEONIUS), *Prêtre et Confesseur.*

1er FÉVRIER

Or, en 994, la seigneurie de La Roche-sur-Yon ne possédait guère que son château, fièrement campé sur la colline ; les premiers arbres de la forêt l'isolaient du reste du pays. Quelques toits de chaume se groupaient à l'intérieur des hautes murailles, abritant les habitants malheureux, dont la vie tout entière se consumait en plaintes sur les calamités passées et en craintes pour celles à venir. C'est alors qu'Ingélénus obtint les reliques de saint Lienne, en grande vénération dans la ville de Poitiers. Près de la chapelle qui fut construite en l'honneur du Saint s'éleva un monastère, et la chétive bourgade devint florissante : les glorieuses couleurs de France brillaient sur sa bannière ; elles flottaient, superbes, au sommet de ses murailles, semblant attendre l'ennemi et lui dire : « Tu n'iras pas plus loin. »

Écoutez maintenant, habitants de la cité yonnaise,
la légende du grand saint Lienne.

Cliché de M. l'abbé Rousseau.

STATUE DE SAINT LIENNE A LA ROCHE-SUR-YON

Saint Lienne naquit au quatrième siècle : nous ne connaissons pas le lieu de sa naissance ; tel un ruisseau bienfaisant dont on ignore la source. Il fut un des disciples de saint Hilaire, le grand Evêque de Poitiers, et fit sous sa conduite de tels progrès dans la vertu, que le maitre, pour récompenser la pureté des mœurs de son élève et les connaissances qu'il avait acquises dans les sciences sacrées, lui conféra la dignité sacerdotale. Les belles qualités qu'il montra dans l'accomplissement des fonctions ecclésiastiques lui méritèrent l'affection toute particulière de son saint protecteur, qui lui ouvrait familièrement son âme et lui confiait ses plus intimes pensées.

C'était du temps où l'empereur Constance persécutait les catholiques par la terreur, la confiscation des biens, l'exil et les cruautés de tout genre, s'ils refusaient d'embrasser l'arianisme. Hilaire se dressa contre l'erreur, comme un rempart inébranlable, et attira sur lui toute la fureur de l'hérésie. On lui tendit mille embûches et il fut exilé en Phrygie. Lienne accompagna le confesseur héroïque, partageant toutes les persécutions qu'il eut à endurer pour la défense de la foi. Il le suivit à Séleucie, ville d'Isaurie, où saint Hilaire fut convoqué à un concile, puis à Constantinople, où le vaillant Évêque demanda audience à l'empereur, par trois requêtes publiques, pour y défendre la vérité contre ses adversaires.

Ceux-ci, craignant d'être vaincus, sollicitèrent l'empereur de renvoyer en Gaule l'ennemi de leurs doctrines ; et Hilaire, victorieux, revint dans sa ville épiscopale avec son disciple Lienne, qui recueillit au passage sa part des transports avec lesquels saint Jérôme embrassa le confesseur du Christ. Après le retour de son maître dans les Gaules, Lienne l'aida beaucoup à combattre et à déjouer la perfidie des ariens.

Lienne reprit alors sa place dans le clergé de la ville épiscopale, où il était honoré de la dignité d'Archiprêtre, toujours prêt à rendre au saint Évêque les services qu'il attendait de son affection.

Le souvenir de saint Lienne étant mêlé intimement aux derniers instants de saint Hilaire, nous allons en traduire le récit d'après le précieux manuscrit du onzième siècle, n° 196, de la Bibliothèque Nationale, auquel il faut ajouter les manuscrits 5296, 5316 et 14.654, tous des douzième et treizième siècles, reproduisant des auteurs de cette époque, et enfin Vincent de Beauvais. (*Hist.*, lib. XIV, c, LXI.)

A peine rentré dans la ville de Poitiers, l'admirable pontife se retira, pour se préparer à la mort, dans la maison où sa femme et sa fille avaient rendu le dernier soupir.

Cette demeure lui était chère. Il transforma en oratoire le lieu même où sa fille expira entre ses bras. Au milieu de disciples choisis, il aimait à y passer de tranquilles heures, devisant de choses divines ; et c'est là qu'il voulut mourir. Sentant sa fin prochaine, il manda près de lui Lienne, Archiprêtre de Poitiers, le confident de toutes ses pensées.

Le soleil avait disparu depuis longtemps derrière les collines, et la nuit étendait sur la ville le manteau argenté des étoiles. Hilaire pria son fidèle ami de sortir et de prêter l'oreille pour savoir si l'on entendait du bruit dans la cité. Lienne obéit et revint, disant qu'on distinguait le murmure d'une foule immense. Alors le bienheureux pontife commença avec lui un entretien suprême sur les joies de l'éternelle patrie ; il semblait y puiser les douces consolations et des forces nouvelles, comme avant le combat le guerrier anime son courage en regardant la couronne promise à la victoire. Une seconde fois il ordonne à Lienne d'écouter si le calme règne enfin dans la ville. Le disciple, docile, ouvre la porte et annonce que tout bruit a cessé. C'était l'heure marquée sans doute pour une vision céleste, car, peu d'instants après, une lumière éblouissante pénètre dans la petite chapelle et enveloppe de sa splendeur l'autel devant lequel gisait le mourant, étendu sur la cendre. Un parfum d'une suavité incomparable remplit ce lieu, mettant au cœur de saint Lienne, de saint Just et des autres clercs accourus près du lit de leur père, une joie toute céleste.

Puis la lumière miraculeuse s'éteint, et saint Hilaire apparait mort sur le pavé du temple. C'était la nuit du 12 au 13 janvier de l'an 368.

Dès l'aurore, la nouvelle se répandit dans la cité en pleurs. Pendant trois jours le peuple vint contempler sur le lit funèbre la figure rayonnante de son Évêque. Lienne ne quitta la mortelle dépouille du maître qu'au moment où elle fut cachée sous le sanctuaire de l'église Saint-Jean-et-Saint-Paul, dans la crypte creusée par les soins d'Hilaire, entre les tombeaux d'Abra, sa fille bien-aimée, et de son épouse, dont la tradition ne nous a pas conservé le nom.

Saint Lienne, privé de son père et de son maître, embrassa alors la profession monastique et devint le premier Abbé de Saint-Hilaire-le-Grand. Nous ne savons pas combien d'années il gouverna sa communauté, mais, d'après un bréviaire manuscrit de Saint-Hilaire-de-la-Celle, nous sommes certains qu'il ne se borna pas à former la vertu des religieux soumis à sa paternelle autorité. A l'exemple de saint Hilaire et de saint Martin, il évangélisa les peuples délaissés de la campagne. Enfin, cédant à l'attrait qui depuis longtemps lui faisait désirer une solitude plus profonde, il se retira dans le petit couvent de Saint-Hilaire-de-la-Celle, qu'il avait probablement fondé. Il voulait rendre le

Cliché de M. l'abbé Rousseau.

PORTAIL DE L'ANCIENNE CHAPELLE DE SAINT-LIENNE A LA ROCHE-SUR-YON dernier soupir dans ce lieu béni, où le sublime Docteur qu'il regardait comme un père, Abra, la fille du saint pontife, fleur virginale dont le parfum embaumait encore l'humble sanctuaire dans les murs duquel elle s'était épanouie dans la mort pour le jardin du ciel, où l'épouse vénérée de saint Hilaire, avaient pris leur vol vers la demeure éternelle.

Saint Lienne fit plus encore par ses admirables vertus que par sa parole.

Depuis l'enfance, sa vie n'avait été qu'un chant d'amour envers Dieu. Ainsi l'oiseau, qui, doucement abrité sous l'aile de la Providence, dit aux bois et aux vallons la chanson matinale et l'hymne du soir. Sa gracieuse innocence captiva le cœur d'Hilaire; son humilité, son abnégation, son dévouement à toute épreuve, lui attirèrent l'estime et l'affection de tous. Il avait quitté, pour le service de Dieu, un avenir brillant dans le monde; c'est pourquoi sa retraite dans le cloître produisit une sensation profonde. Il se fit alors autour de la cellule du Bienheureux un concours pieux de fidèles qui venaient lui demander le secours de ses prières et de sa puissance miraculeuse : car d'éclatants prodiges avaient porté au loin la renommée de ses vertus.

Un Ange ayant annoncé à saint Hilaire sa fin prochaine, un messager céleste apprit aussi à saint Lienne, de la part de Dieu, le terme de son pèlerinage ici-bas et lui révéla qu'une fièvre violente serait le signal de l'appel divin.

Le docile apôtre attendit le jour de l'épreuve; il la supporta avec une ferveur si pleine d'amour qu'il fut, depuis ce temps, invoqué par tous ceux qui souffrent de la fièvre, que Dieu lui donne le pouvoir de guérir. Il s'endormit un soir, souriant à son rêve, qu'il acheva dans les joies de l'immortalité, le premier jour de février, vers l'an 380. Son corps fut inhumé dans l'église de Saint-Hilaire-de-la-Celle, non loin du lieu où avait reposé, avant et après la mort, son père et maître vénéré. Il fut aussi le premier qui eut la dévotion de choisir sa sépulture près *du lit* de saint Hilaire, selon l'expression usitée dans ces siècles de foi naïve, où l'on considérait la mort comme un sommeil.

Cy-finict la légende très véritable du grand saint Lienne : chrestiens, faictes l'aumône d'une prière à celui qui l'escrivit.

La ville de Poitiers, qui conserve encore de chers et nombreux vestiges du pontife qui fut sa gloire, a vu disparaître, au contraire, tous ceux de son fidèle disciple. Nous espérons faire revivre, à La Roche-sur-Yon, son culte jadis florissant; puissent ces humbles lignes ressusciter aussi son souvenir vénéré dans la capitale du Poitou. La basilique de Saint-Hilaire possède le bras du bienheureux Docteur, et nous avons perdu les reliques de saint Lienne. Le monastère qui gardait le tombeau du pieux Archiprêtre a disparu. Un couvent de Carmélites s'élève, à Poitiers, sur le lieu qu'il occupait; mais là, du moins, les hymnes pieuses se font toujours entendre. A La Roche, le vieux château qui donnait asile, en son enceinte, au petit sanctuaire de saint Lienne, a été renversé, les pierres de la chapelle dispersées; à leur place des casernes sont construites, et un soldat, accomplissant aussi un devoir sacré, poursuit sa marche régulière et monotone là où jadis le moine priait sous les grands cloîtres sombres.

Abbé L. Rousseau,
Aumônier du lycée de La Roche-sur-Yon.

M. l'abbé Rousseau, qui a bien voulu nous autoriser à reproduire le chapitre de sa monographie de La Roche-sur-Yon concernant saint Lienne, s'est attaché avec un courage que rend méritoire l'indifférence des populations à la restauration du culte du saint Patron de la cité yonnaise. M. l'archiprêtre de La Roche-sur-Yon a pris à cœur, lui aussi, de faire revivre le souvenir du disciple de saint Hilaire dans sa paroisse, et, le 25 décembre 1898, on bénissait solennellement la statue, œuvre du sculpteur Fulconis, que reproduit notre cliché, et qui est placée dans une chapelle latérale, dédiée au Saint, de l'église paroissiale. A cette occasion, M. l'abbé Valande, missionnaire apostolique, a esquissé à grands traits la vie de Lienne. Le 5 février dernier, de nouvelles fêtes ont eu lieu; notre distingué collaborateur, M. l'abbé Rousseau, a prononcé un éloquent panégyrique devant une nombreuse assistance. Puissent ces manifestations être les prémisses de pèlerinages et de solennités annuels en l'honneur de saint Lienne !

Saint Amand (Amandus), *Évêque et Confesseur.*

6 FÉVRIER

Saint Amand, Évêque de Maëstricht, est regardé par plusieurs hagiographes comme l'apôtre de la Gaule-Belgique, et son nom est encore en grande vénération parmi les peuples qu'il a évangélisés.

Il naquit vers 584 au pays d'Herbauges, situé sur la rive gauche de la Loire, non loin de l'Océan. Ce pays faisait alors partie du diocèse de Poitiers, et quelques auteurs prétendent que le père de saint Amand en était seigneur; mais ce qui paraît très sûr, c'est que sa famille était des plus illustres aux yeux du monde. Le père d'Amand se nommait Serenus; sa mère, Amantia; ils avaient élevé leur fils avec soin et avec amour, et le jeune homme avait profité de leurs leçons. Il venait d'atteindre sa vingtième année lorsque, poussé par une vocation marquée vers la vie religieuse, il abandonna sans rien dire la maison paternelle, traversa le bras de mer qui séparait le continent de l'île d'Yeu, et se présenta pour être admis dans le monastère que de pieuses mains y avaient fondé. Il fut reçu par les moines avec une joie vive, et il fit au milieu d'eux de grands progrès dans la perfection. L'historien qui nous a transmis le récit le plus détaillé de la vie de saint Amand raconte que, dès les premiers temps de son séjour dans l'île d'Yeu, le jeune homme révéla d'une façon incontestable les dons merveilleux que Dieu attache toujours à la prière de ses Saints. Un jour qu'il parcourait les domaines du monastère, il fut surpris par un monstre effrayant; mais, plein de confiance dans la bonté divine, Amand opposa le signe sacré du salut à la fureur de son ennemi, qui s'enfuit et ne reparut plus.

Cependant le père d'Amand, après avoir fait de longues et vaines recherches pour retrouver son fils, avait fini par découvrir sa retraite. Il employa près de lui la douce persuasion, puis les menaces, afin de le faire rentrer dans la maison paternelle, où l'attendaient encore les honneurs et la richesse. Tout fut inutile, et lorsque, poussé par l'exagération de ses sentiments, ce père, indigné de tant de résistances, s'écria qu'il déshériterait son fils, celui-ci lui répondit avec douceur : « Mon père, souffrez que je garde l'habit monastique; servir Dieu, telle est ma part et mon héritage; je ne souhaite rien des biens de mon père en ce monde, je veux rester soldat de Jésus-Christ. »

Vaincu par ces paroles, le père se retira seul. Mais Amand, craignant sans doute de s'exposer à de nouvelles instances, quitta bientôt l'île d'Yeu et se rendit en pèlerinage à Saint-Martin de Tours. Quand il fut au pied du tombeau du Saint, il le supplia d'obtenir de Dieu, par ses prières, que son serviteur ne revînt jamais au pays de ses pères et qu'il pût passer sa vie dans des courses continuelles pour le service du Seigneur. La suite de notre récit démontrera comment ce vœu fut exaucé.

Après sa prière, Amand se fit couper les cheveux, reçut la bénédiction de l'Abbé de Saint-Martin et se rendit à Bourges. Cette Église était alors gouvernée par saint Austrégisile, homme d'une sainteté rare. Amand fut accueilli avec bonté par l'Évêque et par son archidiacre Sulpice, qui fut plus tard, lui aussi, un grand Évêque et un grand Saint. Ils firent construire pour le nouveau venu une cellule près de l'église cathédrale. Là le pieux Amand vécut pendant quinze années dans les jeûnes et les abstinences, le corps couvert d'un rude cilice, se contentant de pain, d'orge et d'eau, et n'en prenant que ce qu'il fallait pour ne pas tomber en défaillance.

Poussé par le désir d'aller prier aux tombeaux des saints apôtres Pierre et Paul, un jour Amand quitta sa retraite et partit pour Rome avec un seul compagnon. Lorsqu'il fut arrivé dans la ville des Saints, son premier soin fut de visiter les églises, qui rappelaient à sa mémoire de si touchants souvenirs ; il consacrait la journée à ce pieux devoir, puis la nuit il cherchait un asile dans le sanctuaire dédié au Prince des Apôtres. Or, il arriva qu'un soir les gardiens, pour obéir à leur consigne, faisaient sortir du temple les fidèles ; Amand, qui souhaitait ardemment d'y passer la nuit en veille et en prière, n'en put obtenir la permission et fut au contraire repoussé d'une façon brutale ; sans murmurer ni se plaindre, il se retira, se mit à genoux au bas des marches qui précédaient le seuil du temple et tomba bientôt en extase. Il vit alors le Prince des Apôtres, qui, lui adressant la parole avec douceur, lui ordonna de retourner dans la Gaule, d'y prêcher la foi de Jésus-Christ, et lui donna, pour gage de son succès, sa bénédiction.

Amand partit aussitôt, plein de joie et d'espérance. Bientôt après son retour, les Évêques réunis le nommèrent Évêque régionnaire, c'est-à-dire sans siège déterminé. On lit dans quelques martyrologes que ceci arriva le 26 octobre de l'an 626, mais des auteurs fixent cette consécration à l'an 628. Quoi qu'il en soit, dès qu'Amand eut reçu l'onction sainte, il obéit à la voix du Prince des Apôtres et il évangélisa les pays de Tournay et de Flandres avec un succès prodigieux. Il le devait aux vertus éminentes dont il était doué. « Très pieux, rempli de bonté, dit un hagiographe, chaste de corps, il était aussi comme un trait d'union entre les riches et les pauvres, car ceux-ci le tenaient pour aussi pauvre qu'eux, et ceux-là l'estimaient plus riche qu'ils ne l'étaient eux-mêmes. Toujours en jeûne et en prières, il était sobre de paroles... Il rachetait les captifs, il les baptisait, leur faisait enseigner les lettres, et, après leur avoir rendu leur liberté, il les plaçait dans les Églises, dont plusieurs devinrent les ministres et les évêques. »

Au milieu de ses succès, saint Amand fut arrêté par la main irritée de Dagobert Ier, à qui il avait osé reprocher sa vie coupable et ses désordres. Exilé des États du monarque, il ne put se résoudre à rester muet quand la loi de Dieu était encore inconnue à tant de peuplades ignorantes, et il s'empressa d'aller la prêcher aux Basques et aux Navarrais.

Cependant Dagobert, à qui la miséricorde de Dieu semblait pardonner ses fautes en lui accordant un fils vivement désiré, voulut exprimer sa reconnaissance pour un si grand bienfait : il rappela l'apôtre qu'il avait persécuté ; il fit plus, il voulut que le saint confesseur, auquel il demanda pardon de son injustice, conférât le baptême à l'enfant que Dieu lui avait donné. La cérémonie eut lieu avec une pompe extraordinaire dans la ville d'Orléans, et Charibert, roi d'Aquitaine, tint le jeune prince sur les fonts sacrés.

Le zèle apostolique de saint Amand, enflammé par cette honorable réparation, le porta bientôt à aller prêcher au pays de Gand, qu'habitait alors une population tellement barbare, qu'elle était restée inaccessible aux ouvriers évangéliques. Il y souffrit de cruelles persécutions, des outrages et des mauvais traitements : il fut battu de verges et jeté à l'eau ; mais il n'en continua pas moins ses prédications, et, Dieu lui accordant le don si bien mérité des miracles, on vit bientôt un changement notable se manifester dans les esprits. La résurrection d'un mort opérée en présence de nombreux témoins païens vint mettre le sceau à sa mission sainte, et les païens, terrassés par ce prodige, renversèrent leurs temples, brûlèrent leurs idoles et vinrent en foule demander le baptême.

En peu de temps, la face du pays tout entier fut changée ; saint Amand y bâtit plusieurs églises ; il fonda deux monastères dans la ville même de Gand. Le premier est celui de Blandinberg ; le second, placé d'abord sous le vocable de Saint-Pierre, prit plus tard le nom de Saint-Bavon, du nom de ce Saint converti par saint Amand et devenu patron de la ville.

Peu après, saint Amand fonda le monastère d'Elno ou d'Elnou, qu'il quitta bientôt pour aller occuper, en 649, le siège épiscopal de Maëstricht. Il fut obligé d'accepter, malgré la répugnance que lui inspirait son humilité ; mais il se démit trois ans après de cette dignité, qu'il fit confier à saint Bémade, et il reprit le cours de ses travaux apostoliques au milieu des infidèles. Enfin, l'âge et l'épuisement de ses forces lui commandant un repos nécessaire, il se retira dans son monastère d'Elnou, qu'il gouverna pendant quatre années, et où il mourut de la mort des Saints en 675. Il était âgé de quatre-vingt-dix ans.

Son corps fut enseveli dans l'église du monastère, et bientôt les miracles qui s'y opérèrent furent la source d'une grande célébrité. Autour de ce sanctuaire s'élevèrent de nombreuses constructions ; l'abbaye prit des accroissements rapides, et bientôt le nom d'Elno fut changé contre celui du saint Fondateur. C'est aujourd'hui la ville de Saint-Amand, située à deux lieues environ de Valenciennes.

Il existe à quelques lieues de Bourges une autre ville de ce nom. C'est sans aucun doute un souvenir du séjour que non loin de là notre Saint fit à l'ombre des vertus de saint Austrégisile et de saint Sulpice.

L'Église de Poitiers fait mémoire de saint Amand au 7 février.

Ch. de Chergé.

(*Vie des Saints du Poitou*, Poitiers, 1856.)

HISTOIRE ECCLÉSIASTIQUE

Dom Fonteneau

BÉNÉDICTIN DE LA CONGRÉGATION DE SAINT-MAUR

Historien du Poitou *(suite et fin)*

(1705-1778)

Lorsque le contrôleur général jugea l'heure venue, il s'adressa directement au Supérieur général, non pour obtenir le retour de Fonteneau à Poitiers, ce qui était impossible, mais pour qu'on le remît en possession de ses manuscrits. Cette démarche eut un plein succès. Le 2 mars 1769, Dom Chappuys, moine de Saint-Cyprien, confiait au messager de Poitiers deux balles, du poids de six cent trente livres, renfermant plusieurs manuscrits et pièces relatives à l'histoire du Poitou, pour être remises à Dom Christophe Chapot, Prieur de Saint-Jean-d'Angély. Une lettre du Père Chappuys annonçait à ce dernier l'envoi, mais ne lui en indiquait pas la destination.

Ce silence sur le vrai destinataire de l'envoi montre quelle mauvaise grâce on mit à exécuter l'ordre de restitution donné par le Supérieur général. De son côté, Fonteneau, très défiant vis-à-vis de Dom Cailhava, ne voulut point recevoir dans sa cellule ses manuscrits avant d'avoir acquis la certitude qu'on ne lui avait rien dérobé.

Dom Chapot fit déposer les deux balles dans le chartrier de l'abbaye. Sur sa demande, le notaire de la ville dressa le procès-verbal de la réception des manuscrits. Les sacs furent cerclés et scellés, de manière à ce qu'on ne pût accuser personne d'avoir soustrait le moindre document. Tout cela s'accomplit en présence du Prieur, de Dom Vergezac, Sous-Prieur, de Dom Foris, sénieur, de Dom Goudon, sous-cellérier, de Dom Baron, secrétaire du chapitre, qui signèrent le procès-verbal avec le notaire Allenet[1].

Bertin, mis au courant des inquiétudes de Dom Fonteneau, lui écrivit, le 24 août 1769, pour le stimuler.

« Avez-vous reçu ces portefeuilles, mon Révérend Père? J'ai écrit dans le temps au Père Général pour qu'il obligeât Dom Cailhava à vous les remettre. On m'a mandé que vous les aviez refusés dans la crainte qu'on ne vous eût soustrait quelques papiers. Comme il ne s'agit point ici d'élever un procès entre Dom Cailhava et vous, je vous conseille de vous remettre en possession des richesses littéraires qui sont le fruit de vos travaux; peut-être trouverez-vous le dépôt entier; mais, quand il aurait été un peu altéré, il faut partir d'où l'on est et empêcher surtout que les altercations particulières puissent nuire au bien public. »

Le ministre ajouta, en *post-scriptum*, de sa propre main : « Il me semble que vous ne risqueriez rien de recevoir vos papiers en faisant, avec le Supérieur dépositaire, un double dont chacun garderait le sien. »

Fonteneau suivit le conseil du contrôleur général. Il ouvrit les deux balles. Mais, en faisant l'inventaire de ses manuscrits, il s'aperçut que plusieurs pièces n'étaient pas à leur place. Ce désordre le mit hors de lui. Sans attendre un examen plus attentif, il cria au voleur. Bertin, à qui il adressa ses plaintes, se contenta de lui recommander un peu plus de calme.

« Chatou, le 27 septembre 1769.

« J'ai lu, mon Révérend Père, avec grande attention, la lettre que vous m'avez écrite et celle que M. Moreau a reçue de vous, et même le procès-verbal de levée de scellés qui constate l'état où se sont trouvés vos portefeuilles. J'avoue que l'examen de cette dernière pièce m'a convaincu que l'on avait mis quelque désordre dans vos recueils, mais non que l'on vous eût beaucoup volé. En effet, vous ne soupçonnerez pas Dom Cailhava d'avoir ajouté au nombre de pièces que vous aviez laissées à Poitiers. Cependant il y a un grand nombre de liasses et de paquets où l'on a trouvé plus de titres que votre inventaire ne l'indiquait, et je soupçonne que ce pourrait être là l'explication du déficit qui s'est trouvé sur d'autres articles. D'après cela, mon Révérend Père, et à moins que vous me puissiez signaler en détail les objets qui vous manquent, il paraît difficile de forcer Dom Cailhava à de nouvelles restitutions. »

Il l'invitait ensuite à oublier toutes ces misères, pour se mettre de nouveau à la besogne avec une ardeur nouvelle.

« Partez donc d'où vous êtes, mon Révérend Père, et voyez ce que vous pouvez faire. Le procès-verbal que vous m'avez envoyé prouve du moins que vous êtes fort riche, et me rendra plus exigeant.

« Les archives de l'abbaye de Saint-Jean-d'Angély [2] ont été exactement dépouillées, dites-vous. Répondez-moi : 1° Est-ce par vous? 2° Avons-nous les copies de tout ce qu'elles contenaient? Si nous ne les avons pas, comment nous les procurer? Je ne parle que de celles qui ne sont pas imprimées dans les recueils.

« Vous avez dépouillé le chartrier de Notre-Dame de Saintes [3], et vos portefeuilles contiennent cette dépouille. Vous voulez enrichir toutes ces pièces de notes chronologiques et historiques : à merveille. Vous pouvez faire tout cela dans le calme de votre cabinet. Cherchez ensuite un copiste et mandez-moi ce que vous lui aurez promis; je vous le ferai remettre.

« Je ne vous en quitterai pas, mon Révérend Père, que je n'aie un double de toutes vos richesses.

« J'ai à vous faire des remerciements personnels, et M. Moreau a dû vous témoigner ma reconnaissance. Je m'en rapporte à ce qu'il vous a mandé. Je regarderai comme un présent qui m'est fait à moi-même les chartes du treizième siècle dont vous lui parlez. »

Bertin promit à son protégé d'écrire au Supérieur général de la Congrégation pour lui recommander sa personne et son travail. Ne sachant s'il était convenable de le faire en ce moment, il demanda à Dom Fonteneau de lui dire son avis. Il s'offrait à écrire, si la chose était utile, au Prieur de Saint-Jean-d'Angély.

Le ministre terminait sa lettre en donnant à Fonteneau, sous la forme d'un compliment délicat, une sage leçon. « J'aime à voir, mon Révérend Père, que vous cherchiez si bien à concilier la subordination du religieux et le travail du savant. L'une a toujours aidé l'autre dans votre Congrégation pour le bien de l'Église et des lettres. Il serait bien à souhaiter que ces deux choses fussent inséparables[1]. »

Le 26 janvier de l'année suivante, le contrôleur général adressait une fois encore à Dom Fonteneau ses encouragements et ses félicitations.

« C'est avec l'agrément de votre Général que je vous engage de nouveau. Vous pouvez faire à Saint-Jean-d'Angély ce que vous faisiez à Poitiers; faites même mieux : voici le plan que je vous propose.

« Nous avons maintenant sous les yeux une nomenclature générale de tous les dépôts du royaume. Choisissez autour de vous ceux que vous voulez dépouiller; votre nom sera inscrit en marge de l'indication de vos dépôts, et nous compterons sur vous.

« Mandez-moi aussi. 1. Quels sont ceux que vous avez déjà visités, et si vous les avez fouillés à n'y plus revenir. 2. Si vous avez envoyé la totalité de ce qu'ils renferment[2]. »

Le même jour, le Prieur de Saint-Jean recevait une lettre de Bertin, qui le priait de vouloir bien accorder à Dom Fonteneau toutes les facilités désirables pour mener à bonne fin son vaste travail[3].

Les choses allaient donc pour le mieux. Notre moine historien pouvait se promettre des jours heureux. Des circonstances inattendues vinrent encore le favoriser et lui rendre l'espoir de retrouver les bonnes grâces de ses Supérieurs.

Le grand Aumônier de France, le futur Cardinal de La Roche-Aymon, Archevêque de Reims, appartenait, par sa mère, à la famille de Lezay, laquelle prétendait être une branche des Lusignan. Ce haut personnage ecclésiastique s'occupait alors de dresser sa généalogie. Il avait besoin pour cela des lumières d'un homme très versé dans la connaissance de l'histoire du Poitou, qui fut, comme on le sait, le berceau des Lusignan. Le Supérieur général de la Congrégation de Saint-Maur, à qui il s'était adressé, lui désigna Dom Fonteneau. L'Archevêque remit un mémoire à l'Evêque de Senlis, chargé par le roi de ramener la paix dans la Congrégation. Celui-ci le renvoya à Dom Fonteneau, le 4 juin 1769, de l'abbaye de Marmoutier, où il s'était rendu pour l'accomplissement de sa mission délicate. Ce document était accompagné d'une lettre par laquelle l'Evêque de Senlis informait Dom Fonteneau que la démarche de Mgr de La Roche-Aymon était autorisée par le Supérieur général et par le Prieur

1. *Procès-verbal de deux balles de manuscrits fait au requis de Dom Chapot, Prieur de l'abbaye royale et curé de la ville de Saint-Jean-d'Angély.* (De La Marsonnière, XIII, 467-469.)

2. M. L. Audiat a publié une étude sur l'inventaire des manuscrits de Dom Fonteneau à Saint-Jean-d'Angély. (*Revue de Saintonge et d'Aunis*, t. X, 79 et 145-154, XI, 220.)

3. Cf. préface de M. L. Audiat pour *l'Histoire de l'abbaye Notre-Dame-hors-les-Murs de Saintes*, par Dom Boudet (*Archives historiques de la Saintonge et de l'Aunis*, t. XII, 246.)

1. De La Marsonnière, XII, 352-354.

2. Ibid., XII, 355.

3. Ibid., XIII, 356.

de Saint-Jean-d'Angély[1]. Dom Boudier prit la peine de lui recommander personnellement cette affaire, dans sa lettre du 9 août de la même année[2].

Ces recherches généalogiques ne pouvaient être remises en meilleures mains. Elles aboutirent promptement au résultat que désiraient le grand Aumônier et les siens. Ils furent très satisfaits d'apprendre qu'on ne pourrait plus désormais leur contester le droit de porter le nom glorieux des Lusignan. L'Archevêque ne savait comment témoigner à Dom Fonteneau toute sa gratitude. Ce fut entre celui-ci et la comtesse de Lusignan l'origine de relations qui durèrent longtemps et finirent par prendre le caractère d'une véritable intimité. La noble dame mettait tout son crédit au service du moine de Saint-Jean-d'Angély et de ceux qu'il lui recommandait.

L'abbé Foucher, membre de l'Institut, qui écrivait l'histoire de la maison de Trémouille, d'origine poitevine elle aussi, eut également recours à l'érudition et à l'obligeance de Dom Fonteneau. Celui-ci ne craignit pas, en 1772, d'entreprendre à son intention une excursion scientifique dans le Montmorillonnais. Il ne refusa jamais des services de cette nature. Ce qui lui valut la reconnaissance d'un grand nombre de familles, entre lesquelles on peut nommer les de La Vauguyon, de Soyecourt, de Saint-Hermine de Beauchamp, de Lestorières, de Noirmont, de La Guierche, de Rochechouart, etc.[3]

Il n'était pas moins empressé pour les moines qui recouraient à sa science inépuisable. De Charroux, où il se trouvait de passage (1771), il envoya au Prieur de l'abbaye de Valence[4], Dom de La Roque d'Avène, la liste des Abbés de sa maison[5]. Le 26 décembre de la même année, Dom Laronde, Prieur de Montierneuf[6], lui demanda des renseignements sur l'origine de la paroisse qui dépendait de son monastère. Ils lui étaient nécessaires pour rejeter les prétentions du curé, qui réclamait aux moines une augmentation de sa *portion congrue*[7].

Dom Boudier se montrait plein de condescendance pour Dom Fonteneau. Ce dernier avait besoin d'entreprendre un voyage à Paris. Il lui fallait au préalable la permission de son Supérieur général. Elle lui fut gracieusement accordée le 26 mars 1770.

« Mon Révérend Père, je suis charmé que vous me procuriez une nouvelle occasion de vous obliger, en vous accordant la permission de venir à Paris. Ce sera pour moi une véritable satisfaction de vous voir, de faire connaissance avec vous, de vous exprimer de bouche tous les sentiments que je vous ai voués, par les témoignages qui m'ont été rendus de votre attachement à la Congrégation. Tous les bons religieux ont eu occasion de m'en parler. Vous viendrez donc aussitôt que vous le jugerez à propos; mais je crois que vous ferez bien d'attendre le retour de la belle saison. Mille respectueux sentiments, je vous prie, à votre cher et digne Supérieur. On ne peut être aussi essentiellement unis, ni avec un plus tendre respect[8]. »

Les choses étaient en bonne voie. Il ne tenait qu'à Dom Fonteneau de faire oublier le passé, en continuant ses recherches historiques. Il lui aurait fallu négliger lui-même des souvenirs pénibles et supporter patiemment certains procédés peu corrects. Cette conduite, que la simple prudence humaine lui conseillait comme sage et digne, l'aurait grandi aux yeux de ses Supérieurs et de ses confrères. Il ne sut pas le comprendre, ou, s'il le comprit, il n'eut pas le courage de s'y conformer.

1. Collection Fonteneau, LVIII, 641-642.
2. Ibid., 652.
3. De La Marsonnière, XII, XXXIII-XXXIV.
4. Loc. cit.
5. Collection Fonteneau, LVIII, 751-753.
6. Monastère fondé au onzième siècle dans un faubourg de Poitiers. L'église sert aujourd'hui d'église paroissiale. Ce qui reste des édifices claustraux est transformé en caserne d'artillerie.
7. Collection Fonteneau, LVIII, 791-879.
8. De La Marsonnière, XI-XIII, 357.

S'étant rendu à Poitiers afin de terminer le dépouillement de plusieurs archives, il reçut l'hospitalité à Saint-Cyprien. Les moines, contrairement aux usages de la Congrégation, réclamèrent le prix de sa pension au monastère de Saint-Jean-d'Angély. Ce procédé révolta Fonteneau, qui porta plainte au Supérieur général et aux Visiteurs assemblés pour la diète annuelle de 1771[1].

Plusieurs de ses confrères et quelques-uns de ses amis ne pouvaient s'expliquer sa lenteur à publier l'histoire du Poitou. Le public, qui en attendait l'apparition avec une légitime impatience, s'étonnait de ne rien voir paraître. Ses ennemis en prirent l'occasion de l'accuser de paresse ou d'incapacité, voire même de lui reprocher les dépenses de ses voyages.

Dom Boudier n'était plus à la tête de la Congrégation ; son successeur, Dom Maumousseau, ne partageait pas l'estime qu'il avait, au moins dans les dernières années, témoignée à Dom Fonteneau. Il prit ces plaintes au sérieux. Comme il y allait de l'honneur de la Congrégation, qui avait pris à sa charge la tâche de publier l'histoire du Poitou, il demanda compte de son travail au moine qui en avait reçu l'obédience.

Dom Fonteneau se vit obligé d'adresser à la diète de l'année 1773 un mémoire sur l'œuvre et sur les notes qu'il avait recueillies[2].

Il l'accompagna d'un inventaire détaillé de ses manuscrits[3], contresigné par les membres du conseil de l'abbaye Saint-Jean. Ces deux documents constituaient la plus éloquente justification. Tout esprit non prévenu devait, en les lisant, reconnaître que l'auteur de ces recueils avait accompli dans un espace de temps relativement court une masse énorme de travail.

Dom Fonteneau crut-il que ses Supérieurs, en lui demandant ce compte, cherchaient une fois encore à l'arracher à cette œuvre, qui était la passion de sa vie? On serait tenté de le croire, en parcourant les réflexions qui terminent son mémoire justificatif. Ce sont celles qu'il avait mises déjà à la fin du rapport sur l'état de ses notes, rédigé au moment où il quittait Saint-Cyprien. Il se contenta d'y ajouter ces quelques mots qui montrent la profondeur de la blessure faite à son âme : « Pour moi, je me renferme dans le silence. *Quod potui feci; faciant meliora potentes.* »

C'est le cri d'une âme découragée.

La diète lui fit signifier qu'elle désirait le voir continuer son travail. Mais Dom Fonteneau voulait autre chose. La rédaction de l'histoire du Poitou, croyait-il, était impossible ailleurs qu'à Saint-Cyprien de Poitiers. Il avait écrit le 4 mars de cette même année au Père Deville pour lui exposer toutes les raisons qui le faisaient demander son retour dans ce monastère. Ce ne fut pas sa seule réclamation. Il tenta un dernier effort peu de jours avant la réunion de la diète, en faisant « retentir de toutes ses forces une maxime puisée dans les principes du droit : *Spoliatus ante omnia restituendus est*[4]. » Ces sommations restèrent sans réponse. Blessé au vif par ce silence, Dom Fonteneau perdit une fois encore son calme et avec le calme le bon sens. Il écrivit au Supérieur général la lettre déplorable à laquelle nous avons fait plus haut de si larges emprunts. Ce fut, pour nous servir de son langage, l'épitaphe qu'il destinait à l'histoire du Poitou. « Il n'y avait, dit-il, que deux voies pour la continuation : écarter les obstacles, procurer les moyens », c'est-à-dire le rappeler à Saint-Cyprien de Poitiers. « On a fait tout le contraire. Il n'y a plus à y revenir. Les contradictions dont on m'a fatigué ont glacé, pour

1. De La Marsonnière, 348-360.
2. *Réflexions sur l'état actuel des recueils relatifs à l'histoire du Poitou, dont l'inventaire est présenté par Dom Fonteneau au T. R. Père Général et aux RR. Pères Visiteurs assemblés en diète dans l'abbaye de Saint-Germain, en 1773.* (De La Marsonnière, XIII, 367-371.)
3. Ibid., XIII, 408-414.
4. *Lettre de Dom Fonteneau au Supérieur général.* (De la Marsonnière, XIII, 385.)

tout travail historique, mon cœur et mon esprit. Non seulement le dégoût a pris la place du zèle, mais encore mon ardeur est usée de façon à ne pouvoir plus agir. Je quitte par raison et par nécessité, sans humeur et sans caprice[1]. »

On le prit au mot.

Une fois la colère passée, il regretta vivement sa détermination. Mais c'était trop tard. Il avait mis le comble au mécontentement de ses Supérieurs. Ses amis les plus influents, la comtesse de Lusignan, l'abbé Foucher, Bertin lui-même, ne purent, malgré tout leur dévouement, les faire changer de sentiments à son endroit. Il finit par faire à Dieu le sacrifice de sa chère histoire du Poitou. Foucher, à qui il fit cette confidence, s'empressa de l'en féliciter : « J'applaudis de tout mon cœur, mon Révérend Père, au parti que vous avez pris. Ce serait une grande duperie de vous chagriner de ce qu'on vous a rendu votre liberté, en vous exemptant d'un travail sec et pénible, où l'esprit et le cœur ne trouvent aucune pâture. Vous philosopherez à votre aise, mais de cette philosophie chrétienne qui élève l'âme, qui est si analogue à votre profession. Si vous en êtes moins utile au public, ce n'est pas votre faute, mais vous profiterez pour vous-même de l'inaction où vous êtes réduit[2]. »

Les raisons qui motivèrent la disgrâce de Dom Fonteneau, et surtout l'acharnement qu'il mit à faire revenir ses Supérieurs sur leur décision, sont l'indice d'une âme bien peu pénétrée des sentiments qui conviennent à un religieux.

Il fut la victime de son tempérament excessif et emporté. Toutefois ce défaut, si peu compatible avec les exigences de la vie monastique, s'alliait chez lui avec de belles qualités et des vertus incontestables. Aussi conserva-t-il jusqu'à la fin la confiance et l'affection des personnes distinguées qui s'étaient attachées à lui.

Sa conduite à Saint-Jean-d'Angély fut celle d'un bon religieux. « C'était, nous dit le biographe anonyme qui fut le témoin de ses dernières années, un homme vraiment religieux; sa vie fut régulière, sa piété solide, sa probité parfaite. La sagesse de sa conduite dans tous les lieux où il avait passé pour réunir les matériaux de son histoire du Poitou lui concilia l'estime générale. Il ne fut pas moins estimé à Saint-Jean-d'Angély. Malgré les infirmités qui l'affligèrent durant sa vieillesse, il assistait presque toujours à l'office divin et célébrait quotidiennement la sainte messe. Le 11 novembre 1778, il fut atteint d'une fluxion de poitrine, accompagnée d'une grande fièvre et d'une toux violente. Il attendit la mort, à laquelle il s'était pieusement et saintement préparé, avec grandeur d'âme, plein de confiance en Dieu, et en pleine possession de ses facultés. Le 27 décembre, après avoir reçu l'extrême-onction dans de grands sentiments de piété, il rendit son âme à Dieu, vers la dixième heure, à l'âge de soixante-quinze ans. Le 29, son corps fut inhumé, après la célébration du saint sacrifice, dans le cimetière qui entoure les murs de la nouvelle église[3]. »

Quelques-uns de ses contemporains ont reproché à Dom Fonteneau, nous l'avons vu, sa lenteur au travail et l'inutilité de ses efforts. La postérité se montre plus équitable à son égard.

Il a laissé aux historiens de l'avenir d'immenses matériaux qui sans lui eussent disparu dans la tourmente révolutionnaire[4]. S'il n'a pas écrit l'histoire du Poitou, il a pu, du moins, la rendre possible[5].

L'histoire du Poitou n'était pas l'œuvre personnelle de Dom Fonteneau. Ses Supérieurs lui avaient donné l'ordre d'y travailler. Lorsqu'il se crut dans l'impossibilité de continuer sa tâche, ils la confièrent à Dom Mazet. Mais son successeur était loin de le valoir. Le meilleur titre de ce dernier à la reconnaissance

1. Ibid., 384-385.
2. Lettre du 15 janvier 1776. (De la Marsonnière, XIII, 398.)
3. De La Marsonnière, XII, 59-70.
4. Ibid., XIII, 401.
5. Ibid., XII, XLIV.

publique est d'avoir conservé intact à travers les troubles de la Révolution le dépôt des notes et des manuscrits qui lui avait été confié.

Dom Hugues Mazet, né à Sury-le-Comtal, dans le diocèse de Lyon, avait émis ses vœux à Saint-Allyre de Clermont, le 19 août 1759. Il n'ajouta rien à la collection dont il avait la garde. Lors de la suppression des Ordres religieux et de la confiscation de leurs biens, il la fit passer comme sa propriété personnelle. La ville de Poitiers lui confia dans la suite la charge de bibliothécaire. Il mourut en 1817, laissant parmi ceux qui l'ont connu « plutôt la réputation d'un homme du monde aimable que celle d'un savant Bénédictin[1] ». Ses héritiers vendirent à la ville toute la collection de Dom Fonteneau. Les documents qui la composent étaient distribués sans ordre dans des cartons. M. de Marçonnay entreprit d'en faire un classement méthodique. Les manuscrits furent distribués en quatre-vingt-sept volumes in-folio[2]. C'est dans cet état qu'ils sont actuellement conservés à la bibliothèque municipale de Poitiers[3]. Les vingt-neuf premiers volumes, classés par ordre de provenance, forment la première série. M. Rédet, archiviste du département de la Vienne, a dressé la table chronologique des documents qu'ils renferment[4].

Dom J.-M. BESSE.

LÉGENDE DORÉE

Les Cloches du Cesbron. — Le 24 frimaire de l'an II, le Conseil municipal a arrêté et ordonné de transporter au chef-lieu du district l'argenterie et les cloches des églises; les citoyens Lory et Nacé sont chargés de son exécution. (Registre des délibérations de l'hôtel-de-ville de Parthenay).

Quelques jours après, les cloches de La Boissière-Thouarsaise furent descendues du clocher pour être conduites à Parthenay. La tradition rapporte que ceux auxquels fut confiée cette mission, se croyant poursuivis par les habitants, que cette mesure indignait, les jettèrent dans le Cesbron et s'enfuirent. A la même époque, des religieuses, qui habitaient Puyrenard, ancien château féodal, situé sur le territoire de Viennay, voulurent faire célébrer la messe la nuit de Noël par un prêtre réfractaire. Ils furent surpris par des forcenés qui les massacrèrent.

Les habitants de la contrée se plaisent à redire que tous les ans, le 25 décembre, à minuit, les cloches qui, depuis un siècle sont enfouies dans le Cesbron, sonnent à toute volée, pendant qu'une lugubre procession, présidée par un prêtre sans tête, défile dans les souterrains du château.

L'idée sur l'existence des cloches est tellement accréditée, que les habitants de La Boissière, il n'y a pas trente années, sondèrent le Cesbron et firent des fouilles dans l'espoir de les découvrir.

A. B.

1. Foucart, *Dom Fonteneau* (*Mém. des Antiquaires de l'Ouest*, t. II, 1836, p. 80).
2. Cf. § 1.
3. *Mémoires ou recueils de diplômes, chartes, notices et autres actes authentiques pour servir à l'histoire du Poitou et des provinces voisines, accompagnés de notes critiques, historiques, chronologiques, typographiques, généalogiques*, etc., par Dom Fonteneau, religieux Bénédictin de la Congrégation de Saint-Maur. Cf. *Catalogue des manuscrits de la Bibliothèque de Poitiers*, 455-543.
4. *Tables des manuscrits de Dom Fonteneau conservés à la Bibliothèque de Poitiers. Table chronologique des chartes transcrites dans les vingt-sept premiers volumes de la collection*, publiée dans les *Mémoires des Antiquaires de l'Ouest*, t. IV, 1838, in-8°, xvi-473 p. *Table chronologique* des volumes 27 *bis* et 1er, ibid., 1855, in-8°. Une table alphabétique manuscrite des noms de lieux et de personnes de ces mêmes volumes forme le n° 544 de la Bibliothèque.

ETUDES PAROISSIALES

SAINT-ÉTIENNE DE NIORT

La ville de Niort eut longtemps pour unique paroisse Saint-Etienne, dont le territoire, qui fut le siège de nombreux couvents, demeura dénommé dans la tradition populaire : *quartier des Saints*. Vers le dixième siècle, la population, composée jusqu'alors presque uniquement de mariniers, commença à se reporter sur la rive gauche de la Sèvre, escalada les coteaux de Saint-André et de Notre-Dame, et de nouveaux besoins spirituels amenèrent la création de nouveaux centres religieux.

Pendant la Révolution, l'église du quartier du Port fut vendue et détruite, et lorsqu'à l'époque du Concordat, reconnaissant l'importance de la paroisse, on voulut lui rendre son existence propre, l'absence d'édifice devint promptement un obstacle insurmontable, et l'annexion aux autres paroisses s'imposa.

De graves inconvénients furent le résultat de cet état de choses, qui dura jusqu'en 1853, époque à laquelle l'illustre Cardinal Pie, alors Évêque de Poitiers depuis quatre années, obtint des pouvoirs publics la restauration de l'autonomie paroissiale sur la rive droite de la Sèvre. L'inconvénient résultant de l'absence d'église existait toujours, mais on espérait le voir disparaitre *incessamment* par une construction projetée. Provisoirement, le Curé eut à sa disposition, pour les besoins du culte, une pauvre chapelle d'orphelinat.

Photographies Alb. Boutaud.

ÉGLISE SAINT-ÉTIENNE. — Vue intérieure

Les pasteurs qui, depuis 1853, se succédèrent à la cure de Saint-Etienne eurent, comme l'on peut penser, pour principale préoccupation de doter leur troupeau d'un monument qui répondit aux besoins d'une population de plus de 4000 habitants, population de jardiniers et de maraîchers, dignes et braves gens, très honnêtes et très chrétiens; mais les projets ne sortaient toujours pas du domaine de la théorie. En 1875, cependant, M. l'abbé Guérin pensa toucher au but : Mgr Pie, constatant qu'un mouvement d'opinion toujours plus vif se manifestait, voulut prêcher d'exemple : il consigna de sa main, sur le registre du Conseil de Fabrique, l'intérêt qu'il portait à l'œuvre, dans les termes qui suivent :

« *Nous offrons de grand cœur notre souscription personnelle (mille francs) pour la construction nécessaire d'une église paroissiale dans le quartier du Port, à Niort, et nous remercions et bénissons d'avance toutes les personnes qui voudront bien souscrire à cette œuvre. Nous avons la confiance que les généreux chrétiens viendront en aide à ceux de la paroisse de Saint-Etienne, dont la bonne volonté ne pourrait atteindre, à elle seule, le résultat désiré.* »

« *Signé* : L.-Edouard,
Évêque de Poitiers. »

A la suite de ce don généreux, d'autres souscriptions furent recueillies, une société fut fondée, un terrain acquis, mais des difficultés matérielles vinrent encore une fois mettre obstacle à toute réalisation.

En 1891, M. l'abbé Riquet, Curé actuel, fut nommé à son poste, avec mission formelle de mener à bien la tâche si délicate et si lourde, péniblement préparée par ses prédécesseurs. Il semble bien que c'est là l'homme que la Providence avait prédestiné à ce rôle. Tous ceux qui le voient à l'œu-

M. L'ABBÉ RIQUET, *Curé de Saint-Étienne de Niort*

vre savent quelle somme de patiente énergie il lui faut dépenser chaque jour, au réel détriment de sa santé et de ses forces physiques. Mais sa foi communicative, servie par un tact parfait, une exquise délicatesse de procédés, une timidité touchante, une sorte de mélancolie persuasive, a opéré le miracle de faire surgir de terre le magnifique édifice que nous décrivons plus loin.

Aussitôt après son installation, M. l'abbé Riquet réunit son Conseil de Fabrique, qui se composait, à cette époque, de MM. Jeffré, Th. Boinot, de Lacoste et Sauquet. Une pétition fut adressée au Conseil municipal de Niort, appuyée par six cents signatures de paroissiens, tous ouvriers, et justifiée par un premier fonds de 6.000 francs, alors à la disposition de la société civile. Cette pétition tendait à obtenir un simple avis favorable à la construction de l'église; c'était, pour la société, la certitude d'obtenir de l'Etat une contribution de 25.000 francs, mais c'était aussi la tutelle administrative, l'ingérence concordataire, la dépendance. Les signataires faisaient valoir auprès de la municipalité maçonnique, avec une certaine candeur, l'intérêt des ouvriers de la ville, qui trouveraient, dans l'ouverture d'un chantier considérable et de longue durée, une assurance contre le chômage, sans risques ni sacrifices pour les finances municipales. Cette argumentation naïve ne pesa pas beaucoup sur la décision du Conseil, qui, en refusant l'avis favorable, rendit impossible la souscription du Gouvernement et pensa en même temps ruiner le projet. Grâce à Dieu, aux encouragements de l'Episcopat, au zèle héroïque du Curé, à la générosité jamais lasse de la population entière de la ville, et même de souscripteurs étrangers, toutes les difficultés sont aujourd'hui surmontées, et dans les premiers mois de l'année 1900, la nouvelle église sera consacrée et livrée aux pompes de la liturgie catholique. Sept années auront suffi à ce labeur surhumain, sept années pendant lesquelles des prodiges de charité auront été accomplis par les plus humbles comme par les plus riches, sept années qui auront procuré aux Niortais des jouissances esthétiques d'un haut caractère, grâce aux fêtes de toutes sortes, aux concerts de choix, que des dévouements privés ont permis d'organiser toujours avec succès et profit. Mais il est une situation que l'attitude du Conseil municipal a créée et qu'il n'est pas sans intérêt de faire ressortir. Saint-Etienne sera, croyons-nous, la première église paroissiale de France libre de toute tutelle. Terrain, édifice, presbytère, appartiennent à une société civile dont les membres actuels sont MM. Sauquet, Boinot, Guérineau, de Lacoste, comte de Malartie, Nivard. Aucune revendication communale ou nationale ne peut donc s'exercer sur cette paroisse, qui échappe ainsi aux conséquences de la séparation possible de l'Eglise et de l'Etat. Cette situation ne saurait déplaire à une population qui fit toujours preuve d'un grand esprit d'indépendance vis-à-vis le pouvoir central. C'est peut-être une des causes qui a rendu l'œuvre si sympathique à tous, même aux incroyants de bonne foi.

✠

C'est à M. Boutaud, architecte à Poitiers, qu'a été confiée la construction de Saint-Etienne, commencée en 1893, et dont la première pierre fut bénie par M. Richard, Archiprêtre de Notre-Dame de Niort. Le problème soumis à sa science était ardu : Faire beau, grand et pas cher. Heureusement M. Boutaud est de ceux qui continuent les traditions de foi et de désintéressement des artistes chrétiens du Moyen-Age. Comme eux, il croit tout possible lorsqu'il s'agit de travailler à la gloire de Dieu. Sans hésitation il se mit au travail, et dressa un plan ingénieux dont l'exécution émerveille aujourd'hui les visiteurs. Obéissant aux nécessités budgétaires, il sacrifia l'aspect extérieur sinon dans les lignes, qui sont très ;pures, du moins dans l'ornementation; il réduisit l'église à une nef unique qu'il fit triple, cependant, grâce à la combinaison que nous allons expliquer; il étudia les

ÉGLISE SAINT-ÉTIENNE. — Le Triforium

résistances de telle sorte qu'il pût réduire à leur minimum et la portée des voûtes et l'épaisseur des murs. Dans les caissons

M. BOUTAUD, *architecte*

des voûtes il substitua à la pierre la brique creuse qu'un enduit, divisé par des filets d'appareil remplis de mortier teinté dissimule; la pierre de taille n'a été employée que dans les cas de nécessité absolue, mais les moellons dont sont faits les murs, liés entre eux par un mortier composé de sable maigre et de chaux hydraulique de Marans, forment un corps d'une telle dureté qu'il faudrait pour démolir les briser par éclats. Les arcs-boutants, les contreforts, les cintres, sont à la fois d'une grande légèreté et d'une rigidité absolue, assurant à l'édifice une solidité à toute épreuve à laquelle une plus grande masse de matériaux n'aurait rien pu ajouter.

Nous avons indiqué tout à l'heure la triplicité de l'unique vaisseau (le nombre trois commande d'ailleurs dans tout ce monument en l'honneur de la sainte Trinité), cette apparence est obtenue par un triforium qui s'évase autour de l'église reposant lui-même sur des contreforts intérieurs, doublant ceux de l'extérieur et établis en encorbellement, de sorte que, sans qu'il ait été besoin de donner à la nef, d'un point des fondations à l'autre, une plus grande largeur, ni aux voûtes une plus grande portée, l'église se trouve cependant augmentée de tout l'espace utilisé entre les contreforts encorbellés et dans les tribunes dont se compose le triforium. Ainsi compris, l'édifice paraîtra plein avec un nombre restreint de fidèles tout en permettant de loger une foule considérable, le cas échéant.

Si de ces détails techniques résolvant les problèmes d'économie et de grandeur nous passons à l'examen du caractère artistique, nous éprouverons, pour peu que nous soyons familiarisés avec le style ogival et la symbolique chrétienne, un véritable sentiment d'admiration.

Ce qui frappe dès l'entrée, c'est la pureté du style treizième siècle qu'originalisent des détails inédits qui sont comme la signature de l'architecte; l'harmonie des proportions; la sveltesse des lignes; l'aspect décoratif varié obtenu par les tons si heureusement diversifiés des granits des colonnes, des pierres des pilastres et aussi par la division en trois parties horizontales, ce qui a permis trois compositions différentes fondues dans un ensemble parfait. Tout cela est si bien lié, coordonné, qu'il serait impossible d'en enlever aucune partie sans que l'harmonie fût détruite. Essayez de même d'ajouter à cette ornementation, découlant de l'ensemble architectural, des détails nouveaux, vous n'y parviendrez pas sans rompre le rythme du monument. Ses grandes lignes horizontales et verticales, ses mouvements et saillies qui détachent chacune des parties de l'œuvre et qui souvent sont variées dans le seul but de former contraste et de faire valoir certains détails; les joints de mortier teinté qui indiquent la construction, divisent les assises et expliquent la structure, tout cela forme un tout parfaitement raisonné, satisfaisant l'esthétique la plus raffinée.

La partie inférieure sous les tribunes du triforium est couronnée par des arcs très saillants qui prennent dans les murs, se rabaissent et viennent s'attacher sur les contreforts au moyen de corbelets moulurés et sculptés. Des fenêtres triptyques, ornées de colonnes détachées, avec chapiteaux supportant des arcs, forment l'ornementation du soubassement.

Le triforium est séparé de l'arc par un cordon sous lequel a été sculptée une ligne noire de rosaces qui donne une division très tranchée entre la première et la deuxième partie. Au-dessus de cette ligne se trouve la galerie ajourée et quadrilobée du triforium dont les colonnes en granit sont surmontées de trèfles: au-dessus court un cordon qui sépare cette deuxième partie de la troisième. Une petite voûte, moitié de berceau ogival, qui vient contrebuter le mur, recouvre le triforium.

La partie supérieure est composée de pilastres très minces et de grandes baies de 9 mètres de hauteur à doubles meneaux, qui prennent tout l'espace entre les pilastres des séparations des travées et s'arrêtent sous les formerets. Les pilastres de séparation des travées sont ornés de colonnettes superposées en granit rose qui viennent supporter les arcs doubleaux, tandis que les diagonales reposent sur des culots sculptés.

Autour de l'abside rayonnent six chapelles dont les fenêtres seront ornées de vitraux ayant trait à la dévotion qu'ils manifestent ou au saint titulaire. Deux chapiteaux ont reçu une ornementation symbolique en raison de leur appropriation. C'est ainsi que nous trouvons à la chapelle du Sacré-Cœur le blé et la vigne symbolisant la charité, et la rose, l'amour; à la chapelle de Saint-Joseph, la violette dit la modestie et l'humilité du père nourricier du Sauveur; le lys et le liseron des champs rappellent la pureté de Marie; le houx, consacré à sainte Anne, signifie préservation; la bienveillance de saint Antoine de Padoue est affirmée par la jacinthe; la suavité de saint Fiacre, patron des jardiniers et des maraîchers si nombreux dans la paroisse, se manifeste par le fraisier. On voit, par ces quelques détails et ceux qui précèdent, quelle unité de vue, quelle connaissance de la symbolique et de la mystique ont présidé à cette construction. D'une collaboration très heureuse entre le

ÉGLISE SAINT-ÉTIENNE
Plan de la façade

ÉGLISE SAINT-ÉTIENNE

Le Ciborium projeté

curé et l'architecte est né, comme au Moyen-Age, un poème lapidaire inspiré par la foi, exécuté par la science.

Sous le maître-autel, se creuse une crypte à trois nefs, avec abside, dont les murs émergent du sol à une hauteur de 1 m. 20; cette disposition, en surélevant le sanctuaire, rendra plus visible à tous les fidèles le saint Sacrifice. Un ciborium, dont nous reproduisons le projet, surmontera l'autel. L'ambon en pierre, ou chaire à prêcher, reposant sur des colonnettes, a été établi en avant du sanctuaire, dominant le chœur, en contrebas, destiné au clergé et aux hommes de la paroisse.

En avant de l'église, à la sortie du clocher, une tribune destinée à recevoir des grandes orgues a été établie de telle manière que les sons de l'instrument ou les voix des chanteurs résonnent immédiatement dans l'édifice. Et puisque nous parlons du clocher, disons ici qu'au-dessus du beffroi, déjà monté à 42 m. 50 au-dessus du sol, s'érigera une flèche, véritable aiguille de pierre ajourée de 37 m. 50 et qui donnera la jolie élévation totale de 80 mètres.

Quant aux dimensions intérieures de l'église, elles sont les suivantes : longueur 56 mètres, largeur 15 mètres, hauteur (du sol à la clé de voûte) 24 m. 50.

✠

Avant de consacrer aux vitraux les dernières lignes de cette insuffisante notice, rendons un juste hommage à l'entrepreneur, M. Girard, pour la conscience et la méthode avec lesquelles il a conduit les travaux. On sait les risques, les responsabilités qui, dans de telles entreprises, incombent aux patrons; M. Girard a eu plus d'une fois à les supporter vaillamment, car on a eu à déplorer deux ou trois accidents, dont l'un mortel et dont un autre a failli l'atteindre dans ses plus chères affections. Ce sont les tristes ombres au tableau. Les ouvriers niortais, par leur esprit de solidarité et de concorde, leur affabilité, leur régularité, ont aussi une large part dans le succès final. On leur doit en grande partie la célérité et la bonne façon de l'exécution. Remercions-les, car il faut se souvenir que les batailles ne se gagnent pas seulement avec des généraux.

✠

La décoration intérieure est achevée par des verrières, dont quelques-unes sont en place. Dans cette partie encore nous retrouvons l'unité de pensée qui préside à l'œuvre. Nous laisserons de côté les verrières en grisaille des grandes baies de la nef; on a dû renoncer, étant donnée la grosse dépense que cela entraînerait, à y placer des personnages et des scènes. Telles qu'elles sont, dans leur sobre ornementation, elles n'en ont pas moins un réel mérite.

Cinq sur sept des baies de l'abside recèlent, peints sur verre, les principaux épisodes du patron de l'église : l'élection de saint Etienne, en présence de saint Pierre et du Sacré-Collège; le diacre dans ses fonctions, distribuant les aumônes et guérissant les malades; le Saint devant ses juges qui le condamnent à mort; sa lapidation sur une place de Jérusalem; et enfin, au centre, l'apothéose du martyr que surmonte, dans une rose, l'image de la sainte Trinité. Dans chacune des quatre autres rosaces est figuré un compagnon d'Etienne : saint Philippe, saint Procorus, saint Niconore, saint Parménase.

M. l'abbé Riquet a composé lui-même d'après les travaux des hagiographes le livret qui a servi de guide au dessinateur. Celui-ci a, de son côté, compulsé avec beaucoup de soin les documents inconographiques, étudié les maîtres qui ont traité le sujet, et, sous le contrôle d'un jury qui a revu et corrigé les cartons, M. Dagrant l'honorable peintre-verrier de Bordeaux, a exécuté les verrières, qui se recommandent, en outre de la conscience artistique et documentaire avec laquelle elles ont été traitées, par une entente de coloris qui en fait une œuvre harmonieuse bien appropriée au monument qu'elle décore. Les deux autres verrières, les premières du côté de l'Evangile et du côté de l'Epitre, représentent l'apparition du Sacré-Cœur à la bienheureuse Marguerite-Marie, le couronnement de la sainte Vierge.

De chaque côté de la nef, dans les dix triptyques placés sous le triforium, trente figures de Saints s'inséreront. M. l'abbé Riquet avait d'abord pensé à n'y placer que des Saints poitevins : il n'a malheureusement pu mettre à exécution une idée aussi heureuse, les donateurs ayant imposé des choix respectables qui ont contrarié ce projet.

Au fond de l'église un grand vitrail reproduit, d'après Raphaël, un saint Georges terrassant le dragon. Ce vitrail est blasonné des armes des donateurs : les de Boisdeffre et les de Grand-Pré. Une figure de Jeanne d'Arc occupe la rose de cette baie. De chaque côté de la tribune de l'orgue, en des fenêtres allongées sont représentés en pied les deux Apôtres Pierre et André, et enfin la fenêtre des fonts baptismaux, en outre de la représentation classique du baptême du Sauveur, sera ornée de l'image de saint Zacharie et de sainte Elisabeth.

Il restera pour compléter cette décoration à placer sur les murs un chemin de croix digne de l'ensemble. Nos amis du *Pays Poitevin* et de la Société d'Ethnographie nationale tiendront, nous n'en doutons pas, à nous aider à doter l'église de Saint Étienne d'une véritable œuvre d'art. Un de nos jeunes compa-

ÉGLISE SAINT-ÉTIENNE. — Vue extérieure

triotes déjà parvenu à la célébrité, M. Milcendeau, qui, à vingt-cinq ans, a vu l'Etat lui donner la consécration du Luxembourg, a consenti, pour un prix modique qu'explique seul son désir de contribuer à une bonne œuvre, à peindre les scènes de la Passion du Sauveur. Elève de Gustave Moreau, familiarisé avec les œuvres de Catherine Emmerich, auxquelles tout artiste chrétien doit se référer, s'il veut faire œuvre de sincérité et d'émotion, M. Milcendeau se fixera pour exécuter son travail à Ligugé, auprès de l'abbaye bénédictine, où il trouvera dans la personne des moines toutes les ressources d'érudition et de conseil, en même temps que dans le spectacle quotidien de la liturgie grégorienne, une source d'inspiration toujours renouvelée.

✠

Dans quelques mois, M. l'abbé Riquet va jouir au milieu de ses paroissiens des joies que procure le sentiment d'un grand devoir accompli. Lorsque sous les voûtes retentiront les hymnes d'actions de grâces, il pourra s'appliquer avec justice ces paroles de sainte Thérèse : « Une des grandes consolations de la vie pour moi, c'est de voir une église de plus. Fallût-il pour en relever une seule affronter les plus grandes souffrances, il me semble qu'on ne les devrait pas craindre. »

Gustave Boucher.

Hymnographie poitevine

I. — SAINT HILAIRE

(Suite et fin)

Nous terminons la collection des poèmes de saint Hilaire par la restitution que lui a faite le Cardinal Pitra[1], quatre années après la découverte du manuscrit d'Arezzo, de l'hymne acrostiche *Ad cœli clara*, dont l'éditeur bénédictin des œuvres du saint Docteur lui avait contesté l'attribution[2]. Dom Coustant avait cité quatre strophes de cette hymne (vers 1-8, 89-96), sur l'autorité d'un manuscrit du Cardinal Sirlet, de la bibliothèque Ottoboni (cod. 757, f. 42). Après la mort de Coustant, le savant Oratorien Nicolas Minucci et les Bénédictins de Saint-Maur en recherchèrent vainement le texte complet, sur lequel seul on pouvait établir de sérieuses conjectures, à défaut d'un jugement définitif. L'hymne n'a été connue qu'au milieu de ce siècle. Du Méril l'édita, en 1843, d'après un manuscrit de Paris et un autre de Berne[3], puis Mone, en 1853, d'après un manuscrit irlandais de la bibliothèque de Reichenau (nº 95)[4], mais ces deux hymnologues ne connaissent pas l'auteur de ce chant. La publication du manuscrit de Gamurrini était nécessaire pour démontrer le bien-fondé de l'identification faite par le manuscrit d'Ottoboni, improuvé par Constant, et celui de Melk, publié par le Cardinal Pitra. L'un et l'autre manuscrit rapportent ces « vers » à « l'Evêque Hilaire, le glorieux confesseur », spécifiant qu'il les composa vers la fin de sa vie[1].

Dans ces diverses sources, l'hymne comporte vingt-quatre strophes. La dernière est une doxologie ; les autres sont établies sur l'alphabétisme strophique, de la même manière que les poèmes du manuscrit d'Arezzo, avec lesquels celui-ci offre ainsi une première ressemblance. La forme métrique présente toutefois cette différence qu'à trois vers tétramètres ïambiques, traités comme dans l'hymne *Fefellit sævam*, on ajoute une clausule adonique. Ce mètre est rare dans l'hymnographie. Les compositions du Bréviaire mozarabe les plus anciennes, peut-être, sont en strophes de vers égaux ; et lorsque les hymnographes, dès le sixième siècle, écrivirent des strophes variées, ils adoptèrent franchement le mètre d'Alcée et de Sapho[2]. On retrouve pourtant le rythme de l'hymne *Ad cœli clara* dans le chant de Paulin d'Aquilée (huitième siècle) sur la nativité du Christ : *Gloriam Deo in excelsis hodie*[3], et dans le poème anonyme du neuvième siècle sur l'abbé Hugues[4] ; et cette similitude a suffi à l'éditeur de Paulin pour lui attribuer l'hymne *Ad cœli clara*, dont il ne connaissait que quatre strophes, d'après Dom Coustant. Mais, à lire la pièce intégralement, on trouvera, nonobstant la différence de facture, que le ton de la composition, la symétrie alphabétique, puis, d'un autre côté, l'affirmation de la doctrine, et, en particulier, l'exécration vouée nommément à Sabellius et Arius, les hérétiques flagellés par saint Hilaire, nous conduisent à un rapprochement entre cette dernière pièce et les précédentes.

Les allusions mythologiques elles-mêmes, aux vers 14, 19, 61, ne surprendront pas si l'on se souvient d'en avoir trouvé d'analogues dans l'hymne *Fefellit sævam* (vers 10, 12). Les liturgies les acceptent, d'ailleurs, spécialement dans les textes de pénitence et les hymnes funèbres, plus encore chez les Grecs que dans les Eglises occidentales[5] ; et, pusque nous relevons ce trait de ressemblance entre les hymnes hilariennes et les liturgies grecques, rappelons que Mone[6] compare, sans rien en conclure toutefois sur l'auteur de l'hymne, les pensées exprimées dans ce chant à certains textes des livres ecclésiastiques grecs. Sans doute, ces idées et les termes mêmes qui les expriment appartiennent à l'enseignement commun des Eglises chrétiennes et se retrouvent dans le fond des diverses liturgies ; mais plusieurs vers de notre poète coïncident de trop près avec les Ménées grecques ou le Triodion pour qu'il ne faille pas les signaler[7], en rappelant le séjour d'Hilaire parmi les Orientaux.

Nous soumettons maintenant au lecteur le texte de l'hymne,

---

1. Pitra, *Analecta sacra et classica Spicilegio Solesmensi parata*. Paris-Rome, 1888, p. 138-141.
2. Ci-dessus, p. 14.
3. Du Méril, *Poésies populaires latines* ; Paris, 1843, p. 182.
4. Mone, *Hymni Latini medii ævi* ; Fribourg, 1853, p. 388-391. — Cf. U. Chevalier, *Repertorium hymnologicum*, 107, 108, p. 7.

---

1. Versus sancti Hilarii Episcopi, almi confessoris, quos composuit in novissimis diebus suis, flendo atque fideliter pœnitendo peccata sua. (*Cod. Mellicensis*, f. 277.)
2. On comparera, entre autres exemples, au début de notre hymne, la première strophe de l'*Epitaphium* de saint Eugène de Tolède :

   Mole culparum graviter onustus,
   Crimine summus, vitiis abundans,
   Quem bona nusquam recoles amasse,
   Occubat isto.

   (Migne, Patr. Lat., t. LXXXVII, p. 389.)
3. Patr. Lat., t. XCIX, p. 498-504. Chevalier, 7208, p. 437.
4. Du Méril, p. 251.
5. Voir Goar, *Euchologium*, p. 686. Cf. Sedulius, *Carmen paschale*, 1, 184, 306, 199.
6. *Hymni latini*, p. 391.
7. V. 3-7. πολλῷ πταισμάτων ἑσμῷ βαρυύμενος, ὑπερβολῇ κακίας τὸν τελώνην παρήπλασα..... πάντων καθιστάμενος κακῶν· κύριε φεῖσαί με. *Triodion* (Dimanche du Publicain, ode 9). Bononiæ, 1724, p. 5.

   V. 13. ἰοβόλοι ἄκανθαι ἁμαρτίας. *Ménées* (16 janvier). Venise, 1870, p. 124.

   V. 49-52. οὐ γέγονεν ἐν τῷ βίῳ ἁμάρτημα, οὐδὲ πρᾶξις, οὐδὲ κακία, ἣν ἐγὼ, σωτὴρ, οὐκ ἐπλημμέλησα... ἐξαμαρτήσας ὡς ἄλλος οὐδεὶς πώποτε. — ἡμάρτηκα ὑπὲρ πάντας ἀνθρώπους... *Triodion*, p. 69.

   V. 61-62. ποταμὸς ὁ πύρινος ταράττει με... καὶ πῶς ἢ τι πεπραχὼς Θεὸν ἐξιλεώσω. *Triodion* (Dimanche de l'Apocréo, ode 8), p. 20.

qui ne se rencontre que dans les recueils spéciaux et semble n'avoir appartenu, non plus que les pièces du manuscrit de Gamurrini, à aucun bréviaire[1], et qu'au surplus nous possédons intégralement.

Le texte qui suit est établi sur les manuscrits de Melk (*Ml*), Reichenau (*R*) et Ottoboni (*O*), et les corrections de Mone (*Mo*), Du Méril (*D*), sur le manuscrit de Paris, et Pitra (*P*). La disposition des vers est faite dans les manuscrits par hémistiches, forme très ancienne, au jugement de Mone, et qui se présente aussi dans le manuscrit d'Arezzo. Gamurrini a suivi ce procédé dans son édition.

Texte

Ad caeli clara* non sum dignus sidera
levare meos infelices oculos,
gravi depressus* peccatorum pondere.
parce redemptor*.

Bonum neglexi facere quod debui,
probrosa gessi sine fine crimina,
scelus patravi nullo clausum* termino.
subveni christe.

Cunctae quae salso maris sunt in littore
arenae* mixtae purpuratis conchulis*
non meis possunt coaequari vitiis,
fateor, malis.

Doleo multis peccatorum iaculis
confossus, arcu quae* venus* libidinis
intorsit, lata* spicula mortifera*
fellis habunda*.

Effudit* demum de* pharetra flammeas
sagittas*; meum super vulnus vulnera*
inflixit statim cupido turpissima,
fronte rugosa.

Factus sum vilis cuncta* super vilia*.
venit latenter gladius* superbia,
cordis infixit mucronem sub medio,
manu cruenta.

Genus serpentis adfuit invidia,
veneni portans pocula pestiferi*;
dedit in sitim* : mortis auctor exstitit
sordida lues.

Horrida* vultu faculam discordia,
igne succensam deferens* sulfureo,
medio meo posuit sub pectore;
coxit amare.

Inter has quoque, pennas gerens plumbeas*,
inani cursu* transvolavit* gloria,
quae me ventosa nitebatur subito
fraude perire.

Kanendo venit* fistula ingluvies,
bona praesentis* inrogabat temporis;
extendit ventrem, temulentum reddidit,
miscuit risus.

Lugere modo me* permitte, domine,
mala quae gessi reus ab infantia :
lacrimas mihi tua dona* gratia
cordis ab imo.

Meis ut puto vitiis tartarea*
tormenta multis non valent sufficere,
nisi succurrat, christe, tua pietas
misero mihi.

Nullum peccatum super terrae faciem
potest aut scelus inveniri quodpiam*,
a quorum non sum* inquinatus faecibus
infelix ego.

Ortus, occasus, aquilo, septentrio,
caelum terraque, mare, fontes, flumina,
montes* et colles, campi iuxta roscida*
lilia, flete.

Plangite mecum, astra rutilantia,
mecum mugite, bestiae silvicolae*.
dicite : tu es miser, qui sub impio
crimine* gemis*.

Quis me de manu cocyti flammivomi*
erui* potest, nisi patris unica*
proles, qui mundum pretioso sanguine
iure redemit?

Redemptor mundi, unica spes omnium,
aequalis patri sanctoque* spiritui,
trinus et unus, deus* invisibilis,
mihi succurre.

Si me subtili pensas sub libramine,
spes in me nulla remanet fiduciae;
sed rogo tua* me salvet* potentia,
filius dei*.

Tolle peccatum* delue* facinora,
ablue sordes, donaque charismata*,
instaura meum clementer pectusculum
munere tuo.

Veniam peto non meis de meritis*
fisus, sed tua certus de clementia,
qui bona reis pietate solita
gratis impendis.

Xriste, te semper recta fide labiis
confessus, corde* credidi orthodoxo,
haereticorum dogma nefas respui
pectore puro.

Ymnum fideli modulando gutture,
Arrium sperno, latrantem* Sabellium;

---

1. J. Julian (*Dictionary of hymnology*) en omet la mention, probablement pour ce motif.

1. *culmen* R. Chevalier, 108.
3. *depressos* O D. *degressus* M.
4. *redemptis* M O.
7. *clauso* O.
10. *harenae* R. *conculis* R.
14. *confusus rui qua* R D. *iaculis confossus* | *arcu* P. *venus* M. *libidinis intorsit.* | *lata* P.
15. *lita... mortiferi* R D. *mortifera [vibravit] fellis* P.
16. *abunda* R D.
17. *effundit* M. *e* M O.
18. *sagittas* om. M O. *vulnere* M R O. *vulnera ex* Mo P.
21. *cincta* R, *ilia* M R O.
20. *latente gradii [gradu]* M (P). *gladium* R. *superbia cordis.* | *infixit* P.
26. *pestifera* M.
27. *insiti* M O.
29. *horrido* M O.
30. *succensa deflens* O.
33. *internas... plumeas* R. *inter hiis quorum gerens plumeas* O.
34. *inanis cursim* R. *transvolabit* M.
35. *perdere* MO. *perdere fraude* P.
37. *venis... ingluvie* M O. *ingluvie bona* | *praesentis* P.
38. *praesentans inrogavit* R.
41. *me modo* M.
43. *donet* R.
45. *tartarea tormenta* | *multis* P.
50. *invenire copiam* O. *copia* M.
51. *sum* M O.
55. *montes* om. R. *et colles campi mixta quoque rosulis* R.
58. *silviculae* R.
60. *geris* M.
61. *flammicomis* M O.
62. *eruere* M O. *unici* R.
66-67. *patri spiritui, trinus* | *et unus deus, Moisi invisibi*
71. *rogativa* R. *solvet* M O. *o fili dei* O.
73. *peccata* O.
74. *charismatum* M.
77. *demeritis* R. *meis non de meritis* O.
82. *ore confessus* M. *ore confessio* O. *corde* om. M O.
86. *sperno et* M.

adsensi nunquam grunnienti Simoni
aure susurra.

Zelo pro* christi sum zelatus* nomine :
me sancta mater lacte nam katholico*
tempus per omne nutrivit ecclesia*
ubere sacro*.

Gloria sanctae trinitati unicae
sit deo patri, genito, paraclito ;
laus meo sonet in ore perpetuum
domini semper*.

D'une voix fidèle, j'ai chanté un hymne où je méprisais Arius et les aboiements de Sabellius. Jamais mon oreille ne s'est prêtée à écouter les murmures de Simon le Mage.

Mais j'ai brûlé de zèle pour le nom du Christ, car l'Eglise, ma sainte Mère, m'a de tout temps nourri, à sa mamelle sacrée, du lait [*de la foi*] *catholique.*

Gloire à la Trinité sainte, Dieu unique, Père, Fils et Paraclet! Que sur mes lèvres retentisse sans cesse l'éternelle louange du Seigneur.

Traduction

Ecrasé sous le poids énorme de mes fautes, je ne mérite pas d'élever mes regards misérables vers les astres brillants du ciel. Pitié! ô Sauveur!

J'ai dédaigné d'accomplir le bien que je devais, j'ai commis des crimes honteux, j'ai perpétré d'innombrables forfaits. Secours-moi, ô Christ!

Tous les grains de sable mêlés aux roses coquillages sur le rivage de la mer n'égalent pas, je le confesse, le nombre de mes déplorables fautes.

Je souffre des blessures de mes péchés comme d'une multitude de flèches, que darde l'ardeur du plaisir, semblable à un arc lançant au loin des traits meurtriers remplis de venin.

Puis le désir mauvais, au visage contracté, a sorti de son carquois des javelots de feu et me les a jetés, ajoutant à mes plaies de nouvelles blessures.

Je suis devenu plus vil que ce qu'il y a de plus méprisable. Le glaive de l'orgueil, approché en secret par une main sanguinaire, a planté sa pointe au milieu de mon cœur.

L'envie aussi, fille du serpent, s'est avancée, me présentant, pour assouvir ma soif, le breuvage d'un poison mortel, hideuse contagion qui mène au trépas.

A son tour, la discorde à l'horrible face, portant une torche ardente de soufre et de feu, l'a mise en ma poitrine, me causant une brûlure douloureuse.

Avec elle a passé la vaine gloire, au vol lourd, qui m'entraînait perfidement vers un piège où j'allais me perdre tout d'un coup.

Puis la gourmandise est venue, chantant au son de la flûte[1]*; elle m'a prodigué les biens de la vie présente; elle m'a rempli d'aliments et m'a conduit jusqu'à l'ivresse au milieu des rires.*

Maintenant, ô Seigneur, permets que je pleure les maux que j'ai commis, coupable dès l'enfance. Donne-moi, par ta grâce, de pleurer du fond du cœur.

Les supplices de l'enfer ne suffisent pas pour [*effacer*] *mes hontes, à moins que ta bonté ne me secoure, ô Christ, dans mon infortune.*

Il n'est pas de péché sur la face de la terre, et l'on ne trouvera nulle part de crime dont la souillure ne m'ait atteint, malheureux que je suis!

Levant et couchant, aquilon et les sept étoiles, ciel et terre, mer, sources et fleuves, montagnes et collines, champs où croissent les lis humides de rosée, pleurez.

Astres brillants, gémissez avec moi; criez avec moi, bêtes de la forêt. Dites : Malheureux es-tu, toi qui as à déplorer un crime sacrilège.

Qui peut m'arracher au pouvoir du fleuve des enfers qui vomit la flamme? c'est le Fils unique du Père, qui seul a eu la puissance de racheter le monde par son sang précieux.

Sauveur du monde, seule espérance de tous, Fils égal au Père et à l'Esprit-Saint, Dieu un en trois personnes, Dieu invisible, aide-moi.

Si tu me pèses scrupuleusement à la balance, il ne me reste ni espoir ni assurance. Mais je te supplie de me sauver par ta puissance, ô Fils de Dieu.

Enlève mes péchés, efface mes crimes et lave mes taches; accorde-moi tes dons, et renouvelle mon pauvre cœur par la faveur de ta grâce.

J'implore mon pardon, non que je compte sur mes mérites, mais parce que j'ai foi en ta bonté, toi dont la clémence veut toujours accorder gratuitement sa faveur aux coupables.

O Christ! toujours mes lèvres l'ont confessé dans la foi véritable, et mon cœur a gardé la croyance orthodoxe. Dans la pureté de mon âme j'ai rejeté le dogme impie des hérétiques.

* * *

Si l'on veut maintenant revenir brièvement sur les diverses parties de cette étude, on trouvera que les hymnes attribuées à saint Hilaire — celles qui sont douteuses étant écartées — se répartissent en deux classes : les unes conservées dans l'office mozarabe, dérivé du gallican, au développement duquel saint Hilaire a contribué; les autres sans emploi liturgique connu. Celles-là ne révèlent aucune marque spéciale et s'éloignent peu de l'ensemble des compositions hymnologiques usuelles; celles-ci se tiennent à part de l'hymnographie ecclésiastique, mais pour rester conformes au concept que le saint Docteur trace lui-même de l'usage des hymnes[1], en même temps qu'elles se rapportent, pour le fond, comme souvent pour la forme, aux œuvres en prose de saint Hilaire. Et tandis que Gamurrini, l'éditeur du manuscrit d'Arezzo, tout en exprimant une réserve sur l'un des trois fragments, ne repousse point l'attribution hilarienne de ces pièces, le dernier document, postérieur en date aux trois autres, si l'on ajoute foi aux indications des manuscrits, édité par le Cardinal Pitra sous le nom de saint Hilaire, se présente à nous avec les mêmes caractères particuliers. C'en est assez pour proposer un jugement, écartant les poèmes de la première catégorie, dont nous n'avons pas donné le texte, au profit de ceux de la seconde, lesquels, bien qu'imparfaitement étudiés, faute du secours de manuscrits pouvant suppléer aux lacunes du seul codex d'Arezzo[2], faute aussi de points de comparaison à choisir dans les écrits connus de saint Hilaire, semblent représenter authentiquement une partie de l'œuvre hymnographique par laquelle l'Evêque de Poitiers combattit les ariens en se servant de leurs propres armes[3], à l'exemple des Orientaux, parmi lesquels il avait passé les années de son exil.

Dom J. Parisot.

88. *fauce* R. D.
89. *zelum* R. *zeloque* M O. *relatus* R. *renatus* Mo.
90. *nam sancta mater lacte me* R. *sancta nam mater lacte me* O.
92. *suo* M O.
95-96. *mea semel in omne per saecula* | *saeculum semper. Amen* M O.

1. Allusion à la coutume d'associer la musique aux festins.

1. Voir ci-dessus, p. 23.

2. Nous savons par Jean Gillot que les œuvres du saint Docteur, conservées au monastère de Saint-Hilaire, furent brûlées par les protestants en 1563 (plus exactement 1562). Guérinière, *Histoire du Poitou*; Poitiers, 1840, t. II, p. 273 : *Pleraque eaque autographa* [?] *anno Domini 1563 ab impiis combusta fuerunt Pictavis*. (Opera S. Hilarii; Paris, 1631, p. (11).) Gamurrini (op. cit., p. 14) a pensé que les hymnes elles-mêmes furent comprises dans l'autodafé. A la vérité, le silence des éditions du seizième siècle antérieures à cet événement sur les poésies de saint Hilaire pourrait ne rien prouver contre leur existence dans l'ancienne bibliothèque du monastère, car, au témoignage de Dom Coustant, il s'en faut que les premiers éditeurs aient fait une recherche complète des manuscrits (*Præf.*, I, 13).

3. Les ariens, comme avant eux les disciples de Bardesane, chantaient leurs hymnes dans des processions publiques, et les orthodoxes leur répondaient par des démonstrations analogues. Voir Socrate, Hist. eccl. VI; 8, Sozomène, VIII, 8 (Mign. Patr. Gr. t. LXXXVIII, p. 687, 1533). Il est très admissible que les hymnes de saint Hilaire, à cause même de la rudesse de leurs formes, aient eu la même destination.

En attestant, au début de cette série d'articles, l'exclusion de l'hymne *Lucis largitor splendide* de la liturgie, d'où elle a disparu comme le *Veni Redemptor gentium* ambrosien, ou les hymnes anciennes des Complies : *Deus Creator omnium* et *Christe qui lux es et dies*, si chères à nos pères, il importait d'excepter les Propres récents de Sainte-Croix de Poitiers (1888) et de Luçon (1890), où, conformément aux Bréviaires poitevins antérieurs à la réforme liturgique de Pie V, figure, à la fête même de saint Hilaire, à l'office de Laudes, le *Lucis largitor splendide*, amené par cette strophe d'introduction, qui en affirme l'attribution au saint Evêque, et fixe le lieu, et, par là même, le temps de sa composition :

Exsul ad oras Phrygiæ
dulcisque memor filiæ,
laudes matutinas Deo
sic canebat Hilarius.

Hilaire, se souvenant de sa fille bien-aimée dans son exil en Phrygie, chantait au matin les louanges de Dieu par cette hymne.

LES SAINTS DU POITOU

Saint Fridolin, *Abbé* (FRIDOLINUS)

6 MARS

L'ASCENDANT que saint Hilaire exerça de son vivant sur une foule de saints personnages continua après sa mort à attirer vers le Poitou, et autour de son tombeau, de nombreux chrétiens qui venaient chercher sur la terre sanctifiée par le grand Docteur des exemples et des lumières. Saint Fridolin, né en Hibernie (aujourd'hui l'Angleterre), au sixième siècle, après avoir été élevé au sacerdoce, se voua à l'évangélisation, et au milieu de ses courses apostoliques atteignit la Gaule, où la réputation de saint Hilaire le décida à se rendre dans la capitale du Poitou. Emu des ruines qu'il y vit accumulées, douloureusement affligé du triomphe des ariens, qui se vengeaient sur la mémoire de leur victorieux adversaire de leurs défaites passées, il n'hésita pas à se fixer à Poitiers pour se vouer à la restauration de l'orthodoxie et essayer d'arrêter les déprédations des hérétiques. Il se donna principalement la mission de rechercher les restes sacrés de saint Hilaire ; on avait, en effet, depuis longtemps, dissimulé à la rage arienne, par un oubli volontaire qui à la fin s'était changé en ignorance, le lieu de la sépulture du Pontife.

Après un séjour assez court, pendant lequel Fridolin attira l'attention des chrétiens par sa vie exemplaire, il fut nommé Abbé du monastère de Saint-Hilaire. A cette époque, un prodige avait révélé que le saint Patron du diocèse veillait toujours sur son troupeau et sur la patrie. Clovis se préparait à livrer à Alaric le combat célèbre connu sous le nom de bataille de Vouillé, quand un globe de feu apparut dans la direction de l'église Saint-Hilaire et fut, pour le roi des Francs, le présage de son éclatante victoire. Fridolin ne douta plus que le temps était venu où le Saint allait céder à ses objurgations et lui permettre de révéler sa sépulture. Il se mit donc en prières, se livra à un jeûne prolongé et à des macérations et, une nuit, le saint Evêque, revêtu de ses habits épiscopaux, lui apparut, lui découvrit le lieu où reposaient ses reliques et lui indiqua l'endroit où il désirait qu'elles fussent déposées à l'avenir.

L'Evêque de Poitiers et Clovis furent informés aussitôt par Fridolin, et le roi des Francs, reconnaissant de la victoire qu'il venait de remporter et dont il se proclamait redevable à saint Hilaire, ordonna que l'église qui lui était dédiée fût reconstruite à ses frais.

La translation des reliques de saint Hilaire fut l'occasion de manifestations de joie délirante de la part du peuple, et de nombreux miracles marquèrent cet événement, dont l'Eglise de Poitiers fête le souvenir à la date du 26 juin.

Fridolin surveilla les travaux de restauration de l'église et, ces travaux achevés, il considéra sa mission comme terminée en Poitou et reprit ses courses apostoliques. Partout où il s'arrêtait, surgissaient des églises et des monastères ,qu'il dédiait invariablement au Saint poitevin. Il construisit le dernier couvent dans une île du Rhin, où il vécut ses derniers jours. Il mourut vers 598, et des miracles nombreux opérés sur son tombeau manifestèrent aussitôt sa sainteté.

Saint Pient (PIENTIUS), *Évêque de Poitiers et Confesseur*

13 MARS

Les hagiographes sont sobres de détails sur la vie de ce prélat, mais la gloire qu'il eut d'accueillir sainte Radegonde dans sa ville épiscopale, de lui faciliter l'établissement de son monastère, bien plus, de lui fournir l'argent, les ouvriers, les matériaux nécessaires à cette illustre fondation, auraient transmis son nom à la postérité reconnaissante si la sainteté de sa vie ne lui avait mérité le culte que l'Eglise de Poitiers lui rend depuis les temps les plus reculés. Sainte Radegonde entretint avec son bienfaiteur les relations les plus respectueuses et les plus soumises ; elle ne manquait jamais de lui offrir les pains du sacrifice qu'elle se faisait un bonheur de préparer de ses mains.

Saint Pient mourut à Melle, au cours d'une tournée épiscopale, vers 564. Une église est placée sous son invocation à Maillezais.

Saint Guillaume Tempier (GULIELMUS),

Évêque de Poitiers et Confesseur

27 MARS

Né dans la première moitié du douzième siècle, Guillaume Tempier se consacra jeune à la vie religieuse ; il fit profession chez les Augustins, dans le monastère de Saint-Hilaire de la Celle de Poitiers, dont il devint Prieur.

En 1184, il fut élu au siège épiscopal de Poitiers, et ne tarda pas à se trouver en lutte avec le pouvoir séculier, dont les empiètements intolérables menaçaient les droits de son Eglise. Il fut de ce fait en butte à des persécutions répétées qui n'abattirent jamais son courage. Le Pape Luce III l'honora de sa confiance et lui confia en 1191 la délicate mission de réprimander l'Abbé de Saint-Cyprien, qui s'écartait de la règle. Cette même année, il eut avec le prince allemand Othon des démêlés dont les chroniques nous ont conservé le souvenir.

Le puissant souverain possédait en Poitou les fiefs de Civray et de l'Isle-Jourdain, tributaires de l'Eglise de Poitiers. Il devait donc à titre de feudataire hommage à l'Evêque, mais son orgueil s'accommodait mal de cette obligation, qu'il fit tout pour éluder. Guillaume, justement jaloux des droits de sa fonction et de sa charge, réclama énergiquement, au risque de persécutions nouvelles, et obtint le maintien d'usages qu'il était de son devoir de sauvegarder, pour le bien de l'Eglise et de la société.

Il mourut en 1197, et son corps fut inhumé dans le monastère Saint-Cyprien. Sa puissance ne tarda pas à se manifester par de nombreux miracles et des guérisons merveilleuses, principalement dans la maladie du flux de sang, et son tombeau devint le lieu d'un pèlerinage dont la réputation gagna et entraîna les diocèses voisins.

Les guerres de religion ruinèrent l'abbaye de Saint-Cyprien, et la sépulture de saint Guillaume disparut sous les décombres. En 1690, on retrouva la tombe brisée, quelques ossements, l'inscription gravée sur plomb, la crosse de cuivre doré et l'anneau pastoral. En 1707, les chanoines réguliers de Saint-Hilaire de la Celle obtinrent des religieux de Saint-Cyprien un fragment des reliques. Les châsses qui renfermaient les deux dépôts furent, comme tous les objets précieux, réclamés en 1792 par les commissaires municipaux ; un sacristain de la Cathédrale put sauver les précieux ossements, et, plus tard, leur authenticité étant démontrée, ils furent rendus à la vénération des fidèles. Ces reliques sont aujourd'hui confiées à la garde des dames Carmélites qui occupent l'ancienne collégiale de Saint-Cyprien. On n'a pu retrouver l'anneau du saint Evêque, mais la crosse en cuivre doré fut offerte, en 1812, par Dom Mazet, au Chapitre de la Cathédrale et fait, depuis ce temps, partie du trésor de l'église Saint-Pierre.

J. M.

d'après M. Ch. de Chergé.

HAGIOGRAPHIE

SAINTE RADEGONDE

Légende en 3 parties et 6 épisodes

POÈME ET MUSIQUE DU COMTE DE BEAUFRANCHET

Première Partie

Ier ÉPISODE. — **La Conversion**

Chœur

Aux temps les plus lointains de nos annales,
Un Roi des Francs, barbare encor,
Ramena de la guerre, avec d'autres vassales,
Une vierge blonde, aux longs cheveux d'or.

Phot. Thiolier.

TOMBEAU ET STATUE DE SAINTE RADEGONDE

Elle sortait d'illustre race,
Ayant pour père un roi des Alamans;
Son sourire était plein de grâce
Et Dieu l'orna des dons les plus charmants.
Dédaignant les grandeurs, fuyant les courtisans,
Vers la verte Thuringe elle envoyait son âme,
Et ses pensers amers, pleins d'une sombre flamme,
S'exhalaient chaque jour en douloureux accents.

Solo et duo

« O vent parfumé qui murmure
« A travers l'immense forêt,
« Brise embaumée, haleine pure,
« Portez là-bas mon bienheureux regret!
« Ma peine, hélas! est bien profonde:
« Nuages légers qui passez,
« Allez vers ceux que j'aime, et par delà le monde
« Dites-leur mes sanglots, soyez
« Mes messagers d'amour, mes messagers fidèles;
« Je confie à vos blanches ailes
« Les chagrins dont mon cœur est plein! »

Chœur

Bientôt elle embrassa la croyance chrétienne,
Et Clotaire, héritier du premier Roi chrétien,
Voulut que de vassale, elle devint la Reine :
Il l'épousa. Mais la puissance souveraine
N'avait pour elle aucun attrait :
Son nouveau Dieu, dans ses desseins impénétrables,
La choisit, et lui réservait
Un plus noble avenir, des grandeurs plus durables.

INVOCATION. — *Air et chœur*

O toi, Reine des premiers Francs.
O sainte et pure Radegonde,
Noble héroïne du vieux temps!
Ta gloire et ta vertu féconde
Ont rayonné sur la Patrie et sur le monde!
Ton nom veut dire charité,
Ton nom veut dire aussi douceur et grâce,
Parmi les Bienheureux, Dieu t'a marqué ta place :
Tu vivras dans l'éternité!
O grande image tendre et bonne,
Exemple des Rois très chrétiens!
O pur joyau de la couronne
Qui brille à leurs fronts souverains!
Tu resteras toujours la Reine et la patronne
Du pays et de la cité des Poitevins!

✠

IIe ÉPISODE. — **Le Miracle des Avoines**

Récit

Or, autour du palais du Roi Clotaire
Elle appelait sans cesse infirme et malheureux.

Partageant son temps entre la prière
Et les soins donnés aux lépreux.
Un jour, du Roi des cieux la voix se fait entendre.
Elle ne saurait fuir un appel aussi tendre,
Et par de purs accents, très pressants et très doux.
Elle obtient de quitter la cour de son époux.
Mais Clotaire ne peut supporter son absence :
Il part bientôt pour la ramener près de lui.
Radegonde soudain a fui...
Elle entend tout à coup l'escorte qui s'avance...
Nul refuge en un pays inconnu.
Rien auprès d'elle qu'un champ nu,
Qu'un pauvre laboureur ensemence !
« Tu vas voir accourir le Roi me poursuivant...
« Tu lui jureras que personne
« N'a passé depuis que ton champ
« A reçu le grain que ta main lui donne. »

Chœur

Et les avoines, grandissant,
Firent à Radegonde un rempart de leur ombre :
Le Roi ne la vit point, — la forêt la plus sombre
N'aurait pu lui servir de rempart plus puissant !

✠

Deuxième Partie

IIIe Épisode. — La Charité

Récit

Le Seigneur a permis qu'elle échappât au maitre,
Il sait manifester partout sa volonté.
Radegonde est sauvée ! Elle va disparaitre
Des lieux où l'enchainait un pouvoir redouté.
Couronne radieuse, auréole immortelle !
Les pauvres, les lépreux se pressent autour d'elle,
Elle est bien désormais toute à la charité,
Toute aux infortunés, et toute à la pitié !

Trio et chœur

Nous t'implorons, ô notre Dame,
Nous, les malheureux qui souffrons !
Notre infortune te réclame,
Devant toi se courbent nos fronts !
Verse sur nous un baume salutaire,
Prends en pitié notre grande misère,
Vois nos membres perclus, notre regard éteint !
Hélas ! la lèpre nous dévore,
Le monde nous fuit... mais ce n'est pas tout encore :
Nous avons soif, nous avons faim.
De grâce, guéris-nous, de grâce, un peu de pain !

RADEGONDE

Approchez tous, voici ma main !

Strophes

Votre voix gémissante a frappé mon oreille,
A vos accents plaintifs a tressailli mon cœur.
Dieu m'inspire... J'entends et j'accours... ô merveille !
Je suis prête à répondre à son appel vainqueur !
Venez ! montrez-moi chaque plaie
Dont vos pauvres corps sont meurtris !
Je les aime et bénis, loin que je m'en effraie.
Et je vous renverrai triomphants et guéris !
Asseyez-vous, amis, à ma table royale,
Ayez tous confiance en la bonté de Dieu,
Car sa grandeur, que rien n'égale,
Sait se manifester et jaillir en tout lieu.
Venez ! montrez-moi chaque plaie
Dont vos pauvres corps sont meurtris !
Je les aime et bénis, loin que je m'en effraie,
Et je vous renverrai triomphants et guéris !

Chœur

Béni soit le front qui se penche
Sur ceux qu'appelaient les tombeaux,
Bénie aussi cette main blanche
Qui sait verser l'aumône et panser tous les maux !

✠

IVe Épisode. — La sainte Croix

Récit

Puis elle appela dans un pieux monastère
Les saintes femmes que ses vertus attiraient.
Elle leur imposa la loi rude et sévère
Que les moines les plus austères pratiquaient.
Elle avait réuni des reliques insignes
Qu'elle nommait « les Diamants du ciel » ;
Mais une lui manquait, digne entre les plus dignes,
D'entrer au sanctuaire, et d'en orner l'autel.
C'était la sainte Croix, adorable instrument
Par Dieu choisi pour le rachat du monde.
Or, bravant les périls de la terre et de l'onde,
Des prêtres, des seigneurs partent pour l'Orient :
Ils vont chercher le précieux fragment,
Objet des saints désirs de Radegonde.

Strophes

Allez donc, pèlerins, et voguez vers Sion,
Allez, accomplissez la grande mission !
Que la vertu des aïeux vous anime,
Voyez au loin briller la cime
Eclatante du Golgotha,
Et voyez Bethléem, où la Vierge abrita
L'Enfant divin qui vient de naitre !
Ah ! tressaillez dans tout votre être
En contemplant le noble but !
Les lieux sacrés d'où nous vint le salut,
Devant vos yeux vont apparaître !
Oubliez tout, patrie, enfants, chers souvenirs,
Allez vers le pays des saints et des martyrs !
Ne songez pas aux périls de la route,
Honte à celui qui les redoute,
Honte à qui ne les brave pas !
Le Dieu du ciel est là qui protège vos pas,
Invoquez-le, ce Dieu, ce Roi, ce Maître !
Ah ! tressaillez dans tout votre être
En contemplant ce noble but !
Les lieux sacrés d'où nous vint le salut,
Devant vos yeux vont apparaître.

Récit

Et les fiers pèlerins, dociles à sa voix,
Revinrent, apportant un fragment de la croix.

Chœur

Elle vient, la Relique sainte
Qu'appelaient nos désirs pieux.
Radegonde pour elle a bâti cette enceinte
Dont les tours montent jusqu'aux cieux.

Quel éclat ! de quelle auréole
Le bois immortel resplendit !
A genoux ! c'est lui qui console,
A genoux ! c'est lui qui guérit !

Récit

Bientôt le cortège s'avance...
La Reine qui suit une foule immense,
Marche au-devant de ses ambassadeurs.

LES LÉVITES

Vexilla Regis prodeunt,
Fulget crucis mysterium.

Cliché Oudin.

SAINTE RADEGONDE RECEVANT LA VRAIE CROIX

(TABLEAU CONSERVÉ A SAINTE-CROIX, XVIIe SIÈCLE)

Récit

a Relique apparaît... on l'adore... on l'encense...

LES LÉVITES

Qua vita mortem pertulit,
Et morte vitam protulit.

Récit

Puis les chants sacrés, aux accents vainqueurs,
S'élèvent, se mêlant aux chœurs
e tout un peuple plein de joie et d'espérance :

Chœur général

Elle vient, la Relique sainte
Qu'appelaient nos désirs pieux.
adegonde pour elle a bâti cette enceinte
Dont les tours montent jusqu'aux cieux.

Quel éclat ! de quelle auréole
Le bois immortel resplendit !
A genoux ! c'est lui qui console,
A genoux ! c'est lui qui guérit !

✠

Troisième Partie

Ve ÉPISODE — **Le Pas de Dieu**

Récit

Et la foule pieuse, et pleine de ferveur,
Attirée à l'envi par le bruit des miracles
Dont la favorisait la bonté du Seigneur,
Venait prier auprès de ses saints Tabernacles...
Enfin, pour lui prouver sa plus grande faveur,
Un jour qu'elle invoquait la mort avec ardeur,
Jésus, récompensant son épouse fidèle,
Apparut à ses yeux dans toute sa splendeur.

Duo

JÉSUS

Avant de lui donner une gloire immortelle,
Ton Seigneur a voulu se révéler à celle
Qui depuis si longtemps l'implore à deux genoux !
Tes vertus m'ont ému par leur grâce touchante,
Tu vas bientôt vers moi monter, ô ma servante,
Et prendre place auprès de ton céleste époux !

RADEGONDE

Qui donc à mes regards charmés vois-je apparaître ?
Qui se montre ainsi devant moi ?
C'est toi, divin Jésus, mon Seigneur et mon Maître,
Toi que mes jeunes ans ne purent pas connaître,
Mais dont j'ai su depuis répandre au loin la foi !
Toi, descendu pour moi de la voûte éthérée !
Je veux boire à longs traits ta parole adorée,
Je te contemple ! je te vois !

Récit et Strophes

Et son Seigneur, son Dieu, son Père,
L'abandonnant à son extatique prière,
Remonta vers les cieux, imprimant sur la pierre
La trace auguste de ses pas.
L'empreinte que Jésus a laissée ici-bas,
Chaque pèlerin la vénère
Depuis plus de treize cents ans,
Et prosternés devant l'antique image,
Les chrétiens, animés de la foi d'un autre âge,
La baisent recueillis, émus et repentants !

Salut ! ô saint granit, ô Pierre vénérable
Toi sur qui reposa le Divin Rédempteur !
Tu nous es demeuré dans ta forme immuable
Des hommes et du temps perpétuel vainqueur.

Cette céleste empreinte est un symbole
Que Dieu nous a légué pour nous instruire tous.
Il a montré par là que sa parole
Comme en un dur rocher doit se graver en nous.
Peuples, entrez ! voici la Basilique...
La Pierre est là, visible en ce saint lieu !
Inclinez-vous devant l'adorable Relique,
Les siècles l'ont nommée, et c'est le Pas de Dieu !

En se manifestant à Radegonde,
C'est bien nous tous que le Seigneur a visités.
Il a voulu par là montrer au monde
Combien sont grandes ses généreuses bontés.
Peuples, entrez ! voici la Basilique...
La Pierre est là, visible en ce saint lieu !
Inclinez-vous devant l'adorable Relique,
Les siècles l'ont nommée, et c'est le Pas de Dieu !

VIe ÉPISODE. — **Apothéose**

Récit

Et, peu de jours après, cette mort qu'elle appelle
La touche de son aile !
La Royale Recluse et la Femme immortelle
Que l'on invoquera comme sainte bientôt,
Doucement s'éteint, et les anges du Très-Haut
Viennent tous en chantant au-devant d'elle :

Chœur des anges

Viens ! pénètre dans la cité,
O sœur entre toutes choisie !
Là, de la céleste ambroisie,
Le Seigneur Jésus rassasie
Ceux qu'il a mis à son côté.
Viens ! la mort a séché tes larmes.
Loin des douleurs et des alarmes,
Viens ! tu goûteras tous les charmes
De son adorable bonté !

Chœur final

Gloire à toi, Radegonde ! ô notre sainte Reine !
Au pied de tes autels notre foi nous amène,
Nous venons invoquer ton pouvoir souverain !
Au sein des vastes cieux, près du Seigneur assise,
Avec ton doux sourire, avec ta grâce exquise,
Tu veilles sur ton peuple, et tu lui tends la main !
Ah ! ne te lasse pas d'incliner sur la France
Ce regard lumineux où se lit l'Espérance !
Non ! la foi n'est pas morte... elle est au fond des cœurs :
Avec sainte Clotilde et sainte Geneviève,
Avec Jeanne portant l'étendard et le glaive
Qui sauva la Patrie en des jours de malheurs,
Ravivez ce feu qui sommeille.
Que sous votre souffle il s'éveille,
Qu'il nous brûle de ses ardeurs !
Ne fermez pas l'oreille à nos voix suppliantes.
Et faites qu'il jaillisse en gerbes éclatantes !
Que nos prières et nos vœux
Passent par votre bouche en arrivant aux cieux,
Implorez du Seigneur les bontés paternelles.
Saintes de la Patrie, ô saintes immortelles !

Cte DE BEAUFRANCHET.

Cet oratorio a été exécuté à Poitiers le 4 mars, et à Niort le 26 avril 1899.

LE CULTE DE SAINTE RADEGONDE

à SAINT-WANDRILLE (Seine-Inférieure)

DANS le bas de l'église paroissiale de cette localité se trouvent, rassemblées et pressées les unes contre les autres, une vingtaine de statues de saints personnages.

Parmi ces saints et saintes, qui beaucoup étaient chers à l'Ordre monastique, on remarque sainte Radegonde, qui est honorée ici d'un culte tout particulier : les vendredis du mois de mai sont spécialement consacrés au culte de la sainte Reine.

Ces jours-là, les pèlerins de la contrée viennent en foule pour se rendre à l'église, où ils font imposer un évangile en l'honneur de sainte Radegonde; puis ils se rendent à Caillouville, où ils se baignent dans la fontaine qui se trouve en cet endroit.

Caillouville marque l'emplacement d'un sanctuaire fort intéressant près de l'ancienne abbaye de Fontenelle.

Il se trouve à l'ouest du monastère et à un kilomètre environ du village de Saint-Wandrille. — Il a été bâti par les premiers abbés.

Renversé en 862, rebâti au Xe siècle, il fut ruiné de nouveau au XIVe.

En 1331, la chapelle de Caillouville fut reconstruite avec une certaine magnificence par le sacristain du monastère, qui percevait les oblations des fidèles et qui fut aidé par les pèlerins.

La voûte du chœur s'étant ébranlée en 1631, on lui substitua un plafond en menuiserie.

La chapelle de Caillouville portait le titre de chapelle royale parce qu'elle avait été dotée par deux rois de France, en 1351 par Jean le Bon, et en 1474 par Louis XI. Tous deux y fondèrent une messe annuelle pour la prospérité de la maison de France.

Le clos, la fontaine et la ferme de Caillouville, vendus le 6 thermidor an IV, par l'administration centrale, furent achetés 25.000 francs par le nommé Lharondel, qui ne tarda pas à démolir la chapelle, malgré la grande dévotion des fidèles.

M. Langlois, un architecte renommé de la Seine-Inférieure, à qui l'on doit une intéressante monographie de Fontenelle, a démontré, d'après les fondateurs, que la chapelle de Caillouville ne paraissait pas avoir jamais eu la forme d'une croix. Ce qui n'empêchait pas que ses proportions ne fussent considérables.

Dom Duplessis affirme qu'en 1740 sa longueur était de 104 pieds en dedans, dont 50 pour le chœur et 54 pour la nef. Le chœur, qui était beau, était éclairé par dix vitraux. Une corniche de pierre qui régnait en dedans de l'édifice portait une quantité de groupes représentant toute l'histoire de Jésus-Christ.

Les autres statues ou peintures étaient en si grande profusion dans ce sanctuaire, que le peuple de Normandie prétendait que tous les saints du paradis se trouvaient à Caillouville.

Aujourd'hui on répète encore cette locution proverbiale : « Tassés comme les saints de Caillouville ». En 1825, tout cela était détruit et une foule de débris jonchaient le sol.

Aujourd'hui ces ruines ont même disparu et un calvaire marque la place de l'antique chapelle.

C'était près de la chapelle de Notre-Dame que sortait la fontaine sacrée de Caillouville, célèbre dans tous les pays d'alentour et visitée chaque année par une foule de pèlerins.

Cette source mystérieuse est entourée de murs, moins par respect pour elle que par la spéculation tant soit peu simoniaque des propriétaires et des fermiers.

Une fois dans l'enceinte, on voit une mare enfermée dans un carré de maçonnerie et séparée par deux portions au moyen d'une cloison en planche. Deux escaliers de pierre permettent de descendre jusqu'à l'eau. Un de ces escaliers est pour les hommes, l'autre pour les femmes.

Le fond de la fontaine est revêtu de dalles, sur une desquelles est gravée en creux la figure de sainte Radegonde, mais on ne peut voir cette grossière image qu'une fois par an, lorsqu'on cure la fontaine.

Ce sont surtout les enfants qu'on vient baigner à Caillouville, en vue de les préserver du mal caduc et des écrouelles.

Les grandes personnes s'y rendent également tous les vendredis de mai et surtout le premier.

Autrefois, on y faisait la *chaule* le jour du Vendredi saint.

La chaule, encore bien connue dans l'arrondissement de Dieppe, consistait en un sermon et une cérémonie qui ressemblait assez à un mystère, puis elle finissait par une assemblée populaire.

En 1413, le sermon fut interdit par l'archevêque de Rouen, mais rétabli l'année suivante à la prière des religieux : l'assemblée a été une seconde et dernière fois supprimée par la Révolution.

Disons un mot maintenant sur l'origine probable de la dévotion populaire et des immersions des pèlerins.

Certains auteurs regardent cette source comme l'ancien baptistère, non seulement de Fontenelle, mais de toute la contrée environnante, qui avait été conquise à la foi par saint Wandrille lui-même.

Au VIIe siècle, lors de l'invasion pacifique des moines, le pays, dévasté par les hordes des barbares, avait vu se relever les images des fausses divinités. Ce culte avait surtout repris faveur parmi les paysans.

Les moines, sortant de leurs retraites, parcoururent le pays pour renverser les simulacres des idoles, les chênes sacrés, pour recouvrir de terre les amphithéâtres et les pierres vénérées.

Tous ceux qu'ils convertissaient par leurs prédication, il les baptisaient dans cette fontaine de Caillouville, changeant ainsi en source de vie spirituelle ce qui avait été jusqu'alors l'objet d'un culte superstitieux.

Pour nous le bain des enfants et l'immersion des hommes sont un souvenir du baptême antique administré par les moines de ces contrées.

Ce qui confirme cette opinion, c'est la date de ces bains sacrés, qui coïncide avec la date de Pâques et de la Pentecôte (mois d'avril et mai), ces deux fêtes baptismales de l'Eglise.

Les révolutions, qui ont amoncelé ici tant de ruines, n'ont pu abolir, dans la mémoire des peuples, un usage qui remonte peut-être aux époques les plus reculées de l'humanité, tant le souvenir populaire est vivace.

L'image de sainte Radegonde est en bois; elle a été peinte et dorée, puis recouverte de plâtre, enfin dégagée de son enduit par le curé actuel.

Elle vient de l'ancienne église abbatiale de Saint-Wandrille.

Les bandes de toile qui sont suspendues au bras de la statue sont, comme des ex-voto des pèlerins, une affirmation publique de l'accomplissement de leur acte religieux, d'après le travail de M. l'abbé Cochet sur les églises de l'arrondissement d'Yvetot et les renseignements fournis par le curé de Saint-Wandrille.

Dom Basquin.

LES HOMMES ET LES ŒUVRES

Célestin-Godefroy Chicard

L'homme qui répondit, de son vivant, à ce nom ridicule de Célestin-Godefroy Chicard, fut l'un des plus intrépides missionnaires de notre temps et l'un de ces saints excentriques dont les exploits méritent, suivant le lieu commun cher aux auteurs catholiques, « d'être plus admirés qu'imités ».

Originaire d'une famille du Canada qui vint s'établir, au XVIIIe siècle, en France, il naquit, le 27 décembre 1834, dans le diocèse de Poitiers, à Paizay-le-Sec; son père tenait une hôtellerie dans ce village et sa mère s'appelait Radegonde Pimier. Il fut l'aîné de cinq enfants, deux garçons et trois filles, deux lances et trois quenouilles, ainsi que lui-même s'exprime.

Il fut un galopin terrible; batailleur et turbulent, il saute sur les ânes qu'il rencontre et les exténue en de folles courses; puis il racole des bandes de mioches, les divise en deux camps et, sous ses ordres, tous les moutards du hameau se cognent.

On le place dans un pensionnat, puis au petit séminaire de Montmorillon; il y est malheureux comme les pierres; ses professeurs sont ahuris par ses allures; ils le cherchent, et ils le découvrent, à cheval sur une branche, en haut d'une arbre, ou pendu, la tête en bas, sur un trapèze; un côté bizarre de son caractère achève de les consterner. Il a lu, en cinquième, les *Quatre fils Aymon* et l'empreinte de ce livre ne s'est plus effacée. Il l'avive encore en parcourant l'histoire des Croisades et les Chroniques de Joinville et de Froissart, et c'en est fait, dorénavant, de lui : il restera pour jamais hanté par le Moyen-Age et n'écrira plus qu'en vieux français.

Ses lettres foisonnent d' « emmy », de « moult », de « par tous les saints de Castille », de « Pasque-Dieu », de « beau sire », de « beau cousin », de « parole de gentilhomme », de tout un bric-à-brac d'expressions un tantinet futiles et souvent gauches. Evidemment, il n'égale pas les deux écrivains de notre siècle qui parlèrent le mieux la langue d'antan, Balzac dans ses *Contes drôlatiques*, et le Père Le Bannier, dans sa traduction des *Méditations sur la vie du Christ*, de saint Bonaventure.

Le directeur du petit séminaire songe à se débarrasser de lui parce qu'il n'a pas « le genre ecclésiastique », mais il est intelligent et travailleur, et sa piété est pour tous ceux qui le fréquentent un réconfort. On décide donc de patienter; et tandis qu'on l'épluche et qu'on le soupèse, Chicard déclare tranquillement qu'il faut rétablir l'ordre de Malte et revenir au XIIIe siècle. Puis il se pose cette question : « Serai-je bandit, moine ou chevalier? » et il se répond : « Je serai moine-chevalier; je veux célébrer la messe, mais le casque en tête et l'épée au côté. »

Et voici qui devient curieux : cette réplique qui semble être un simple enfantillage n'en est pas un, en somme, car Chicard discerne très nettement la nature même de sa vocation et l'appel divin se confirme, un jour qu'il lit les *Annales de la Propagation de la Foi*. Il voit dans ces missionnaires dont le journal parle son idéal de moine-chevalier et il précise alors ce qu'il sent et ce qu'il veut, en disant à un de ses cousins : « Il n'y a de chevalerie que de ce côté et j'y vais ; mais comme je tiens à mourir martyr et qu'il n'y a de martyrs qu'en Chine, c'est là que j'irai. »

En attendant, ses années de petit séminaire se terminent et sa famille l'envoie au grand séminaire de Poitiers. Il y poursuit son rêve d'aventures et profère cette phrase étonnante : « Je veux bien être un saint, mais à cheval, un saint équestre ! » L'on dirait d'un mot de d'Aurevilly ; il a, du reste, quelque ressemblance avec le grand romancier, car il partage, sans le connaître, ses goûts romantiques, sa passion des toilettes bizarres, son besoin de gongorisme et d'hyperboles. Plus tard, une fois qu'il sera malade, il écrira à sa sœur : « Je finis mes méditations en rugissant. » C'est presque encore l'un des termes dont d'Aurevilly se servait, lorsqu'il racontait, à table, certaines de ces anecdotes qui paraissaient empruntées au répertoire du baron de Crac.

Toujours est-il, pour en revenir au grand séminaire de Poitiers, qu'il y fut mieux compris, moins rebuté, en tout cas, qu'à Montmorillon ; il est juste d'attester qu'il s'y montre héroïque. Il mate, à force de macérations et de pénitences, sa fougue et ravale ses cris ; mais à cette contrainte il étouffe et s'épuise et le supérieur lui permet, pour se détendre les muscles, de macadamiser des allées et de construire des grottes. Grâce à ces exercices, il s'en tire tant bien que mal et atteint le sous-diaconat. Il quitte alors Poitiers et enfin son rêve se réalise, il entre aux Missions Etrangères, à Paris. Là, il se dilate : plus de compression et plus de calandrage ; sa nature chevaleresque, ses impétuosités, n'offusquent personne, car tous ceux qui sont dans cette maison sont des gens résolus, les durs-à-cuire du bon Dieu. Son caractère enjoué, son enthousiasme de conscrit gothique, sa mâle piété, ses solides vertus enchantent ses camarades et ses maîtres ; on le laisse penser à sa guise et s'habiller comme il lui plaît ; il étudie la théologie, vêtu d'une cuirasse, et fume sa pipe ; il s'épanouit, heureux, dans ce plein air d'âmes fortes !

Il est ordonné prêtre en juin 1858 et le voilà qui, à l'annonce d'un départ de missionnaires, s'exalte, parle de croisades, de combat des Trente, de Godefroy de Bouillon et de saint Louis. « N'est-ce pas quelque chose de ce genre que les expéditions des missionnaires ? » s'écrie-t-il. Il attend avec impatience son tour d'exil, et lorsqu'on lui désigne son champ d'apostolat, le Yun-Nan, il exulte. Il écrit à ses sœurs des lettres folles : « Yun-Nan, j'ai dit le nom de ma fiancée ! le Yun-Nan est à moi ! — c'est la dame de mon cœur, c'est pour jamais mon épouse ! — Je suis dès là féru d'amour pour ta beauté, ma chère. — Ta face est plombée et brunie, mais belle pourtant. — J'aime ton allure thibétaine, ô ma fiancée, et tes engins de guerre ne me font point souci ! »

« Parole de gentilhomme, Dieu m'a traité en fils aîné et comme le vaillant Juda. Hosanna ! chantons victoire, le Yun-Nan est à moi ! »

Il quitte ce Paris où, dit-il, « il n'y a rien de bien curieux à visiter ». Il a vu Notre-Dame, la Sainte-Chapelle, et — ainsi que l'observe le Père Drochon, son biographe, ceci le peint tout entier — il est allé contempler l'armure de François Ier ! ce après quoi, il est convaincu qu'il connaît la ville. Il part donc de la maison de la rue du Bac avec cinq autres missionnaires et s'embarque à Bordeaux. Il finit par arriver à Canton et, là, il peut s'assurer que sa fiancée, qui habite sur les confins de la Birmanie et du Tonkin, est une effroyable personne. Il essaie de pénétrer dans le pays et n'y parvient qu'en risquant, à chaque pas, sa peau : le Yun-Nan est à feu et à sang, ravagé par des hordes de bandits dont la férocité déconcerte ; ces brigands dits Lolos, dits Longs-Poils, et qu'il qualifie tout aussitôt de « Sarrasins », incendient les villages, égorgent les hommes et les femmes et, en guise de passe-temps, tuent les bœufs, leur ouvrent le ventre, le vident et, à la place des entrailles, entassent pêle-mêle des enfants, puis ils recousent la panse de la bête et la jettent à l'eau ; et ce n'est pas tout : outre que ces scélérats pourvoient des boucheries où la chair humaine se vend cinq sapèques la livre, ils ont inventé, pour s'éclairer dans leur marche, la nuit, d'épouvantables torches, des enfants de quelques mois empalés sur des pieux de bois sec et entourés de bandelettes imprégnées d'huile : et c'est avec ces cadavres allumés qu'ils éclairent les routes !

Chicard n'est nullement terrifié par ces histoires. A force d'énergie et d'astuce, il atteint sa résidence, relève le courage des malheureux indigènes affolés par la peur des Longs-Poils et, lorsqu'il les a convertis, la scène change. Ce romantique qui ne semblait épris que de pieuses chimères, se décèle un homme pratique et un organisateur de premier ordre. Il se fait architecte, bâtit des églises, construit des forts, entoure ses villages de remparts, arme les habitants et, une hache d'abordage au poing, il s'élance à leur tête sur les sauvages qui les attaquent et il les extermine : puis, après qu'il s'est débarrassé de cette engeance, il fonde des exploitations agricoles, des orphelinats, des écoles de filles et un asile de vieillards. Ses ouailles l'adorent et lui les aime comme ses enfants, bien qu'il n'ait point d'illusion sur le caractère des Chinois et qu'il déclare très nettement que ce « peuple n'admet d'autres lois que la fourberie et est bien le plus fripon du monde » ; mais cependant il se dévoue et prie tant pour eux qu'il finit quand même par les épurer.

Il quitte, plusieurs fois, sa résidence, va dans d'autres parages que son évêque lui désigne ; épris de ce qu'il nomme ses « saintes galères » et dévoré par le zèle de Dieu, rien ne l'arrête, ni les territoires ennemis qu'il traverse, ni les gouffres. Il ignore tout vertige, cavalcade, à cheval, au-dessus des abîmes, saute par dessus des torrents pour baptiser des peuplades, grimpe, au risque de se casser le cou, sur des montagnes, court des journées entières, sans manger, pour porter le viatique à des mourants.

Entre temps, il se collette avec des sangliers, des panthères et des ours, et il apparaît, dans les villages qui le voient pour la première fois, terrible. Il tient du traban et du janissaire. Il a des moustaches énormes, un vêtement en peau de tigre, des pistolets dans sa ceinture, des bottes à l'écuyère et il brandit un trident ! Sa mine dans les cabarets ne rassure personne ; mais, une fois dans la salle commune, il prêche l'Evangile d'une façon si éloquente — car il parle merveilleusement le chinois — que tous tombent à ses genoux et croient à la divinité du Christ. Il évangélise sans repos ni trêve, rien ne peut assouvir sa faim des âmes et, s'il n'était obligé de revenir sur ses pas, pour surveiller ses colonies, il irait on ne sait où, au fond des déserts de la Chine, partout où il resterait un infidèle à convertir.

Et tandis que le missionnaire s'avance de plus en plus dans les voies parfaites et vit, d'une vie active, presque fondu en Dieu, le romantique demeure le même. Rien n'est plus curieux que les lettres adressées à sa famille. Il l'entretient de ses costumes, demande des fusils et réclame une paire de bottes « distinguées, chevaleresques, à la hussarde », et l'on ne sait plus, à le lire, où l'on est. Il parle de seigneur, de manoir, d'écuyer, et il faut traduire ; le seigneur est un petit fermier, le manoir est une baraque d'indigènes, l'écuyer est un domestique. Il finit, d'ailleurs, par penser que ses tribus ont quelque chose des mœurs du Moyen-Age, et c'est vrai, au fond ; il leur a donné, lui-même, cette étampe, en instaurant des mœurs patriarcales, des processions, en rendant la justice, comme saint Louis, sous un arbre !

Mais, avec une telle existence de fatigues et de tribulations, il s'épuise. Si solide qu'il soit, Chicard tombe malade et il doit gagner un port européen pour trouver un médecin ; et, là, il se ronge, pleure sur ses ouailles, dit à Jésus : « Mon Dieu, mon cher Seigneur, chacun sa spécialité ; moi, je ne vois pas que je puisse me sanctifier en cet état ; avec le caractère que vous m'avez donné, il me faut mes montagnes, mes chrétiens et mes païens, ma mission, et je ferai en sorte que le diable n'ait pas à s'en réjouir. » Et il ajoute : « Mon Seigneur, que votre volonté soit faite, mais si, dans les trésors de votre miséricorde, il y avait un moyen de me tirer des mains de cette ennuyeuse maladie et de me renvoyer guerroyer le diable, là-bas, je vous en bénirais dans l'assemblée des saints ! »

Il fut exaucé, une fois, deux fois, puis finalement une fièvre pestilentielle s'abattit sur ses districts et, en soignant les malades, il en fut atteint et mourut le 17 juillet 1887.

Il mourut avec le regret de n'avoir pas été martyrisé, de n'avoir pas assez souffert pour la cause du Christ. Il était si vraiment humble qu'il se jugeait, de bonne foi, un mauvais ouvrier et n'attribuait les succès de son apostolat qu'aux prières du Carmel de Niort, où l'une de ses sœurs était religieuse. C'est à cette sœur qu'il avait écrit, lorsqu'elle fut entrée au cloître, cette phrase si sage, si profonde pour les gens qui sont au courant de la mystique : « Ne cherche pas à faire de l'extraordinaire, la sainte Vierge n'en fit point. »

Elle ne fut pas, on le voit, banale, cette figure d'apôtre, figure heurtée, farouche et cocasse à certains points, accorte et magnifique à d'autres. Chicard fut tout en contrastes, rêveur à la fois et pratique, assommeur de bandits et père de pauvres gens ; et finalement, ce qui domine chez lui, c'est cette soif inextinguible qu'il eut de convertir des âmes ; aussi peut-on affirmer qu'il fut l'un des plus audacieux soldats de ces admirables troupes que nos Missions Etrangères lancent à l'assaut des pays idolâtres, et aussi l'un des plus résistants et des plus avisés de ces bons grognards parmi lesquels se recrute la « vieille garde » de l'armée de Dieu !

J.-K. Huysmans.

Cet article a paru naguère dans le *Journal*, nous croyons être agréable aux lecteurs du *Pays Poitevin* en le reproduisant ici.

PÈLERINAGES

Notre-Dame de Montvinard

A NOUAILLÉ

Parmi les pèlerinages de la province du Poitou, nous n'en connaissons pas de plus ancien que celui de Notre-Dame dans la chapelle de Montvinard, à Nouaillé, près Poitiers.

Dom Estiennot, l'un des plus savants Bénédictins de la Congrégation de Saint-Maur, et qui, après avoir exercé à Nouaillé la charge de sous-prieur, a été envoyé à Rome, où il est mort, avec la qualité de procureur général de la même Congrégation, estime que le culte de Notre-Dame de Nouaillé et son pèlerinage remontent au berceau même de l'abbaye. Or, l'origine du monastère de Nouaillé se perd dans la nuit des temps. On le trouve, au VIIIe siècle, dépendant de l'abbaye de Saint-Hilaire-le-Grand de Poitiers ; mais il est bien probable que cette dépendance venait de ce qu'il avait été fondé, peut-être dès le Ve ou le VIe siècle, par les moines établis sur le tombeau de l'illustre docteur des Gaules. Peut-être même avait-il été créé plus tôt encore, comme semblent le prouver les substructions voisines de l'église actuelle.

Il portait le titre de *Notre-Dame de Montvinard*, parce que la chapelle dans laquelle on vénérait la sainte Vierge avait été construite dans un lieu dit *Montvinard* ; mais il est probable que c'est dans l'église même de l'abbaye de Nouaillé que l'on honorait à l'origine la très sainte Mère de Dieu[1].

C'est dans une charte du mois de janvier de l'an 906 que le roi de France, Charles le Simple, confirme à l'abbaye le domaine appelé Montvinard[2] ; et c'est moins de trente ans après, en décembre 934, que le pèlerinage de *Notre-Dame de Montvinard* est mentionné pour la première fois.

Les pèlerins y affluaient à certains jours et y faisaient de riches offrandes. L'évêque de Poitiers, qui était alors le vénérable Frothier, crut que ces oblations lui revenaient de droit, en partie du moins[3]. Sur les représentations du prêtre moine, nommé Godouin, desservant l'oratoire vénéré, l'abbé de Nouaillé, Rothard, alla trouver l'évêque et lui fit comprendre l'injustice de ses prétentions. Comme ce pontife, dit la charte, était un charitable pasteur *(pius pastor)*, il reconnut facilement son tort et laissa paisiblement le chapelain jouir du bénéfice de la générosité des fidèles.

Le pèlerinage prit un essor merveilleux au XIe et au XIIe siècle. Deux jours par an lui étaient spécialement consacrés : le *mardi de Pâques* et le jour de la Nativité de la sainte Vierge. Les anciens documents signalent les paroisses qui étaient dans l'habitude d'y venir en procession honorer la Mère des miséricordes. Ils citent, entre autres : Beauvoir, Mignaloux, Smarves, Ansigny, les Roches-Prémaries, La Villedieu, Saint-Saturnin de Poitiers, Fleuré, Gisay, Savigny, etc. On s'y rendait successivement pendant les octaves de Pâques et de la Nativité, et le curé de chaque paroisse célébrait le saint sacrifice de la messe dans la chapelle miraculeuse.

La dévotion des fidèles ne se contenta pas d'y déposer de nombreuses oblations ; on constitua un revenu et des biens-fonds affectés à ce sanctuaire. Les abbés du monastère de Nouaillé en firent le lieu ordinaire de leur sépulture.

Au milieu même des guerres civiles et étrangères, qui, pendant cent ans, aux XIVe et XVe siècles, ne cessèrent de ravager la France et notre Poitou en particulier, les fidèles persévérèrent dans leur usage de venir implorer la Mère de Dieu dans la chapelle de Montvinard.

Nous en avons la preuve dans un compromis que firent entre eux, le 22 septembre 1456, le sacristain et l'abbé commendataire de Nouaillé. Il y est question des offrandes *en cierges et en argent* par les fidèles tant à *Saint-Marsault* (l'église paroissiale[4] dédiée à saint Martial) qu'à *Montvinard*. Ce même document nous apprend que le moine sacristain de l'abbaye était obligé d'entretenir jour et nuit un luminaire convenable dans la chapelle[5].

Le pèlerinage de Notre-Dame était encore si fréquenté, que l'on prévoit le cas où le *Roy, Monseigneur le Dauphin ou autre grand seigneur* y viendraient faire leur dévotion ; et l'on règle que, dans ce cas, *l'or* qui serait offert serait remis à l'abbé commendataire.

Cependant, survinrent des jours plus désastreux encore que ceux de la guerre de Cent Ans. L'hérésie de Calvin avait acquis de nombreux partisans en Poitou. Après s'être posés en chré-

1. L'abbaye de Nouaillé est appelé le *monastère de Notre-Dame* de Nouaillé jusqu'au milieu du IXe siècle. A partir du Xe siècle, saint Junien partage avec la sainte Vierge le patronage, mais après elle toutefois.

2. D. Fonteneau, t. XXI, p. 175 : « Predium que (sic) nuncupatur *Montevinardo.* »

3. D. Fonteneau, XXI, 243 : « Injuste requirebat *paratum et pastum* de Ecclesia Beatæ Mariæ Virginis, sita in loco qui dicitur *Monsvinarius.* » Je crois qu'ici *paratum* signifie *dons en argent*, et *pastum, dons en nature*, et non pas *droit de gîte et de procuration*, puisqu'il s'agit d'une simple chapelle. Il faut l'entendre évidemment des dons offerts par les pèlerins.

4. La charte la plus ancienne dans laquelle il est question de la paroisse de Saint-Martial de Nouaillé est du 13 août 1342.

5. Le même document nous apprend qu'on vénérait dans l'église de Nouaillé, à cette époque, *du précieux sang de Notre-Seigneur*. L'ostension de cette insigne relique se faisait *tous les dix ans*.

tiens du pur Evangile persécutés pour la foi, ils jetèrent brusquement le masque, aussitôt qu'ils se sentirent assez forts pour se faire craindre. Emportés par une fureur aveugle, ils se précipitèrent sur tout ce qu'il y a de plus respectable dans le culte catholique : sur les églises, les autels, les vases sacrés, les saintes reliques, les statues et les images de Notre-Seigneur et de la sainte Vierge : ils livrèrent tout à l'incendie, au pillage et aux plus sacrilèges déprédations. L'église et l'abbaye de Nouaillé, son riche trésor de reliques, furent pillés, brûlés, saccagés. La chapelle de Notre-Dame de Montvinard ne pouvait pas être épargnée par ces vandales. « Ils essayèrent à plusieurs reprises, dit Dom Estiennot[1], de mettre le feu à ce sanctuaire vénéré, mais en vain ; la flamme refusa constamment d'entamer les murailles. »

La statue de Notre-Dame, qu'on y honorait d'un culte spécial depuis plusieurs siècles, disparut-elle dans cette horrible tourmente ? Nous l'ignorons.

Toujours est-il que, quatre-vingts ans après les ravages des protestants, on fit la translation solennelle d'une statue de *Notre-Dame de Pitié*[2] de l'église de Saint-Martial dans celle de Montvinard. C'était le lundi de Pâques, 14 avril 1653, après les Vêpres.

Quelques années auparavant, en 1638, on avait fait d'importantes réparations à la chapelle.

Telle est, en quelques mots, l'histoire du sanctuaire antique de Notre-Dame de Montvinard, à Nouaillé.

Le XVIIIe siècle vint avec son esprit incrédule, qui arracha du cœur de nos populations la foi simple et fervente de nos pères ; puis la Révolution acheva l'œuvre de l'incrédulité. Hélas ! nous n'avons pas cessé depuis lors d'en subir les conséquences. Mais aujourd'hui, que nous touchons aux extrêmes limites de la démoralisation révolutionnaire, tous les bons esprits se préoccupent de faire revivre, autant qu'il est en eux, les pèlerinages qui entretenaient jadis la ferveur et les bonnes mœurs, la confiance et la soumission dans les cœurs, au milieu des douleurs inséparables de cette vie mortelle. C'est donc une pensée vraiment salutaire qui a inspiré l'ancien curé[3] de Nouaillé. Il avait résolu de renouveler la dévotion plusieurs fois séculaire envers Notre-Dame de Montvinard, dans l'espoir d'obtenir par là de la Mère de Dieu des grâces et des bénédictions spéciales pour ses paroissiens et les âmes que le souvenir d'un passé glorieux entraînerait à implorer la Vierge de Nouaillé. Puisse-t-il être béni dans les aspirations de son zèle et obtenir tous les résultats qu'il désirait !

Afin d'aider la piété des pèlerins, nous leur offrons cette prière à la sainte Vierge, composée au XIVe siècle, en Poitou :

ANTIPHONA. — *O intemerata et in æternum benedicta, Virgo Dei genitrix Maria ! inclina aures tuæ pietatis supplicationibus nostris, et esto nobis in omnibus auxiliatrix potentissima.*

Dom FRANÇOIS CHAMARD, *Bénédictin,*
Prieur de l'abbaye de Ligugé.

1. « Sæpius, admotis ignibus, conatos fuisse tectum absidis incendere ; sed casso semper et irrito conatu, cum adhibita flamma subjectam materiam nunquam corripere prævaluit. »

2. C'était l'œuvre du Frère Faron, Bénédictin de Nouaillé. C'est lui également qui fit la statue de saint Hilaire, que l'on plaça du côté de l'Evangile, et celle de saint Junien, que l'on posa du côté de l'Epitre, dans la grande église.

3. M. Narcisse Ayrault, qui a photographié et fait clicher la Vierge de Pitié, ainsi que l'intérieur de la chapelle.

LÉGENDE DORÉE

Oraisons populaires

Nout' saint Père s'a mit dans l'âbre de la Croix ; la Croix si balle s'a mit en trois quartiers. Saint Finit finirat, saint Ficurit nous enterrerat. Nout' Seigneur vat par les champs, son chapiet à sa main : ses pâtenôtes s'en vat disant ; s'assittit su ine tombe et s'accottit sur l'aut'. Ol appelle tous ses p'tits pâchés : « V'nez, v'nez, mes pâchés, tous les plus biaux, tous les mailleurs ! Quand sera-t-ou que vous farez seuls pour moi coumme y auré-je fat seul pour vous ? » Ni l'iun ni l'aut', car le moindre des moindres ne puge y rapondre, quand l'ame nous triemble au ventre coumme la feuill' fat au triemble. L'alouett' est su l'aubépin. Tant loin qu'alle voit veni le vilain, alle s'acrit, alle s'accliam' en Jésus Nout' Dame !

Au Paradis, ol y at trois bancs : saint Pierre, saint Paul, saint Denis sont d'dans. Saint Paul pieure l' pus chaud'ment. « Qu'as-tu, saint Paul, a pieurer tant ? — Y dois-je ben pieurer ! ol y at cinq p'tits hommes dans les fieux de l'enfer. — Ecout-té, vat, saint Paul, je les aurons ben : la croix du ciel, l'atoile de mon menton, les portes de l'enfer se briseront : alorse les p'tites âmes, trejours riant, trejours chantant, trejours la raison de Dieu disant : Hozanne ! hozanne ! fieuri d'Avril, ouvrez les portes du paradis ! — Ne fère, ne fère point ça, y dit-il, alles sont ouvartes de hier médi. — Qui donc les at ouvartes ? — Saint Pierre et saint Denis ! — En paradis, ol y at ine p'tite pianche que les cheveux de Nout'Dame y assembiant. Ceux-là qui sauront l'ouraison, la pianche passerant, ceux-là qui ne la sauriant pas, au bout demeurrant, maudirant père, mère, frères, sœurs, parents, amis. »

Quand j'étions tout p'tit, la rason me l'at appris. Si la saviais-je, la diriais-je pou mon père, pou ma mère, pour tretous mes parents, pour tretous mes amis.

Ainsi soit-il !

Nous devons cette curieuse prière à l'obligeance de Mme Agar, rue Victor-Hugo, Poitiers, qui l'avait apprise, dès le jeune âge, d'une vieille domestique.

La bonne Vierge qui est dans la chapelle,
Qui nous entend, qui nous appelle,
Qu'elle nous garde de trois choses :
Une de vermine,
L'autre de serpent,
L'autre de mauvais chien courant.
Dit qu'on n'approchera pas plus près de moi
Que de la lune et du soleil,
La belle étoile du ciel.
Ainsi soit-il !

Communiqué par Mme C. Grémillon, de Ligugé.

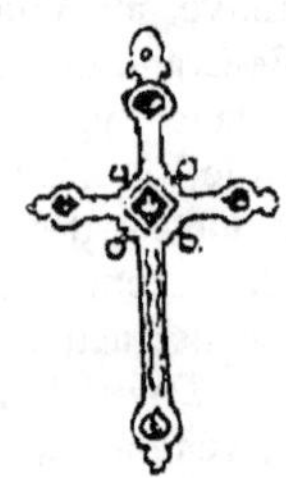

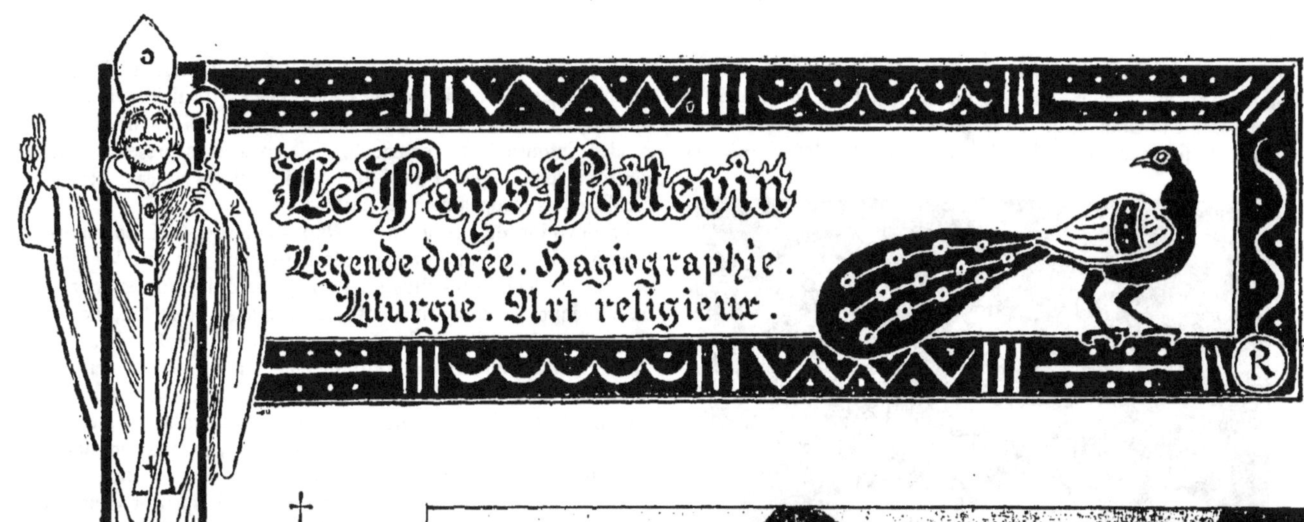

Notre-Dame-des-Clefs.

La fête de l'Immaculée Conception ramène chaque année, dans l'église Notre-Dame-la-Grande, de Poitiers, d'imposantes solennités. La présence de l'Evêque, officiant pontificalement ; celle des séminaristes, exécutant avec la méthode grégorienne et palestrinienne enseignée avec tant de science et de goût par M. le chanoine Gabory, maitre de chapelle de la Cathédrale ; l'affluence considérable de la population poitevine, font de cette fête une des plus belles manifestations de la piété, et de l'art liturgique.

Poitiers, comme Paris, comme Lyon, a toujours honoré en effet d'un culte tout particulier Notre-Dame, qui, avec saint Hilaire et sainte Radegonde, forme la trinité protectrice de la cité.

Le *Pays Poitevin*, dans son numéro d'août 1898, a reproduit le passage des *Annales d'Aquitaine* de Jean Bouchet relatant le miracle de Notre-Dame-des-Clefs. Cet article est illustré des trois statues patronales placées

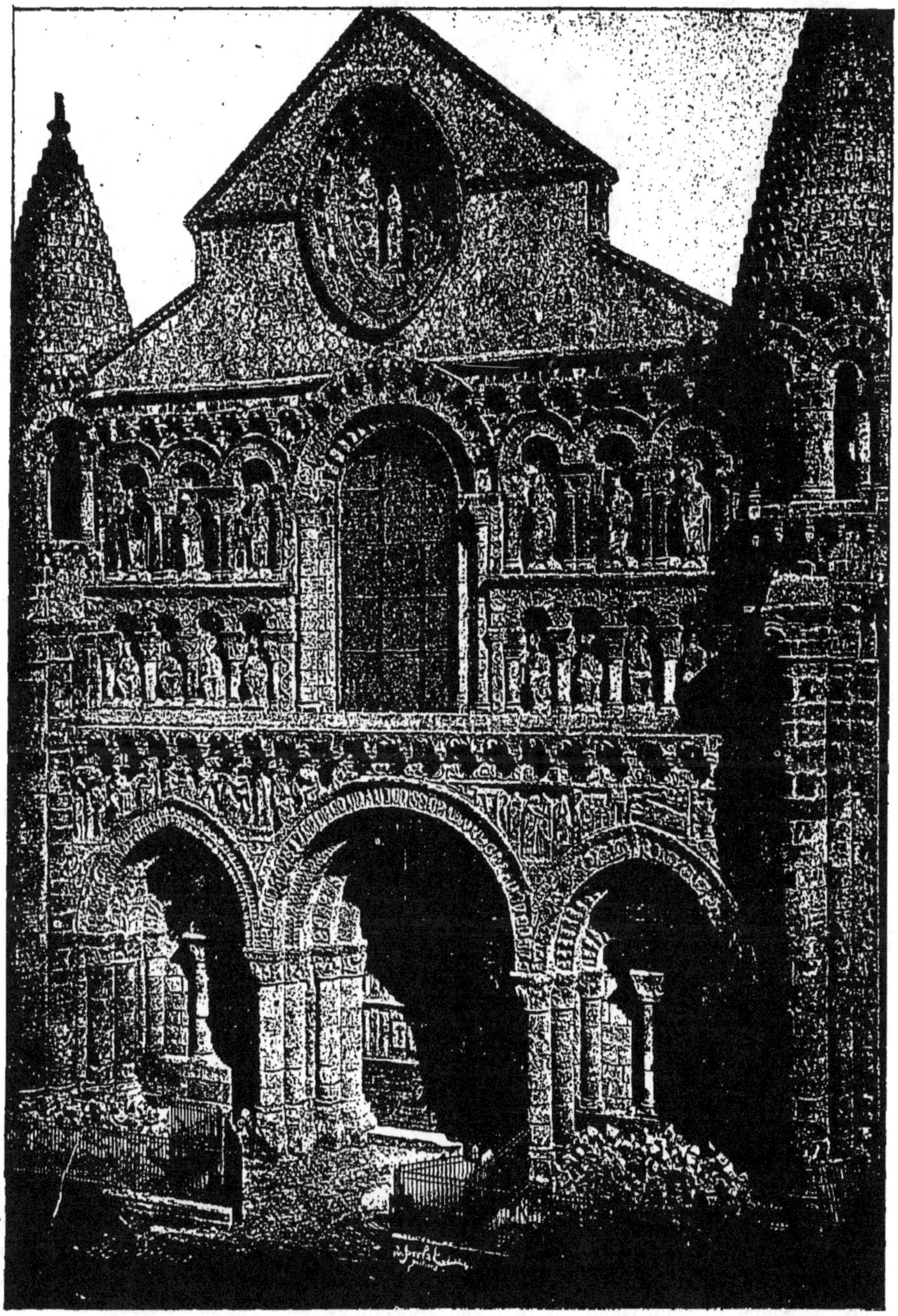

FAÇADE DE NOTRE-DAME-LA-GRANDE

Cliché Oudin

dans l'église Saint-Hilaire, et qui autrefois surmontaient la porte de la Tranchée. Nous donnons maintenant l'image vénérée à Notre-Dame-la-Grande, la statue miraculeuse aux mains de laquelle la reconnaissance des Pictaviens a placé les clefs de la ville sauvée de l'invasion anglaise par l'intervention toute-puissante de la Mère de Dieu.

Cliché Ondin

STATUE DE NOTRE-DAME DES CLEFS

Cette statue est celle-là même qui figurait dans les processions des Rogations et du lundi de Pâques, lorsque le sectarisme n'avait pas encore imposé ses lois. A ces deux dates elle recevait les hommages solennels. Le jour des Rogations, les dames de la Halle se cotisaient pour offrir à la sainte Vierge et à sainte Radegonde de somptueux cadeaux, et l'usage voulait que les statues recueillissent, au cours de la procession, de nombreux bouquets de fleurs artificielles. Le jour de Pâques, la femme du maire offrait à Marie un riche manteau, après l'avoir parée de guimpes et de dentelles.

Lors de son élévation au siège épiscopal de Poitiers, Mgr Pie restaura un usage abandonné par ses prédécesseurs immédiats. Avant de se rendre à son église cathédrale, il voulut s'agenouiller devant la statue miraculeuse, et voici en quels termes touchants, dans sa première lettre pastorale, il annonçait cette décision : « Vierge Immaculée, nous entrerons en possession de notre Eglise sous vos auspices : selon l'antique usage de nos prédécesseurs, c'est du temple de Notre-Dame que nous nous rendrons à celui du prince des Apôtres, où est fixée notre chaire épiscopale. Convoquez sous les voûtes de votre sanctuaire tous les anges protecteurs de la contrée ; qu'aux esprits célestes viennent se joindre tant d'élus que l'Eglise de Poitiers a députés vers la gloire, tant de pontifes successeurs d'Hilaire, tant de solitaires, héritiers de Martin, tant de vierges, filles de Radegonde ! Entouré de ce cortège du ciel, vous nous présenterez à Pierre, à celui auquel il a été dit de paître et les agneaux et les brebis, et les troupeaux et les pasteurs. »

La dévotion du prélat envers Notre-Dame-des-Clefs se manifesta par la suite d'une manière glorieuse pour la sainte Vierge, et pour la piété du fils illustre. Le Pape accorda, sur les prières de l'Evêque, le couronnement apostolique de la statue, hommage réservé aux statues les plus célèbres de Marie dans la chrétienté. Les cérémonies du couronnement eurent lieu le premier dimanche de l'Avent, le 29 novembre 1863. Ce furent d'inoubliables fêtes, qui transformèrent Poitiers en un vaste temple ; la prière, les actions de grâces, les acclamations, surgissaient pour ainsi dire de toutes les poitrines, et le souvenir de cette grandiose manifestation est encore vivant dans l'esprit et dans le cœur de la génération qui en fut témoin. Le vénérable curé de Notre-Dame-la-Grande, M. l'abbé Bernaud, recueillit, en une brochure devenue introuvable, les pièces officielles émanées du Saint-Siège ou de l'Ordinaire, relatives au couronnement, et les accompagna d'un compte rendu des solennités du 29 novembre.

Le temple qui sert de reliquaire à la statue miraculeuse est un des plus curieux spécimens de l'art roman, sa construction remonte, dans ses parties primitives, au XIe siècle; la façade est du XIIe, et les siècles suivants sont venus successivement mettre leur marque sur le monument.

« La façade nous montre sculptée toute une histoire de la religion, depuis la faute originelle jusqu'à la consommation des siècles. Nous y voyons se dérouler au premier ordre la chute du premier homme, suivi du règne de l'orgueil et du mensonge, les promesses successives du libérateur, la naissance du divin Enfant. Au second étage, siègent les Apôtres, continuateurs de l'œuvre divine, et les saints Pontifes successeurs des Apôtres. Sur le fronton, Jésus-Christ règne, et l'Evangile règne avec lui.

« Pour les populations illettrées du Moyen-Age, il y avait dans cette façade tout un cours d'instruction religieuse, et si nous nous représentons toutes ces figures telles qu'elles étaient jadis, galonnées d'or, empourprées de vives couleurs, quel puissant effet une pareille composition ne devait-elle pas produire sur des esprits pleins de foi, auxquels elle rappelait sans cesse tout ce qu'ils devaient savoir, croire et espérer ? » (L. Lecointre.)

L'érudit historien auquel nous empruntons cette citation a heureusement synthétisé en ces quelques lignes le symbolisme de ce monument unique, le plus beau spécimen de roman poitevin, disent la plupart des archéologues; le plus beau spécimen de roman en Poitou, rectifie M. Berthelé.

Jean Mainguenéau.

✠✠✠✠✠✠✠✠✠✠✠✠✠✠✠✠✠✠

LE MIRACLE EN POITOU

La Croix de Migné

Le dimanche 17 décembre 1826, jour de la clôture d'une suite d'exercices religieux donnés à la paroisse de Migné, à l'occasion du jubilé, par M. le Curé de Saint-Porchaire et M. l'Aumônier du Collège royal, au moment de la plantation solennelle d'une croix, et tandis que ce dernier adressait, à un auditoire d'environ 3000 âmes, un discours sur les grandeurs de la Croix, dans lequel il venait de rappeler l'apparition qui eut lieu autrefois, en présence de l'armée de Constantin, on aperçut dans les airs une croix bien régulière et de vastes dimensions. Aucun signe sensible n'avait précédé sa manifestation ; nul bruit, nul éclat de lumière n'avait annoncé sa présence. Ceux qui l'aperçurent d'abord la montrèrent à leurs voisins, et bientôt elle fixa l'attention d'une grande partie de l'auditoire, au point que M. le Curé de Saint-Porchaire, averti par la foule, au milieu de laquelle il s'était placé, crut devoir aller interrompre le prédicateur. Alors tous les yeux se portèrent vers la croix, qui avait paru tout d'abord exactement formée, et qui était placée horizontalement, de manière à ce que l'extrémité du pied répondît au dessus du pignon antérieur de l'église, et que la tête se portât en avant, dans le même sens que la direction de cette église, vers le couchant d'été. La traverse qui fermait les bras coupait ce corps principal à angle droit : chacun des bras, égal à la tête, était environ le quart du reste de la tige.

Ces diverses parties étaient partout d'une largeur sensiblement égale, terminées latéralement par des lignes bien droites, bien nettes, fortement prononcées et coupées carrément à leurs extrémités, par des lignes également droites et également pures.

Au jugement de plusieurs témoins, ces pièces avaient une certaine épaisseur qui les faisait voir comme un peu arrondies, lorsqu'on les regardait sous un angle oblique, et régulièrement équarries lorsqu'on se rapprochait beaucoup de la verticale.

Du reste, aucun accessoire ne paraissait tenir à cette croix, ni l'accompagner. Toutes ses formes étaient pures et ressortaient très distinctement sur l'azur du ciel. Elle n'offrait point aux yeux un éclat éblouissant, mais une couleur partout uniforme et telle qu'aucun témoin n'a pu la définir d'une manière précise, ni lui trouver un objet de juste comparaison ; seulement, on s'accordait plus généralement à en donner une idée à l'aide d'un blanc argentin nuancé d'une légère teinte rose.

Lorsqu'on a commencé à apercevoir la croix, le soleil était couché depuis une demi-heure au moins, et elle a conservé sa position, ses formes, et toute l'intensité de ses couleurs pendant une autre demi-heure environ, jusqu'au moment où on est rentré dans l'église pour recevoir la bénédiction du Très-Saint-Sacrement ; alors, il était nuit, les étoiles brillaient de tout leur éclat. Ceux qui sont rentrés les derniers ont vu la croix commencer à se décolorer ; ensuite, quelques personnes, restées au dehors, l'ont vue s'effacer peu à peu, d'abord par le pied et, successivement de proche en proche, de manière à présenter bientôt quatre branches égales, sans qu'aucune de ses parties eût changé de place depuis le premier moment de l'apparition, et sans que celles qui avaient disparu laissassent aux alentours la plus légère trace de leur présence.

Il paraît qu'aucun observateur ne s'est appliqué à suivre cet évanouissement graduel jusqu'à son dernier terme ; mais on sait qu'il était entièrement consommé lorsqu'on est sorti de l'église, immédiatement après la bénédiction.

La journée où cet événement a eu lieu avait été très belle, après une suite de plusieurs jours pluvieux. Au moment de l'apparition le temps était encore serein, la température assez douce pour que peu de personnes s'aperçussent de la fraîcheur du soir. Le ciel était pur dans toute la région où se montrait la croix, et l'on apercevait seulement quelques nuages dans deux ou trois points éloignés de là et voisins de l'horizon ; enfin, aucun brouillard ne s'élevait de terre ni de dessus la rivière qui coule à peu de distance[1].

Cet événement causa, comme on peut penser, une profonde émotion à ceux qui en furent témoins. « Il m'est impossible de vous dépeindre, écrivait M. l'abbé Marsault au directeur de la Société des Bons-Livres, l'effet que produisit sur les esprits et sur les cœurs l'apparition de cette croix. Tout ce que je sais, c'est que je vis une partie du peuple prosternée dans la boue, saisie de frayeur, et l'autre levant les bras au ciel, et la bouche béante, comme pour crier miracle. Ce fut en ce moment que j'entonnai, pour captiver l'attention des nombreux assistants, le cantique *Vive Jésus, vive sa croix*. Après quelques strophes assez mal articulées, vu l'état de stupeur où nous nous trouvions tous, j'ordonnai la rentrée dans l'église, afin d'y aller tous ensemble rendre grâce à l'Eternel des bienfaits du jubilé. Ici j'observai que, pendant que le peuple rentrait dans le lieu saint, j'eus encore l'inappréciable bonheur de contempler plusieurs fois l'auguste signe de notre rédemption, qui conservait toujours les mêmes proportions et la même couleur. Une fois rentré dans l'église, je priai M. le Curé de Saint-Porchaire de donner la bénédiction du Saint-Sacrement, et de chanter le *Te Deum*, comme il est d'usage à la fin de quelque station ou retraite. Après quoi, je montai en chaire pour adresser quelques paroles à ce peuple, encore tout abîmé dans ses émotions, et sur ce dont il venait d'être le témoin, et sur la conduite qu'il avait à tenir dans la suite ; ce qui termina la cérémonie du jubilé dans cette paroisse.

« A peine fûmes-nous rentrés dans la sacristie, qu'un grand nombre de ceux des paroissiens qui avaient malheureusement résisté jusque-là à la grâce du jubilé se hâtèrent de venir nous trouver pour se confesser ; le lendemain matin, même empressement, au point que, ce jour-là, nous fûmes obligés de rester au confessionnal depuis six heures du matin jusqu'à trois heures de l'après-midi, uniquement pour confesser les retardataires ».

Cependant, au cours de leur enquête, les commissaires, nommés par l'Evêque de Poitiers, purent constater que la vision n'avait pas frappé l'unanimité des assistants. Un habitant de Migné, connu par ses idées antireligieuses, avait, par esprit de

APPARITION D'UNE CROIX LUMINEUSE A MIGNÉ

Cliché Oudin

critique, suivi quelques exercices de la mission et se trouvait à la réunion de clôture. Il se tenait un peu à l'écart, comme un homme qui prétend juger les effets de l'éloquence sur une vaste assemblée. Tout à coup, il entend des cris d'admiration et d'épouvante. Il s'approche de la foule. Il interroge les personnes qui tendent leurs mains vers le ciel. On lui dit de lever les yeux ; il regarde, et ne voit rien. Il interroge encore. Chacun lui montre l'endroit visible, la croix brillante, le miracle qui frappe tous les regards. Il regarde en vain et s'étonne, à la fois, de ce qu'il

1. Rapport adressé à Mgr de La Bouillerie, Evêque de Poitiers, signé de MM. de Rochemonteix, vicaire général ; Taury, prêtre ; de Curzon, maire de Migné ; Boisgiraud, professeur de physique ; J. Barbier ; Victor de Larnay.

n'aperçoit rien de nouveau dans les cieux et de ce que tout le monde y contemple une apparition merveilleuse. Il se passe alors en lui quelque chose d'extraordinaire. Tout le monde voit et il ne voit plus. Croira-t-il plutôt sa vue qui ne saisit rien, ou celle d'une grande multitude qui saisit quelque chose? Un trouble affreux pénètre dans son âme, une sorte de terreur agite ses sens. Il voit bien qu'il faut qu'il y ait quelque cause mystérieuse qui l'empêche d'apercevoir ce qui est visible à tout le monde. Dans cet état extraordinaire de saisissement et d'horreur, il s'accuse lui-même; il se déclare un malheureux et un être coupable, qui ne mérite pas de jouir de la faveur que Dieu fait à ceux qui l'aiment: et enfin sa conscience, troublée pendant tout le cours de la nuit, ne trouve du calme que lorsqu'il eut, le matin, déposé ses remords dans le sein du vénérable pasteur[1].

L'impression causée dans toute la France, par ce prodige, fut considérable. Un savant astronome, M. de Cassini, rédigea un rapport à l'Académie des sciences, réfutant les hypothèses mises en avant pour expliquer le phénomène d'une manière naturelle. Le Pape Léon XII publia, dans le courant de l'année 1827, deux brefs, dans lesquels il se déclare persuadé de la vérité du miracle, et il envoya à Migné une parcelle de la vraie croix. Mgr de la Bouillerie fixa, par un mandement, au troisième dimanche de l'Avent, l'anniversaire de l'apparition, et le Saint-Siège accorda une indulgence plénière à tous les fidèles qui, après avoir rempli les conditions d'usage, visiteront l'église de Migné dans cette solennité.

JACQUES VERTEUIL.

HAGIOGRAPHIE

Le culte de saint Eutrope

Ce n'est pas la première fois que ce sujet est traité, et si Dieu nous prête vie, ce ne sera pas la dernière. Il est si minutieux! Peut-on, du premier coup, arriver à être complet avec des moyens d'information aussi élémentaires? Nous avons consacré deux chapitres de notre livre, *Saint Eutrope dans l'histoire, la légende et l'archéologie* (in-8°, 1887, p. 161-201 et *passim*), à énumérer les divers lieux de France et d'ailleurs où le premier évêque de Saintes avait été ou est encore en vénération : Angoumois, Auvergne, Bourbonnais, Guienne et Gascogne, Périgord et Limousin, Bretagne et Poitou, Champagne et Normandie. Depuis, des trouvailles nouvelles nous ont fourni de quoi augmenter notablement notre nomenclature. (Voir notamment *Revue de Saintonge*, t. VIII, p. 232, 282, 454; t. IX, 134, 221; t. XIII, 102-116.) A notre exemple, le *Recueil* de la Commission des arts a aussi recueilli des notes sur le même point (voir particulièrement t. IX, p. 60, 67, 102, 104, 167; t. X, 157, etc.); nous y avons aussi puisé. De divers endroits du Nord et du Midi, on nous a signalé des faits ignorés, donné des détails inédits, raconté des actes de piété ou de dévotion, dont nous remercions nos aimables correspondants. De notre côté, nous avons essayé d'augmenter cette contribution à l'histoire d'un culte, et n'avons négligé aucune source d'informations. C'est le résultat de ces multiples recherches que nous apportons à nos lecteurs. Il n'y a le plus souvent qu'une mention ; c'en est assez pour constater un hommage rendu au martyr santon. L'histoire vit de peu ; il est déjà bien étonnant qu'à travers tant de siècles et tant de bouleversements, on puisse trouver quelques traces de son culte.

***

Un calendrier de l'église de Mâcon « secundum ecclesiæ Matisconensis », d'après un bréviaire manuscrit du XVe siècle à l'usage de Saint-Philbert de Charlieu, que possède la bibliothèque de Roanne, indique au 30 avril : « Sigismondi, martyris; Eutropii, martyris. » — Le calendrier liturgique de Saint-Sernin de Toulouse (XIV-XVe siècles) met aussi sa fête au 30 avril : « Eutropii, episcopi et martyris ; IX lectiones. » — Un autre calendrier, provenant du chapitre de Sainte-Cécile d'Albi, manuscrit conservé à la bibliothèque de la ville et qui doit remonter au commencement du XVe siècle, porte de même au 30 avril : « Sancti Eutropii, episcopi et martyris. » — Dans le calendrier liturgique du diocèse d'Elne, dont le siège a été transféré en 1602 à Perpignan, la fête de saint Eutrope est mise au 30 avril. On trouve une fois ou deux le nom d'Eutropi, Eutrope, donné au baptême. Le bréviaire de Lescar de 1541 contient l'office de saint Eutrope. Celui de l'abbaye de Fontevrauld, *Breviarium Deo dicatarum virginum ordinis Fontebraldensis*, imprimé à Paris (1587) en caractères gothiques par Jérôme de Marnef, indique aussi au 30 avril : « Eutropii episcopi et martyris. »

Le cartulaire de Montréal (Aude), publié par la Société des arts et des sciences de Carcassonne, dans ses *Mémoires*, t. VIII (1896), contient un calendrier Julien pour le diocèse de Carcassonne, qui, au 30 avril, indique aussi « Eutropii episcopi ». Le bréviaire de Brioude, *Breviarium Brivatense* (Claromon-Ferrandi, typis Petri Viallanes, M.DC.CLXIX, in-8°), au 30 avril « in festo S. Eutropii, episcopi Santonensis et martyris », reproduit, p. 327, le texte de saint Grégoire de Tours, *De gloria martyrum*, lib. II, cap. LVI : « Eutropius in Gallias ad predicandam fidem missus, post adimpletum rite munus apud Santonas illiso ab incredulis capite, martyr occubuit et ob instantem persecutionem loco minus digno sepultus est... »

A Orange, la montagne à laquelle sont adossés les gradins de l'ampithéâtre romain porte le nom de « Montagne Saint-Eutrope ». Mais il s'agirait plutôt ici de saint Eutrope d'Orange. A Narbonne, il y a aussi Saint-Eutrope; nous n'avons aucun renseignement. A Aix, une propriété dite Saint-Eutrope dépend aujourd'hui de l'institution Sainte-Croix; c'est dans la chapelle de cette propriété Saint-Eutrope qu'a été inhumé Claude Rey, dixième évêque de Dijon (1832-1838), mort à Aix, son pays natal, le 17 août 1838.

***

Notons chez nous quelques faits oubliés. Ainsi, à Etaules, le curé, M. l'abbé Gendre, en faisant reconstruire fort artistement le chevet de sa propre église, a représenté sur le devant de l'autel la Cène, et, de chaque côté, a placé les statues de saint Eutrope et de sainte Eustelle. Salles, canton de La Jarrie, a une statue du saint. Semoussac, dans le canton de Mirambeau, a pour titulaire saint Pierre et pour patron saint Eutrope, ainsi que Pouillac, canton de Montlieu. Biron, canton de Pons, l'a aussi pour patron, mais la date est récente.

Le 28 janvier 1630, par acte passé devant Elie Chassereau, notaire à Saint-Aignan, arrondissement de Marennes, frère Mathurin Gaultier, religieux de l'Ordre de Saint-Benoit et sacriste du prieuré de Montierneuf, déclare qu'il a été nommé chapelain de la chapellenie Saint-Eutrope de Rosne par le prieur de Saint-Eutrope de Saintes, après le décès d'Antoine Pehuet, dernier possesseur.

Au village de La Brée, à six kilomètres de Saint-Georges d'Oleron, la chapelle Saint-Eutrope, ruinée par les protestants en 1584, fut en partie reconstruite l'an 1606, et bénite en 1609, le 30 avril, comme nous l'avons dit. Elle existait encore en 1858. Vendue, elle devint la propriété de la famille Méchin. C'est un parallélogramme rectangulaire de 20 mètres de long sur 7 de large. La croix du pignon porte la date de 1770. Le hameau de

1. Récit de M. Boisgiraud.

Saint-Eutrope s'est conservé. Il se tient au village une foire importante, le 30 avril.

Dans une autre île de la Charente-Inférieure, l'île de Ré, la paroisse des Portes est dédiée à saint Eutrope, et l'*Ordo* diocésain dit *Sanctus Eutropius de Portis*. On a cherché pourquoi la commune portait le nom de Portes. C'est bien simple : elle était la *porte* de l'île, comme si les autres ports ne l'étaient pas. Mais, ajoute, p. 61, l'*Almanach annuaire de l'île de Ré* (1899) : « Peut-être aussi voudra-t-on voir qu'elle tire son nom de son église placée sous le vocable de *Sanctus Eutropius de Portis*, Saint-Eutrope des portes, parce que le saint de ce nom se cachait près des portes de Saintes pendant qu'il était persécuté. » Voilà un nouveau fait inconnu de la vie du bienheureux.

Le faubourg actuel de Saint-Eutrope, à Saint-Jean d'Angély, avait jadis une chapelle, « Saint-Eutrope de Laleu », détruite pendant les guerres de la religion. Le cimetière a subsisté jusqu'à la Révolution. Le prieuré dépendait de celui de Saint-Eutrope de Saintes. Le titulaire était, en 1374, Lorens Auffré.

L'église de Blameré, jadis paroisse, aujourd'hui petit village de la commune de Puyravault, canton de Surgères, avait pour patron saint Eutrope. Elle est nommée, dès 1055, parmi les possessions de l'abbaye de Vendôme dans le diocèse de Saintes. Il n'y a plus que quelques vestiges de l'édifice, renversé probablement au XVIe siècle. Mais les habitants continuent à fêter ce souvenir du patron par une frairie qui se tient le dimanche qui suit le 30 avril ; et les possesseurs de ces restes gardent pieusement les débris informes d'une statue vermoulue qu'ils disent être la statue de saint Eutrope. Les derniers prieurs ont été des Hillerins.

Le 12 octobre 1898, le curé de Crazannes, l'abbé Nadaud, ancien vicaire de Saint-Eutrope de Saintes, a fait bénir par M. Bourdé, curé-doyen de Saint-Eutrope, deux statues, l'une de sainte Madeleine, l'autre de saint Eutrope ; et, le 12 mars 1899, M. l'abbé Germain, curé de Taillebourg, érigeait, après la messe célébrée par M. Grateau, curé de Saint-Savinien, et sermon de M. Fabien, vicaire général, deux statues de saint Eutrope et de sainte Eustelle.

L'église cathédrale d'Angoulême avait une chapellenie de Saint-Eutrope, fondée vers 1480 par le chanoine Nicolas Prévost et attachée à l'autel existant sous le même vocable dans le latéral nord. Le patronage était laïque ; mais, en 1514, Jean Prévost, le plus proche parent du fondateur, étant mort, le chapitre, déjà collateur, devint patron. Voici quelques noms des titulaires que nous donne M. l'abbé Nanglard dans son important *Pouillé historique du diocèse d'Angoulême*, t. I, p. 263 : André de Gèvre (1518) permute avec le suivant en 1521 ; Mathurin Gauvry, d'abord curé de Beaulieu-Cloulas, est nommé en 1521 ; Fèvre, qui paraît en 1542, résigne en 1544 ; Romain Tranchard paraît le 5 avril 1544 (longue vacance) ; François Gandobert, vicaire de chœur, paraît le 15 avril 1645, c'est le dernier [1].

L'église de Saint-Eutrope des Landes, près Montmoreau, a un vitrail de saint Eutrope à une fenêtre de l'abside ; et la chapelle du château de Montmoreau montre une fresque représentant le martyre du saint ; plusieurs bourreaux, à figure rouge, lèvent des haches sur la tête du missionnaire ; un d'eux lui fend le crâne. Le haut seul de cette fresque est conservé. On lit : S. EVTROPIVS, dit Michon, *Statistique monumentale de la Charente*, p. 306. L'église de Bunzac, canton de La Rochefoucauld, a aussi une verrière où l'on voit saint Eutrope ; c'est un don de M. Eutrope Chasteignier des Deffends.

L'abbaye de Saint-Cybard à Angoulême, d'après un inventaire de 1457, avait des reliques de saint Claud, de saint Eutrope et de plusieurs autres. (*Bulletin archéologique du Ministère*, 1898, p. 242.)

***

Dans l'église La Résurrection à Poitiers, réunie à Saint-Pierre, existait une chapelle de Saint-Eutrope, fondée par Jacques Nepveu, à la présentation des familles de Villedon, de Vézien, etc. (*Pouillé du diocèse de Poitiers*, p. 348.)

Une autre chapelle de Saint-Eutrope en l'église Saint-André de Niort valait 70 livres ; le dernier titulaire a été Jean Goizet, curé de Notre-Dame. (*Mémoires de la Société de statistique des Deux-Sèvres*, t. IV, p. 270, 3e série.)

Mgr Barbier de Montault a publié (*Bulletin de la Société de statistique des Deux-Sèvres*, 1887, p. 561) une notice sur l'église de Sainte-Radegonde de Pommiers. Nous y lisons : « Le chevet de l'église est percé d'une fenêtre découpée en ogive ; elle est flanquée de deux niches occupées par les statues de sainte Radegonde et de saint Eutrope, qui ont été renouvelées dans ces derniers temps... L'église possède encore dans une châsse moderne de petits ossements des saints évêques Blaise, Eutrope et Nicolas » avec des étiquettes sur parchemin en gothique carrée du XVe siècle ; « *De beato Eutropio...* » Le reliquaire de saint Eutrope, en bois sculpté, avait la forme d'un bras pour indiquer au premier coup d'œil que l'ossement appartenait à cette partie du corps. La statue de sainte Radegonde, placée, il y a peu d'années encore, près du maître-autel, comme patronne de la paroisse et titulaire de l'église, avait pour pendant saint Eutrope, qui a été aussi relégué à la sacristie, œuvres assez grossières, mais qui ne méritaient pas ce dédain ; le style accuse le commencement du XVIIe siècle. Il y a dans l'église trois tableaux peints sur toile du XVIIe siècle. Le premier représente sainte Radegonde entre saint Blaise et saint Eutrope, reconnaissables à leurs noms écrits au-dessous d'eux. Saint Eutrope tient de la main droite la crosse et de la gauche un livre fermé qui exprime la prédication de l'Evangile aux Santons.

Au même diocèse, dans l'archiprêtré de Ruffec, était « ecclesia beati Eutropii de Bosco graculi », l'église de Bois-au-Geai, à la collation de l'abbé de Nanteuil-en-Vallée. Bois-au-Geai fait aujourd'hui partie de la commune de Saint-Gervais, canton de Ruffec, diocèse d'Angoulême. Autour de la chapelle s'étend un cimetière où les habitants du lieu et des environs tiennent à être inhumés comme jadis à Saint-Seurin de Bordeaux ou aux Aliscamps d'Arles. La cloche de Journet (Vienne), refondue en 1857, portait cette inscription en caractères gothiques de la fin du XVe siècle avec la date de 1541 : S. EUTROPE, ORA PRO NOBIS, dit Mgr Barbier de Montault, dans la *Revue poitevine* de 1894.

Château-Fromage, près La Roche-sur-Yon, aujourd'hui réuni à la commune de Bourg, avait une église paroissiale dédiée à saint Eutrope. Un religieux de l'abbaye de Nieul-sur-l'Autise, dont elle dépendait, la desservait, nous dit M. René Vallette.

***

Dom Chamard (*Revue du Monde catholique*, 1er avril 1898, p. 17) cite René Leroy, chapelain de Saint-Eutrope (Loire-Inférieure), qui rétracte son serment avec une protestation (9 novembre 1790) contre la constitution civile du clergé.

Il y avait dans l'Eure une chapelle de Saint-Eutrope à La Fontaine-du-Houx, citée dans une charte de Bezu-La-Forêt, XIVe siècle. C'est aujourd'hui une ferme. (Marquis de Blosseville, *Dictionnaire topographique de l'Eure*.)

Le prieuré de Saint-Eutrope, commune de Craon, arrondisse-

1. Jean Gandobert, nommé, en 1588, maître de la psallette à Angoulême, fut chanoine en 1590. Bernard Gandobert, nommé le 7 novembre 1590 maître de la psallette, va remplir les mêmes fonctions à Saint-Bertrand de Comminges en décembre 1591 ; revient, est rétabli le 1er novembre 1593 ; passe à Saintes en juin 1596 ; revient en 1602 ; secrétaire du chapitre, il cesse en 1629. On trouve encore en même temps deux prébendés : autre Bernard Gandobert, secrétaire du chapitre ; François Gandobert l'aîné, nommé, le 29 octobre 1630, aumônier de Saint-Pierre, qui résigne en 1645, et qui revient fin mars ; curé de Linars, il résigne en 1654 ; autre François, frère du précédent, nommé le 17 février 1645.

ment de Château-Gontier (Mayenne), fondé vers 1439, était annexé au prieuré de Saint-Clément de Craon.

Un autel de saint Eutrope, dans l'église de Chemiré-sur-Sarthe, attirait les étrangers, qui venaient y prier et implorer la guérison de leurs maux. Voir dans l'ouvrage du Père Denifle, *Cartulaire de l'Université de Paris* (dévastation des églises, monastères et hôpitaux en France vers le milieu du XVe siècle : *Revue des questions historiques*, juillet 1898, p. 185).

A Villedieu (Loir-et-Cher), l'église, qui dépendait de l'abbaye de la Trinité de Vendôme, avait aussi une chapelle de Saint-Eutrope.

La collégiale de Saint-Pierre-de-la-Cour au Maine avait une chapelle de Saint-Eutrope, dont était titulaire un oncle de Molière, Nicolas Pocquelin, chanoine de Saint-Julien du Mans, décédé le 15 mars 1698. La chapelle passa alors à Jean Peltier, clerc tonsuré. (L'abbé Angot, *Les Pocquelins ecclésiastiques dans le Maine*.)

Andigné, arrondissement de Segré, « possède une statue de saint Eutrope », dit le *Dictionnaire de Maine-et-Loire*, t. I, p. 24. Une assemblée s'y tient le dimanche le plus rapproché du 30 avril, où, il y a quelque trente ans, l'on accourait en foules pressées de dix lieues à la ronde se faire inscrire, ce jour-là, sur les registres de la confrérie.

A Angers, une chapelle de Saint-Eutrope, à la collation de l'abbé de Vendôme, attirait la foule ; on y venait pour se guérir de l'hydropisie. Rappelons que Marseille, au siècle dernier, possédait un hôpital pour les hydropiques, dédié à saint Eutrope.

***

Le cartulaire de Notre-Dame de Challans (Vendée), 1396-1789, publié par M. l'abbé Ch. Teillet, curé d'Aubigny (Vendée), dans la *Revue historique des Provinces de l'Ouest* (1894-1895), contient plusieurs pièces relatives à une chapellenie de Saint-Eutrope. Dès 1413 on voit (pièce V) : « Jehan Lorens, prêtre, qui par testament fonde et dote une chapellanie de deux messes la semaine, en l'honneur de saint Eutrope, en la ditte église de Challans ; à la dotation de laquelle chapellanie et au chapelain à présent et à instituer en ycelle chapelle, et ès autres chapelains emprès luy, je baille les chousses qui s'en suivent : c'est à savoir trente sols en deniers et monnoie tournois de rente, que doivent à moi par chacun an, en chacune feste de Saint-Michel, les héritiers de feu Etienne Guilloteau et Gratienne Micheneau, sa femme. » Ce culte est si bien établi que chacun fait un legs. Thomas Grenon a donné plusieurs domaines et rentes en la paroisse de Bois-de-Céné, « tant pour augmentation de ladite chapellanie que pour dire une messe à basse voye, toutes les semaines, à l'autel dudit saint Utrope, tant pour l'âme dudit Grenon que de ses autres parents tant vivants que trépassés. » Le 1er avril 1513, devant Nicolas Pinault, prêtre, notaire et juré de la cour du scel établi aux contrats en la ville et châtellenie de Luçon, maitre Laurent Penard, prêtre et chapelain de Saint-Eutrope, arrente à perpétuité à Toussaint Bernard une maison tubline avec jardin au bourg de Challans, léguée à la chapellenie par Nicolas Voisin, prêtre, oncle dudit Bernard [1].

La dévotion à saint Eutrope a complètement disparu de Challans depuis la Révolution. La chapelle a été détruite, et l'église restaurée n'a conservé aucun vestige de son culte.

***

En 1417, le connétable Olivier de Clisson avait établi dans la cathédrale de Tours un autel à saint Eutrope. (L. Palustre, *Revue de la Société archéologique de la Touraine*, t. XI, p. 303, 1897.)

De Château-Landon, arrondissement de Fontainebleau (Seine-et-Marne), aux XVIe-XVIIIe siècles, on allait chaque année processionnellement « à monsieur saint Eutrope de Nargy », canton de Ferrières (Loiret). (*Annales de la Société du Gâtinais*, 1887, p. 101.)

Notre-Dame de Paris avait aussi le culte de saint Eutrope ; c'est ce que nous révèle un procès entre M. François-Henri Colombe du Lys, écuyer, prêtre chapelain de la chapelle de Saint-Eutrope de Notre-Dame de Paris, prieur et curé primitif de la paroisse de Saint-Jean de Coutras, diocèse de Bordeaux, contre le sieur Baron, curé de Coutras, indiqué dans l'*Inventaire des archives de l'archevêché de Bordeaux*, 671 (1746-1785), p. 22.

Nulle part peut-être le culte du premier évêque de Saintes n'est plus répandu qu'en Bretagne. Nous avons énuméré (t. XIII, p. 107) les endroits où s'en trouvaient encore des vestiges. Il y en a d'autres. Voici la lettre que nous écrivait, le 10 août 1898, l'Evêque de Quimper, le doux et érudit Henri Valleau, qui n'oubliait pas que ses débuts dans la carrière ecclésiastique s'étaient faits auprès du tombeau de saint Eutrope, et que tous deux nous avions travaillé à répandre son culte.

« En lisant dans le *Livre d'or des églises de Bretagne*, ouvrage en cours de publication, la note suivante, j'ai pensé qu'elle pouvait vous intéresser :

« Au côté ouest du cimetière de Pencran (petite paroisse du « diocèse de Quimper) est l'ancien ossuaire, devenu maison « d'habitation. La façade, tournée à l'ouest, est décorée de sept « baies en plein cintre, séparées par des colonnes ioniques et de « sept niches supérieures. A la frise de la porte, marquée de la « date de 1694, on lit :

« CHAPEL. DA. SA. ITROP : HA : KARNEL : DA : LAKAT : ESKERN : AN : POBL.

« *Chapelle à S. Eutrope et charnier pour mettre les os du peuple.*

« L'église de Pencran est une de nos plus curieuses églises bretonnes avec son porche renaissance, ses curieux bas-reliefs et sa cloche datée de 1365. Elle domine la charmante ville de Landerneau, à quelques kilomètres de laquelle elle est placée. La chapelle dédiée à saint Eutrope et l'ossuaire présentent à l'intérieur plusieurs bas-reliefs d'un grand mérite, entre autres une sorte de triomphe de la Mort, d'une correction et d'un classique presque parfaits. »

Dans la commune d'Allaire, arrondissement de Vannes, un village porte le nom de Saint-Eutrope.

Dans l'Allier, Huriel, chef-lieu de l'arrondissement de Mont-

1. Le 8 octobre 1526, Julien Péret, prêtre chapelain, détaille, pardevant notaire, les revenus et propriétés de la chapellenie qu'il a administrés depuis le jour (25 janvier 1513) où il a été institué en ladite chapellenie : « C'est le papier du revenu, domaine, héritages, rentes et devoirs appartenant à la chapellanie de Saint-Eutrope, desservie en l'église paroissiale de Notre-Dame de Challans, que fonda et dotta messire Jehan Laurent, prêtre, pour dire ou faire dire par chacune semaine de l'an, à jamais perpétuité par le chapelain institué en icelle, le nombre de deux messes en ladite église à l'autel édiffié et fait par ledit messire Jehan Laurent, prêtre, en l'honneur dudit Utrope, étant ladite chapellannie à la présentation et patronage des fabriqueurs de laditte fabrice de ladite église paroissiale dudit Challans comme tout ce appert plus à plein par la fondation de ladite chapellannie, en date du onzième jour d'aoust, l'an 1413, passé par J. Boucherot et J. Blois. »

Ce sont là des biens de la première fondation. Il y en eut d'autres : « S'ensuivent autres devoirs, rentes et domaines appartenant au chapelain de la chapellanie de Saint-Utrope, lesqueux devoirs deffunt Thomas Grenon, clerc, donna et légua audit chapelain pour dire ou faire dire à jamais perpétuité, par chacune semaine de l'an, une messe à l'autel de Saint-Utrope, étant en ladite église de Challans, comme tout ce appert par le testament dudit Grenon, passé par J. Camus et Girard, en date de 1449 ; et donna ledit Grenon par augmentation les chouses qui s'ensuivent sises en coutumier paroisse de Brois de Cené, moitié Poitou et moitié Bretagne. »

Autre augmentation faite le 13 octobre 1405 par Nicolas Boessin, prêtre, pour être compris dans les prières du chapelain.

La pièce XLI se termine ainsi : « J'ay, Julien Péret, extrait et copié ce présent papier des testaments desdits messires Jehan Laurent, fondateur d'icelle chapellanie, en date du 12 août 1413, et le testament dudit Grenon en date de 1449 et iceluy dudit Boissin, augmentation susdite de 1505... aussy ay collationné celuy présent papier à iceluy dudit Boissin, lequel Boissin fut fermier de ladite chapellannie, sous défunt Laurent Penard, prêtre, lors chapelain en ladite chapellannie... »

luçon, célèbre sa fête par une procession, le 30 avril ; c'est le patron de la paroisse.

*
* *

Nous avons mentionné à Limoges, en l'église Saint-Martial, l'autel Saint-Eutrope. Au chapitre « Dévotions particulières de ma deffuncte mère (Jeanne de Verthamon, veuve de Jean Péconnet, orfèvre) qu'il faut entretenir à sa mémoire et tant qu'il nous sera possible », figurent pour chaque mois des messes qu'il faut dire, les chandelles qu'il faut brûler ; « le 29 avril, à saint Pierre le martyr dans l'église des Pères Jacobins, une chandelle d'un sol ; le 30, à saint Eutrope, dans Saint-Martial, une chandelle. » Voir les *Archives de la famille Péconnet, de Limoges*, par M. Louis Guibert (Limoges, Ducourtieux, in-8°, 1898, p. 15). Dans cette église, il y avait aussi deux confréries, Saint-Eutrope et Sainte-Agathe ; on bénissait et on distribuait des pains à ces deux fêtes, raconte (*Martyrs et confesseurs de la foi du diocèse de Limoges*, t. I, p. 29, 1897) M. l'abbé Leclerc.

Dans son mémoire sur *Les anciennes confréries de la basilique de Saint-Martial* à Limoges, M. Louis Guibert nous donne plus de détails. (Voir *Bulletin de la Société archéologique et historique du Limousin*, p. 206, t. XLIII, 1895.) Le chapitre XI est consacré à la confrérie de Saint-Martial de la Fenêtre et de Saint-Eutrope, ou bien des saints Martial et Eutrope à La Fenêtre, dont l'existence a été constatée en 1406 par l'abbé Nadaud. Jadis, dans une des chapelles de la basilique, existait une baie ouvrant sur la basse église, et que le peuple appelait par excellence *la Fenêtre*. Près de cette fenêtre, un local contenait des lits où l'on portait les malades qui voulaient prier auprès du sépulcre de l'apôtre de l'Aquitaine, afin d'obtenir de lui leur guérison. Ces malades faisaient ordinairement une neuvaine de prières ; ils affluaient surtout aux fêtes de saint Martial. Le but de la confrérie était d'entretenir dans la chapelle de *la Fenêtre* de grandes lampes allumées de nuit et de jour en l'honneur de Dieu et des saints Martial et Eutrope. L'association, placée au XVe siècle sous l'invocation des saints Martial et Eutrope, avait, en 1455, comme les autres compagnies de dévotion, deux ou quatre bailes à sa tête, et les testaments où figure un legs à son profit ne sont pas rares. Au XVIe, le nom de saint Martial fut peu à peu éliminé de la dénomination de la confrérie de la Fenêtre, etcelle-ci est désignée sous le seul nom de confrérie de Saint-Eutrope aux actes capitulaires, de 1538 à 1553. Il y est parlé, notamment, sous la date du 16 juin 1541, d'une demande formée par les bailes de cette association, à l'effet d'obtenir du chapitre la permission de faire certaines réparations ou aménagements dans la chapelle du saint ; le mois d'après, deux chanoines sont commis pour suivre un procès contre ces mêmes bailes. Nous voyons encore, en 1547, un membre du chapitre délégué par ses confrères pour entendre les comptes de ces officiers. Au siècle suivant, on paraît n'avoir gardé aucun souvenir de la confrérie de Saint-Martial de la Fenêtre, et nous n'en trouvons trace ni dans les *Annales manuscrites* ni dans l'ouvrage du Père de Saint-Amable. Une des versions des *Annales* mentionne seulement la distribution de vin et de « pains appelés gâteaux » que faisaient, chaque année, la veille de leur fête patronale, les confrères de Saint-Eutrope aux membres du chapitre, au bas-chœur et à tous les officiers ou employés de l'église. Les associés se réunissaient ensuite chez un de leurs bailes et y faisaient collation ensemble. Cet usage subsista jusqu'à la Révolution. Toutefois, Legros nous apprend que cette distribution avait lieu le 30 avril, c'est-à-dire le jour même de cette fête, et que cette collation était composée de vin blanc, de vin rouge et de pain de froment.

L'église paroissiale de Courbefy, aujourd'hui village de la commune de Saint-Nicolas, canton de Chalus (Haute-Vienne), était dite église de Sainte-Marie et de Saint-Eutrope.

A Marval, canton de Saint-Mathieu, arrondissement de Rochechouart (Haute-Vienne), un reliquaire provenant de l'abbaye de Grammont contenait *de reliquiis beati Eutropii, episcopi et martyris*.

M. Louis de Nussac, dans un article *Les fontaines du Limousin, culte, pratiques, légendes*, indique :

« La fuont Saint-Marsal », la font Saint-Martial, à Favars, naquit sous les pieds du cheval monté par le saint. Un cheval y but depuis, et tomba foudroyé ; on cloua son fer à la porte de l'église. Cette fontaine est encore attribuée à saint Marcel, qui se dit aussi Marsal en Limousin, et à saint Eutrope : car elle soulage les infirmités *del vot de Sent-Estropi*. Vote et pèlerinage ont lieu le premier dimanche de mai ; autrefois confrérie et reinages du grand saint Eutrope. « Las fonts Sent-Estropi » : 1° à Saint-Cirgues, canton de Saint-Privat, arrondissement de Tulle, pour les enfants en retard de marcher ; 2° à Saint-Pardoux-la-Croisille, canton de La Roche-Canillac, même arrondissement, pour *lou mal chestin* avec pouvoir sur la pluie, et reinage le jour de la vote ; 3° à Noailles, canton de Brives, et 4° à Paysac, pour les infirmes. (*Bulletin archéologique du Comité des travaux historiques et scientifiques*, 1897, p. 170.) Ajoutons Les Salles-de-Lavauguyon, dont le patron est saint Eutrope. Il y a une statue et une fontaine où l'on vient faire ses dévotions pour guérir les rhumatismes. La fête se célèbre le premier dimanche de mai.

Dans le Cantal, Saint-Eutrope était une chapelle qui se trouvait près de Marioles commune du canton de Saint-Mamet-la-Salvetat, arrondissement d'Aurillac. Le hameau de la Capelle a été construit sur son emplacement.

L'église des Célestins de Tornes, commune de Pionnat, canton de Jarnages (Creuse), avait deux bas-autels dédiés, l'un à saint Eutrope et l'autre à saint Mamès.

(*A suivre.*) Louis Audiat.

Saint Bercaire, abbé et martyr

(VIIe SIÈCLE)

Saint Bercaire appartient à ce septième siècle que Mabillon proclame l'âge d'or de la famille bénédictine. Il eut pour berceau le village de Dissais, dans le diocèse de Poitiers. Cette église comptait alors parmi ses enfants de saints moines, tels que l'apôtre du Nord, saint Amand, saint Achard, fondateur de Saint-Benoît-de-Quinçay et abbé de Jumièges.

Nivard, le parrain de Bercaire, devenu évêque de Reims, le fit venir auprès de lui. L'abbaye de Luxeuil, qui possédait alors un grand nombre de saints et d'hommes instruits formés par les règles de saint Benoît et de saint Colomban, avait pour les âmes d'élite un attrait irrésistible. Bercaire, peu de temps après son ordination sacerdotale, s'enrôla dans cette milice sainte.

Le nouveau moine fut le propagateur zélé de la vie religieuse. Il fonda, grâce au concours de l'évêque de Reims, le monastère de Saint-Pierre de Hautvilliers. Quelques années plus tard, il établit pour les femmes l'abbaye de Puellemontier, dans le diocèse de Langres. C'est dans une forêt voisine qu'il bâtit celle de Montier-en-Der, où il passa les dernières années de sa vie.

L'homme de Dieu avait, comme d'autres moines ses contemporains, la dévotion des pèlerinages. Son biographe nous apprend qu'il fit à plusieurs reprises celui de Rome, et une fois celui de Jérusalem. Ces pieuses et lointaines excursions lui permirent de se procurer de nombreuses reliques dont il enrichit le trésor de son monastère.

LE PAYS POITEVIN

Parmi les moines de Montier-en-Der, se trouvait un homme au cœur endurci, que le saint abbé tenta vainement de ramener à la pratique du devoir. Mais ses remontrances paternelles, au lieu de le convertir, ne faisaient qu'endurcir l'irritation du coupable. Ce malheureux, nommé Daguin, voulant à tout prix continuer ses mauvaises habitudes, résolut de tuer celui qui le poursuivait d'un amour et d'un dévouement infatigables. Profitant du silence nocturne, il pénétra dans la cellule de Bercaire, pendant la nuit du jeudi saint, et le frappa d'un coup de poignard. Le saint abbé mourut, après deux jours de souffrances, le matin de Pâques (685).

Un compatriote de saint Bercaire, M. l'abbé Andrault, a eu l'heureuse idée de faire revivre à Dissais son culte et sa mémoire. Dans la Vie qu'il a écrite, il met à la portée des fidèles le récit d'Adson, le premier biographe de l'abbé de Montier-en-Der. Son but n'était point de composer une œuvre d'érudition « Les Saints sont l'honneur d'un pays, dit-il lui-même; en écrivant ces pages, je crois donc faire acte de piété filiale envers notre Poitou et le coin modeste où je suis né. » Il a rempli sa tâche d'une manière pieuse et intéressante. Je lui demande de faire connaître quelques-uns de « nos Saints poitevins oubliés ».

Dom J.-M. Besse.

Noëls et Cantiques

AU SAINT NAU

Au sainct Nau
Chanteray sans poinct m'y feindre,
Y n'en daigneray ren craindre,
Car le jour est feriau,
Nau, Nau, Nau,
Car le jour est feriau.

Ne furian in grond émoi,
Nau, Nau,
Y ne sais pas qu'o peut estre :
Les aultres bergers et moy,
Nau, Nau,
En menont nous brebis paistre,
De forfat qu'Adam fist contre son [maitre,
Quand dau fruict voguist repaitre,
Dont gle fist péché mortiau,
Nau, Nau, Nau,
Dont gle fist péché mortiau.

Y m'assis sur le muguet,
Nau, Nau,
En jouant de ma flageolle,
Et mon compagnon Huguet,
Nau, Nau,
Répondit de sa pibole,
Arrivit in Onge do eeo qui vole,
Disant joyouse parole
Dont in fust joyoux et beau,
Nau, Nau,
Dont in fust joyoux et beau.

Réveillez-vous, pastoureaux,
Nau, Nau,
Et fasez joyouse chère,
En Bethléem est l'Agneau,
Nau, Nau,
Naquiu de la Vierge Mère,
Qui l'a mis dedon ine manjouère,
Voure o ly a pouay de litière,
Don l'estable quemmuneau,
Nau, Nau, Nau,
Don l'estable quemmuneau.

A l'heure de plein minet,
Nau, Nau,
Y vist le souleil écloure;
Que t'on somble, Colinet,
Nau, Nau,
Ne penses-tu point à courre?
Y lairai mon brebial et mon bourre,
Marme on chantont y me fourre
Pre vecir le doux Messiau,
Nau, Nau, Nau,
Pre veoir le doux Messiau.

Y courrus d'in tau rendon,
Nau. Nau,
Que ma langue devint séche;
Y trouvi Marie adonc,
Nau, Nau,
A genail davon la Crèche,
Et l'asne et le bu que l'Infont liche,
Jouset at in pouay de mèche,
Qu'esclairoit parmi l'housteau,
Nau, Nau, Nau,
Qu'esclairoit parmi l'housteau.

Quand y vist quio bel Infant,
Nau, Nau,
Y mis le genail en terre;
Tot le corps m'alloit tromblont,
Nau, Nau,
Mon cœur n'était point en serre,
Y l'y dis : Toy qui mets fin à la [guerre,
Vrai Dieu, y te veil requerre
Predon de tous mes défauts,
Nau, Nau, Nau,
Predon de tous mes défauts.

Mon compagnon racontoit
Nau, Nau,
De noutre fat le mystère,
Et Marie l'escoutait,
Nau, Nau,
En faisant boune manère.
Adonc mis la main à la gibeière ;
Noguit pas la goule chère
Pre soufili au chalumiau,
Nau, Nau, Nau,
Pre soufili au chalumiau.

Y l'y douni in vrai don,
Nau, Nau,
Mon beliard à ma pelotte,
Et Guillot, mon compagnon,
Nau, Nau,
Son truton et sa marotte;
Phelippot jouait de sa chevriotte,
Y dansions tous à sa note,
De veoir in si beau joyau,
Nau, Nau, Nau,
De veoir in si beau joyau,

Avant que tout fust chonti
Nau, Nau,
O l'estait après matines,
Que le petit Infanti
Nau, nau,
Vint demander la tetine ; [s'incline
Su quio point in chacun de nous
Vers ly, et pu s'achemine
Pre allai à nous agneaux.
Nau, Nau, Nau,
Pre allai à nous agneaux,

Or, prions tous à geneil,
Nau, Nau,
Jésus-Christ à voix doulcette,
Que nous fasse boun accueil,
Nau, Nau,
Et que noutre paix soit faite.
Au grand jour sounera sa trompette,
Qu'en son paradis nous mette
Au royaume paterniau,
Nau, Nau, Nau,
Au royaume paterniau.

Noël attribué à Lucas Le Moigne, curé de Saint-Georges du Puy-la-Garde en Poitou, 1520.

Une version défectueuse de ce Noël a été publiée dans le n° 10 du *Pays Poitevin*. Nous devons à l'obligeance d'un correspondant cette leçon correcte, accompagnée de la musique.

Oraison populaire

Sainte Barbe et sainte Fleur
Et la passion de Not'Seigneur
Pensons-y !
Celui qui dira ça trois fois,
Du tonnerre se préservera.

Léon Pineau.

(Folk-Lore du Poitou.)

HAGIOGRAPHIE

SAINT RUFIN,

APOTRE DU BAS-POITOU

Les Saints ne meurent jamais tout entiers ; la reconnaissance des peuples leur donne une survie par la vénération qu'elle voue à leur mémoire. La succession des choses humaines jette, sans doute, son ombre sur le passé, et l'éclat des Saints eux-mêmes en est quelque peu terni. L'éclipse, toutefois, n'est que partielle, l'oubli momentané. C'est ainsi qu'au mois de novembre 1880, la démolition de l'église de Moutiers, au canton d'Argenton-Château (Deux-Sèvres), a remis en lumière le nom d'un saint personnage presque inconnu jusque-là : nous voulons parler de saint Rufin, dont les restes reposaient dans l'autel principal de la vieille église.

Quel était ce saint personnage? A quelle époque avait-il vécu? Quel culte avait-on rendu à sa mémoire? Enfin, comment ses ossements se trouvaient-ils dans cette humble église du Bas-Poitou?... Autant de questions intéressantes pour l'hagiographie diocésaine et que nous avons tenté de résoudre dans une brochure publiée en septembre 1896[1]. Nos sources d'informations étaient forcément restreintes ; nous espérons cependant avoir reconstitué sans invraisemblance la vie d'un apôtre aujourd'hui oublié. La bienveillante hospitalité que Mgr Barbier de Montault offrait à ces modestes pages dans la *Revue d'Archéologie Poitevine*[2] et l'accueil que leur fait gracieusement le *Pays Poitevin* ne peuvent manquer d'attirer l'attention sur la découverte faite à Moutiers en 1880.

Tout d'abord, nous n'avons pas, est-il besoin de le dire? la prétention de révéler saint Rufin. Dans les *Antiquités bénédictines de l'ancien diocèse de Poitiers*[3], Dom Estiennot affirme, d'après les martyrologes manuscrits de l'abbaye de Saint-Jouin-de-Marnes, que le 16 novembre était le jour du décès de saint Rufin, « religieux de cette maison, où reposent ses saintes reliques ».

L'historien des *Origines de l'Eglise de Poitiers*, Dom Chamard, citant une charte du XIe siècle qui rapporte la donation à Saint-Florent de Saumur du monastère du Pin... et de l'église de Saint-Rufin, avait conclu que saint Rufin aurait pu être le fondateur ou l'un des moines de cet établissement[4].

La découverte de Moutiers devait jeter une nouvelle lumière sur la vie de ce saint. Aussi M. B. Ledain n'hésite pas à dire[5] : « On peut le considérer, d'une manière *à peu près* certaine, comme le fondateur d'une *cellule*, d'un petit monastère dans ce lieu, qui prit ensuite tout naturellement le nom de Moutiers. » Le savant archéologue se fût épargné l'*à peu près* s'il eût consulté aux archives de l'évêché le questionnaire du 18 septembre 1856, ou simplement les traditions locales, précédemment indiquées par M. Beauchet-Filleau. M. Ledain écrivait, en effet, en 1881, que « la situation de l'église dédiée à saint Rufin n'a pu être retrouvée : tout souvenir en a disparu[1]. »

Comme nous le verrons dans les lignes qui vont suivre, l'église de saint Rufin était à Moutiers. « Or, un principe de liturgie, qui, dans les premiers siècles, n'admettait pas d'exception, c'est qu'autrefois on n'élevait des autels et des églises en l'honneur d'un martyr ou d'un confesseur que dans les lieux consacrés par la naissance, l'habitation, le passage, un miracle ou la mort du saint[2]. » Cette règle, formulée par le 14e canon du concile de Carthage de l'an 398 (Mansi, *Concil.*, III, 971), servit de base, jusqu'au IXe siècle au moins, à la discipline de l'Eglise entière.

ÉGLISE ACTUELLE DE MOUTIERS

Si l'on veut bien observer que Moutiers est à une distance très rapprochée de Saint-Jouin-de-Marnes et qu'il se trouve sur la même voie romaine de Poitiers-Nantes[3], il sera facile d'ad-

---

1. *Le Monastère de saint Rufin*, in-8° de 180 pages, Parthenay ; signalé par la *Revue des Facultés catholiques de l'Ouest* (n° de décembre 1896, etc.).
2. Octobre 1899.
3. D. Fonteneau, t. LIII, p. 310.
4. *Hist. ecclés. du Poitou*, livre I, dans les *Mém. de la Société des Antiquaires de l'Ouest*, t. XXXVII, p. 371-373.
5. *Bulletin des Antiquaires de l'Ouest*, 2e trim. 1881.

---

1. Op. cit., p. 7.
2. Dom Chamard, *Saint Martin et son Monastère de Ligugé*, p. 49.
3. A. Lelièvre, *Les Chemins gaulois et romains* ; E. Desjardins, *Géogr. historique de la Gaule romaine*, t. IV.

DOLMEN DE MOUTIERS

mettre, avec Dom Estiennot, que saint Rufin, qui fut l'apôtre de Moutiers, ait été un religieux du monastère d'Ansion.

Comme les moines des premiers temps, il évangélisa les populations des campagnes environnantes. La contrée comprise entre Ansion et l'antique localité de Voultegon et de Saint-Clémentin fut le principal théâtre de son zèle. C'est à trois lieues de Voultegon, sur la crête du coteau, à quelque cent mètres de la voie romaine, que le saint apôtre établit son moustier. Cette région pittoresque et sauvage, où Rome avait placé des garnisaires Teifales, dut être le refuge des tribus gauloises pourchassées par les vainqueurs. Un dolmen, un tumulus, le fortin de Châtenay, etc., attestent encore à Moutiers la présence de ces peuplades païennes qu'attiraient les prédications de saint Rufin.

« Bien que nous soyons privés de tout détail sur sa laborieuse carrière, nous pouvons du moins affirmer qu'il a vaillamment combattu pour la cause de Jésus-Christ. Dans nos monuments liturgiques, il porte la double qualification de *martyr* et de *confesseur*[1]. »

« L'époque de son apostolat doit remonter assurément aux temps mérovingiens[2]. » Or, au moment où Clovis succède à son père Childéric Ier, en 481, tout le pays, au sud de la Loire, était aux Wisigoths, et leurs rois avaient un palais à Doué-la-Fontaine. Saint Grégoire de Tours[3] nous a édifiés sur les sentiments et les pratiques de ces hérétiques ariens. La persécution qui sévit alors contre les catholiques s'avisa jusqu'à devenir sanglante. Tout porte à croire que saint Rufin est redevable à ces barbares de la couronne du martyre que lui décernent les plus anciens bréviaires poitevins. Son corps, pieusement recueilli par ses fidèles disciples, fut déposé près de la cellule qu'il avait habitée. Mais déjà son moustier n'était plus solitaire, d'autres moustiers s'étaient élevés sur le même coteau, distincts et séparés les uns des autres, suivant la pratique des moines de cette époque. Le moustier de saint Rufin devint bientôt un centre de prières et de pèlerinages. Des habitations ne tardèrent pas à s'élever sur la pente de la colline, entre le premier sanctuaire, dédié au Prince des Apôtres par le fondateur de Moutiers, et l'église que la reconnaissance édifia bientôt, sous le vocable de saint Rufin, sur l'emplacement même de son tombeau.

L'existence d'une église dédiée à saint Rufin nous est attestée par une charte du XIe siècle[4]. Un autre document de 1122, tiré d'un manuscrit du XVIIe siècle, contenant des extraits du chartrier du Châtelet, et gracieusement communiqué par M. B. Ledain, nous apprend que Guillaume Ier, évêque de Poitiers, confirme à cette date la donation à Saint-Pierre-du-Châtelet de Thouars de plusieurs églises, entre autres « *Ecclesiam* Sancti Petri et *Sancti Rufini* de Monasteriis ».

Cette pièce est d'autant plus importante qu'elle seule nous indique les titulaires de l'église à cette époque reculée. Le Pouillé de Gauthier de Bruges mentionne simplement : *ecclesiam le Motoyr*, sans désignation de vocable[1]. Il n'est pas admissible que l'on ait mis sans raison sur le même rang le Prince des Apôtres et l'humble moine. Si l'Eglise primitive consacrée à saint Pierre prit plus tard ce double vocable, ce n'a pu être que pour rappeler le fait de la déposition des reliques de saint Rufin dans le maître-autel, après la ruine de l'église consacrée à ce dernier.

A ce monument scripturaire, découvert par M. Ledain en 1896 et qu'il nous communiqua aussitôt, vient s'ajouter l'autorité des traditions locales, qui fixent à Moutiers l'emplacement exact, précis, de l'église de Saint-Rufin[2]. L'agglomération du haut bourg porte le nom de Saint-Rufin, la chapelle de ce nom était à l'extrémité sud du champ où s'élève aujourd'hui l'école des filles. L'inspection de la haie sud-ouest suffit pour en déterminer encore aujourd'hui un des côtés. Des fouilles dirigées dans cet endroit mettraient certainement au jour les substructions de l'antique édifice. Tout près était le cimetière, qui ne fut détruit qu'au commencement de ce siècle et qui était aussi désigné par le nom de Saint-Rufin. Il ne peut donc y avoir le moindre doute, l'église de Saint-Rufin était située à Moutiers, dans le champ dénommé de temps immémorial le champ de la *Ruffine*[3].

La charte précédemment citée en 1122 nous est une preuve que saint Rufin n'avait pas, à cette époque, perdu son droit imprescriptible de patron de Moutiers. Il y fut honoré tout au moins jusqu'au XVIe siècle, comme en témoigne l'acte de fondation d'une chapelle ou stipendie par Messire Jehan Robouhan, prêtre demeurant au bourg de Moutier; l'acte est du 25 juin 1548, passé au bourg de Noirlieu, chez Mes Bonnet et Raffault, notaires[4]. Il y est question, par deux fois, de rentes dues au curé du Mouthier par chacun an, au terme et feste de *saint Rufin*.

Le plus ancien des bréviaires du Bas-Poitou signale la fête de saint Rufin, au 14 juin, et lui donne le glorieux titre de *martyr*[5]. Avec le bréviaire de Poitiers *in Lucionensem*, le bréviaire de Saint-Jouin-de-Marnes, dans les litanies du Samedi saint, invoque sous le titre de confesseur saint Rufin, à côté de saint Clémentin et de saint Généroux[6].

Dans les deux diocèses de Maillezais et de Luçon, saint Rufin fut fêté comme martyr à la date du 14 juin. Le nouveau bréviaire de La Rochelle-Maillezais ne fait plus mention du saint confesseur. Luçon, terre de la fidélité, lui a restitué une mémoire, au 14 juin, dans l'édition du nouveau Propre, en 1891.

La démolition de l'église de Moutiers mit au jour un nouveau texte; c'est une inscription lapidaire, en caractères de la fin du XIe siècle, donnant à saint Rufin la qualification de *confesseur*.

Cette inscription se compose de deux lignes, tracées hâtivement et d'une manière irrégulière sur le bord de l'ouverture d'une sorte de boîte en pierre, renfermant de la poussière d'ossements :

HEC —[7] MAGNA SCI
RUFFINI. CONFESSOR.

C'est là la manne de saint Rufin, confesseur, c'est-à-dire la sainte

1. L'abbé Boutin, *Légende des Saints du Propre de l'Église de Luçon*, p. 220.
2. B. Ledain, *Bulletin des Antiquaires de l'Ouest*, 2e trim., p. 8 (1881).
3. *Historia Francorum*, Lib. 2e, cap. xxv.
4. Dom Huynes, *Histoire manuscrite de l'abbaye royale de Saint-Florent de Saumur*, folio 124, et *Arch. hist. du Poitou*, t. II, p. 81, 82.

1. Bibl. de la ville de Poitiers, *Grand Gauthier*, p. 168.
2. Cf. *Le Moustier de saint Rufin*, p. 30-55.
3. Plan cadastral.
4. *Arch. de la Charente-Inférieure*, B. 63; *Chapelle des Robohans*, folios 27, 28.
5. Bibl. Nat., Manus. f. latin 1033, folio 168.
6. Bibl. Mazarine, manus. 785.
7. Sigle de *est*.

poussière de saint Rufin. Cette manne[1] est donc certifiée véritable par cette antique inscription, absolument conforme aux caractères des manuscrits du XIe siècle[2]. La boite carrée, en pierre calcaire, qui contient ce précieux dépôt, a 24 centimètres sur chaque côté et 18 centimètres environ de hauteur. La partie creuse, de 8 centimètres environ de profondeur, est également carrée et mesure 12 centimètres sur 13 centimètres. Cinq croix, de forme semblable, mais de grandeur inégale, sont gravées sur la surface des plates-bandes qui environnent l'ouverture de la boite; quatre d'entre elles occupent le milieu des quatre plates-bandes, la cinquième est rejetée à l'angle de l'ouverture. M. B. Ledain voit dans cette boite un autel portatif ayant servi, selon toute vraisemblance, à saint Rufin lui-même. Il dut provenir de l'ancienne église, élevée sur le tombeau de notre saint. Il paraît étrange, en effet, qu'on ait employé à un si saint usage un objet assez grossier et d'aucune valeur en lui-même, si par ailleurs il n'eût mérité la vénération des fidèles. Il va sans dire que nous laissons à de plus compétents le soin de donner le dernier mot sur la destination primitive de cet antique monument.

Reliquaire improvisé ou autel portatif, cette boite en calcaire fut trouvée dans un *loculus* en maçonnerie, placé sous la table en granit de l'autel principal, qui remontait, ainsi que cette partie de l'église, au XIe siècle.

Ce *loculus* en maçonnerie, recouvert par une large ardoise brute, était au milieu de l'autel et contenait, d'une part, des ossements assez friables et en assez grande quantité, et, d'autre part, la boite en pierre, recouverte elle-même d'une ardoise plus petite.

Dans la notice publiée en 1881 sur cette découverte, M. Ledain, trompé par le récit mensonger d'un brave homme qui répondait affirmativement à toutes les questions posées, indique les ossements comme renfermés dans une sorte de récipient, sous la boite calcaire. Les attestations des témoins (signalées ci-dessous) remettent les choses à leur place. Nous ajoutons bien volontiers que M. Ledain reconnut généreusement son erreur et nous encouragea de ses conseils et de son expérience dans le travail publié par nous en 1896.

La juxtaposition dans le même *loculus* de ces ossements et de cette manne sacrée suffit à sauvegarder leur identité. Si ces ossements eussent appartenu à un autre saint personnage, on n'eût pas manqué d'assurer par une désignation spéciale la reconnaissance de ces reliques.

L'objection tirée du Pontifical Romain, qui veut des reliques de martyrs dans les autels destinés à servir au saint sacrifice de la messe, nous paraît oublier que saint Rufin est qualifié martyr par le plus ancien bréviaire du Bas-Poitou.

Nous sommes donc, cela parait hors de contestation, en présence des restes de saint Rufin, et leur situation dans l'autel permet justement de compléter l'inscription hâtive et de lui restituer l'auréole du martyre.

Rien n'est plus naturel, d'ailleurs, que de rencontrer le corps de saint Rufin là où s'éleva son tombeau. Le cartulaire de Saint-Jouin-de-Marnes nous apprend bien qu'au IXe siècle, à l'approche des invasions normandes, cette célèbre abbaye reçut le dépôt de nombreux corps saints, que l'on dérobait ainsi aux profanations barbares[3]. En 878, les corps de saint Méen, de saint Mérault, de saint Rufin, etc., y furent transportés. Ces reliques demeurèrent à l'abbaye tant que dura la tourmente, mais lorsqu'on n'eut plus à appréhender les terribles envahisseurs, les églises qui s'étaient dépouillées de souvenirs si précieux pour en assurer la conservation durent se préoccuper de les reprendre. Effectivement[1], en 1074, le corps de saint Méen fut rapporté dans l'abbaye de Saint-Méen de Gaël, et le souvenir de cette translation fut perpétué par l'institution d'une fête au 15 janvier.

Le retour à son moustier des restes de saint Rufin eut lieu vers la même époque. Si la donation définitive de l'église de Saint-Rufin à Saint-Florent de Saumur est de 1091, nous savons[2] qu'elle avait été donnée « quelques *années auparavant* » par Pierre Gahard.

La date du 16 novembre, que Dom Estiennot fixait pour le décès de notre bienheureux, serait plutôt celle de la translation de son corps, au XIe siècle.

Le trésor de Saint-Jouin ne s'appauvrit point complètement par suite de ces restitutions : s'il perdit la majeure partie des corps saints commis à sa garde dans les jours de troubles, il dut en conserver des reliques insignes.

Une grande fête, demeurée populaire encore de notre temps sous le nom de *Fête des Reliques*, y fut célébrée le dimanche qui suit la Nativité de la sainte Vierge, en 1130.

Des reliques de saint Rufin et saint Mérault de Boismé étaient conservées dans un reliquaire de cuivre, plaqué d'argent, déposé

PIERRE-RELIQUAIRE DE SAINT RUFIN

sur le côté droit de l'autel majeur de l'église Saint-Jean-l'Evangéliste[3] « inter sacra pignora *integrum* corpus Sancti Jovini... ; Sanctorum quoque Mairulfi seu Marulfi et Rufini *reliquiæ*, in theca cuprea argento obducta inclusæ, ornabant dextrum altaris eorum (cornu ?) ».

En 1560[4], les reliquaires, c'est bien le cas de le dire, furent

1. Cette manne a été inutilement soumise à des spécialistes; peut-être la quantité envoyée était-elle insuffisante pour une analyse sérieuse. A l'Ecole de pharmacie de Paris, on n'a pas obtenu le résultat espéré : il a été impossible de déceler la présence de cendres animales, étant donné le mélange de mortier de de chaux qu'il n'est pas facile d'éliminer.

2. Les détails techniques sont empruntés à la brochure déjà citée de M. Ledain.

3. B. N., f. latin, manuscrit 5449.

1. Renseignements fournis par R. P. Chasles, des missionnaires de Saint-Méen.

2. Dom Huynes, *op. cit.*, folio 124.

3. B. N., f. latin, manus. 5449, folio 5. Notons l'opposition dans cet inventaire des reliques de l'*integrum corpus*... et de *reliquiæ*; elle corrobore nos affirmations.

4. *Gallia christiana*, t. II, et cart. de Saint-Jouin.

mis à sac par les bandes protestantes. Quant aux reliques, on ne sait pas ce qu'elles sont devenues.

Quel qu'ait été le sort des restes de saint Rufin, conservés à Saint-Jouin, la translation de son corps, le retour de ses ossements à leur premier tombeau devait sauver une partie considérable de ces reliques. Nous avons vu qu'elles avaient été trouvées dans l'autel majeur de l'église paroissiale de Moutiers, en 1880; y furent-elles amenées directement après l'invasion normande ou seulement au XIe siècle, lors de la reconstruction de l'église Saint-Pierre? La question importe peu. Un fait certain, c'est que l'autel qui les celait avait tous les caractères du XIe siècle, et que, dans les premières années du XIIe, l'église de Moutiers portait à la fois le vocable de Saint-Pierre et de Saint-Rufin. Dès lors, pendant huit siècles, sans solution de continuité, la pierre d'autel a recouvert ses précieux souvenirs, les dérobant aux fureurs impies. Il ne saurait exister un plus sûr garant de leur authenticité.

Ces vénérables restes sont actuellement conservés à la sacristie de l'église de Moutiers. Divers rapports concernant l'importante découverte de 1880 ont été successivement adressés à l'évêché de Poitiers par les curés qui se sont remplacés à Moutiers depuis la reconstruction de l'église [1]. En attendant un constat officiel, qui permette de rendre à ces ossements l'honneur qui leur est dû, nous ne pouvons nous empêcher de penser que saint Rufin a son rang marqué dans l'hagiographie poitevine; il a certes autant de titres à être inscrit dans l'album de nos saints que de nombreux personnages qui y figurent et dont le nom seul est parvenu jusqu'à vous.

Au début de ce travail nous disions que nous n'avions point la prétention de révéler saint Rufin ; ajoutons, en terminant, que nous ne nous érigeons nullement en juge de l'authencité des ossements et de la manne celés dans l'autel. Dans cette question, nous avons vu, avant tout, le côté historique auquel nous avons apporté, entre autres lumières, un contingent négligé ou inconnu jusque-là : la contribution des traditions locales [2].

G. Michaud,
Curé de Saint-Maurice-la-Fougereuse.

Le culte de saint Eutrope

(Suite et fin)

Dans l'ancien diocèse de Bazas (Gironde), à Préchac, arrondissement de Bazas, ancien archiprêtré, un plat de confrérie porte à la pointe le mot Eutropi. Est-ce la preuve qu'il y a eu là une confrérie du saint?

A Escaudes, canton de Captieux, arrondissement de Bazas, le jour de la fête du saint, la foule vient en pèlerinage chercher un soulagement aux douleurs rhumatismales et aux fièvres intermittentes. On dépose les enfants sur l'autel du saint. La confrérie a disparu ; il en reste un vestige : c'est la quête qui se fait encore régulièrement pour l'œuvre de Saint-Eutrope. Roborel de Climens, curé d'Escaudes, de 1852 à 1883, agrandit la chapelle Saint-Eutrope, la dota d'un bel autel de marbre, et par l'entremise d'un vicaire de Captieux, Abeline, originaire de Saintes, obtint une relique du saint qu'il enferma dans une châsse de grand prix et qu'il inaugura avec solennité.

Salaunes, canton de Castelnau, arrondissement de Bordeaux, archiprêtré du Médoc, aujourd'hui du doyenné de Castelnau de Médoc, avait une chapelle. La vieille église a été remplacée par une église moderne en style ogival ; mais saint Eutrope n'a pu trouver sa place dans le nouvel édifice.

A l'hôpital Saint-James de Bordeaux, existait avant 1434 une confrérie importante dont le livre terrier est aux archives de la Gironde, série H, 305. Au nom du saint se rattachait une pratique superstitieuse : « Certaines femmes de la paroisse du Temple font cinq petites chandelles ardentes qu'elles nomment, l'une saint Blaise, la deuxième saint Eutrope, la troisième saint Loubez, la quatrième saint Clou et la cinquième sainte Marthe, et les laissent brûler en sorte que celle qui est la plus tôt achevée et éteinte dénote et signifie que le mal de la malade par laquelle les chandelles ont été allumées est du mal du saint qu'elles représentent. » Puis elles enferment avec la malade sept jeunes filles qu'elles font jeûner, sans pouvoir parler à personne. Le jeûne achevé, elles vont veiller une nuit dans l'église du Temple et font dire une messe en l'honneur du saint dont la chandelle s'est éteinte. Le cardinal de Sourdis, en 1612, publia une ordonnance pour supprimer cette coutume, tout en louant l'usage de prier et de dire des messes pour les malades.

A Callen, ancien Bazadais (Landes), canton de Sore, arrondissement de Mont-de-Marsan, la fête du saint attire une foule à l'église. Il est le patron secondaire. Dans l'église qu'on a rebâtie vers 1860, au-dessus de l'autel, est la statue du saint, accompagnée de deux autres représentant des infirmes dans l'attitude de suppliants. Les mères viennent de très loin apporter leurs enfants sur l'autel ; c'est une gloire pour eux d'avoir fait leurs premiers pas sur l'autel de saint Eutrope. Plus tard elles donnent à l'église les vêtements qu'ils portaient alors. On se rendait autrefois processionnellement à la fontaine le 30 avril ; on n'y va plus qu'individuellement.

A Trensacq, canton de Sabres, arrondissement de Mont-de-Marsan, on porte les enfants estropiés ; on leur fait faire neuf fois le tour de l'autel de saint Eutrope et on leur fait réciter des évangiles. A Sainte-Eulalie-en-Born, canton de Parentis, même arrondissement de Mont-de-Marsan, il y a une fontaine de Saint-Eutrope où l'on apporte les enfants estropiés.

A Dax, il est le patron des jardiniers ; la cathédrale a un autel où se célèbre la fête. A La Bastide d'Armagnac (Landes), existait au siècle dernier une confrérie de Saint-Eutrope.

*
* *

Dans le diocèse d'Agen, Allemans, canton de Lauzun, a pour titulaire saint Eutrope. A Moirax, canton de La Plume, près d'Agen, s'élevait un ancien monastère de Bénédictins de Cluny consacré à saint Eutrope de Saintes. De temps immémorial, saint Eutrope est fêté par un immense concours de peuple. L'église est riche en reliques ; c'est à lui que l'on en doit la découverte, écrit M. l'abbé Serret, *Recueil de la Commission des arts*, IX, 102. « La veille de sa fête, 29 avril 1877, nous préparions les châsses et les reliquaires ; on apporta de derrière le maître-autel le buste si vénéré de saint Eutrope ; par une maladresse, *felix culpa*, le buste tombe à terre et se partage en deux parties inégales. » Apparaît une boite dont le couvercle porte cette inscription : *Reliquiæ sanctorum martyrum Floriani, Leonis, Jucundi...* ; douze reliques et enfin une relique encore plus belle : *Reliquiæ sancti Eutropii martyris*. Une absidiole est consacrée au culte du saint. La confiance en lui est profonde.

Verfeil, *Sancti Petri de Viridifolio*, canton de Saint-Antonin, arrondissement de Montauban, a pour annexe les églises de Paulhac et Saint-Eutrope d'Alzonne. Cette dernière, tombée en ruines, et où le peuple s'obstinait à venir prier, a été reconstruite récemment par le curé de Verfeil, M. Salignac. C'est un pèlerinage très fréquenté le 30 avril et tous les jeudis du mois de mai.

1. Cette question de l'église et des reliques de saint Rufin a été longuement étudiée dans : *Le Moustier de Saint-Rufin*, déjà cité ; nous y renvoyons le lecteur désireux de plus amples détails.

2. Attestation de M. l'abbé Cerceau et attestation de M. l'abbé L. Albert, successivement curés de Moutiers, publiées dans le *Moustier de Saint-Rufin*, p. 52, 53, 54.

Le 8 mai 1884, il y eut à Verfeil une procession de 6000 personnes accourues de cinq paroisses pour demander au saint la destruction du phylloxera.

A Caussade, arrondissement de Montauban, les archives de l'église de Notre-Dame de La Fraysse conservent l'attestation d'un miracle (30 avril 1651) d'un enfant de neuf ans, Jean Lugan, qui, paralysé de la moitié du corps, fut tout à coup guéri.

On a lu ici, IX, 221, la description par M. le chanoine Pottier, président de la Société archéologique de Tarn-et-Garonne, d'un retable du XVe siècle représentant le martyre du saint et provenant, croit-on, de Saint-Bertrand de Comminges.

A Figeac (Lot), où nous avons vu (XIII, p. 111) des cérémonies singulières, la statue de saint Eutrope représente non un évêque, mais un personnage portant le turban oriental : on a voulu évidemment rappeler la tradition qui fait Eutrope fils de Xercès, roi de Babylone.

Dans le même département, à Sérignac, par Puy-Lévêque, canton de Cahors, saint Eutrope, patron de la paroisse, est en grande vénération. Une peinture et une petite statue représentent le saint. De bien loin on vient le prier; on fait dire des messes, brûler des cierges, et Mme de Lard (Marie Gras, veuve d'Emile de Lard, fille de Jules Gras, ancien élève de l'Ecole Polytechnique, arrière-petite-fille de Gabrielle de Dufort-Léobard, belle-fille d'un colonel d'artillerie), nièce du général Gras, inventeur du fusil qui porte son nom, a voulu avoir une statue plus digne du saint; M. l'abbé Lagarde, curé de la paroisse, a obtenu, en juin 1895, de l'évêque de La Rochelle une relique du saint pour son église.

Une confrérie de Saint-Eutrope est constatée à Palaminy, canton de Cazéres, arrondissement de Muret, par un acte du 19 octobre 1788, où les confrères délibèrent sur les moyens à prendre pour soutenir un procès. Dans le même arrondissement, à Miremont, canton d'Auterive (Haute-Garonne), la fête du saint se célèbre le 1er dimanche de mai, c'est-à-dire le dimanche qui suit le 30 avril. A Toulouse, dans la crypte de l'église Saint-Sernin, parmi les corps saints et les centaines de reliques qui font de ce sanctuaire un lieu vénérable par excellence, on montre trois dents de saint Eutrope, premier évêque de Saintes.

Nous avons vu (XIII, 112) saint Eutrope patron des tisserands à Lauzerte, arrondissement de Moissac, à Aucamville; dans l'église des Frères Prêcheurs d'Auch était aussi une confrérie des tisserands. Il en fut fondé une en 1500 à Montesquieu-du-Gers. Les statuts en neuf articles ne traitent que de l'association au point de vue religieux. Les confrères sont aussi au nombre de neuf. Chacun paie un liard d'entrée et une cotisation annuelle de vingt liards, payable par moitié à la Madeleine et à la saint Eutrope, que deux prieurs élus sont chargés de recevoir. Un chapelain payé par la confrérie doit dire une messe pour elle le mardi de chaque semaine. La fête de saint Eutrope est célébrée solennellement avec messe et vêpres, et tous les confrères doivent y assister sous peine d'une demi-livre de cire; sous la même peine, ils assistent aux obsèques des confrères défunts. On ne peut quitter la confrérie sans payer un demi-écu et un denier. Si un des confrères meurt excommunié, les autres sont tenus de se cotiser pour obtenir l'absolution en forme et scellée de l'excommunication, et pour les débours nécessaires à l'aller chercher, si les héritiers sont hors d'état de le faire.

Le *Bulletin de la Société archéologique du Midi de la France*, qui donne ces détails, a publié, n° 20, 1897, p. 133, le texte roman des statuts : *Instrumentum pro confratribus confratrie fundate in ecclesia parrochiali de Montesquivo sub invocatione beati Eutropi in eadem ecclesia creabunde*, et qui commence en ces termes :

« Apud locum de Montesquivo et in domo dicta la *Coloma*, ubi moram trahit Petrus de Cavaroquo, texor lanæ, ibidem fuit instituta et ordinata confratria ob honorem Dei, virginis Marie, sub invocatione beati Eutropi celebranda et decantanda in ecclesia parrochiali de Montesquivo et in capella dicta sancti Eutropi... En honor de Diu et de la gloriosa Vierges Maria et de mossegnor sanct Stropi, au jorn de l'an mil sincq cens et XIe et lo darré jorn deu mes de abriu, an quan jorn se solemptisa la festa deudit glorios sanct mosseu sanct Stropi, au loc et gleysa parrochian de Montesquiu, es commensada ladita confrayria deudit sanct Stropi... »

Dans le même diocèse d'Auch, à Saint-Elix-Theux, il y a une grande affluence de pèlerins le 30 avril; il y en eut une extraordinaire le 30 avril 1891, où fut tranférée une relique du saint donnée par l'évêque de La Rochelle.

L'église de Saint-Salvi, canton de Vabre, arrondissement de Castres, diocèse d'Albi, possède avec celles de saint Salvi, de saint Georges, de sainte Catherine, de sainte Germaine, etc., une relique de saint Eutrope.

La paroisse de Canté, canton de Saverdun (Ariège), a pour patron saint Eutrope. L'église remonte à la fin du XVe siècle ou au commencement du XVIe. Au-dessous du sanctuaire se trouve une crypte qui servit de chapelle funéraire à la famille de Foix-Rabat, dit M. G. Barrière-Flavy (*Histoire de Saverdun*, 1890, p. 193).

A Béziers, où le saint est en grand honneur, surtout de la part des estropiés, qui, le 30 avril, font, dans l'église de Sainte-Madeleine, plusieurs fois le tour d'un pilier pour obtenir de lui leur guérison, une petite fête annuelle se tient ce jour-là sur la place de l'église. Une rue de la ville s'appelle Saint-Eutrope.

Dans l'ancienne cathédrale de Lodève, et dans l'église paroissiale de Poujol, canton de Lodève, une chapelle lui est dédiée.

Dans la Drôme, commune de Remuzat, chef-lieu de canton de l'arrondissement de Nyons, est un lieu dit de Saint-Eutrope, où l'on voit les restes de l'ancienne église paroissiale de Remuzat, dédiée à saint Michel et à saint Eutrope; abandonnée dès le XVIe siècle, elle avait été réparée en 1750 (*Dictionnaire topographique de la Drôme*, par M. Brun-Durand).

Dans les Hautes-Alpes, Saint-Eutrope est le nom d'une chapelle de la commune d'Antonaves, canton de Ribiers, arrondissement de Gap.

***

Tout récemment, M. le curé de Mareil-en-Champagne, diocèse du Mans, nous a communiqué les pièces suivantes qu'a bien voulu transcrire M. Anatole Laverny. Elles comportent quelques remarques. D'après une tradition datant du XVIe siècle, le corps de saint Eutrope, qui reposait à Saintes, l'endroit où il avait subi le martyre au premier siècle, aurait été brûlé, réduit en cendres et dispersé par les huguenots en 1762; les leçons du bréviaire du diocèse racontaient le fait. Les populations qui désiraient avoir des reliques du saint ne s'adressaient donc plus à Saintes; mais on savait que l'abbaye de Vendôme avait conservé une partie, même le corps entier, disait la légende en vertu de cette figure de rhétorique qui prend la partie pour le tout. Les habitants de Mareil, désireux d'obtenir une relique de l'apôtre santon, prièrent les Bénédictins de La Couture d'intervenir pour eux auprès des Bénédictins de Vendôme, comme nous avons vu les Bénédictins de Saint-Jean-d'Angély faire semblable démarche à l'abbaye de Souillac :

« Nous, prieur et couvent de la Sainte-Trinité de Vendôme, ordre de Saint-Benoist, congrégation de Saint-Maur, à tous ceux qui ces présentes verront, salut. Certifions à tous qu'il apartiendra qu'en conséquence d'une double requeste faite à nous par nos révérends pères de La Couture au Mans d'une part, et du sieur curé d'autre part avec les habitants de la paroisse de Mareil, mesme diocèse, sujete à ladite abbaye de La Couture comme à ses seigneurs spirituels et temporels, de l'agrément, consentement et permission de très révérend père en Dieu dom Claude Boistard, supérieur général de notre congrégation;

« Que nous nous sommes assemblés, ce vingt septième mars mil sept cent cinq, pour, en plein chapitre, délibérer sur lesdites requestes à nous présentées, portant que, de temps immémorial, les peuples de Mareil et des environs, touchez de respect et de dévotion particulière envers saint Eutrope, patron de leur église, ont coutume de faire de grandes assemblées pour dignement célébrer sa dite fête le dernier jour d'avril ; qu'ils demandèrent avec instance à ladite communauté de Vendôme vouloir les gratifier d'une relique du mesme saint afin de concourir à leur commune dévotion et augmenter la solennité en leur donnant moyen d'obtenir du ciel des spéciales bénédictions pour eux, pour nous et toute la province, disant avoir parole de monseigneur qu'il leur faisait la grâce, sur le simple rapport de notre communauté, pour en permettre authentiquement l'exposition à la vénération des fidèles ;

« Nous, à ces causes et autres raisons, touchés de leurs prières et de leur piété, avons fait ouverture, dans toutes les formes et solennités requises par présents témoins, chirurgien et de toute la communauté, de la châsse de saint Eutrope, évesque et martir ; en avons tiré la partie antérieure d'une grande côte longue de quatre pouces, l'avons cachetée dans une boette avec le procès-verbal et scellée du grand sceau du monastère pour être portée en l'abbaye de La Couture et de là à Mareil, avec la permission de sa grandeur monseigneur l'illustrissime et révérendissime evesque du Mans, que nous supplions ordonner que le jour de la réception en ladite paroisse sera fêté avec office double et autres solennités, et que ladite relique sera incessamment et deument enchâssée en quelque beau reliquaire de prix pour marque d'affection, d'estime et de respect.

« Avons mis ladite portion entre les mains du révérend père dom Denis Abraham, prestre religieux de La Couture, du sieur François Noüard, curé de Mareil, et de m[re] Jacques Cherouvrier, sindic perpétuel de ladite paroisse, à ce tous trois députés aux ordres et conditions susdits. En foy de quoy, moy, secrétaire, j'ay adressé le présent procès verbal en forme de certificat perpétuel de tout ce que dessus et l'ay signé avec ledit révérend père prieur, ses seinieurs et messieurs les séculiers témoins, avec paraffe, jour et an que dessus.

« Fr. JEAN-BAPTISTE-PIERRE GUYON, *prieur ;* — Fr. GILLES DE RÉMÉON, *sous-prieur ;* — F. FRANÇOIS DEGUNES ; — Fr. NOUARD, *curé de Mareil ;* — Fr. NICOLAS PAULNIER, *senieur ;* — CHEROUVRIER, *sindicq et fermier général de la chatelnie ;* — Fr. DENIS ABRAHAM, *religieux député de La Couture ;* — BEAUSSIER, *chirurgien ;* — P. GORRON, *orfeuvre ;* — Fr. CHARLES BERLIET, *secrétaire du chapitre.* »

La relique obtenue, l'évêque du Mans en autorise l'exposition et le culte :

« Louis de Lavergne-Montenard de Tressan [1], par la grâce de Dieu et ordination apostolique évêque du Mans, conseiller du roy en ses conseils d'Etat et privé, sçavoir faisons que, veu le procès-verbal du prieur et couvent de la Sainte-Trinité de Vandosme, ordre de Saint-Benoist, congrégation de Saint-Maur, contenant qu'ils auroient tiré du reliquaire où sont renfermées les reliques de saint Eutrope la partie antérieure d'une grande coste longue de quatre pouces, qu'ils ont renfermée dans une boite et cachetée du grand seau du couvent, laquelle boîte nous ayant été présentée, nous avons trouvé ledit seau entier, et fait ouverture de ladite boite où nous avons trouvé ladite relique, que nous avons renfermée dans un reliquaire de bois doré d'environ treize à quatorze pouces, ouvert de deux côtés de la largeur de trois pouces, dans lequel reliquaire nous avons renfermé ladite relique avec notre présent procès-verbal et celui des religieux de la Trinité de Vandosme ; et avons apposé au bas de notre procès-verbal le sceau de nos armes semblable à celui dont nous avons scellé le reliquaire.

« Donné au Mans, en notre pallais épiscopal, le quatorze aoust mil sept cent cinq.

« LOUIS, *évesque du Mans* [1].

(Sceau de cire rouge). « Par monseigneur, HONORÉ. »

Au verso est écrit : « Nous soussigné, vicaire général de Sa Grandeur Monseigneur G.-M.-Joseph Labouré, évêque du Mans, certifions l'authenticité de la relique de saint Eutrope, évêque-martyr, dont le reliquaire, ouvert dans le but de faciliter sa réparation, a été rescellé du sceau de Sa Grandeur Monseigneur Labouré, le 1er mars de l'an 1893. L.-G. COUPRIS, *vicaire général.*

« Par Monseigneur, O. DE DURFORT, *chanoine honoraire, secrétaire.* »

Sceau : *D'azur à la croix d'argent en abîme, chargée du chrisme accompagné d'*A *et* Ω. Légende : CRUX SPES UNICA.

Enfin l'attestation du médecin : « Je, soussigné, docteur en médecine de la Faculté de Paris, demeurant à Loué, arrondissement du Mans, certifie que l'os qui m'a été présenté dans un reliquaire scellé aux armes de l'évêché, est une côte droite. Il manque à cette côte l'extrémité antérieure et la surface articulaire postérieure.

« Mareil-en-Champagne, le 13 juin 1893. PAUL LEDRAIN. »

Jusqu'à la Révolution, le 30 avril, fête du saint, voyait une très considérable affluence de fidèles. L'église qui lui était dédiée était l'église paroissiale ; celle des religieux avait pour patron saint Pierre. L'église paroissiale ayant été supprimée et démolie, le souvenir de son patron s'est un peu affaibli. Toutefois la découverte de la relique avec ses authentiques raviva la foi de la population. Une grande cérémonie eut lieu, la réintégration de la châsse dans l'église. M. l'abbé J.-G. Brosset, curé de Mareil, a raconté avec enthousiasme les détails de la fête dans un opuscule : *Dévotion à saint Eutrope* (Le Mans, typ. Monnoyer, juillet 1893 ; 7 pages in-8°).

Ces pièces offrent ce détail assez curieux. Lorsque, le 19 mai 1843, en l'église basse de Saint-Eutrope, on découvrit un sarcophage de pierre portant gravé le mot EVTROPIVS en gros caractères, les médecins Bouyer et Briault firent l'inventaire des nombreux ossements qui étaient renfermés dans une capse en plomb ; ils reconstituèrent le corps entier d'un adulte à qui il manquait pourtant la tête, une côte, un bras. Or, le chef avait toujours été dans l'église haute, où il est encore. Nous avons raconté (*Saint Eutrope dans l'histoire, la légende et l'archéologie*, p. 165) l'histoire de cette côte dont la moitié avait été offerte par le prieur de Saint-Eutrope, en 1387, à Louis II de Bourbon, lieutenant du roi Charles VII en Limousin, Saintonge, Périgord, et plus tard, 1887 (voir *Revue de Saintonge*, VII, 255), comment le bras, une « apophyse d'humérus », avait été constaté dans le Lot, à l'abbaye bénédictine de Souillac en Quercy, provenant de l'abbaye de la Sainte-Trinité de Vendôme, d'après le procès-verbal (5 avril 1768) d'Allenet, notaire royal à Saint-Jean-d'Angély, signé de tous les hauts fonctionnaires de la ville et de tous les religieux. Or, le duc de Bourbon n'avait reçu que la moitié de la côte, « *mediam costam* ». Pourquoi pas la côte entière ? La pièce présente nous l'explique ; la « partie antérieure » était à l'abbaye de Vendôme.

Voilà donc retrouvées les parties qui manquaient au squelette découvert en 1843 dans le monolithe de Saint-Eutrope. La tête était dans l'église des Clunistes, où elle fut inventoriée et décrite le 19 décembre 1789, puis reconnue le 24 avril 1802 par ceux mêmes qui l'avaient examinée en 1789. La côte avait été partagée au moins en deux parties L'une avait été donnée à l'abbaye

1. Louis de Lavergne, né le 13 septembre 1638, de François de Lavergne, seigneur de Tressan et de L'Estang, et de Louise de Monteynard, abbé de Bonneval, évêque de Vabres et premier aumônier du duc d'Orléans, évêque du Mans en 1671, mort le 27 janvier 1712, âgé de 82 ans.

1. Le sceau de l'évêque Louis de Lavergne de Montenard : *Ecartelé au 1er semé de coquilles ; au 2, de à la croix cantonnée de seize coquilles ; au 3, au lion , une barre sur le tout ; au 4, de , au chef de sur le tout, d'[argent] au chef de [gueules]*, ou *de gueules au chef d'argent, chargé de 3 coquilles [aussi d'argent]*.

de Vendôme, qui en remit la partie antérieure à l'abbaye de la Couture pour la paroisse de Mareil; l'autre moitié avait été offerte à Louis II de Bourbon, qui en fit deux parts: l'une pour la collégiale de Moulins, l'autre pour son secrétaire, Jean Baudreuil, de Saint-Pierre-le-Mouliers, en Nivernais, maître de ses comptes à Moulins; la famille de Jean Baudreuil la réduisit en fragments, et Durand Baudreuil en donna un aux Frères Prêcheurs de Nevers, en 1469; on en trouve un morceau à Châteaudun, en 1470. Quant au bras, qui avait été longtemps dans le reliquaire avec le chef, nous l'avons vu en partie donné par Souillac à Saint-Jean. Le corps est donc complet et, s'il en était besoin, ces pièces montrant à la Couture, à Moulins, à Souillac, les deux ossements qui manquent au cadavre de la crypte de Saint-Eutrope, assureraient l'identité du corps et corroboreraient l'authenticité.

***

Terminons par quelques constatations plus pénibles. Ainsi, à Compiègne, la rue Saint-Acrouppy — est-ce pour supprimer un nom de saint? est-ce parce qu'on ne reconnaissait plus saint Eutrope sous cette désignation? — a été remplacé par la rue Carnot. Est-ce aussi parce que saint Eutrope a été assassiné? Le bon saint qui délivrait de la corde les pendus avait d'ailleurs une ressemblance avec un autre président de la République, Jules Grévy, qui grâciait lui aussi les condamnés à mort.

A l'occasion de l'érection, dans l'église de Taillebourg, d'une statue du saint, mentionnée plus haut, le *Bulletin religieux du diocèse de La Rochelle et Saintes* (18 mars 1899) faisait remarquer qu' « à l'encontre des diocèses voisins où tant d'églises paroissiales possèdent des objets capables de rappeler le souvenir de leur saint apôtre, c'est en vain que l'on chercherait, dans la plupart de nos églises d'Aunis et de Saintonge, un monument à la gloire du fondateur martyr de l'Eglise santone. Saint Hilaire dans le Poitou, saint Ausone dans l'Angoumois, saint Front dans le Périgord, sont connus et invoqués par les foules. Saint Eutrope semble n'avoir pas autant d'honneur qu'il semblerait désirable. Les autres saints sont magnifiés; on multiplie des images à saint Antoine de Padoue, qui était Portugais; quelques-uns dressent même des statues à saint Corentin, patron de la Bretagne; saint Eutrope a-t-il au milieu de nous la place et le rang auxquels il a droit? » L'auteur a raison, et puisqu'il est en aussi bonnes dispositions, nous le prierons de s'unir à nous pour obtenir que la piété des fidèles ne soit pas arrêtée, découragée. Ainsi à Saintes même, la visite du tombeau du saint est devenue presque impossible : l'accès n'est libre que de huit heures à dix heures du matin; et, comme l'écriteau indicateur qui, du reste, est intermittent, est placé dans la crypte, et seulement de temps en temps, il faut avoir la chance de se trouver là juste au moment de l'ouverture de la crypte et de la présence du tableau pour apprendre qu'elle est ouverte.

LOUIS AUDIAT.

LÉGENDE DORÉE

Fontaine de saint Martin. — Saint Martin passait sur le territoire de Saintes, près d'un village appelé Najogialum (actuellement Nieul-lez-Saintes). La chaleur était accablante; le Saint et le baudet qu'il conduisait souffraient de la soif, et le puits était loin, à environ mille pas des habitations. Un homme en revenait : « Mon ami, lui dit Martin, arrêtez-vous un instant et donnez un peu d'eau à mon âne qui meurt de soif.

— Si votre animal a besoin de boire, reprit brutalement le paysan, voilà le puits; descendez-y, si vous voulez. Pour moi, j'ai eu assez de mal à porter ma provision jusqu'ici; je n'en donnerai point. » Et il s'en alla.

A quelques pas plus loin une femme venait, portant elle aussi de l'eau dans une cruche. Le Saint lui fit la même prière. La femme, semblable à l'antique Rebecca, s'arrêta : « Certainement, dit-elle, je vous donnerai à boire, et à votre âne aussi. Ce ne sera pas une bien grande fatigue de retourner là-bas. Faites donc comme vous le désirez, pauvre voyageur qui souffrez! »

Elle abreuva l'animal. Puis elle retourna au puits, remplit de nouveau sa cruche et revint au village. Le Saint la suivait : « Vous méritez une récompense, lui dit-il, pour le service que vous venez de me rendre. » Et, descendant de sa monture, il s'agenouilla, priant le Seigneur de faire jaillir une source en ce lieu. Il avait à peine achevé son oraison que l'eau, sortant de terre, creusa un immense bassin qu'elle remplit, à la grande joie du peuple, qui continue à jouir de ce bienfait.

On voit près de cette fontaine, ajoute saint Grégoire, une pierre dans laquelle, en témoignage du miracle, est imprimé le pas de l'âne que montait le Saint.

(Il existe en effet, à Nieul-lez-Saintes, un vaste bassin dont il est géologiquement impossible d'expliquer la formation en ce lieu.)

Saint Martin, par M. l'abbé Henri Bas, 1 vol. in-4° ill. — Tours, chez Louis Dubois (1898).

Noëls et Cantiques

NOEL GAILLARD

Contenant toutes les villes, bourgs, villages, et contrées de la Province de Poitou, et encore quelques provinces, villes et lieux adjacens.

SUR L'AIR : *Au saint Nau.*

Les pastoureaux de Poitez,
Nau, nau,
Qui menant joyouse vie,
Furant tous les bas premez,
Nau, nau,
Qui uriant la renomie,
Que Naulet ettet naquiu de Marie,
Et pre nous donni la vie,
Ettet descendu dos ceos,
Nau, nau, nau,
Ettet descendu dos ceos.

Car cinq ou six gaudenoz,
Nau, nau,
Ine net bein fredcilloux,
Virant in onge dos ceos,
Nau, nau,
D'ine beaté mervouillouse, [chouse,
Qui claquet, la merdé de gronde
Et d'ine façon joyouse,
Diset : Venez chonti nau,
Nau, nau, nau,
Diset : Venez chonti nau, nau, nau.

Aussitous, Perrain Moreau,
Nau, nau,
Ayon pris sen écritoire
Barbouillit in grond rolea,
Nau, nau,
Car glèttet demi notoire,
L'envoyont afin de faire notoire
Cote qualle belle affoire
Aux bergers et pastoureaux,
Nau, nau, nau,
Aux bergers et pastoureaux.

Quand donc des autres humeas.
Nau, nau,
Le pu rompli d'habillesse,
Oguit lu quiou bulletea,
Nau, nau,
In chacun faset largesse,
S'apprêtont avec ine gronde vitesse,
Pre alli boutré lour caresse,
A quiou petit Rey dos ceos,
Nau, nau, nau,
A quiou petit Rey dos ceos.

Les premez qui vinguirant,
Nau, nau,
Furant qualez de Croutelle,
Qui tretous se chargiriant
Nau, nau,
De beacop de bagatelles,
Fate autour pre donni à la pucelle,
Qui d'ine façon nouvelle
Avoit infonté l'Agneau,
Nau, nau, nau,
Avoit infonté l'Agneau.

Après, de bon grond matin,
Nau, nau,
Vainrant qualez de Vendeuvre.
Gle trouvirant dans lou chemin,
Nau, nau,
In grond dégouti de lèvre;
Se mirant pre le grippi à la Sevre,
Mais sans en avair la fèvre,
Gle se moquit ma fé d'eos,
Nau, nau, nau,
Gle se moquit ma fé d'eos.

LE PAYS POITEVIN

Puz vinguirant de Vouneuil.
Nau, nau.
De Briard et Busserolle,
De Lavaux et Jezeneuil.
Nau, nau.
Et in chacun sa flageole, [bole,
Et donsans au son d'ine gronde pi-
Dont Martin Croquesolle
Jouit tout à bea journau.
Nau, nau, nau,
Jouit tout à bea journeau.

Dau coûté de Mirebea,
Nau, nau,
Vainguirant de bonne grâce
Cinq ou six sur in gazea,
Nau, nau,
Mais gl'oguirant dos disgrâce :
Le beaudet au bea mitan d'ine place,
Les jetit dont ine gace,
Dont gle furan ben penau,
Nau, nau, nau,
Dont gle furant ben penau.

Les bregez de Lusignan,
Nau, nau,
Qui savant tourni ben l'haste,
Donnirant in bea dozain,
Nau, nau,
A boun homme Friquemasse,
Pâtissi, pre mettre ine poule en pâte,
Peu vinguiront à la hâte
Accoutri tout queme o faut,
Nau, nau, nau,
Accoutri tout queme o faut.

Mez o fut grond pité,
Nau, nau,
Qu'o vinguit de Ménigoute,
In grond vilain dégouti,
Nau, nau,
Qui en fricassit la croûte, [tes
Et diset en oyant ben rempli ses coû-
Qu'o pourrait être sans doute
In grond chain noumé Roujeau,
Nau, nau, nau,
In grond chain noumé Roujeau.

Les grous marchands de naveas,
Nau, nau,
Sont tous venus de Lanclouestre,
En disont à quiau Fillau,
Nau, nau,
Ah, bonjour, noutte bon moestre ;
Vous plest-ou do choux et de la
Dos z'ognons et chicourée, [pourrée
Pre mettre dans voutre pot,
Nau, nau, nau,
Pre mettre dans voutre pot.

Y ve douneran ben aussi,
Nau, nau,
Dos melons et dos coucombres,
Dos cerfeuil et dos presil,
Nau, nau,
Et de l'ail en très grond nombre,
Pre frotti tout le poin de voutre
Et iquiou de voutre Mère, [Père,
Phelipon donnera la sau,
Nau, nau, nau,
Phelipon donnera la sau.

Richelieu et Châtelleräu,
Nau, nau,
Avecque Foye la Vinouze,
Qui aviant bain dos métaux,
Nau, nau,
Dos peces dans lou fouillouse, [ses,
En venant achetirant tant de chou-
D'ine valour prétiouse,
Qu'o n'en fut jamais d'intos,
Nau, nau, nau,
Qu'o n'en fut jamais d'intos.

Les pastoureaux de Thouars,
Nau, nau,
Qui aviant la renoumie,
D'être des vaillants soudards,
Nau, nau,
N'aviant ren qu'ine épie
Pre tretous, incore si fort rouillie,
Qu'o lou faugit ine àrmie
Pre la teri do forea,
Nau, nau, nau,
Pre la teri do forea.

Bressuire, Hervault et Saint-Join,
Nau, nau,
Vinguirant la matinée,
Montmorillon, Saint-Savin,
Nau, nau,
Se mirant de compagnie,
Mez ma fé dans toute lour assemblie,
N'aviant gronde fricassée,
Pre donni au petit Nau,
Nau, nau, nau,
Pre donni au petit Nau.

Niort, Les Sables et Marans,
Nau, nau,
Fontenay et La Rochelle,
Chargi tretous de préson,
Nau, nau,
Pre donni à la Pucelle ; [telles,
Dos ribans, dau carcans et dos den-
Qu'o foguit ine aridelle
Pre porti tout lou fardeau,
Nau, nau, nau,
Pre porti tout lou fardeau.

Melle, La Mothe et Luçon,
Nau, nau,
Prévoirant à la mangeaille,
Se garnirant de foesons,
Nau, nau,
De pigeons et de poulaille ; [Praille
Mez, Sensays, Lavorcea, Cursé et
Chargés de foin et de paille,
Songirant aux animaux,
Nau, nau, nau,
Songirant aux animaux.

Xainte et Saint-Jean-d'Angély,
Nau, nau,
Chef boutonne et Angoulême,
Etiant in poni étounis,
Nau, nau,
N'ayont pu trouvis de crême ;
Mez Ruffec oguit devontage d'éme,
Car glen avet pré ly-même,
Saari in grond plein jedeau,
Nau, nau, nau,
Saari in grond plein jedeau.

Partenez et Saint-Moixon,
Nau, nau,
Dison que tout quiou bagage
N'ettet pas bon pre l'Infont,
Nau, nau,
A cause de son poni d'âge ;
L'y firant in acoutrement de sarge,
Et queme on dit au ménage,
L'y brochirant in calaud,
Nau, nau, nau,
L'y brochirant in calaud.

Chauvigny, ben joliment,
Nau, nau,
En venant à l'assomblie,
De fine flour de frement,
Nau, nau,
Apportit ine sachie,
Et do let ine gronde pleine seillie,
Pre foire de la bouillie
Au petiot Infont nouveau,
Nau, nau, nau,
Au petiot Infont nouveau.

O gl'y vinguit sans convi,
Nau, nau,
Ine viloine trolie
De Limousins affamis,
Nau, nau,
Mez tote noutre assomblie
Lour dissit que les raves en la Judie
N'étiant guère estimie,
N'y ayant point de pourceaux,
Nau, nau, nau,
N'y ayant point de pourceaux.

Quand ne fûmes en in canton,
Nau, nau,
Morea d'in joli prelonge
Nous vainguit faire in sermon,
Nau, nau,
De la vision de l'Onge,
La merdé d'ine façon si étronge,
Gle fit ton pre sa louange,
Que nous foguit chanti nau,
Nau, nau, nau,
Que nous foguit chanti nau.

Aprez que glut ben prêchi,
Nau, nau,
Avec son bea lingage,
Pre nous en amoréchi,
Nau, nau,
Et pre faire la vénge,
Ayant pris ine bonne fé de breuvage
Pre rameni son courage,
Gle cheminet comme o fau,
Nau, nau, nau,
Gle cheminet comme o fau.

Aprez Jon, Perrain Morea,
Nau, nau,
Songirant à la rougette,
Les jouours de chalumeaz,
Nau, nau,
De chevrie et de musette,
Aprez que Nicolas Fesseburette,
Cornet dedons sa trompette,
Queme quond le four est chaud,
Nau, nau, nau,
Queme quond le four est chaud.

Aprez, sons avoir bougé,
Nau, nau,
Vainguirant pre lez darrères,
Les troupeaz bain arrongés,
Nau, nau,
De bregers et de bregères,
Qui tretous fasiant si gronde chère,
De douni de to manère,
Que glen mouriant de chaud,
Nau, nau, nau,
Que glen mouriant de chaud.

Estont tretous arrivés,
Nau, nau,
Predevont la manjouère,
Perrein Morea, le premé,
Nau, nau,
Dissit, fasant sa prière : [Mère,
Mon Megnon, pre l'amour de voutre
Tirai nou de la misère,
De la taille et de la sau,
Nau, nau, nau,
De la taille et de la sau.

Le boun homme Jon Guiton,
Nau, nau,
Qui creet de son village,
Aver le puz bea pepon,
Nau, nau,
Voiyont in si bea visage,
Affermit n'aver en son parontage
Auquin d'in si bea corsage,
Qu'ettet quiou petit filleau,
Nau, nau, nau,
Qu'ettet quiou petit filleau.

Aprez nous l'y offrirant,
Nau, nau,
Tot noutre petit bagage,
Et devont l'y donsirant,
Nau, nau,
La couronte du village,
Gle riet de tout noutre attelage,
Glagreit moult le panage,
Qui fut mis à son calaud,
Nau, nau, nau,
Qui fut mis à son calaud.

Aprez aver ben donsi,
Nau, nau,
O foguit maugré nous-mêmes
Noutre bagage troussi,
Nau, nau,
Jouset juri pre son erme,
Qu'igl n'avet point incore connu,
Qui oguissioit ogu bème, [nerme,
Que nous autres pastoureaux,
Nau, nau, nau,
Que nous autres pastoureaux.

Mez en nous en revenont,
Nau, nau,
Uriant in poni de fâcherie
De quittit quiou bel Infont,
Nau, nau,
Né de la Vierge Marie,
Qui nous doint à tretous joyouse vie,
Et foin de mélancolie
La grâce de chonti nau,
Nau, nau, nau,
La grâce de chonti nau.
Amen. Noël.

Communiqué par M. l'abbé Métais.

Air publié dans le n° 12 du « Pays Poitevin ».

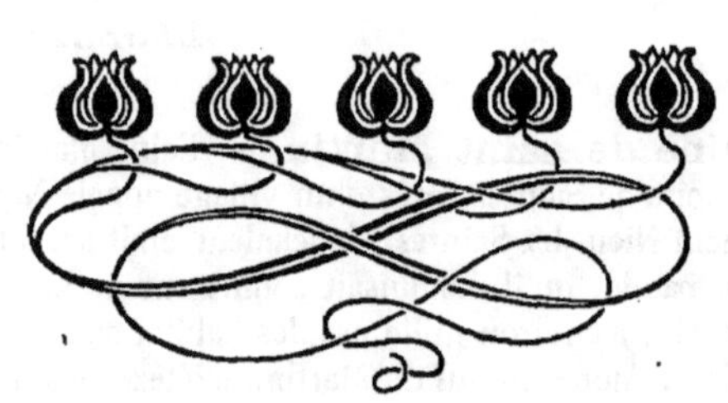

LES SANCTUAIRES POITEVINS

Le Sanctuaire de Montbernage

Le sanctuaire de Marie Reine des Cœurs de Poitiers a son histoire, où le merveilleux ne fait pas défaut. En 1733, deux Filles de la Sagesse furent constituées les gardiennes de la Madone, que leur Bienheureux Père Grignon de Montfort avait léguée au peuple de Montbernage. La chapelle, on s'en souvient[1], était primitivement une grange, où la jeunesse se réunissait pour danser. A côté se trouvait une auberge, où nos libertins allaient de temps en temps faire de copieuses libations. M. le marquis de Magnane et Mme de Bouillé, deux amis de Montfort, achetèrent cette maison de péché et y établirent des religieuses pour faire la classe aux petits enfants du quartier.

ÉTABLISSEMENT ACTUEL DE MONTBERNAGE

Mais avec les nouvelles venues était logée une compagne, qui ne les quittera pas de sitôt : la Pauvreté. Tout manquait dans ce réduit. On s'estimait heureux quand on pouvait avoir du pain noir. D'autre part, le rocher, contre lequel s'appuyait la maison, la rendait humide et malsaine. Les pauvres Sœurs étaient continuellement malades. L'une d'elles contracta des rhumatismes goutteux, qui la conduisirent au tombeau après de vives souffrances.

Une pieuse demoiselle, émue de pitié, fit une quête en ville pour l'établissement de Montbernage. Les habitants de Poitiers se montrèrent généreux. Avec les aumônes recueillies, on put non seulement construire une demeure plus convenable, mais encore restaurer complètement la chapelle. « Celle-ci, dit Allaire dans la *Vie de Marie-Louise de Jésus*, fut lambrissée, blanchie, pavée, peinte, décorée. M. l'abbé Guillot, grand-chantre de l'église Sainte-Radegonde et Vicaire général, en fit la bénédiction le 2 mars 1734. Ce fut lui encore qui s'y transporta, avec tout le Chapitre, pour y mettre le Saint-Sacrement, en vertu de la permission de Mgr l'Évêque. On y chanta une messe en musique, et on plaça dans la niche au-dessous de l'autel la statue de la sainte Vierge, donnée par M. de Montfort et bénite sous le nom de Reine des Cœurs. »

Mais Notre-Seigneur avait à peine pris possession de son nouveau sanctuaire, qu'il voulut éprouver la foi de ses servantes. Au milieu d'une nuit, le feu prit tout à coup dans une chambre basse située à côté de la chapelle. L'incendie fit bientôt de rapides progrès et menaça d'atteindre le saint lieu. Au cri d'alarme poussé par les Sœurs, les gens du quartier arrivent ; les hommes s'emploient de leur mieux à combattre le fléau, pendant que les femmes et les jeunes filles, pieusement agenouillées à la chapelle, adressent d'ardentes supplications à la Reine des Cœurs. Soudain la flamme, passant par une croisée, fait irruption dans le sanctuaire ; déjà elle lèche le lambris. Encore quelques instants, et la maison vénérée de Marie sera la proie des flammes.

En face du danger, la foi des religieuses ne fait que grandir. L'une d'elles allume quatre cierges bénits, aux quatre coins de la chapelle ; l'autre, prenant le tabernacle, le transporte au milieu de la cour, le dépose sur des chaises entre deux cierges, et demeure prosternée dans une profonde adoration. Notre-Seigneur fut touché de cette admirable confiance : l'incendie s'arrêta au seuil de la chapelle et l'épargna. La charité publique vint au secours des pauvres Sœurs. On leur rebâtit leur maison. L'intendant de Poitiers lui-même, pour leur procurer quelques ressources, leur confia l'instruction des petites protestantes, que le roi voulait faire élever dans la religion catholique.

En 1768, un accident plus grave ruina l'établissement et faillit détruire avec lui tout le personnel. Vers une heure de la nuit, une partie des rochers, sur lesquels s'adossait la maison, tomba sur elle et l'écrasa. Les Sœurs et leurs pensionnaires furent complètement ensevelies sous les débris. La foule, accourue à leur aide, les croyait à jamais étouffées et broyées. Mais le malheur était moins grand. Deux enfants seulement périrent, quand toute la communauté aurait dû trouver la mort. La chapelle échappa entièrement au désastre. Les blocs s'arrêtèrent au pied du mur de la sacristie.

Cette nouvelle infortune excita plus vivement la compassion

1. Cf. Le Bienheureux Grignion de Montfort, apôtre du Poitou (n° 10 du *Pays Poitevin*).

des habitants de Poitiers. Les Sœurs reçurent des secours abondants. Bientôt une maison solide et commode s'éleva sur les

Cliché Oudin.

STATUE DE NOTRE-DAME REINE DES CŒURS

ruines de l'ancienne; le rocher fut taillé de manière à enlever tout danger d'éboulement. La chapelle elle-même bénéficia des aumônes, et reçut quelques embellissements.

✠
✠ ✠

Puis vint l'époque de la Révolution. Les Filles de la Sagesse furent chassées de Montbernage et même contraintes de quitter leur habit. Elles se retirèrent dans la Grand'Rue, où, pour vivre, elles durent donner des leçons particulières et faire quelques travaux manuels. Des institutrices laïques avaient pris leur place, et un prêtre jureur venait dire la messe dans la chapelle profanée. Mais le peuple du faubourg, fidèle au souvenir et aux enseignements de son bienheureux missionnaire, ne s'associa jamais à ces offices sacrilèges. Il s'assemblait la nuit dans un lieu sûr pour assister au saint sacrifice, offert par son légitime pasteur, M. Pruel, ou par l'héroïque M. Coudrin, fondateur des Pères de Picpus. La Reine des Cœurs ne vit pas la profanation de son sanctuaire. Des amis dévoués l'avaient soustraite à temps et cachée loin des regards impies.

Les Sœurs rentrèrent dans leur maison en l'année 1800, mais elles ne reprirent leur habit que deux ans plus tard. En même temps, la statue de la sainte Vierge fut reportée dans sa demeure privilégiée. Hélas! le modeste édifice avait beaucoup souffert durant la tourmente. Les planches qui formaient plafond menaçaient de tomber. On avisa au plus urgent. Ne pouvant donner une tournure artistique à leur chapelle, ses gardiennes voulurent qu'au moins elle brillât par la plus exquise propreté.

Ce ne fut qu'en 1843 qu'on entreprit une restauration plus sérieuse. Un prêtre infirme, attaché au sanctuaire de la Reine des Cœurs en qualité de chapelain, y intéressa la charité publique. Les pieuses libéralités des fidèles permirent de remplacer par une voûte le plafond vermoulu. On acheta aussi un autel de pierre avec un tabernacle et des degrés en marbre. Les travaux terminés, Mgr Guitton, Évêque de Poitiers, vint lui-même bénir la chapelle, en compagnie de seize prêtres. Dans cette cérémonie, M. l'abbé Cousseau, le futur Évêque d'Angoulême, prononça un très beau discours.

Enfin, l'année 1889 a vu de nouveaux embellissements. On allait fêter la béatification de Montfort. Il importait que la chapelle se ressentit des honneurs partout prodigués au Bienheureux. D'ailleurs, la voûte s'affaissait d'une façon inquiétante. Un entrepreneur, chargé d'examiner la charpente, constata qu'elle était pourrie et que les fermes sur lesquelles elle s'appuyait étaient brisées. Il s'étonna qu'aucun accident ne fût arrivé.

Une restauration était donc nécessaire. Mais comment en venir à bout? Les Sœurs de Montbernage n'ont pas de ressources. Leur Bienheureux Père, qui les veut semblables à lui, dans un endroit où il a manqué de tout, leur a toujours conservé le précieux privilège de la pauvreté. Force donc fut de recourir à la générosité des habitants de Poitiers; on n'y fit pas appel en vain. De son côté, le zélé Curé de Sainte-Radegonde, M. le Chanoine Briand, eut à cœur de rendre le sanctuaire de Montbernage moins indigne de Marie et de son grand serviteur.

A l'heure actuelle, l'humble monument, sans être un chef-d'œuvre de l'art, possède quelque chose que n'ont pas toujours les plus magnifiques édifices : un cachet de religion et de piété, une atmosphère de recueillement qui vous saisit et vous invite à la prière. Un Saint a passé par là, laissant après lui le parfum de ses vertus.

Nous ne parlerons pas des fêtes très brillantes qui eurent lieu sous les auspices de la Reine des Cœurs, à la gloire du Bienheureux Montfort; le sujet nous mènerait trop loin. Disons seulement que nulle part la ferveur ne fut plus grande.

Dernièrement on a enrichi la chapelle d'un nouvel ornement. C'est une peinture murale, placée au-dessus de l'autel, et représentant une scène de la mission de 1705. Le Bienheureux prêche dans la grange de la Bergerie, devant un groupe d'ouvriers. L'artiste a heureusement exprimé la naïve admiration des auditeurs et l'air inspiré du missionnaire. On pourrait reprocher un petit anachronisme. Deux Religieuses de la Sagesse écoutent attentivement les enseignements de leur Père, l'une debout et l'autre à genoux. Or à cette époque, Marie-Louise Trichet portait seule le saint habit. Catherine Brunet, sa compagne, ne le reçut que dix ans après.

Signalons deux faits qui terminent glorieusement la série de merveilles opérées dans ce lieu béni.

Cliché Oudin.

INTÉRIEUR DE LA CHAPELLE DE MONTBERNAGE

Pendant les derniers travaux de restauration, les Sœurs récitaient tous les jours le *Salve Regina* et une invocation à la Reine des Cœurs, pour écarter tout fâcheux accident. La Mère de Dieu daigna exaucer ces prières.

Un ouvrier chargé de démolir la voûte commence son travail. Tout à coup la voûte cède; le malheureux tombe et disparait sous les décombres. On accourt à son aide, on organise des fouilles. Le pauvre homme doit être broyé sous le poids des matériaux. Bientôt on le trouve étendu le long du mur; mais, à la grande surprise de tous, il se relève lui-même sain et sauf. Une petite égratignure à l'oreille est le seul souvenir de sa chute.

Voici le second fait. Pour monter la lourde charpente, plusieurs ouvriers s'étaient posés sur une poutre qui paraissait très solide. Ils n'avaient pas conscience du danger auquel ils s'exposaient. Cette pièce de bois était vermoulue à l'intérieur. Le soir, un autre ouvrier, voulant poser son pied dessus, entendit un sinistre craquement. La poutre était brisée en deux. Il n'eut que le temps de saisir un soliveau à sa portée et d'éviter ainsi une chute malheureuse.

Notons aussi un trait d'un autre genre. La Sœur Saint-François, Supérieure de Montbernage, désirait, on ne sait pour quelle raison, descendre la statue de Marie de son trône et même la retirer de la chapelle. Peut-être voulait-elle une statue plus moderne. M. Pruel, curé de Sainte-Radegonde, qui a souvent raconté cette histoire à la petite communauté, voulait empêcher la Sœur de faire ce changement. « Vous faites injure au Père de Montfort, disait-il; vous attaquez le fondement de votre maison. » Tout fut inutile. La Supérieure fit venir des hommes pour l'aider à réaliser son dessein. Il n'en fallut pas moins de sept ou huit pour tirer la Reine des Cœurs de son piédestal. On eût dit que la Vierge sainte ne voulait pas quitter un lieu où elle était si vénérée. Or, le jour même de cette exécution, la Sœur Saint-François reçut son obédience. Elle dut, à son grand regret, quitter son cher Montbernage. Après son départ, on remit la statue à sa place accoutumée. Chose étonnante, deux hommes suffirent pour ce travail. Que les futures Supérieures de Montbernage gardent avec un soin jaloux la Reine des Cœurs, leur bienfaitrice insigne.

✠
✠ ✠

L'établissement de Montbernage, grâce à la protection de Montfort, est toujours prospère. Les Sœurs y dirigent un asile pour les petits enfants, plusieurs classes et enfin un ouvroir. Avant la Révolution, elles portaient un nom gracieux, d'ailleurs bien mérité. Le peuple les appelait les *Dames de Bons Cœurs*, à cause des cœurs nombreux qui encadraient la statue de Marie en leur chapelle. A l'heure présente elles continuent les traditions de leur Bienheureux Père : sous leur direction, les enfants apprennent à aimer Jésus et Marie et à se conduire en véritables chrétiens.

J.-M. Texier, *C. M.*

Notre-Dame de Pitié

ESQUISSE HISTORIQUE ET LÉGENDAIRE

La plume et la parole ont tour à tour loué la Vierge de Pitié; peut-être le lecteur s'étonnera-t-il de voir paraître, signé d'un nom inconnu, un article bien modeste sur la « Reine du Bocage », mais tout en demandant grâce pour sa faiblesse, l'auteur le prie de remarquer que depuis le murmure de l'humble ruisseau qui glisse sur la mousse jusqu'aux ondes sonores, aux roulades superbes et variées du rossignol, tout être ici-bas, créé par Dieu pour embellir la terre, chante à l'envi les louanges du Créateur.

Je suis, si vous le voulez, cet humble murmure de l'humble filet d'eau. Puisse la Vierge Marie, à qui je consacre ces lignes, l'avoir pour agréable, et mon lecteur en pardonner la monotonie.

I

A voir la Gâtine, des hauteurs de la route de Bressuire à Secondigny, on la prendrait pour un immense parterre, dit l'abbé Albaret; on ne peut en effet s'empêcher d'admirer les beaux paysages que la nature a semés avec profusion dans ce petit coin de terre peu visité des touristes et peu chanté par les poètes. Des chênes gigantesques s'élèvent à tous les points de l'horizon : tantôt, sortant du sol en épaisses futaies, ils forment, nous dit l'auteur déjà cité [1], de grandes forêts qui servent *de repaire aux sangliers et aux chevreuils* (?); tantôt parsemés à distance, ils fixent les limites des héritages et servent d'encadrement aux champs de blé, de maïs et de genêts. Ici le regard se perd dans les vallées profondes aux herbes fleuries et parfumées, à travers lesquelles murmurent mille petits ruisseaux; plus loin ce sont des collines couvertes de riches moissons, entrecoupées par intervalles de champs d'ajoncs aux grappes d'or, où les paysans mènent paitre leurs troupeaux de bœufs, pendant les ardentes chaleurs de l'été; là au contraire c'est un superbe vallon dont les chênes en gradin ruissellent de verdure; et çà et là, au milieu des prés et des champs, sur les collines et dans les vallons, d'énormes blocs de granit bleu ou rose surgissent du sol comme des fantômes bizarres : on dirait que ces roches granitiques ont été placées là comme des témoins irrécusables des révolutions auxquelles notre globe a été soumis pendant les périodes primitives.

Dieu, qui a donné à chaque région de l'univers une forme subordonnée à ses destinées morales et historiques, a mis sur la Gâtine, et sur le Bocage encore plus, une empreinte très visible de ses desseins. Quand il la créa avec le reste du globe, cette petite partie de la terre, il appuya fortement sur elle sa main toute-puissante, car il voulait surtout lui imprimer le caractère de la vaillance et de la fermeté. Voilà pourquoi il lui donna pour base des couches épaisses de silex et de granit et pour couronne les ombrages des chênes; et quand il l'eut ainsi disposée, il la céda en partage à une race d'hommes doués d'un tempérament robuste et d'une âme constante et fidèle.

Quand on considère un peu plus attentivement la face du pays, quand on interroge les sanctuaires mystérieux de ses forêts, et quand on fouille jusque dans ses entrailles, on découvre peu à peu les précieux vestiges de son passé : on voit que depuis longtemps déjà cette terre si éloignée du berceau du genre humain est devenue la demeure de nombreuses tribus. Les Celtes et les Gaulois y ont, en effet, laissé, comme un souvenir de leur séjour, des monuments remarquables dans lesquels les antiquaires, comme l'illustre Père de La Croix, ont reconnu des autels souillés de sang humain ou des lieux de sépultures. Qu'il suffise de nommer, parmi les plus curieux, les rochers d'Hérisson, de la Morlère, près La Chapelle-Seguin, et les étonnantes roches de Boussignou (*bovis signum*, vulgairement, *pas de la vache*), près le bourg de Vernou, et les menhirs non moins remarquables des environs de Largeasse. De plus, en labourant ses terres, le paysan trouve sous le soc de sa charrue des casques brisés, comme les laboureurs de Virgile, et des pièces de monnaie aux effigies impériales. En effet, à Chanteloup, distant de quelques kilomètres seulement de La Chapelle-Saint-Laurent, on découvrit une amphore qui renfermait 2900 pièces de monnaie

1. Qui, soit dit en passant, a souvent peu souci de l'exactitude dans son poétique langage; mais il me semble que poésie et vérité ne sont pas deux termes contradictoires.

des empereurs romains des IIIe et IVe siècles [1]. Que sont devenus ces conquérants qui ont apporté de si loin la gloire de leurs conquêtes? Un peu de terre les recouvre... ou plutôt leur poussière est semée de par le monde, prêchant la vanité de la gloire humaine, et leurs armes, qui faisaient la terreur des guerriers les plus courageux, sont devenus le jouet des petits enfants du hameau.

Cependant les travaux des Romains n'ont pas été tout à fait inutiles pour répandre la vérité dans les contrées dont nous parlons. Quand ils bâtissaient, avec des précautions infinies et d'admirables connaissances stratégiques, les nombreux chemins qui sillonnaient l'Occident, ils s'imaginaient ouvrir un passage à de nouvelles usurpations ou rendre leur domination plus facile; ils se trompaient : ils préparaient ainsi, sans le savoir, des voies triomphales à Notre-Seigneur Jésus-Christ, car c'est par là que les disciples de saint Martial d'abord, de saint Hilaire et de saint Martin ensuite, devaient passer pour annoncer la *bonne nouvelle*.

Situé près du *Chemin des Chaussées* [2], construit par les Romains, le coteau de PITIÉ est élevé de 220 mètres au-dessus du niveau de la mer et fait partie de la chaine de collines verdoyantes qui, se soudant aux âpres montagnes du Limousin, s'en va de l'est à l'ouest, jusqu'à l'Océan. Des eaux qui tombent du ciel sur le sanctuaire privilégié, une partie s'écoule au midi dans la Sèvre-Niortaise et l'autre au nord dans la Sèvre-Nantaise. Et c'est sur cette colline bénie que, selon une expression du Cardinal Pie, l'illustre Evêque de Poitiers, « le Bocage et la Gâtine viennent en quelque sorte se donner la main ».

Notre-Dame de Pitié, la *Chapelle-Pitié*, et plus simplement *Pitié*, désignent le gros village qui sous différents noms se groupe autour du sanctuaire consacré à Notre-Dame des Sept-Douleurs, que l'on vient vénérer en ce lieu des coins les plus reculés du Poitou, de la Bretagne, de l'Anjou, du Saumurois, de la Touraine et de la Saintonge. C'est qu'en effet Notre-Dame de Pitié est à la Gâtine et aux environs ce que Notre-Dame de la Garde est à la Provence, Notre-Dame de la Salette au Dauphiné et Notre-Dame de Rocamadour au Quercy, pour ne citer que ces trois noms; et de plus, comme dans ces pèlerinages, la Sainte Vierge a fixé son temple sur le plus haut sommet de la montagne, théâtre des merveilles de l'ordre surnaturel, « comme si elle voulait dire par là que la terre lui a été donnée en partage, et qu'elle est la souveraine de tout ce qui respire dans cette vallée de l'exil... Comme Marie voulait régner d'une manière toute spéciale sur ce doux pays du Bocage, dont la frontière se confond avec les ondes vertes du grand Océan, elle choisit pour demeure l'un des points les plus élevés du département des Deux-Sèvres, afin que de toutes les régions de cette extrême partie de la terre, tout empourprée des rayons du soleil couchant, l'homme ne puisse pas regarder en haut sans la voir, l'implorer et la bénir ». — « Outre que la colline de Pitié est un site enchanteur aperçu de très loin, vers lequel rayonnent les principales localités du Bocage, c'est aussi le centre de cette héroïque Vendée, qui, dans des jours à jamais néfastes pour la France, put compter le nombre de ses héros par le nombre de ses enfants. »

A quelle époque ce nom fut-il donné à ce petit bourg? en quelle année ce coteau fut-il couronné par une chapelle dédiée à Marie? Ce n'est pas chose facile à dire, car nos pères se souciaient fort peu de confier à l'écriture des faits qu'ils croyaient de nature à se conserver dans la mémoire de leur postérité. De là ces gracieuses légendes qui, mêlant sans cesse le merveilleux à la vérité, font le désespoir des historiens et les délices des poètes. Force nous sera donc, faute de documents précis, de nous confiner dans des probabilités et de nous contenter d'une opinion déjà donnée, sans pouvoir la contrôler.

Quand, à la la fin du IIIe siècle, la paix fut rendue à l'Eglise, elle se substitua doucement au paganisme, dont elle transforma les temples en les consacrant au vrai Dieu. Nos régions du Centre et de l'Ouest ne s'écartèrent point de la loi commune alors, et l'histoire et les exemples de saint Martin de Tours sont là pour attester que cet illustre apôtre de nos contrées poitevines ne fit point autrement. Aussi ceux qui ont étudié le pays sont portés à croire, en voyant l'aspect du plateau et les amorces de voies romaines aboutissant à cet immense carrefour d'un hectare et demi, que ce lieu fut primitivement consacré à quelque divinité païenne; et les Romains trouvèrent probablement, en venant à Pitié, un culte religieux établi selon les règles liturgiques des Celtes et des Gaulois, qui choisissaient de préférence les lieux sauvages et les rochers élevés pour y faire leurs sacrifices : c'est l'histoire qui nous donne ces détails. Il est donc probable que ceux-ci y élevèrent un temple en l'honneur des divinités païennes; et ce temple, consacré aux dieux impurs, fut sanctifié pour servir d'abri au Dieu véritable et aux cérémonies augustes de la religion du Christ. Mais un jour vint, hélas! où des bandes de pillards se mirent à tout briser et à commettre ces actes de barbarie et de vandalisme propres à l'hérésie; et il est permis de croire que les ruines entassées, puisque ruines il y avait, dit la tradition, furent l'œuvre des Albigeois du XIIe siècle, qui tout naturellement, suivant leur instinct de vandales, détruisirent la modeste chapelle, qui ne fut relevée que cent cinquante à cent soixante ans plus tard. Sur les ruines entassées, les épines poussèrent sans qu'il se trouvât une main pour écarter ces parasites de nos « champs vendéens ». C'est que Dieu, qui se plait à faire fleurir les lis parmi les épines, se disposait à donner au Bocage, à la Gâtine, au Poitou tout entier, une marque de sa paternelle sollicitude; et Marie, qui envoyait saint Dominique de Gusman, le fils de Félix de Gusman et de Jeanne d'Aza, pour convertir par son rosaire les hérétiques Albigeois du Midi, voulut venir en personne raffermir la foi des austères habitants de nos régions, et le lieu choisi pour sa visite *officielle* fut Pitié.

Un jour donc, un laboureur, en poussant sa charrue sur la colline de Pitié, découvrit au milieu d'un buisson les restes d'une antique muraille, dans l'épaisseur de laquelle se trouvait une statue de la Sainte Vierge, tenant sur ses genoux son Fils descendu de la croix. La pieuse image fut l'objet d'un grand respect de la part du laboureur et de ceux auxquels il fit part de sa découverte. D'un commun accord on convint qu'il fallait la porter dans l'église de la paroisse, mais elle n'y demeura point. Le lendemain elle fut retrouvée sur le vieux mur, au milieu des épines, *sicut lilium inter spinas*. Par trois fois l'expérience se renouvela la même. Parmi la foule accourue pour être témoin du prodige, une voix fut entendue, qui disait : « Pitié! pitié [1]! »

Ce récit a été mis en vers dans un de nos cantiques, et le lecteur me permettra bien de lui présenter cette pièce, composée pour le couronnement de Notre-Dame (20 septembre 1873).

En voici quelques passages :

Marie aima toujours le berceau de nos pères :
Sur ce riant coteau l'on nous dit qu'autrefois,
Afin de résider auprès de leurs chaumières,
Elle vint déposer l'image de son choix.

Soudain le lis en fleur et la blanche aubépine,
Par de plus doux parfums dévoilant ses secrets,
Tout autour invitait : voici qu'à la colline
La Mère des Douleurs a révélé ses traits.

1. Trésor de Chanteloup (*Bulletin de la Société de statistique du département des Deux-Sèvres*. 2e série, t. III, p. 278-287, année 1877. Biblioth. de Niort).

Il y a quelque sept ou huit ans, à Pitié même, le soc d'une charrue mettait à découvert des pièces de monnaie des empereurs romains dans un champ appartenant à M. Brémaud.

2. Il partait de Rom et gagnait Nantes par Vauçays, Verruge, Allons, L'Absie, Saint-Pierre-du-Chemin, Pouzauges et Clisson. Une de ses ramifications passait par Secondigny, Pougne, La Chapelle-Saint-Laurent.

1. Légende du lieu consignée dans une notice manuscrite, par M. Laurentin, ancien curé de La Chapelle-Saint-Laurent.

Sur ses genoux tremblants, comme au mont du Calvaire,
Marie offrait le corps tout meurtri du Sauveur.
Et ce mot s'entendit au sommet solitaire :
Enfants chéris, pitié, pitié pour ma douleur.

Emus alors des pleurs qui baignaient son visage :
Fixez ici vos pas, reprirent nos aïeux,
Reine du ciel, soyez Reine au pieux Bocage,
Toujours vous régnerez sur nos cœurs en ces lieux.

. . . .

Une tradition, assurément fort respectable puisqu'elle est très ancienne, assure que cette statue miraculeuse fut longtemps placée sous un arceau dans le mur. Mais ce trône et cet abri n'étaient pas dignes de cette divine Mère, c'est pourquoi les habitants, aidés du seigneur de Clisson, des Mottes et de La Chapelle-Saint-Laurent [1], se mirent en devoir d'élever une chapelle à Notre-Dame sur les ruines de l'ancienne. La plus vieille muraille de l'église actuelle, du côté du chevet, paraît dater d'une époque antérieure au XIVe siècle, sans cependant dépasser de beaucoup le XIIIe ; c'est le premier monument et la première date que nous aient laissés les siècles écoulés.

« Puisque jusqu'au XIVe siècle il est impossible de mettre la main sur quelques traces positives, sur des renseignements certains, que conclure alors, sinon qu'il faut remonter le cours des siècles et aborder à ces temps lointains où naissent Notre-Dame de Chartres, Notre-Dame de Fourvière à Lyon, Notre-Dame de Bon-Secours à Rouen, sanctuaires dont les papiers de fondation ne sont pas mieux en règle que ceux de Pitié, mais dont l'origine historique est certainement contemporaine de l'établissement du christianisme dans les Gaules. Quiconque refuse créance aux dires des Gâtinais — et des habitants du Bocage — doit accepter cette solution, et ce recul de l'existence de Pitié, du culte de Marie sur cette colline jusqu'aux temps apostoliques, centuple la vénération et la confiance [2]. »

Quelques incrédules modernes, qui ne croient qu'à ce qu'ils disent, ont prétendu que ces Madones que le hasard découvrait au milieu des ruines n'étaient que l'heureux effet de l'imagination des peuples du Moyen-Age. Il me semble cependant que l'invention de ces statues n'offre rien d'impossible et d'improbable : « Elles accusent au contraire, dit M. A. Coutant, la persistance d'un culte florissant, et il est probable, ajouta-t-il, que la colline de Pitié, point culminant de la Gâtine, avait excité la préférence de Celle qui aime à asseoir ses demeures sur de saintes montagnes : *Fundamenta ejus in montibus sanctis*. Que la découverte de cette statue ait été la source d'un surcroît de dévotion, le renouvellement du pèlerinage, le principe de la reconstruction d'un sanctuaire, nul ne s'en étonnera, s'il est suffisamment renseigné sur les relations miséricordieuses de Dieu avec l'homme. Dans cette question d'origine, le sanctuaire de Pitié serait-il une exception parmi ceux dont l'autorité religieuse et providentielle est incontestable ? »

Et mieux encore, produisons les actes de naissance de quelques-uns de nos sanctuaires de France.

Au diocèse d'Amiens, on doit à la trouvaille d'un berger, ou mieux, au doigt de Dieu, la statuette vénérée depuis quatre ou cinq cents ans sous le nom de Notre-Dame de Brebières.

Le sanctuaire de Notre-Dame de Bon-Encontre a une origine encore plus curieuse. C'était le temps où le protestantisme levait la tête et voulait souiller la robe immaculée de l'Eglise et de la Sainte Vierge. Un enfant, le plus jeune d'une famille d'Agen, apportait tout joyeux à ses parents une statue de Marie, arrachée aux ronces et aux épines et que l'obstination d'un taureau à toujours se coucher au pied du même buisson lui avait fait découvrir.

Et Notre-Dame de Beauchêne, n'a-t-elle pas la même origine ? Souvenons-nous que les bergers furent les premiers appelés à la crèche.

Quel est celui qui n'a pas lu la touchante et gracieuse légende de la Vierge de Valfleury, dans la Loire, archidiocèse de Lyon ? Des pieux chrétiens se rendant à l'office de Noël aperçoivent des genêts fleuris, s'en approchent et voient une statue de Marie avec l'Enfant Jésus sur son sein.

Et Sainte-Anne d'Auray ? et la belle légende d'Yves Nicolazic ? En 1615 un outil de jardinage met au jour une statue de la Sainte Vierge.

« Ces quelques faits suffisent pour montrer que rien d'étrange ni d'insolite ne s'est passé à Pitié, quand l'image de Marie fut ramenée au milieu des décombres. Et cette levée de terre de la sainte Image et son érection sur les autels reçut à Pitié comme partout la sanction de faveurs nombreuses obtenues du Cœur de Marie et tirées du trésor divin : grâces que se partagèrent les corps infirmes et les âmes plus malades encore des multitudes qui se précipitèrent au pied de ces nouveaux autels.

« Mais j'entends dire, ajoute l'auteur des *Souvenirs*, que la foi affaiblie des générations contemporaines se récrie à cause des sources naïves où prennent naissance les dévotions populaires et supporte mal ces poétiques aventures d'où se dégage une statue miraculeuse, qui devient le principe d'un acte de foi défiguré dans la suite par une superstitieuse ignorance. Mais à cause du mauvais vouloir d'une époque irréligieuse, sera-t-il moins exact, moins authentique, le récit des apparitions de Lourdes et de la Salette, de ces apparitions qui, à l'heure présente, restent si complètement victorieuses des attaques de la plus subtile impiété ? Dès maintenant, la poésie, la naïveté charmante, n'en sont point bannies, et quand même la légende fleurirait ce fond véridique d'ingénieuses broderies, rien ne serait enlevé au fait de l'apparition de Marie, aux paroles des témoins, à la beauté grandiose de la dévotion des pèlerinages [1]. »

Et si vous réfutez le récit qui court en Gâtine depuis quatre cents ans ; si vous ne voulez voir dans l'invention de la statue de Pitié qu'une légende des âges crédules, quelle date assignerez-vous au sanctuaire, au pèlerinage, au culte de Marie en ce pays? c'est une question que je vous laisse à trancher en vous priant de remarquer qu'on ne va pas impunément contre une tradition si bien ancrée, à moins alors que, les preuves en mains, on ne puisse marcher sûrement. Reste à trouver les preuves du contraire, puisqu'en philosophie il est un principe universellement admis, qu'il ne faut pas supposer le mal, mais le prouver.

Frédéric Bonneau, *pr.*

(A suivre.)

La suite de cette étude comportera des gravures inédites.

1. Op. cit., *passim*.

1. Pour le moment, nous n'avons point à nous occuper de l'histoire de cette importante paroisse du doyenné de Moncoutant. Voici cependant ce qu'elle était dans les temps les plus reculés au point de vue féodal et religieux.

L'archiprêtre de Parthenay, de temps immémorial, y avait fixé sa résidence, et de là son pouvoir s'étendait sur les cinquante-huit paroisses placées sous sa garde.

Au point de vue civil, La Chapelle-Saint-Laurent était le chef-lieu d'un comté, et la châtellenie des Mothes-Coupoux et de La Chapelle-Saint-Laurent était un fief dont le ressort s'étendait sur tous le pays environnant.

2. *Souvenirs du couronnement*, p. 3.

ART LITURGIQUE

LES CARTONS D'AUTEL DE L'ÉGLISE DE JAULNAY (Vienne)

M. Métais, dans sa substantielle étude[1] sur son église paroissiale de Saint-Denis de Jaulnay, au diocèse de Poitiers, n'a eu garde d'omettre les cartons d'autel, jetés au rebut par ses prédécesseurs et retrouvés par lui au grenier. Il a bien fait de les remettre en honneur, car ils constituent une véritable curiosité, d'autant plus que je les crois uniques en Poitou. Comme il en parle trop sommairement et que la vignette jointe à sa mention est insuffisante pour les faire apprécier, il est utile que je revienne sur le sujet, qui n'a encore été traité nulle part d'ensemble ; à peine s'il existe quelques monographies sur un certain nombre de spécimens archéologiques.

Je recommande instamment au musée de Ligugé d'ouvrir une série spéciale pour les cartons d'autel. Il ne s'agit pas ici d'art, mais de liturgie : il importe, pour l'histoire et les transformations du culte, de rassembler soigneusement et de classer méthodiquement tout ce qui existe encore en ce genre. On en rencontre par ci par là, dans les sacristies, qui ne servent plus, soit parce qu'ils sont démodés, soit parce qu'ils sont en mauvais état de conservation. Il est actuellement grand temps de les ramasser, car bientôt on n'en trouvera plus ou du moins très difficilement.

De nos jours, le nombre trois s'impose pour ce petit meuble d'autel. A Jaulnay, il n'y a que deux cartons. Le troisième se serait-il perdu ou n'a-t-il jamais existé ? La question vaut la peine d'être étudiée.

Le Missel de Mgr de Beaupoil de Saint-Aulaire, en 1767, contient cette rubrique, à l'article *De preparatione altaris*, sous le nº 7 : « Ad crucis pedem, vel retro, apponatur tabella secretarum, quæ vulgo *canon* dicitur » (page 6). Et c'est tout : ainsi, régulièrement, d'après la rubrique, un seul carton serait requis, celui du milieu.

Les rubricistes sont vraiment bien étourdis. Discutons un peu ce texte, évidemment copié sur la rubrique du Missel romain[2].

Ad crucis pedem suppose un état de choses disparu, c'est-à-dire un autel qui n'a pas de gradins, comme dans les basiliques romaines, où le carton s'accote au pied de la croix ; ou des gradins sans tabernacle[3]. Or, en France, avec nos tabernacles élevés, la croix était au sommet, trop haut pour y placer le carton. Le mettre *retro* était bien encore plus impossible, le prêtre n'aurait pu lire que malaisément. *Ad crucis pedem vel retro* demandait donc à être réformé, pour adapter la rubrique à un état de choses différent ; on n'y a même pas songé[4].

La *tabella secretarum* est ce tableau contenant ce qui se dit à voix basse, à certains moments où il serait incommode de recourir au Missel. Cette *tablette* se dit vulgairement *canon*. Soit pour le carton central, mais non pour les deux autres, malgré l'usage contraire, contre lequel je proteste au nom de la langue française, où un mot ne peut se prendre pour un autre. *Canon* doit être réservé au livre par lequel les évêques remplacent les cartons et qui contient effectivement *tout le canon de la messe*. Dès lors qu'on admet trois cartons, c'est l'expression générique qui l'emporte, et la locution est intrinsèquement propre, puisqu'elle se réfère, dans le principe et souvent encore maintenant, à des feuilles imprimées, collées sur du carton[1].

Furetière, dans son *Dictionnaire universel* (2e édition, 1727), omet *carton* et se contente de canon : « *Canon* se dit aussi d'un tableau ou carton dans lequel les paroles sacramentales sont écrites, avec les oraisons essentielles au sacrifice de la messe. On le met au milieu de l'autel, devant les yeux du célébrant. Un canon en broderie ou un canon enluminé. » Le lexicographe est donc en retard sur son époque, car il ne parle que d'un carton et, de son temps, il y en avait déjà deux, sinon trois[2].

Le Missel poitevin ne mentionne pas le carton du *Lavabo* et n'en parle pas davantage au lavement des mains ; or, le carton de Jaulnay lui inflige un démenti formel sur ce point.

Il n'inscrit pas celui de l'Evangile de saint Jean, et cependant il semble y faire allusion, lorsqu'il dit que le prêtre fait préalablement le signe de la croix sur l'autel et sur le texte : « Vadit ad cornu evangelii, ubi dicto *Dominus vobiscum*, pollice dextro signans primum signo crucis altare vel textum, deinde frontem, os et pectus, dicit : *Initium* vel *Sequentia sancti Evangelii secundum*, etc., ut dictum est in rubricis ; deinde junctis manibus, legit Evangelium sancti Joannis *In principio erat Verbum* vel aliud, ut convenit. » La disjonctive *vel* précise le sens ; le texte s'entend de l'évangile avec *Sequentia*, lu dans le Missel. Donc, à la rigueur, l'Evangile de saint Jean doit se réciter par cœur, et cependant le rubriciste veut qu'on le lise, *legit evangelium sancti Joannis*. Mais alors sur quoi le lire, puisque le Missel a été fermé après la postcommunion : « Quibus finitis, claudit librum nisi legendum sit aliud evangelium loco evangelii *In principio* », et qu'il n'y a pas de carton de ce côté ?

Le rubriciste poitevin est passablement superficiel. Peut-être, à cette époque, le dernier évangile se récitait-il en descendant de l'autel, comme fait encore l'évêque aux pontificaux[3].

Les deux cartons de Jaulnay, que n'élucide pas la rubrique officielle, exigent qu'on les étudie en eux-mêmes. Trois choses sont à examiner successivement : le *texte*, l'*ornementation* et l'*encadrement*.

I

Le texte, sur le carton central, est réparti sur trois colonnes. Au milieu, ce sont les paroles de la consécration : « Qui pridie quam pateretur..., in mei memoriam facietis », précédées de la rubrique : *Accipiendo in manibus hostiam dicit*, rubrique faite

1. Voir *Pays Poitevin*, septembre 1898.

2. « Ad crucis pedem ponatur tabella secretarum appellata. »

3. Sur la tapisserie du mariage de Louis XIV, dessinée par Le Brun (Guiffrey, *Inv. de Louis XIV*, t. I, p. 321), il n'y a sur l'autel qu'un seul carton, placé sous la croix et sur le premier gradin : il est divisé en trois compartiments ornés.

4. La rubrique romaine, légèrement modifiée, est passée à l'état de cliché. Ainsi, le *Missale Albiense* (1766) n'admet qu'un seul carton, celui du milieu, qui se place au pied de la croix ou en arrière : « Ad crucis pedem vel retro apponitur tabella quæ canon dicitur. »

1. On n'a pas toujours aussi mal parlé en Poitou, témoin ce fait. La Société des Antiquaires de l'Ouest possède un livret, daté de 1787 et qui a servi à relever les « impositions de l'Election de Niort ». A l'intérieur de la couverture en parchemin est collé un prospectus de « d'Epierris, marchand papetier et relieur, à Nyort, rue du Palais, près le puits », qui vend entre autres choses, « Cartes d'Autel de toutes grandeurs, Préparations et Actions de Graces avant et après la sainte Messe ».

2. « Tempore missarum, ad pedem crucis ponatur tabella secretarum ; in cornu Epistolæ Missale super cussino vel pulpito, et in cornu Evangelii carta continens Evangelium Sancti Joannis...

« Tabella secretarum contineat *Hymnum Angelorum*, *Symbolum*, *Suscipe*, *Offerimus*, *In spiritu*, *Suscipe sancta Trinitas*, *Qui pridie*, Orationes ante Communionem et ante Benedictionem ; et crassiori carta sustentetur ne curvescat. Similis sit tabella altera continens Evangelium *In principio*. » (*Rituale Cisterciense*, Paris, 1721, D. Mariette, lib. II, ch. I, *De præparatione Altaris et Ministerii*, p. 72 et 77.)

3. Episcopus, deposita mitra, dicit versus cornu Evangelii *Dominus vobiscum* summissa voce et facto signo crucis super altari, dicit *Initium sancti Evangelii secundum Joannem*, quod prosequitur, sumpta mitra et baculo, procedendo ad locum ubi a principio accepit paramenta. » (*Cær. Episc.*, lib. II, cap. VIII, nº 80.)

pour la circonstance, car elle ne reproduit pas celle du Missel, qui dit avec Rome : « Manducate ex hoc omnes », et non *ex eo*, comme sur le carton.

Au côté gauche, relativement au prêtre célébrant, se succèdent trois oraisons pour l'offrande, trois pour la communion et une avant la bénédiction.

Les premières sont : *In spiritu humilitatis, Veni sanctificator* et *Suscipe sancta Trinitas*. Voici les variantes : « In spiritu humilitatis et in animo contrito suscipiatur (dans le Missel, *suscipiamur*) in conspectu tuo hodie, ut placeat » (dans le Missel *hodie, ut a te suscipiatur et placeat*).

« *Ante sumptionem sacramenti inclinatus dicit :* Domine Jesu Christe, qui dixisti..., Domine Jesu Christe, Fili David... Perceptio corporis tui.

« *Ante Benedictionem inclinatus dicit* : Placeat tibi... »

Au côté droit, le *Gloria in excelsis* est superposé au *Credo*, puis viennent les deux offrandes de l'hostie et du calice :

« *Sacerdos offerens hostiam super patenam dicit :* Suscipe sancte Pater...

« *Offerens calicem dicit* : Offerimus tibi... »

Le second carton met en tête ce texte biblique[1], suivi de la bénédiction de l'eau : *Deus qui humanæ*, et du lavement des mains : *Lavabo*...

CIBAVIT ILLUM DOMINUS
PANE VITÆ ET INTELLECTUS

Au *Lavabo*, je note ces deux variantes : « Ut audiam vocem laudis tuæ[2] » (dans le Missel : *vocem laudis*) ; « Ne perdas cum impiis animam meam » (dans le Missel *Ne perdas cum impiis Deus*, comme au romain).

Ces écarts de texte, quoique peu importants, prouvent que l'impression n'a pas été surveillée par l'évêché, comme elle aurait dû l'être, conformément aux prescriptions du Saint-Siège.

L'impression, en caractères gros et nets, a été faite sur satin blanc, par deux imprimeurs différents : la veuve Braud et François-Xavier Mesnier. Le carton du milieu est signé, au bas et à gauche :

A POITIERS, chez la veuve de JEAN-BAPTISTE BRAUD,
Imprimeur et libraire de l'Université.
M. DCCI[3].

Le carton du *Lavabo* porte :

A POITIERS, par F. XAVIER MESNIER, Imprimeur du Roy
et de l'Université[4].

Pourquoi deux noms d'imprimeurs, surtout contemporains? Cela saute aux yeux immédiatement. Il n'y a pas là, ce me semble, une raison liturgique, qui n'aurait admis qu'un seul carton, puis, peu de temps après, un second. J'y vois plutôt l'existence simultanée, à Jaulnay, de deux paires de cartons, une peut-être pour le grand autel, l'autre pour la chapelle des Fumée. De la première il ne reste que le *canon*, de la deuxième que le *Lavabo*.

II

Le carton central mesure $0^{m}52$ en hauteur et $0^{m}82$ en largeur. Ces proportions paraîtraient peut-être exagérées ; en réalité, elles ne le sont pas, car il faut considérer qu'on a cherché l'effet, outre la commodité du célébrant ; on a tenu à ce que le tableau fût pour l'autel un monument en harmonie avec le tabernacle imposant et le retable majestueux qui jouissait alors de la vogue générale.

L'ornementation qui encadre le texte tourne tout autour et indique, par deux colonnes verticales, la division intérieure en trois compartiments. Ici sa largeur n'est que de huit centimètres, tandis qu'elle atteint douze au pourtour et se développe jusqu'à seize en haut et en bas de la partie médiane.

Cet encadrement est fort élégant. Il se compose de perles longues, de cinq couleurs, blanc, jaune, vert, bleu, noir. En somme, c'est le jaune qui domine, car il a la prétention de rappeler la broderie d'or, rehaussée de quelques nuances[1].

Le dessin est largement traité et obtient son effet à distance. On se sent de suite à l'époque du grand règne où l'art renouvelé envahit tout. La composition est facile et variée, mais toute conventionnelle. En haut, voici une croix dont les quatre branches s'épanouissent en tulipes jaunes, mouchetées de vert et de blanc aux angles rentrants. Puis ce sont de larges rinceaux qui s'enroulent et se développent, projetant des feuilles, piquées de quelques fleurs. En dessous, une espèce de lyre, bleue et blanche, est le point de départ de deux tiges montantes, très souples et gracieuses.

La technique est très simple, il importe de la signaler. Les trois textes sont renforcés, en doublure, d'un parchemin et circonscrits par un cordonnet blanc. Les paroles du canon, pour attirer davantage l'attention, ont un double cordonnet ; l'intérieur forme frise, échiquetée vert, blanc, bleu, jaune, où les perles verticales, sur trois ou quatre rangs, succèdent aux perles horizontales.

Le fond de la bordure est en damas blanc. Le dessin y est tracé, à la manière du cloisonné, par un cordonnet blanc, quelquefois vert, si telle est la nuance de la feuille qu'il enserre. Le remplissage se fait ensuite avec des perles, mises dans tous les sens, car elles s'assouplissent aux contours ; en certains endroits, le cœur de la fleur est rehaussé de petites perles rondes, de couleur blanche.

Le carton du *Lavabo*, large de $0^{m}26$ et haut de $0^{m}33$, quoique du même travail, a un aspect différent. On ne voit pas le fond, qui est en canevas. D'abord, l'encadrement se fait au moyen d'une frise entre deux cordonnets : cette frise est échiquetée (le blanc y alterne avec le bleu) et entrecoupée d'un ruban en relief rembourré de laine. Elle a perdu presque partout les perles jaunes qui doraient sa surface. La bordure proprement dite, de six centimètres latéralement, est large de onze en haut et de huit en bas.

Le champ est tapissé, en échiquier, de perles blanches. A la partie supérieure, s'épanouit une rose au cœur de perles rondes et blanches, entre deux rinceaux montants qui encadrent le *Cibavit* ; à la partie inférieure, d'une corbeille jaune sortent deux tiges, vertes et blanches, qui se poursuivent en rinceaux et se terminent par une espèce d'anémone, au cœur perlé de blanc. Toute cette ornementation rampe entre deux cordonnets : tantôt elle est plate et tantôt en relief, constamment jaune, avec de légères traces de bleu et de vert.

III

Le montage est des plus économiques. La toile de fond, qui renforce le damas du carton central, est clouée sur une planchette extérieurement garnie d'une toile blanche. Un petit

1. « Cibabit illum pane vitæ et intellectus. » (*Eccle.*, XV, 3.)

2. *Tuæ* n'est pas dans le romain.

3. Les cartons du lycée de Poitiers sont signés :

Pictavii
apud viduam Joannis Baptistæ
Braud, Academiæ typographi
M. DC. XCVII

4. En 1858, j'ai trouvé en vente chez un chasublier d'Angers des cartons imprimés en 1690 : « Pictavii, apud Franciscum Xaverium Mesnier, regis, Academiæ regiique collegii Societatis Jesu. »

1. Ce genre de broderie a été très usité dans le diocèse de Poitiers pour les devants d'autel. Aucun n'est resté en place, malgré son intérêt archéologique. J'en ai vu vendre un superbe à Poitiers, au prix de 300 fr., il y a quelques années.

cadre doré formait tableau : il a été enlevé, ainsi que la tablette intérieure ; le point d'appui manquant, le travail de broderie en souffre nécessairement, car n'étant plus tendu, il se brise et s'affaisse.

Le carton du *Lavabo* a gardé sa planchette de bois blanc, épaisse d'un centimètre. Il est garni, au revers, d'une toile de Jouy, imprimée, d'un dessin serré et élégant. De larges rinceaux se détachent en violet sur le fond blanc et sont égayés, de distance en distance, par des fleurs d'un rouge pâle. L'impression se faisait en deux fois : d'abord le fond, puis le fleurage. Dans le second tirage, le raccord est loin d'être exact.

X. BARBIER DE MONTAULT.

ARCHÉOLOGIE

Une chapelle de Saint-Martin en Bocage Normand[1]

SUR les montagnes voisines du Pont-Erambourg (ligne de Caen à Condé-sur-Noireau), saint Martin possède une antique chapelle renommée par ses pèlerinages.

La chapelle et le cimetière remontent à la plus haute antiquité : le vocable du Saint en est un indice, et les découvertes incessantes de sarcophages, de pierres tombales anciennes, de croix archaïques, de souvenirs gallo-romains, confirment la tradition qui fait dater la construction du temple des premiers âges du christianisme. Réédifiée ou réparée à travers les siècles, cette église porte encore les traces des temples lointains. Dans l'un des bas côtés est ouverte une cheminée qui fait présumer la résidence, en ces lieux, jadis, de quelque ermite ; aux côtés du chœur est placée, dans le mur, une crédence.

L'église, de style roman, possède un autel qui date du XVIIe siècle ; le tabernacle est élégant et bien sculpté ; le retable présente une niche aveuglée aux tons bleus semés de fleurs pendantes ; la partie supérieure est bordée de rinceaux en or diamanté sur fond d'azur ; de chaque côté s'élèvent des pilastres composites, et des colonnes avancées du même ordre aux chapiteaux de feuilles d'acanthe dorées ; une croix latine domine la nef, tandis que, du haut du tabernacle, le Saint, couvert de riches ornements rouge et or, appelle sur les fidèles la bénédiction divine. Les boiseries latérales, formées de portes et de seize panneaux, sont couvertes de nielles ou feuillages dorés d'une grande légèreté, et toutes ces sculptures, ces frises, ces listeaux, ces volutes, présentent une heureuse variété des marbres verts, jaunes, gris, roses, blancs, rehaussés de nombreuses dorures et formant une décoration riche et séduisante, et toutes ces teintes douces se fondent dans un ensemble d'une majestueuse harmonie.

De chaque côté de l'autel, deux grandes toiles entourée de cadres aux oves dorés montant en pointe surmontées d'une croix latine retracent des épisodes de la vie du Saint. La première rappelle ses actes de charité ; soldat, il est à cheval, casqué et couvert d'une courte tunique ; il vient de couper son manteau et d'en donner une partie au pauvre qu'il a trouvé sur son chemin ; le temps est hivernal et gris, les frimas glacent les membres, la neige blanchit la terre, la monture est arrêtée, le cavalier se penche et s'empresse de soulager la misère ; près de lui, le malheureux presse le vêtement précieux contre sa poitrine grelottante ; sa figure, ses gestes expriment la plus vive gratitude ; sa nudité, ses infirmités, sa jambe suspendue, ses béquilles, tout chez lui fait naître la compassion, augmenté par les rigueurs du froid intense. Cette scène symbolique est esquissée avec art, et M. Grohand, qui l'a composée, a bien groupé ses personnages. Le visage du pauvre est expressif et son attitude répond à ses souffrances et à ses sentiments. Peut-être le cavalier pourrait-il soulever quelque critique : si sa position équestre est régulière, sa physionomie ne parait pas irréprochable et son épée semble trop ombrée.

L'autre peinture est moins connue ; elle représente le *Rêve de saint Martin*. Dans une chambre assombrie par la nuit se dessinent vaguement un lit et des consoles couvertes de livres ; sur le sol sont jetés, en premier plan, une moitié de manteau, l'épée, le cuissard, le casque et le bouclier. Près de ces armes le soldat en prière a un genou fléchi et porte en arrière la jambe droite dans un élan mystique ; sa face en extase aspire vers le ciel, et son œil fixe est celui d'un voyant ; sa main gauche sur son cœur et le bras droit tendu expriment de vifs sentiments d'amour pour le Très-Haut : c'est qu'aux cieux Dieu lui apparait assis sur les nues, selon les Ecritures, portant sur les genoux la moitié du manteau donné au mendiant. Le Seigneur envoie vers le Saint deux de ses séraphins : l'un offre la mitre, et l'autre lui présente la crosse épiscopale, présage de sa mission future. Cette belle inspiration artistique et idéale devait naître dans une âme profondément religieuse ; aussi est-elle sortie du pinceau d'un moine du monastère de Mondaye (Calvados) ; le Père Restout a conquis son renom par les grandes et belles peintures murales et les célèbres voûtes qui décorent son abbaye. Souvent les peintres se rendent à l'antique basilique pour puiser à cette source des inspirations ; mais le *Rêve* n'est plus en ce lieu ; il fallait découvrir cette œuvre oubliée dans une église de campagne (Colombelles), et c'est là que M. Grohand a eu le mérite de deviner cette belle toile, de la publier, de s'en inspirer. Toutefois, il a cru devoir, dans cette reproduction, adopter certaines préférences contemporaines en revêtant les anges d'une lévite. Le religieux compositeur de cette œuvre avait préféré retracer les aspirations artistiques d'une autre époque ; le reproducteur du *Rêve* aurait dû au moins répandre sur la toile les transparences nébuleuses d'un songe : il semble que la Divinité et les anges auraient été moins en vue, moins éclairés, et c'est au milieu d'un rayonnement diaphane et céleste que la vision divine se serait montrée dans toute sa majesté. Le Christ parait trop sacrifié au Saint qu'il protège ; celui-ci en effet, heureusement présenté et bien peint, possède des mouvements savamment combinés.

En somme, le tableau dans son ensemble doit attirer des éloges au décorateur de mérite de la chapelle.

Dans ce temple se trouvent encore quelques tableaux sans valeur artistique. Tous représentent saint Martin et saint Denis à différentes époques ; ils n'offrent qu'un intérêt archaïque, et leur conservation dans ce lieu ne s'explique que par leur ancienneté.

Un Membre de Sociétés archéologiques françaises et grecques.

1. Chapelle actuelle du cimetière, ancienne église paroissiale de Saint-Denis-de-Méré.

LES SANCTUAIRES POITEVINS

Notre-Dame de Pitié

ESQUISSE HISTORIQUE ET LÉGENDAIRE *(suite)*

II

Des Révolutions religieuses à la Révolution française

A peine la chapelle de Pitié fut-elle relevée de ses ruines que la foi et la pieuse générosité des fidèles l'enrichirent d'ornements et de fondations. Les archiprêtres de Parthenay, résidant à La Chapelle-Saint-Laurent, se dépensaient pour faire revivre les beaux jours d'autrefois et donner un éclat toujours plus grand et plus pur au plus beau joyau de leur paroisse et de leur archiprêtré, quand tout à coup un souffle empoisonné d'hérésie traversa la France et faillit l'asphyxier. Martin Luther, le moine apostat, leva l'étendard de la révolte, et, dans son orgueil insensé, voulut faire la loi à l'Eglise universelle. L'Allemagne et la Suisse furent les foyers d'impiété qui alimentaient dans l'Europe chrétienne et catholique les haines et les querelles. Les protestants de France, sous le nom suisse de *huguenots*, voulurent, comme leurs frères d'Allemagne, renverser les autels pour le plaisir de piller et de massacrer tout ce qu'il y avait d'humble et d'illustre.

Le sanctuaire de Notre-Dame-de-Pitié, enrichi des dons des pèlerins de plus en plus nombreux, ne fut point à l'abri de leurs convoitises.

Vers la fin de 1561, en effet, le Poitou fut envahi par des bandes de huguenots venues on ne sait d'où, conduites par un autre moine apostat, Renye Champagnac ou Campagnac, du Limousin, qui l'année suivante fut introduit à Poitiers par Sainte-Gemme, le capitaine de la ville. Le nom de ce Campagnac nous a été conservé dans un mémoire du 25 décembre 1594 adressé par l'archiprêtre de Parthenay, résidant à La Chapelle-Saint-Laurent, aux officiers du roi, afin de lui faire connaître les horreurs dont ces pillards sacrilèges s'étaient rendus coupables tant à Notre-Dame-de-Pitié qu'à La Chapelle-Saint-Laurent. Renye Campagnac avait en effet tout saccagé. Du logis de l'archiprêtre il ne restait plus que des ruines, l'église paroissiale fut incendiée et le curé-archiprêtre, M. Berrion, précipité dans les ruines fumantes de son église et brûlé vif, mort vraiment digne du ministre des autels. Naturellement Notre-Dame-de-Pitié ne fut point à l'abri du danger et du pillage, et dans le compte rendu des *grands jours*, tenus à Poitiers en 1569, sous la date du 6 octobre 1569, nous trouvons la mention ci-dessous :

« Sur la requête faicte par le procureur général du Roy, la court a ordonné et ordonne que Guillaume Rudurfart, escossais, sera appelé à certain jour en icelle pour se voir condamné à réédifier et remettre la chapelle fondée de Notre-Dame de Pitié, tous et chascun les fruitz et revenuz de ladite chapelle, par luy prins et perçuz despuys dix-huit ans, et procédé en outre comme de raison.

« DE HARLAY, DE TUDERT[1]. »

Qu'est-ce que Guillaume Rudurfart? Probablement un des lieutenants de Campagnac, mort l'année précédente (1568) à Poitiers. Ecossais d'origine, il était venu s'établir à Notre-Dame-de-Pitié, près de la modeste chapelle, dont il percevait tous les revenus, et cela pendant dix-huit ans, sans qu'il se trouvât une justice pour faire rendre gorge à ce voleur. Aussi pendant tout ce temps le pèlerinage fut-il interrompu et la statue miraculeuse aujourd'hui couronnée fut-elle mise en lieu sûr par des personnes aussi pieuses que fidèles. Telle est l'opinion de M. Laurentin, ancien curé de La Chapelle-Saint-Laurent, et du R. P. Drochon

CHAPELLE DE NOTRE-DAME-DE-PITIÉ

l'auteur de la *Notice historique* de Notre-Dame-de-Pitié. La cure,

1. *Mémoires de la Société de statistique du département des Deux-Sèvres*, t. XIV de la 2e série, 1878, p. 149 et suiv. *Bibliothèque de Poitiers.*

une des principales du Bocage, nous l'avons vu, était en si mauvais état que l'archiprêtre, M. Du Treuil, résidait à Paris et faisait, à titre de grand-vicaire, partie du clergé de Saint-Aignan. Quand, le 15 décembre 1574, l'assemblée du clergé se tint à Poitiers, il se fit représenter par M. René Mulo, curé de Neuvy, près de La Chapelle-Saint-Laurent, qui y lut le rapport suivant :

« Cette cure de La Chapelle-Saint-Laurent, annexée à l'archipréveré qui souloyt (avait coutume) par le passé estre affermé 80 livres, à présent ne vaut que 60 et à peine se trouve qui la veuille servir. A ladite cure ne se trouvent aulcuns logis ny aussy à l'archipréveré, et furent tous ruinés durant les troubles. Consiste le revenu de ladite cure en 6 septerées de terre, rapportant par an six septiers seille : nulles dixmes, parce que le seigneur des Mothes lève les dixmes et terrages : environ 7 journaux de jardins. Tout le reste ne consiste qu'en dévotions (à Notre-Dame de Pitié), qui pour ce jourd'huy est fort refroidie (*sic*). Cette annexe a été donnée à l'archiprèbtre plutôt pour l'office, comme on dit, que pour le bénéfice, et elle est plus à charge qu'à profit[1]. »

Les dévotions n'étaient probablement pas un gros revenu, puisque tout le pays s'était fait hérétique en devenant *huguenot*, suivant en cela l'exemple qu'on leur donnait de haut. Les seigneurs de Pugny, Guy de Saint-Maure, de Vaudoré et de La Forêt-sur-Sèvre étaient protestants et se faisaient bâtir des temples protestants. Mais le paysan du Bocage est comme le chêne de ses forêts, que le vent ne peut renverser; aussi le voyons-nous revenir de plus en plus souvent au monastère de Pitié, rapprendre, avec ses prières à Marie, les chemins de la colline, et se trouver là quand, le 29 novembre 1604, Mgr Geoffroy de Saint-Belin, évêque de Poitiers, vint consacrer la nouvelle chapelle que Rudurfart éleva en réparation de ses vols et de ses crimes.

On nomma alors un chapelain dont les archives ne nous conservent pas le nom. A sa mort, en 1618, la famille de Clisson voulut reprendre ses droits et en présenter un nouveau[2], mais, le 6 octobre 1618, messire Geoffroy de Grimouard, écuyer, seigneur de Péré et de la Garrelière, en présence des notaires de Coulonges-les-Royaux[3], et par acte public, présente à monseigneur Henri-Louis Chasteignier de La Roche-Pozay, évêque de Poitiers, « messire Mathurin Buignon, prêtre, demeurant à La Chapelle-Saint-Laurent, comme personne *idoine* et capable de tenir la chapelle ou stipendie de Notre-Dame-de-Pitié », qui, ajouta-t-il, fut « fondée et dotée par les défunts seigneurs de la Garrelière de Neuvy, fondateurs d'icelle ».

Le fait était grave, et le vénérable évêque ne soupçonna pas le piège ; « croyant fermement au droit du seigneur de la Garrelière, il fit donc collation du bénéfice de Notre-Dame-de-Pitié au candidat de M. Grimouard ; mais alors la famille de Clisson protesta contre cette usurpation, et M. Mathurin Paillerie, archiprêtre de Parthenay, curé de La Chapelle-Saint-Laurent, mais résidant à Paris, en fut immédiatement informé. Les pourparlers commencèrent et durèrent sept ans. La patience de l'archevêque fut enfin mise à bout, et le 28 octobre 1625 il délégua M. Balthazar de La Barre, curé de Clessé, pour défendre au susdit Mathurin Buignon de célébrer la sainte messe dans la chapelle de Pitié et « d'administrer en icelle aucun des sacrements de l'Eglise », et à dater de ce jour Mathurin Paillerie, résidant à Paris, ajouta à ses titres de curé de La Chapelle-saint-Laurent et d'archiprêtre de Parthenay celui de chapelain de Notre-Dame-de-Pitié[4].

Mais là ne se terminèrent pas encore tout à fait les longues querelles et les longs pourparlers entre Geoffroy de Grimouard et Jacques-Bernard Sauvestre de Clisson, treizième du nom de Clisson, comte des Mothes et de La Chapelle-Saint-Laurent, seigneur de Clisson et autres lieux et places, car c'est le 2 décembre 1655 seulement que fut passée, au château d'Oiron, la transaction qui régla ces différends.

En voici le texte, tel qu'il a été déjà publié.

« Transaction entre Jacques-Bernard Sauvestre de Clisson, des Mothes et de La Chapelle-Saint-Laurent, et Jean Goulard, chevalier, seigneur de La Vergne-Beauvais, et Jacques de Grimouard, chevalier, seigneur de Pairé et la Garrelière, intervenant sur les différends existant entre eux. Le dit de La Vergne prétendait que la chapelle de Pitié était bâtie dans le fief des trois seigneuries, dont la moitié lui appartenait, et partant, à cause de la seigneurerie de la Garrelière, être le fondateur et présentateur de ladite chapelle : le sieur de Clisson déniait le tout, et disait que quand elle serait dans le fief des trois seigneurs, cela ne donnait aucun droit au sieur de La Vergne, d'autant que le dit fief ne tient qu'en simple voirie, que ledit de Clisson en a la moitié, en est le chemier et le seigneur suzerain, mais qu'à lui seul appartenaient tous les droits honorifiques de ladite chapelle, qui était sans contredit dans l'étendue de ses châtellenies des Mothes et de La Chapelle-Saint-Laurent.

« Par l'avis et en présence du duc de Rouanais et de leurs autres amis, les parties transigent et conviennent que les droits honorifiques appartiennent à M. de Clisson, comme seigneur châtelain et haut-justicier des Mothes et de La Chapelle-Saint-Laurent, le sieur de Pairé renonce à ses prétentions, si, de ce jour en un an, il ne rapporte un titre de fondation de ladite chapelle, et à défaut de fournir ce titre, il ne pourra rien prétendre. Moyennant quoi le sieur de Clisson consent que le sieur de La Vergne puisse mettre un banc dans la nef de ladite chapelle et qu'il la tiendra de lui en hommage.

« Passé au château d'Oiron, le 2 décembre 1655. »

(Dom Fonteneau, t. 87, Biblioth. de Poitiers[1].)

Quand cette affaire prenait fin, il y avait onze ans que Mathurin Paillerie avait, en cour de Rome, résigné le bénéfice de Notre-Dame-de-Pitié. Son successeur fut M. Gabriel Voisine, qui fixa sa résidence à La Chapelle-Saint-Laurent, que l'archiprêtre n'habitait plus depuis 1651. Ce prêtre zélé autant que vertueux gouverna cette paroisse pendant quarante-quatre ans, à la grande édification des habitants et des nombreux pèlerins qui venaient faire leurs dévotions à Notre-Dame. C'est à M. Voisine que nous devons la restauration de l'église, les deux bras de croix, l'autel de sainte Apolline et celui du Sacré-Cœur, primitivement placé sous le vocable des saints Fabien et Sébastien.

La tentative des Carmes pour s'établir à Pitié

C'est à cette époque, vers 1658, qu'il faut placer la tentative que firent les Carmes déchaussés pour venir s'installer à Pitié ; pour raconter cette affaire, je ne ferai que citer les pièces authentiques, telles que M. Voisine lui-même les a conservées, écrites de sa propre main :

« L'archiprêtre de Parthenay a pour annexe la cure de La Chapelle-Saint-Laurent, et la chapelle de Notre-Dame de Pitié, édifiée dans les confins de la paroisse, proche le bourg, qui a toujours été possédée et servie par ses prédécesseurs curés de temps immémorial. Il partage les offrandes avec la fabrique de la paroisse, dit et fait dire les messes de dévotion qui y ont esté données, jouyt depuis quatorze ans, tant en ladite qualité de curé que pourveu de Notre-Saint-Père le Pape, par provision particulière et par accumulation de droits, sans aucun trouble.

1. Archives de La Chapelle-Saint-Laurent.
2. Ibid.
3. Coulonges-sur-l'Autize.
4. Archives de La Chapelle-Saint-Laurent.

1. L'intervention de ce Jean Goulard de La Vergne-Beauvais ne paraîtra pas justifiée au lecteur, peut-être était-il de la famille de frère Jean Goulard de La Griffardière, commandeur de Theonal et chevalier de la Religion de l'Hôpital de Saint-Jean-de-Jérusalem, le même qui, au chapitre provincial tenu à Poitiers le 5 juin 1553, reçut copie de l'information de la noblesse et mœurs de Jean Souvestre, de la maison de Clisson, paroisse de Boismé, diocèse de Maillezais, et qui fut tué à Malte. (Cf. Dom Fonteneau, t. 87, p. 131, *Biblioth. de Poitiers*.)

CALVAIRE DE NOTRE-DAME-DE-PITIÉ

Depuis qu'il y réside, la dévotion s'y est augmentée, qu'il a entretenue, par la grâce de Dieu, comme un don célestequi s'offroit à luy, avec l'aide de MM. Pierre Voisine, Mathurin Mimault et Pierre Brioleau, prêtres dudit lieu et de plusieurs autres qui se sont joints à eux ; où *journellement* se dit plus de douze messes, quelquefois quinze, quelquefois vingt, sans y avoir de fonds. Cette chapelle est bâtie dans un communeau, où aboutissent plusieurs fiefs, *et n'est en aucun* ; n'a jamais esté rendue ni servie d'aucun seigneur à un autre. *On ne sçait le temps de son édification.* Elle fut ruinée des huguenots, environ la bataille de Moncontour[1], avec l'église parochialle, qui firent brusler dans ses ruines le curé et archiprêtre, nommé Barrion. L'année 1604, elle fut remise par la fabrice dudit lieu et consacrée par Mgr l'évêque de Poictiers, lendemain de saint Simon, susdite année.

« Depuis ce temps-là le curé en a joui comme filleule et annexe de son église, des oblations qu'il a partagées avec la fabrice, des évangiles, des saluts, etc., y a fait faire le service, y est allé processionnellement dire la grand-messe les premiers dimanches du mois, les lundis de Pâques et Pentecôte et fait tout l'office canonial les jours et festes de Notre-Dame, à la Nativité de la sainte Vierge est l'assemblée de toutes les processions du cartier, qu'y reçoit ledit archiprêtre, où il leur donne à diner, en recongnoissance de la réception que luy font les autres curés le long de l'année. Tout cela se fait de coutume immémoriale.

« Plusieurs religieux, voyant fleurir et augmenter cette dévotion par la direction des prêtres séculiers, ont voulu se fixer en ce lieu, et tout dernièrement les Révérends Pères Carmes deschaussés au desçu du sieur archiprêtre, curé et chapelain, se sont fait donner une requeste par les habitants, laquelle estant dressée et escripte le 25 juillet dernier, se servant de l'autorité et puissance temporelle, auroit esté fait porter de village en village, ne contenant que faits supposés et faulx, pour, par de telles voyes, au détriment de l'honneur et bien dudit archiprêtre, obtenir leur établissement en ladite chapelle de Notre-Dame-de-Pitié, son annexe ecclésiastique, et ce par Messieurs du Chapitre de Poictiers, le siège épiscopal vacant. Le sieur archiprêtre, estant averty de telles entreprises, a formé son opposition, qui a esté reçue par le Chapitre de Poitiers.

« Lesdits Carmes, continuant leurs entreprises, ont obtenu au bas de cette requeste, que les parties intéressées seraient appelées à quinzaine, ce qui n'a esté signiflié audit archiprêtre, ains l'ont fait venir en la maison du seigneur du lieu[1] par son autorité, où, durant deux jours, ledit sieur archiprêtre auroit esté obligé de condescendre à leurs volontés, en désintéressant la cure de la chapelle. A quoy avant que d'acquiescer, on se seroit rapporté au conseil, tant des docteurs de théologie de conscience que de droit. »

Le lieutenant général du Poitou, M. de Razes, était lui-même saisi de l'affaire et prié d'intervenir comme juge ordinaire, car, disait M. Voisine, « cette affaire relève de votre juridiction et n'est point de la compétence de Messieurs du Chapitre ». C'est le 30 juillet 1657 que M. de Razes fit venir devant lui les parties adverses, mais voyant que les choses ne se décidaient qu'avec lenteur, les prêtres attachés à Pitié, au nombre de sept, et les curés de tout le voisinage adressèrent à Monseigneur l'Illustrissime et Révérendissime Evêque de Poitiers (Mgr de Clérembault) ou à MM. ses grands-vicaires, la requête suivante, non datée et signée de seize noms de « prêtres, curés, vicaires circumadjacents de la chapelle de Pitié ».

Au reste, voici le texte de cette supplique :

A Monseigneur l'Illustrissime et Révérendissime Evêque de Poitiers, ou à MM. ses Grands-Vicaires.

« Supplient humblement les soussignés, prêtres, curés, vicaires circumadjacents de la chapelle de Notre-Dame-de-Pitié, tant de votre diocèse de Poitiers que de La Rochelle et habitués desservants actuellement en ladite chapelle et vous remonstrent sur les démarches que font journellement certains Révérends Pères Carmes déchaussés et leurs fauteurs, pour obtenir de Votre Grandeur, par faveur et employ d'amis, un établissement en ladite chapelle de Pitié, que ce leur seroit une nouvelle charge, ce petit canton de pays estant remply de couvents, où les religieux ont grand peine à vivre, questant trois ou quatre fois l'année, sçavoir deux à Parthenay, de Capucins et Cordeliers ; à La Chasteigneraye, de Jacobins ; aux Robinières, de Cordeliers ; à La Flocelière, de Carmes[2] ; à Bressuire, de Cordeliers ; aux Gardes[3], d'Augustins, qui par leurs courses fréquentes, questes et messes qu'ils emportent, rendent nos églises désertes et presque sans employ. Que si les Carmes obtenoient à leurs fins, le cartier seroit trop chargé de religieux. Le service divin se fait dans nos paroisses les dimanches et festes avec solennité et esclat, à la confusion des hérétiques, dont la pluspart de ce cartier est my-parti, ce qui ne pourroit subsister sans le libéral employ des honoraires que nous distribuons ainsi qu'ils sont donnés. Le vénérable archiprêtre de Parthenay, curé de La Chapelle-Saint-Laurent et chapelain, directeur de la chapelle de Pitié, s'en acquitte dignement, à l'édification d'un chacun, avec ses prêtres, approuvés, de bonne vie, sans reproche, y desservant journellement et font les fonctions requises, dont il y

1. Deux ans après, puisque la bataille de Moncontour eut lieu le 3 octobre 1569.

1. Jacques-Bernard Sauvestre de Clisson.

2. A quelques lieues de Pouzauges, La Flocelière garde encore les traces d'un vieux couvent, mais la plus grande partie des archives a été dispersée par les hommes de la Révolution.

3. A trois lieues de Cholet, diocèse d'Angers.

en a de vieux qui seroient contraints de quitter le pays, pour trouver à gagner du pain ou à le mendier, au grand opprobre du clergé et de l'Église, durant que les religieux tiendroient leurs places et feroient leurs fonctions. Nos cures sont fort pauvres, les dixmes et autres biens en ayant esté ostés par personnes puissantes, à la faveur des troubles et guerres civiles des hérétiques, qu'il nous est impossible de recouvrer. Joint à cela, Monseigneur, que vous estes obligé de maintenir vos curés, qui prient Dieu journellement pour vous, qui vous sont entièrement sujets et dépendants, qui, avec vous et les autres supérieurs, composent la hiérarchie de l'Église, et que nous sommes tesmoins oculaires que le susdit directeur et ses prêtres sont irréprochables. Quoique l'envie de quelques séculiers ou des mesmes religieux ait pu préoccuper Votre Grandeur par une pure médisance, et se vantent vous avoir aussi présenté requeste et vous avoir gagné par leurs amis et sollicitations à leur donner le bénéfice, un titulaire vivant, à votre heureuse et désirée venue dans votre evesché[1].

« Ce considéré, Monseigneur, il vous plaise avoir esgard à l'humble réquisition des suppliants, de ne permettre à ce nouvel établissement desdits Carmes, d'octroyer acte aux suppliants de l'opposition qu'ils forment à tous octrois, conversions, à toutes provisions, investitures et autres actes desquels on pourroit vous requérir pour quelque établissement que ce soit en ladite chapelle ou en notre cartier; et en cas de déni, protestent s'en deffendre en droit et justice et se joindre à la complainte formée, dès le 30 juillet 1657, sur ce trouble fait par lesdits Carmes :

« Et vous ferez justice à vos prêtres.

« Signé :

« P. VOISINE, prêtre de Notre-Dame-de-Pitié.
« M. MIMAULT, prêtre de Notre-Dame-de-Pitié.
« B. BIROLLEAU, prêtre, servant à Pitié.
« LOGEREAU, prêtre à Pitié.
« BERNARD MORIN, servant à Pitié.
« R. VOISINE, curé de Neufvy.
« A. MICHAUD. curé de Terves, diocèse de La Rochelle.
« J. SAUVESTRE, prêtre, curé de Moncoutant, diocèse de La Rochelle, *alias* Maillezais.
« M. BERTONNEAU, prêtre à Moncoutant, diocèse de La Rochelle.
« M. BENOIST, prêtre, curé du Breuil et Pugny, pictaviensis.
« M. BILLAUD, prêtre, prieur de Pugny.
« M. AUBOUR, prêtre, curé de Gourgé.
« P. MIGNAULT, prêtre, vicaire de Gourgé.
« J. MESTAIS, prêtre, curé de Saint-Laurent de Parthenay, pour certifier ce que dessus.
« P. CHARPENTIER, prêtre, curé-recteur de l'église Saint-Jean de Parthenay.
« G. VOISINE, archiprêtre de Parthenay et chapelain de Notre-Dame-de-Pitié.[2] »

Le 25 janvier de l'année suivante (1660), un des vicaires généraux donnait aux signataires de cette requête acte de leur démarche qui enraya heureusement l'affaire pour longtemps, puisque, dans le cours de cette étude nous ne verrons pas semblables prétentions se renouveler. Quant aux motifs donnés par les Carmes, pour appuyer leurs démarches et leur demande, nous n'avons pu les trouver; peut-être ont-ils fait comme les Anglais de nos jours, ils auront invoqué leur influence pour s'emparer de tout le pays où elle se faisait sentir. Il règne, en effet, dans la requête ci-dessus, comme un nuage de mécontentement, peut-être de jalousie, difficilement caché contre les « Révérends Pères Carmes déchaussés et leurs fauteurs », qui n'ont pas craint de préoccuper Sa Grandeur « par une pure médisance ».

1. Depuis sept ans le diocèse de Poitiers, au dire de l'abbé Auber, n'avait pas de pasteur. En effet, quand le 3 juillet 1651, Mgr de Laroche-Posay mourut à Dissay, le roi nomma à l'évêché de Poitiers le cardinal Barberini; mais il comptait sans le Pape, alors Innocent X, qui refusa de donner les bulles au cardinal. Enfin, Louis XIV, ne pouvant faire céder le Pape, se décida à céder lui-même, et il présenta Gilbert de Clérembault, frère du maréchal de Clérembault. Il fut nommé en 1657 et prit possession en mars 1658.

(Cf. *Histoire de la Cathédrale de Poitiers*, par l'abbé Auber, t. II, p. 3 et suiv.)

2. Archives de La Chapelle-Saint-Laurent.

Un abri des pèlerins à Pitié

Quoi qu'il en soit, ces troubles passés, la piété des fidèles couvrit le pays d'humbles pèlerins et fit recommencer cette série de pèlerinages dont la Révolution ne fit que ternir l'éclat. Le XVIIe siècle se leva donc pour Notre-Dame de Pitié plein de glorieuses espérances; et les pèlerins, de plus en plus nombreux, ne pouvaient trouver assez près de l'église une hôtellerie pour s'y loger et y faire « leur maigre repas le jour où ils venaient faire leurs dévotions ». C'était le temps où les auberges étaient rares et fort onéreuses pour la bourse des pauvres; il vint donc à la pensée d'un charitable et pieux habitant de La Chapelle-Saint-Laurent de faire bâtir à Pitié même, à quelques pas de la Vierge, une hôtellerie pour les pèlerins pauvres.

Voici la principale partie du testament de René Mestayer, seigneur du Chesne :

« Au nom du Père, du Fils et du Saint-Esprit.

« Je, René Mestayer, écuyer, seigneur du Chesne, par la grâce de Dieu, sain d'esprit, mais fort indisposé du corps, considérant qu'il n'y a rien de plus certain que la mort et de plus incertain que l'heure d'icelle, ne désirant décéder intestat sans pourvoir au salut de mon âme et disposer des biens qu'il a plu à Dieu me donner en ce monde, c'est ce qui fait que je fais mon présent testament, ma dernière volonté et ordonnance, que j'ai écrit de mon propre mouvement sans suggestion ni induction de personne. Premièrement, je recommande mon âme à Dieu et à la Vierge, le priant de la recevoir au ciel, par les mérites de la mort et passion de Jésus-Christ, mon Sauveur, et des prières de la sainte Vierge.

« ... Je donne aussy la somme de 400 livres pour faire bastir une petite maison basse, quelque part dans le querreux de Pitié, à trois cheminées, l'une au milieu et les deux autres aux deux bouts, pour mettre à couvert des injures du temps les pauvres qui n'auroient pas moyen de loger pour de l'argent, priant le seigneur (de Clisson) de l'agréer, marquer la place et tenir la main à l'exécution...

« ... Je prie mes héritiers d'approuver ce testament et que je ne fais pas cela pour leur faire tort...

« ... En foy de quoy j'ai écrit et signé le présent acte, à la Sacarière, le 7 février 1662.

« R. MESTAYER. »

Le testament ne reçut pas de si tôt son exécution, dit le Père Droclion, car René Mestayer ne mourut que vers 1667. Il avait pour héritiers ses deux frères, Thomas, lieutenant de la maréchaussée de Thouars, et Nicolas, prieur-curé de Saint-Martin de Sanzay. Thomas mourut en 1671, sans avoir accompli les dernières volontés de son frère aîné. Il laissait une fille unique, nommée Marguerite[1], qu'il avait eue de son mariage avec Marie Guiberteau. Cette enfant n'avait que quelques mois quand elle perdit son père; et son oncle, le curé de Saint-Martin-de-Sanzay, fut nommé son tuteur. Justement inquiet de l'inexécution du testament de son frère, celui-ci se mit en mesure de terminer au plus tôt cette affaire. Le 27 août 1871, en présence de « Messire Jacques-Bernard Sauvestre, chevalier, seigneur de

1. Un peu plus loin le Père Drochon l'appelle Catherine.

Clisson, de vénérable et discrète personne, messire Gabriel Voisine, archiprêtre de Parthenay, curé de La Chapelle », il approuva les legs faits par le testament de 1662, tant les 400 francs pour la petite hôtellerie, que les 273 pour la confrérie des Dames de la Charité.

L'arrangement est signé :

> « J. BERNARD SAUVESTRE DE CLISSON,
> « M. MESTAYER, G. VOISINE,
> « JOUYNEAU et THOURAINE, notaires à La Chapelle-Saint-Laurent. »

Malgré la bonne volonté des héritiers, le testament ne recevait aucune exécution en ce qui concernait la construction de la petite hôtellerie.

Malheureusement le dossier qui concerne cette affaire est fort incomplet. Les choses se prolongèrent tellement que, vingt-huit ans après l'accord dont nous venons de parler, il n'y avait rien de commencé. Dans cet intervalle, de grands changements s'étaient produits. M. Voisine était mort, et *Catherine* Mestayer, que nous avons laissée petite enfant, était devenue la femme de René Falourd, président à l'élection de Saumur.

Celui-ci, lassé sans doute de voir se perpétuer la redevance qui pesait sur les biens de sa femme, présenta une requête au lieutenant de Poitiers. Il expose que, par le testament de l'oncle de sa femme, en date du 7 février 1662, « il a été donné 15 sols de rente par jour à la confrérie de la Charité et de plus 400 livres pour bâtir une petite hôtellerie ; que, lors dudit testament, il parait qu'il y avait des dames charitables établies pour veiller à l'entretien des pauvres, que la maison n'a pas été bâtie, et qu'il a dessein de faire convoquer les habitants de La Chapelle (Saint-Laurent), afin de remettre entre les mains de leur procureur la somme de 6000 francs et d'être déchargé de l'exécution du testament ».

En vertu de cette requête, le 12 août 1699, M. Aubin Jolivard, archiprêtre, successeur de M. Voisine, reçut assignation de Robert, huissier à La Chapelle, d'avoir à convoquer les habitants à l'issue de la grand-messe, le dimanche suivant, afin de délibérer sur cette proposition.

La conclusion de l'affaire ne nous est pas parvenue, mais tout porte à croire que les habitants acceptèrent l'offre de remboursement. Toutefois, les choses traînèrent encore, et ce ne fut qu'en 1733, soixante-six ans après la mort du testateur, que sa volonté fut exécutée. M. Chédevergne, troisième successeur de M. Aubin Jolivard, bâtit enfin cette petite hôtellerie sous le nom de « Maison de la Gouvernante de l'église de Pitié ». L'emplacement fut choisi devant la chapelle, en face de la petite porte qui s'ouvre au Nord-Ouest. De dix-huit pieds de long sur seize de large, elle était adossée aux écuries de M. de Clisson[1].

Mais, hélas ! soixante ans plus tard, la maison des pauvres fut vendue, et l'époque révolutionnaire, ne pouvant laisser debout ce mémorial de la charité du siècle qui passait et s'éteignait dans le sang du peuple, des nobles et des rois, la fit démolir en 1793 par des mains sacrilèges.

Sur le même emplacement est bâtie aujourd'hui une construction moderne qui a l'inconvénient de briser l'harmonie du quadrilatère que forment avec la place les maisons qui la bordent au Nord et à l'Ouest. Je crois, du reste, qu'aujourd'hui il faut de la bonne volonté pour se figurer que la « Maison de la Gouvernante de Pitié » remplace cette ancienne construction. Il est vrai que le besoin d'une hôtellerie ne se fait plus sentir, car nos modernes moyens de transport sont bien plus perfectionnés qu'au XVIIIe siècle ; de plus, le beau temps des « bigotes[2] » est passé, car on ne voit plus venir, les pieds tout poudreux de la poussière du chemin, ces vaillantes femmes du haut pays demander pour une nuit asile aux habitants de Pitié ; et viendraient-elles, que même les plus pauvres trouveraient facilement à loger, car les hôtels, les auberges et les cafés ne manquent point. On en compte douze en temps ordinaire, et ce chiffre, déjà fort, est presque doublé du 15 août au 15 octobre, saison des pèlerinages.

Mais je m'oublie, nous sommes encore au siècle honteux pour la France, au siècle de vols, de convoitise et d'horreur ; et il semble que ce siècle, qui devait s'éteindre dans le sang, avait voulu marquer dès sa naissance ses goûts pour la rapine. En effet, comme nous l'apprend M. Voisine, en 1701, il se commit un vol important dans l'église de Pitié.

Les soupçons se portèrent, parait-il, sur un nommé Bourgine, meunier, ou mieux, *moulinier* de l'Olivette, dont nous raconterons plus loin la légende. Un soir du 9 septembre, jour de foire à Pitié, Pierre Chaumier, domestique de feu René Fradin, hôte de l'*Ecu* à Pitié, avait trouvé notre meunier vers minuit à la porte de l'église ouverte. Pierre Chaumier courut chercher des témoins, mais quand il revint, Bourgine ne s'y trouvait plus, et la porte était fermée.

D'autres témoins, consultés, font porter les soupçons sur un nommé Chamarre ; ces témoins sont : Merceron, de Pitié ; Luc Drochon, de Paradis et Jacques Germain de La Vergne.

Enfin, selon un autre témoin, Pierrot-la-Charette ou Pierre Gory, pauvre estropié « mendiant à la porte de Notre-Dame de Pitié » depuis trente-sept ans, le coupable serait certainement notre fameux *moulinier*. Au reste, voici sa déposition, que nous a conservée M. Voisine :

« Il dit que, la veille de la feste de saint Louis (24 août 1701), le nommé Bourgine vint lui demander quatorze livres à emprunter. Il lui répondit qu'il n'en avait pas ; et en ce temps-là il avoit un marteau et un compas en main. Ledit Bourgine l'invita à boire un quart de vin, ce qu'il accepta, et burent chacun leur quart, en sollicitant ledit Gory de lui prêter les quatorze dites livres. Ledit Bourgine, pendant sept ou huit jours, vint ainsi à Notre-Dame-de-Pitié et lui demandoit toujours la mesme chose, et enfin ledit Gory, questant ledit Bourgine (d'où venoit) qu'il vint si souvent avec son marteau et qu'il alloit dans l'église de Pitié, il répondit que M. l'archiprêtre luy vouloit faire lambrisser ladite église, et qu'il venoit pour prendre les mesures, pour sçavoir combien il faudrait de toises de bois pour cela. Dit enfin qu'environ la fête de saint Louis, ledit Bourgine lui vint dire qu'il avoit trouvé un ami qui lui avoit presté les quatorze livres, qu'il estoit M. le curé de Boismé, mais qu'il avoit besoin de trente sols, et qu'il le prioit de luy prester, ce qu'il ne voulut pas faire, sachant que c'étoit un débauché. Et c'est justement entre le temps que la table de l'église fut vollée, qui est entre la Notre-Dame d'août (15 août) et celle de septembre (8 septembre). »

Un troisième témoin vit encore le meunier rôder avec son marteau, puisque « la femme de Bourreau, nommée Pasquet, dit un jour à Pierre Gory : « Bon Dieu ! que Bourgine passe souvent ici, avec son marteau et sa règle, qui est un chemin dérobé (une raison) pour aller à Pitié ! »

Trente ans plus tard, le 2 décembre 1731, André Galteau, boulanger et fabricien, ou mieux *fabriqueur*, vint exposer à maître André du Temple ou Dutemple, lieutenant civil et criminel du comté des Mothes et Chapelle-Saint-Laurent, et à Mathurin Jouyneau, greffier, que Bernard Ménard, le sacristain, étant allé le matin pour sonner la messe paroissiale, s'aperçut que la porte de la sacristie avait été forcée ; et sur le lieu du vol on trouva une échelle coupée en deux dont on s'était servi pour passer et repasser le mur. Les voleurs avaient emporté quarante écus et plusieurs ornements de la sacristie de La Chapelle-Saint-Laurent. Et la même nuit, les mêmes voleurs tentaient de rentrer dans l'église de Pitié, et même ils avaient coupé une des barres de fer qui fermaient la fenêtre de la sacristie, quand un passant,

1. A.-B. Drochon, op. cit., p. 29 et suiv.
2. On appelle « bigotes », à Pitié, les femmes du nord des Deux-Sèvres, au costume pittoresque, comme le langage et les habitudes.

qui ne les reconnut point, les força d'ajourner leur funeste et sacrilège projet.

S'il y avait de si nombreuses tentatives de vol, c'est que les richesses que renfermait l'église de Pitié étaient bien de nature à exciter la convoitise. En effet, « l'inventaire de la chapelle de Pitié », fait le 28 juillet 1730 par M. Mathurin Chédevergne, archiprêtre, assisté de André Galteau, *fabriqueur* et MM. les vicaires de la paroisse, nous fait assister à un déploiement de richesses vraiment considérables.

« Il y a un calice, un ciboire et une custode pour les malades, le tout d'argent ; quatre lampes pour mettre devant le Saint-Sacrement, dont une grande et deux petites, d'argent massif; l'autre est en coquille, garnie d'argent. Elles sont toutes les quatre complètes et en bon état. Deux chandeliers d'argent, lesquels sont rompus par le milieu, deux canettes d'argent, un gros cœur, une oreille, deux petites croix, le tout d'argent, attachés ensemble par un ruban rouge. Deux petits reliquaires, une croix et une effigie d'Innocent XII, aussi attachés ensemble par un ruban vert. Plus, sept cœurs, quatre yeux simples, un double, une langue, le tout d'argent, et attachés ensemble par une chaîne aussi d'argent. Un cœur d'or attaché par un ruban rouge. Trente-huit bouquets d'autel et une couronne de la sainte Vierge.

« L'autel est consacré et sous l'invocation de la sainte Vierge, patronne du lieu. Il y avait deux croix, une appelée la croix de mission, dans « l'emplacement » ; une autre de pierre, devant la chapelle.

« Il y a deux chapelles, une du côté de l'évangile, sous l'invocation de saint Fabien et de saint Sébastien, l'autre du côté de l'épître, sous l'invocation de sainte Apolline. Le sieur Dubois, curé d'Hérisson, est titulaire de la première, qui a pour revenus deux logis, dont l'un est dans le village de Pitié, affermé cinquante-cinq livres, et l'autre à la Cicoigne, dans l'étendue de la paroisse, affermé quarante-cinq livres. M. de Clisson en est présentateur : on croit qu'il l'a conférée de plein pouvoir au sieur Dubois.

« Le clocher n'est qu'une petite fenestre sur la principale porte; il y a une cloche. Les gros murs de la chapelle sont assez passables, le chœur seul est voûté, la nef et les deux ailes sont sous latte et sans être lambrissées, les vitres passablement bonnes, ainsi que le pavé, les portes fermantes à clefs bien sûres, trois confessionnaux, deux troncs à double serrure, une chaire à prêcher et trois échelles, une grande pour monter à la cloche et deux autres petites, avec une autre grande, placée dans la chapelle, le long du mur, servant à monter dans l'église. Au-dessus de l'autel, les armes de M. de Clisson[1].

« La sacristie est grande et très commode, garnie de trois armoires et de quatorze ornements complets, de diverses couleurs, et de plus on a de l'étoffe de damas rouge pour en faire un autre, donné par M. de Chastillon (seigneur de Chantemerle). L'exposition du Saint-Sacrement a lieu à toutes les fêtes de Notre-Dame et à la Pentecoste. Les revenus de la chapelle consistent dans les oblations et se partagent entre M. le curé et la fabrique. Tous les papiers sont à la cure ou entre les mains du fabriqueur. Cinq écharpes à la sainte Vierge; six ornements qu'on met aux pieds de la bonne Vierge ; ornements des niches et petits cadres en nombre infiny. Le patron de la chapelle est Mgr l'évêque, qui la donne avec la cure dont elle est annexe. On n'enterre personne dans la chapelle, mais le cimetière est devant la chapelle. Il y a foire à Pitié le lendemain de la Notre-Dame de septembre et le mardy de la Pentecoste; l'assemblée a lieu le jour de la fête de la Nativité.

« Il n'y a aucune confrérie. Tous les nouveaux convertis (du protestantisme) sont tous bons catholiques.

« En plus, le 8 septembre 1741, dame Jeanne-Françoise Brunereau, veuve de M. Gabriel Brunet, écuyer, seigneur de Ferrière, de la ville de Fontenay, a fait donner à Notre-Dame de Pitié une chasuble, étole et manipule, et un voile, le tout neuf et béni ledit jour, d'étoffe trois les en damas à fleurs de couleur, présenté ledit jour par M. Charles Brunet de Ferrière, son fils. Faudra s'en souvenir dans la commémoraison des bienfaiteurs de la chapelle de Notre-Dame-de-Pitié. »

M. Voisine ajoute un peu plus loin sur son registre des miracles : « Le jeudy 27 septembre 1745, il a été donné à la chapelle de Notre-Dame de Pitié, suivant l'intention de feu M. Jean-Baptiste Rouault de La Robinerie, en son vivant lieutenant de la juridiction de Bressuire et ancien sénéchal de cette paroisse, une chasuble de satin fond blanc, à petites fleurs, et garnie d'un galon de soye jaune, avec une croix d'or faux, ensemble une frange d'argent séparément d'environ deux aunes de long. J'ay béni la chasuble ledit jour; le tout a été présenté par M. le prieur-curé de Beaulieu et Marie Rouault des Tricaudières, ses enfants. Il faudra se ressouvenir de prier Dieu pour M. de La Robinerie, dans la commémoraison des bienfaiteurs de la chapelle.

« Signé : ROUAULT, des Tricaudières,
« ROUAULT, prieur-curé de Baulieu. »

Enfin, « le 14 août 1746, la demoiselle Métayer, veuve de feu M. de La Haye, de la ville de Fontenay, a fait présent à cette chapelle d'une écharpe de satin de couleur bleüe aurore, garnie d'une dentelle d'argent et d'un ruban rouge pour servir de manteau à la figure de la sainte Vierge en cette chapelle. Il faudra prier Dieu pour la demoiselle bienfaitrice. »

Les richesses spirituelles

Après avoir, un peu complaisamment peut-être, énuméré les richesses temporelles du sanctuaire de Notre-Dame de Pitié, nous ne pouvons passer sous silence les nombreuses indulgences accordées par les Souverains Pontifes Alexandre VII, Innocent XI, Innocent XII, Benoît XIV, Pie IX et Léon XIII, au célèbre sanctuaire.

D'Alexandre VII, nous avons un bref daté du 18 avril 1667 et publié le 15 juillet de la même année.

D'Innocent XI, nous avons un bref du 25 janvier 1682 accordant pour sept ans une indulgence plénière.

Innocent XII a donné deux brefs à l'église de Pitié, l'un le 26 juillet 1691, et l'autre le 26 novembre 1694, tous les deux publiés par François-Ignace de Baglion de Saillant, évêque et comte de Tréguier, évêque désigné pour Poitiers et vicaire général, le premier le 26 juillet 1691, et le second le 29 avril 1692.

De Benoît XIV nous avons un bref accordant trois indulgences plénières, quatre de sept ans et sept quarantaines et plusieurs autres, *valables à perpétuité et pour les siècles à venir* pour les « frères et sœurs » de la *Confrérie de la Compassion de Notre-Dame de Pitié*, qui malheureusement n'existe plus depuis 1846. Ce bref a été accordé le 3 juillet 1743 et publié par ordre de Mgr de Fouras de Courcenay, le 16 août de la même année. Outre cette première approbation, « le 22 août 1752, Jean-Louis de La Morthonie de Caussade, évêque de Poitiers », et en décembre 1761, Mgr Martial Beaupoil de Saint-Aulaire croyaient devoir autoriser le Saint-Père à publier ses indulgences. C'est ainsi que l'Eglise gallicane, grande et noble à bien des points de vue, oubliait ici et faisait oublier que, pasteurs vis-à-vis du troupeau, les évêques n'étaient que brebis devant le Pasteur suprême, le Pape de Rome, le seul Vicaire de Jésus-Christ sur la terre.

Pie IX, le 11 mars 1856, donna à *perpétuité et chaque année* cinq indulgences plénières à *tous* les fidèles qui feront les actes prescrits, à certains jours.

Voici le bref, tel qu'il est traduit dans le mandement de Mgr l'évêque de Poitiers (Mgr Pie), donné à Poitiers, en son palais épiscopal, sous son seing, le sceau de ses armes et le contreseing

1. « Les armes des Sauvestre ont toujours été comme elles sont encore : *palé d'argent et de sable de six pièces : les pals d'argent semés de trèfles de gueules sans nombre*, comme elles se voyent en plusieurs lieux. » (*Dom Fonteneau*, f. 87, p. 92. *Bibliothèque de Poitiers.*)

du secrétaire de son évêché (M. Héline), le 27 août de l'an de grâce 1856.

PIE IX, PAPE

Pour en perpétuer le souvenir. Dans Notre pieuse et tendre sollicitude à augmenter la dévotion des fidèles et à procurer le salut des âmes par les célestes trésors de l'Eglise, Nous accordons, *pour chaque année à perpétuité*, une indulgence et une rémission plénière de tous leurs péchés à tous et chacun des fidèles de l'un et l'autre sexe qui, vraiment repentants, se seront approchés du tribunal de la pénitence et de la sainte communion, visiteront la chapelle ou l'oratoire public dédié à Notre-Dame-de-Pitié, situé dans la paroisse de La Chapelle-Saint-Laurent, au diocèse de Poitiers le jour des fêtes :

1° De la Conception de la B. V. Marie (8 décembre);

2° De sa Nativité (8 septembre) ou le dimanche dans l'Octave (de ces fêtes);

3° Le vendredi d'après le dimanche de la Passion ;

4° Le 3e ou 4e dimanche de septembre (fête de Notre-Dame des Sept-Douleurs);

5° Et le lundi de la Pentecôte;

depuis le lever jusqu'au coucher du soleil, et y prieront pour la concorde des princes chrétiens, l'extirpation des hérésies, et l'exaltation de notre Mère la sainte Eglise. *A quiconque* visitera avec un cœur contrit la susdite chapelle ou le susdit oratoire, *en quelque jour de l'année que ce soit*, et y *priera aux intentions sus-énoncées*, Nous accordons la remise de cent jours des peines qui leur auraient été imposées ou des dettes qu'ils auraient contractées envers Dieu, dans la forme ordinaire de l'Eglise. Le présent bref aura son effet dans tous les âges à venir, nonobstant toutes dispositions contraires.

Donné à Saint-Pierre de Rome, sous l'anneau du Pêcheur, le 11 mars 1856, la Xe de Notre Pontificat.

Pour Son Eminence le Cardinal Macchi,

J.-B. Brancaleoni Castellani, substit.

Comme on le voit, ce bref donne cinq indulgences plénières et une indulgence de cent jours. C'est, de tous ceux que possède le sanctuaire, le plus précieux. Il fut suivi d'un autre accordé, le 14 mars de la même année 1856, à la requête de Mgr Pie, d'illustre mémoire; il l'avait demandé le 4 février 1856, de retour de Rome, où il venait d'accomplir son voyage *ad Limina*.

Enfin, le 11 mars 1873, à l'occasion du couronnement de Notre-Dame-de-Pitié, Pie IX accorda une autre indulgence plénière et donna à Mgr Pie le « pouvoir de couronner en son nom et au nom du Saint-Siège la statue de la Bienheureuse Vierge Marie compatissant à la passion de son Fils, sous le titre de *Notre-Dame-de-Pitié* ».

Léon XIII, enfin, accorda pour le 22 décembre 1898, à l'occasion du vingt-cinquième anniversaire du couronnement de Notre-Dame, une autre indulgence plénière.

Heureux sanctuaire qui a mérité des Pontifes romains tant de faveurs dont aiment à profiter les pèlerins de plus en plus nombreux!

Fr. Bonneau, *pr.*

(A suivre.)

✝✝✝✝✝✝✝✝✝✝✝✝✝✝✝✝✝✝

ARCHÉOLOGIE

UN CRUCIFIX DE MISSION

DU XVIIIe SIÈCLE

Les missions, au siècle dernier, eurent une grande vogue par toute la France. Comme souvenir, on érigea des calvaires, ce qu'on appelle des *croix de mission*, et l'on bénit, à l'usage des fidèles, des crucifix de forme identique et qu'à cause de cela il est opportun de dénommer *crucifix de mission*. De part et d'autre, la croix se recommandait par cette particularité qu'elle était chargée des instruments de la Passion.

Il n'est pas de famille, surtout à la campagne, qui ne possède un crucifix pour ainsi dire traditionnel. Placé en évidence sur la cheminée, il a reçu le dernier soupir des ancêtres et des parents; il a assisté leur dépouille mortelle. A ce titre, on y est naturellement très attaché et l'on n'oubliait pas que le missionnaire l'avait indulgencié et surtout lui avait appliqué l'indulgence de la bonne mort, ce qui en doublait la valeur.

I

Un de ces crucifix a été acheté à Doué (Maine-et-Loire) par Mlle Célinie Barbier de Montault, qui l'a transporté à Poitiers, rue du Jardin-des-Plantes. Les objets de ce genre passent, en Poitou, pour avoir été distribués aux fidèles, lors de ses prédications si populaires, par le Bienheureux Louis Grignion de Montfort, fondateur des Filles de la Sagesse, à Saint-Laurent-sur-Sèvre (Vendée), où l'on vénère son tombeau.

La croix, de bois noirci, est haute de 0,34 c., large de 0,11 au croisillon et de 0,09 à la base.

En blason, on la dirait *perronnée* et *haute*, c'est-à-dire qu'elle

CRUCIFIX DE MISSION DU PÈRE DE MONTFORT

est élevée sur un perron de trois degrés et de forme latine, avec une tige allongée, beaucoup plus développée que la traverse.

A la partie inférieure, un trou indique une pièce de rapport qui fait défaut actuellement. A cette place je suppose, comme l'avait adopté l'Ordre réformé du Calvaire, une Vierge debout, dans l'attitude de la douleur ; aussi la qualifiait-on, avec le Stabat, *Mater dolorosa*.

L'ornementation supérieure se compose de quatre appliques distinctes, une pour la tête, une pour la traverse, une pour la tige de la croix et une dernière pour le crucifix.

Le Christ, long de dix centimètres et demi, est une mince lame de plomb fondu. Les bras sont tendus et les mains crispées, les yeux fermés et la tête inclinée à droite attestent la mort, un linge étroit est noué au côté droit et les pieds sont percés d'un seul clou. Il a été maladroitement placé sur une partie des instruments de la Passion, qu'il dérobe aux regards, preuve manifeste que cette superposition n'avait pas été prévue dans le principe.

Les trois autres appliques ont été coulées aussi dans des moules et fabriquées à jour, ce qui les fait mieux ressortir et donne à l'ensemble plus d'élégance. Chaque extrémité se découpe en trilobe, strié à la manière d'une valve de coquillage, et les sujets sont encadrés dans une torsade.

En haut, voici le titre de la croix, en cartouche, marqué des initiales INRI, qui signifient *Jesus Nazarenus Rex Judæorum*; puis la couronne d'épines ; en sautoir, une torche enflammée et un cimeterre, par allusion à l'invasion, la nuit, du jardin des Oliviers et à l'accident arrivé à Malchus, dont saint Pierre coupa l'oreille ; enfin, un des dés avec lesquels les soldats tirèrent au sort la robe sans couture.

Le croisillon représente, au milieu, comme un soleil levant[1] qui irradie la tête du Christ; puis, se répétant en regard, les mains qui donnèrent les soufflets et les fouets qui ensanglantèrent le corps ; à droite, les tenailles, et, à gauche, le marteau et les trois clous du crucifiement.

Sur la tige on voit : une échelle entre deux cordes qui ondulent ; la bourse des trente deniers, prix de la trahison de Judas ; la lance et l'éponge au bout du roseau, croisées l'une sur l'autre ; une tête de mort sur deux os en sautoir, qui est celle d'Adam[2] et qui se trouve précisément au-dessous des pieds du crucifix ; enfin le coq, qui chanta trois fois pour avertir saint Pierre de faire pénitence, et qui est posé sur la colonne de la flagellation[3], semblable à un balustre et enlacée d'une des cordes qui y lièrent le Sauveur.

II

J'ai trouvé, chez M. le Curé de Varennes (Vienne), une pièce analogue, de même style et de même date, qu'il est utile de rapprocher de la précédente pour montrer que la pratique était commune à la fois au Poitou et à l'Anjou.

Crucifix (XVIIIe siècle), auquel manque le pied. Haut. 0,25, larg. 0,10. La croix est en sapin noirci, recouvert d'une feuille de plomb jaunie par endroits pour simuler l'or et découpée à jour. Le Christ, fixé par trois clous, se tient droit, les bras en l'air ; au-dessus de sa tête, son nimbe brille comme un soleil levant[4]. Les instruments de la Passion sont disséminés sur le fond : en haut, le titre INRI, la couronne d'épines et l'aiguière qui versa l'eau sur les mains de Pilate ; sur la traverse, les tenailles, les fouets répétés en parallélisme, les mains qui donnèrent les soufflets et le marteau qui enfonça les clous ; sur la hampe, un livre (?), l'échelle, trois dés et la robe sans couture, la lance et le roseau en sautoir, le crâne d'Adam sur deux tibias, le coq[5] perché sur la colonne de la flagellation, et les trois clous de la crucifixion. Un perlé contourne l'extérieur, et les extrémités sont dentelées. Tout ce travail est fait grossièrement et en vue du bon marché. Sur le crucifix de Doué, l'exécution est plus soignée.

III

La dévotion aux instruments de la Passion apparait dès le XIIIe siècle : des anges les tiennent entre les mains. Dans la messe de saint Grégoire, que vulgarisa le XVe siècle, ils entourent le Christ de pitié[1] ; plus tard, ils accompagnent le crucifix, ce qui est la dernière phase iconographique ; mais, dès la fin du XVe siècle, on les voit sur les écussons comme meubles d'armoiries[2].

En toutes ces occurrences, le but de l'artiste était de placer sous les yeux des fidèles les détails de la Passion, pour émouvoir leur cœur et exciter en eux des sentiments de foi, d'amour et de componction. Le *Textus Sacramentorum*, composé en 1098 et imprimé en 1523, met dans la bouche du Christ ce touchant appel :

> In cruce pro te sum ; fili, respice Jesum.
> Pro culpa populi respice quanta tuli.
> Lancea, crux, clavi, spine, mors quas toleravi,
> Demonstrant qua vi crimina vestra lavi.
> Sputa, flagella, mine vestre sunt meta ruine.
> Morte luo seva quid homo commisit et Eva.
> Mors mihi sola placet ne pereant hic et hec.
> Idcirco sine ve non vivit filius Eve.

Le commentateur Jean Chanesius, prêtre, glose ainsi ces huit vers : « O fili mi, o tu creatura rationalis, respice me Jesum, pro te in cruce. O tu, creatura, respice quanta tormenta tuli pro culpa, id est pro peccato populi, sive pro redemptione humani generis. Lancea qua fui percussus in latere, crux quam portavi, clavi cui (quibus) fui crucifixus, et spine, id est corona, quas spinas toleravi, id est sustinui in capite meo, demonstrant, id est manifeste ostendunt qua vi, id est quibus tormentis lavi vestra crimina, id est vestra peccata. Sputa, gallice *cratheres*, flagella, id est tormenta et ruine sunt meta, id est redemptio vestre ruine, id est vestre perditionis. Luo, id est penas patior in cruce morte seva, id est crudeli, propter peccatum quod homo Adam commisit et Eva. Sola mors placet anime ; *vel* pro *et* ; et non hic et hec, videlicet Adam et Eva, et alii christiani pereant, id est caderent in damnationem. Idcirco filius Eve, id est quilibet Xpistianus, non vivit sine ve, id est sine pena et tribulationibus. »

X. Barbier de Montault.

LÉGENDE DORÉE

Rochers de saint Martin. — Saint Martin, voulant se rendre à l'île d'Yeu pour évangéliser ses habitants, était fort embarrassé pour traverser le bras de mer qui sépare cette île du continent. Il n'avait pas de bateau ; aucun moyen, par conséquent, d'effectuer le voyage. Son éternel ennemi, Satan, vint à son secours. Il lui proposa de bâtir un pont en une seule nuit. Le pont serait prêt avant le chant du coq, mais Satan y mettait une condition : la première âme qui passerait dessus lui appartiendrait.

Martin accepte, et le diable se met aussitôt à l'œuvre. Des légions d'esprits infernaux bouleversent les rochers d'alentour, amassent les pierres et travaillent avec ardeur. Ils allaient achever la chaussée quand soudain le coq chanta ! Aussitôt l'œuvre satanique est arrêtée, les rochers, transportés en l'air par les démons, leur échappent des mains et tombent à la place qu'ils occupent encore aujourd'hui.

XXX.

1. *Couchant* serait plus topique.
2. X. B. de M., *Œuvres compl.*, t. II, p. 219, note 1.
3. *Œuvres compl.*, VII, 354.
4. Autrement dit, une moitié de soleil. Le nimbe devrait être complet.
5. Voir sur le coq mes *Œuvres complètes*, t. I, p. 433 ; t. XI, p. 305, 307, 308, 309.

1. *Œuvres compl.*, t. VI, p. 235 et suiv.
2. Ibid., t. XII, p. 337.

HAGIOGRAPHIE

« Vexilla Regis prodeunt! »

DANS la seconde moitié du VIe siècle, une moniale rêva d'enrichir son monastère d'une parcelle de la Croix sacrée. Elle avait été reine de France et s'appelait Radegonde. Les saintes Reliques étaient pour elle les « diamants du ciel »; mais entre toutes, elle convoitait la Perle des perles, la vraie Croix. En lui faisant accueil sous le toit qu'elle avait bâti, elle pensait y introduire Dieu lui-même.

Les Orientaux renfermaient jalousement le précieux bois; mais comment l'empereur de Constantinople eût-il répondu par un refus à la grande dame qu'était sainte Radegonde? Elle adjoignit ses hommes à l'ambassade que le roi Sigebert envoyait vers Justin II et son épouse Sophie dans le but de rapporter d'outremer le fragment relativement considérable de la divine Relique, dont l'empereur et l'impératrice consentaient à se dessaisir pour elle.

La traversée du retour fut rude. Une colombe — symbolique émissaire de Dieu — dut s'abattre des nuées et voler trois fois autour de la nef en péril pour que la mer consentît à apaiser ses lames furieuses. Un des serviteurs de la reine, Banisaius, arracha des ailes de l'oiseau trois plumes — nombre mystique de la Trinité — et les trempa dans la mer. La tempête était domptée.

Après une longue chevauchée à travers la terre des Gaules, la caravane arrivait à Migné dans le Poitou. Il ne restait plus qu'à organiser un cortège processionnel jusqu'à Poitiers.

Mais la Croix fut toujours le signe de la contradiction. Un jeune évêque, plein d'un zèle trop bouillant, gouvernait alors le diocèse de Poitiers. Il se nommait Marovée. Prenant ombrage de ce qu'il croyait être une atteinte à sa dignité épiscopale, il empêcha de passer outre. Il fallut, en attendant l'issue de ce conflit, remporter le reliquaire à Tours, et l'évêque de cette ville, Euphrone, fut en fin de compte chargé d'en faire la translation solennelle à Poitiers.

POITIERS. — Façade de l'église Sainte-Radegonde.

Depuis des mois, Radegonde et ses filles jeûnaient et priaient avec une persévérante ardeur pour obtenir de Dieu que leur trésor arrivât jusqu'à elles.

Enfin le jour est venu. Tout le clergé de Poitiers franchit l'enceinte de la cité en vêtements sacrés, avec de hautes croix nimbées, lourdes de pierreries, des cierges et des encensoirs fumants.

Bientôt le cortège qui sort de Poitiers rencontre celui qui vient de Tours. Des messagers courent transmettre la nouvelle à Sainte-Croix, car le monastère de Radegonde portera désormais ce nouveau vocable. « Béni soit le Seigneur, la Croix du Christ approche. »

Dans les ténèbres de leur abside, les moniales, debout, attendent toujours, angoissées!

Voici la Croix!

Sous la somptueuse et barbare décoration des charpentes peintes, au-dessus des lourdes colonnes chargées de chapiteaux orfévris, les Saints aux larges yeux cernés de bistre semblent, sous la lueur des cierges qui s'avancent dans la basilique, s'agiter

CHASSE BYZANTINE OU EST RENFERMÉE LA RELIQUE DE LA VRAIE CROIX

pour surgir des ors fauves de leurs mosaïques et laisser flotter avec des scintillements les plis rigides de leurs manteaux étranges.

Venance Fortunat, l'ami de Radegonde, est l'âme de cette fête. Il a assagi, pour chanter le triomphe de la Croix, sa muse incorrecte et pourtant précieuse. La basilique frémit toute sous le puissant unisson de l'hymne qu'il vient de composer :

L'étendard du Roi s'avance!
Il étincelle, le mystère de la Croix!
Par elle le Créateur de toute chair
Est, dans sa chair, suspendu au gibet.

Aux voix frustes qui ébranlent la nef, fait écho, du fond de l'abside, un chœur d'une douceur émue :

Sur elle, blessé aussi
De la pointe cruelle d'une lance,
Pour nous laver du péché,
Il a versé l'eau et le sang.

La foule, sans cesse grandissante, répond à son tour :

Voici accompli ce que chanta
David dans ses vers fidèles,
Disant : « Parmi les nations,
Dieu a régné du haut du bois. »

Et l'abside reprend de sa voix idéale :

Arbre splendide, éblouissant,
Orné de la pourpre royale,
Choisi d'une souche assez digne
Pour toucher des membres si saints!
— Heureux es-tu,

clament les rudes accents de la nef,

car sur tes branches
Fut suspendu le Prix du monde,
Son corps devint une vivante balance,
Et l'enfer se vit arracher sa proie.

Maintenant la basilique est pleine à déborder. Les cierges à milliers en font poudroyer d'étincelles tous les ors. Les pierres ont l'air de vouloir vivre et soutenir de leurs architectures, comme d'une basse profonde, la voix multiple de la houle vivante qu'elles enserrent. Cependant la mélodie des moniales plane au-dessus du murmure sourd de la foule prostrée :

O Croix, salut! unique espoir!
Gloire et salut du monde,
Aux bons augmente la justice,
Aux pécheurs donne le pardon!

Alors l'assemblée entière, d'un élan unanime qui condense tous les enthousiasmes, éclate en un suprême hommage à la Croix triomphante :

O Dieu, ô Trinité suprême,
Que tout esprit te glorifie!
Toi qui, par la Croix mystérieuse,
Nous as sauvés, gouverne-nous toujours! Amen.

Inoubliable solennité, qui associe autour de la précieuse Relique trois personnalités telles que celles de Radegonde, d'Euphrone et de Fortunat, en la vieille cité de Poitiers, à cette époque où les puissants du monde étaient des scélérats ou des saints!

Il me semblait voir par l'imagination, en place de la suave chapelle ogivale de Sainte-Croix de Poitiers, où les filles de sainte Radegonde continuent les prières que commença leur Mère, la massive basilique mérovingienne encore résonnante de l'écho du premier *Vexilla Regis*.

Les siècles ont anéanti le monastère bâti par la sainte Reine : ils ont respecté le bois sacré de la Croix. Pendant que j'en approchais mes lèvres, mon regard plongeait à travers les cristaux de la châsse d'argent qui enclôt le trésor. On distinguait la vague silhouette du bijou délicat où Justin II enferma la sainte parcelle. Tout a revêtu un ton plombé, les émaux et leurs cloisonnages d'or; les gemmes, vieillies dans leur obscurité mystérieuse, ont éteint graduellement leurs feux. Elles sont mortes.

C'est en baisant cette Relique deux fois vénérable que j'évoquais la vision d'un peuple entier accompagnant la Croix de Jésus-Christ dans sa demeure séculaire, aux accents enthousiastes du chant triomphal de Fortunat.

PAUL LE MOINE.

POITIERS. — Tombeau de sainte Radegonde.

LES SANCTUAIRES POITEVINS

Notre-Dame de Pitié

ESQUISSE HISTORIQUE ET LÉGENDAIRE *(suite)*

III

De la Révolution française à nos jours (1900)

Comme au temps des preux chevaliers du Moyen-Age, nos héros vendéens faisaient leur veillée d'armes dans un sanctuaire en renom. Il est un noble jeune homme qui, à l'âge où tant d'autres commencent leur gloire militaire, avait déjà la renommée et la valeur du plus grand capitaine. Henry de La Rochejaquelein, pour tout dire en un mot, mort à vingt et un ans au champ d'honneur, pour son Dieu, la France et son roi, ne devait point s'affranchir de cette vieille coutume des vieilles races. Et comme, le 7 avril 1793, il se trouvait au château de Clisson, il dut faire sa veillée auprès de la bonne Dame avant de se mettre à la tête de ses héroïques révoltés, paysans de Saint-Aubin-de-Baubigné. C'est de ce coteau de Pitié qu'il fit ses adieux, vibrants de patriotisme, à ses frères d'armes, les paysans de La Chapelle-Saint-Laurent, qui, en immense majorité (les temps ne sont point changés), ne pouvaient allier les idées nouvelles et d'anarchie révolutionnaire avec leur foi et leur religion. Après tout et avant tout, le paysan est honnête et il sait que l'honnêteté ne brille pas chez les émules des républicains de 1793, farouches sanguinaires qui, dans leur haine infernale, ne peuvent entendre prononcer le nom de Dieu sans entrer en fureur, que s'il est blasphémé.

Quand, vers les premiers jours de juillet, le féroce général Westermann, mort l'année suivante sur l'échafaud, quitta Parthenay pour aller à Bressuire et mettre Châtillon-sur-Sèvre au pillage, il ne voulut pas suivre la route directe, mais s'écarta quelque peu pour brûler et détruire le château de Clisson, d'où était parti son héroïque antagoniste « Monsieur Henry ». Le même jour, une bande de pillards se détacha de la colonne incendiaire, et, pour la première fois, La Chapelle-Saint-Laurent vit les *Bleus*, qui brûlèrent l'église et le presbytère, les deux points de mire des fureurs sataniques. Mais Notre-Dame de Pitié fut épargnée, ou plutôt les soldats de la République n'eurent pas le temps de monter sur la colline. Ce ne fut que l'année suivante que Macors, escarmouchant aux environs de la Rejasse, tenta plusieurs fois de mettre le feu à la chapelle. Celle-ci fut préservée par le zèle et la diligence des rares habitants qui n'étaient pas restés sur le champ de bataille, morts ou vifs[1]. On me permettra bien de citer un nom, synonyme de dévouement. Un habitant de la Blatière, nommé Archambault, se distingua entre tous par son courage en ces jours néfastes. Dieu l'en a récompensé là-haut, c'est à croire. Un jour cependant, ô sacrilège profanation, un jour vint où les Bleus déchargèrent leur odieuse vengeance sur les épaules d'une sainte image, *reproduction de la miraculeuse* qui, cette fois encore, fut mise en lieu sûr par des mains pieuses[1]. Si du moins ils ne pouvaient anéantir ce peuple de géants qui leur tenaient tête, ils comptaient bien tarir à jamais la source de leur bravoure en brisant la Vierge qu'ils venaient prier et vénérer en ce lieu. Mais ils comptaient sans la résistance du granit : ils frappent, et les mains de pierre volent en éclats ; ils frappent encore et la tête à son tour se détache du tronc ; mais leurs sabres sacrilèges s'émoussent sur son manteau de granit, et le corps de la Vierge comme celui du Sauveur couché sur ses genoux restent intègres ; à peine ont-ils pu en détacher quelques parcelles et former quelques cicatrices, aujourd'hui recouvertes, assez maladroitement d'ailleurs, par une épaisse couche de peinture. Et c'est

NOUVELLE CHAPELLE DE NOTRE-DAME DE PITIÉ

Façade. — État actuel.

1. Pendant le séjour des armées républicaines dans la région, quelques habitants de Pitié se réfugièrent au-dessus des voûtes de la sacristie dont une échelle mobile donnait l'accès, mais Jean Dieumegard, dit *Jeannot*, le grand-père de Mme J. Soulard, qui a bien voulu me donner ces détails, préférait se cacher dans sa propre maison à quelques pas de l'église de Pitié, dont il était sacristain. Or, un jour, ne se croyant pas assez en sûreté chez lui, il part se cacher dans les champs d'ajoncs de la Cordinière. Chemin faisant, il tourne la tête et voit venir les Bleus. Que faire ? Tout simplement il se signe, invoque Notre-Dame de Pitié et se couche sur le passage : contrefaisant le mort, il attend...

« Tiens, en voilà un qui en a pour son compte !

— Ça ne fait rien, dit un autre soldat, je lui passe mon sabre à travers le corps.

— C'est inutile, lui fut-il répondu ; s'il n'était pas mort, il ne serait pas ici » ; et d'un coup de pied dans le dos, celui qui avait prononcé cette parole envoya rouler le faux mort dans les épines.

Quand tous eurent disparu, Jeannot se releva, revint sur ses pas en louant Dieu et alla trouver ses amis cachés sous la voûte. Quelques heures après, les mêmes soldats qui avaient épargné le sacristain arrivaient à Pitié, mettaient le feu à la maison de Rouillot, qui, par la lucarne de la cachette, voyait brûler sa maison ; il avait peine à retenir sa main fiévreuse qui pressait son fusil. La maison brûlée, les incendiaires mirent le feu à l'église, puis ils se retirèrent après l'avoir quelque temps attisé. Dieu le voulait ainsi pour sauver ses amis qui gardaient avec eux la statue miraculeuse. Aussitôt les chouans descendirent l'échelle qu'on avait retirée et la mirent en place. Puis, aidé de Rouillot et d'Archambault, *Jeannot* Dieumegard eut vite fait d'éteindre le feu, devenu déjà très violent. Le brave sacristain avait payé sa dette de reconnaissance à Notre-Dame : il est mort très âgé, vénéré de tous comme un saint. Jusqu'à ces dernières années (1899), la famille Dieumegard avait parmi ses membres le sacristain de Pitié ; le dernier même fut mon camarade de collège. C'était un titre de gloire, presque un droit, que leur avaient acquis leurs aïeux.

1. Cf. *Notice historique*, p. 97, 13e ligne.

NOUVELLE CHAPELLE DE NOTRE-DAME DE PITIÉ
Intérieur. — État actuel.

devant cette image vénérée que brûlent ces innombrables cierges que la piété des fidèles y dépose chaque année. Au milieu de l'église, sur un trône de pierre blanche finement ciselé et entouré d'une grille, autrefois dorée, à l'endroit même où la tradition place le buisson qui servit d'abri à la Vierge miraculeuse proprement dite, elle est fort bien placée pour contenter la piété des pèlerins qui lui font toucher nombre d'objets pour les malades ou leur usage particulier, mais elle a l'inconvénient de cacher à la majeure partie des assistants l'autel principal. Quand donc, mon Dieu, aurons-nous notre basilique?

Si la Révolution n'aimait pas les églises et les madones, naturellement elle n'aimait pas les prêtres. Les noyades de Nantes, les boucheries des Carmes et les pontons de Rochefort en font foi, mais, souvenons-nous, ici plus que jamais, que l'écume honore le frein. Jacques-François Tallery, issu d'une noble famille de Terrasson, en Périgord, était alors curé de La Chapelle-Saint-Laurent depuis dix-sept ans; mais, préférant la mort à l'apostasie, il se vit contraint d'errer dans sa propre paroisse, caché tantôt chez l'un tantôt chez l'autre, avec ses deux vicaires, MM. Guichard et Jean Gauthier. Ils distribuaient ainsi aux âmes affamées la doctrine céleste avec le pain de vie, mais, hélas! la trahison est de tous les temps! Comme Jésus, J.-F. Tallery eut son Judas. Trahi, il fut pris et mené à Niort, où il fut emprisonné. Son crime? Avoir dit la messe dans quelque grange abandonnée par les troupeaux volés, pour le repos de l'âme des Vendéens morts au champ d'honneur pour la patrie française. Et certes, la République était assez bonne patriote pour ne pas pardonner ce patriotisme des temps meilleurs. Aussi l'échafaud fut-il sa récompense, à ce prêtre fidèle qui, parti de la place du Pilori, à Niort, le 14 février 1794, avec deux de ses paroissiens[1] parmi les soixante-seize autres habitants du Bocage, s'envola libre désormais vers le ciel, la couronne des martyrs au front[1]. Heureuses vies, d'être couronnées par une telle mort!

Dans le même temps, les deux vicaires de M. Tallery étaient poursuivis à outrance: l'un, M. Guichard, fut pris et condamné à l'exil; l'autre, M. Jean Gauthier, réussit à échapper aux perquisitions. Et quand, avec le général Canclaux, Stofflet et Charette eurent conclu les traités qui laissèrent aux Vendéens leur liberté religieuse pour laquelle, pendant deux ans, ils avaient si vaillamment combattu, Jean Gauthier reparut au milieu de son troupeau (1795), désolé de voir tant de ruines amassées par ces prétendus amis du peuple pires que les Vandales, les albigeois et les protestants des siècles passés. Ému de compassion par tant de malheur, ce saint prêtre qui, miné par la fatigue et les privations, devait mourir encore jeune le 3 mai 1810, entreprit, dès le 17 novembre 1795, de faire rebâtir l'église de La Chapelle-Saint-Laurent et celle de Pitié. Et pour cette dernière, qui seule doit nous occuper, au mois de septembre 1800, le vitrier, M. Poinot, fut chargé de réparer les vitraux pour la somme de 140 livres. En 1801, la cloche brisée fut remplacée par M. Minel pour 225 livres; la même année, P. Berton, de Pitié, refait une partie de la charpente et la couverture; en 1802, Fleury, peintre, reçut 150 livres pour avoir peint trois tableaux destinés à l'église de Pitié.

Des jours nouveaux avaient donc lui pour ce prêtre fidèle, qui, depuis huit ans surtout, affermissait dans le bien les âmes généreuses restées fidèles et relevait ceux qui étaient tombés pendant cette épouvantable lutte; mais la mort, sur ses ailes livides, le porta bientôt dans le sein d'Abraham. Il fut remplacé par Noël-Abel Patural, ancien moine bénédictin, que la Révolution fit maître d'école à Germond. Il était né à Saint-Etienne (Haute-Loire) et avait été profès à l'abbaye de Saint-Maixent; il mourut le 10 mars 1853, après avoir été, pendant quarante-trois ans, curé de La Chapelle-Saint-Laurent. Il avait eu pendant huit ans (de 1845 à 1853), pour vicaire, M. Pierre Laurentin, natif de Glenay (Deux-Sèvres), qui, à la mort de M. Patural, fut nommé curé, à la grande joie de tous; et comme c'est lui qui, à part la construction d'une partie de la basilique, a fait Pitié tel qu'il est, on me permettra bien de m'étendre, avec l'aide d'hommes puissants dans l'art de bien dire et de bien écrire, sur ce demi-siècle de gloire qui sépare l'arrivée de M. Laurentin, (1845), de sa mort (10 juillet 1889). Mais cette dernière partie ne sera qu'un fidèle résumé des faits: d'autres jugeront.

Ce qu'a fait M. Pierre Laurentin,
CURÉ DE LA CHAPELLE-SAINT-LAURENT
pour Notre-Dame-de-Pitié (1854-1889)

A la date du 10 août 1865, ce vénérable prêtre encore à ses débuts écrivait: « Il y a peu d'années encore, ce sanctuaire était dans l'état du délabrement le plus complet; le mur de la façade surtout menaçait de s'écrouler. Ah! combien de fois j'ai poussé des gémissements en voyant la maison de Dieu ainsi délaissée! Au mois d'octobre 1848, je conduisis à Pitié Mgr Guitton, d'heureuse mémoire: là, je lui fis part de ma tristesse en le priant de bénir certains petits projets; néanmoins, ce ne fut qu'en 1854 que je risquai une première dépense de *trois mille francs*, pour la construction des voûtes de la grande nef et des chapelles collatérales. En 1855, je reçus de Mgr Pie de nouvelles bénédictions et des encouragements qui allaient jusqu'à une certaine provocation pour le zèle d'un prêtre. Aussi, dès le 6 août 1856, je me mis à l'œuvre en jetant la première pierre du clocher de Notre-

1. L'un se nommait *Vincent* et l'autre Gaufreteau. — M. Vincent était probablement l'arrière-grand-père de Mlle Eglantine et de M. Amédée Rouault, qui habitent La Chapelle-Saint-Laurent et continuent de donner à la population émerveillée de tant de générosité l'exemple des vertus qui ont illustré leurs ancêtres.

1. *Registre du Tribunal criminel des Deux-Sèvres, Niort.*

Dame de Pitié, et je pris la résolution d'aller jusqu'au bout pour mener les choses à bonne fin. Les bénédictions d'un évêque portent bonheur.

« Le 6 août 1856, M. l'archiprêtre de Parthenay vint poser la première pierre du clocher. Sur cette pierre se trouvait l'inscription suivante :

L'an 1856,
VI août, en la fête de la Transfiguration
de N.-S. J.-C.,
Pie IX étant Souverain Pontife,
Napoléon III, empereur des Français,
Louis Edouard Pie, évêque de Poitiers,
Pierre Laurentin, curé de La Chapelle-Saint-Laurent,
Auguste Chevallier, maire,
La première pierre
de ce clocher, souvenir et monument
du Jubilé accordé à la chapelle de Notre-
Dame-de-Pitié par N. S. P. le Pape Pie IX
sur la demande dudit seigneur évêque
de Poitiers lors de son voyage
Ad Limina Apostolorum,
a été bénite et posée
en présence d'un grand concours de prêtres et
de fidèles, par Jacques Jérôme Cochard,
archiprêtre de Parthenay, plan dressé par
Octave de Rochebrune, Louis Raynaud,
entrepreneur.

« Les travaux du clocher, commencés sur les premiers jours d'août, furent continués sans interruption jusqu'à la mi-décembre. Dans la suite, ils ne furent repris que dans l'année 1859, époque à laquelle le clocher reçut son dernier couronnement. On mit sur la façade une plaque de marbre blanc, sur laquelle on lit cette inscription gravée en lettres d'or :

D. O. M.
In memoriam jubilæi, anno MDCCCLVI
Hac in parochia peracti,
Pio IX Summo Pontifice,
Lud.-Ed. Pie Episcopo Pictaviensi,
Regnante Napoleone III,
Hoc campanile inceptum
Atque feliciter completum
Anno MDCCCLIX.

Piis impensis parochianorum
peregrinorumque
innumerabilium.

Curantibus insuper DD.
Chevalier communicipium majore,
Laurentin parocho capellæ Sancti Laurentii,
Octave de Rochebrune magistro operis,
Raynaud operariorum directore.

Laus Deo
Et Virgini Immaculatæ.

(En voici le texte en français :

D. O. M.
En mémoire de Jubilé de l'an 1856
célébré dans cette paroisse,
Pie IX étant Souverain Pontife,
Louis-Edouard Pie évêque de Poitiers.
Napoléon III empereur,
le clocher commencé
fut heureusement terminé,
en 1859,
Au moyen des pieuses offrandes des paroissiens
Et des pèlerins
En nombre incalculable,
par les soins de MM. Chevalier, maire, et Laurentin, curé
de La Chapelle-Saint-Laurent.
Le plan fut dressé par M. Octave de Rochebrune,
Louis Raynaud l'entreprit et l'exécuta.
Louange à Dieu,
et la Vierge Immaculée.)

« Le clocher monumental a été béni en grande solennité, le 10 août 1859, en la fête de saint Laurent, patron de la paroisse ; il y avait pour cette cérémonie un grand concours de fidèles, au milieu desquels on distinguait quarante ecclésiastiques, présidés par M. Samoyault, grand-vicaire du diocèse. A l'heure des vêpres, après une procession imposante de l'église paroissiale à Pitié, M. Cochard, archiprêtre de Parthenay, monté sur une tribune improvisée à la façade du clocher, fit entendre à la foule quelques paroles éloquentes. Ensuite on procède à l'ascension de l'image de la Mère de Dieu sur la plus haute galerie de la tour : les cordages destinés à monter la statue étaient ingénieusement cachés sous des milliers de rubans dont les extrémités étaient confiées à la multitude des petits enfants. Aussitôt après que l'ascension fut terminée, les rubans, lâchés et jetés au vent, formèrent comme une immense ceinture autour du clocher et du sanctuaire. Alors vous auriez entendu des battements de mains, des cris, des vivats... l'enthousiasme était à son comble !... Enfin, après les dernières prières de la bénédiction, eut lieu la pluie longue et abondante des dragées que M. l'abbé Samoyault avait prodiguées. — A la tombée de la nuit, la foule, plus nombreuse que jamais, couvrait encore la place de Pitié ; au signal donné, tout le monde s'agenouilla, et l'on fit en commun la prière du soir ; après quoi le clocher s'illumina de la base à la pointe, les arbres de la place se couvrirent de lanternes vénitiennes et le feu d'artifice prodigua ses couleurs variées, jusqu'à dix heures, où on alluma un feu de joie de quarante-cinq pieds de hauteur. Comme Pitié domine les environs, le spectacle fut donné en même temps à Clessé, à Boismé, à Chanteloup, à Pugny, à Largeasse et à L'Absie. Notez que pendant ce temps-là les images de la Vierge qui se trouvent aux troncs des arbres, le long de la route du village au chef-lieu de la paroisse, étaient merveilleusement illuminées ; c'était un spectacle vraiment féerique.

« Mais revenons à nos travaux de restauration pour la chapelle de Notre-Dame de Pitié. Vous savez, je pense, en quoi ils consistent. Vous connaissez toute cette enfilade d'oratoires, de parterres, de passages secrets, qui donnent le moyen de circuler autour du sanctuaire sans se mêler à la foule. Vous avez vu le trône de Notre-Dame de Pitié, actuellement établi au milieu de la chapelle ; vous avez vu le nouveau pavé en granit, les nouveaux enduits, les riches peintures à la cire, le vitrail du chœur nouvellement ouvert ; vous avez vu notre belle tribune en pierre de Chauvigny et notre magnifique autel chargé de sculptures... Eh bien, tous ces travaux ont été exécutés d'année en année et sans presque aucune interruption depuis les premières constructions dont je viens de vous parler [1]. »

Le jour même de la bénédiction du clocher, on procédait au baptême de deux nouvelles cloches ; et comme on vient de le voir, M. Laurentin fit faire une tribune en pierre blanche de Chauvigny, et quelques années plus tard (1867), on refit la charpente.

Richesses de l'église de Notre-Dame de Pitié

Avant de sortir de la chapelle, et si le lecteur veut bien nous suivre, nous lui ferons remarquer quelques-unes des richesses du sanctuaire. réservant la question de la châsse, des couronnes et des blasons pour d'autres paragraphes.

Le tombeau et le retable du maître-autel placé en 1858 sont l'œuvre de M. l'abbé Besny, et Mgr Pie, au retour de son voyage à Rome, heureusement accompli en 1866, donna 500 francs pour ces œuvres d'art. En 1861, on plaça le vitrail, œuvre de M. Luçon,

---

1. Lettre de M. Laurent, curé de La Chapelle-Saint-Laurent (10 août 1865).

de Paris, qui représente les scènes douloureuses de la compassion de la Vierge, et coûte 2000 francs. Du côté de l'épître, une copie de la Vierge de Murillo, offerte par un artiste reconnaissant à son retour d'Espagne ; du côté de l'Evangile, on voit un autre tableau représentant l'invention de la statue de Notre-Dame de Pitié, et signé : Théophile Barbot, 1896. Parmi un grand nombre de croix et de cœurs en or, en argent, en vermeil, voici quelques-uns de ceux qui portent une inscription : un croix en vermeil donnée par Mme de La Rochebrochard ; un cœur en argent, donné par M. Bernard, curé de Largeasse ; trois cœurs en vermeil, donnés par Mme la comtesse de La Salle-Achard en 1858, par la famille Aymer de La Chevalerie en 1864, et la même année un autre semblable offert par la famille de Malastric, etc. Il est bon de signaler à titre de souvenir un petit bateau avec sa mâture et ses agrès, donné, en 1820, par un habitant de la Vendée au nom de tout un équipage qui devait son salut à Notre-Dame de Pitié. Outre un nombre presque infini d'ex-voto précieux, parmi lesquels un médaille commémorative de la campagne de Madagascar (1895), de manteaux de la Vierge, de chapes et d'ornements, la vitrine de la sacristie renferme de nombreux parchemins, les brefs des Papes et un diptyque sur vélin, richement enluminé à la gothique, offert par M. Courtaud, curé d'Adilly, en 1878.

Fr. BONNEAU, *pr.*

(A suivre.)

HISTOIRE

Jeanne d'Arc et les Dominicains de Poitiers

LE PÈRE GUILLAUME AIMERI

NOTE COMPLÉMENTAIRE

Par le R. P. Fr. MARIE-BERNARD DUCOUDRAY

des Frères Prêcheurs

De nouvelles recherches m'ont appris sur l'un des trois Frères Prêcheurs députés pour interroger Jeanne d'Arc à Poitiers, le Père Guillaume Aimeri, — *alias* Méri — plusieurs détails intéressants qui complètent ce que j'ai dit de ce religieux[1] et du rôle qu'il fut appelé à jouer comme membre de la commission chargée d'examiner la Pucelle.

L'auteur du poème intitulé : *Le Mistere du siege d'Orleans*, consacre plusieurs strophes à l'examen de Poitiers. Il met en scène, sans nous dire son nom, l'inquisiteur de la foi.

Plusieurs documents, conservés aux Archives départementales de la Loire-Inférieure, nous font connaître le nom du Dominicain qui exerçait cet office en 1429 dans l'Ouest de la France[2].

Ce sont, entre autres, les lettres par lesquelles il institua Frère Jean Blouyn son vicaire pour la ville et le diocèse de Nantes.

Ces lettres, datées du 26 juillet 1426, et signées : *G. Merici*, portent en tête :

« Frère Guillaume Méri, de l'Ordre des Frères Prêcheurs, professeur de théologie, inquisiteur délégué par l'autorité apostolique contre la perversité hérétique dans le royaume de France, à notre très cher Frère Jean Blouyn, au couvent de Nantes, du même Ordre, salut en Notre-Seigneur Jésus-Christ, l'auteur de la foi[1]. »

Guillaume Aimeri était encore inquisiteur en 1440. Car, au cours de cette année, Jean Blouyn procéda, comme son vicaire, contre Gilles de Rais, titre qu'il n'aurait plus eu alors si, à cette date, Aimeri eût cessé d'exercer cette charge, les pouvoirs de vicaire expirant avec ceux du titulaire qui les lui a conférés[2].

Deux des strophes du *Mistere du siege d'Orleans*, relatives aux questions posées par l'inquisiteur à Jeanne d'Arc en 1429, et aux réponses de celle-ci, concordent avec ce passage de la déposition de Frère Séguin au procès du Rouen :

« Et maître Guillaume Aimeri l'interrogea : « Tu prétends, dit-il, que la voix t'a révélé que Dieu veut délivrer de l'oppression le peuple de France. Mais si telle est sa volonté, il n'a pas besoin de gens de guerre. Il est assez puissant pour détruire d'un seul coup les Anglais ou les renvoyer dans leur pays.

« — En nom Dieu, s'écria Jeanne vraiment inspirée, les gens d'armes batailleront et Dieu donnera la victoire[3]. »

Ecoutons maintenant l'auteur du poème orléanais :

L'INQUISITEUR DE LA FOY

Fille, le Dieu de paradis
A le povoir et audience
De convaincre ses annemis
Sans frapper ung seul coup de lance,
Ne sans hommes n'aultre puissance,
Quant y luy plaira ainsi faire,
Sans vous ne sans vostre presence,
Les faire fouyr et retraire.

LA PUCELLE

Dieu le peut faire voyrement ;
Mès ne luy plaist ainsi le faire.
Veult que je y soie proprement
Pour ceste besoigne parfaire,
Et que j'aye soubz ma baniere
Ung peu de gens pour batailler,
A qui Dieu donra la victoire,
Ainsi que à son bon chevalier[4].

C'est bien, en poésie, ce que Frère Séguin a rapporté en prose.

De ce qui précède il est permis de conclure : l'inquisiteur de la foi au royaume de France pour les provinces de l'Ouest prit part à l'examen de Jeanne d'Arc à Poitiers, en 1429 ; et cet inquisiteur était le Père Guillaume Aimeri.

Les savants éditeurs du *Mistere*, MM. Guessard et de Certain, ont donc eu raison de penser que « l'histoire trouve encore à glaner dans le champ que lui ouvre ce poème[5] ».

Les strophes qui suivent celles que je viens de citer contiennent plusieurs détails que n'a pas mentionnés Frère Séguin, un seul excepté, mais qui sont très vraisemblables, étant donné le caractère des personnages dont il s'agit. Le versificateur du XVe siècle les fait parler, « sinon comme ils ont parlé réellement, du moins comme ils ont pu parler[6] ».

---

1. *Jeanne d'Arc et les Dominicains de Poitiers* (1429-1458), par le R. P. Marie-Bernard Ducoudray, des Frères Prêcheurs ; br. in-8°, Ligugé (Vienne), imprimerie Saint-Martin, 1899.

2. Ces documents ont été publiés par M. l'abbé Bossard dans son ouvrage : *Gilles de Rais, Maréchal de France, dit Barbe-Bleue.*

---

1. « Frater Guillelmus *Merici*, ordinis fratrum predicatorum, theologie professor, inquisitor heretice pravitatis in regno Francie auctoritate apostolica deputatus, dilecto nobis in Christo fratri Johanni *Blouyn*, in conventu Nannetensi, ejusdem ordinis, salutem in fidei auctore, Domino nostro Jesu Christo.» (Arch. départ. de la Loire-Inférieure, E. 189.)

2. « Frater Johannes *Blouyn*, in sacra pagina bachalarius, conventus ordinis fratrum predicatorum Nannetensis, vicarius a religioso viro, fratre Guillelmo *Merici*, dicti ordinis, in eadem sacra pagina magistro, in regno Francie inquisitore heretice pravitatis auctoritate apostolica ordinato et constituto... 25 octobre 1440. » — (Arch. départ. de la Loire-Inférieure, E. 189.)

3. Cf. *Jeanne d'Arc et les Dominicains de Poitiers*, p. 15.

4. *Le Mistere du siege d'Orleans*, édit. de MM. F. Guessard et E. de Certain, p. 401, 402.

5. *Ouvr. cité*, préface, p. XXVII.

6. Id., ibid., p. XXVI.

L'INQUISITEUR DE LA FOY

Oultre plus, vous veuil demander
Pour quoy vous prenez l'abit d'omme
Et que votre abit ne prenez
De fille, comme y est consonne.
Ne n'est pas vostre estat, en somme,
Ne comme il vous appartient;
Et m'esbays dont ainsi comme
Le prenez, qui n'est pas plaisant.

LA PUCELLE

Puis que c'est le voloir de Dieu
Et qu'i m'est permis en l'office,
Me fault gouverner en ce lieu
Pour luy acomplir son service.
Et l'estat qui est plus propice
Pour guerroyer et batailler,
En abit d'omme est plus notice
Que de femme pour travailler.

L'INQUISITEUR

Et comment dea ! que pensez-vous ?
Cuidez vous enfin parvenir
Comme voz diz et voz propoux
Sans aucunement deffaillir ?
Vous pensez vous de seur tenir
Que la chose ainsi adviendra ?
De la parfaire et acomplir,
Fille, croy qu'il en demourra.

LA PUCELLE

En non Dieu j'ay ceste fiance
Que la chose se parfera,
Et y ay bonne espérance
Aussi que Dieu nous gardera.
Et la victoire nous donra
All' encontre de ses annemis,
Et en France n'en demourra
Qui ne soient ou mors ou pris.

L'INQUISITEUR DE LA FOY

Quant a de moy, plus je n'en dis
Ne m'en vueil plus discuter.
Je croy en ses faiz et en diz
Et n'y vueil plus riens ajuster [1].
Au Roy on la doit presenter
Pour pareschever ceste chose,
Sans plus longuement arrester
Ceste euvre de Dieu, je suppose [2].

A quelle date précise le Souverain Pontife nomma-t-il G. Aimeri inquisiteur de France? Je l'ignore. Mais ce fut, au plus tard, en 1426, comme le prouvent les lettres citées plus haut. Je ne crois pas qu'il eût alors l'âge requis par le droit, c'est-à-dire quarante ans [3]. C'est pour ce motif qu'en 1431, le pape Eugène IV s'opposa au choix de Pierre Turelure nommé, par le provincial de France, inquisiteur de Carcassonne? Mais le pape pouvait dispenser de cette règle. En 1422, Martin V y avait dérogé. Pierre de Maruèges, inquisiteur de Carcassonne, étant mort, le provincial de Toulouse désigna, pour le remplacer, Raymond du Til, âgé de trente-deux ans. Celui-ci écrivit au Souverain Pontife à l'effet d'être confirmé dans sa charge. Martin V apprenant par cette supplique l'âge de l'élu, ne lui répondit pas directement. Mais il adressa à l'official d'Alet un bref par lequel, après avoir noté que la nomination du Père Raymond était nulle, attendu qu'il n'avait pas l'âge voulu, il charge cet official de s'enquérir des qualités et des aptitudes de l'intéressé, et lui prescrit de l'instituer inquisiteur s'il le reconnaissait digne et capable de remplir cette charge; Sa Sainteté dispensant, par grâce spéciale, du défaut d'âge, nonobstant la constitution de Clément V, les autres constitutions apostoliques, les statuts et coutumes de l'Ordre de Saint-Dominique à ce contraires [1].

Ce qu'il fit pour Raymond du Til, Martin V a pu le faire pour G. Aimeri qui méritait ce témoignage de confiance.

Peu de temps après son arrivée à Poitiers, il fut élu par ses frères prieur de cette ville. Au mois de juillet 1420, le cardinal Simon de Cramaud, qui occupait alors le siège de saint Hilaire, donna aux Dominicains, déjà maintes fois gratifiés de ses bienfaits, un ouvrage en deux volumes. Cet ouvrage était sans doute d'un grand prix, car ils le fixèrent avec des chaînes à la place où ils le déposèrent dans leur bibliothèque, comme on faisait à cette époque pour les manuscrits les plus précieux. G. Aimeri et ses religieux voulurent témoigner leur reconnaissance à l'éminent prélat par un acte solennel. Réunis en chapitre, ils l'admirent à l'unanimité, sur la proposition du prieur, à la participation de toutes les bonnes œuvres de la communauté et s'engagèrent à célébrer, après sa mort, un service anniversaire pour lui, pour les membres défunts de sa famille et tous autres qu'il aurait l'intention d'en faire profiter, et cela à perpétuité. De plus, on statua que le nom du cardinal, lorsqu'il aurait plu au Tout-Puissant de le rappeler à lui, serait inscrit dans le martyrologe avec cette notice :

« Le même jour est décédé le R^me^ P., en Jésus-Christ, Simon de Cramaud, évêque de Poitiers, cardinal de la sainte Eglise romaine. Il eut pour cette communauté la bonté d'un père et la générosité d'un bienfaiteur. Entre autres marques de sa bienveillance, il lui donna le magnifique ouvrage en deux volumes, appelé dictionnaire, que l'on voit enchaîné dans la bibliothèque conventuelle. Les religieux de ce couvent sont tenus de célébrer aujourd'hui un anniversaire à son intention. »

Le cardinal, très sensible aux procédés des Dominicains à son égard en cette circonstance, ordonna de transcrire l'acte du 4 juillet 1420 dans le Grand-Gauthier ou cartulaire de l'évêché [2].

Le Père G. Aimeri était encore prieur de Poitiers lorsqu'il fut promu à la charge d'inquisiteur. Plusieurs chapitres généraux de l'Ordre de Saint-Dominique, aux XIIIe et XIVe siècles, avaient interdit le cumul de ces deux fonctions. On revint plus tard sur cette interdiction, que le chapitre de 1465 remit en vigueur [3].

Pierre Turelure succéda, comme prieur, au Père Aimeri. Il fut, lui aussi, nous le savons, l'un des juges de Jeanne d'Arc en 1429, mais non pas à titre d'inquisiteur de la foi. Ce titre, la preuve en est faite, appartenait à G. Aimeri.

1. D'après Frère Séguin, G. Aimeri ayant entendu Jeanne, se déclara satisfait des réponses qu'elle avait faites à ses questions : *De qua responsione ipse magister Guillelmus fuit contentus.* Encore ici, il y a concordance entre le témoin de Rouen et le *Mistere*.

2. *Ouvr. cité*, p. 402, 403.

3. « Nolentes splendorem solitum negotii fidei per actus indiscretos et improbos quorumvis Inquisitorum hæreticæ pravitatis quasi tenebrosi fumi caligine obfuscari, hoc sacro Concilio approbante, statuimus nullis ex nunc, nisi qui quadragesimum annum attigerint, officium Inquisitionis prædictæ committi Inquisitoribus. » — *Clement.*, lib. V, *De hæreticis*, tit. III, cap. II.

1. *Bullarium Ord. FF. Præd.*, t. II, p. 610.

2. Folio 215, recto. Le Grand-Gauthier est conservé à la bibliothèque municipale de Poitiers, section des manuscrits, 381 (37). — V. aussi Dom Fonteneau, t. III, p. 631 ; *Archives historiques du Poitou*, t. X, p. 241.

3. « Ut hæreticæ pravitatis Inquisitionis officium commodius exerceatur, removemus ordinationem in quibusdam Generalibus capitulis factam, et volumus quod Priores Conventuales hujusmodi Inquisitores deinceps institui non debeant. » Cap. Gen. Novariæ celebr., 1465, ord. 8. — Cf. Fontana, édit. Lo-Cicero, *Constitutiones, declarationes*, etc. *Capit. General. S. Ord. FF. Præd., De Inquisitoribus.*

LÉGENDE DORÉE

L'autel portatif de saint Hilaire. — L'église de Faye-l'Abbesse, au doyenné de Bressuire, possède une relique qui attire chaque année dans cette localité un grand nombre de pèlerins. C'est un morceau de porphyre qui, selon la tradition populaire, a la propriété de faire disparaitre par son seul contact les goitres et en général toutes les tumeurs. Les douleurs les plus vives sont également calmées. De bien loin on vient se faire *marbrer*, c'est le terme consacré. On raconte que ce morceau de porphyre ne serait autre que l'autel portatif de saint Hilaire, celui-là même dont se servait le savant docteur dans ses courses apostoliques.

Conservé pieusement pendant de longs siècles, d'abord dans la chapelle de Saint-Symphorien, aux Cranières, puis dans l'église elle-même de Faye-l'Abbesse, il disparut à une époque qu'il n'est pas possible de préciser.

Les habitants du pays ayant perdu sa trace, le ciel vint à leur secours, et voici la légende qui consacre l'invention de ce précieux monument archéologique :

Un fermier de la commune de Faye-l'Abbesse avait acheté à une foire de Bressuire deux bœufs qu'il avait l'intention de soigner d'une manière toute particulière. Rien ne devait être négligé pour en faire deux animaux dignes sous tous les rapports d'attirer l'attention des plus fins connaisseurs. Le meilleur champ de toute la ferme leur avait été assigné pour pacage, et chaque jour ils y étaient conduits, après avoir reçu à l'étable tous les soins hygiéniques que ne doit jamais négliger un éleveur intelligent.

Quel ne fut pas l'étonnement du fermier en constatant, au bout d'un certain temps, que l'un de ces bœufs qui mangeait toute la journée, ne s'arrêtant jamais une minute, était cependant d'une maigreur excessive, tandis que l'autre, aussitôt arrivé au champ, se dirigeait invariablement au même endroit, se tenait constamment couché, dédaignant toute nourriture et se contentant de lécher la terre, était, malgré cela, dans le meilleur état d'embonpoint ! Un semblable prodige était bien fait pour frapper l'imagination de notre campagnard, qui, croyant avoir affaire à quelque pratique de sorcellerie, s'empressa d'aller consulter le curé de la paroisse.

Le curé, s'étant immédiatement rendu sur les lieux, ne tarda pas à reconnaitre qu'il y avait là, en effet, quelque chose de surnaturel. Il ordonna de pratiquer en cet endroit une fouille qui amena la découverte du morceau de porphyre.

Reconnu aussitôt pour être l'autel portatif de saint Hilaire, que l'on cherchait en vain depuis longtemps, il fut transporté en grande pompe à l'église, où il n'a cessé depuis d'être l'objet de la plus grande vénération, tant pour le souvenir qu'il rappelle que pour les miracles qu'il n'a, dit-on, cessé d'opérer.

La tradition qui désigne ce morceau de porphyre comme étant l'autel portatif de saint Hilaire n'a rien d'invraisemblable.

L'église de Faye-l'Abbesse, placée sous le vocable du patron de notre diocèse, remonte à la plus haute antiquité. Dès l'année 973, en effet, elle est désignée comme ancienne, dans un titre par lequel le roi Lothaire donne à l'abbaye de Saint-Jean-de-Bonneval près Thouars : « Curtim de Faïa ubi exstitit vetus capella sancti Hilarii [1]. »

Les fouilles que la Société de statistique des Deux-Sèvres a entreprises en 1852 au tènement des Cranières, voisin du bourg de Faye-l'Abbesse, l'ont mise à même de constater l'existence d'un centre romain assez considérable pour faire croire un moment à la découverte de l'antique Ségora, erreur que l'on a dû abandonner à la suite de la savante dissertation de M. Léon Faye [1], et celle bien plus probante encore du regretté M. Lièvre.

Les habitants de Faye-l'Abbesse sont cependant toujours convaincus que la station de Ségora se trouvait aux Cranières ; et c'est en vain qu'on tenterait de leur faire abandonner leur patriotique erreur. Le nom de Ségora a été donné à une ferme construite depuis et voisine du terrain où ont eu lieu les fouilles.

Il n'est donc pas téméraire de penser que dès le IVe siècle ce pays était déjà converti au christianisme. Or, saint Hilaire, dans ses pérégrinations n'a pu oublier cette portion de son vaste diocèse. Si l'on en croit la tradition, il y aurait fait de nombreuses visites à cause de la présence de son ami saint Symphorien.

La voie romaine de Poitiers à Nantes ainsi que les minora itinera qui s'y rattachaient portent fréquemment le nom de chemin de Saint-Hilaire.

R.-M. LACUVE.

1. B. LEDAIN, *Histoire de Bressuire*, 2e édition, page 142.

1. *Bulletin de la Société des Antiquaires de l'Ouest*, 1854, page 125.

◆ ◆ ◆

L'Été de la saint Martin. — Le commencement du mois de novembre est souvent ensoleillé, c'est ce que l'on nomme l'été de la saint Martin (la fête de ce saint tombe le 11 de ce mois).

A ce propos voici une légende de l'été de la saint Martin recueillie dans le Luxembourg belge, aux environs de Marche.

Cette légende se rattache à celle du manteau, popularisée par l'imagerie religieuse.

« Je n'ai, avait dit le saint au mendiant, ni or, ni argent, mais ce que j'ai, je te le donne au nom de Notre-Seigneur Jésus-Christ. »

Or, à peine Martin avait-il prononcé le nom du Sauveur, que la nature tressaillit, et à travers les nuées qui brusquement s'étaient entr'ouvertes, resplendit le plus magnifique soleil.

En même temps se fit entendre du ciel une voix qui disait : « Martin, parce que tu t'es montré miséricordieux pour le dernier des miens, j'ai voulu te donner un avant-goût des joies du paradis. Il y aura dans l'autre vie un printemps perpétuel pour ceux qui auront pris soin de mes pauvres ici-bas. »

Telle est l'origine de l'été de la saint Martin.

●●●

Coutumes de la saint Martin. — A Liège, à la saint Martin (le 11 novembre), les enfants allumaient des bouts de grosses cordes goudronnées, les faisaient tournoyer en courant les rues, le soir, aux cris répétés de :

Viva ! Saint Martin !
Qu'à vindou s'cou d'chasse po beurre dè vin !

Trad. :

Vive saint Martin !
Qui a vendu ses culottes de chasse pour boire du vin !

(Alfred HARON, *Revue des Traditions populaires*, novembre 1896).

LES SANCTUAIRES POITEVINS

Notre-Dame de Pitié

ESQUISSE HISTORIQUE ET LÉGENDAIRE *(suite)*

Le Calvaire de Notre-Dame-de-Pitié

Ne pouvant pas nous attarder indéfiniment à regarder, décrire et admirer ces magnifiques objets donnés par les pèlerins à Notre-Dame de Pitié, nous prierons le lecteur de jeter un coup d'œil sur le calvaire, l'œuvre gigantesque, le clou des œuvres de M. Laurentin. Commencé le 14 septembre 1865, ce remarquable monument fut béni le 15 septembre 1867 par Mgr Pie, puis entouré d'une grille de 135 mètres de long, coupée à intervalles réguliers par des pilastres en granit sur lesquels sont fixées quatorze plaques de bronze, représentant les quatorze stations du chemin de la croix. Ce chemin de croix comme ce calvaire sont bâtis en mémoire du jubilé de 1856 et à l'endroit même où Mgr Pie officia le jour de la clôture, assisté de Monseigneur d'Angoulême, savant prélat né dans ce catholique pays du Bocage, et devant 12.000 personnes. Le reporter de ces fêtes, M. l'abbé Cochard, archiprêtre de Parthenay, écrivait à cette époque dans le journal *Le Gâtinois* : « Parmi les pèlerins, on a remarqué un très grand nombre de prêtres : il en est venu de toutes les parties du diocèse et des diocèses de Luçon, d'Angoulême, de Paris. Il y eut jusqu'à vingt-cinq et vingt-six messes par jour dans la paroisse (du 7 septembre au 5 octobre 1856) ; plus de vingt personnes, le jour de la clôture, se sont confessées au pied d'un des ormeaux de la place, à la vue de plusieurs milliers de spectateurs, et çà et là, dans la foule qui s'écoulait, on entendait des voix qui disaient : *Jamais nous ne verrons une aussi belle cérémonie*[1]. »

Onze statues décorent le pied du calvaire, et sont en bronze et de taille naturelle : saint Pierre et saint Paul de chaque côté de la porte de la petite chapelle, saint Jean et saint Marc du côté de l'évangile, saint Matthieu et saint Luc du côté de l'épître, et un *Ecce Homo* derrière le calvaire, sur le même plan, en avant de la tour qui sert de cage à l'escalier qui mène à la terrasse du calvaire. Au-dessus de cette tour terminée en coupole, saint Michel écrasant le dragon infernal. Devant la porte de la chapelle intérieure, Notre-Dame de Pitié, en pierre de Chauvigny ; enfin, à l'intérieur des soubassements, de chaque côté d'un jet d'eau, Marie-Madeleine et Véronique en plâtre.

Derrière ce monument, haut de quarante-cinq pieds, comme le clocher, se trouvent les sept fontaines, figures des sept Douleurs de la Vierge et terminées en 1872. De chaque côté du puits principal se trouvent des statues : ce sont Notre-Seigneur et la Samaritaine, à droite et à gauche de l'entrée, en pierre de Chauvigny ; sainte Marie-Madeleine, au-dessus de la tour de ce puits, en bronze ; saint Roch, au-dessus de la tour de droite ; saint Jean-Baptiste, au-dessus de la tour de gauche ; saint Louis, roi de France, et sainte Radegonde, reine de France, sur la terrasse. Et enfin au bas, au-dessous des deux prince et princesse, saint Dominique et saint François d'Assise : ces dernières statues sont en terre cuite.

Et pour payer tout cela, le bon M. Laurentin essuyait mille tracas, mille sacrifices personnels, et pour telle ou telle de ces statues on fit des loteries ; pour une d'elles, le cheval du pasteur fut mis deux fois comme gros lot, et chaque fois l'heureux gagnant se faisait un devoir de ramener le cheval au généreux pasteur. Pour amener à Pitié ces pierres gigantesques qui servent de bancs autour du calvaire, et ces autres petites et grosses qui font l'église de La Chapelle-Saint-Laurent, le clocher de Pitié et son calvaire, M. Laurentin avait les charrois gratuits. Ecoutons-le parler dans une lettre du 25 janvier 1881 : « Les charrois gratuits ont été fournis par onze paroisses, y compris La Chapelle-Saint-Laurent. Pour ma reconstruction d'église paroissiale, non encore achevée, je compte 1371 charrois ; 2703 hommes y ont donné leurs efforts répétés, avec 7311 animaux, dont 4121 bœufs, 2851 vaches et 339 chevaux. Je pense avoir eu autant de charrois pour mon couvent, le clocher de Pitié, le calvaire, les fontaines et l'église de Pitié. »

« En ces occasions, ajoute l'auteur de la notice historique, le bon prêtre se transformait. Vous auriez dit un général d'armée dans un jour de combat. Il était partout, payant de sa personne, mettant la main à l'œuvre, le sourire aux lèvres et la joie dans le cœur. Pour chacun il trouvait un mot gracieux et reconnaissant ; sa présence arrêtait les jurons, trop prompts, hélas ! à s'échapper ; et le soir, quand la rude journée était finie, quand ses braves paysans étaient réunis à sa table hospitalière, quelle gaité ! quels joyeux propos et quel contentement pour tous ! personne n'avait perdu sa journée ni son temps. »

Ce remueur de granit a dépensé, pour le sanctuaire de Pitié, avec son zèle infatigable, plus de *deux cent mille francs*, et si cette somme lui avait été donnée tout d'un coup et non goutte à goutte, qui sait l'œuvre gigantesque qui aurait surgi du coteau de Pitié? Et c'est une aussi forte somme qu'il faudra à son infatigable successeur pour bâtir la basilique, gracieux bijou pour l'idée ingénieuse et élevée, la finesse des lignes et la pureté du style. La sainte Vierge attend avec impatience cette preuve de l'amour de ses Vendéens et de ses Poitevins. Puisse-t-elle l'avoir bientôt, et ce sera alors un immense cri de joie et de reconnaissance qui s'élèvera vers le ciel pour en faire descendre la miséricorde et la paix en abondance sur ces généreux bienfaiteurs, qui ne feront en cela que suivre l'exemple donné il y a vingt-cinq ans à l'occasion des fêtes du couronnement de Notre-Dame de Pitié.

Le pauvre et le riche, s'était dit M. Laurentin, ne refuseront point leur obole à Marie pour lui acheter sa couronne et celle de son divin Fils. Et une idée lui avait traversé l'esprit : « Si je faisais servir ces bijoux qui parent la vanité à confectionner deux couronnes, ce serait, je crois, faire une bonne œuvre, disait-il à ses paroissiens, car il nous faut des couronnes pour la

1. Extraits du journal *Le Gâtinais*, publiés par l'abbé Albaret, p. 197 et 198.

sainte Vierge et pour Jésus. Il faut de l'or, je n'en ai pas ; vous savez où j'ai placé le peu que la Providence m'avait donné : mais

STATUE-RELIQUAIRE DE NOTRE-DAME DE PITIÉ

il en est chez vous que, sans vous appauvrir, vous pourriez m'apporter. Quelques-uns l'ont acquis pour des fêtes qui ne reparaitront plus, beaucoup l'ont recherché pour satisfaire la vanité et l'orgueil. O femmes, ô jeunes filles, que faites-vous de tous ces ornements? Vos âmes s'y perdent, d'autres âmes s'y corrompent : faites de ces superfluités un usage meilleur. Sacrifiez ces objets dont la valeur insignifiante aujourd'hui sera décuplée dans le royaume des cieux. » Et à la parole il joignit l'action, ce saint prêtre ; il prit la quêteuse et passa dans le rang des fidèles; et telle parure qui avait coûté, pour l'obtenir, beaucoup de larmes peut-être, se détacha et tomba avec les pièces d'or et d'argent. Et colliers de perles, boucles d'oreilles, montres, bracelets en or, chaines d'or et d'argent, s'accumulèrent dans la quêteuse d'abord, puis dans une corbeille placée aux pieds de la Vierge. La châtelaine et la paysanne, l'ouvrière et la bourgeoise, nobles et roturiers, se confondirent dans la plus parfaite unité et mêlèrent à l'envie leurs richesses pour faire deux couronnes[1] ; « et l'éminent artiste chargé de les confectionner, ajoute M. l'abbé A. Coutant, a voulu en faire des objets d'art, et il a réussi. La petitesse de leur dimension devait être rachetée par une plus grande richesse. Il est difficile de donner une description qui puisse en faire comprendre tout le mérite. Nous allons cependant essayer de les dépeindre.

« Les deux couronnes d'or sont entièrement exécutées à la main, sans estampage au repoussé ou au champlevé, comme aux belles époques du Moyen-Age, avant l'invasion des procédés industriels. Les ornements sont granulés pour la plupart, et reproduisent ainsi le délicieux effet du filigrane, mais avec plus d'art, chaque perle étant ciselée avec soin.

« L'artiste, en les composant, s'est inspiré de la couronne royale de Hongrie. Le rouge et le blanc dominent dans les émaux de la couronne du Christ, dont le bandeau est dentelé par douze lamettes lobées sur lesquelles sont gravés, champlevés et émaillés, douze anges portant les attributs de la Passion. Les quatre branches qui ferment cette couronne sont larges, richement bordées et décorées d'ornements granulés et émaillés, puis surmontées d'une croix nimbée d'un grand effet. Le tout est parsemé de plus de cinquante pierres fines variées.

« Dans la couronne de la Vierge, les émaux blancs et bleus dominent. Le bandeau est garni de six médaillons avec six anges portant le cœur transpercé de glaives, le sceptre, la couronne, les roses, les lis, etc. Au-dessus sont découpés douze médaillons en ogive, où les fleurs symboliques alternent avec des motifs granulés à pierreries, croisant les médaillons du bandeau. Enfin la couronne est fermée par six branches traitées dans le même goût, avec granulés et pierreries ; au sommet, on voit la croix timbrée du monogramme de la Vierge, le tout parsemé de 60 pierres fines[1]. »

Après avoir parlé des couronnes, il est juste, je crois, de parler de la châsse d'honneur de Notre-Dame de Pitié. Elle est l'œuvre de la maison Poussielgue, de Paris, et représente la chapelle de Pitié. Dans le style élégant de la fin du Moyen-Age, elle est toute de cuivre doré et de cristal. Elle repose sur huit lions rampants, placés aux huit angles, les pattes étendues, semblables aux quatre lions de bronze qui supportent l'obélisque de Sixte V, sur la place Saint-Pierre, à Rome. Haute de 1 m. 50, elle est large de 0 m. 90 et profonde de 0 m. 60. A l'intérieur de la châsse est un socle de cuivre doré, magnifiquement travaillé, sur lequel repose la statue miraculeuse ; le trône a quatre faces : sur le devant est représenté, or sur fond d'azur, Pie IX, la tiare en tête, remettant à Mgr Pie, évêque de Poitiers, les couronnes ci-dessus décrites, pour la fête du 21 septembre 1873 ; derrière, une vue du Calvaire tel qu'il était à cette époque, noir sur fond d'azur. Les deux autres côtés portent sur des banderoles, et gravées en creux, ces paroles de la liturgie : *Gloria et honore coronari mereamur in cœlis* : Puissons-nous être, dans les cieux, couronnés de gloire et d'honneur !

Les blasons

Sur le socle et aux quatre angles de ce petit palais sont fixés des blasons aux couleurs multiples et du plus bel effet, qui en

1. Trois kilos et demi de pendants d'oreilles, de bagues, de bracelets, de croix d'or, de chaines d'argent, furent remis au digne prêtre par les habitants des paroisses qui avoisinent Pitié, car on n'avait pas voulu laisser à La Chapelle-Saint-Laurent l'honneur de tout faire. *Viri cum mulieribus præbuerunt armillas et inaures, annulos et dextralia.* Et les femmes à qui la misère avait toujours interdit de telles parures furent émues d'une sainte jalousie. On agita longtemps, sous la cabane du pauvre, de quelle aumône serait flattée la Vierge de Pitié ; et comme souvent le dénuement était extrême, on nouait à la quenouille une poignée de beau lin qui, sous des doigts habiles, devenait le *filet* (fil) *de la bonne Vierge. Sed et mulieres doctæ, quæ noverant, dederunt purpuram ac byssum*, lisons-nous au chapitre xxxv, 25, de l'Exode. Ainsi commença la *toilette* de Notre-Dame de Pitié, l'obole du pauvre fut le premier appoint des manteaux de velours bleu qui parent les deux statues du sanctuaire.

1. « Telle est la description trop sommaire de ce travail parfait à tous les points de vue, tant pour le goût que pour le travail et le fini de l'exécution. La fabrication de ces couronnes a, du reste, été confiée à un homme aussi savant que modeste, artiste vraiment chrétien et studieux, que des récompenses bien méritées sont allées chercher chez lui sans aucune intrigue de sa part. M. Thomas-Joseph-Armand Caillat, de Lyon, a donné une bonne réputation, qui va toujours croissant, à l'orfèvrerie de sa ville natale. Dès 1862, il a reçu du jury de l'Exposition de Londres la médaille d'excellence ; à Porto, en 1865, la grande médaille d'honneur et la décoration de l'ordre du Christ lui étaient décernés. L'Exposition de 1867 lui a valu la grande médaille et la croix de la Légion d'honneur. Enfin, et pour ne pas rentrer dans les détails, lors de l'Exposition

sont le plus riche ornement. Les quatre qui sont suspendus aux quatre angles sont de *Notre-Dame de Pitié*, *d'azur au monogramme de la Vierge : N. D. P.*

Sur le devant de la châsse, de chaque côté de l'écusson de Pie IX détaché en cartouche et tout doré, sont placés six autres blasons :

1° A droite, celui de S. Ém. le cardinal Pie, évêque de Poitiers : *d'azur à la Vierge de Chartres sur pilier.*

2° A gauche de celui de Pie IX, le blason de Mgr Bellot des Minières, évêque de Poitiers, premier successeur du Cardinal : *d'azur, à la croix de saint André, alezée d'argent, semé d'étoiles d'or.*

3° A droite de celui du cardinal Pie, celui de Mgr de La Tour-d'Auvergne, archevêque de Bourges : *écartelé au premier et quatrième d'azur, semé de France, à la tour d'argent, maçonnée de sable; au deuxième et troisième de gueules à la croix d'or évidée, pommetée et azelée de même; sur le tout au gonfanon de gueules frangé de sinople.*

4° A gauche de celui de Mgr Bellot des Minières, celui de Mgr Fruchard, évêque de Limoges : *d'or, aux deux palmes de sinople en sautoir, cantonnées de quatre croix de gueules.*

5° A droite de celui de Mgr de La Tour-d'Auvergne, l'écusson de Mgr de La Bouillerie, coadjuteur de Bordeaux : *de gueules au chevron d'argent, surmonté d'un croissant de même, accompagné de trois pommes de pin, le tout d'argent.*

6° Enfin, à gauche du blason de Mgr Fruchard, celui de Mgr Colet, archevêque de Tours : *d'azur à l'agneau d'argent, surmonté d'une balance aussi d'argent.*

Sur le flanc droit de la châsse, deux écussons seulement :

1° Celui de Mme la comtesse de Mérinvillle de Maussabré : *écartelé au premier et troisième d'argent, aux fasces de gueules; au deuxième et quatrième de gueules, aux deux léopards passants d'or, d'azur au lambel d'or.*

2° Et celui de Mgr d'Outremont, évêque du Mans : *parti d'or au chevron de gueules, accompagné de trois fleurons de même; et d'azur au mont naturel, surmonté d'un chevron d'or, accompagné d'une étoile rayonnante.*

Sur le flanc gauche, également deux blasons :

1° Celui de Mme de Brossard : *de gueules à trois fleurs de lys d'argent posées 2 et 1, à la bande d'azur brochant sur le tout.*

2° Le deuxième est celui de M. le comte de Grimouard de Saint-Laurent : *parti d'argent, fretté à six bâtons de gueules, au franc canton dextre d'azur et d'or au croissant d'argent, et au cinq étoiles de même, posées 2 et 1.*

Derrière la chasse :

1° Au centre, correspondant à l'écusson de Pie IX, celui de M. E. Bry : *d'azur aux deux palmes entrelacées d'or, accostées des lettres E B du même.*

2° A droite de ce premier, celui de M. le comte Pacel de La Selle : *parti de sable, au croissant d'or, accompagné de trois quintefeuilles, posées 2 et 1; et d'azur, au lion d'argent, armé et lampassé de gueules, aux deux fasces de gueules brochant sur le tout.*

3° A gauche de l'écusson de M. Bry, celui de Mme la comtesse de La Selle de La Haye : *de sable, au croissant d'or, et aux trois quintefeuilles de même posées 2 et 1.*

4° A droite de celui du comte P. de La Selle, celui de Mme la vicomtesse de Lamote-Baracé : *de gueules au sautoir d'or, cantonné de quatre besans de même.*

5° A gauche de celui de Mme la comtesse de La Selle de La Haye, le blason de M. le vicomte de La Rochebrochard, d'Itrie : *d'argent aux pals de gueules, côtoyé de deux pals d'azur.*

6° A droite de celui de Mme la vicomtesse de Lamote-Baracé, celui de M. le marquis de La Rochejaquelein : *de sinople à la croix d'argent, cantonné de quatre coquilles d'argent, chargée en abîme d'une cinquième de gueules.*

7° Enfin, à gauche de celui du vicomte de La Rochebrochard, l'écusson de Dom Léon Bastide, abbé de Ligugé : *d'azur, à la colombe d'argent, becquée et onglée de gueules, portant dans son bec un rameau d'or.*

Dans l'intérieur de la châsse, sur le trône :

1° A droite, et le plus haut, l'écusson de Dom Léon Bastide, abbé de Ligugé, déjà décrit.

2° Au-dessus, toujours à droite, celui de Mme la vicomtesse de Bonneval de Beaurepaire : *parti d'hermine au lion de gueules, et d'azur au lion d'or.*

3° A gauche, au-dessus, celui de M. le marquis de La Rochejaquelein, déjà décrit.

4° Au-dessous de ce dernier, un autre, *de gueules aux pals d'azur, côtoyé de deux pals d'argent.*

Derrière le socle :

1° A gauche, celui du R. P. Drochon : *d'azur au calice d'or, surmonté d'une hostie rayonnante d'argent et accosté des lettres B. D. du même.*

2° Un autre, à droite : *parti d'azur à la tour d'argent maçonnée de sable, surmontée d'or au croissant d'azur, accosté de deux croix de gueules, et de sable aux deux léopards passants d'or.*

En tout vingt-huit, dont dix-huit sur le socle de la châsse, six sur le trône et quatre suspendus aux deux côtés de la châsse d'honneur.

Et maintenant que le lecteur connait les différents monuments et les différentes curiosités de Pitié, il lui sera peut-être agréable de lire d'abord le procès-verbal de la fête du couronnement (le 21 septembre 1873), et ensuite quelques détails pris dans les « Souvenirs du Couronnement », qui, dans cette dernière partie, nous serviront de guide, avec les dépositions de quelques témoins oculaires.

Couronnement de Notre-Dame de Pitié

(27 septembre 1873)

PROCÈS-VERBAL DU COURONNEMENT DE NOTRE-DAME DE PITIÉ

(Extrait du registre de la paroisse n° 89)

L'an mil huit cent soixante-treize, le vingt et un septembre, en vertu du bref de Sa Sainteté Pie IX, délivré à Rome en date du 21 mars 1873, Mgr Louis-Edouard Pie, évêque de Poitiers, a procédé au couronnement de la sainte image de la bienheureuse Vierge Marie de Notre-Dame de Pitié ou des Sept-Douleurs, vénérée depuis un temps immémorial dans le sanctuaire qui porte son nom, situé sur le territoire de La Chapelle-Saint-Laurent, diocèse de Poitiers (Deux-Sèvres). Monseigneur de Poitiers était assisté des Illustrissimes et Révérendissimes Seigneurs dont les noms suivent : François-Alexandre de La Bouillerie, archevêque de Perga, *in partibus infidelium*, coadjuteur du cardinal-archevêque de Bordeaux; Charles-Amable de La Tour-d'Auvergne, archevêque de Bourges; Félix-Pierre Fruchard, archevêque de Tours; Charles-Théodore Colet, évêque de Luçon; Hector-Albert Chaulet d'Outremont, évêque d'Agen; le T. R. P. Dom Léon Bastide, abbé de Ligugé.

Le saint sacrifice de la messe a été célébré en plein air, à l'autel du calvaire, par Mgr F. A. de La Bouillerie; le discours a été prononcé par Mgr l'évêque de Poitiers. Après le dernier évangile, le même Seigneur, l'évêque de Poitiers, délégué de S. S. Pie IX, Pape, a béni au pied de l'autel les deux couronnes enrichies de pierreries. Ensuite tous les prélats se sont rendus processionnellement à l'estrade d'honneur, au milieu de la place où la statue miraculeuse avait été exposée. Là, Monseigneur de Poitiers a imposé une des couronnes à la tête du Christ et l'autre à la tête de la bienheureuse Vierge. Cette première cérémonie étant terminée, les prélats se sont retirés en laissant la sainte statue à la vénération des fidèles.

A deux heures, tous les prélats étaient de nouveau réunis sur la place de Notre-Dame de Pitié pour assister aux vêpres, qui ont été célébrées par Mgr Charles-Amable de La Tour-d'Auvergne, archevêque de Bourges. Le discours a été prononcé par Mgr de La Bouillerie. A la fin des

de Rome, en 1870, il reçut le premier grand prix : le brevet qui l'accompagne stipule que M. Caillat l'emporte pour le fini de ses travaux sur tous ses nationaux. Peu de jours après, le Saint-Père, voulant récompenser et encourager l'artiste chrétien, lui conférait la croix de Saint-Grégoire-le-Grand. » (Cf. *Souvenirs du Couronnement*, p. 48.)

vêpres, une immense procession s'est formée autour de la place pour reporter la sainte image dans son sanctuaire.

La foule qui assistait au couronnement de Notre-Dame de Pitié, le 21 septembre 1873, a été évaluée à *trente-cinq mille* personnes au moins, parmi lesquels nous avons compté; trois cent soixante-dix ecclésiastiques. Parmi les notables du clergé présents à la cérémonie nous signalons particulièrement : MM. Emmanuel de Brien, chanoine titulaire; le R. P. Baudry, supérieur du grand-séminaire, le R. P. Dorveau, directeur au grand-séminaire; M. l'abbé Robineau, secrétaire de l'Evêché, les RR. PP. Medeau et Babin, missionnaires du pèlerinage; Cochard, archiprêtre de Parthenay; Richard, doyen de Moncoutant; Charbonneau, doyen de Bressuire; Guillet, archiprêtre de Niort; Métayer, archiprêtre de Thouars; Héline, secrétaire de l'évêché; de Moissac, directeur diocésain; le Révérendissime Abbé de Beauchêne, Dom Mariani, des Chanoines Réguliers de Saint-Jean-de-Latran, etc.

Parmi les autres notables et familles illustres du pays qui ont assisté au couronnement, nous signalons seulement MM. le marquis de La Rochejaquelein, député; Hervé-Kérouant, sous-préfet de Parthenay; Béraud, sous-préfet de Bressuire; P. Thaudière, avocat, conseiller général; Auguste Chevalier, décoré de la Légion d'honneur et des Ordres de Pie IX, maire de La Chapelle-Saint-Laurent, avec son conseil.

A La Chapelle-Saint-Laurent, le 22 septembre 1873.

P. LAURENTIN,
Curé de La Chapelle-Saint-Laurent [1].

Après ce compte rendu trop sommaire (en pouvait-il être autrement d'un procès-verbal?) il sera peut-être bon de raconter en détail une fête dont le souvenir fait encore vibrer le cœur de ceux qui en furent les heureux témoins.

« Par un mandement exprès, écrit M. l'abbé Coutant au lendemain de la fête, Monseigneur avait convoqué ses diocésains et fixé la solennité au dimanche 21 septembre. Cet appel fut admirablement entendu, l'affluence était immense, la fête magnifique, et il en restera dans cette contrée un impérissable souvenir. » C'est en effet ce qui a lieu; après vingt-cinq ans, on est heureux de le constater.

Plusieurs causes faisaient présager ce succès : c'est une vérité que les habitants de nos campagnes ont pris peu de part aux pèlerinages lointains. Le déplacement, une absence de plusieurs jours, répugnent à des gens dont le travail est incessant et soumis à une pluie heureuse ou à un rayon de soleil. D'autre part, la nécessité d'une dépense relativement élevée retenait, chez un grand nombre, des épargnes péniblement amassées. L'Eglise, attentive toujours aux désirs spirituels de ses enfants, comprenant que beaucoup seraient frustrés de cette dévotion rajeunie des pèlerinages, appela aux sanctuaires que chaque diocèse possède les multitudes jalouses de ces privilégiés qui allaient tremper leurs lèvres aux sources de Lourdes et de la Salette. On vit alors un ébranlement universel : la France parut faire trêve aux affaires et, comme un seul homme, en mille lieux à la fois, se présenta aux autels de Marie. Ces réunions diocésaines et locales ont quelquefois atteint, au point de vue du nombre, des chiffres prodigieux : au sanctuaire de Pitié, l'affluence pouvait atteindre 40.000 personnes. Cet empressement n'étonnera pas nos lecteurs, qui savent quelles intimes et sociales relations la chapelle de Pitié a contractées avec l'histoire de notre pays. Il y a des lieux bénis par une prédestination qui se perd dans le secret de l'éternité; Notre-Dame-de-Pitié est de ceux-là : nous l'avons vue, en effet, marquée de ce cachet providentiel aux yeux des Gâtinais et des paysans vendéens. Depuis de longs siècles elle a été la confidente de leurs peines et de leurs souffrances. Une mère recommande son fils épileptique à cette bonne Vierge; une autre, dans un procès, invoque Marie pour la conservation de ses biens; deux filles viennent aussi : l'une demande à Dieu la grâce de connaitre sa volonté sur un projet de mariage, la seconde va plus loin et exprime clairement *qu'elle veut être mariée*. Une femme prie pour son mari qui est à l'armée, etc. De plus, ce pays a été éprouvé, ravagé et ruiné tant de fois, qu'il n'est pas étonnant que ce pieux refuge des âmes soit à ce degré associé aux douleurs nationales. Notre-Dame de Pitié et Beauchêne sont les deux foyers de la foi vendéenne où nos pères ont gémi, souffert et pleuré, avons-nous dit en commençant l'histoire de Pitié au XVIIIe et au XIXe siècle. N'est-il pas juste après cela, au jour du triomphe, que la contrée entière se lève et vienne applaudir à la gloire renouvelée d'un temple qui lui a toujours été si cher? Il est vraisemblable aussi que la portée et le sens de ce couronnement n'échappaient point à la perspicacité populaire. Cette glorification de la souffrance avait son prix au lendemain des désastres que vingt-cinq ans n'ont point encore effacés et que cinquante n'effaceront point du souvenir français; elle l'avait aussi pour ces hommes dont la majorité appartenait à la classe des artisans et des travailleurs. A cause des lumières qu'ils reçoivent de leur foi, ils pouvaient comprendre ce mystère de grandeur qui rayonne au front exténué, endolori, de la Vierge Marie. Après le triomphe d'une femme si pauvre, si humble aux yeux du monde, que ne sont-ils pas en droit d'attendre? La vie, pour eux, n'est semée ni de charmes ni de plaisirs; elle est rude et, aux champs comme au foyer, saturée d'amères angoisses; mais il s'en faut que ce soit une opposition à la gloire et un obstacle au couronnement final. Quel spectacle de consolation et d'espérance a dû être le couronnement de Notre-Dame de Pitié! Quel enseignement plein d'à-propos pour ce siècle, où le succès est tout, la jouissance, le but suprême, et où chacun travaille à faire de sa vie une molle et lente traversée que ne troublera jamais la voix austère du devoir! Siècle de lumière et de progrès qui croit n'avoir que des droits et qui veut, mais ne peut se passer d'une seule chose, ou plutôt d'un être qu'il regarde comme une chose : Dieu.

Mais ce progrès-là n'avait pas encore envahi nos contrées à vingt-cinq ans en arrière, car il fut répondu avec empressement à ce cri joyeux de la lettre pastorale : « Vous viendrez, peuples du Bocage et de la Gâtine, vous viendrez voir, au jour de son glorieux couronnement par la main de la sainte Eglise romaine, l'image vénérée que vous avez faite si souvent la confidente de vos pensées, de vos peines et de vos désirs. Ce jour-là, vous vous porterez par milliers autour de votre évêque, et chacun de vous sera désireux de dire à Marie qu'il lui appartient : *Tuus sum ego.* »

Nous l'avons vu, on a évalué à quarante mille, et on n'a pas cru céder à un calcul exagéré, le nombre de pèlerins qui stationnèrent aux heures de la cérémonie sur l'immense esplanade de 11.500 mètres carrés, et les rues encombrées, ornées d'arcs de triomphe. Aux mâts flottaient de longues banderoles, les arbres étaient pavoisés d'oriflammes. Entre la chapelle de Notre-Dame de Pitié et le calvaire, avait été ménagée une avenue pour la circulation; les prélats et les prêtres pénétraient par cette voie dans l'enceinte réservée, au pied du Calvaire où on célébrait l'office divin et dans les tribunes qui en étreignaient les flancs [1]. L'estrade du couronnement s'élevait au milieu de cette avenue et de la place, surmonté d'un trône et d'un vaste diadème que supportaient d'élégantes colonnettes bleues et blanches du meilleur goût et du meilleur effet, a dit un témoin.

La messe fut chantée à neuf heures par le coadjuteur du cardinal-archevêque de Bordeaux, Mgr de La Bouillerie, archevêque de Perga *in partibus infidelium*. Comme le murmure des orgues puissantes dans les profondeurs de nos immenses basiliques, trois cents voix humaines faisaient planer sur l'assemblée recueil-

1. Extrait du registre du *Pèlerinage de Notre-Dame de Pitié, année 1873*. De ce même registre une main mal inspirée a fait disparaître le long compte rendu des fêtes du 21 septembre 1873.

1. C'est un madrier d'une de ces tribunes qui, mal équilibré et portant tout le poids, se rompit tout à coup et écrasa une pauvre femme qui s'était glissée dessous pour voir mieux, mais non plus aisément, dans l'enceinte réservée : *Perniciosa curiositas.*

lie, majestueuses et puissantes, la douce harmonie du chant ecclésiastique. C'était, pour le grand nombre sans doute, un spectacle nouveau que cette messe au milieu des champs ; les impressions en devaient être étranges : ce petit village, le plein air, le murmure gazouilleur d'oiseaux babillards, les grands chênes séculaires, les genêts, le bruit sourd et confus qui suit la multitude, faisaient sans doute monter à la mémoire bien des souvenirs; c'étaient peut-être les mystères sacrés du Moyen-Age ou quelque image de la Vendée errante, emportant ses autels au fond des bois et des vallées; c'était quelques ombres des messes furtives et menacées d'une époque qui ne reparaitra plus.

La messe achevée, Mgr Pie, évêque de Poitiers, prit la parole, et ce fut un cri vers Marie, un hymne jaillissant d'un cœur violemment ému, que l'éloquent prélat fit entendre quand il commenta, dans une magnifique homélie, ces paroles du Cantique des Cantiques, prises pour texte : « *Egredimini et videte regem in diademate quo coronavit eum mater sua in die desponsationis illus* : Sortez et voyez le roi avec le diadème dont l'a couronné sa mère au jour de ses noces. » Après avoir concilié les deux termes de cette antithèse apparente, couronnement d'une mère de douleurs, il s'écrie : « Voici, ô Marie, les paroles qu'à cet instant même je recueille sur vos lèvres : Fidèles enfants du Poitou et de la Vendée, ce n'est point à vous qu'il appartient de désespérer de l'avenir. Souvenez-vous des jours anciens dans lesquels, éclairés de la lumière qui s'était éclipsée pour beaucoup d'autres, vous avez soutenu sur votre propre territoire le grand combat, les grandes luttes et les grandes souffrances. (Ad Hebr., XI, 32.) Si l'occasion ne vous a pas été donnée de les manifester de la même manière, vos sentiments, pourtant, sont toujours conformes à ceux de vos pères ; et quand, sur la terre d'Italie ou de France, à Mentana ou à Loigny, il y a eu encore du sang à verser, on vous comptait en grand nombre parmi les soldats et les martyrs des saintes causes de la Papauté et de la Patrie. C'est pourquoi n'allez pas maintenant ralentir, n'allez pas perdre votre confiance à laquelle est réservée une grande récompense (ibid. 33, 35). L'attente a éte longue, je le reconnais... Mais encore un peu de temps, un tout petit peu de temps, *modicum aliquantulum*, et le secours qui doit venir, non pas le secours d'en bas, entendez-vous, mais le secours d'en haut, viendra, et il ne tardera pas. » (Ibid., 37.)

Les couronnes sont alors apportées devant le délégué du Souverain Pontife sur un coussin de velours, et les bénédictions descendent sur elles; après les avoir aspergées et encensées, le prélat les porte triomphalement au trône de Marie, et pendant le chant de l'*Ave maris Stella*, il gravit les degrés de la plate-forme et, d'une main tremblante d'émotion, sur la tête du Christ d'abord et sur celle de la Vierge ensuite, Mgr Pie place les deux couronnes, en disant : « Comme nous vous couronnons sur la terre, puissions-nous être dans les cieux et par vous couronnés de gloire et d'honneur. »

Et chaque prélat encense de trois coups la statue couronnée, pendant que retentissent avec enthousiasme le *Regina cœli* et les brillantes sonneries de la fanfare du Cercle catholique de Notre-Dame-des-Dunes de Poitiers.

Dans les grands établissements de métallurgie, un moment sublime et d'une émotion palpitante, c'est quand la masse de fonte à convertir en acier est battue par des courants d'air. Qu'on se figure des machines aspirant avec une puissance extraordinaire et rejetant à pleins poumons dans le métal liquide l'air qu'elles ont absorbé. C'est plus qu'un gémissement et une plainte : c'est un cri strident qui s'exhale quand il pénètre et soulève ces couches résistantes, et des étincelles brillantes, des étoiles rapides, des traînées chevelues comme des comètes, éclatent dans l'enceinte; tel fut le discours, hélas! trop bref, de Mgr l'archevêque de Perga. Quelle voix inspirée! quelle chaleur à parler de la Vierge Marie! Et en proclamant avec la tradition que l'Eglise, à titre d'épouse du Fils de Dieu, reproduit dans le temps la vie, les douleurs, les joies de Marie, en unissant aux destinées de l'Eglise les destinées de la France, qui en est le bras droit et le soldat, comme l'éminent prélat a dû s'ouvrir le chemin de toutes les âmes! comme il a dû les soulager du poids énorme qui, à cette heure terrible, les oppressait sur l'avenir encore incertain et obscur de la patrie en deuil. On se rappellera longtemps cet élan chrétien, cette *introduction de l'air* pur et vivifiant du patriotisme dans ces cœurs enflammés qui ont éclaté en cris répétés de : « Vive Marie, vive Pie IX, vive la France, vive l'Eglise! »

Après la bénédiction du Très-Saint-Sacrement, la statue miraculeuse fut reportée dans l'église de Pitié entre deux haies de fidèles qui priaient tout haut. Vers huit heures du soir, six mille pèlerins étaient encore à Pitié, avides d'émotions, quand tout à coup, dans le silence de la nuit, retentit le *Credo*; après quoi, la place fut brillamment illuminée par les soins de M. Puisais, de Poitiers; les arbres étaient transformés en immenses girandoles de feu entourées d'un cercle de lanternes vénitiennes, car toutes les maisons avaient voulu prendre part à la fête de nuit. Puis enfin, comme un cri d'adieu et l'expression de l'enthousiasme, un feu d'artifice fut tiré : les fusées déchirèrent l'espace, puis disparurent, comme les étoiles devant le soleil, pour laisser place à une Vierge Immaculée, la pièce finale, qui, haute de six mètres, ruisselante de lumière, enleva l'enthousiasme général. Eclatez donc, globes de feu, montez vers le ciel, fusées rapides, et entr'ouvrez votre sein rempli de rubis et de diamants; brillez, étoiles, applaudissez, chrétiens, saluez Marie Immaculée. Et ces cris vibraient sur les lèvres comme dans les cœurs de ces six mille Vendéens restés là, derniers témoins de cette historique journée :

« Vive Marie! vive M. le curé! vive la France! Vive Pie IX [1]! »

C'est cette fête mémorable que rappelle en lettres d'or une plaque de marbre blanc fixée au mur du sanctuaire de Notre-Dame de Pitié, du côté de l'Evangile; elle fut placée le 29 août 1874.

Voici le texte de cette inscription, copiée avec la plus scrupuleuse exactitude sur l'original :

D. O. M.
XI Kal. Octobr.
Anno S. R. MDCCCLXXIII
Litteris Beatis. Patris nostri
Pii PP. IX
Romæ obtentis
Ill. ac Rev. Lud. Edw. Pie
Eccl. Pictav. Episcopus
Hanc sacratissimam imaginem
B. Mariæ Virginis
Septem Doloribus transfixæ
Ritu quam solemniore
Coronavit
Simul orantes adstabant
Ill. ac Rever. Præsules :
Carolus Amabilis DE LA TOUR D'AVVERGNE,
Archiepic. Biturig.
Franciscus Alexander DE LA BOVILLERIE,
Archiepiscopus Pergensis in part. inf.
Felix Petrus FRVCHARD, archiep. Tvron.
Carolus COLET, episc. Lucion.
Albertus D'OVTREMONT. episc. Aginnen.
D. Leo BASTIDE, Abb. Locogiac. O. S. B.
Circa illos corona fratrum
XXXV fere millium
Vicinis regionibus concerta
Piis patribus corde et fide unita
Pro Ecclesia undique militanti

1. D'après la *Lettre pastorale* et le *Discours de Mgr Pie*, les *Souvenirs du couronnement*, la *Notice historique*, le *Discours de Mgr de La Bouillerie*, les *Fêtes du pèlerinage de Notre-Dame-de-Pitié*. (Registres, extraits du *Gâtinois* de cette époque.)

Pro mærenti Gallia
Precata est
Quas exaudiat Dñs in die tribulationis
Et de Sion tueatur
Amen.

Voici la traduction française de cette inscription :

D. O. M.
Le XI des Calendes d'Octobre
l'an du saint Rédempteur 1873,
en vertu de lettres du Saint-Père
Pie IX
obtenues de Rome,
L'Ill. et Révér. Louis-Edouard Pie,
évêque de l'église de Poitiers,
a le plus solennellement possible
couronné
cette très sainte image
de la B. Vierge Marie
Notre-Dame de Pitié,
en présence
des Illustr. et Révér. prélats :
Charles-Amable de La Tour-d'Auvergne,
archevêque de Bourges,
François-Alexandre de La Bouillerie,
archev. de Perga *in part. inf.*,
Félix-Pierre Fruchard, arch. de Tours,
Charles Colet, évêque de Luçon,
Albert d'Outremont, évêque d'Agen,
Dom Léon Bastide, abbé de Ligugé, de l'Ordre de Saint-Benoit,
autour d'eux une couronne de frères
de 35.000 environ,
venue de tout le pays voisin,
unie aux vénérables Pères par la foi et le cœur,
pria pour l'Eglise en larmes
et la France en deuil.
Que le Seigneur l'exauce au jour de la tribulation
et de Sion daigne la protéger.
Ainsi soit-il.

Telle fut, à Pitié, la dernière grande fête de M. Laurentin, qui rendit sa sainte âme à Dieu le 10 juillet 1889, à l'âge de soixante-neuf ans. Son successeur est M. l'abbé Pierre Mathé, dont la seule ambition est de réaliser le rêve sublime de M. Laurentin. Depuis dix ans il travaille avec un zèle et une humilité incomparables à l'embellissement de Pitié, à la renommée du pèlerinage et à l'édification de la basilique, ce magnifique monument qui concrétise l'amour des pèlerins et le dévouement du pasteur pour tout ce qui regarde Notre-Dame de Pitié.

La plus belle fête donnée par M. l'abbé Mathé à Pitié, et celle en même temps qui a attiré le plus de monde, est la solennisation du vingt-cinquième anniversaire du couronnement (21 septembre 1873 — 22 septembre 1898). Laissons la parole à un écrivain aussi judicieux qu'autorisé :

Le XXVe anniversaire du couronnement de Notre-Dame de Pitié

A la date du 2 octobre 1898, dans la *Semaine religieuse du diocèse de Poitiers*, M. l'abbé Ch. Courteaud, curé d'Adilly, racontait en ces termes cette fête magnifique qui honore les organisateurs.

« Pitié vient d'être le témoin d'une manifestation religieuse qui ne le cède en rien à toutes celles dont nos cœurs se sont réjouis dans le passé. Mgr Pie, de glorieuse mémoire, disait en 1873, à propos de ce pèlerinage : « Le grand mouvement de « prières commencé sous le souffle de l'Esprit de Dieu et qui, « depuis, grandissant de jour en jour, a poussé des foules toujours plus nombreuses vers les sanctuaires en renom, s'est « fait sentir de proche en proche jusqu'à nos modestes parages. « Le fleuve majestueux qui roule la masse de ses eaux là où la « nature lui a creusé un lit plus large a pourtant ses affluents « de moindre importance et ses dérivations plus humbles qui « portent dans les vallées secondaires la fécondité et la vie. « Ainsi, tandis qu'un grand courant entraine les multitudes « dans les lointaines expéditions de la piété chrétienne, pour « ceux à qui des nécessités d'ordres divers rendent impossibles « les pèlerinages éloignés, la bonté maternelle de Marie a préparé plus près de leurs foyers quelque lieu béni où ils sont « assurés de trouver un accès propice !... »

« Notre-Dame de Pitié est ce sanctuaire cher entre tous à nos populations de la Gâtine et du Bocage. Pas un jour de ce mois de (septembre) ne s'est passé sans réunir aux pieds de la Mère des Douleurs quelques-unes de nos paroisses; c'est la période de grâce et de bénédiction, puisque là, chaque jour, de nombreux fidèles viennent déposer le fardeau de leurs fautes et reprendre leurs forces à la table eucharistique. Deux religieux de Chavagnes, les Pères Trotin et Chapleau, se sont dépensés pendant tout ce mois au service des pèlerins et leur ont distribué le pain de la parole évangélique. Ils ont été continuellement à la peine; mais en revanche, ils étaient bien à la joie, le jeudi 22 septembre, en ce vingt-cinquième anniversaire du couronnement de Notre-Dame.

« Dès l'aube ils organisaient la merveilleuse procession qui devait ramener en son sanctuaire habituel la statue miraculeuse qu'on avait portée la veille dans l'église paroissiale de La Chapelle-Saint-Laurent. Dans l'intervalle, la foule accourait, de sorte qu'à huit heures le cortège triomphal se mettait en route entre deux rangées de fidèles formant la haie sur un parcours de deux kilomètres. Les habitants de La Chapelle-Saint-Laurent n'avaient pas limité leur zèle à la décoration de leur splendide église, ils avaient aussi embelli la façade de leurs demeures, et jusqu'à Pitié ce ne fut qu'une succession de guirlandes et d'ornementations du meilleur goût. Seize bœufs aux cornes d'or s'en allaient à pas lents, stimulés par des aiguillons enrubannés, et trainaient un char éclatant où, sur un trône multicolore, la statue miraculeuse apparaissait parmi des gerbes d'avoines dorées. De blanches théories de jeunes filles, des groupes de musiciens, entouraient de leurs chants et de leurs prières cette image vénérée, devant laquelle nos mères nous ont appris dès le berceau à joindre nos mains suppliantes.

« Quand cette procession, que je ne saurais décrire pour en exprimer tous les charmes, fut parvenue à Pitié, Mgr l'Evêque de Poitiers, accompagné des RRmes Pères Abbés de Ligugé et de Beauchêne, prit place sur l'estrade immense qui avait été adossée à la porte principale de la future basilique et qui faisait face au calvaire. Puis, devant la statue déposée sur un riche piédestal, le saint sacrifice fut offert par Dom Bourigaud. MM. les chanoines Dorvau et Boisson dirigeaient les cérémonies, c'est dire avec quel ordre et quelle piété cette fonction sainte s'accomplit. Des chœurs, parfaitement organisés et soutenus par la fanfare municipale de La Chapelle-Saint-Laurent[1], chantèrent avec beaucoup de précision la première messe de Dumont. Les religieuses de l'Immaculée-Conception avaient offert pour cette circonstance un très riche ornement dont les broderies sur drap d'or ont fait l'admiration des connaisseurs.

« A l'évangile, Mgr Pelgé prit pour sujet de son homélie les douleurs de la Vierge Marie. Il nous montra qu'à l'exemple de Notre-Dame il nous faut supporter patiemment les souffrances d'ici-bas, afin de participer avec elle un jour à la gloire du ciel. Sa voix pénétrante sut trouver le chemin des cœurs et captiver l'attention de la multitude qui se pressait de toutes parts dans un calme et un recueillement absolus. Le spectacle était vraiment beau pendant que le premier pasteur conversait ainsi comme un père au milieu de ses enfants et leur parlait de cette Mère qui a tant compati pour eux. Les Pères Abbés de Ligugé

1. Dont le chef, M. Adolphe Billaud, fait de plus en plus connaître son talent musical.

et de Beauchêne, entourés des religieux de leur Ordre, M. le vicaire général Périvier, MM. les archiprêtres de Niort, de Thouars et de Parthenay et plus de deux cents prêtres formaient à leur évêque une magnifique couronne. Une avenue d'oriflammes et d'arbustes verts constituait, entre l'estrade et le calvaire, une nef grandiose dont quinze mille personnes semblaient fermer l'enceinte et dont les anges soutenaient la voûte au firmament.

« Après la sainte messe, chaque pèlerin put satisfaire ses dévotions particulières, en visitant la vieille chapelle et ses pieux souvenirs ou en suivant sur la grande place les quatorze stations d'un chemin de croix monumental. Certains, plus intrépides, se rendirent à un immense rocher que tant de pieds ont foulé à travers les âges en souvenir de la légende du *Pas de la Vierge*. Mais, à deux heures et demie, quand les cloches de la chapelle annoncèrent l'office du soir, tous les pèlerins étaient à leur poste d'honneur et se réjouissaient de célébrer encore et d'entendre célébrer leur Mère du ciel.

« Nous eûmes la bonne fortune de voir alors un de nos plus distingués confrères, M. l'abbé Frémont, traduire, dans un langage admirable, tous les sentiments qui pénétraient nos cœurs. Il le fit avec son enthousiasme d'orateur et sa tendresse de prêtre. Tout en chantant la Mère, il eut un mot délicat et charmant pour tous ses enfants et sut évoquer avec une émotion toute filiale le souvenir de notre grand Cardinal Pie, qui présidait il y a vingt-cinq ans les fêtes du couronnement de Notre-Dame de Pitié. Il nous cita comme trait final ce gracieux épisode. Michel-Ange avait créé dans un bloc de marbre blanc une superbe *Pietà* qui se voit encore à Saint-Pierre de Rome ; mais comme il n'avait pas signé son œuvre, on cherchait à savoir quel en était l'auteur. Ce que voyant, Michel-Ange grava au stylet, sur le cœur de la Vierge Mère, son nom immortel de Buonarotti. Nos paroisses gâtinoises et vendéennes ont toujours été trop dévouées à Marie pour ne pas vouloir, en cette journée, graver elles aussi leurs noms sur son cœur.

« Toute pénétrée de ces sentiments, l'assistance entière s'unit dans un même élan de foi et d'amour lors de la consécration de notre contrée à Notre-Dame de Pitié. Alors toutes les bannières, traduisant pour ainsi dire l'esprit de nos paroisses, vinrent s'incliner devant la *statue miraculeuse*, tandis que des milliers de voix lançaient jusqu'au ciel un cantique entraînant qui sera désormais notre chant populaire...

« La bénédiction solennelle du Saint-Sacrement termina dignement cette grande journée, puis la statue de la Vierge couronnée fut (par le clergé seul) réinstallée dans sa chapelle [1]. »

CONCLUSION

Je devrais m'arrêter ici ; mais il est une question qu'on me permettra bien d'éclaircir, car elle ne manque pas de gravité.

On a laissé entendre que la statue miraculeuse qui est actuellement vénérée à Pitié n'est pas celle-là même qui fut découverte au milieu des ruines, mais bien une semblable.

A pareille allégation il fallait des preuves, et des preuves irréfutables, il me semble, qui n'ont pas été apportées. Ceci posé, il ne devrait pas être nécessaire de prouver le contraire, puisqu'il est un principe admis par tous, en philosophie, qu'il ne faut pas se contenter d'affirmer le mal, mais le prouver.

Tout le monde est d'accord pour dire que la statue miraculeuse est assurément fort ancienne. Le lecteur qui a voulu lire attentivement les pages qui précèdent a pu voir que, mise en lieu sûr pendant les troubles des guerres de religion et de la Révolution française, elle fut fidèlement rendue à la piété des fidèles, le calme venu. On ne voit donc pas bien à quel moment il faut placer la perte de la statue primitive et l'invention de celle qui est actuellement vénérée, ou plutôt sa fabrication. Quel est l'artiste chargé de sculpter dans le bois cette Vierge de douleurs dont la figure toute céleste reflète si bien les souffrances intérieures ? Quel est-il celui qui a donné cette image de la mort résignée dans les horribles souffrances endurées pour le salut du genre humain ? Quel est-il ? De ces faits, personne n'en a parlé, aucun livre, aucun souvenir, aucune légende... Pourquoi ce silence profond autour d'un fait aussi grave ?

Qui prouve en troisième lieu que les habitants de Pitié ne sont pas en possession de la vraie statue de Notre-Dame-de-Pitié ? Cette possession légitime n'a été troublée par aucun que ce soit depuis six siècles, tous les habitants du pays étant, de nos jours encore, prêts à sacrifier leur fortune et leur vie pour protéger leur trésor. Et qui donc aurait consenti à se voir frustré d'une pareille richesse sans protester et laisser aux siècles futurs une preuve de leur résistance ? A coup sûr ce ne sont pas ceux qui ont *créé la Vendée*, selon l'expression de L. Veuillot.

Enfin, tous ceux qui ont parlé de Notre-Dame-de-Pitié admettent ou que la statue actuelle est celle qui fut trouvée vers le XIIe siècle ou une semblable à laquelle on ne peut assigner de date de naissance. Il me semble que, de ces deux allégations, l'une vaut l'autre. D'ailleurs si la copie est merveilleuse, qu'était donc l'original ?

D'autres preuves, ces multitudes vous en donneront qui viennent de plus en plus nombreuses se prosterner au pied de la Vierge Marie en son sanctuaire de Pitié, devenu beaucoup trop étroit. Elles en ont déjà donné, ces foules, en versant dans les mains de M. l'abbé P. Mathé, curé de La Chapelle-Saint-Laurent, les 60 à 70.000 francs qui ont fait la nef principale de la basilique future. Elles en donneront, celles qui verseront encore les 100.000 francs nécessaires à l'achèvement de cette église superbe.

Et c'est là que dans un avenir prochain les pieuses multitudes, ces enfants et représentants de la France du XXe siècle, la plus grande et la plus noble des grandes et nobles nations, viendront chanter, et après avoir chanté ici les cantiques et les hymnes sacrés, elles s'en iront travailler aux champs, travailler à l'atelier en chantant, car, dit L. Veuillot, les peuples qui chantent encore à l'église chantent au milieu de leurs travaux.

Sûrement il se trouvera des incrédules, des esprits forts, rejetons du siècle qui, après s'être levé dans le sang, s'éteint dans l'anarchie ; oui, il s'en trouvera pour hausser les épaules, pour s'écrier que c'est là du fanatisme et de l'asservissement, que ces foules d'hommes, de femmes et d'enfants, qui s'en vont deux à deux en chantant et récitant l'*Ave*.

Oui, il se trouvera de ces docteurs de tribune, d'académie et de journal, il s'en trouve même pour qui la France n'a été libre qu'en 1789 et que maintenant elle ne l'est plus tant qu'elle est embarrassée du préjugé religieux, ceux-là « ils voient des monuments magnifiques, des tombeaux glorieux dans le monde, et ils n'admirent que les scélérats qui ont mutilé ces monuments et violé ces tombeaux !

« Ils évoquent l'histoire de la nation la plus fraternelle, celle qui s'est la première levée aux appels de Dieu, et ils ne sont fiers de cette nation qu'à partir du moment où, paraissant renier Dieu, elle s'est déchirée de ses propres mains, effroi du monde.

« Dans ces cervelles folles ou perverses, cette date de sang, cette date de honte, cette date de la première et unique tyrannie qui ait insulté au noble génie de la France, cette époque où le sabot du goujat écrasait dans le ruisseau la tête et le cœur de la Patrie, c'est la grande date, la date de l'affranchissement. Avant cette époque, la France n'avait pas su être libre !...

« Vilains ! vous êtes bien imprudents, bien agaçants, bien triomphants. On ne sait si vous n'aurez pas le dernier mot dans cette entreprise contre la destinée de la France, si vous ne lui ferez pas abjurer son passé, si vous n'abattrez pas ses derniers monuments, si vous ne violerez pas ses derniers tombeaux, si vous ne la réduirez pas enfin à vous ressembler.

1. *Semaine religieuse du diocèse de Poitiers*, n° du 2 octobre 1898.

« Mais, fussiez-vous mille fois victorieux, vous n'êtes, oui, dans cette gloire, vous n'êtes et ne serez jamais que des cuistres... »

Et c'est Louis Veuillot qui a signé cette protestation. Je n'y ajouterai qu'un mot, un seul, qui doit se trouver dans la bouche de ces multitudes qui viennent prier ici pour elles, leurs familles et leur patrie. Et ce mot sera une prière :

« Dieu juste et bon, ne laisse pas périr, non, ne laisse pas périr ta France, cette France, disait Baronius, qui plus d'une fois a ennobli les annales du genre humain. »

FRÉDÉRIC BONNEAU, *prêtre.*

APPENDICE

LÉGENDES DE NOTRE-DAME-DE-PITIÉ

Il y aurait une grave lacune dans une histoire de Pitié, même dans un résumé comme celui-ci, à ne pas parler du *Pas de la Vierge* et de *l'Etang de l'Eaulivette* ou *l'Olivette*.

Le Pas de la Vierge est connu de tous les pèlerins qui viennent à Pitié. C'est une immense roche polygone à 7 faces irrégulières à la base et de 135 mètres de tour qui ne recouvre pas moins de 600 mètres carrés de terrain; sa surface supérieure ne s'élève pas à plus de 1 m. 50 au-dessus du sol. Le *Pas* de la Vierge se trouve vers le milieu du rocher, profond de 3 centimètres 1/2 et dirigé de l'Est à l'Ouest. En 1866, M. Albarel écrivait : « Quoiqu'il ait été dégradé par les marteaux des pèlerins, il offre encore cependant la forme assez exacte d'un pied et l'on distingue même au fond les lignes des doigts. » Aujourd'hui, ces lignes sont usées par le frottement des milliers de pieds qui s'y sont mesurés. Voici le récit des scènes touchantes qui se passent en ce lieu béni et celui des légendes.

Longtemps je me souviendrai de ma première visite au Pas de la Vierge; c'était le soir d'un grand pèlerinage et la fin d'une belle journée, le soleil cachait dans les grands arbres son disque encore brillant mais presque sans chaleur à cet instant, comme un feu qui s'éteint. Longtemps à mon gré, je suivis un petit chemin de velours tout vert, encadré de deux belles haies de chênes et d'aubépines. L'air était pur et le ciel tout bleu, et c'était un parfum délicieux de blanches marguerites et de boutons d'or qui regardaient se balancer au-dessus d'eux des bouquets de chèvrefeuilles.

Ce sentier m'est resté dans le souvenir et j'aime encore y promener mes rêveries. C'est pour moi le plus beau de tous. Pourquoi? Sans doute parce que Dieu, qui avait alors illuminé mon âme d'enfant, se plaît à répandre ce je ne sais quoi de surnaturel et de mystérieux sur les endroits consacrés à Marie. O vous qui avez visité les grottes de Lourdes et les montagnes de la Salette, vous savez ce que je veux dire : tout, là-bas, élève l'âme, tout, jusqu'aux exhalaisons des fleurs qu'on y odore, jusqu'à l'air qu'on y respire, offre au pèlerin attardé sur ces rochers bénis quelque chose de si attrayant et de si doux qu'on a peine à s'en détacher sans y laisser un « au revoir » plutôt qu'un « adieu ». En est-il comme cela des plaisirs mondains?

Après un quart d'heure de marche, je vis dans un champ, celui-là même qui borde le premier chemin, à droite, reliant la route de Secondigny à l'étang de l'Olivette, un énorme rocher sur lequel étaient agenouillées ou debout un grand nombre de personnes attardées, de tout âge et de toute condition. Je les voyais aller, s'arrêter toutes au même endroit, puis revenir prendre leurs chaussures qu'elles avaient quittées; la curiosité, bien naturelle à cet âge, l'emportant sur la fatigue, je me mis à courir et je vis hommes, femmes, enfants, vieillards et jeunes gens, mettre leurs pieds dans une espèce d'empreinte creusée dans le roc. Une jeune fille d'abord, puis un homme, et je remarquai avec surprise que le petit pied comme le grand s'emboîtait facilement et aussi très parfaitement dans la cavité. Alors que de pensées traversèrent mon esprit! car je ne croyais point du tout à la possibilité d'une explication naturelle, quand ma mère me rejoignit, me fit faire ma prière et me dit : « C'est le *pas de la Vierge,* mets-y ton pied. » Et sans hésiter, j'obéis, heureux de constater que la sainte Vierge n'avait pas le pied plus grand que le mien.

Mais plusieurs pèlerins étrangers désiraient connaître la raison pour laquelle la sainte Vierge était venue dans ces régions, quand un homme au visage triste et rêveur, dont les cheveux avaient blanchi sous le poids des rudes labeurs de la science, leur parla en ces termes :

« Avant la création d'Adam, quand la terre était encore en fusion sous l'influence du débordement du feu central, Dieu éprouva les anges en leur présentant par avance le Verbe incarné, son Fils bien-aimé, digne de toutes les adorations, et la Vierge Marie, Mère de Dieu, souveraine de toutes les hiérarchies célestes. Lucifer et ses partisans, corrompus par l'orgueil, refusèrent de se soumettre au décret divin et de s'humilier devant l'humanité glorifiée; et soudain, semblables à la foudre, ils tombèrent du ciel dans les abîmes de feu. Satan, leur chef, voulut alors prendre possession de la terre, mais Marie, qui possédait déjà l'univers par anticipation, lui apparut ici et brisa sa tête altière sur le flanc de ce rocher : voilà pourquoi vous apercevez un pied et des griffes empreintes sur le granit : ce sont les trophées immortels de la défaite du démon et de la victoire de Marie. » (L. Albarel, d'après les écrits d'Arnaud et de Poillon.)

Quand il eut fini de parler, un vieux paysan secoua la tête en signe d'incrédulité et s'écria : « Oh! ce n'est pas là la véritable histoire, telle que je la tiens de mes ancêtres et telle qu'elle est rapportée par les anciens du pays. » Et il se mit à raconter sans autre préambule, en patois gâtinais, la légende du Pas de la Vierge[1]. Les pèlerins regardèrent tristement descendre le soleil, mais se serrèrent quand même autour de lui, avides de l'entendre.

« Il y a de ça bien longtemps, une jeune et noble châtelaine, dont le manoir était bien loin d'ici[2], fut atteinte d'une maladie mystérieuse et terrible, telle que jamais mémoire d'homme n'en avait vu de semblable. Les plus vieux du pays attestaient que c'était un mal donné par les mauvais esprits ; les médecins eux-mêmes l'attribuèrent à une cause surnaturelle, et c'était vrai, car cette malheureuse était possédée du démon. Mes ancêtres m'ont raconté à ce sujet, dans les veillées, des choses qui me font dresser les cheveux sur la tête quand j'y songe.

« Parfois elle s'élevait dans les airs à une grande hauteur, en poussant des cris effrayants : d'autres fois, elle était frappée cruellement par des mains invisibles, et elle demeurait longtemps comme si elle était morte. On la voyait encore dans d'autres moments faire des contorsions tellement hideuses, que tout le monde en était épouvanté. Vous croyez peut-être que c'était une pécheresse? Détrompez-vous. Avant d'être possédée, elle était la perle des jeunes filles de son canton, personne n'était plus belle et plus sage dans le pays de Gâtine, personne n'était plus pieux, et quand on la voyait à l'église, on l'aurait prise pour une sainte descendue du ciel sur la terre ; elle souriait doucement aux pauvres lorsque tous les jours, dans la cour de son château, elle les réunissait pour leur donner à manger ; elle apprenait le catéchisme aux petites filles des environs ; en un mot, c'était la personne la plus accomplie de tous les cantons d'alentour.

« Or, les parents de cette infortunée, qui étaient de très riches seigneurs, firent tout ce qu'ils purent pour l'arracher à ce funeste état ; ils entreprirent de longs voyages, ils consultèrent tous les médecins remarquables du temps, ils firent célébrer le saint sacrifice de la messe ; mais, hélas! leur fille chérie ne guérissait pas. Ce fut en vain qu'on éleva vers le ciel de ferventes prières : Dieu semblait être devenu sourd à leurs supplications. Un jour, dans un de ces instants lucides qu'offrent parfois les possessions, elle demanda à être conduite au pèlerinage de Pitié pour y faire une neuvaine. Elle y alla pieds nus, ainsi que tous ses parents, et c'était merveille de voir dans les chemins ces nobles personnages marcher comme les plus misérables des mendiants, afin de toucher ainsi le cœur miséricordieux du Seigneur; ils arrivèrent donc à Pitié, y restèrent pendant neuf jours dans les pénitences et dans les larmes. Le neuvième jour passa, et chose surprenante, Marie n'avait pas exaucé leurs prières ; au contraire la pauvre enfant souffrait de plus en plus et les accès de fureur étaient plus horribles que jamais : déjà ses parents désolés retournaient avec elle dans leur pays, n'espérant plus aucune guérison ; ils étaient arrivés ici sur ce rocher, lorsque la jeune fille demanda à se reposer un peu. On apercevait alors la chapelle, comme nous la voyons aujourd'hui ; la jeune possédée se jeta à genoux, et tendant vers le sanctuaire ses mains suppliantes, elle s'écria de toute sa force : « O Notre-Dame de Pitié, délivrez-moi! A mon secours, à mon secours! ô notre bonne Dame de Pitié! » Elle avait à peine prononcé ces mots qu'une grande lumière remplit soudain le champ, et dans cette clarté resplendissante, Marie elle-même apparut aux regards de toute la

1. Le texte ci-dessous est le plus curieux que j'aie pu trouver, et ce récit, le plus ancien que j'aie entendu.

2. On a dit depuis qu'elle était de Fontenay.

famille éplorée ; c'est ici même qu'elle posa son pied, c'est de ce côté qu'elle étendit ses mains ; elle s'assit ensuite sur ce petit siège de pierre que vous voyez auprès de vous, et elle ordonna au démon de s'enfuir. A cet ordre, le démon sortit du corps de la jeune châtelaine, avec un bruit si épouvantable que la terre en trembla, et il devint tellement furieux de se voir ainsi éconduire qu'il enfonça ses pattes monstrueuses dans ce côté du roc. »

Et le vieux paysan conduisit ses auditeurs vers le flanc oriental du rocher, où il nous montra de profondes empreintes appelées *pouces du diable*.

Comme nous revenions au bourg de Notre-Dame de Pitié, nous parlions, ou plutôt les pèlerins qui étaient avec moi parlaient beaucoup de ces deux explications quand un d'eux éleva la voix et dit :

« Permettez-moi, mes amis, de vous dire ce qu'on a raconté une fois en ma présence. Le diable, parait-il, a toujours été jaloux de la sainte Vierge. Or un jour, quand ? je n'en sais rien, plus furieux que jamais d'entendre dire que la sainte Vierge était la plus pure et la plus sainte de toutes les femmes, il résolut de la perdre, comme si un saint pouvait se damner maintenant, et comme si la Mère de Dieu pouvait être en possession du diable ! Il l'attira donc sur la terre, la douce créature, et il lui parla, mais la Vierge ne répondit pas, c'était sans doute pour expier la conversation d'Eve la première femme avec le serpent. Alors le démon, s'élançant sur elle, voulut s'en emparer, mais la bonne Vierge s'envola. Elle fut longtemps poursuivie, mais toujours elle était plus agile que le démon. Fatiguée enfin d'une aussi longue course, elle aperçut ce rocher et voulut s'y reposer un instant. Le démon crut pouvoir profiter du moment, et il s'élança sur le rocher, qui se ramollit sous ses pas, si bien qu'une fois entré, il ne put en sortir que sur l'ordre de celle qu'il haïssait tant, et qui elle aussi avait laissé l'empreinte de son pied sur le rocher, de par la volonté de Dieu. Et de ce jour le diable n'osa plus provoquer la sainte Vierge, qui l'avait vaincu par son silence. Voilà, mes amis, ce que j'avais à vous dire ; mon récit satisfait-il votre curiosité, je suis déjà récompensé plus que je ne le mérite. »

Et maintenant, que penser de ces trois légendes ? La première est fort peu connue et dénuée de tout fondement historique, la dernière donne libre cours à l'imagination et ne repose sur aucune probabilité : c'est la seconde qui a toujours été regardée comme véritable et appuyée sur un fait historique incontestable, car telle a été l'opinion de MM. Berton, attaché au ministère de la marine ; Laurentin, Dom Patural, anciens curés de La Chapelle-Saint-Laurent, du R. P. Drochon, ancien curé de L'Absie, autour de la notice historique de Notre-Dame-de-Pitié. D'ailleurs, M. Patural et plusieurs autres personnes ont assuré avoir vu un petit opuscule imprimé dans lequel se trouvait relaté, signé de nombreux témoins, le procès-verbal du miracle de la possédée du « Pas de la Vierge ».

De plus, un autre miracle retentissant accompli le 8 septembre 1893, sur une personne de Saint-Hilaire-des-Loges (Vendée), Mademoiselle Eugénie Coirier, et sur le même Pas de la Vierge, semble être une confirmation de la vieille légende que nous racontent encore nos vieux parents le soir à la veillée.

Chaque année, depuis ce miracle, on fait, le jour de la clôture des *Exercices*, une superbe procession au Pas de la Vierge. La première eut lieu le 24 septembre 1894.

Ce ne serait peut-être pas sans intérêt de raconter en détail cette guérison qui a fait si grand bruit en 1893 et qui fut le principe de cette grande manifestation religieuse.

Eugénie Coirier était, au moment du miracle, le 8 septembre 1893, âgée de vingt-sept ans et atteinte depuis vingt-sept mois d'une tumeur blanche au genou droit. Pendant cette maladie elle fut soignée par le docteur Bourasseau, de Foussais (Vendée), qui lui prodigua en vain ses remèdes et son dévouement. Loin de s'améliorer, l'état de santé de la malade était de plus en plus alarmant, « car le genou gauche se prenait aussi, me disait-elle, le 24 septembre 1899 ; je désespérais de guérir. Après avoir vainement demandé à aller à Lourdes, j'accueillis avec joie la proposition qui me fut faite de venir à Pitié, car après tout, c'est la même sainte Vierge et j'ai aussi grande confiance en Notre-Dame de Pitié qu'en celle de Lourdes. Je partis donc en compagnie de quelques femmes qui m'accompagnèrent, d'abord à Faye-l'Abbesse, où je n'ai rien ressenti, puis à Pitié, où une foule énorme encombrait l'église et les avenues (c'était le 8 septembre). On me porta devant la statue miraculeuse, où je ressentis comme une sorte d'engourdissement. Je me crus malade, je quittai la chapelle à regret pour partir. En passant près du rocher du Pas de la Vierge, je voulus prier, on me descendit de voiture, et pour passer l'échalier, ce fut toute une difficulté, et même, Monsieur, je vois encore un enfant qui arrachait les morceaux de bois plantés en terre pour donner plus de liberté aux braves personnes qui me portaient. On me monta, et difficilement, je vous assure, sur le rocher, et après avoir mis mon pied dans le *Pas*, je me suis assise, et alors je priai, oh ! comme j'ai prié (et en disant cela la pauvre fille levait les yeux au ciel avec une expression qui me fit sauter les larmes aux yeux). Alors je sentis comme un délassement, mon genou se dégonfla et je sentis le sang descendre dans mon pied. Je crus que j'allais m'évanouir, je mis mes deux mains à terre et tout à coup je remuai le bas de la jambe, d'un bond j'étais debout, j'étais guérie. Je fis en un instant deux fois le tour du rocher (ce qu'un homme bien portant ne fait pas toujours sans danger) ; je me suis mise à genoux sur la pierre nue un bon quart d'heure, moi qui loin de pouvoir marcher, ne pliais même pas le genou droit depuis vingt-sept mois. Et je fis ces deux tours sans le secours de mes béquilles, désormais sans utilité pour moi. On me criait : « Tu vas tomber, tu vas tomber », mais j'étais sûre de moi, la sainte Vierge m'avait guérie. »

Voilà le miracle tel que me l'a raconté la miraculée elle-même, et dans ce récit j'ai gardé le plus que j'ai pu ses propres expressions. Depuis ce temps, ajoute le correspondant de la *Semaine catholique* de Luçon, « ses pieds, qui, auparavant étaient glacés continuellement, ont recouvré leur chaleur normale. En un mot, c'est pour elle comme une vie nouvelle. Aussi le ravissement de son âme n'a-t-il d'égal que sa reconnaissance envers la sainte Vierge [1]. »

L'étang de l'Olivette

Voyez-vous ce chemin qui, allant de l'Ouest à l'Est, borde le champ du Pas de la Vierge ? Pour voir l'étang de l'Olivette, il faut le prendre et toujours marcher vers l'Est, et tout droit, jusqu'à ce que l'on trouve une grande nappe d'eau, et nous y sommes. Allons sur la chaussée et entre l'étang de l'Olivette à gauche, et celui de la Mothe à droite, il y a un moulin dans lequel s'est passé un fait incroyable, mais si certain que l'étang, qui est du côté opposé au moulin qu'il fait marcher, en garde encore les traces. Voyez plutôt vous-même, l'eau n'a pas la même couleur dans les deux étangs. Le lac supérieur parfois devient blanc (livide), dit châtre, et *l'eau, livette*, de la légende.

Quelle est l'explication de ce fait mystérieux, c'est un ancien employé au ministère de la marine, M. Berton, qui va vous le dire :

LE MOULIN DE L'EAU LIVETTE
(LÉGENDE)

Mon petit Jean, prends bien garde :
Quand il fera chaud, regarde
Si l'écluse conduit bien
Les eaux à notre moulin.

C'était l'été de la comète
(Les comètes portent malheur),
Notre moulin de l'eau livette
Chômait par excès de chaleur.
L'herbe était jaune et dure en diable,
A la mort nos moutons bêlaient.
C'était pitié : dans nos étables
Les pauvres bêtes trépassaient.

Une nuit j'éteignais ma lampe
(Veille de la saint Augustin),
Quand tout à coup l'arbre décampe,
La meule aussi tournait grand train :
« Que diable ! me dis-je en moi-même,
Sur la vase, et mort à demi,
Hier, le poisson était tout blême ;
Il aura plu ; j'aurai dormi... »

Je jette du blé dans mon crible,
Du grain doré, du pur froment
Que la meule, d'un choc terrible,
Ecrasait, broyait hardiment ;
Pourtant je n'entendais pas bruire
L'eau sur mes aubes au dehors,
Ni sa gerbe blanche décrire
Un cercle, en glissant sur les bords.

1. *Semaine Catholique du diocèse de Luçon*, 24 septembre 1893.

Je mis le nez hors de mon gîte...
(Jean, fais le signe de la croix !)
Et rentrai ma tête bien vite...
Mes cheveux s'y dressaient tout droits.

Terrifié, blanc comme un suaire,
Je réveillai tout le logis.
Et je fis mourir ma grand-mère
En racontant ce que je vis.

Je vis deux démons en personnes,
Aux ongles noirs et l'œil en feux,
Velus et montrant leurs dents jaunes,
Unissant leurs efforts tous deux.
L'un, s'accrochant à la muraille,
Tirait à lui ; l'autre poussait ;
Ils frappaient dans leurs mains d'écaille
Quand l'arbre bruyamment tournait.

Sitôt qu'ils me virent paraître,
Ils s'arrêtèrent en riant ;
L'un monta jusqu'à ma fenêtre,
Demandant mon âme en paîment,
Puis oblique, et branlant l'échine,
Il disparut sous un buisson :
Quand j'allai voir à ma farine,
Elle était d'un noir de charbon.

Mon petit Jean, prends bien garde :
Quand il fera chaud, regarde
Si l'écluse conduit bien
Les eaux à notre moulin.

Depuis cette nuit macabre où la fleur de farine était allée blanchir les eaux de l'étang, celles-ci sont douées d'une vertu magique ; car en effet, selon le dire des vieilles gens, à certaines époques de l'année, surtout la veille de saint Augustin, 27 août (quand il n'y a pas de lin dans l'étang), l'eau devient livide ou *livette :* de là le nom d'*Etang de l'*EAU LIVETTE.

F. B.

N° 7. Janvier 1899.

LE PAYS POITEVIN

CHRONIQUE — ÉCHOS — BIBLIOGRAPHIE

A nos Lecteurs

Ainsi que nous l'avions promis, nous augmentons aujourd'hui notre Bulletin de quatre pages. Pour plus de commodité, nous adoptons, pour cette partie, une pagination spéciale, marquée en chiffres romains, que nous faisons remonter au premier numéro. Nos lecteurs pourront eux-mêmes numéroter les bulletins précédents.

Avec ses vingt-six pages de texte in-4°, y compris le répertoire bibliographique, le Pays Poitevin *donne la matière de plus de quatre-vingts pages in-8°. Il comporte une illustration unique dans les Revues provinciales, illustration que nous entendons encore améliorer; enfin nous ne connaissons pas de Revues, même à Paris, qui puissent lutter avec nous de bon marché.*

C'est avec une certaine fierté que nous avons entendu dire de tous côtés que nous avions réalisé la Revue régionaliste type, et qu'il serait à souhaiter qu'une publication pareille fût créée dans chaque région; mais nous devons le dire bien haut, nous n'eussions pas conçu notre projet sans les sympathies qui depuis plusieurs années nous ont encouragés et secondés dans notre œuvre de restauration de la petite patrie poitevine. Notre témérité était le résultat d'une confiance, nous pouvons dire d'une certitude, que les événements n'ont pas démentie. Nous ne croyons pas qu'il existe de Revues provinciales qui, après plusieurs années d'existence, aient atteint le chiffre d'abonnés que nos six premiers numéros nous ont valu. Merci à tous! Mais nous n'étonnerons personne en déclarant que pour arriver à couvrir nos frais, il nous faut doubler le chiffre de 500 abonnés auquel nous atteignons. Nous sollicitons donc instamment de chacun d'eux de vouloir bien décider un ou deux de leurs amis à augmenter le nombre de nos souscripteurs.

La Direction.

RÉGIONALISME

La vie nationale aurait-elle intérêt à ce que chaque province de l'ancienne France, reprenant une sorte d'autonomie, se refît une existence propre?

La réponse ne me paraît pas douteuse.

L'originalité, la puissance intellectuelle, la vigueur de la France d'autrefois, venaient de ce que les centres d'activité y étaient nombreux. Tout ne se basait pas, ne se modelait pas uniformément sur Paris, et beaucoup d'hommes remarquables, instruits, éclairés, énergiques, mettaient leur gloire à rester dans leur pays et ne pensaient pas à fuir le clocher natal, autour duquel pouvaient s'épanouir à l'aise des talents sûrs et féconds.

Notre terre française était un peu comme cette terre d'Allemagne, où toute ville importante devient une capitale de l'esprit et de la science, où, jadis, de petites cités comme Weimar pouvaient contenir à la fois un Goethe et un Schiller!

La centralisation à outrance a beaucoup nui à notre essor, ou, tout au moins, à notre originalité, en ramenant forcément les choses à un ton d'uniformité peu propice à l'éclosion des caractères de marque.

Nous n'avons plus qu'un cerveau, alors que nous en possédions trente-six.

Provincial, j'ai souvent regretté le temps où nos provinces n'avaient pas besoin, pour vivre par l'âme, des arrêts et des goûts de la capitale, où chacun pensait pour soi, où, sous l'effort individuel, une superbe floraison intellectuelle se manifestait partout.

Il faut croire que ceux qui rêvent ainsi sont nombreux, puisque nous voyons le régionalisme grandir et prospérer, s'étendre chaque jour et gagner des provinces où la tranquille indifférence des populations semblait être un obstacle à ce mouvement régénérateur.

Que les Provençaux et les Gascons, tous panachards, se promènent avec fracas, s'affublent du feutre de Cyrano ou se drapent dans la cape d'un matador pour réclamer la liberté des cités du Midi, rien de surprenant! Dans ces pays de soleil et de bruit, les gens crient comme des cigales à propos de tout et de rien.

Mais quand on remonte vers le Centre, vers l'Ouest, on trouve des hommes plus calmes et plus pondérés, qui ne s'agitent pas sans savoir pourquoi, histoire de grouiller bruyamment et gaîment. Il est difficile de les mettre en mouvement, surtout quand il s'agit d'une chose aussi peu pratique en apparence que la reconstitution du régionalisme, qui paraît être un jeu littéraire et historique, inventé par quelques esprits curieux.

Voici cependant que le Pays Poitevin semble complètement gagné à cette cause si intéressante, car dans son dernier numéro, la *Revue Encyclopédique* a mis ses lecteurs au courant des immenses progrès accomplis par l'idée régionaliste sur cette terre de paix et de modération.

En 1895, un enfant de Niort, M. Gustave Boucher, fondait une Société d'Ethnographie nationale et d'Art populaire, dont la première grande manifestation publique avait lieu l'année suivante dans sa ville natale, sous forme d'une remarquable conférence de M. André Theuriet.

Cette conférence n'était elle-même que le prologue des fêtes vraiment régionalistes qui se donnèrent à Niort, où avait été organisée une exposition, fondé un musée d'Art populaire et d'Ethnographie, créée une section de la *Schola Cantorum* pour la restauration du chant religieux; de plus, le Congrès de la Tradition en Poitou et en Charentes y avait tenu ses assises, et, pour la joie du public, on avait restauré la fête corporative de la Saint-Jean.

Si le bilan de 1896 vaut la peine d'être cité, l'année suivante, on ne fit pas moins bien.

En premier lieu, M. Gustave Boucher publia l'ouvrage illustré intitulé *La Tradition en Poitou et en Charentes*; puis, eurent lieu successivement le jubilé du poète Emile du Tiers à Salbart, un curieux concours de costumes à Chef-Boutonne et à Ternanteuil, une exposition des œuvres du peintre de Parny à Niort, une exposition d'art religieux et la création d'un musée chrétien à Ligugé, etc.

L'innovation la plus populaire de cette année 1897, celle qui peut instruire le plus facilement les populations et leur donner le goût et l'amour de leur pays, et de ses coutumes et de ses mœurs, est sans contredit la création d'un théâtre en plein air, représentant les légendes, mystères, moralités et pastorales empruntées à l'histoire du Poitou et jouées sur le lieu même de l'action. A cette heure, quatre œuvres ont déjà été représentées.

L'année 1898 a été marquée par l'apparition d'une très élégante revue mensuelle, *le Pays Poitevin*, par la réédition des *Visions rustiques*, d'Emile du Tiers, et aussi par l'inauguration du monument de ce poète à Echiré; on a joué à Ligugé, sur le théâtre populaire, un mystère tiré de la vie de saint Martin, et, à Chef-Boutonne, sur le même théâtre, une pièce patoise de M. Gaud, intitulée *Une Mérienne chez Jacquiet Labertuche*. Enfin, une fête littéraire et un très beau concours de costumes ont eu lieu à Echiré, près Niort, le 16 octobre dernier.

On voit que les Poitevins marchent rapidement dans la voie du régionalisme, où ils trouveront certainement la source d'une heureuse fécondité, d'une originalité vivifiante.

Mais il ne serait pas bon que de tels efforts demeurassent isolés, et ce qui se fait sur la terre du Poitou doit être tenté ailleurs : partout, selon l'expression de M. Constant Roy, à qui j'ai emprunté les renseignements qui précèdent, il faut pousser au réveil de l'esprit traditionnel, de l'esprit de liberté et d'autonomie intellectuelle.

(La France du Sud-Ouest.) JEAN DELUSSE.

CONGRÈS ET FÊTES PROVINCIALES

La Société d'Ethnographie nationale et d'Art populaire, dont le président est M. André Theuriet, de l'Académie française, prépare son troisième congrès, La Tradition aux Pays Normands, *pour le mois d'août prochain. Il se tiendra à Honfleur, avec le concours de la Société normande d'Ethnographie et d'Art populaire. A cette occasion, de magnifiques fêtes et une exposition seront organisées. C'est notre Directeur, M. Gustave Boucher, fondateur et secrétaire général de la Société, qui est délégué à ce congrès, de même qu'il le fut à Niort, et à Saint-Jean-de-Luz avec M. Charles Bordes.*

Cette même association prépare pour l'Exposition de 1900 une série de congrès intéressant chacune des provinces alternativement.

La Direction de l'Exposition prépare, en outre, avec le concours de la classe 71, des fêtes provinciales destinées à faire vivre, en des scènes théâtrales, les manifestations les plus typiques de la vie traditionnelle dans chaque province.

Pour tous renseignements, s'adresser à M. Gustave Boucher, à Ligugé (Vienne).

LES POITEVINS DANS LA MISSION MARCHAND

Deux de nos compatriotes ont été associés à la glorieuse expédition du commandant Marchand : le capitaine Largeau, de Niort, qui vient de recevoir la croix de la Légion d'honneur, et le sergent Bernard, d'Availles-Limousine. Nous empruntons au *Républicain de l'Ouest* la notice suivante sur le premier de ces braves :

« Emmanuel Largeau est un Niortais. Il a fait toutes ses études au lycée Fontanes, où il a laissé le souvenir d'une intelligence extrêmement brillante, d'une nature très droite et aussi d'un caractère très indépendant. Tout jeune, on sentait chez lui l'impatience du joug, le besoin d'activité, le goût des aventures. Sa qualité maîtresse était déjà l'énergie. Du reste, il avait de qui tenir. Son père, l'explorateur bien connu, n'a-t-il pas donné des preuves d'une indomptable ténacité, dans ses voyages à travers l'Afrique?

« Au sortir du lycée, ne pouvant préparer Saint-Cyr, le jeune Largeau, qui voulait être soldat, s'engagea — dans l'infanterie de marine, naturellement. Après deux ou trois ans de séjour aux colonies, il entra à l'école de Saint-Maixent, d'où il est sorti avec le numéro 2 de sa promotion. Mais les campagnes ordinaires des « marsouins » ne lui suffisent pas. Il lui faut encore plus d'activité, plus d'inconnu, plus de dangers. Il demande à faire partie de la mission Monteil, et, dans cette première expédition, le jeune lieutenant se fait remarquer tout de suite par son esprit d'initiative, par son énergie, par son endurance. Il est proposé pour la croix.

« Quelque temps après, lorsque le capitaine Marchand fut chargé d'aller porter dans les régions encore inexplorées de l'Afrique le nom et l'influence de la France, il songea tout naturellement à s'assurer le concours du lieutenant Largeau, qui avait fait ses preuves. Elle est encore présente à toutes les mémoires, la longue et pénible campagne de cette poignée de braves, qui devait aboutir et qui a abouti, malgré des obstacles et des dangers de toute sorte, à l'occupation de Fashoda. On n'a pas oublié, entre autres prouesses, la promenade vraiment peu agréable de notre vaillant compatriote Largeau à travers des marais pestilentiels, dans l'eau jusqu'au cou pendant des jours entiers, à la recherche d'une route introuvable. Combien il lui a fallu de vigueur physique et surtout de force morale pour résister à tant de fatigues et à tant de périls! Certes, il y a bien gagné son troisième galon et l' « étoile des braves », que le gouvernement vient d'épingler sur son glorieux dolman de campagne. Capitaine décoré à trente ans et pour de tels services, voilà qui promet pour l'avenir! Nous adressons au nouveau chevalier, maintenant en route pour la France, avec nos félicitations les plus cordiales, l'expression émue de nos sentiments d'admiration. »

D'autre part l'*Avenir de la Vienne* a publié sur le sergent Bernard les quelques lignes qui suivent :

« Né le 9 décembre 1872 à Availles-Limousine, où son père était receveur buraliste, Adrien y passa ses premières années. Son père ayant été nommé commissaire de police à Rochefort, il l'y suivit et se fit recevoir bachelier au lycée de cette ville.

« A dix-huit ans, il s'engagea dans l'infanterie de marine, où sa conduite exemplaire attira de suite le regard de ses chefs.

« Devenu sergent, sa vive intelligence, sa rare énergie, le désignèrent au choix du capitaine Monteil pour l'accompagner lors de son expédition au Congo.

« Vingt-sept mois de privations, de fatigues inouïes, ne détournèrent point le sergent Bernard du goût des voyages à travers l'inconnu.

« A peine de retour, à peine remis des fièvres paludéennes du pays africain, il demanda à suivre le capitaine Marchand dans sa mission. Les preuves qu'il avait données étaient un titre de premier ordre. Il fut accepté. »

Le conseil municipal de la commune d'Availles, aussitôt le retour du sergent Bernard, s'est réuni en session extraordinaire, et a voté des félicitations au compagnon du commandant Marchand. D'autre part les coloniaux de la Vienne ont fait à Poitiers, le dimanche 5 février, une imposante manifestation en l'honneur de ce vaillant soldat.

Gazette Poitevine

Sociétés des fêtes de charité

Les Sociétés de fêtes de charité ont, cette année, quelque peine à se constituer et à vivre. C'est une conséquence du trouble qui agite tous les esprits. A La Rochelle, il a fallu s'y prendre à plusieurs reprises pour élire un président qui voulût bien accepter la charge qui lui était imposée par la confiance de ses concitoyens. C'est M. Georges Debaste qui finalement s'est dévoué. — A Niort, le comité avait élu M. le docteur Fayard; cette nomination ayant été critiquée par un adversaire politique, M. Fayard s'est démis de ses fonctions, et la société est compromise. — A Poitiers, on annonce la dissolution prochaine du Comité. Nous nous abstenons donc de publier les documents de fondation, comme nous avions intention de le faire, et souhaitons, si le fâcheux pronostic se réalise, que l'échec actuel serve de leçon pour une tentative ultérieure, s'il s'en produit. On n'a pas semblé comprendre, en effet, qu'au-dessus de toute œuvre il faut un homme qui assume les responsabilités, qui au besoin entraîne et dirige ses collègues. On a voulu vivre sur un pied de nous ne savons quel parlementarisme, et pour ne pas élire un président qui eût pu prendre une autorité nécessaire, on a laissé des influences occultes se glisser dans le conseil pour écarter des délibérations tout ce qui pouvait donner à la société un caractère, provoquer l'étude de nobles projets. On sentait comme une espèce de compromis entre certains adeptes d'une religion secrète et leurs adversaires apparents pour ne tolérer dans la postulation de l'association que les jeux du cirque et les mascarades, et c'est bien gratuitement qu'on avait prêté au Comité la louable intention de solenniser le huitième centenaire de l'octroi des franchises municipales à la ville de Poitiers par Eléonore d'Aquitaine, en attendant la manifestation annoncée et attendue en faveur de Jeanne d'Arc. Il paraît que ces projets ont paru séditieux à quelques-uns et susceptibles d'appeler les cris d'« à bas les juifs »! Quoi qu'il en soit, des personnalités qui ne confondent pas la neutralité avec l'abdication se sont retirées de la Société, et leur départ est la débâcle fatale et prochaine du Comité tout entier. Félicitons-nous qu'avant sa dissolution la Société ait pu donner cependant un fort beau concert dont le succès fait le plus grand honneur aux organisateurs.

J. M.

Sociétés savantes

Les membres de la Société des Antiquaires de l'Ouest se sont réunis à l'effet de procéder au renouvellement du bureau et du conseil d'administration pour l'année 1899. Ont été élus : Président, M. Alfred Barbier; vice-président, M. Tarnezy; secrétaire, M. Carré; vice-secrétaire, M. Clément; questeur, le R. P. de La Croix; trésorier, le général Segrétain; bibliothécaire, M. Boissonnade. — Conseil d'administration : MM. de La Marsonnière, colonel Babinet, de La Ménardière, Alfred Richard.

Maîtrises

M. Michel Sudre, organiste de Notre-Dame, à La Rochelle, vient de fonder dans cette église une *Schola* d'une trentaine d'exécutants, dont la première manifestation a remporté tous les suffrages. Notre concours est acquis à cette nouvelle association pour la réforme du chant liturgique.

Bibliothèques publiques

A Rochefort, les amateurs semblent prendre la généreuse habitude d'enrichir de leurs propres dons la bibliothèque municipale; celle-ci a reçu en 1898, de divers habitants, 94 volumes. De plus, elle s'est enrichie d'une carte du département de la Charente, datée de 1790, la première en date par conséquent, don de Mlle Duchet, et d'une gravure italienne de Dall' Acqua Piglio, qui représente le port de Rochefort, d'après J. Vernet, don du commandant Silvestre. Il serait à souhaiter que, dans chaque ville, les amateurs, les auteurs et les éditeurs suivissent cet exemple de remédier par des générosités à l'insuffisance des crédits, cause de tant de lacunes préjudiciables dans nos collections locales. C'est un devoir de solidarité intellectuelle.

Conférences : Les chansons poitevines — Les monuments et les sites

Le dimanche 8 janvier, notre collègue M. Aug. Gaud a donné, à Civray, une représentation d'*Un pésan de chez nous* et de quelques autres œuvres du répertoire poitevin. M. Gaud a eu l'extrême chance de rencontrer en M. Martin mieux qu'un interprète, un véritable collaborateur et un créateur. M. Martin connaît, en effet, toutes les finesses, toutes les malices du patois poitevin, il fournit à l'auteur toutes les locutions pittoresques d'un langage qui lui est familier, et s'efface modestement pour n'être plus en public qu'un acteur; mais quel acteur! Certes, ce n'est pas par l'artifice qu'il séduit, mais par un réalisme de bon aloi, parfaitement conscient, mais ne découlant que du tempérament et non de la recherche et de l'étude. C'est un paysan *vrai*, sincère et ému au besoin. Joignez à cela une voix de baryton fort agréable, une science suffisante de la musique, et jugez de quelle ressource peut être un semblable interprète dans des scènes émaillées de nos plus jolies chansons poitevines. Un autre artiste, non moins modeste et précieux, est M. Moinard, qui, lui, a pour mission de noter les airs des chansons recueillies par MM. Gaud et Martin, et d'en accompagner le chant, très discrètement, en parfait violoneux. M. Moinard, qu'aucun conservatoire n'a gâté, s'attache à rendre exactement le caractère eurythmique de nos mélodies populaires. Si le chant grégorien n'existait pas, il l'aurait inventé, et si les musiciens professionnels s'étonnent devant ces rythmes libres, l'oreille se réjouit à l'audition si suggestive des airs naïfs composés et chantés par nos aïeux. Ce sont de bonnes et réconfortantes soirées que celles où un poète rustique comme l'est Auguste Gaud, aidé de pareils collaborateurs, vient faire applaudir et aimer davantage nos vieux usages et nos vieilles chansons. Bravo à ces simples qui se doublent de gens de talent!

— Notre confrère M. Henri Clouzot, suivant la trace de M. Aug. Gaud et de M. Mousset, a entrepris à son tour de traiter, en des conférences, de la chanson poitevine. Moins heureux que ses devanciers, dont le premier est servi par des collaborateurs hors pair, et le second par son propre talent d'interprétation, M. Clouzot a dû, dans l'audition qu'il a organisée récemment à Royan, avoir recours à des artistes de Casino. Ainsi traitées, nos chansons locales perdent certainement beaucoup en saveur, surtout si la version adoptée est déjà adultérée comme le sont presque toutes celles recueillies par Jérôme Bugeaud, qui à une réelle érudition ne joignait pas suffisamment la compréhension du génie mélodique de notre race. M. Clouzot, qui est un fin lettré, d'une intelligence peu commune, tente depuis quelque temps de s'assimiler et rendre familières à autrui les productions populaires dont l'étude est en ce moment si fort à la mode. Il est bien un peu gêné dans ces tentatives par le vernis de scepticisme qui fait de lui un provincial en mal de boulevard; mais ses efforts n'en sont que plus louables et font présager une conversion totale au régionalisme, qu'il a souvent le tort de confondre avec la décentralisation dite littéraire et artistique.

— M. Chaux, inspecteur primaire, a fait récemment à L'Herbergement (Vendée) une conférence avec projections, ayant pour sujet l'étude des sites, monuments, cités de la Vendée. L'exemple de M. Robuchon porte donc ses fruits; espérons que ces conférences se généraliseront sur tout le territoire poitevin.

Centenaire d'un patoisant

M. l'abbé Mouchard a bien voulu nous demander notre concours pour la célébration, le 16 mars prochain, à Fontenay, du deuxième centenaire de l'abbé Gusteau, célèbre par ses chansons et ses noëls en patois poitevin. C'est de grand cœur que nous nous associerons à cette fête en compagnie de notre confrère René Vallette.

La saint Hilaire à Poitiers

La fête de saint Hilaire a été célébrée, à Poitiers, les 13 et 15 janvier, au milieu d'une grande pompe religieuse, sinon avec un grand concours de peuple. Il est vraiment désolant, disons-le bien haut, de voir avec quelle indifférence est accueillie dans la vieille cité la fête d'un des plus grands d'entre les défenseurs de l'Eglise. Nous croyons qu'il y aurait vraiment quelque chose à faire, pour le clergé, surtout le clergé de Saint-Hilaire, pour secouer la torpeur poitevine. Sans doute les offices sont très beaux, la présence de Mgr l'Evêque, l'assistance du séminaire, les éloquents panégyriques d'une part, d'autre part les auditions de la maîtrise à la cathédrale, tout cela est bien, mais est-ce suffisant? Le peuple connaît-il assez, aime-t-il assez saint Hilaire? Sait-il tout ce qu'il lui doit? Et si les hautes classes ne fournissent pas un contingent suffisant pour emplir les églises les jours où l'on honore l'un des protecteurs de l'Eglise de France, le glorieux patron du diocèse, pourquoi ne pas s'ingénier à aller au peuple, à l'attirer, à le retenir? Ce qui se fait pour sainte Radegonde, pour saint Martin, est-il donc impossible pour saint Hilaire? Les disciples recevront-ils seuls les hommages quand le maître sera délaissé? Espérons en des solennités futures dignes du grand Evêque et de Poitiers.

Beaux-Arts

Le Conseil municipal de Niort vient de charger le peintre Fouqueray de la décoration de la salle des séances du nouvel Hôtel-de-Ville. Le sujet imposé est : Eléonore d'Aquitaine octroyant à la commune de Niort sa charte municipale.

— Un artiste poitevin, originaire de La Roche-sur-Yon, M. Arthur Guéniot, a exécuté l'ornementation d'une église de style roman que les RR. Pères Maristes ont inaugurée à Rome le 2 octobre dernier.

— Dans les dernières nominations dans la Légion d'honneur, nous avons relevé, dans la promotion des beaux-arts, le nom de M. Carl Rosa, peintre, né à Loudun.

Vandalisme

La fabrique de la paroisse de Châteauneuf (Vendée) met en vente la cloche de son église, objet du quinzième siècle d'une certaine valeur. C'est là un projet dont l'exécution constituera un de ces actes de vandalisme trop communs dans nos églises. Nous protestons énergiquement.

Théâtre en plein air

On annonce la représentation, pour l'été prochain, dans le parc du château de Fontenay-le-Comte, de la tragédie de M. Pierre Corneille : *Erinna*.

Paysages et Monuments du Poitou

L'admirable publication des *Paysages et Monuments du Poitou*, de notre ami et collaborateur M. J. Robuchon, se poursuit. *Le Châtellerautdais* est sous presse. Il sera complet en quatorze livraisons, et formera, en décembre 1899, un beau volume in-folio. Trente exemplaires seulement sont en souscription au prix de 4 francs par livraison. Chaque livraison contient, renfermées sous couverture : 1° quatre pages de texte imprimées avec luxe; 2° deux héliogravures inaltérables d'après les photographies de J. Robuchon. De nombreux dessins et plans décorent le texte. Les notices historiques et archéologiques sont rédigées par MM. Ch. de Grandmaison, Modeste Lahaire (alias marquis de La Rochetulon) et Alfred Barbier, de la Société des Antiquaires de l'Ouest. On peut recevoir les livraisons à raison de deux par mois en les réglant au fur et à mesure, ou recevoir tout l'ouvrage en souscrivant, contre valeur à ordre, payable par trimestre.

Les Français en Algérie

Notre confrère *la Tribune de Mostaganem*, dirigée par notre compatriote R. Besson, nous apprend qu'un grand nombre d'habitants de Mostaganem et de l'arrondissement, enfants du Poitou, ont décidé de se former en société. Les demandes d'adhésion doivent être adressées à M. Courtois, coiffeur à Mostaganem. Nous faisons des vœux pour la nouvelle société et envoyons à nos compatriotes un salut fraternel.

Le prince Guy de Lusignan

S. A. R. Guy de Lusignan, prince royal de Jérusalem, de Chypre et d'Arménie, a récemment adressé aux chefs d'Etats un manifeste en faveur des Arméniens, sollicitant l'arbitrage des nations pour le règlement définitif de cette tragique question d'Orient. C'est un acte de prétendant, d'ailleurs parfaitement légitime, qu'a accompli là le prince de Lusignan. L'origine poitevine du monarque éventuel nous faisait un devoir de signaler cette importante manifestation, à laquelle nous souhaitons l'entier résultat qu'en attend son auguste auteur.

NOTES ET ENQUÊTES

Les questions et réponses doivent être adressées directement au bureau du Pays Poitevin, *à Ligugé, avant le 10 de chaque mois.*

La Direction se réserve le droit de réduire les communications, ou de les présenter sous la forme qui lui semblera la meilleure.

QUESTIONS.

V

Généalogies poitevines. — J'ai lu, et n'ai malheureusement pas conservé une notice généalogique démontrant la descendance poitevine, par Mme Desnier d'Olbreuse, de la reine d'Angleterre, de l'empereur d'Allemagne et du Tzar. Quelque collègue plus soigneux pourrait-il communiquer cette généalogie?

J. M.

VI

— Le Cardinal de Paris, MM. Coppée, Brunetière, André Theuriet, Gaston Deschamps, Emile Faguet, ne sont-ils pas d'origine poitevine?

J. M.

VII

Le Poitou et le Sacré-Cœur. — Quel rôle le Poitou a-t-il joué dans l'acte de consécration de la France au Sacré-Cœur?

Louis Vincent.

VIII

Magie. — Agrippa d'Aubigné fut-il magicien?

Ernest Roland.

RÉPONSES.

I

Noëls de Lucas Le Moigne. — On ne connaissait qu'un exemplaire, conservé à la bibliothèque de Chantilly, des *Noëls de Lucas Le Moigne*, curé de Notre-Dame du Puy-la-Garde en Poitou. La Société des Bibliophiles français a réimprimé cet ouvrage, mais à un nombre très restreint, une trentaine d'exemplaires distribués à ses membres.

Bibliopole.

II

Abbaye de Sigournais. — Dom Fonteneau a dans son recueil quelques pièces concernant cette abbaye.

D.

III

La mer et les eaux. — M. Léo Desaivre a adressé à M. Paul Sébillot, qui les a insérés dans le numéro de décembre de la *Revue des Traditions populaires*, des extraits d'ouvrages relatifs aux coutumes et légendes sur ce sujet. Nous les publierons. L'enquête reste ouverte.

G. B.

IV

Le jour de la fin du monde en l'an Mil. — M. le docteur Ricochon se demande quel était le « bon mardi » indiqué dans un prologue qu'il cite. En l'an 1000, le jour de Pâques tombait le 31 mars; le premier jour de janvier était un *mardi*. Le 31 décembre, dernier jour de l'année était aussi un *mardi*. C'est, on peut le présumer, l'un de ces deux jours qui devait être, mais qui n'a pas été, le « bon mardi ».

Charles Bréard.

CORRESPONDANCE

M. Auguste Loué, *Bruxelles*. — Il est bien dans nos intentions de faire exécuter un encartage pour le *Pays Poitevin*. Nous acceptons bien volontiers votre idée d'une Anthologie des auteurs poitevins, elle recevra son exécution.

M. DEAD, *Glascow*. — Notre correspondant à Londres est M. Dulau.

M. BARTET, *Québec*. — A l'occasion du congrès de Honfleur, où j'espère avoir le plaisir de vous rencontrer, nous publierons un numéro poitevin-canadien.

M. le curé de V. — Merci de vos bons encouragements, j'ai reçu le fascicule, mais n'en vois pas l'emploi.

Un souscripteur de la « Tradition au Pays Basque ». — C'est notre ami M. Ch. B. qui nous a mis dans cet embarras. Nous avons attendu son manuscrit pendant six mois, et la correction des épreuves a duré six autres mois. Nous sommes sortis de son manuscrit depuis quinze jours seulement. L'imprimerie fait toute diligence pour en finir : c'est un dernier mois de patience; mais ceci servira de leçon, et pour la *Tradition aux Pays Normands*, nous n'imprimerons que les communications qui nous auront été remises pendant le congrès.

REVUE DES REVUES

— M. O. de Rochebrune, dans la **Revue du Bas-Poitou**, que dirige notre excellent ami René Vallette, fait l'historique du château de Saint-Pompain et en donne deux belles reproductions à l'eau-forte. Il relate la légende des hantises de ce monument, légende que nous avons publiée dans le n° 6 du *Pays Poitevin*, d'après M. Léo Desaivre. Nous avons aussi remarqué dans ce numéro une belle page d'hagiographie vendéenne : « La légende de saint Lienne », extraite d'un ouvrage récent de M. l'abbé Rousseau, aumônier du lycée de La Roche-sur-Yon. Nous aurons l'occasion d'analyser ce volume, et peut-être en reproduirons-nous quelques fragments. Dans la chronique, M. René Vallette mentionne un article de l'*Éclair* où, à propos de la télégraphie sans fil, il est rappelé que c'est un Vendéen, M. A. Allix, ancien membre de la Commune, qui le premier semble avoir affirmé la possibilité de communications à distance sans intermédiaire transmetteur. Son système, qui eut un véritable succès d'ironie, avait pour base l'utilisation des « escargots sympathiques ».

— La **Revue Encyclopédique Larousse**, numéro du 24 décembre, est en grande partie consacrée au Poitou. C'est d'abord une étude du maître J.-K. Huysmans sur l'abbaye de Ligugé, accompagnée de 11 gravures (vues diverses et portraits); puis une analyse du mouvement régionaliste en Poitou et Charentes, par notre directeur M. Constant Roy, où sont reproduites plusieurs illustrations parues dans, ou concernant le *Pays Poitevin*. La rédaction de la *Revue Encyclopédique* a mis au bas de cet article une note que nous citons d'autant plus volontiers qu'elle est surtout à l'honneur de nos collaborateurs et de nos imprimeurs; voici les dernières lignes de cette appréciation si flatteuse : « Il est, on doit le dire, exceptionnel de rencontrer en province une Revue aussi bien entendue dans son exécution typographique comme dans sa composition intellectuelle. » Au nom de nos collaborateurs, merci à notre grande sœur pour ses précieux encouragements. Ce même numéro contient une magistrale critique du beau volume de J.-K. Huysmans : *La Cathédrale*, par Roger Marx, avec nombreuses photographies de la cathédrale de Chartres. Enfin, sous la rubrique *Le Larousse continué* et à l'article « Poitou », un compte rendu, signé A. M., d'un récent ouvrage de M. Jos. Berthelé : *Carnet de voyage d'un antiquaire*. Nous le reproduisons dans notre bibliographie.

— Dans son numéro du 31 décembre, la **Chronique des Arts**, mentionnant notre Revue, lui consacre les lignes suivantes : « Le *Pays Poitevin*, c'est le titre d'une nouvelle Revue comme nous souhaiterions d'en voir éclore dans chaque province de France; son but, en effet, est la restauration de la vie régionale par l'art, par les mœurs, par l'étude et le maintien des traditions; et du premier coup cet organe de l'actif Comité d'Ethnographie et d'Art populaire Poitou-Charentes est devenu la Revue provinciale type... »

— Relevé dans l'**Intermédiaire des Chercheurs et Curieux** du 30 décembre, sous le mot *Noguette*, une réponse de Mgr X. Barbier de Montault ainsi conçue : « La municipalité de Poitiers le fait encore sonner tous les soirs, à une heure qui varie suivant la saison, hiver ou été, au clocher de l'église Notre-Dame, bâtie au point culminant de la ville. Le sonneur reçoit pour cela une somme annuelle de cent francs. » Voir, à ce sujet, dans le *Pays Poitevin* (juillet 1898), une notice sur le *couvre-feu* à Niort, de notre collaborateur Jean Maingueneau.

— **Mélusine** (novembre-décembre 1898), étudiant les vieux rites médicaux, cite, d'après M. l'abbé Moret, un usage particulier au culte de saint Menoux : Dans l'église de la paroisse dédiée au Saint, dans l'Allier, se trouve un autel de pierre dans lequel est ménagée une ouverture demi-circulaire. Les malades atteints de migraine y introduisent la tête pour obtenir leur guérison. M. l'abbé Moret, recherchant les usages analogues dans les diocèses voisins, écrit : « On trouve encore, dans le diocèse de Poitiers, à Saint-Savin-sur-Gartempe, un autel du onzième siècle placé dans une absidiole, en avant d'un reliquaire de pierre en forme d'arche. Porté sur deux colonnes accouplées qui en soutiennent un des petits côtés, ce reliquaire est, de l'autre côté, scellé dans le mur de l'abside. Le dessin qu'en donne M. Rohaut de Fleury (*La Messe*, 1er vol., p. 68) montre, sur une des grandes faces, une ouverture en forme de parallélogramme qui paraît un peu petite pour y passer la tête, mais qui pouvait suffire pour y introduire les linges et autres objets qu'on voulait sanctifier. »

— Le premier numéro de la **Revue Nationaliste**, dont nous sommes heureux d'annoncer la fondation, contient en variétés : *La Porte du Sud* (un coin de la Celtique), de Vaintray, évocation du rôle joué dans l'histoire par la région dénommée le Seuil de Poitiers. Nous trouvons aussi dans la chronique un écho régionaliste sur notre province.

— **Lemouzi** signale, dans son numéro de décembre, l'étude de son compatriote, notre collaborateur Dom Martial Besse, de Saint-Angel, sur Dom Fonteneau, historien du Poitou, dont la publication se poursuit dans le *Pays Poitevin*.

— M. Paul Frappier communique à la **Revue des Traditions populaires** (décembre 1898), par le canal de M. Léo Desaivre, un manuscrit attribué au marquis de La Bocière. Ce sont trois légendes vendéennes écrites dans un style d'un romantisme échevelé. Nous les réduirons pour nos lecteurs. M. Léo Desaivre adresse encore à la même Revue des extraits d'ouvrages où sont relatés des légendes et des usages sur la mer et les eaux. Cette communication répond directement à l'enquête ouverte dans notre dernier numéro par notre confrère M. Paul Sébillot sur ce sujet. Nous prenons note de ces extraits pour les reproduire; nous serons heureux d'y joindre ceux que nos lecteurs voudront bien nous faire parvenir.

— Nous avons pris note, pour en faire profiter prochainement nos lecteurs, d'un amusant usage vendéen joliment raconté par « *Le chercheur* » dans la **Vendée historique** (20 décembre 1898). Il s'agit de paroisses rurales où, à la grand-messe, un marguillier offre des prises de tabac aux fidèles qui donnent un sou à la quête!

— Notre éminent collaborateur, Mgr Barbier de Montault, a relevé dans *La Cathédrale*, de Huysmans, les passages relatifs au Poitou et les apprécie dans la **Revue d'Archéologie poitevine** (décembre 1898). Il signale les phrases suivantes :

1° Page 435 : « Depuis le Moyen-Age, il n'existe en français aucun travail complet sur le symbolisme, car l'ouvrage de l'abbé Auber sur ce sujet est un leurre. » Le docte prélat signale l'omission faite par l'auteur de deux ouvrages d'un Poitevin, Hippeau : *Le Bestiaire divin* et *Le Bestiaire d'amour*, et tout en trouvant sévère l'appréciation de M. Huysmans sur l'abbé Auber, la confirme en disant qu'il ne fait guère cas de ses ouvrages et qu'il reprend le sujet sur d'autres bases et avec plus d'ampleur.

2° Page 441 : « Les animaux sont utilisés dans l'iconographie des Saints... La colombe est l'apanage de saint Grégoire le Grand, de saint Rémy, de saint Ambroise, de saint Hilaire. » Mgr Barbier de Montault déclare qu'il s'agit là de saint Hilaire d'Arles, tout en reconnaissant que le Père Cahier, dans ses *Caractéristiques des Saints*, p. 240, conjecture « que saint Hilaire d'Arles l'avait empruntée à son homonyme de Poitiers », « ce qui reste à prouver », ajoute Mgr Barbier de Montault, qui d'ailleurs ne démontre pas le mal fondé de l'assertion.

3° Page 463, à propos du porche sud de la cathédrale de Chartres : « Partout, sur des piliers carrés, sous la voûte du porche, des pierres s'excisaient en des figurines tourmentées de justes : saint Léger... » On sait que saint Léger est un Saint poitevin dont le tombeau est dans l'église de Saint-Maixent.

4° Page 247. Mgr Barbier de Montault donne raison à M. Huysmans, qui se refuse à reconnaître sainte Radegonde dans une des statues du portail royal.

5° Page 158. L'auteur, parlant de l'inflexion qui se remarque dans plusieurs églises et qu'il attribue à un symbolisme architectural intentionnel, cite l'église de Saint-Savin, où l'on croit reconnaître dans l'axe tordu du monument la roue qui broya son saint patron. L'abbé Auber a reproduit et accepté cette interprétation, que M. Huysmans se contente d'indiquer en se tenant sur une grande réserve. Mgr Barbier de Montault est plus affirmatif : il nie tout symbolisme et ne voit qu'un accident là où le chanoine Auber et Mérimée ont vu une intention diversement appréciée.

6° Page 169 : « En somme, il (le roman) est le symbole de la vie intérieure, l'image de l'existence monastique; il est, en un mot, la véritable architecture du cloître. A la condition pourtant qu'il ne soit pas semblable à celui de Notre-Dame, à Poitiers, dont l'intérieur est bariolé de teintes puériles et de tons farouches, car alors, au lieu d'une impression de regret et de calme, il suscite la pensée de l'allégresse enfantine d'un vieux sauvage tombé en enfance et qui rit parce qu'on a ravivé ses tatouages et qu'on lui a recrépi, avec des couleurs crues, le derme. » L'analyste approuve cette phrase : « Quelle sévère, mais exacte critique d'une décoration qui pèche à la fois par le style et l'exécution! »

7° Page 68. M. Huysmans oppose la puissante architecture romane de Paray-le-Monial à celle de Notre-Dame de Poitiers. Mgr Barbier prend véhémentement la défense de ce monument, sur lequel il annonce une étude prochaine.

8° Page 160. Là encore le critique veut réfuter l'écrivain qui constate dans la cathédrale de Poitiers, comme dans celle de Laon et dans l'église Notre-Dame d'Étampes, l'absence d'une particularité symbolique qui se constate dans la plupart des cathédrales, à savoir : « Ce fond semi-circulaire, cette conque absidale, avec ses chapelles nimbant le chœur, est, en effet, le calque de la couronne d'épines cernant le chef du Christ. » « Ce symbolisme me touche peu », déclare le savant archéologue. Il est présumable cependant que M. Huysmans ne l'a pas inventé, et il eût sans doute été plus probant de discuter l'opinion des écrivains spéciaux qui ont fourni cette explication de ce fond semi-circulaire.

Dans ce même numéro de la *Revue d'Archéologie poitevine*, une bibliographie des œuvres de M. B. Ledain, par notre ami A. Farault, accompagnée d'un portrait.

BIBLIOGRAPHIE

Carnet de voyage d'un Antiquaire Poitevin, par Jos. Berthelé. — Paris, Lechevalier, in-8°.

Si le Poitou peut envier à la Normandie ses cathédrales gothiques, à la Flandre ses hôtels de ville et ses beffrois, à la Touraine et au Blésois ses châteaux de la Renaissance, il est loin d'être déshérité au point de vue monumental. L'architecture romane, notamment, y est représentée par de véritables chefs-d'œuvre : tels à Poitiers, Saint-Hilaire avec ses six coupoles et ses sept nefs, disposition unique en France, et surtout Notre-Dame-la-Grande, avec sa célèbre façade aux réminiscences orientales, fouillée à miracle comme un moucharabi du palais des sultans. Au premier abord les Deux-Sèvres semblent faire pour ainsi dire pâle figure entre les deux autres départements poitevins, entre la Vienne, aux grands monuments historiques, et la Vendée, aux souvenirs tragiques. C'est qu'on connaît mal les Deux-Sèvres, qui pourtant gagneraient à être connues ; car, ainsi qu'on l'a remarqué, nulle part peut-être en France tant de curiosités archéologiques ne se sont pressées sur un espace aussi restreint. Sans parler des œuvres qui, pour être privées du caractère officiel, n'en sont pas moins intéressantes, on n'y compte pas moins d'une trentaine de monuments historiques classés : quinze églises, deux chapelles, trois monuments militaires (le donjon de Niort, le pont d'Airvault, les châteaux d'Oiron, de Thouars et de Javarzay). Les croix de cimetières et de carrefours, les lanternes des morts ou fanaux funéraires, ces particularités archéologiques de nos provinces du Centre et de l'Ouest, y abondent. Le mobilier de la plupart des églises y est intéressant. Le style roman (onzième siècle et première moitié du douzième) domine dans les Deux-Sèvres, comme dans tout le reste du Poitou. Le style « plantagenet », qui est le style gothique de l'Anjou, du Poitou, de la Touraine, y a laissé aussi des exemples de toutes ses transformations (voûtes de la nef et du chœur de Bressuire, voûtes de Saint-Jouin et d'Airvault, etc.). C'est à travers ces richesses que M. Jos. Berthelé nous promène en guide consciencieux et éclairé. Les meilleures pages de son *Carnet d'Antiquaire*, qui ne comporte pas moins de quarante-cinq chapitres, sont consacrées à des monographies d'églises de la région, comme celles d'Aulnay, l'une des plus belles de l'école romane du Poitou, de Lhoumois, un « trésor » si curieux ; de châteaux comme celui de Faugeré. Il faut citer encore les recherches sur l'abbaye de Saint-Liguaire et les villages de Secondigné, Vernoux, etc., quelques études campanaires et une notice très documentée sur les faïences de Saint-Porchaire, ces rivales parfois victorieuses des faïences d'Oiron. (A. M.)

(Revue Encyclopédique.)

Le Moine Bénédictin, par le R. P. Dom Besse. — Un beau volume in-8° de IV-264 pages, illustré de nombreuses gravures. — Prix 2 fr. ; *franco* : 2 fr. 50.

Nous empruntons au dernier numéro de la *Revue Bénédictine* de Maredsous le compte rendu suivant :

« L'ouvrage que nous présentons au public, dit l'auteur, a pour but de lui dire ce qu'est la vie monastique, d'après la Règle de saint Benoît, et quelles sont les occupations journalières du moine, l'esprit qui l'anime, le milieu dans lequel il passe sa vie, les secours qu'il y trouve et les services qu'il est à même de rendre aux hommes ses frères. Après un aperçu historique sur l'Ordre Bénédictin, court mais substantiel (p. 1-34), l'auteur expose ce qu'est la vie religieuse, son essence, son utilité ; il détermine ensuite la nature de la vie bénédictine d'après la Règle de son saint législateur, montre l'organisation hiérarchique de la famille bénédictine, et fait connaître l'intérieur de cette famille, le monastère. Le chapitre sur le noviciat initie à la formation du moine et à l'ascétisme particulier de l'Ordre. La prière et le travail étant les deux grands moyens de sanctification donnés aux moines par saint Benoît, Dom Besse entre dans d'assez longs développements sur la prière liturgique et sur le travail monastique. Deux chapitres consacrés aux études et à l'activité des monastères bénédictins terminent ce petit travail extrêmement utile. L'auteur connaît bien les traditions de son Ordre ; l'étude des annales du passé, en le pénétrant d'un grand amour pour sa famille religieuse, lui a fait saisir avec une grande largeur de vues le caractère de la vocation bénédictine. Son livre nous semble appelé à rendre de grands services, tant au sein de l'Ordre lui-même qu'en dehors, à tous ceux qui désirent se former une idée exacte de la nature et du rôle de la famille de saint Benoît. L'ouvrage est enrichi d'un certain nombre de vues de monastères bénédictins, notamment de ceux de la Congrégation de France. »

Lettres à ma cousine, par Gabriel Aubray. — Un volume in-12. — Paris, Plon.

C'est d'un « pays » qu'il s'agit, d'un Saintongeais qui avoue garder, en ce Paris où il s'est venu fixer, la nostalgie « d'un pan de terre qui trempe d'un côté dans l'Océan, qui s'attache de l'autre aux monts verts du Limousin ». Aussi est-il demeuré « homme de France, de toute la force du bon sens provincial résistant à la contagion du dilettantisme parisien..., un rural bien portant, sans mauvaise humeur, non pas sans morale ».

N'empêche qu'il ne trouve Paris amusant, étourdissant, enivrant, qu'il ne se plaise à la variété de ses spectacles, à cette agitation chatoyante qui est toute sa vie.

Or ce sont là des impressions qu'on ne garde pas pour soi seul, dont on ferait volontiers confidence à quelque frère d'âme, demeuré loin de cette fête, pour qu'il croie y avoir été lui-même. Moitié pour le distraire, moitié aussi pour se donner l'illusion qu'on est encore là-bas, au cher vieux logis familial, on écrira, on « émiettera son âme » comme en ces bonnes causeries tenues « sous la haute cheminée pleine de souvenirs ».

Et ce serait chose exquise, ce bavardage à distance sur les hommes et les choses, sur tout ce qui se fait, se dit ou s'imprime, de quelqu'un qui sait et sait tout cela, admirablement, avec un autre soi-même. Qui ne sent l'adorable livre qu'on ferait de ce commentaire familier au jour le jour, de ces lettres qui n'auraient pas été écrites pour la publicité?

Or telle est précisément l'impression que nous éprouvons à la lecture du beau livre de M. Gabriel Aubray. Nous ne songeons pas un instant que nous pouvons être le jouet d'une illusion, que cette forme de la lettre n'est qu'un artifice littéraire, et que c'est un être de raison, cette bonne cousine, cette aînée, gardienne des traditions, héritière de l'ancestrale maison des Garennes.

Viril, il l'est assurément, ce livre de franchise intransigeante et de haute pensée, qui s'attaque aux illusions, aux préjugés, qui fait honte des petitesses. Mais il est doux aussi, tendre, caressant, comme s'il ne s'adressait qu'à de chères malades, comme s'il signalait moins des fautes qu'il ne sympathise à des souffrances d'où doit naître la pensée qui éclaire et l'élan qui relève.

Et voilà comment nous sommes vite gagnés à celui qui a voulu « tirer du fond de nous-mêmes, pour le faire revivre devant nos yeux, l'idéal obscurci des anciens jours... sous la poussière chatoyante, mais aride, des idées à la mode, de nos erreurs et de nos frivolités ; chercher le feu assoupi, mais toujours vivant ; réveiller ce qu'il y a de plus généreux en nous, nous redonner la foi en nous-mêmes que nous avions perdue et nous appeler à une sorte d'ivresse du bien, du devoir, du sacrifice... » Loin de nous parler, comme d'autres, de défaillance, de faillite, M. Gabriel Aubray nous crie : « Vive la Science, qui veut le vrai ! Vive l'Art, qui même en ses raffinements cherche le beau ! Vive la douce Pitié, qui mène au saint Amour ! »

Quelques mots maintenant sur la matière même du livre. En façade, la vie parisienne. Nul mieux que l'auteur n'excelle à montrer ce qu'il appelle spirituellement « un défilé d'ombres qui ont joué un moment dans le rayon de lumière de l'actualité », comme sur l'écran du cinématographe. Avec le printemps de l'année, voici fleurir le renouveau de cette existence frivole dont les premiers événements sont la foire du cours de Vincennes et les courses d'Auteuil ; existence qui charme et qui trouble, avec ses fantaisies décadentes, ses poussées de mysticisme, ses fièvres, ses folies, ses névroses, « toute cette agitation dans le vide d'un monde qui finit — peut-être d'un monde qui veut naître ».

Duels pour rire, apothéoses de comédienne, affaires ou ventes sensationnelles, réceptions académiques, distributions de prix, tout l'ordinaire train-train de l'année se déroulera.

Mais poussons plus avant : ce sont les drames de la vie, du théâtre ou des livres ; ce sont nos maladies morales, ce sont les questions vitales de l'amour, du mariage, des droits de l'enfant.

De la politique assez pour nous montrer « dans le délire des fêtes, ou le désarroi où la jette la moindre aventure, la conscience nationale qui s'ouvre, l'âme même de la patrie qui se confesse ».

Et la leçon se dégagera, haute et consolante. Le siècle meurt, bercé aux proses harmonieuses des pontifes. Mais s'il faut se résigner devant l'inévitable ou devant l'irréparable, il faut surgir aussi d'un élan plein de confiance, vers le réveil, vers la vie, vers la joie. Car elle n'est pas épuisée, la race des héros qui savent le secret de bien vivre et celui de bien mourir.

Tel est, sommairement analysé, ce livre d'un moraliste qui est, tout en le maudissant, de son siècle, curieux de son art, de sa littérature, attiré par ses péchés, ses perversités ; livre où s'unit, à toute la puissance d'aimer et de séduire d'un Don Juan, toute la rigueur d'un apôtre de vérité ; livre de quelqu'un qui a embrassé, pour y rallumer l'antique flamme, toutes les idées de notre âge, qui peut remuer toutes les âmes, curieux, impitoyable, et tendre infiniment... ; bon livre — pour trancher le mot, — aussi piquant et d'un effet aussi puissant qu'un mauvais livre.

C. Roy.

Racan (1589-1670). **Histoire anecdotique et critique de de sa vie et de ses œuvres**, par Louis Arnould, professeur de littérature française à l'Université de Poitiers. — Thèse. Un vol. in-8. Paris, Colin, 1896.

Nous n'avions pas jusqu'ici été assez de loisir pour parler comme il convient du si remarquable ouvrage que M. Arnould a consacré au poète tourangeau Racan.

M. Arnould, rompant délibérément avec d'anciens errements — ce dont nous ne saurions trop le louer, — s'était proposé, suivant le précepte de Sainte-Beuve, « d'entrer en son auteur, de s'y installer, de le produire sous ses aspects divers ; de le faire vivre, se mouvoir et parler, comme il a dû faire ; de le suivre dans son intérieur et dans ses mœurs domestiques aussi avant que l'on peut ; de le rattacher par tous côtés à cette terre, à cette existence réelle, à ces habitudes de chaque jour dont les grands hommes ne dépendent pas moins que les autres ».

A cette méthode, nous devons une *vie*, au vrai sens du mot, et non plus le sec et froid catalogue de faits et de dates, sorte d'avant-propos, on dirait accessoire, qu'on fait suivre d'une partie littéraire, plus développée, où l'on examine et juge les œuvres.

Une existence d'homme ! nous pensons, avec M. Arnould, qu'il n'est pas de spectacle plus attachant, plus passionnant, surtout quand cet homme aura été aux prises non seulement avec les multiples problèmes de la vie, mais avec les problèmes de l'art.

Si une vie prise en elle-même, et pour elle-même, présente déjà cet intérêt spécial qui fait la fortune du plus florissant des genres littéraires actuels, le roman, nul doute que nous ne gagnions par surcroît à la bien connaître de pouvoir mieux juger d'une œuvre, et particulièrement d'une œuvre lyrique. Comment comprendre tout à fait les odes de Racan, si l'on n'est déjà dans le secret des passions dont ces odes sont, suivant la jolie expression de M. Arnould, « les soupirs quotidiens » ?

Nous parcourons ainsi les diverses périodes de la vie du poète, marquées chacune d'une conclusion littéraire partielle, qui se retrouve en raccourci dans la conclusion générale. Et voici qu'au long de cette pittoresque et artistique excursion, nous avons vu vraiment revivre sous nos yeux le bon seigneur de La Roche-Racan. Une simple tradition sommeillait en un coin vert de la Touraine. Un ou deux vers de Boileau, le souvenir confus de quelques stances harmonieuses, c'est tout ce que suscitait le nom de Racan en la mémoire des gens les plus cultivés. Maintenant, grâce au beau monument que M. Arnould vient de lui élever, l'âme d'un charmant poète se mêle, comme jadis, au large courant de la vie nationale.

Il ne nous reste plus qu'à souhaiter cette mince et fraîche anthologie, que M. Arnould, en même temps qu'il offrirait aux érudits l'édition critique qu'on attend de lui, destinerait aux gens du monde.

M. Arnould a obtenu les suffrages de la critique savante ; nous ne voulons, nous, que témoigner du charme qu'il a su répandre aux pages de son livre, de ce charme dont une pieuse ferveur seule est dispensatrice. M. Arnould avait passé ses premières années aux champs ; un jour lui est révélé celui qui « savait profondément le ménage de la campagne ».

Dès lors Racan comptait un fidèle. L'heure viendra, quelque huit ans plus tard, de la chasse aux documents, des consciencieuses explorations de la Touraine, de ses châteaux, de ses archives. Pour finir, ce livre, qui avait sa destinée.

« Jamais — écrit M. Arnould, dont nous nous reprocherions de ne pas citer la page éloquente qui clôt le commentaire délicat des *Stances sur la Retraite* — jamais il ne fut plus opportun de remettre Racan en honneur que dans la fin de notre dix-neuvième siècle. Un des maux dont nous souffrons, de l'aveu de tous, dont nous pourrions bien mourir pour peu que cela continue, conséquence de notre civilisation intensive, c'est le dépeuplement des campagnes, c'est cette fièvre qui nous prend tous, tant que nous sommes, noblesse, peuple ou bourgeois, et qui nous arrache au château ou au sillon de nos pères, pour nous précipiter dans les villes, vers la vie ardente du cœur et de l'esprit, de l'ambition ou des sens. Il en est qui reviennent un jour à la terre, mais comme Racan, blessés, mutilés, résignés, au lieu d'avoir consacré généreusement et sagement au sol leur jeunesse, leur santé et leur première ardeur, en sorte que la pauvre terre est devenue surtout le refuge des malades, des enfants, des vieillards, des vaincus de la vie, des ruinés, des retraités de tout genre et des sots. Certes, elle est assez hospitalière pour accueillir tous ceux-là, mais elle mérite mieux; elle voudrait encore, ce qu'elle trouve si rarement, de la virilité, de la force intacte, de l'intelligence, de la jeunesse — toute prête à donner en échange ces biens inestimables qui se nomment la santé, la paix qui est la santé de l'âme, l'honnêteté, l'équilibre heureux des facultés.

« Nous voudrions qu'aujourd'hui plus que jamais il se fit une conspiration de toutes les bonnes volontés autour de cet admirable poème, pour le remettre en belle place et le faire sentir à nouveau, pour ramener l'attention de chacun au jeune gentilhomme d'autrefois, qui, ne trouvant plus le bonheur dans tout ce qui le lui avait brillamment promis, revient, à l'âge de trente ans, vers la terre qu'il a quittée enfant, cette éternelle méprisée dans les bras de qui il se jette pour trouver la paix et le bonheur comme dans le sein d'une mère aimée que l'on a méconnue..., et alors, si par cas il arrivait que cette pièce où palpite tout un cœur d'homme, expliquée, ou simplement lue avec émotion, retînt un seul homme à la glèbe de France, ce jour-là, il faudrait jeter au feu tous les commentaires de La Harpe, de Sainte-Beuve et des autres : elle en aurait un désormais admirable, le seul qui fût vraiment digne d'elle. »

Le poète de la *foison* rustique, le livre ému où le célèbre M. Arnould, où seront-ils mieux appréciés qu'en Poitou, dans la patrie de Jacques Bujault, de Maître Jacques, ainsi qu'on a accoutumé de désigner l'avocat parisien devenu le laboureur-apôtre?

C. Roy.

Le *Pays Poitevin* paraît le 20 de chaque mois, avec 24 pages de texte et de nombreuses gravures.

Un supplément bibliographique est encarté dans les numéros adressés aux abonnés directs.

Les gravures hors texte qui peuvent être publiées et les primes ne sont servies qu'aux abonnés.

Les travaux importants, illustrés ou non, publiés dans le *Pays Poitevin*, sont tirés à part, en brochures in-8°, aux frais de l'administration, à cent exemplaires. Sur ce nombre, cinquante exemplaires sont remis à l'auteur et cinquante demeurent la propriété de la Revue.

Le chiffre du tirage à part peut être augmenté après entente entre les auteurs et l'administration.

Sommaire des Revues reçues

REVUES POITEVINES

Revue du Bas-Poitou (4e trimestre 1898). — Madame Claire Normand, faire-part (René Vallette); La Vendée qui s'en va : Le Château de Saint-Pompain (O. de Rochebrune); Le Clergé de la Vendée pendant la Révolution (suite) (Edgar Bourloton); Les Cent jours dans l'Ouest (Renée Monbrun); Chez nous : Mervent (Barrau); Le tombeau de Lancelot du Fau, ancien Évêque de Luçon (L. de Grandmaison); La légende de saint Lienne (abbé L. Rousseau); Poésies : Le Calvre (E. Grimaud); La Bouillarde (Paul Eudel); Autour du drapeau blanc, biographies inédites des chefs vendéens (suite) (De La Fontenelle de Vaudoré); La cérémonie patriotique du lycée de La Roche-sur-Yon : L'oraison funèbre de l'abbé Rousseau (Saint-Yon); Bibliographie.

Directeur : René Vallette, Fontenay-le-Comte (Vendée). — Abonnement annuel, 12 fr. (trimestrielle).

Revue d'Archéologie poitevine (décembre 1898). — Médaille de la Vierge de Messine (X. Barbier de Montault); Bibliographie de B. Ledain (Farault); Inscription hébraïque de Montreuil-Bonnin (Swab); Le marquis de Beuvier en 1774 (X. Barbier de Montault); Le Poitou d'après Huysmans (H. B. de M.).

Directeur : Mgr X. Barbier de Montault. — Administration, rue de l'Éperon, Poitiers. — Abonnement annuel : 12 fr. (mensuel).

La Vendée historique (20 décembre 1898). — Les Intrus de la Vendée militaire : Coquille d'Alleux (suite) (H. B.); Cinq ans en exil (1792-1797), journal d'un prêtre vendéen en Espagne (suite) (abbé Paillaud); Jacques Cathelineau (Galand); Marie-Jeanne (à suivre) (H. B.); Chroniques poitevines : Châtillon et Westermann (A. Durtaille); Vieux usages vendéens : La tabatière dans certaines églises vendéennes (Le Chercheur); Echos de 93: Le palefrenier de Charette (Henri du Bocage); Noël dans les bois (1794) (M. de Saint-Mesmin); Çà et là; *Pro Domo* (H. B.)

Directeur : Henri Bourgeois, Luçon. — Abonnement annuel, 4 fr. 50 (bi-mensuel).

Revue Poitevine et Saumuroise (décembre 1898). — Documents inédits relatifs à Poirier de Beauvais (H. Grimaud); Détails historiques sur les services de Françoise Després (suite et fin); Les Cahiers du Tiers-Etat chinonais aux Etats-Généraux de 1789 (suite et fin) (H. Grimaud); Bibliographie; Chronique régionale.

Directeur : L. Picard, 13, quai Carnot, Saumur. — Abonnement annuel, 6 fr. (mensuel).

Revue de Bretagne, de Vendée et d'Anjou (décembre 1898). — Etudes bretonnes : Le mouvement en faveur du celtique armoricain (A. du Bois de La Villerabel); Poésies bretonnes : Kotan Sonen (première Sone) Pierre Laurent, Henry de La Bunelaye); Gwerz (Barde du Menez Bré); Mémoires d'un Nantais (suite); Les Préjugés, comédie en deux actes (fin) (Cte de Saint-Jean); Poésies françaises : Chanson du fil de la Vierge (Jos. Parker); Le Bono (Louis Bonneau); Conte de Noël (Harry Hett); Notices et comptes rendus.

Administrateur : 1, rue Royale, Nantes. Servi gratuitement aux membres de la Société des bibliophiles bretons (mensuel).

La Revue de l'Ouest (24 décembre 1898). — Supplément littéraire. — La Dormition (Gustave Boucher); La fiancée de Pierre (R. de Clan); A table (docteur P. Corneille); Les petits souliers de Noël (Henri Doris); La Nichée (Jan Doe); L'idée d'une Américaine (Magdeleine André); Souvenir de la Grande Guerre (C. Puichaud); Bel exemple de patriotisme (docteur Senoble); En Vouvent (René Vallette).

Administration à Niort, rue Victor-Hugo (Supplément bi-annuel au journal).

REVUES DIVERSES

Revue des Traditions populaires (décembre 1898). — Les forêts : Légendes des forêts de France (Paul Sébillot); Chansons recueillies dans les gorges du Tarn (Charles Bordes); Contes de la Grèce ancienne : Le secours de la cigale (René Basset); L'homme qui voulait un parrain juste (Henry Gréville); L'âme séparée du corps (René Basset); Les météores, le chemin de Saint-Jacques (Lucie de V. H.); Le feu Saint-Elme : Les étoiles filantes (René Basset); Petites légendes locales (Léo Desaivre, Jean Stramoy, Alfred Haron); Les ongles (René Basset); Légendes contemporaines (Paul Sébillot); La légende de sainte Agathe (Stramoy); Les chasses fantastiques (Alfred Haron); La chasse Arthur en Bretagne (P. S.); Jeux et formulettes du Pays Nantais (Mme Vaugeois); Bibliographie.

Directeur : Paul Sébillot, 80, boulevard Saint-Marcel, Paris. — Abonnement annuel, 15 fr. (mensuel).

Bulletin de Folk-Lore (janvier-juin 1898). — Les orages (suite) (A. Haron et E. Monseur); Croyances et coutumes relatives à la mort (suite) (J. Dervert, J. Haust, A. Haron et E. Monseur); L'os qui chante (suite) (A. Haron, R. Basset et E. Monseur); Bibliographie; Menus faits.

Directeur : Eugène Monseur, professeur à l'Université de Bruxelles. — Abonnement bisannuel, 6 fr. (semestriel).

Mélusine (novembre-décembre 1898). — Un vieux rite médical : Au tombeau de saint Menoux (H. Gaidoz); La Fascination (J. Tuchmann); Chansons populaires de la Basse-Bretagne : L'ivrogne et sa femme; Les grues d'Ibycus à Orléans (A. Loquin); Légendes contemporaines; Une prétendue Dame Blanche (H. Gaidoz); Bibliographie.

Directeur : Henri Gaidoz. Administration : 2, rue des Chantiers, Paris. — Abonnement annuel, 12 fr. 50 (mensuel).

Lemouzi (décembre 1898). — Madalet, poésie (J. Roux); Fiançailles de Noël, nouvelle (L. Coqueton); Un homme dans la lune, légende (P. Biel); Une Countecin a tres, poésie (Bombal); Jaunin à Limoges (Du Moulin Brûlé); Souvenir d'Efensa (Bettjoulet); Fleur fanée (Coqueton); L'Oiseau merveilleux (Delbreil); Las Messas chandas de Chameirac, poésie (Marpillat); Etudes rustiques (J. Roux); Les deux années, poésie (Coqueton); Bulletin.

Administration : 2, rue Bertrand de Born, Brive. — Abonnement annuel, 3 fr. (mensuel).

La Revue Nationaliste (décembre 1898) — La théorie nationaliste (Dr J. Laumonier); Nationalisme et politique (André Castelin); Celtes prégermaniques et paysans français (A. C.); Régionalisme, Nationalisme et Patriotisme (Charles Brun); La sone du Dhir (Pierre Laurent); Chroniques régionales; Variétés.

Administration et rédaction, 4, faubourg Montmartre, Paris. — Abonnement annuel, 7 fr. 50 (mensuel).

La Province (décembre 1898). — Le château du roi René et l'église Sainte-Marthe à Tarascon (J. B. Amy); Une amitié à la d'Arthez : Champfleury, Courbet, Max Buchon (Jules Troubat); Impressions d'Aix-les-Bains (Ernest Langlois); Notes décentralisatrices (J. Calcas).

Directeur : Lucien Duc, 35, rue Rousselot, Paris. — Abonnement annuel : 12 fr. (mensuel).

Revue Encyclopédique Larousse (24 décembre 1898). — L'abbaye bénédictine de Ligugé (J.-K. Huysmans); Le régionalisme en Poitou (Constant Roy); La Cathédrale, de J.-K. Huysmans (Roger Marx); Cloches et carillons : Le carillon de Saint-Germain-l'Auxerrois (J. Mascart); Le Larousse continué.

— (31 décembre 1898). — Madame Cécile Carnot (Berthol-Graivil); Le ministère Brisson (Marcel Paisant); Ermete Novelli (Judith Cladel); Engraissement artificiel des volailles (Henri Coupin); Le Larousse continué.

Directeur : Georges Moreau, 17, rue Montparnasse, Paris. — Abonnement annuel : 24 fr. (hebdomadaire).

Études, publiées par des Pères de la Compagnie de Jésus (20 décembre 1898). — Claude-Charles Charaux (P. C. de Beaupuy); De la valeur du vœu en général, et du vœu de religion en particulier (P. A. Belanger); Philippe Tamizey de Larroque (fin) (P. H. Chérot); A propos du monument de Bossuet (P. E. Grizelle); Livres; Chronique.

Administration : Victor Retaux, 82, rue Bonaparte, Paris. — Abonnement annuel, 25 fr. (bi-mensuel).

La Tribune de Saint-Gervais (décembre 1898). — L'école de Josquin des Prés (suite et fin) (F. de Ménil); La musique byzantine et le chant liturgique des Grecs modernes (suite et fin) (Johannès Thibaut); Le *Letabundus* et les chansons de Noël au treizième siècle (Pierre Aubry); L'idée religieuse dans la poésie lyrique et la musique française au moyen âge (Pierre Aubry); Mois musical (G. de Boisjoslin).

Administration : 15, rue Stanislas, Paris. — Abonnement annuel, 10 fr. (mensuel).

L'Intermédiaire des chercheurs et des curieux (20 décembre 1898). — Principales questions et réponses : Campagne d'Egypte en papier de tenture; Dupleix, ancien gouverneur des Indes; Pèlerinages à Santiago de Compostelle; Les officiers, sous-officiers et soldats qui ont accompagné l'Empereur à l'île d'Elbe; Chants des conscrits; Histoire des petits Savoyards en France; Contrées de la France à déterminer; Les souhaits de nouvel an au vieux pays d'Artois.

— (30 décembre 1898). — Etendard des rois de France; Finesses des Cévennes et de Dieppe; Noblesse française.

Directrice : Mme la générale Iung, 38, avenue Wagram, Paris. — Abonnement annuel, 6 fr. (trimensuel).

La Chronique des Arts et de la Curiosité (31 décembre 1898). — Exposition universelle de 1900 ; Sociétés savantes ; Chronique musicale ; La Burgonde ; Revue des Revues ; Bibliographie : Mouvement des arts ; Concours et expositions.

Direction : 8, rue Favart, Paris. — Abonnement annuel : 12 fr. (hebdomadaire).

Revue sociale catholique (décembre 1898). — La question de l'alcoolisme (H. Carton de Wiart) ; Bismarck et la question sociale (F. Deschamps) ; Socialistes anglais (Ern. Dubois) ; Chronique sociale (G. Legrand) ; Faits et documents (C. Jacquart) : Bibliographie.

Administration : 16, rue Treurenberg, Bruxelles. — Abonnement annuel : 6 fr. 50 (mensuel).

Revue bibliographique belge (31 décembre 1898). — Chronique : Pal Demade, notice bio-bibliographique ; Académie Royale de Belgique : Nouvelles littéraires ; Causerie professionnelle ; Revue bibliographique belge ; Varin.

Direction : 16, rue Treurenberg, Bruxelles. — Abonnement annuel : 3 fr. (mensuel).

Pour recueillir dans les journaux du monde entier tout ce qui parait sur un sujet quelconque, sur une question dont on aime à s'occuper ; — surtout savoir ce que l'on dit de vous et de vos œuvres dans la presse, qui ne le souhaite parmi les hommes politiques, les écrivains, les artistes ?

Le **Courrier de la Presse**, fondé en 1880, par M. Gallois, 21, boulevard Montmartre, à Paris, répond à ce besoin de la vie moderne avec autant de célérité que d'exactitude.

Le **Courrier de la Presse** *lit 6000 journaux par jour.*

Le **Courrier de la Presse** *reçoit sans frais les* **abonnements** *et* **annonces** *pour tous les journaux et annonces.*

Tarif : 0 fr. 30 par coupure. Tarif réduit, paiement d'avance, sans période de temps limité : par 100 coupures, 25 francs ; — par 250, 55 francs ; par 500, 105 francs ; par 1000, 200 francs.

ON ACHÈTERAIT

BIBLIOTHÈQUES

LIVRES RARES ET CURIEUX

MANUSCRITS, GRAVURES

Écrire au **Pays Poitevin.**

CASE A LOUER

CASE A LOUER

Le Directeur-Gérant : Gustave Boucher.

Ligugé (Vienne). — Imp. Saint-Martin. M. Bluté. — 2-99.

BIBLIOTHÈQUE DE LA TRADITION NATIONALE

Honorée d'une souscription du Ministère de l'Instruction publique

PUBLIÉE SOUS LES AUSPICES DE LA SOCIÉTÉ D'ETHNOGRAPHIE NATIONALE & D'ART POPULAIRE

Sous la direction de M. GUSTAVE BOUCHER

OUVRAGE PARU

LA TRADITION EN POITOU & CHARENTES

ART POPULAIRE. — ETHNOGRAPHIE. — FOLK-LORE. — HAGIOGRAPHIE. — HISTOIRE

Texte par MM. André Theuriet, Georges Lafenestre, Gaston Paris, Gaston Deschamps, J.-K. Huysmans, A. Landrin, Paul Sébillot, Th. Léaud, H. Gélin, Baguenier-Desormeaux, R. P. Lhoumeau, Dom Parisot, Dom Augouard, R. P. Texier, Aug. Gaud, Constant Roy, Puichaud, Abbé Noguès, Gustave Boucher, Henri Clouzot, P. Boissonnade, J. Philippe, S. Trébucq, Léo Desaivre, Lacuve, Alph. Farault, Van der Cruyssen.

Illustrations d'après les dessins et les clichés de MM. A. BOUNEAULT, G. DEMAY et GEORGES CLOUZOT

1 vol. de luxe, grand in-8 de plus de 500 pages, sorti des presses de l'Imprimerie Saint-Martin de Ligugé. — **Prix : 10 fr.**

EN VENTE AUX BUREAUX DU " PAYS POITEVIN "

Dans la même collection, SOUS PRESSE

LA TRADITION AU PAYS BASQUE

EN PRÉPARATION

LA TRADITION AU PAYS NORMAND

On souscrit pour la TRADITION AU PAYS BASQUE, au prix de 10 fr., aux bureaux du " PAYS POITEVIN "

Tirage limité, pour la collection, à 1000 exemplaires

LE PAYS POITEVIN

CHRONIQUE — ÉCHOS — BIBLIOGRAPHIE

Le chant populaire à l'église

Le Poitou est la terre promise du chant grégorien. Les deux plus anciennes maîtrises paroissiales de France revenues à ce chant sacré sont celles de Niort et des Sables-d'Olonne; la première association régionale de la Schola Cantorum *a été fondée à Niort, après les fêtes de 1896, et son comité définitivement constitué à Ligugé en 1897. Un seul diocèse du Pays Poitevin, le diocèse de La Rochelle, était réfractaire à ce mouvement : il a été conquis récemment, à la suite du voyage de propagande des Chanteurs de Saint-Gervais, grâce à la complicité de M. l'abbé Rudelin et de M. Michel Sudre. Nous aurons l'occasion de faire l'historique et d'étudier les merveilleuses maîtrises de Saint-Pierre de Poitiers et d'Angoulême. En attendant, pour remplir, mieux que par des paroles, notre programme à l'égard de la restauration du chant liturgique, nous avons décidé de verser à la maîtrise de Poitiers, que dirige le très artiste maître de chapelle, M. le chanoine Gaborit, la moitié des abonnements du* Pays Poitevin *recueillis à Poitiers pendant le mois de février. Ce versement est fait au nom de nos abonnés. Nous publierons la liste dans le prochain numéro.*

A titre de propagande, nous reproduisons ci-dessous l'analyse, par M. l'abbé Vigourel, d'une étude de M. C. Bellaigue, parue dans la Revue des Deux-Mondes, *sur le chant grégorien. Cet article est extrait de la* Tribune de Saint-Gervais, *le Bulletin de la florissante société fondée par notre collègue et ami Charles Bordes.*

LE PLAIN-CHANT ET LA « REVUE DES DEUX-MONDES »

Sous ce titre : « L'abbaye de Solesmes », la *Revue des Deux-Mondes* du 15 novembre contient un long article signé de son éminent critique musical.

M. Camille Bellaigue est allé à Solesmes, il a été ravi. Une musique nouvelle s'est révélée à lui. Il le dit à ses lecteurs et leur explique pourquoi.

Ce n'est pas la première fois que ce sujet tente un rédacteur de la célèbre Revue. Le 15 septembre 1886, Emile Burnouf lançait, dans un fort curieux article intitulé : *Les chants populaires et le plain-chant,* un ouvrage par lui composé : *Les chants de l'Eglise latine. Restitution de la mesure et du rythme selon la méthode naturelle.* Quelques mois après, Lecoffre publiait le livre annoncé, un livre surprenant. Là, Emile Burnouf, après avoir appliqué, disait-il, « la méthode naturelle, exempte de fantaisie, la seule qui conduise à la solution du problème », révélait aux savants la « riche floraison de la musique gréco-romaine », car sous « l'écriture uniforme » des manuscrits du Moyen-Age, il arrivait à découvrir « les mesures et le rythme des anciens chants chrétiens ». Il pouvait même, en des conclusions pratiques, lui qui tant de fois avait battu en brèche *au nom du sanscrit* (!!!) la religion chrétienne, se montrer une fois bienveillant. « Le clergé, les chœurs, les chapelles et les fidèles pourraient », grâce à lui, désormais, « avec moins de travail qu'aujourd'hui et au grand bénéfice du culte, exécuter des mélodies parfaites ».

Le malheur voulut qu'au lieu de manuscrits, M. Burnouf eût sous la main, sauf quelques morceaux empruntés aux livres romains de Reims et Cambrai, les simples Graduel et Vespéral *parisiens.* Comme sans doute il n'avait plus suivi les offices depuis son enfance, à ces morceaux, composés par le chanoine Lebœuf au dix-huitième siècle, il attribua ce qu'il lisait ailleurs des chants de l'Eglise. Ces mélodies, créées de toutes pièces, de 1736 à 1738, devinrent pour lui les mélodies de saint Grégoire, et c'est en appliquant « la méthode naturelle de critique », qu'il vit dans ces chants (composés sans conteste pour être chantés à notes égales) les merveilles d'art où, grâce aux brèves et aux longues révélées par la quantité et modifiées par l'accent, étaient remis aux jour les chants des catacombes !!!

Ce fut une grosse humiliation pour la célèbre Revue d'avoir servi de tremplin à une bévue si colossale. Ce qu'on pouvait faire de mieux c'était de n'en plus parler. M. Bellaigue, mieux inspiré, au lieu d'étudier le plain-chant dans les livres, est allé l'entendre là où il est vécu. Il est allé à Solesmes assister aux offices. Là le chant grégorien s'est révélé à lui une forme d'art, une catégorie de l'idéal, un mode, un monde de beauté. Art musical le plus ancien de tous, et nouveau dans sa résurrection, restauré deux fois avec intelligence et savoir, respect et amour, restauré dans les livres par la paléographie, restauré dans l'exécution.

Ainsi Solesmes a rétabli toute la liturgie, texte et musique. M. Bellaigue ne se donne pas la prétention de prouver que l'œuvre bénédictine est la science, il affirme que les Bénédictins sont en possession de la beauté. Le but, la nature, l'essence de l'art, dit-il, est la *parfaite convenance : caput artis decere.*

Il a trouvé dans les abbayes de Solesmes la pensée exprimée par la forme musicale la plus adéquate ; rien n'y est menteur, fictif, hypocrite ; tout y respire la piété, la sainteté, la bonté. C'est la rencontre du vrai, du beau et du bien.

L'auteur a été témoin du rite de la consécration des vierges, il a entendu les vêpres à Sainte-Cécile et à Saint-Pierre. Il a suivi du regard les moines chantant en procession. Tout l'a émerveillé, les paroles, la musique, la mise en scène, tout cela si harmonieusement combiné. Ce qu'il a vu et senti, il voudrait le communiquer, il veut être, lui artiste et critique d'art, apôtre du chant grégorien.

Qu'est-ce donc que le chant grégorien ? C'est la musique officielle qui, à l'église, au milieu des cérémonies, accompagne la prière publique. Il est, en vertu de sa destination, la musique sacrée par excellence.

En dehors de lui, on trouve des chefs-d'œuvre même sacrés, même pieux, mais leur place est-elle à l'église ? Le chant grégorien est la meilleure forme musicale de la prière, comme la liturgie est sa meilleure forme verbale.

On pourrait dire que les plus admirables œuvres de musique extraliturgique sont au plain-chant ce que les formules et les considérations pieuses d'un particulier sont aux formules liturgiques, interprétations subjectives, quel que soit le maître, et variables avec lui. On y a vu « le goût du divin » remplacer l'amour de Dieu, et cette nuance d'esprit ou de sensibilité définie par Jules Lemaître *la piété sans la foi,* inspirer des œuvres chantées dans une église.

Le fond immuable de la foi est exprimé dans la liturgie et dans le chant liturgique, d'autant mieux que la musique touche plus à l'idée que les autres arts. Sculpture et peinture s'essaient à représenter Dieu fait homme, la musique exprime le Verbe. L'architecture, plus idéale que les autres arts plastiques, ne fait pas corps avec les paroles mêmes; la mélodie au contraire est en elles, elle les anime, les inspire, en est l'émanation, l'efflorescence et le rayonnement.

Suivons les développements de l'éminent critique. Il s'attache à mettre en relief les *convenances* de cet art, aux divers points de vue de ses qualités vocales, de son histoire, de sa nature, de son caractère moral.

I. *Ses qualités vocales.*

A) L'art grégorien n'est qu'*un chant*. Telle est la raison première de sa vocation sacrée. Dans le chant de la voix humaine, vous ne trouverez ni fiction, ni artifice, la matière y est le moins possible. La voix humaine seule, à l'église, s'harmonise pleinement avec la nature des choses et des lieux. En principe, l'accompagnement est de trop; il vient appesantir et quelquefois altérer la parole.

B) Le chant grégorien est une musique exclusivement *vocale*, il est aussi la musique *verbale* par excellence.

La phrase mélodique suit, épouse la phrase littéraire, prend son accent, s'assimile à la dignité respective des mots, elle modèle le discours; la vérité, la variété de l'expression y jaillit de la parole seule.

Quel charme y ajoute la vraie prononciation! La prononciation italienne est conforme à l'histoire, à la liturgie, à l'esthétique. Lisez Dante à la française, plus de charme; si vous comprenez ses vers vous ne les sentirez pas. C'est bien plus vrai dans le plain-chant.

C) Le chant grégorien est *homophone*; ne se servant que des voix, il n'en fait qu'une voix. Lien entre Dieu et les hommes, il est le lien *des hommes entre eux*, deux fois *religieux*, idéal de la société parfaite.

Le *solo* peut être signe et type d'un art individuel, égoïste; la polyphonie, l'*harmonie* donnent un idéal plus fraternel, plus collectif. Mais l'*unisson* de plusieurs voix, de la multitude, exprime l'unanimité parfaite par l'identité des sons bien mieux qu'on ne pourrait le faire par le concert des lignes de l'harmonie.

A Solesmes, toutes les voix se fondent en une voix. Tout ce que furent ces voix dans le monde et la variété de sentiments qu'elles exprimèrent est sacrifié ici pour s'exhaler comme un encens dans le cantique sacré.

L'harmonie est dramatique; au travers de contradictions, de dissonances, de déchirements, elle conquiert l'unité. Le chant grégorien la possède sans trouble, sans menaces, sans combat. Pas d'effort, pas de tendance, pas de devenir; mais l'être toujours total et un.

Et cette unité représente celle de l'homme en lui-même, unité spirituelle et intérieure. Ce chant rassemble toutes les puissances de l'âme, loin de les diviser. Il établit parmi nous et en nous l'unité qu'il signifie; un comme Dieu est un.

II. *Son histoire.*

A) L'*antiquité* du chant grégorien en accroît le caractère religieux. Près de la source, vous trouvez des infiltrations hébraïques, elles s'enrichissent de dérivations du courant gréco-latin; au demeurant, c'est un fleuve gonflé et canalisé par le christianisme. Ce fleuve coule depuis vingt siècles, sa vraie source jaillit du pied de la croix. Pour qui célèbre les choses éternelles, c'est beaucoup de les célébrer sur le mode le plus proche des temps où ces choses furent révélées. On y entend la douce voix de Cécile qui chante avant de donner sa vie pour le Christ, on y trouve l'écho de la voix plus rude d'Ambroise arrêtant Théodose encore sanglant. Plus tard, quand les peuples priaient, ils priaient ainsi dans nos cathédrales. Ils chantaient *Media vita... Sancte Deus... Sancte fortis... Sancte misericors.*

B) Aucun charme ne manque à ces chants, pas même le *mystère*. Auteurs inconnus, sans date. Tout ce que l'œuvre a eu d'un homme a péri, elle ne survit que par ce qui lui vient de Dieu.

C) Ces chants sont *populaires*. Nombreuses sont ses analogies avec les vieilles chansons de bergers. Au couvent l'humble Frère, au retour des plus modestes travaux, y mêle sa voix à celle des Pères les plus savants.

III. *Sa nature.*

Art obéissant à l'idée religieuse, il n'est pas un art esclave. Il est *libre*. Libre dans son rythme et son mouvement, libre dans sa mélodie, libre dans le mouvement.

A) *Libre dans son rythme.* Rythme souple, aisé, modéré, qui va, qui marche sans jamais traîner, ni jamais courir. Le texte littéraire gouverne tout. Les silences y restent libres comme les sons. Pourtant ce rythme est très appréciable, tout en échappant à la convention, comme la nature.

Entre la musique grégorienne et l'autre, même différence rythmique qu'entre la prose et la poésie. Il est comme un beau style oratoire, périodique et nombreux.

B) Libre dans sa mélodie, tantôt syllabique, tantôt fleurie, orné souvent de vocalises véritables, toujours expressives, parce qu'elles sont lentes. (Ici nous citons.) « Chacune des notes qui les composent, demeurant distincte, garde sa valeur et sa beauté propres. Il n'y a pas là de *traits*, de *roulades* insipides, mais encore et toujours des mélodies, et tandis que la vocalise profane est trop souvent l'exercice matériel d'une inutile virtuosité, le *mélisme* grégorien peut envelopper de ses plis gracieux un sentiment gracieux ou une pensée profonde. »

Ainsi la musique pure est entrée dans le chant grégorien, préludant par l'*intonation* au texte récité, par la *cadence* en prolongeant l'expression.

Elle n'a même pas craint d'étendre cette liberté jusqu'au cœur du texte, combinant le respect du texte et de la mélodie « avec un art et une science admirables qui devraient servir de modèle à nos compositeurs... »

Le caractère *moral*, le plus intime du chant grégorien, est une combinaison de *force* et de *douceur*.

1. *Force*. Elle vient *a*) de l'*unisson* de voix indéfiniment nombreuses; *b*) de sa simplicité : mélodie pure, son relief n'est atténué par aucun accessoire; *c*) de son horreur du chromatisme, qui énerve et dissout en même temps qu'il attendrit. Pas de *sensible* et partant pas de *sensiblerie*, ses modes ne connaissent pas la mollesse, ils respirent une santé robuste, une mâle beauté.

2. *Ce chant est encore plus doux qu'il n'est fort. Suaviter sonantis.* On le comprend, à Solesmes. C'est à l'indivisibilité des temps premiers, chaque note valant une syllabe, que la cantilène romaine doit en grande partie son calme, sa douceur et sa suavité. Loin d'agiter l'âme ou de la diviser, l'art grégorien la pacifie et la compose; étant avant tout chrétien, il donne la paix, le don le plus précieux du Seigneur.

A Solesmes, tout s'harmonise: le site, charmant; les hommes, des saints; le chant qui exprime le vrai, le beau et le bien.

Nous n'avons prétendu donner que le fond des idées magistralement développées par l'illustre critique. Espérons que ces appréciations si autorisées révéleront à ceux que la question du chant d'église intéresse à des titres divers, quel trésor est trop souvent enfoui. Qu'ils s'appliquent à le mettre en valeur; l'attrait, du meilleur aloi, qu'ils donneront ainsi aux offices de l'Eglise sera leur première récompense.

Abbé VIGOUREL.

PARISIANISME ET PROVINCIALISME

La Société académique de Nantes fêtait récemment son centenaire. M. Gabriel Hanotaux, de l'Académie française, et notre collègue de la Société d'Ethnographie nationale et d'Art populaire, présidait; il a prononcé un très remarquable discours dont nous extrayons les passages suivants :

..... Je ne craindrais pas, Messieurs, d'aborder devant vous, si j'en avais le loisir, le problème de Paris et de la province, même en m'en tenant à cet ordre d'idées où Paris semble, d'abord, avoir tout l'avantage, à savoir la qualité et le prix de la production littéraire.

Permettez-moi, du moins, de placer les quelques réflexions qui suivent sous le patronage d'un illustre Français, du plus varié, peut-être, et du plus profond de nos prosateurs, qui dut beaucoup à sa province et qui fut le membre toujours actif d'une académie provinciale, Montesquieu : « Qu'on se défasse surtout, écrivait-il, de ce préjugé que la province n'est pas en état de perfectionner les sciences et que ce n'est que dans les capitales que les académies puissent fleurir. » Et il ajoutait, s'adressant à ses confrères de l'Académie de Bordeaux : « Le commerce, la navigation, l'astronomie, la géographie, la médecine, la physique ont reçu mille avantages des travaux de ceux qui nous ont précédés : n'est-ce pas un beau dessein que de travailler à laisser après nous les hommes plus heureux que nous ne l'avons été ? »

J'ose à peine aller plus loin que l'illustre président ; mais, au risque de tomber dans le paradoxe, je dirai qu'il montre trop de réserve et trop de modestie à son tour, en n'ajoutant pas les belles-lettres aux diverses branches de l'activité humaine qu'il reconnaît à la vie provinciale, et il serait facile de démontrer que, dans notre littérature, beaucoup d'œuvres capitales se rattachent directement à l'inspiration et aux vertus qui distinguent nos vieux pays de France. Si Paris dégage plus de lumière, il rayonne, de la province, plus de chaleur, peut-être.

N'est-ce pas, dans toute la force du terme, un provincial que ce président Montesquieu, qui partagea son activité et ses loisirs entre son cher Bordeaux et son château de la Brède, et douterons-nous qu'il ait fallu et le silence studieux des longues veilles citadines et l'activité éveillée des promptes matinées rurales pour lui permettre de mener à bien, par vingt ans de lectures, de méditations, de vie austère, non dispersée et entièrement penchée sur une œuvre unique, le monument sans pareil, si sérieux, si vaste et si délicat qui a nom « l'Esprit des Lois » ?

Et son voisin, Montaigne, qu'était-ce autre chose qu'un provincial ? Il aimait Paris, mais en voyageur. Il revenait toujours à sa Gascogne et à son Périgord. Il y cherchait l'abri, dans les temps d'orage : curieux du monde, il était encore plus curieux de lui-même. C'était en faisant sa ronde dans les champs paternels qu'il faisait celle de son âme et qu'il trouvait ces boutades primesautières qui respirent toujours le plein air et la vivacité de la vie des champs. Et, quand il s'agissait de les exprimer : « Que le gascon y aille, » disait en souriant le bonhomme, « si le français n'y peut aller ».

Je ne suis pas bien sûr que Montaigne ait « engasconné » la langue française. Mais je sais bien comment on s'y prit quand il s'agit de la « dégasconner ». On alla chercher un jeune provincial, — un Gascon naturellement, — qui s'appelait Guez de Balzac. C'est de lui que les Parisiens apprirent le beau langage. Eux-mêmes déclaraient qu'ils n'étaient pas sûrs qu'un mot fût de bonne souche s'il ne lui avait pas donné droit de cité : « Quand vous composez, lui écrivait Ménage, les mots postulent. » Or, cet homme passa presque toute sa vie à Angoulême et dans ses propriétés de Balzac ; pas un de nos écrivains, peut-être, n'a décrit en termes plus expressifs les charmes de la vie de campagne et, assurément, c'est à son existence retirée que sont dus le soin, la persévérance et l'application qui ont permis à un homme, d'un esprit peut-être secondaire, de laisser une si durable empreinte sur la littérature et la civilisation d'un grand peuple.

Je vous fatiguerais, Messieurs, par ces énumérations dont l'abondance même deviendrait fastidieuse. Mais vous me permettrez de prononcer deux noms encore. Au dix-septième siècle, quand la France voulut entendre les accents les plus mâles et les plus nobles qu'une bouche humaine, peut-être, ait proférés, quand il s'agit de faire parler les héros, quand on voulut entendre le langage des pensées graves et des vertus fortes, on n'eut qu'à laisser dire l'avocat de Rouen, fidèle à sa ville, fidèle à sa province, le grand Corneille.

Et au dix-neuvième siècle, quand une époque troublée eut conscience de ses inquiétudes, de ses agitations, de son discord intérieur, quand elle chercha quelque beauté prolongée comme les rayons du soleil couchant sur les ruines de son passé, quand elle voulut, du sommet de ses gloires et de ses douleurs nouvelles, voir apparaître, du moins, le signe incertain et pâle d'une aurore, il se trouva encore un homme de la province, un homme de votre province, un Breton, qui répondit, par des traits d'une fulgurante beauté, aux besoins de notre âme agitée, j'ai nommé Chateaubriand.

Vous pensez bien, Messieurs, que je ne suis pas venu ici, pris soudain d'un beau zèle pour les œuvres provinciales, dans l'intention de réduire en poudre notre Paris, ce Paris qui est à nous tous, provinciaux, tout autant qu'aux Parisiens, puisqu'il est à la France.

S'il s'agissait de faire un départ équitable entre Paris et la province, ce n'est pas dans les courtes observations présentées ici que le problème pourrait être — je ne dis pas résolu — mais seulement posé. Je suis le premier à proclamer qu'il faudrait faire entrer en ligne de compte l'autorité indiscutable que de longs siècles ont acquise à la capitale morale, intellectuelle et politique du pays ; il faudrait déterminer l'activité propre à ce vieux sol d'où sont parties les colonnes persévérantes et astucieuses des « Parisii » qui, en somme, ont conquis et fait la France ; il faudrait apprécier l'apport particulier de cette ville maîtresse des mœurs, de la psychologie et des relations sociales qui a dicté tant de belles œuvres et (pour ne citer que deux noms) qui a inspiré le théâtre de Molière et toute la vie littéraire d'un Voltaire ; il faudrait mesurer, enfin, la force et l'éclat de ce cratère dont la perpétuelle éruption s'élance et flambe, comme une torche, sur les horizons du monde, agitant, au moindre souffle, son panache de flamme et de fumée.

Mais il n'en existe pas moins que, dans le travail commun, si l'élan et l'entrain sont de Paris, la résistance, l'endurance et l'épargne des forces viennent de la province et que celle-ci, mère et nourrice de nos gloires les plus pures, peut bien revendiquer quelque chose de leur lustre, quand elle en laisse si volontiers à Paris tout le brillant et tout l'éclat.

. . . .

Gazette Poitevine

Palmes académiques

Un grand nombre de nos compatriotes ont reçu la rosette ou le ruban violet : peu de nominations intéressant le monde des lettres et des arts, et c'est Niort seul qui en fournit la liste.

M. A. Tolbecque, le célèbre violoncelliste, est nommé officier de l'instruction publique ; M. Paloumet, compositeur, et M. Georges Mercier, critique musical, sont nommés officiers d'académie. Compliments.

Fête patriotique

Le dimanche 5 février, la Société des Anciens Combattants des Colonies célébrait sa fête annuelle. Cette manifestation empruntait un grand éclat à la présence du sergent Bernard, le compagnon de Marchand. Nous avons, dans notre dernier numéro, publié quelques détails biographiques sur ce brave ; nous sommes heureux aujourd'hui de pouvoir donner son portrait.

5000 personnes emplissaient la Cathédrale pour s'associer à cette touchante cérémonie. Tous les corps constitués étaient présents. Mgr Pelgé présidait, assisté de ses chanoines et d'un grand nombre de religieux. Après l'office, le R. P. Besse, de Ligugé, a prononcé une vibrante allocution. Devant un pareil auditoire, et dans une telle circonstance, il fallait un tact particulier pour se tenir au-dessus des préoccupations du dehors, et n'avoir devant les yeux que l'idée de patrie, pure de toute scorie pharisaïque. L'orateur a été au-dessus de sa tâche, et l'assistance tout entière est sortie au bruit des murmures approbateurs qui ont accueilli l'éloquent Bénédictin.

LE SERGENT BERNARD
Né à Availles-Limousine, le 9 décembre 1872

La fête civile, par contre, a manqué de tenue, et le sergent Bernard a dû déplorer de se trouver en si mauvaise compagnie. Les politiciens, pour qui en effet l'idée de patrie est surtout un tremplin électoral, ont parfaitement oublié les coloniaux et leur glorieux hôte pour s'injurier et se jeter à la face les allusions les plus blessantes. Doux pays !

Fêtes de charité

Le 25 avril, aura lieu, dans l'église Saint-Etienne de Niort (église en construction), une fête de charité au profit de l'œuvre. A cette occasion, le *Pays Poitevin* publiera la monographie de ce remarquable monument. Les numéros seront vendus au bénéfice de l'église.

— Une Société des fêtes de charité est en formation à Thouars.

— M. Jean Philippe, notre distingué collègue de la Société d'Ethnographie, a été nommé président de la Société des fêtes de charité niortaises; le comité compte parmi ses membres plusieurs autres de nos collègues. Aussi a-t-il été décidé que les fêtes brillantes qui se préparent comprendraient, au nombre des attractions, des représentations de théâtre en plein air et un concours de costumes, deux des plus intéressantes créations de la Société d'Ethnographie nationale. Le *Pays Poitevin* s'inscrit pour un prix de vingt francs pour le concours de costumes.

Conférences

M. Souché, de Pamproux, président de la Société de botanique des Deux-Sèvres, vient de faire une conférence à Menigoute, sur le *Folk-Lore en Poitou*.

— La *Petite Gironde* rend compte en ces termes de la conférence faite le 20 février, à Bordeaux, par M. Robuchon :

« M. Jules Robuchon, membre de la Société des Antiquaires de l'Ouest, a donné lundi soir au grand amphithéâtre de l'Athénée, et sous les auspices de la Société de Géographie commerciale, la conférence annoncée sur « Une promenade le long du littoral vendéen ». M. Tandonnet, vice-président de la Société, présidait, avec l'assistance de MM. Duthil, Manès et Bernard. L'amphithéâtre regorgeait d'auditeurs.

« Jamais les amateurs de projections photographiques n'ont été plus abondamment servis. C'est au moins une centaine de paysages, monuments, ruines, scènes de mœurs, personnages, portraits, etc., qui ont successivement défilé sous leurs yeux enchantés. Et chacune de ces photographies était présentée, expliquée, commentée par le conférencier, qui a témoigné des connaissances les plus variées au point de vue de l'art, de la géographie et de l'histoire locale.

« M. Robuchon nous a promenés ainsi à travers le Marais de la Sèvre Niortaise jusqu'aux îles vendéennes : Noirmoutier et l'île d'Yeu, semant son récit d'anecdotes et de bons mots, d'aperçus scientifiques et de considérations morales qui lui ont valu un franc et légitime succès.

« Plus d'un cycliste se laissera tenter, et, les vacances venues, ira visiter tous ces sites. C'est le résultat pratique de ces conférences organisées par la Société de géographie avec le zèle éclairé auquel nous nous plaisons à rendre hommage, chaque fois que s'en présente l'occasion. »

Musique

M. le comte de Beaufranchet prépare l'audition d'un oratorio dont le sujet est emprunté à l'histoire de sainte Radegonde. C'est M. le comte de Clisson qui s'est chargé, avec son dévouement habituel, de l'organisation de cette solennité musicale donnée au profit des sourds-muets et des jeunes aveugles. Nous rendrons compte de cette fête musicale.

Théâtre

MM. Henri Clouzot et G. Bourdeau ont fait jouer en diverses villes voisines une revue locale, *Tout Niort sur la Brèche*. L'œuvre de nos jeunes compatriotes pétille d'esprit et de verve. La dé-cen-tra-li-sa-tion a reçu des auteurs quelques légers coups de griffes. Nous serons les premiers à en rire, car il est parfois amusant de constater que l'on a des envieux. La jalousie est une maladie pour laquelle l'esprit n'est pas toujours un antidote souverain, le décentralisateur breveté de la rue des Acacias en fournit la preuve.

— On annonce la prochaine représentation à Poitiers d'une revue locale, œuvre des étudiants. Titre, *Rabelais à Poitiers*.

Musées

Une série de plaques de cheminée armoriées vient d'être donnée au musée archéologique de Niort.

Monuments historiques

La direction des Beaux-Arts a accordé une allocution de 4000 francs pour l'église fortifiée d'Esnandes (Charente-Inférieure), et, à la demande de M. Balu, architecte des monuments historiques, le Conseil général a résolu de parfaire le devis des réparations projetées s'élevant à la somme de 12.000 francs.

Le Poitou au Congrès catholique

Un très intéressant bulletin paroissial, l'*Abeille de Gourville*, fondé et dirigé par M. l'abbé Apcher, a eu les honneurs du dernier Congrès catholique de Paris. Le dévoué curé a présenté un rapport très remarqué sur l'organisation et le fonctionnement du journal, qu'il distribue gratuitement à ses paroissiens. En outre d'articles de doctrine, M. l'abbé Apcher a l'heureuse inspiration de publier des études historiques sur son canton. Bon exemple à suivre. A ce même Congrès, un rapport de M. Louis Comandon, sur l'un des plus florissants syndicats agricoles de la région : Le syndicat de Jarnac et de Segonzac a été très remarqué.

Les Poitevins à Paris

Le Chabichou. — La Société amicale de la Vienne à Paris vient de procéder au renouvellement annuel de son bureau, qui est ainsi composé pour l'année 1899 :

Président : M. Paul Rougnon, professeur au Conservatoire.

Vice-présidents : MM. René de Montjou, capitaine au 28e dragons, et Edmond Dupré, imprimeur-éditeur.

Secrétaire : M. René Piault, avocat à la Cour d'appel.

Secrétaire-adjoint : M. Bonnin.

Trésorier : M. Mattabon, sous-inspecteur d'enregistrement.

Trésorier-adjoint : M. Duverger.

Assesseurs : MM. Eugène Mermilliod, René Brouillet, Brothier de Rollière, Chasseloup de Chatillon et René Aubert.

Le prochain dîner du Chabichou aura lieu le lundi 6 mars au restaurant Marguery. Le dîner sera suivi d'un concert et d'un bal auxquels les sociétaires pourront amener leur famille et leurs amis.

Nul doute que la fête du 6 mars ne le cédera en rien à ses devancières. Les adhésions sont déjà nombreuses, et tous les Poitevins qui seront à Paris à cette date se feront un devoir de se retrouver avec leurs compatriotes.

Pour tous renseignements, s'adresser à M. René Piault, secrétaire, à Paris, 8, rue de l'Isly.

La Charente monumentale

Les éditeurs Gastinger, de Paris, et Coquemard, d'Angoulême, commencent la publication d'une série de monographies sous le titre de *La Charente monumentale*. Le premier fascicule, *Notice archéologique sur l'église abbatiale de Chartres, près Cognac*, par M. Raymond, architecte, est en vente au prix de 3 fr. — 1 vol. gr. in-8° de 48 pages.

Nécrologie

Le 11 janvier dernier, est mort à Montreuil-Bellay le fondateur de la *Revue Poitevine et Saumuroise*, M. Emile Chevalier. Notre regretté confrère professait un ardent amour pour la petite patrie. Il avait été l'initiateur, dans sa région, d'un mouvement en faveur des gloires locales qui avait eu son heureux aboutissement dans les belles fêtes que la ville de Montreuil-Bellay organisait récemment à l'occasion de l'érection d'un monument aux fils illustres de la cité.

NOTES ET ENQUÊTES

Les questions et réponses doivent être adressées directement au bureau du Pays Poitevin, *à Ligugé, avant le 10 de chaque mois.*

La Direction se réserve le droit de réduire les communications, ou de les présenter sous la forme qui lui semblera la meilleure.

QUESTIONS.

IX

Sonnet d'un facteur. — Quel est l'auteur d'un sonnet intitulé : *Lui*, qui commence par ces vers :

Est-il brun? Je l'ignore,
Ou châtain, que m'importe ?
Est-ce un œil noir ou bleu
Qu'il tient sur moi levé ?

et finit par ceux-ci :

Ah! lorsqu'il tient mon âme à sa voix suspendue,
Qu'il sent ma main trembler vers la sienne tendue,
Croyez-vous qu'il s'émeuve? Ah! non. — C'est... le facteur.

Ce sonnet a été retrouvé par moi dans de vieux papiers datant du règne de Louis-Philippe, avec cette indication : « d'un auteur inconnu de la Rochelle ».

FIRMIN.

(Intermédiaire des Chercheurs et Curieux.)

X

Bibliographie d'auteurs poitevins. — Existe-t-il une réimpression des ÉGLOGVES ET AVTRES OEVRES POÉTIQVES DE JACQVES BÉREAU Poictevin A POITIERS, par Bertrand Noscereau, maistre imprimeur en ladite ville, MDLXV?

Quelque obligeant abonné pourrait-il aussi m'indiquer la bibliographie de Jacques Yvers?

BIBLIOPOLE.

XI

Pèlerins de Saint-Jacques. — On serait heureux de connaître des relations de pèlerinages poitevins à Saint-Jacques de Compostelle; des complaintes, cantiques, images sur ce sujet.

JEAN MAINGUENEAU.

XII

Descendance cornélienne. — Le *Pays Poitevin*, a par deux fois, parlé de l'ascendance du Dr Pierre Corneille, qui est dit appartenir à la famille du grand tragique. Serait-il possible de connaître la généalogie de l'auteur d'*Erinna*, confirmant ce renseignement?

PIERRE VERTEUIL.

XIII-IV

La Vervendieu. — Je reviens à la prière populaire de la *Vervendieu*.

Je ne m'étais donc point trompé, quand je disais que la forme archaïque du préambule, qui se trouve en tête de la version donnée par M. Mavion (de la Nièvre), reportait cette version au moins au douzième siècle. Je ne m'étais pas trompé davantage en soupçonnant que l'allusion

Au jour d'un bon mardi
Que le monde doit tout finir.

devait nous reporter à une date encore plus ancienne et arriverait, dans sa précision si singulière, à la fin du monde de l'an Mil.

Il est, en effet, désormais établi, par renseignement de M. Charles Bréard, et par d'autres informations sûres, recueillies depuis, que le premier jour de l'an Mil tombait un mardi.

Dès le dixième siècle, la *vervendieu* existait donc à l'état de prière populaire. On avouera qu'une aussi haute antiquité lui donne déjà un caractère très vénérable et une importance historique qu'on ne pouvait guère lui soupçonner tout d'abord.

Cette importance se trouve d'autre part confirmée par l'extension extraordinaire qu'avait prise cette prière et qu'elle a conservée à travers les âges jusqu'à notre présente génération.

Je ne parle pas seulement du Poitou, où il n'existe vraiment pas de village où l'on ne puisse en retrouver la trace, pourvu que l'on veuille bien se donner la peine de les chercher. Dans les Deux-Sèvres en particulier, en moins de dix ans, tous nos folkloristes de marque, MM. Desaivre, Bardonnet, P. Caillet, H. Gelin, Lacuve, C. Puichaud... en ont recueilli, dans leur entourage, de nombreuses versions.

M. l'abbé Thiers, dans son *Traité des superstitions*, en a donné une curieuse variante, empruntée aux pays du Maine et de l'Anjou.

Le comte Joubert, dans son *Glossaire du Centre*, en a fait figurer divers extraits, recueillis dans le Berry et dans le Nivernais.

On voit déjà, par ces seuls exemples, que tous les départements de la vallée de la Loire et de ses affluents ont fourni leur contingent.

Ceux de mes correspondants qui habitent aux confins de la Saintonge et de l'Aunis m'ont adressé, de leur côté, quelques échantillons.

La *varve à Dieu* s'étendrait donc, d'après nos propres renseignements, à une grande partie de la France. Elle ne serait donc pas moins remarquable par son extension que par son antiquité.

Nous aurons à tirer les conséquences de ce fait. Mais, pour aujourd'hui, nous voulons nous limiter à l'extension pure et simple, et profiter de la publicité du *Pays Poitevin* et de la répercussion qu'elle peut avoir sur les feuilles similaires de province, pour demander à leurs lecteurs de vouloir bien nous faire connaître cette extension pour leur région.

Nous finirions ainsi par établir l'état civil de la *varve à Dieu*, qui, d'ailleurs, selon les régions, a pu changer de nom et s'appeler tantôt la *barbe à Dieu*, la *vervendieu*, tantôt l'*oraison*, la *leçon de Dieu*, etc.

Dr RICOCHON.

RÉPONSES.

V

Généalogies poitevines. — Nous avons reçu deux réponses au sujet de la généalogie poitevine de la **Reine d'Angleterre**, de **l'Empereur d'Allemagne** et du **Tzar.** La première de ces réponses émane de M. Turpin, de Parthenay; la seconde, plus complète, du cabinet généalogique de M. Beauchet-Filleau, de Chef-Boutonne. Notre érudit correspondant nous annonce l'envoi prochain du portrait de Mme Desnier d'Olbreuse, l'aïeule des trois souverains en cause. Nous attendons donc ce portrait pour le publier en même temps que les curieux et très probants documents fournis par M. Beauchet-Filleau.

P. P.

VII

Rôle du Poitou dans la consécration de la France au Sacré-Cœur. — Pendant la guerre de 1870, un Parisien, M. Alexandre Legentil, s'était réfugié avec toute sa famille à Poitiers. A la suite du vœu fait par les Lyonnais d'élever, sur la colline de Fourvière, un vaste temple en l'honneur de la Reine du ciel s'ils étaient préservés de l'invasion prussienne, M. Baudon, président général des Conférences de Saint-Vincent-de-Paul, écrivit à M. Legentil pour le décider à mettre son activité au service d'une œuvre pareille dans Paris. M. Legentil accepta et précisa le projet: le temple serait un monument d'expiation et de pénitence; il serait consacré au Sacré-Cœur. Désireux de ne rien commencer sans l'approbation de l'Ordinaire, et ne pouvant communiquer avec Mgr Darboy, il s'adressa à Mgr Pie. Il lui soumit le texte d'un vœu imprimé à Poitiers. Le prélat approuva et accorda son patronage à l'œuvre. Ce fut le point de départ de la manifestation nationale qui aboutit au vote de la loi du 26 juillet 1873, déclarant d'utilité publique l'érection d'un monument religieux sur la colline de Montmartre, monument dit du *Vœu national.*

Poitiers, qui vit sur son seuil se livrer toutes les batailles dont le succès assura l'unité française et la suprématie de la civilisation occidentale, Poitiers, où Jeanne d'Arc vint faire reconnaître le caractère providentiel de sa mission, et où elle commença son héroïque chevauchée, Poitiers, la ville sainte, la Jérusalem occidentale, était encore désignée pour voir naître l'œuvre de salut, gage des futures victoires françaises et de la définitive délivrance.

J. M.

VIII

D'Aubigné magicien. — A la page 6 de ses *Mémoires* (édition d'Amsterdam, 1731), d'Aubigné raconte que, âgé de six ans, il eut la vision d'une femme blanche, qui, ayant tiré les rideaux de son lit, lui donna un baiser froid comme glace et disparut. On voit que le célèbre huguenot était prédisposé au merveilleux. A quinze ans il alla étudier à Lyon « les mathématiques et les premiers éléments de la Magie, mais avec résolution de ne jamais s'en servir » (*Mémoires*, page 17). Enfin, à la page 180 du même ouvrage, d'Aubigné raconte ce qui suit sur le muet sorcier qui était son commensal, et auquel faisait allusion M. Jean Maingueneau, dans sa récente étude sur Maillezais, parue ici même :

« Ce Muet étoit un jeune homme, si tant est qu'on lui puisse donner ce nom, car les plus doctes ont jugé, après l'avoir pratiqué, que c'étoit un démon incarné : ce Muet paraissoit donc âgé de dix-neuf à vingt ans lorsque je le pris chez moi; il étoit né sourd et muet, il avoit le regard affreux, le visage livide, et il s'étoit fait une habitude de s'expliquer par ses doigts et ses gestes d'une manière fort intelligible. Il demeura avec moi en Poitou quatre ou cinq ans, partie à la Chevrelière et partie aux Ousches, où tout le monde le venoit voir par admiration, accause de son art de divination qui lui faisoit découvrir les choses les plus cachées et retrouver celles que l'on avoit perdues; de plus, il disoit à ceux qui le lui demandoient, leurs généalogies, les métiers de leurs pères, ayeuls, bisayeuls et trisayeuls, leurs mariages et le nombre des enfants qu'ils avoient eus; ils spécifioit toutes les pièces de monnoye qu'un chacun avoit dans sa poche; il pénétroit les plus secrètes pensées de ceux qui l'interrogeoient, enfin il prédisoit l'avenir. Ce furent les ministres les plus estimés de la province qui m'en donnèrent connoissance, et l'envie en même temps de l'avoir auprès de moi. Quand il y fut, je deffendis à mes enfants et à mes domestiques, sous de grosses peines, de lui faire aucunes questions sur les choses futures, mais malgré mes deffenses ils ne le questionnoient que là-dessus, par la règle: *Nitimur in vetitum.*

« J'eus, durant un mois, la curiosité de savoir les heures où Henry IV faisoit ses promenades, les propos qu'il y tenoit, les noms de ceux à qui il parloit, et plusieurs autres choses semblables : et le tout confronté de cent lieues de loin avec les réponses du Muet, se trouvoit entièrement conforme. Un jour, les filles du logis lui ayant demandé combien le Roi vivroit encore d'années, le tems et les circonstances de sa mort, il leur marqua trois ans et demi et leur désigna la ville, la rue et le carosse, avec les deux coups de couteau qu'il recevroit dans le cœur, où cela lui devoit arriver. Il leur prédit encore, de plus, tout ce que le Roi Louis XIII a fait jusqu'à présent 1630, les combats donnez devant la Rochelle, le Siège de cette ville, sa prise, son démantellement, la ruine entière du parti Huguenot, et beaucoup d'autres choses que l'on peut voir dans mes *Epitres familières*, que l'on peut voir imprimées par le monde. Enfin, MES ENFANTS, pour peu que vous doutiez de la vérité de tout ce que je viens de rapporter touchant ce Muet, vous pouvez vous en assurer en interrogeant des Domestiques de la maison, qui vivent encore, et qui étoient alors au service de votre Père. »

Ainsi d'Aubigné avoue avoir étudié à Lyon les éléments de la Magie, avec le ferme propos de ne jamais s'en servir. Ceux qui connaissent le monde des magiciens savent ce qu'il faut croire de ces réticences. Ne pouvant cacher à ses enfants le caractère du Muet qui vécut en sa compagnie plusieurs années, il déclare l'avoir interrogé avec discrétion, en interdisant à ses enfants et à ses domestiques de lui poser aucune question, défense vaine, d'ailleurs. D'Aubigné appréciait donc le danger et l'infamie des sciences occultes, ce qui ne l'empêchait pas de les pratiquer. Ce sont les *Ministres les plus estimés de la Province* qui lui avaient fourni ce sujet, que *les plus doctes affirmoient être un démon incarné*. Ces révélations ne jettent-elles pas un singulier jour sur l'état d'esprit et les mœurs de ces adversaires des *superstitions romaines ?*

Curieux rapprochement. C'est en Poitou que la prédiction de l'assassinat de Henri IV est faite avec les détails les plus circonstanciés ; et c'est en Poitou, à Vivonne, que Ravaillac, après une vision, se décide à son crime (voir *Pays Poitevin*, n° 2). N'y a-t-il là qu'une coïncidence ? Ravaillac n'a-t-il pas été lui-même victime de suggestions magiques ? Voilà un problème historique dont la solution ne manquerait pas d'intérêt. Etonnons-nous aussi de n'apprendre nulle part que d'Aubigné, qui avait de si bonnes raisons de croire à la prescience de son démon familier, eût eu la pensée de prévenir son Roi du crime qui le menaçait, avertissement qui eût peut-être paralysé le bras du régicide.

PIERRE VERTEUIL.

XII

Descendance cornélienne. — A une même demande adressée par nous à M. Pierre Corneille, celui-ci nous a répondu qu'il travaillait actuellement à l'établissement de cette généalogie. Nous espérons donc pouvoir donner prochainement satisfaction à notre correspondant.

P. P.

REVUE DES REVUES

— M. H. Bragard raconte dans **Wallonia** les curieux usages des enfants de Malmédy (Wallonie prussienne), à l'occasion de la fête annuelle de saint Martin (novembre). L'étude est accompagnée de la chanson et du *Dori dora* (avec air noté) dont s'agrémentent les réjouissances populaires. A lire dans un de nos prochains numéros.

— Nous saluons l'apparition d'une nouvelle revue régionaliste : *Revue de Provence*. Comme il convient, la littérature n'y tient qu'une place très restreinte ; ce sont surtout des études sur les hommes et les œuvres, par M. Elzéar Rougier ; sur le costume arlésien, par F. Mistral ; des pages d'histoire locale, par M. Fournier ; un guide de l'excursionniste en Provence, par M. Ruat. C'est tout à fait le plan du *Pays Poitevin* et de *Lemouzi*. A quelle province le tour ?

— Relevé dans la **Revue des Traditions populaires** (janvier 1899) : 1° Le revenant qui renverse les murs, légende du château de Thouars, communiquée par M. Léo Desaivre ; 2° Une question sur l'origine poitevine du nom de Guillery. Nous reproduirons ces deux notes.

— Dans son numéro de janvier, la **Revue de Saintonge et d'Aunis** raconte les débuts de M. Jules Trousset, l'auteur du célèbre dictionnaire auquel il a donné son nom, actuellement maire de Malakoff (Montrouge-Paris), originaire de la commune de Moulidars (Charente). Ce fécond encyclopédiste préluda à ses travaux par la fondation, dès sa sortie du collège, d'une société pour la publication d'un recueil d'érudition : *La Charente communale illustrée*. Ce périodique avait dans son programme : Archéologie, Sciences, Art, Agriculture, Industrie, Commerce, Poésies, Légendes, Histoire, Bibliographie. Le *Pays Poitevin* salue au passage ce précurseur.

— **L'Ouest artistique et littéraire** publie dans son numéro de janvier une notice biographique sur M. Edouard Hervé, l'académicien mort récemment. « Il était, dit notre confrère, tout à la fois la gloire et la providence d'un petit pays de Vendée, Montaigu, où il aimait travailler dans le calme et l'isolement, et où sa bonté a laissé des regrets unanimes. » Dans ce même numéro nous trouvons la relation d'une ascension au volcan San Pedro par un hardi explorateur vendéen, M. Eugène Robuchon, fils de notre ami. *L'Ouest artistique* nous a emprunté notre notice sur la *Familia sacra de Ligugé*, et le noël que nous avons publié dans le numéro de décembre.

— Nous emprunterons prochainement à la **Revue d'Archéologie poitevine** une notice sur le tombeau de Charlotte de Lusignan à Rome, publiée dans le numéro de janvier.

— Notre excellent confrère **La Vendée historique**, dirigée par M. H. Bourgeois, signale périodiquement notre Revue. Merci. Noté dans le numéro du 5 janvier la notice sur le culte de saint Laurent à la chapelle des Magnils-Régniers.

— **La Chronique des Arts et de la Curiosité** (numéro du 21 janvier) signale l'article de notre éminent collaborateur Mgr Barbier de Montault : *Les portes de Saint-Pierre de Poitiers*, paru dans notre numéro de décembre.

— Relevé dans **l'Intermédiaire des Chercheurs et Curieux** du 30 janvier la note suivante, sous le pseudonyme Léda, où il est question d'un instrument de supplice trouvé à Niort :

« Jusqu'à une époque assez voisine de nous, les parricides avaient la main droite coupée avant de subir le dernier supplice. On demande quel instrument était alors mis aux mains du bourreau ?

« En Angleterre, on décapitait avec la hache ; en France, le plus ordinairement avec l'épée, avant l'invention de la guillotine. Il semblerait que ni la hache ni l'épée ne fussent bien appropriées à l'amputation des membres.

« D'ailleurs, la décollation ne se faisait pas toujours en France avec l'épée, témoin le couperet conservé au Capitole de Toulouse, sous lequel périt le duc de Montmorency. D'où viendrait encore ce terme de « hache révolutionnaire », toujours employé pour désigner la guillotine, si la hache n'eût jamais été usitée chez nous?

« Finalement, avant elle, il semblerait qu'un couperet, une doloire même, conviendraient mieux que la hache ou l'épée pour la section du poignet, et nous nous demandons si telle n'était pas la destination d'une énorme doloire de *onze livres de poids*, trouvée sous le sol d'un cachot de l'ancienne prison militaire de Niort (Deux-Sèvres). Cette doloire quadrilatère et jadis emmanchée à l'un de ses petits côtés, porte une marque de fabrique orbiculaire formée d'une fleur de lis entourée de palmettes avec la date de 1697. »

Ajoutons que cette doloire dont parle l'*Intermédiaire* a été acquise par M. H. Gélin, conservateur du musée d'ethnographie de Niort et notre savant collaborateur.

BIBLIOGRAPHIE

La Bièvre et Saint-Séverin, par J.-K. HUYSMANS.
1 vol. in-18, Paris, Stock, 3 fr. 50.

Huysmans peut écrire sans signer ; les connaisseurs ne s'y tromperont pas. Il a son style à lui, son genre, ses qualités et ses défauts, qu'on ne sera pas tenté d'attribuer à un autre.

Nous l'avons dit ailleurs, c'est un disciple devenu maître à son tour. Oui, disciple de Zola, qu'il en ait eu conscience ou non. Mais aujourd'hui, sans cesser d'appartenir à l'école réaliste, dont Zola est toujours le plus bel ornement, il se sépare de lui par son érudition, par la finesse et l'originalité de ses aperçus, et finalement par la supériorité de ses tendances et de l'idéal qu'il poursuit. Il dépeint le vice, il est vrai, sous les couleurs les plus saisissantes et dans ses détails les plus risqués ; mais il ne songe point à en faire l'apologie et ne cherche point à le faire aimer.

Son nouveau livre débute par une description de la Bièvre. Charmante et gracieuse, cette description, pleine de verdure, de fleurs et de poésie, tant que la petite rivière coule en plein air, sous la voûte du ciel, parmi les cailloux et les mousses, à l'ombre des grands arbres. Puis, quand la rivière devient captive, domestiquée par les prosaïques industries établies sur son cours, la description change de ton et d'allure.

A la poésie des arbres et des fleurs succède la noire réalité des rues étroites, sales et abjectes, les travaux les plus vulgaires, avec une population à l'avenant.

. . . .

Mais Huysmans ne peint pas pour peindre ; si la Bièvre l'attire, c'est qu'elle lui rappelle quelque chose du Moyen-Age ; cette pensée le hante et le captive. Cette petite rivière a baigné les murs du couvent des Cordelières.

« Elle coulait dans l'enclos de l'abbaye de Saint-Victor, lavant les pieds du vieux cloître, courait à travers ses vergers et ses bois, et se précipitait dans le fleuve (la Seine) près de la porte de la Tournelle. »

La Bièvre, dès lors, devient une rivière sacrée ; Huysmans a voulu suivre et étudier ses rives et son histoire en dévot pèlerin du Moyen-Age.

La description du quartier Saint-Séverin, et surtout de la curieuse et très intéressante église de ce nom, compose la seconde et la principale partie de l'opuscule. C'est encore, c'est toujours, une excursion dans le Moyen-Age. Ah ! l'étrange quartier, noir, humide, fétide, incrusté dans ce brillant Paris comme une tache d'encre ou de suie, selon le vulgaire, comme une pierre précieuse, d'après Huysmans. Quel fouillis de rues étroites et tortueuses, de vieux hôtels ou d'anciens couvents convertis en boutiques ou en cabarets, de vieilles églises et chapelles peuplées de souvenirs et de légendes : Saint-Julien-le-Pauvre, dont l'auteur fait avec détails l'intéressante histoire ; Saint-Séverin, dont certaines parties peuvent être classées parmi les plus purs chefs-d'œuvre des anciennes églises de Paris.

Puis, à côté de cela, les bouges de la rue Galande, le taudis du père Lunette et de Trolliet, avec leur clientèle de miséreux, de femmes sans aveu, de bandits et d'assassins. L'auteur rencontre et mentionne, au passage, le tombeau de Julien de Ravalet et de sa sœur Marguerite, avec l'atroce histoire qui se rattache au nom de ce monstre, d'incestueuse mémoire, à ses crimes, au supplice du frère et de la sœur, et au château de Tourlaville, qui fut leur demeure.

Du Moyen-Age, Huysmans aime tout : l'histoire, la légende, les traditions, mais surtout, et à bon droit, la merveilleuse architecture. Il va jusqu'à pardonner à l'époque de ses rêves ses défauts, si tant est qu'il ne les admire pas. Il ne peut regarder de sang-froid ces siècles étranges, que les uns défendent avec passion, que d'autres dénigrent avec fureur ; dispute dans laquelle on n'arrivera jamais à s'entendre ni à dire le dernier mot.

Chemin faisant, dans sa visite à Saint-Julien-le-Pauvre, l'auteur saisit l'occasion de dire son fait à la liturgie des Grecs-unis, qui célèbrent aujourd'hui leur culte dans cet antique sanctuaire. Cette liturgie, les cérémonies religieuses, les ornements sacerdotaux, lui paraissent d'un goût plus que douteux. L'emploi du pain fermenté et la communion sous les deux espèces lui semblent un usage fort peu agréable pour les fidèles et bien inférieur à l'idéale simplicité de la communion catholique.

. . . .

Jean Noury, *S. J.*

(*Études* publiées par des Pères de la Compagnie de Jésus, 20 janvier 1899.)

Sommaire des Revues reçues

REVUES POITEVINES

Mercure Poitevin (janvier 1899). — Stéphane Mallarmé (G. Merlet) ; Sonnet (Lavigerie) ; Choses vendéennes (Bagueuier-Desormeaux) ; Yvonne (J. Philippe) ; Françoise d'Aubigné (H. Gelin) ; Noël (Trouillard) ; Sonnet (O. Sagnes) ; Chronique littéraire, Chronique théâtrale.

Directeur : Pierre Corneille, La Mothe-Saint-Héray. — Abonnement annuel, 12 fr. (mensuel).

Revue de Saintonge et d'Aunis (janvier 1899). — Avis et nouvelles : Revue de la presse ; M. le Dr Levraud ; Fêtes à Périgueux ; Marquisat de Pisany ; Conférences ; Actes d'état civil ; Livres et périodiques : Charles du Hautbois, évêque de Tournai, à Saint-Jean-d'Angély ; Montyon ; Tamizey de Larroque ; Dom Fonteneau ; La fille d'Alfred de Musset ; Le clergé charentais pendant la Révolution ; Archéologie : Les piles gallo-romaines ; Tombes à Saint-Jean-de-Liversay ; Variétés : Manuscrits inédits de Tallemant des Réaux ; Les Guitard de Ribérolles ; Les cartes de visite saintongeoises ; Le fief de la Madeleine à Cognac ; Questions et réponses : Une prière qui se récite en Saintonge la veille de la saint Jean ; Un procès-verbal de garde champêtre à Annay ; Les Guitton de Maulévrier ; Les Bonnegens ; Les veillées charentaises et Le Camus de Néville, seigneur de Bourg-Charente ; Noms de lieux de la période révolutionnaire ; Bibliographie.

Directeur : L. Audiat, Saintes. — Abonnement par cotisation de sociétaire, 13 fr. par an (trimestriel).

Revue d'Archéologie poitevine (janvier 1899). — Reliquaire oriental en cristal de roche (X. Barbier de Montault) ; Portrait de Philippe de Champagne (J.-B. de la Ronnerie) ; Tombe de Charlotte de Lusignan à Rome (Andrasto del Pusiano) ; La conjuration de l'orage au quinzième siècle ; Chapelles domestiques ; Une crucifixion pour chambre à coucher ; Litanies lipsanographiques.

Directeur : Mgr X. Barbier de Montault. — Administration, rue de l'Éperon, Poitiers. — Abonnement annuel : 12 fr. (mensuel).

La Vendée historique (5 janvier 1899). — Les intrus de la Vendée militaire : Coquille d'Alleux, curé intrus de Beaupréau (suite et fin) (H. B.) ; Chronique des Mauges ; Un pèlerinage au berceau de Cathelineau (René Martin) ; Marie-Jeanne (suite) (H. B.) ; Les dévotions populaires en Vendée : Le saint des Magnils (Le collaborateur) ; Mémoires d'un combattant de la grande guerre (H. B.) ; Trouvailles et curiosités : Une révolution au Langon (Le Chercheur) ; Vieille poésie vendéenne : Le conscrit déserteur.

— (20 janvier 1899). — Marie-Jeanne (suite) (H. B.) ; Les Mauges : La mort de Cathelineau (J. Gallard) ; Cinq ans en exil, journal d'un prêtre vendéen en Espagne (1792-1797) (suite) (abbé Paillaud) ; Poètes vendéens : Adrien Dezamy (Emile Robin) ; Mémoires d'un combattant de la grande guerre (suite) (H. B.) ; Contes et récits vendéens : Le Fadet de la fontaine (E. du Saule).

Directeur : Henri Bourgeois, Luçon. — Abonnement annuel, 4 fr. 50 (bi-mensuel).

Revue de Bretagne, de Vendée et d'Anjou (janvier 1899). — Encore les panégyristes du duc d'Aiguillon (A. de La Borderie) ; Le centenaire de la Société académique de Nantes ; Etudes d'histoire de Bretagne : Carhaix, son passé, ses châteaux célèbres et ses anciens monastères (Ctesse du Laz) ; Le monde des ténèbres en Ille-et-Vilaine (Adolphe Orain) ; Mémoire d'un Nantais (suite) ; L'Alouette et le Rossignol (Hippolyte Lucas) ; Porcon de La Barbinais (Cout de Charlemont) ; Cousine Rose, souvenir de chasse (Farcy de Malnoe) ; Notices et comptes rendus.

Administrateur : 1, rue Royale, Nantes. Servi gratuitement aux membres de la Société des bibliophiles bretons (mensuel).

Revue Poitevine et Saumuroise (janvier 1899). — Les Oratoriens et le Trésor des Ardillers (Octave de Chavigny) ; Le duc d'Angoulême à Saumur (C. Leroux-Cesbron) ; Documents inédits relatifs à Poirier de Beauvais (Grimaud) ; Chronique régionale.

Directeur : L. Picard, 13, quai Carnot, Saumur. — Abonnement annuel, 6 fr. (mensuel).

L'Ouest artistique et littéraire (15 janvier 1899). — La direction des ballons (Gabriel Tissier) ; Edouard Hervé ; Paradoxes d'été pour les peintres (Lavrès) ; L'explorateur vendéen Eugène Robuchon ; La place Bretagne et les collectionneurs nantais (de Chevasné) ; Une seconde visite à l'Opéra-Comique (Lavrès) ; La « Familia sacra » de Ligugé (G. B.) ; Souvenirs de Bretagne (F. Guérin) ; Chronique musicale et dramatique (L. de D.) ; Echos.

Direction : 51 *bis*, rue Cler, Paris. — Abonnement annuel, 10 fr. (mensuel).

Bulletin de saint Martin et de saint Benoît (janvier 1899). — Saint Martin apôtre de la France (suite) : La Bretagne ; L'Ordre Bénédictin : Chapitre I, saint Benoît (suite) ; A propos des fêtes de Cluny ; Les découvertes archéologiques de Saint-Maur de Glanfeuil (P. C. de La Croix) ; Chronique.

Administration : Abbaye de Ligugé (Vienne). — Abonnement annuel, 2 fr. (mensuel).

REVUES DIVERSES

Etudes publiées par des Pères de la Compagnie de Jésus (5 janvier 1899). — Races et nationalités (P. L. Roure) ; La question de l'enseignement secondaire en 1898 (P. J. Burnichon) ; L'Allemagne en Orient (P. H. Prélot) ; La question liguorienne (P. X. M. Le Bachelet) ; L'air liquide (P. J. de Joannès) ; Victor Hugo d'après sa correspondance (P. L. Chervoillot) ; Livres ; Evénements de la quinzaine.

— (20 janvier 1899). — Quinze années de la vie de Montalembert (1835-1850) (P. G. Longhaye) ; Les conditions de notre protectorat en Orient (P. H. Prélot) ; La question liguorienne (fin) (P. X. M. Le Bachelet) ; Races et nationalités (deuxième article) (P. L. Roure) ; Figures de soldats : Olivier de Clisson (P. H. Chérot) ; L'antisémitisme et le Moyen-Age (P. J. Brucker) ; Livres ; Evénements de la quinzaine.

Administration : 82, rue Bonaparte. — Rédaction : 15, rue Monsieur, Paris. — Abonnement annuel, 25 fr. (bi-mensuel).

Mercure de France (janvier 1899). — Philosophie du cliché (Rémy de Gourmont) ; La Vieille, poème (Emile Verhaeren) ; Rembrandt chez lui (André Fontainas) ; Frédéric Nietzsche (Nous qui sommes sans crainte) ; La volupté originelle (Charles Guérin) ; Les convives Yankees ou les nouveaux Résurrectionnistes (Charles Merki) ; Lectures antiques : Les femmes assemblées d'Aristophane (Pierre Louÿs) ; La machine à explorer le Temps (H. G. Wells) ; Revue du mois (divers).

Directeur : Alfred Vallette, 15, rue de l'Echaudé-Saint-Germain, Paris. — Abonnement annuel, 20 fr. (mensuel).

Revue Thomiste (janvier 1899). — Sur les sueurs de sang (Dr Arthus et Dr V. Chanson) ; La conservation de l'énergie et la liberté morale (R. P. de Munigeck) ; Le respect de l'Eglise pour l'action intime de Dieu dans les âmes (R. P. M.-B. Schwalm) ; Jésus de Nazareth, par Albert Réville (R. P. Thomas Pègnes) ; La vie scientifique ; Notes bibliographiques ; Revue critique des Revues ; Livres nouveaux.

Faubourg Saint-Honoré, 222, Paris. — Abonnement annuel, 12 fr. (bimestriel).

L'Aube méridionale (janvier 1899). — Les feuilles mortes (Rémy de Gourmont) ; Lune des Pyrénées (Richard Wéman) ; Les idées de M. Barrès (Jules Nadi) ; Ballade des trois saisons (Marc Varenne) ; La mort de Jean de Ninau (A. de La Hire) ; Rêve calme (Maurice de Vian) ; La légende des clous (Pierre Hortala) ; Flore d'Evoil (Ernest Gaubert) ; Chroniques.

L'Intermédiaire des chercheurs et curieux. — Extraits des sommaires (10 janvier 1899). — Le ménétrier Thomas, vieille chanson ; La légende du Masque de fer ; Le prétendu mot de Jules César sur le caractère de la race celtique ou gauloise ; Curieux droits féodaux ; Usage de sonner les cloches pendant les orages ; Plaques de cheminées armoriées ; Chants des conscrits ; — (20 janvier). — Chaires placées à l'extérieur des églises ; Eglises fortifiées ; — (30 janvier). — Les remèdes populaires ; La Frérie blanche de Guingamp.

Directrice : Mme la générale Iung, 38, avenue Wagram, Paris. — Abonnement annuel, 6 fr. (trimensuel).

Revue Bénédictine (janvier 1899). — Le Père Placide Braun, Bénédictin de Saint-Ulric d'Augsbourg (D. Ursmer Berlière) ; L'enseignement ascétique dans les premiers monastères orientaux (D. J.-M. Besse) ; Le comput pascal (D. Raphaël Proust) ; Chronique de l'Ordre ; Nécrologie ; Bibliographie.

Administration : Abbaye de Maredsous (Belgique). Abonnement annuel, 6 fr. (mensuel).

Revue des Traditions populaires (janvier 1899). — Les mois en Franche-Comté : I janvier (Ch. Beauquier) ; Les enfants morts sans baptême, II Haute-Bretagne, III Auvergne (Lucie de V. H.) ; La mer et les eaux : Quelques points à enquêter (Paul Sébillot) ; Notes sur les Mille et une Nuits ; VI Histoire d'Abou-Mohammed-el-Kislan (René Basset) ; Légendes d'Auvergne (A. Dauzat) ; La caverne des fades (Dr Pommerol) ; Le Petit hussard (Quereau-Lamerie) ; La Chapelle des fées (Carlo) ; Les pèlerins enlisés (Guyot-Daubès) ; La prise de Maison-Comte (Jean Stramoy) ; Le revenant qui renverse les murs (Léo Desnivre) ; Légendes diverses (Paul Sébillot) ; La chanson de Bricon ; La version du Perche (Filleul-Pétigny) ; Médecine populaire arabe (Achille Robert) ; Contes et légendes de la Haute-Bretagne : Le monde fantastique, environs de Rennes (Paul Sébillot) ; Environs de Lamballe (Lucie de V. H.) ; Les empreintes merveilleuses (René Basset) ; Croyances et superstitions de Noël (Lucie de V. H.) ; Contes et légendes arabes (René Basset) ; Traditions et Coutumes du jour de l'an : Le Coq du 1er de l'an (Certeux) ; Les Traditions populaires au théâtre (Camille La Sume).

Directeur : Paul Sébillot, 80, boulevard Saint-Marcel, Paris. — Abonnement annuel, 15 fr. (mensuel).

Revue de Provence (janvier 1899). — Peintres de Provence : I Théo Mayan (Elzéard Rougier) ; Lou Coustume Arlatan (Frédéric Mistral) ; La marine du roi René (Fournier) ; Excursions en Provence : Le Condon (P. Ruat).

Administration : Librairie Ruat, 54, rue Paradis, Marseille. — Abonnement annuel, 3 fr. 50 (mensuel).

Lemouzi (janvier 1899). — La Proceusa Lemouzina (J. Roux) ; Une affaire d'espionnage au quinzième siècle (L. Guibert) ; La conversion de sant Aloi (Fr. Mistral) ; Les débuts d'un poète limousin (R. Laborde) ; Félix Vintejoux (L. de Nussac) ; Lou Parouquet de chez Bessa (A. Marpilhat) ; Histoire d'une âme (P. des Monédières) ; Braves gens (Jules Claretie) ; Légendes.

Administration et rédaction : 65, rue Truffault, Paris. — Abonnement annuel, 6 fr. (mensuel).

La Province (janvier 1899). — Chronique (Lucien Duc) ; Une amitié à la d'Arthez : Champfleury, Courbet, Max Buchon (Jules Troubat) ; Cadet, Cigalier et Félibre (Lucien Duc) ; Le cimetière de Tarascon (J.-B. Amy) ; Les hôtes de Beaumont (L. D.) ; Barbentane (Cout de Charlemont).

Directeur : Lucien Duc, 35, rue Rousselot, Paris. — Abonnement annuel : 12 fr. (mensuel).

La Tribune de Saint-Gervais (janvier 1899). — L'école de Josquin des Prés (suite et fin) (F. du Ménil) ; Le chromatisme byzantin et le chant grégorien (A. Gastoué) ; Le plain-chant et la Revue des Deux-Mondes (abbé Vigourel) ; L'inspiration religieuse dans la poésie musicale en France, du Moyen-Age à la Révolution (Pierre Aubry).

Administration : 15, rue Stanislas, Paris. — Abonnement annuel, 10 fr. (mensuel).

La Revue des Deux Frances (janvier 1899). — Janvier, poésie (Jean Richepin) ; L'Eglise et les Temps nouveaux (P. Vincent Maumus) ; La pluie (Paul Chauvet) ; L'Amérique avant Christophe Colomb (Benjamin Sulte) ; Elle ! (Rov. Brunet) ; Partance (Marc Legrand) ; Projet d'une expédition au Pôle Nord (Capitaine J. E. Bernier) ; L'américanisme (Georges Grappe) ; Le Pôle Sud est découvert (Benjamin Gadobert) ;

Souffrance (Léon de la Morinerie); Louis XVII (Baron Louis Girardot); Baisers morts (Albert Fleury); Les Livres (Paul Bastien).

Directeur : Achille Steens, 23, rue Racine, Paris. — Abonnement annuel, 15 fr. (mensuel).

Wallonia (13 janvier 1899). — La saint Martin à Malmédy (H. Bragard); Le langage des fleurs et l'ouvrage de M. Vriudts (Ch. Semertier); L'évêque de Saint-Martin (Edm. Delsa).

Directeur : O. Colson, 16, fond Saint-Servais, Liège (Belgique). — Abonnement annuel, 4 fr. (mensuel).

Revue bibliographique belge (31 janvier 1899). — Georges Rodenbach, notice bio-bibliographique; Compte rendu des académies de Belgique; Nouvelles bibliographiques; Comptes rendus.

Direction : 16, rue Treurenberg, Bruxelles. — Abonnement annuel : 3 fr. (mensuel).

Revue Encyclopédique Larousse (7 janvier 1899). — La querelle des classiques et des modernistes (B. H. Gausseron); La Duchesse bleue, de Paul Bourget (Georges Pellissier); Revue scientifique; Le Larousse continué (32 gravures).

— (14 janvier). — Le Roi de Rome (Emile Pouvillon); Revue littéraire (Charles Maurras); Les îles Hawaï (Alcide Ebray); Revue scientifique; Le Larousse continué; L'actualité (58 gravures).

— (21 janvier). — Giacomo Leopardi (Paul Sirven); Revue dramatique (Gustavo Geffroy); Chine et Corée (L. Maury); Revue historique (Henri Welschinger); Le Larousse continué (22 gravures).

— (28 janvier). — Georges Rodenbach (Emile Verhaeren); L'Art en Belgique (Octave Maus); Revue musicale (Henry Gauthier-Villars); L'enseignement secondaire (Alexis Bertrand); Le Larousse continué (32 gravures).

Nous avons reçu aussi : *L'Abeille paroissiale de Gourville; Le Messager paroissial de Courcôme; Le Bulletin de saint Benoît-Joseph Labre; La Revue éclectique d'apiculture; Le Courrier littéraire de l'Ouest; Le Vendéen de Paris; La Chronique des Arts et de la Curiosité; L'Echo du Merveilleux; Simple revue.*

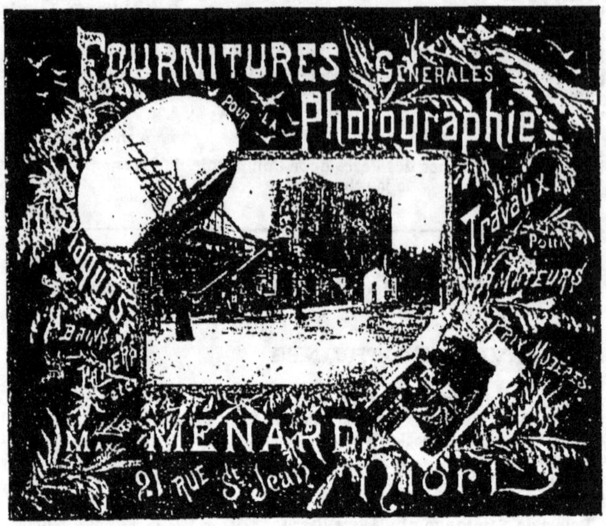

Le Directeur-Gérant : GUSTAVE BOUCHER.

Ligugé (Vienne). — Imp. Saint-Martin, M. Bluté. — 2-99.

N° 9. Mars 1899.

LE PAYS POITEVIN

CHRONIQUE — ÉCHOS — BIBLIOGRAPHIE

RÉGIONALISME

LE TERROIR ET LES MORTS

FRAGMENT D'UNE CONFÉRENCE DE M. MAURICE BARRÈS

. . . .

Le terroir nous parle et collabore à notre conscience nationale, aussi bien que les morts. C'est même lui qui donne à leur action sa pleine efficacité. Les ancêtres ne nous transmettent intégralement l'héritage accumulé de leurs âmes que par la permanence de l'action terrienne.

. . . .

C'est en maintenant sous vos yeux les ressources du sol de France, les efforts qu'il réclame, les services qu'il rend, les conditions enfin dans lesquelles s'est développée votre race, forestière, agricole et vigneronne, que vous comprendrez comme des réalités, et non comme des mots, nos traditions nationales.

Pour être féconde, d'ailleurs, cette connaissance n'a pas besoin d'être réfléchie. Il participe naturellement de la conscience nationale, il est nécessairement d'accord avec les destinées du pays alors même qu'il ne saurait pas les formuler, celui qui, plongé par son hérédité dans un milieu, en suit insensiblement les évolutions. L'administrateur et le législateur peuvent s'inspirer dans toutes leurs mesures de ce grand principe : la Patrie est plus forte dans l'âme d'un enraciné que dans celle d'un déraciné.

Est-ce à dire que nous voulons nous mettre en travers d'une évolution générale, et, par je ne sais quelle discipline évidemment impuissante, attacher l'individu à son clocher comme l'animal à son pieu ?

Indigne supposition! Si les attaches qui retiennent un individu à son lieu de naissance doivent être rompues, je ne m'en plains pas, pourvu que dans le lieu où il ira se fixer il puisse prendre des attaches locales. Si les vieux préjugés héréditaires de caste ou de paroisse, qui faisaient une raison aux petits groupes, doivent être dissipés, je m'en féliciterai, à condition qu'un néant moral ne leur succède pas et que le petit génie local demeure dans la région pour animer d'une nuance d'âme particulière la science internationale.

Bref, pour enraciner les Français, nous souhaitons simplement que les gens de province ne soient pas obligés d'intriguer uniquement à Paris et d'y expédier leurs projets, leurs désirs, leurs vœux, mais qu'ils aient par région des points de centralisation. Nous demandons en outre qu'ils puissent s'administrer eux-mêmes de façon à respecter les particularités locales.

Les volontés qui guidaient les divers petits pays de France s'étant trouvées inférieures à celle qui dirigeait l'Ile-de-France, l'unité politique s'est faite. Chacun y trouve aujourd'hui son intérêt. Nul Français n'entend toucher à l'Etat. Mais cet Etat qui souffre de ne pouvoir s'appuyer sur une conscience nationale serait insensé de négliger ce que chacun de ces petits pays a conservé de connaissance de soi-même. Ces provinces de qui les gens superficiels croient le génie éteint fournissent encore les grandes lumières intérieures qui échauffent et qui animent la France. Nous avons vu le reflet des Ardennes sur Taine, le reflet de la Bretagne sur Renan, le reflet de la Provence sur Mistral, le reflet de nôtre Alsace-Lorraine sur Erckmann-Chatrian. Des Universités autonomes nous permettraient de recueillir ce qui subsiste du spirituel de ces anciens pays et en même temps leur apporteraient la culture universelle. Mouvement circulaire d'une grande importance : il nous développerait d'accord avec notre préparation héréditaire et terrienne, et cependant il combattrait l'engourdissement départemental.

Les moyens que je propose à votre méditation ne sont pas des combinaisons *a priori* en faveur desquelles vous ayez à devancer les faits accomplis ; il y a un état d'esprit pour réclamer les lois plus sévères sur la naturalisation ; il y a des grandes villes riches, ambitieuses, désignées pour devenir des points de centralisation et pour reporter au milieu des territoires et aux mains des citoyens ces menus soucis qui distraient l'Etat de veiller à son principal emploi, c'est-à-dire à notre sécurité collective.

Ces deux réformes sont prêtes ; un coup léger suffirait à déterminer la précipitation chimique.

*
* *

Messieurs, nous venons de mettre sous vos yeux une loi importante de la production humaine : pour permettre à la conscience d'un pays tel que la France de se dégager, il faut raciner les individus dans la terre et dans les morts.

Cette conception paraîtra fort matérielle à ces personnes qui croient avoir atteint à un idéal d'autant plus élevé qu'elles ont mieux étouffé en elles la voix du sang et l'instinct du terroir. Elles préfèrent se rallier à des formules, vides le plus souvent, et qui, fussent-elles pleines d'intentions excellentes, seraient, comme toutes les formules, incapables d'agir sur nos sentiments et sur notre conduite.

Sans doute, certains grands mots eurent de la force politique ; dans la période révolutionnaire, il y a un siècle, ils ont soutenu des efforts, des aspirations — très réalistes. Ainsi s'explique le caractère sacré qu'ils gardent aux yeux d'une France créée dans ces grandes convulsions. Tout naturellement ils viennent sur les lèvres d'un Français embarrassé. Par là, il arrive qu'on les emploie souvent pour se dispenser de rien dire de précis.

Le respectable M. Duclaux fut invité dans une des réunions anarchistes qu'il décorait de sa présence à prononcer quelques mots. Il déclara : « Je me conforme à Liberté, Egalité — et perdant la suite, — enfin à tout ce que qui est écrit sur les monuments. »

Il est inadmissible qu'on puisse maintenir une nationalité sans autre lien que des affirmations aussi vagues.

Avouons-le, il y a plus d'élévation dans la direction systématique donnée par l'empereur d'Allemagne à son pays vers le commerce que dans les beaux principes rabâchés perpétuellement dans nos assemblées politiques et qui, bien qu'ils aient été produits originairement par un élan vers l'idéal, se mêlent aux combinaisons de la plus grossière intrigue.

On peut employer son temps et sa verve à flétrir la dureté de Chamberlain, son mépris des philosophies et des considérations sentimentales, mais cet homme mène à bien les questions anglaises. Or, nous sommes las en France d'hommes politiques familiers avec les plus nobles devoirs au point qu'il faut aller les chercher à la présidence des sociétés d'encouragement, ou bien, quand il y a lieu, de les mener à Mazas.

Maintenant, pour que cette conscience nationale ait sa pleine efficacité, ne faudrait-il pas qu'elle se traduisît dans une autorité?

Elle apparaîtra nécessairement, cette autorité, dès que notre pays connaîtra ce qu'il est et en conséquence distinguera un peu son avenir. Si nous étions d'accord pour apprécier nos forces, notre énergie accrue prendrait tout naturellement une direction, et sans secousse un organe de la volonté nationale se créerait.

MAURICE BARRÈS.

LES PAYS DE FRANCE

par P. FONCIN

D'ABORD publiée dans la *Revue de Paris*, l'étude de M. Foncin vient de paraître en brochure dans *Les Questions du Temps présent*, que publie la librairie Colin. C'est, à notre avis, la plus importante contribution apportée à la cause du régionalisme non pas tant à cause de l'importance du travail que par la compétence spéciale de l'auteur et la netteté des vues qui y sont développées. Il appartenait en effet à un esprit aussi scientifique que l'est celui de l'éminent géographe de traiter, en dehors de toute déclamation doctrinale, au simple point de vue des nécessités historiques et géographiques, cette importante question de la restauration des provinces. Sans doute nous n'acceptons pas *a priori* toutes les conclusions de l'auteur; nous pensons que, pour être efficace, la réforme qui s'impose devra être beaucoup plus radicale que ne le prévoit M. Foncin, et qu'elle entraînera des conséquences politiques, économiques et sociales peut-être toutes différentes de celles qu'il prévoit. C'est d'ailleurs la caractéristique de cette question, et ce qui prouve son opportunité et la vérité qui en est la base, de grouper les opinions les plus diverses et de donner le champ aux espérances les plus contraires. Au-dessus de toutes ces contradictions courtoises des aspirations communes dominent: une France plus unie et plus forte dans sa diversité, une somme de liberté plus grande, un régime économique plus approprié à nos besoins.

D'ailleurs, avec la bienveillante autorisation de l'auteur, nous allons faire à son étude de larges emprunts, les commentant au passage; nous espérons que ceux de nos lecteurs qui ne sont pas familiarisés avec la doctrine régionaliste en comprendront enfin toute l'importance et en apercevront les conséquences incalculables pour l'avenir de notre pays. C'est une question sur laquelle nous reviendrons volontiers, avec des développements et des variantes, cette campagne étant le corollaire dogmatique, pour ainsi dire, de la propagande esthétique et intellectuelle dans laquelle nous nous sommes jusqu'à ce jour confiné.

Chacun s'en va répétant, écrit M. Foncin, que la France est malade. Ne serait-elle pas plutôt en travail? C'est l'attente d'une France nouvelle qui nous tient tous en suspens, et notre angoisse résulte d'une contradiction entre l'idéal que nous rêvons et la réalité des choses présentes. Une des antinomies des plus graves est la survivance d'une centralisation étouffante avec le besoin d'air libre, de mouvement, de vie autonome que ressent tout le corps social. Il faut choisir entre deux systèmes. Le premier est le système centralisateur décrit par Tocqueville. Le second est le système décentralisateur. Mais cette expression est mal faite, car personne ne songe à supprimer le centre de la France (ce serait la frapper au cœur): employons plutôt le mot de Fédéralisme, et tâchons d'en préciser le sens.

Nous avouons ne pas aimer beaucoup ce mot de Fédéralisme à cause de l'abus qui en a été fait et des préventions, la plupart injustifiées d'ailleurs, qui ont toujours accueilli depuis Vergniaud jusqu'à Proud'hon la doctrine qu'il recèle. Régionalisme a l'avantage d'être un mot nouveau, neutre pour ainsi dire, et cependant parfaitement approprié; il fait image. Nous l'adoptons, pour notre part, à l'exclusion de tout autre vocable.

Après le préambule que nous venons de citer, M. Foncin établit la différence qui existe entre le Fédéralisme politique et le Fédéralisme administratif; le premier convient aux Etats indépendants assemblés sous une même confédération, le second s'adapte aux Etats unitaires.

L'Union Américaine du Nord offre le type le plus parfait de Fédéralisme politique. Les Anglais pratiquent chez eux le Fédéralisme administratif. Fédéralisme politique, Fédéralisme administratif sont le régime des Etats les plus libres et les plus civilisés, et ils paraissent de plus en plus s'annoncer comme les formules de l'avenir; le premier servant de cadre aux vastes agglomérations de peuples, le second s'adaptant aux nations dont l'unité morale est faite.

Puis M. Foncin constate dans notre pays un réveil de l'initiative privée et des idées particularistes, indice d'un travail inconscient et d'un acheminement fatal vers l'application des théories qu'il défend.

Sociétés patriotiques, sociétés d'instruction, de sciences ou d'art, sociétés ouvrières, sociétés de charité, d'assurance et de prévoyance, sociétés de propagande de tout genre et de toute couleur se multiplient à l'envi, par une éclosion analogue à celles des ordres religieux au Moyen-Age. Elles ne cessent de grandir, alliées ou suppléantes de l'Etat. N'est-ce pas là du Fédéralisme inconscient et spontané?

Une autre tendance digne d'observation est le mouvement particulariste. Les deux derniers siècles avaient surtout vécu d'abstractions et de généralités; l'esprit classique et l'esprit monarchique régnaient de conserve. Mais voici que la méthode analytique appliquée à l'histoire, à la géographie, aux sciences naturelles, les a renouvelées, a décelé dans le présent comme dans le passé de notre pays quantité de faits inaperçus ou dédaignés. De son côté, le Romantisme a remis l'individu en honneur, le Réalisme a réhabilité, interprété les formes, les âmes innombrables des choses. Et alors, savants et touristes, écrivains et artistes sont partis en découverte, ont entrepris leur tour de France. Michelet, en des pages inoubliables, avait peint à larges touches d'un coloris superbe le tableau de nos vieilles provinces; de toutes parts on entreprend de compléter, d'illustrer l'œuvre du maître.

Les idiomes particuliers sont exhumés, et ils refleurissent. Les moindres bourgs veulent pieusement élever une statue à leur grand homme. Les petites patries ont leurs chantres, leurs cigaliers, leurs félibres. Le Berri avait Mme Sand; la Bretagne, Brizeux; l'Agenais, Jasmin; la Normandie a André Lemoyne; la Bresse, Gabriel Vicaire; le Quercy, Léon Cladel; le Barrois, Theuriet; les Cévennes du Sud, Ferdinand Fabre; la Franche-Comté, Grandmougin et Bataille; le Rouergue, Fabié; la Provence, avec Aubanel, Roumanille et Mistral, Jean Aicard et Alphonse Daudet. La grande école paysagiste française, fondée vers 1850 par Corot, Rousseau, Millet, a suivi l'exemple des romanciers et des poètes, si plutôt elle ne les a devancés. Que Lebrun et David sont loin de nous! Daubigny dans l'Ile-de-France et le Morvan, Troyon dans le Limousin, Courbet dans la Franche-Comté, Rosa Bonheur dans le Nivernais, Jules Breton dans l'Artois, Harpignie dans le Bourbonnais et l'Auvergne, ont célébré pour le charme de nos yeux, dans leur multiplicité infinie, les gloires concrètes de la nature française, en ont traduit les divers aspects, nous en ont révélé l'harmonie particulière. Sous la triple influence de la science, de la littérature, de l'art, le patriotisme local et provincial, tiré de sa léthargie, se ranime et s'agite. Et qui sait si, de cette fermentation encore confuse, ne sortira pas quelque mouvement comparable à l'essor communal du douzième siècle?

Oui, comme M. Foncin, nous pensons qu'une ère de liberté intégrale s'ouvrira un jour pour notre pays, mais cette prévision ne va pas sans une certaine angoisse. Il y a trop à modifier, il y a trop d'abus à faire disparaître, trop de préjugés à déraciner, pour que cette transformation puisse s'opérer sans de terribles prodromes. Préparer l'opinion, instruire les masses de ces nécessités prochaines, c'est au moins atténuer la violence de la crise au milieu de laquelle elles se préciseront pour de là entrer dans le domaine de la pratique. Cette question de l'organisation pratique du Régionalisme, nous l'étudierons avec M. Foncin dans un prochain article. Nous allons terminer celui-ci par une nouvelle citation, d'une importance toute particulière, car elle répond précisément aux arguments spécieux que les préjugés et la routine opposent le plus souvent à la démonstration de ces théories.

Qu'importe? va-t-on dire, le Fédéralisme n'est pas fait pour nous, Français: nous sommes une république unitaire. — Hélas! oui. Mais cette formule ne nous absout pas, ne nous guérit pas, ne nous ensevelit pas non plus irrévocablement dans l'impénitence finale : elle n'est autre chose que la constatation de notre mal. Et pourtant, notre histoire, nos traditions, notre tempérament, ne nous condamnaient point et ne nous ont pas voués, croyons-nous, sans rémission, au despotisme de l'Etat. Ni les Gaulois ni les Francs n'étaient précisément d'humeur centralisatrice. Si Rome, fort habilement, n'avait accordé aux cités gallo-romaines une très large liberté municipale, il n'est pas sûr qu'elle eût dompté facilement la Gaule. L'avènement de la Féodalité chrétienne, l'émancipation des communes, ont été chez nous l'essai original et puissant d'un régime de liberté fédérative qui a duré cinq siècles, à qui nous devons nos véritables origines, notre langue, notre premier rayonnement dans le monde. Quels qu'aient été par la suite les bienfaits de la monarchie, c'est elle qui a faussé la direction naturelle de notre génie. La centralisation inventée par ses légistes est une institution relativement récente chez nous, et dont l'établissement progressif a rencontré jusqu'en plein dix-septième siècle les plus vives résistances. La Révolution n'a pas su, ni peut-être voulu, abattre cette centralisation abusive. La Convention l'a aggravée par mesure de salut public. Napoléon se l'est appropriée en la perfectionnant. Tous les régimes suivants s'en sont volontiers accommodés. Demain survienne César ou Cartouche, la machine est montée, elle est aveugle, elle est obéissante; avec quelque hardiesse, le premier venu peut la prendre et s'en servir. Il faut choisir entre le Fédéralisme et la centralisation.

M. Foncin a peut-être tort de généraliser à ce point et d'accuser l'institution monarchique d'être, par son essence, centralisatrice. Charlemagne et saint Louis incarnent à notre avis la France régionalisée. A partir de Louis XIV l'équilibre est rompu, notre génie est en effet méconnu et l'arbitraire remplace les libertés locales, mais c'est bien plus à la Renaissance, à la Réforme, au gallicanisme, que nous sommes redevables de ces erreurs politiques, fatales cependant, qu'à la monarchie elle-même. Celle-ci a d'ailleurs chèrement payé cet oubli de nos origines et de nos tendances natives. Sans la centralisation la Révolution était impossible et le martyrologe politique ne se fût pas augmenté d'une victime royale. Cartouche a précédé César grâce à « la machine aveugle et obéissante ». M. Foncin déclare que si nous voulons rester une république et un pays libre il est temps d'adopter le Fédéralisme. C'est beaucoup demander de clairvoyance et de générosité à un régime parlementaire qui a pris toutes les tares des gouvernements précédents sans en avoir aucune des qualités. Nous l'avons dit plus haut, nous ne partageons pas l'optimisme de notre éminent guide. Le Régionalisme est, il est vrai, une formule scientifique basée sur l'instinct populaire et les nécessités ethniques, il doit donc fatalement triompher un jour, mais ce triomphe doit suivre la crise que tout le monde prévoit, et être assuré par un homme qui incarnera en lui le génie français et non par une collectivité incapable de tout élan. Quel sera cet homme? Président, Empereur, Roi, Dictateur? Est-il un des prétendants actuels? Est-il le sauveur attendu par quelques-uns, mis en réserve par la Providence pour restaurer la France de Charlemagne et de saint Louis? C'est là le secret de Dieu. Quoi qu'il en soit, ce régime, républicain ou monarchique, vivra, qui aura compris et fait siennes les théories régionalistes; il vivra avec la reconnaissance de tous les Français échappés à la geôle centralisatrice et bureaucratique, à l'oppression des sectes, au despotisme de l'Etat!

GUSTAVE BOUCHER.

(A suivre.)

ŒUVRES PATRONNÉES

PAR LE "PAYS POITEVIN"

Le Pays Poitevin, désireux de donner une marque de son dévouement à la cause de l'art religieux en Poitou, a décidé de remettre, avec, d'une part, l'assentiment de l'Evêché, et, d'autre part, le consentement des abonnés, à la Maîtrise de Saint-Pierre de Poitiers, la moitié des abonnements qui lui sont parvenus de cette ville, du 15 au 30 février. Nous publions ci-dessous la première liste. Nous avons désigné comme « anonymes » les officiers qui nous ont fait l'honneur de leur adhésion.

PREMIÈRE LISTE

des sommes remises à la Maîtrise de Saint-Pierre de Poitiers, au nom des abonnés du Pays Poitevin, *du 15 au 30 février 1899.*

MM.	Réau, notaire	2f 50
	Charles de Montenon	2 50
	Parenteau-Dubeugnon, professeur à la Faculté de Droit.	2 50
Mme	la comtesse Evremond de La Rochebrochard	2 50
MM.	Vicomte Jacques de La Rochebrochard	2 50
	Alfred Barbier, avocat	2 50
	Anonyme	2 50
	Moreau, conseiller à la Cour	2 50
	Camille Bonnet, ancien sous-préfet	2 50
	Chanoine Morisson	2 50
Mme	Brossard	2 50
MM.	Baranger, notaire	2 50
	De La Marsonnière	2 50
	Daniel-Lacombe, avocat	2 50
	Anonyme	2 50
Mlle	d'Auzay	2 50
Mme	de Kergonano	2 50
MM.	Chanoine Lépine	2 50
	Palustre de Montifaut	2 50
	Baron de Clock de Longueville	2 50
	Anonyme	2 50
	Docteur Buffet-Delmas	2 50
	Anonyme	2 50
MM.	Général Segretain	2 50
	René de Montardy	2 50
	Anonyme	2 50
Mlle	de Martel	2 50
	Anonyme	2 50
MM.	Comte de Montjou	2 50
	Théophile de Coursac	2 50
	Charles Blondet, conseiller à la Cour	2 50
	Chanoine Valeron	2 50
Mme	Roblin	2 50
MM.	Docteur Raymond	2 50
	Edouard Le Camus	2 50
	De Kermadec	2 50
	Anonyme	2 50
	Anonyme	2 50
	Léonce de Beauregard	2 50
	De La Bernardrie	2 50
Mlles	Boffinet et Gérald	2 50
MM.	Anonyme	2 50
	Comte Pierre Lecointre	2 50
	Anonyme	2 50
	Anonyme	2 50
	Docteur Poupelard	2 50
	Chanoine Gaborit	2 50
Mme	Thinault	2 50
MM.	Férand, inspecteur général des ponts et chaussées	2 50
	Roland	2 50
	Marquis de La Sayette	2 50
Mlle	Laure Lecointre	2 50
MM.	Léon Martineau, architecte	2 50
	Alfred de Fonteniouse	2 50
Mlle	Marie de Chalain	2 50
Mme	Eugène Courbe	2 50
MM.	Bodin, notaire	2 50
	Lévrier, avocat	2 50
	Total de la première liste	145 »

Gazette Poitevine

Audition musicale

Le 4 mars, une solennité musicale réunissait à Poitiers, dans la salle Durocher, l'élite de la société, accourue, sur l'invitation de M. le comte de Clisson, pour assister à la première audition de l'oratorio de M. de Beaufranchet : *Sainte Radegonde*, légende en trois parties et six épisodes.

M. de Beaufranchet n'est pas seulement l'auteur de la musique, il a aussi composé le poème, que nous aurons la bonne fortune de reproduire. L'audition de cette œuvre, d'une inspiration si chrétienne, traitée avec un sens mélodique et une science de l'orchestration vraiment dignes d'un maître, a produit une grande et religieuse impression.

La conception se recommande par une sobriété élégante. Six épisodes, groupés deux par deux, résument la vie de la Sainte poitevine, depuis sa conversion et le miracle des aveines jusqu'au jour apothéotique qui fut marqué par *le pas de Dieu*. L'idée musicale se développe majestueusement, d'un mouvement égal, empruntant à ses débuts, et pendant la scène de la procession se rendant à la rencontre des reliques de la vraie Croix, la majestueuse et sévère mélodie du *Vexilla Regis* de saint Fortunat, très heureusement adaptée.

L'interprétation fut excellente, grâce à un orchestre parfaitement discipliné, soutenant la voix fraîche de Mme Nadaud, le puissant contralto de Mme Cuirblanc et l'organe très sûr et d'une jolie distinction de M. Lubet, chargé des soli.

On annonce une deuxième audition pour le mois d'avril, qui sera donnée à Niort au profit de l'église Saint-Etienne comme celle du 4 mars l'était au profit de l'œuvre du *Bon-Pasteur*.

Théâtre en plein air

M. le docteur Corneille prépare pour la prochaine fête des Rosières, à La Mothe-Saint-Héray, une nouvelle œuvre poitevine : *Clovis à la bataille de Vouillé*. Gageons qu'il ne se repentira pas d'être revenu, sur d'heureux conseils, à l'inspiration locale et qu'il fera là, avec son talent habituel, une œuvre de grande allure et de haute portée.

Sociétés savantes

Dans sa séance du 7 février, la Société archéologique et historique de la Charente a entendu une communication de M. G. Chauvet, sur le crocodile qui était pendu dans la Cathédrale d'Angoulême, en souvenir des exploits du bienheureux Lambert, premier Abbé de La Couronne. Il dit que dans certains pays, les anciens avaient l'habitude de pendre aux murs des églises des animaux empaillés. Il cite à ce sujet diverses observations.

« Ces faits, ajoute-t-il, semblent indiquer une coutume dont il serait intéressant de connaître l'origine. »

Il cite, à ce sujet, le passage suivant d'un ouvrage spécial, *Le Bâton pastoral*, étude archéologique, par l'abbé Barrault et Arthur Martin, S. J., page 44, extrait du t. IV des *Mélanges d'archéologie, d'histoire et de littérature, 1856* :

« Durant tout le Moyen-Age, il était d'usage dans un bon nombre d'églises de porter en procession des dragons suspendus en haut d'une pique avant ou derrière la croix, comme pour ajouter au triomphe de celle-ci en montrant le vaincu à côté du vainqueur.

« Les crocodiles empaillés suspendus dans les églises étaient peut-être destinés à cet usage. »

Bibliothèques

Trente-quatre photographies de vaisseaux, édifices, vues diverses, de Rochefort et des environs viennent d'être offertes comme don à la ville de Saintes, pour être destinées à la bibliothèque de la Ville, par M. Biteau, maître-principal des constructions navales, chevalier de la Légion d'honneur, en retraite à Saintes.

Musées

On signale la création à Tonnay-Charente d'un musée de peinture, dû à l'initiative et à la générosité d'un artiste charentais, M. Guimbelot.

Monuments historiques

L'État vient d'accorder une nouvelle subvention de 10.000 francs pour l'achèvement de la restauration du clocher roman de l'abbaye de Saintes (caserne Taillebourg).

Thèses

M. Machet de La Martinière a soutenu, le 30 janvier, à l'École des Chartes, une thèse ayant pour sujet : Les guerres anglaises dans l'Ouest et le Centre de la France : Poitou, Saintonge, Angoumois, Limousin, Périgord (1403-1417).

École régionale des Beaux-Arts de Poitiers

Semestre d'été 1899. — *Cours des jeunes gens.* — Dessin. — Division élémentaire. — Professeur, M. Guérithault, artiste peintre. — Cours tous les jours, de 6 heures à 8 heures du matin, samedi excepté. — Premiers éléments de dessin.

Division supérieure. — Professeur, M. Gilbert, directeur (diplôme de l'Etat, premier degré et degré supérieur.) — Cours tous les jours, de 6 heures à 8 heures du matin, samedi excepté. Dessin d'après la bosse et le modèle vivant, composition décorative, histoire de l'art, fleurs d'après nature. — Préparation aux examens du professorat de dessin et à l'Ecole des Beaux-Arts de Paris.

Architecture. — Professeur, M. Portanier, licencié ès sciences mathématiques, licencié ès sciences physiques et chimiques. — Eléments d'architecture, stéréotomie, perspective. — Préparation à l'école des Beaux-Arts à Paris; cours tous les jours, de six à huit heures du matin (samedi excepté).

Dessin géométrique. — Professeur, M. Nivault, instituteur. — Cours tous les jours, de six à huit heures du matin (samedi excepté).

Anatomie. — Professeur, M. le docteur Jablonski, ostéologie, myologie.

Peinture. — Professeur, M. Guérithault, artiste peintre.

Sculpture. — Professeur, M. Gilbert, directeur, artiste sculpteur, ancien élève lauréat de l'Ecole des Beaux-Arts. — Cours tous les jours, de 6 heures à 8 heures du matin (samedi excepté). Figure d'après l'antique et d'après la nature, sculpture sur pierre et sur bois, mise au point, etc. — Travail libre toute la journée.

Cours des jeunes filles. — Professeurs : MM. Gilbert et Guérithault, mardi et jeudi, de 9 heures à 11 heures. — Premiers éléments de dessin, objets usuels. — Préparation aux examens élémentaire et supérieur, dessin d'après la bosse, fleurs d'après nature, aquarelle, peinture et modelage.

Reprise des cours le lundi 10 avril.

Les élèves fournissent les instruments nécessaires à leurs études. Le directeur fournira gratuitement aux élèves indigents seulement les objets dont ils auront besoin.

Les anciens élèves qui continueront à suivre les cours doivent faire renouveler leur inscription.

Exposition de Poitiers

RÈGLEMENT

Une Exposition des Beaux-Arts aura lieu à Poitiers du 1er juin au 15 août. Sont admises les œuvres des genres ci-après désignés :

Peinture, dessins, aquarelles, pastels, miniatures, émaux, porcelaines, vitraux, sculpture, bronzes, terres cuites, architecture, gravure.

Le nombre des ouvrages est limité à deux pour chaque exposant, aucune œuvre ne pourra être retirée avant la clôture de l'Exposition.

Les récompenses consisteront en diplômes de médailles de 1re, 2e, 3e classe et mentions honorables.

Sont hors concours les médailles des Champs-Elysées, ainsi que les sociétaires et associés du Champ-de-Mars.

L'administration ne répond pas des avaries qui pourraient survenir aux ouvrages expédiés; toutefois les plus grands soins seront apportés à leur mouvement et à leur transport et une active surveillance sera exercée.

L'emplacement est gratuit, les ouvrages devront être adressés franco à l'Exposition, à M. Jean-Alfred Vigé, administrateur, et être arrivés au plus tard le 10 mai.

Tout envoi fait en port dû sera refusé.

La notice ci-contre devra être envoyée au préalable à M. l'administrateur; les exposants recevront des étiquettes spéciales à coller sur les colis.

Une commission de 10 o/o sera prélevée sur la vente des œuvres exposées.

Monument Catinat

M. Hippolyte Buffenoir vient de prendre l'initiative d'un monument à ériger à Catinat dans le nouveau square de la Sorbonne. La *Revue du Bas-Poitou* nous rappelle que l'illustre maréchal est d'origine poitevine par sa mère, Françoise Poile. Il possédait de ce chef plusieurs seigneuries aux environs de Fontenay-le-Comte.

Palmes académiques

M. Fulconis, auteur de la statue de saint Lienne que nous avons reproduite dans notre dernier numéro, est promu officier de l'Instruction publique.

Missionnaires poitevins

La *Semaine religieuse* de Poitiers publie la note suivante :

« Nous recevons de M. le Supérieur des Missions-Étrangères la communication suivante :

« Depuis une cinquantaine d'années, nous poursuivons à Rome « la béatification de 52 serviteurs de Dieu, mis à mort pour la foi « en Extrême-Orient. Parmi eux, outre 42 martyrs indigènes de nos « Missions, se trouvent 10 missionnaires français, membres de « notre Société, savoir : les Vénérables Gagelin, Jaccard, Mar« chand, Dumoulin, Borje, Cornay, Demotte, Schœffler, Bonnard, « Dufresse et Chapdelaine.

« Cette cause touche à sa fin, et, mardi prochain, 18 avril, se « tiendra à Rome la première des trois Congrégations qui doivent « la terminer.

« Nous supplions très instamment les amis de notre œuvre de « vouloir bien unir leurs prières aux nôtres pour obtenir la glori« fication de ces 52 Vénérables serviteurs de Dieu.

« Le diocèse de Poitiers peut, à juste titre, se glorifier de compter l'un de ses enfants parmi ces intrépides confesseurs. Le vénérable Charles Cornay, né à Loudun en 1809, fut martyrisé pour la foi, en Chine, en 1836. »

Les Poitevins à Alger

Le 16 mars a eu lieu, à Alger, la réunion des *Enfants du Poitou*. Un bureau provisoire a été élu; il est composé de MM. Levêque, publiciste, président; Martin, avocat, vice-président; Choisy et Laitang, assesseurs; Périn, secrétaire.

Les adhésions des Enfants de la Vienne, Deux-Sèvres, Vendée, devront être envoyées à M. J. Gérin, rue Colbert, 2, Alger. La prochaine assemblée générale aura lieu *le 8 avril*.

NOTES ET ENQUÊTES

Les questions et réponses doivent être adressées directement au bureau du Pays Poitevin, *à Ligugé, avant le 10 de chaque mois.*

La Direction se réserve le droit de réduire les communications, ou de les présenter sous la forme qui lui semblera la meilleure.

QUESTIONS

XIV

Le rôle du Poitou dans les pèlerinages de Lourdes. — On serait heureux d'avoir sur le rôle du Poitou dans les pèlerinages de Notre-Dame de Lourdes quelques renseignements pouvant servir à des recherches ultérieures.

Abbé Mertens.

XV

Un ouvrage sur saint Hilaire. — Existe-t-il sur saint Hilaire un ouvrage dans le genre de ceux publiés sur saint Martin et sainte Radegonde? Y aurait-il tout au moins quelque travail sur le chantier? A défaut, pourrais-je compter sur l'obligeance d'un abonné pour m'indiquer les sources les plus autorisées pour la réunion de notes utilisables, au besoin, pour un ouvrage de ce genre?

J. M.

RÉPONSES

VI

Généalogies poitevines. — Le *Pays Poitevin*, dans son dernier numéro, a rendu compte du livre charmant de M. Gabriel Audiat, *Lettres à ma cousine*, où, parlant du roman *Le Coupable*, de M. François Coppée, il rappelle ces souvenirs : « Dans le *Journal*, où il parut cet été, je l'avais déjà effeuillé aux vacances. J'étais alors, vous le savez, en Saintonge, et la Saintonge est un peu le pays de François Coppée. Des fureteurs de là-bas lui ont, il y a quelques années, dressé la généalogie de sa mère : et le poète des humbles a mis tout de suite une coquetterie charmante à se faire honneur de son humble aïeul, le forgeron Pierre Baudrit, compagnon à boucles d'oreilles qui ne savait pas lire, mais qui sans doute a légué à son arrière-petit-fils « un peu de son trésor moral », c'est-à-dire le bon sens populaire, le goût de la vérité, surtout le respect des travailleurs et l'amour des petites gens.

Gentil bohème parisien, François Coppée se laissa quelque jour ramener, par un gentilhomme qui l'aimait, au pays de son ancêtre, et c'est de Saint-Hilaire-en-Soubise, un bon vieux logis perdu au milieu de cette morne campagne rochefortaise, si heureusement peinte par C. Vergniol dans l'*Enlisement*, qu'est daté le roman de *Jeanne*. A quelques lieues de là, dans le jardin d'une maison plus vieille encore, puisque ce fut une villa romaine — les murs sont tels qu'il y a quinze ou vingt siècles, — on lui fit planter un pawlonia devenu maintenant un grand arbre... C'est sous le pawlonia de François Coppée, ma cousine, et dans le murmure attendrissant de tous ces souvenirs, que j'ai lu *Le Coupable*, ému par avance et tout désarmé de mon habituelle ironie... »

L. A.

— M. André Theuriet n'est pas d'origine poitevine, mais il a passé une partie de son enfance à Civray, où son père était fonctionnaire de l'enregistrement. M. Gaston Deschamps est né à Melle. Le Cardinal de Paris et M. Brunetière sont, je crois, d'origine vendéenne. M. Emile Faguet est né à Poitiers.

René Viau.

X

Bibliographie d'auteurs poitevins. — Les œuvres de Jacques Béreau ont été réimprimées par la Librairie des Bibliophiles, 338, rue Saint-Honoré, Paris, en 1884, avec préface, notes et glossaire, par J. Hovyn de Tranchère et R. Guyet. 1 vol. petit in-12 tiré à 350 exemplaires numérotés : 320 exemplaires sur hollande, 15 sur chine et 15 sur whatman. J'en possède un exemplaire sur hollande marqué 12 francs.

J. M.

— En 1863, j'ai parcouru à la bibliothèque de Rouen un petit volume de poésies intitulé *Le Printemps d'Yver*, par Jacques Yver, Niort, 1790, et j'ai pris copie de trois odes légères intitulées : *Branle du Poitou*, *Branle double*, *Congé à mon livre*.

H. Leroux.

XI

Pèlerins de Saint-Jacques. — Le Père Fita a publié en 1882, chez Maisonneuve, à Paris, un fragment inédit (le livre X) d'un ouvrage d'un prêtre poitevin, Aimery Picaud, composé vers le milieu du XIIe siècle et attribué par son auteur lui-même au Pape Calixte II, sans doute pour donner plus de poids à son œuvre. Titre : *Codex de saint Jacques de Compostelle*. M. J. M. trouvera sans doute dans ce volume des parties concernant le Poitou. Un itinéraire y est mentionné, passant par Saint-Martin de Tours, Saint-Hilaire de Poitiers, Saint-Jean-d'Angély, Saint-Eutrope de Saintes, Bordeaux.

Il a paru à Bordeaux en 1897, à la librairie Feret, 15, cours de l'Intendance, une plaquette de M. Alexandre Nicolaï : *Monsieur saint Jacques de Compostelle*, reproduisant, entre autres documents, des cantiques itinéraires et des images populaires. Je transcris à l'intention de M. J. M. les couplets qui ont trait à notre Pays Poitevin :

PREMIER CANTIQUE

. . . .

Quand nous fûmes en Saintonge,
Hélas! mon Dieu,
Nous ne trouvâmes point d'églises
Pour prier Dieu;
Les huguenots les ont rompues
Par leur malice;
C'est en dépit de Jésus-Christ
Et la Vierge Marie.
Nous prions, etc.

. . . .

DEUXIÈME CANTIQUE

. . . .

Nous nous mîmes à cheminer
Droit à Paris pour nous rendre :
C'est pour la Saintonge passer,
Prions Jésus qu'il nous défende
Des ennemis par sa puissance,
Ceux qui voudraient par hérésie
Empêcher nos bons désirs.
Prions Jésus, etc.

A Lusignan avons passé,
De Saintes à Pont, puis à Blaye.
Etc., etc...

. . . .

TROISIÈME CANTIQUE

. . . .

Quand nous fûmes en la Saintonge,
Le meilleur pays du monde;
Mais il y a de méchantes gens,
Ils s'en vont sur les passages,
Pour nous voler notre argent.
Nous prions, etc.

. . . .

A.-A. Monteil, dans son *Histoire des Français des divers États*, t. I, p. 355-371, décrit un itinéraire à Saint-Jacques, où quelques parties concernent le Poitou. La citation serait trop longue, d'autant qu'elle entraînerait à reproduire quelques notes. Le *Pays Poitevin* en ferait utilement la reproduction dans sa partie documentaire.

De Rive.

REVUE DES REVUES

— Jean Duc narre avec beaucoup de talent, dans l'**Ouest artistique et littéraire** (15 février 1899), son excursion au château de Carnoët, que les Bretons dénomment château de Barbe-Bleue. Jean Duc, n'ayant trouvé que des pierres informes, s'écrie d'un air navré : « Le château de Barbe-Bleue, c'était ça!... » Eh! non, cher confrère, le château de Barbe-Bleue ce n'est pas ça. Allez à Tiffauges, et vous verrez des ruines imposantes et sombres, et vous pourrez, dans les salles encore accessibles, rêver aux crimes de Gilles de Rais, le Barbe-Bleue de la légende.

— A une question sur les églises fortifiées, l'**Intermédiaire des Chercheurs et Curieux** (20 février 1899) répond, sous la signature LEDA : « Les églises *fortifiées*, en totalité ou en partie, sont au contraire très nombreuses et peut-être plus particulièrement dans l'Ouest au sud de la Loire.

« Dans l'Aunis, celle d'Esnande est justement célèbre, celle d'Angoulins montre encore d'anciens mâchicoulis.

« En Poitou, la Vendée offre un curieux exemple au Boupère. Les Deux-Sèvres avaient celle de Cerizay (arrondissement de Bressuire), récemment reconstruite, et celle de l'ancienne abbaye de Saint-Jouin-de-Marnes (arrondissement de Parthenay), où l'on ne voit plus rien depuis la restauration très critiquée de feu Loué. On y remarquait au-dessus du transept sud, en arrière d'une ligne de mâchicoulis, une vaste salle d'armes voûtée.

« La curieuse petite église romane de Verrines-sous-Celles (arrondissement de Melle) a perdu toute sa nef principale à la suite d'une réparation non moins intempestive d'un second architecte. Aujourd'hui, les transepts de l'abside s'élèvent seuls au milieu de l'ancien cimetière, *toujours pratiqué*, et, chose remarquable, l'enclos funèbre est entouré d'un mur circulaire épais et élevé, au pied duquel existait un fossé.

« Sans m'arrêter à la commanderie de Saint-Remi-en-Gâtine, commune de Verruges (arrondissement de Parthenay), dont la chapelle a conservé son clocher muni de mâchicoulis, je puis encore relever des traces de fortifications à la petite chapelle romane du prieuré de Selletu (commune de Saint-Georges-en-Noisné, même arrondissement), jadis fille de l'abbaye des Châteliers.

« Je laisse à notre savant collègue, Mr X.-B. de M., le soin de vous parler des églises de la Vienne.

« En somme, il n'est guère de nos vieilles églises en Poitou qui n'aient point été mises en état de défense et n'en offrent bien encore des signes évidents. Ce sont d'abord les coulisses profondes où glissaient les pièces de bois destinées à maintenir les portes contre la poussée des assaillants.

— Sous la rubrique *le Larousse continué*, la **Revue Encyclopédique** (18 février 1899) analyse un ouvrage bibliographique de M. A. Claudin, *Origine et début de l'imprimerie à Poitiers*. La notice est accompagnée d'une gravure tirée de la *Virginité de Marie* (Parthenaise Mariana), par Frère Jean-Baptiste de Mantau, imprimée en 1500 à Poitiers. Nous pensons intéresser nos lecteurs en reproduisant un fragment de son article :

« On savait que le premier livre imprimé à Poitiers, et portant la date certaine de 1479, était le *Breviarium historiale*, sorte de chronique au cours de laquelle il est fait mention des événements qui se sont passés dans le Poitou et les provinces voisines ; on savait encore que la première presse avait été installée dans la maison d'un dignitaire du chapitre de Saint-Hilaire-le-Grand. Mais on ignorait le nom de ce chanoine et celui de l'ouvrier qui avait travaillé sous son patronage. Par ses recherches aux archives de la Vienne, où reposent actuellement les registres capitulaires de Saint-Hilaire, et par les ingénieuses déductions qu'il en a tirées, M. Claudin a su trouver le nom du parrain de l'imprimerie poitevine ; il avait nom Bertrand de Brosse, était grand chantre du chapitre, fut ambassadeur de Louis XI près des seigneurs de la Haute-Ligue d'Allemagne et mourut en 1482. Après un petit temps d'arrêt causé par ce décès, l'imprimerie de Poitiers passa en d'autres mains et ne chôma plus. En 1482, ce sont les *Casus longi super sextum Decretalium compilati*, du maître Hélie Régnier ; ensuite, en 1483, les *Casus longi super instituta*, du même auteur, qui en sortirent. En 1486, ce fut le *Coustumier du Poictou*, le *Breviarium Pictavense* ; en 1487, la *Grammaire d'Ebrard de Béthune* et toute une littérature aux titres barbares et pédants, qui a contribué certainement à rendre sombres la fin du quinzième et le commencement du seizième siècle.

« G. L... »

La Vendée historique (5 et 20 février), sous la signature de son directeur, M. Henri Bourgeois, étudie la question controversée de l'existence, au musée d'artillerie, de la *Marie-Jeanne* des guerres de Vendée. Il existe en effet dans cette collection une couleuvrine qui, par son aspect, son ornementation et ses dimensions, se rapporte au signalement que la tradition, et les documents nous font de ce *palladium des Blancs*. M. de Rochebrune l'a reproduite par l'eau-forte dans un ouvrage de M. Grimault, et voici la description qu'en fait M. Baguenier-Desormeaux dans l'*Intermédiaire de Chercheurs et Curieux* du 30 mars 1899.

« La pièce qui se trouve dans une des cours du Musée des Invalides est un canon en bronze de l'époque de Louis XIII. Il porte des tourillons et des anses sculptées en dauphins ; le bouton qui ferme la culasse représente une tête de femme, que le catalogue rédigé en 1889 qualifie de « tête de Méduse ». Les renforts sont faiblement marqués ; le premier porte les armes du Cardinal de Richelieu : d'*argent à trois chevrons de gueules*. A la volée on lit cette inscription : *Armand, Cardinal duc de Richelieu*, avec les deux ancres de marine en sautoir de Grand Amiral de France. Toute la pièce est richement ornée et sculptée. Le calibre indiqué est de 0m108, c'est-à-dire qu'il se rapproche très sensiblement du calibre 8, donné à la *Marie-Jeanne* par la grande majorité des historiens. »

M. Baguenier-Desormeaux soutient, avec Benjamin Fillon, et la presque unanimité des critiques, que le canon fut repris par les troupes républicaines, soit à la bataille d'Angers, soit à la bataille du Mans. On ne peut malheureusement, par aucun document, identifier la célèbre couleuvrine avec la pièce du Musée d'artillerie. M. Henri Bourgeois, arguant de cette lacune, examine si les analogies de description existant entre la *Marie-Jeanne* et le canon du Musée ne seraient pas suffisamment expliquées par ce fait que le château de Richelieu possédait plusieurs pièces de même calibre et de même ornementation. Des documents affirment que la couleuvrine vendéenne a été fêlée à la prise de Saumur.

Or, celle du Musée d'artillerie est intacte et comme neuve, ce qui peut paraître surprenant, étant donnés les états de service de *Marie-Jeanne*. M. Henri Bourgeois conclut donc en faveur de la tradition qui veut que les Vendéens aient jeté leur canon dans la Loire, à la suite du désastre de Cholet, dans la crainte de la voir tomber au pouvoir des *bleus*. On demande des draguages.

BIBLIOGRAPHIE

Pays d'Ouest, par Gustave Geoffroy.
Paris, Fasquelle, 1897.

Cet ouvrage de Gustave Geoffroy, dont le titre indique suffisamment l'objet, est divisé en trois parties qui traitent respectivement de la Normandie, de la Bretagne et de la Vendée. Je ne dirai rien des tableaux si finement touchés qui composent les deux premières ; il me suffira d'étudier la troisième, consacrée à la Vendée et formée de croquis où la forme la plus gracieuse s'allie à l'observation la plus pénétrante.

L'auteur nous présente tout d'abord les trois aspects différents du paysage vendéen : le Marais, la Plaine et le Bocage qui « se touchent sans se confondre », gardant chacun sa physionomie propre, si différente de celle d'à côté et séparée de cette dernière par des « lignes de démarcation tracées avec une netteté extraordinaire ».

Tour à tour défilent sous nos yeux les sites les plus pittoresques. C'est d'abord ce Marais si régulièrement découpé par les canaux et les ruisseaux que dans son langage imagé M. Geoffroy appelle une « Hollande en miniature ». Là le pied « s'enfonce dans l'herbe grasse » couvrant d'un tapis verdâtre les bords des fossés, « dont l'eau disparaît perfidement sous la croûte des vertes moisissures et des lentilles d'eau ». Le paysage se déroule taché cependant çà et là de bandes de bestiaux aux « couleurs fauves et rousses ». Puis soudain le spectacle change subitement, offrant aux regards surpris la Plaine avec sa majestueuse et imposante monotonie ; la Plaine dont les sillons serrés livrent tous leurs secrets et laissent entrevoir « la perdrix qui court dans le guéret » ; la Plaine, couverte par les « blés et les colzas blonds », s'étendant à perte de vue sous un ciel qui la recouvre de l'immense voûte ajourée des nuages argentins et semble dans le lointain se confondre avec elle-même.

Maintenant nous voici arrêtés devant la robuste végétation du Bocage : « Les arbres ! s'écrie Geoffroy en une de ses plus jolies pages, c'est la parure exubérante, capricieuse, nuancée, du sol rugueux du Bocage, parure changeant ses formes et ses tons sous l'action de tous les souffles, de tous les rayons, de toutes les saisons. Troncs arrondis et massifs comme des piliers romans, troncs minces et élégants jaillissant en fusées de colonnettes gothiques, fortes branches au rude dessin noueux et irrégulier, branches minces au fin et flexible lacis, tiges droites comme des épées et lisses comme du bronze poli, branchages épineux et inextricables, tout cela est écrit nettement, sur le fond des prairies et des champs, en lignes rigides, arrondies et brisées, en lignes gris sombre, argentées ou bleuâtres. »

Rien n'est oublié, et sous la plume de Gustave Geoffroy tout se concrétise et devient vivant, pas un détail n'échappe à son œil exercé, et les différentes nuances du vert dont s'habillent les pins, les châtaigniers et les bouleaux n'ont plus pour lui aucun secret.

Mais la Vendée n'est pas seulement un ensemble de canaux, d'arbres et de sillons. Ces fossés remplis de joncs, ces arbres gigantesques élevant dans les airs leurs branches feuillues, ces sillons nourriciers de blé frissonnant sous la brise, reçoivent des soins de la main de l'homme. C'est peut-être à propos de ce dernier, au sujet du paysan vendéen, que l'auteur a écrit les plus belles pages du livre.

Mais, hélas ! il est aussi impossible d'analyser ce portrait d'une psychologie si complète et si délicate, qu'il le serait de découper un Millet. L'œuvre de la plume du poète, celle du pinceau de l'artiste doivent demeurer entières ; pourquoi les déflorer par une analyse ou des citations ?

Je signale seulement les dernières pages, « l'Homme à la berne », « le Grand-Oncle », « le Sous-Sol », car je n'ai jamais songé à donner seulement une idée de ce livre charmant, à plus forte raison à l'analyser, j'ai voulu simplement le signaler aux lecteurs du *Pays Poitevin*.

Que ceux qui cherchent dans les livres autre chose que des récits boulevardiers plus ou moins sérieux, pour tout dire autre chose que du réalisme, dans le sens le moins élevé que l'on donne à ce mot, lisent *Pays d'Ouest*. A défaut des fines dissertations sur les vices humains que l'on semble vouloir aujourd'hui glorifier, ils trouveront dans ce bon et beau livre de quoi faire naître ou fortifier leur amour pour cette terre de Vendée si pittoresque et si belle pour qui sait la comprendre et l'aimer. Ils passeront un bon moment à la lecture de ces quelques pages poétiques et vivantes où l'exactitude le dispute à la grâce, pages écrites par un homme, un poète qui sait voir et sentir et qui de plus, don inestimable, sait communiquer ses sensations aux autres en leur faisant oublier pour un instant par ses pages enchanteresses les douleurs et les bas côtés de la vie.

Auguste Loué.

Le dernier des La Rochejaquelein, par Edmond Béraud, avec une préface de Charette et le portrait du marquis de La Rochejaquelein. — Poitiers, Oudin, 1898. — In-8°, IV-31 p. — Prix : 1 franc.

L'avant-propos explique les relations d'intimité qui existaient entre le héros et l'auteur du livre, d'où cette brochure. Elle commence par un chapitre où sont expliquées les origines de cette illustre famille. Le nom de La Rochejaquelein vient d'une seigneurie située dans la paroisse de Voultgon, près de Bressuire, en Bas-Poitou. A la mort de Catherine de Vernon, dame de La Rochejaquelein, et de Jacques Lemartin, son époux, la succession échut à Renée Lemartin, qui porta en dot La Rochejaquelein à Guy du Vergier, seigneur dudit lieu, d'où sont sortis les du Vergier de La Rochejaquelein. Le nom a été dignement porté aux croisades, et les guerres de la Vendée lui ont donné tout son éclat. Le généralissime de la Vendée à vingt-deux ans, Henri de La Rochejaquelein, avait deux frères, Louis et Auguste, et quatre sœurs. Louis fut tué à la bataille des Mothes, le 3 juin 1815, laissant deux fils, six filles et une veuve, Marie de Dormissan, veuve de Lescure, auteur des *Mémoires*. C'est du second de ces fils, Henri de La Rochejaquelein, que naquit à Chartres, le 27 mars 1833, le dernier des La Rochejaquelein, le marquis Julien, député de Bressuire, mort à soixante-quatre ans, le 1er août 1897. M. Edmond Béraud a raconté la vie du député royaliste avec amour. Grand propriétaire terrien, le marquis Julien de La Rochejaquelein semait les bienfaits autour de lui. Le revenu de ses trois mille hectares de terre, dans l'arrondissement de Bressuire, y restait tout entier. Il s'occupait peu de la question sociale, mais il la résolvait à sa manière, en procurant du travail aux employés, journaliers, ouvriers, en secourant les misères. Elu député des Deux-Sèvres en 1871 par 45.000 voix, il fut réélu en 1876, 1877, 1885 et 1889, et défendit constamment le principe monarchique. C'était un noble cœur, et l'auteur l'a montré. Un chapitre raconte avec émotion l'inauguration (26 septembre 1895) de la statue d'Henri de La Rochejaquelein à Saint-Aubin-de-Baubigné, et en dernier, la mort et les obsèques.

(Revue de Saintonge et d'Aunis.)

Sommaire des Revues reçues

REVUES POITEVINES

Mercure Poitevin (février 1899). — Le Cap de la Trentaine (Mac Ramey) ; Poésie (V. Billaud) ; Les femmes au dix-huitième siècle (Claudié) ; B. Gautier et ses paysannes (H. Clouzot) ; Poésie (R. Ardouin) ; Poésie (J. Philippe) ; Choses vendéennes (H. Baguenier-Désormeaux) ; Baudelaire (Jacques Nanteuil) ; Lettres poitevines (Jan Duc) ; Chronique littéraire (***) ; Chronique dramatique (***).

Directeur : Pierre Corneille, La Mothe-Saint-Héray. — Abonnement annuel, 12 fr. (mensuel).

Revue d'Archéologie poitevine (février 1899). — Souvenirs de pèlerinages ; Inventaire du Murjé en 1663 ; Plaques armoriées du château de Thouars ; Thouars dans la collection Gaignières ; Le crucifix de Mirebeau (X. Barbier de Montault) ; Le seigneur de Boissoudan (A. Largeault).

Directeur : Mgr X. Barbier de Montault. — Administration, rue de l'Éperon, Poitiers. — Abonnement annuel : 12 fr. (mensuel).

La Vendée historique (5 février 1899). — Marie-Jeanne (H. B.) ; Poètes vendéens : Adrien Dézamy (E. Robin) ; Chroniques poitevines : Le père de « Monsieur Henri » (A. Dartaille) ; Mémoires d'un combattant de la Grande Guerre (H. B.) ; Légendes vendéennes : La légende de la *Vie* (Henri du Bocage) ; Explication (E. Robin).

— (20 février 1899). — Marie-Jeanne (H. B.) ; Poètes vendéens : Adrien Dézamy (E. Robin) ; Cinq ans en exil : Journal d'un prêtre vendéen en Espagne (1792-1797) (abbé Paillaud) ; Chronique d'autrefois : Les intrus en herbe du « séminaire-collège » de Luçon (Le Chercheur) ; Echos de 93 : La culotte de Cathelineau (Henri du Bocage) ; Mémoires d'un combattant de la Grande Guerre (H. B.) ; Un sermon dans les bois (1794) (Fr. de Saint-Mesmin) ; Trouvailles et curiosités (Le Chercheur) ; *L'Echo de Saint-Filibert* (H. B.) ; Çà et là ; Bulletin bibliographique.

Directeur : Henri Bourgeois, Luçon. — Abonnement annuel, 4 fr. 50 (bi-mensuel).

Revue Poitevine et Saumuroise (février 1899). — Notes d'épigraphie angevine (H. Grimaud) ; Les Chinonnais et la révolte des environs de Bressuire ; Le théâtre à Saumur au dix-huitième siècle ; Le duc d'Angoulême à Saumur en 1814 (C. Leroux-Cesbron) ; Chronique régionale.

Directeur : L. Picard, 13, quai Carnot, Saumur. — Abonnement annuel, 6 fr. (mensuel).

L'Ouest artistique et littéraire (15 février 1899). — Compte rendu de la réunion du 30 janvier 1899 (E. Pelletier) ; Discours prononcé par M. Lionel Bonnemère ; Notes de voyage (Jan Duc) ; Les collectionneurs de l'Ouest (E.-P. de Chevasné) ; Exposition artistique de Nantes et d'Angers (Lavrès) ; L'exposition de Mme Faux-Froidure (Lavrès) ; Histoire enfantine (C. Pradorux) ; Souvenirs de Bretagne (F. Guérin) ; Chronique musicale et dramatique (L. de D.) ; Bibliographie (François Beauchamps, G. Tessier) ; Echos ; Nécrologie.

Direction : 51 *bis*, rue Cler, Paris. — Abonnement annuel, 10 fr. (mensuel).

Poitiers universitaire (février 1899). — Coups de crayon, au hasard (P. Rousseau) ; Bouderie (Marc Peny) ; Sensations du soir (M. Robin) ; La fête de l'Association des Etudiants.

Revue de Bretagne, de Vendée et d'Anjou (février 1899). — Dinard-Saint-Enogat à travers les âges (abbé Guillotin de Corson) ; Liquidation des successions d'Anne de Bretagne et de Louis XII (J. Trévédy) ; L'épopée romane dans les provinces de l'Ouest (Vte Ch. de La Lande de Calan) ; Armateurs et marins bretons d'autrefois (Dr A. Corre) ; Sainte Anne pendant la Révolution (abbé Guilloux) ; Suggestions d'outre-tombe (Ctesse Olga) ; Marionig (Yan Kerhlen) ; La Savoyarde (E. Beaudils) ; La Sirène de La Fresnaye (P. Sébillot) ; Notices et comptes rendus (O. de Gourcuff) ; Les Bretons au théâtre (J. Le Bouteiller).

Administrateur : 1, rue Royale, Nantes. Servi gratuitement aux membres de la Société des bibliophiles bretons (mensuel).

REVUES DIVERSES

Revue de l'Art chrétien (janvier 1899). — Florence, musée en plein air (Gerspach) ; Porte de l'église abbatiale de Moutier-Saint-Jean (Côte-d'Or) (Chabeuf) ; Statuette de la sainte Vierge du quatorzième siècle (Helbig) ; En Bavière, notes de voyage (1re partie) (Eug. Soil) ; Mélanges ; Correspondance ; Travaux des Sociétés savantes ; Bibliographie.

Administration et direction : Desclée, de Brouwer et Cie, Lille. — Abonnement annuel, 20 fr. (bimestriel).

Mercure de France (février 1899). — Une volupté nouvelle (Pierre Louys) ; Verrerie, poème (Albert Mockel) ; Les conditions actuelles de l'art dramatique en Angleterre (George Moore) ; Prière pour un animal qui souffre meurés (Francis Jammes) ; Georges Rodenbach (Charles Merki) ; A propos de colonisation, Arthur Rimbaud et le capitaine Marchand (Paterne Berrichon) ; Dialogues dans l'ombre (Louis Payen) ; Thomas Carlyle (Edmond Barthélemy) ; Charmes oubliés (Ernest Simoni) ; Commentaire pour servir à la construction pratique de la machine à explorer le temps (Dr Faustroll) ; Aimienne ou le détournement de mineurs (Jean de Tinan) ; Revue du mois.

Directeur : Alfred Vallette, 15, rue de l'Echaudé-Saint-Germain, Paris. — Abonnement annuel, 20 fr. (mensuel).

Revue Encyclopédique Larousse (4 février 1899). — Les abattoirs (Pieri) ; Revue politique, Autriche-Hongrie (1898) (Marcel Paisant) ; L'Enseignement secondaire (fin) (Alexis Bertrand) ; Le Larousse continué (60 gravures).

— (18 février 1899). — La mission Gentil (H. Froidevaux) ; Revue dramatique (G. Geffroy) ; *La Bonne Souffrance* de François Coppée (G. Pellissier) ; Revue des questions sociales et ouvrières (C. Béguin) ; Les maladies de sentiment (T. Steeg) ; Le Larousse continué (21 gravures).

— (25 février 1899). — La guerre hispano-américaine (Emile Duboc) ; L'Art en Espagne (José-Ramon Mélida) ; Le Larousse continué : M. Emile Loubet, Alfred Sisley, etc. (57 gravures).

Le Spectateur catholique (juillet-septembre 1898). — Propre du mois ; Science religieuse : Le Paradis ou l'Achèvement de la vie (G. Fonsegrive) ; Raymond Lulle (Menendez y Pelayo) ; « Institutiones Theologiae dogmaticae » (F. Nonninger) ; Art religieux : Vision-Temps dorés (E. Bernard) ; Procession intérieure (A. Lefas) ; Confidence, La vigne, Enfance (Joseph Pouzin) ; La fin de deux Saintes (Marc Legrand) ; Prologue : Apologie du siècle XIII (G. Polti) ; Modernisme (A.-E. Joly) ; A propos d'art catholique (E. Bernard) ; Memling à l'hôpital Saint-Jean, à Bruges (E. Haëe) ; Illustrateurs d'Autriche et d'Allemagne (W. Ritter).

Jugement religieux : Lettre au Congrès de la jeunesse catholique à Besançon (abbé Frémont) ; Notes de sociologie (T. et H. Mazel).

Directeur : Edmond de Bruijn. — Bureaux : Bruxelles, 92, rue du Prince-Royal ; Paris, 44, avenue du Maine.

Etudes publiées par des Pères de la Compagnie de Jésus (5 février 1899). — Les étonnements d'un Anglais en France (P.-H. Brémond) ; Quinze années de la vie de Montalembert (1835-1850) (fin) (P.-G. Longhaye) ; Le recrutement du clergé dans les classes supérieures de la société (P.-J. Delbrel) ; Pèlerines d'antan et pèlerines fin-de-siècle (P. F. Prat) ; Vieira : Sa vie, son éloquence. II. (P. L. Cabral) ; « Le péril protestant » (P. J. Burnichon) ; Bulletin d'histoire : Livres (P. H. Chérot) ; Livres ; Evénements de la quinzaine.

— (20 février 1899). — Progrès fin-de-siècle : L'aliénation mentale (P. H. Martin) ; Le texte hébreu de l'*Ecclésiastique* et la critique sacrée (P. L. Méchineau) ; Les loges maçonniques et la liberté de l'enseignement (P. E. Abt) ; Sur la frontière nord de la terre promise (P. H. Lammens) ; Vieira : Sa vie, son éloquence (fin) (P. L. Cabral) ; Correspondance des missions ; Variétés chinoises ; Statistique (P. J. Brucker) ; Livres ; Evénements de la quinzaine.

Administration : 82, rue Bonaparte. — Rédaction : 15, rue Monsieur, Paris. — Abonnement annuel, 25 fr. (bi-mensuel).

Revue Bénédictine (février 1899). — Le système musical de l'Eglise grecque (D. Hugues Gaïsser) ; D'où était Evêque Nicasius, l'unique représentant des Gaules au concile de Nicée ? (D. Germain Morin) ; L'enseignement ascétique dans les premiers monastères orientaux (D. J.-M. Besse) ; Mélanges ; Chronique de l'Ordre ; Bibliographie.

Administration : Abbaye de Maredsous (Belgique). Abonnement annuel, 6 fr. (mensuel).

L'Intermédiaire des chercheurs et curieux (10 février 1899). — Bonnes villes ; Champagne, Morvan, Vendée ; Les faiseurs de généalogies à prix d'argent ; Usage de sonner les cloches pendant les orages ; Pèlerinage à San-Iago de Compostelle ; Félibre ; « C'est le ménétrier Thomas », vieille chanson ; Un trait du maréchal Bugeaud, etc., etc.

— (20 février 1899). — Clémenceau ; Bibliographie des Mémoires de la marquise de La Rochejaquelein ; Henri II et Diane de Poitiers ; Noms bizarres de rues dans certaines villes de France ; Eglises fortifiées ; Curieux droits féodaux, etc., etc.

— (28 février 1899). — Malherbe et M. Gaston Deschamps ; La Vendée au théâtre ; églises fortifiées ; Pèlerinages à San-Iago de Compostelle, etc., etc.

Directrice : Mme la générale Iung, 38, avenue Wagram, Paris. — Abonnement annuel, 6 fr. (trimensuel).

Mélusine (janvier-février 1899). — Un chant monorime de la Passion (Georges Doncieux) ; Les Grues d'Ibycus (Loquin de Gaidoz) ; La Fascination (Tuchmann) ; Bibliographie de la Gorgone et du Gorgonéion (Tuchmann) ; Bibliographie.

Revue des Traditions populaires (février 1899). — La pomme et la fécondité (E. Gautier) ; Les trésors cachés dans la Mayenne (P. S.) ; Légende des forêts de France (Paul Sébillot) ; La légende d'Amasis (René Basset) ; La chasse Artu dans la Mayenne (P. S.) ; Contes des métiers (A. de Cock) ; Les croix légendaires, la main de fer (E. Quernau-Lamerie) ; Petites légendes locales (Lucie de V. H.) ; La légende de Didon, délimitation par la monture (Léo Desaivre) ; Les cimetières, Le pêcheur du Salalis (A. Danzat) ; La procession des morts (Jean Stramon) ; Illuminations macabres (Léo Desaivre) ; Les Juifs brûlés (Paul Sébillot) ; Légendes et superstitions préhistoriques (d'Anet du Mesnil) ; Les mois en Franche-Comté (Ch. Beauquier), etc., etc.

Directeur : Paul Sébillot, 80, boulevard Saint-Marcel, Paris. — Abonnement annuel, 15 fr. (mensuel).

Wallonia (13 février 1899). — Le carnaval de Malmédy (H. Bragard) ; Notes et Enquêtes (O. C.)

Directeur : O. Colson, 16, fond Saint-Servais, Liège (Belgique). — Abonnement annuel, 4 fr. (mensuel.)

Lemouzi (février 1899). — Portrait et discours de M. Vintéjoux; A Joseph Roux, sonnet (Bajuret); Une affaire de trahison au quinzième siècle (Guibert); La Boucherie (Chadebec); Est-ce la faute au Châteigner? (P. L'Escurol); Pages oubliées (Lacoste du Bouig); La civilisation limousine (A. Leroux); En Limousin (René Fage); Bulletin.

Administration et rédaction : 65, rue Truffault, Paris. — Abonnement annuel, 6 fr. (mensuel).

Revue de Provence (février 1899). — Cuisine provençale (Horace Bertin); Les poètes du terroir : I. Charloun Rieu (Elzéard Rougier); Ma Seido (Ch. Rieu); Excursions en Provence : La montagne de Lure (P. Ruat); Chronique du mois.

Administration : Librairie Ruat, 54, rue Paradis, Marseille. — Abonnement annuel, 3 fr. 50 (mensuel).

Revue Forézienne (février 1899). — Fabre des Essarts (P. Pionis); L'opinion d'Alphonse Daudet (J. F.-L.); L'arrestation de la duchesse de Berry. II. (H. Clément); Victor de Laprade, homme politique. II. (Petrus Durel); Avenir et passé. II. (P. de Bouchaud); Nos sapins (G. Manin); Comme une fleur (P. Gourmand); Questions et réponses (F. Richard, H. Bauquier); Un Forézien au pays de Don Quichotte (J. Déchelette); Instantanés (Mytha); Lisons (Legens); Chronique musicale (Remy); Courrier industriel (Picé); Chronique de l'armurerie (Armero); Revue de la Bourse (Pascal Forest); La Mode (Satinette); Petite Correspondance.

Directeur : Fournier-Lefort, Saint-Étienne. — Abonnement annuel : 15 fr. (mensuel).

Nous avons reçu également : *Bulletin de saint Benoît-Joseph Labre; L'Abeille paroissiale de Gourville; Le Vendéen de Paris; Bulletin de saint Martin et de saint Benoît; Revue éclectique d'apiculture; Le Courrier littéraire de l'Ouest; Le Journal des Arts; La Chronique des Arts et de la Curiosité; La Province; L'Écho du Merveilleux; Simple Revue; Lou Felibrige; Revue sociale catholique; Les Cahiers occitans; La Revue bibliographique belge; L'Aube méridionale; Les feuilles d'or de Provence, etc., etc.*

Le Directeur-Gérant : Gustave Boucher.

Ligugé (Vienne). — Imp. Saint-Martin, M. Bluté. — 3-99.

LE PAYS POITEVIN

CHRONIQUE — ÉCHOS — BIBLIOGRAPHIE

Aux abonnés et lecteurs du « Pays Poitevin »

Le numéro 11 du Pays Poitevin *paraît avec la date mai-novembre. Le numéro 12 portera la date de décembre. L'abonnement de la première année qui expirait en juillet se trouve donc prorogé jusqu'en décembre.*

Nous avons eu l'occasion de donner au plus grand nombre de nos abonnés, directement, l'explication de ce retard. Nous renouvelons ici nos déclarations pour ceux de nos lecteurs à qui il nous a été impossible d'écrire.

Notre Directeur a été chargé, au courant de cette année, d'une mission ethnographique à travers des provinces de France en vue de manifestations provincialistes à l'Exposition de 1900; il a en outre été délégué par la Société d'Ethnographie nationale et d'Art populaire au Congrès de Honfleur, qui l'a immobilisé deux mois en Normandie.

Des engagements antérieurs ne lui ont pas permis de se dérober à cette double tâche, quelque chagrin qu'il ait eu de négliger forcément le Pays Poitevin *pendant cette période. Il ne pouvait d'autre part, étant donné les difficultés techniques et de rédaction d'une revue née d'une conception particulière, imposer à aucun de ses dévoués collaborateurs les responsabilités d'une direction moralement et matériellement onéreuse.*

Aujourd'hui, notre Directeur est revenu à son poste, ayant contracté vis-à-vis des amis du Pays Poitevin *une dette nouvelle en raison des encouragements que ceux-ci n'ont cessé de lui prodiguer.*

Aussi est-il bien résolu de sacrifier dans l'avenir toute fonction incompatible avec la mission toute spéciale de défendre en Poitou la cause traditionaliste.

Le « Pays Poitevin ».

RÉGIONALISME

Le Troisième Congrès de la Tradition nationale

L'EXPOSITION ET LES FÊTES DE HONFLEUR

Le Journal de Rouen *a publié en juillet, quelques jours avant l'ouverture des fêtes de Honfleur, un supplément consacré à l'Exposition et aux manifestations diverses qui devaient l'accompagner. Cette étude donne très exactement la physionomie de ces belles fêtes dont le succès a été, pour ainsi dire, triomphal. Nous reproduisons aujourd'hui l'article de M. Georges Dubosc, et donnerons, dans le prochain numéro, le compte rendu sommaire du troisième Congrès de la Tradition nationale.*

Tout le monde se souvient de la loterie de Honfleur, dont le tirage a eu lieu il y a quelques mois seulement; mais on ne s'est guère demandé à quoi elle pouvait servir et quel en était le but? Son but? C'était d'arriver à la fondation d'un *Musée de la Tradition et de l'Art populaire en Normandie*, dont l'ouverture coïnciderait avec une exposition générale de tout ce qui touche à ces recherches si en faveur de nos jours. En même temps, la *Société d'Ethnographie nationale et d'Art populaire*, que président des hommes comme Xavier Charmes, Roujon, André Theuriet et Bonnat, devait venir continuer à Honfleur, dont le passé maritime est si profondément intéressant, la série des congrès qu'elle a si brillamment inaugurés à Niort, et à Saint-Jean-de-Luz, en plein Pays Basque. Enfin, ce congrès d'érudition et d'art; tout entier consacré à la Normandie, serait égayé par une longue suite de fêtes pittoresques, civiles et religieuses, inspirées toutes par l'esprit provincial. En somme, la manifestation qui va se produire dans la petite cité normande, et qui durera du 30 juillet au 10 septembre, est une manifestation très intense de la vie provinciale dans cette région si riche en souvenirs qui s'appelle la Normandie; c'est l'inventaire dressé de toutes les gloires et de tous les trésors de son passé.

Au premier chef, c'est aussi une manifestation décentralisatrice, n'en déplaise à M. Brunetière, qui, dans sa conférence sur le « Génie breton », a si vigoureusement défendu les principes de la centralisation à outrance; mais malgré tout, c'est aussi une manifestation patriotique et nationale. Tous ceux qui se sont mis à la tête de ce mouvement provincial l'ont proclamé, Gaston Paris, Lafenestre, Fourcaud.

En faisant mieux connaître, sous ses aspects divers, la France ancienne, ils veulent contribuer aux progrès de la France moderne. Ils ne veulent pas recommencer et répéter le passé, ils veulent seulement retremper le génie national à ses sources séculaires. L'esprit, le caractère français, le génie de notre race, se sont créés par les apports multiples et divers de la vie provinciale; il s'agit de réveiller et de faire revivre, sous toutes leurs formes, ces activités régionales.

> Si en ressuscitant la vieille vie familière d'autrefois, a dit André Theuriet, nous parvenons à redonner à la province l'amour de ses traditions, de son terroir, de son clocher, nos efforts n'auront pas été vains, car de même que l'âme de la nation se compose de toutes les âmes éparses sur le territoire, la grande Patrie est faite de toutes les petites patries qu'enserrent nos bois, qu'arrosent nos fleuves ou qu'abritent nos montagnes. C'est à la chaleur de ces humbles foyers que s'allume la belle flamme du patriotisme.

Ce sont là de belles idées générales, il s'agissait de les concréter et de les réaliser. C'est ce qu'a fait une vaillante et modeste petite Société normande, créée récemment, *Le Vieux Honfleur*, et qui s'est vouée à ce mouvement de restauration provinciale. Elle a trouvé de hauts patronages, celui d'Albert Sorel, un Honfleurais, dont on se rappelle les pages superbes sur le « Génie normand », écrites au moment de la glorification de Guy de Maupassant, celui de Charles Bréard, l'historiographe des marins normands. Elle a su se concilier les pouvoirs civils, religieux et universitaires, et, grâce au Comité local que préside M. le colonel Lachèvre, intéresser tous les collectionneurs à l'œuvre qu'elle tentait. Elle a surtout été heureuse de rencontrer en l'excellent artiste honfleurais, M. Léon Le Clerc, secrétaire général, un dévouement à toute épreuve. Très épris de sa vieille ville, M. Léon Le Clerc, secondé par M. Ville-d'Avray, a été l'âme de cette Exposition, pour laquelle il s'est dépensé de toutes façons, procédant aux recherches et à l'organisation générale, brossant les décors, sculptant les figures, donnant à tous, par son exemple, le zèle hardi et confiant qu'il faut avoir en ces initiatives.

Il nous reste maintenant, avant que le rideau ne soit levé, à faire un tour dans cette Exposition nouvelle, d'un genre imprévu, et à voir l'œuvre accomplie, après avoir indiqué les idées qui ont présidé à son organisation.

L'Exposition d'Histoire normande, réunissant tout ce qui se rapporte à l'Art populaire et à la Tradition, complétée par une importante Exposition de Beaux-Arts et par des sections consacrées à la photographie et au Canada normand, est définitivement installée et organisée avec beaucoup de soin, sur la place Thiers, en plein centre de la petite cité honfleuraise. Elle consiste, ainsi que l'indique notre croquis, en deux grands corps de bâtiment mesurant, l'un 40 mètres de long sur 9 mètres de large, l'autre 60 mètres de longueur. Séparées par un jardin s'enfonçant sur la place du Théâtre et entourées d'une ceinture de marronniers, ces deux galeries comprendront les deux parties principales de l'Exposition : *Art populaire ancien* et *Art moderne*. Face à la rue de la ville qui coupe ce qu'on appelait autrefois l'ancienne cité et qui mène à l'Hôtel-de-Ville, sera l'entrée principale. Elle est marquée par une reconstitution, en ce moment très avancée, de l'ancienne *Porte de Rouen*, avec ses mâchicoulis, ses échauguettes, son petit clocher en poivrière qui portait la cloche d'alarme, sa voûte s'arrondissant pour laisser passer la foule. Au-dessus de l'entrée se trouvait une statue de saint — saint Léonard probablement — mais pour tout bon Honfleurais, c'était le vieux *Bonhomme Honfleur*, comme pour tout Rouennais la figure du Bon Pasteur sous l'arcade du Gros-Horloge est le *Vieux Rouen!* Cette reconstitution, dressée d'après le plan de Gomboust, a été fort bien menée par un entrepreneur de notre région dont l'éloge n'est plus à faire, après les beaux travaux de l'Exposition de Rouen, M. Ernest Vilette et fils, de Déville. On se souvient de l'art et du goût qu'il avait mis dans la construction d'un *Logis de ferme* qu'il vient d'édifier dans le jardin de l'Exposition honfleuraise et qui servira de buvette et de restaurant. Là, à toute heure, on pourra déguster les mets locaux, se régaler de cidre authentique et de « calvados » véritable, en un décor amusant et pittoresque!

Dans l'une des grandes galeries, avons-nous dit, est réunie l'Exposition d'Art populaire et de Tradition normande, elle se divise tout d'abord en trois grandes sections : la *Vie rurale*, c'est-à-dire tout ce qui concerne la maison du paysan normand, son mobilier, ses vêtements, ses ustensiles, tout ce qui se rapporte également à la culture des champs et à l'exploitation de la forêt ; puis la *Vie urbaine*, c'est-à-dire la vie des marchands et artisans, tant au point de vue de l'habitation et des mœurs intimes qu'à celui des traditions artistiques et religieuses, enfin la *Vie maritime* et tout ce qui rappelle les expéditions et les voyages de nos marins, leurs explorations et leur commerce, les pêches et la vente du poisson. Comme on le voit, c'est une vaste synthèse fort bien ordonnée et classée de toute la vie normande ancienne, aperçue sous un triple aspect. C'est une sorte de triptyque pittoresque de l'existence du Normand de jadis... et un peu d'aujourd'hui : marin, laboureur et marchand. Triptyque pittoresque, nous avons dit, et le terme est juste, car cette Exposition, telle qu'elle a été conçue, sera très vivante, pas ennuyeuse pour un sou. On a, en effet, évité de lui donner cet air de musée abstrait et mort, contre lequel nous protestions dernièrement, en présentant tous les objets exposés dans des décors et sous des aspects de réalité et de vie, en s'efforçant par exemple de reconstituer les anciens intérieurs avec des personnages costumés, en créant de véritables petits dioramas, des tableaux mouvementés et curieux.

Vous plairait-il de pénétrer en flâneur dans cette galerie des mœurs et des usages normands pour en avoir la preuve? Franchissons le porche normand qu'abrite un toit de chaume coiffé d'iris en fleurs. Il est fort amusant avec sa petite exposition d'anciens instruments aratoires, son fer à cheval cloué sur le vantail, qui rappelle un vieil usage campagnard, ses mangeoirs, ses guirlandes de haricots séchés et d'épis de blé; mais ce sont là... bagatelles de la porte, qui indiquent seulement et précisent le caractère ethnographique de l'Exposition. A peine entrés, nous voici en pleine reconstitution de la *Vie agricole*.

C'est la maison du paysan, avec ses aitres, sa cuisine et sa laiterie, sa chambre avec son lit à colonnes et ses rideaux, sa couchure, ses chaises, ses coffrets et ses boîtes. Voilà le vieux coffre à linge, le coffre de mariage et l'armoire, la jolie armoire normande, fouillée dans le chêne avec amour par le sculpteur du village, l'armoire que le poète normand Robert Campion a si joliment chantée :

> Elle est solidement montée,
> Sa ferrure est en fer forgé,
> Et de sa corbeille sculptée
> Pas une rose n'a bougé.
> Dans ses rosaces se marie
> L'églantine aux fleurs du pommier,
> Et la tourterelle apparie
> Son rêve au rêve du ramier !

Si on entr'ouvrait ses battants, on trouverait toute une lourde charge de linge normand : beaux draps de lin, nappes fines, fleurant la bonne lessive, rubans et barbes de dentelle du bonnet des grands jours.

A côté de la chambre, voilà la pièce principale du logis normand, la large cuisine. Sur le côté, la cheminée avec la place réservée où se trouve le banc de l'aïeul, l'âtre, sa plaque historiée, la *crémaillée* où pend la marmite, et les grands landiers de fer, souvent couronnés par des pots à feu où l'on fait réchauffer la potée de soupe. Au-dessus, sur le rebord, toute l'alignée des chandeliers de cuivre et l'attirail des broches à rôtir. C'est aussi la place du vieux fusil de chasse et de la collection des antiques *z'armanachs*, de ce *Mathieu Lænsberg*, qui renseigne si bien sur les variations du temps. Pour un peu, on s'assoirait à la table où le maître va prendre place, tant le décor est engageant avec le dresseux, le *vaissellier*, portant des assiettes historiées et les pièces de faïence des grands jours, avec la resserre des bols, des jattes, des canes et des canettes, des *moques*, comme on dit au bas Pays Normand. Tout est préparé pour le repas, semble-t-il, et au mur s'étale la dinanderie brillante et reluisante : chaudrons de cuivre, casseroles étincelantes, écumoires et passoires, grils et tranchoires, cuillers à pot et mouvettes. Au plafond pendent : la couronne des chandelles de six, le *crasset*, une petite lampe, et, au coin de la porte, la lanterne de corne qui éclaire les sorties nocturnes quand on se rend, par les nuits sans lune, à la messe de minuit.

La laiterie d'autrefois est également restituée dans cette section rétrospective. On n'y rencontrera point d'écrémeuse centrifuge ni d'appareil réfrigérant. Mais on y verra toute la série des pots et des terrines, « bien posés sur un coussinet », que Perrette laissa choir si malencontreusement. Par là, on rencontrera aussi les grands seaux pour la traite, les *siraines*, les vases en terre où on laisse cailler le lait, les *couleux* ou tamis qui servent à le tamiser, les barattes ou les barattons à faire le beurre, les saloirs, les grands pots de Talevende ou les *mahons* qui servent à le conserver, et tous les instruments utiles pour la fabrication de nos fromages normands : les fromages à la crême avec leur cœur, les *glottes* nattées de paille, les *casettes*, les *gailles* ou moules dont on use pour les fromages de Neufchâtel.

Ce sont là les reconstitutions principales de la vie du paysan ; mais, à côté, de part et d'autre, on a réuni tous les instruments de culture, les outils et les ustensiles de la ferme. Ainsi que le dit le programme, il s'agit moins là d'une exposition agricole rurale, au sens moderne, que d'une exposition rétrospective d'instruments agraires. Pas commode, du reste, à trouver cet attirail ancien de la ferme normande ! Pas facile à constituer ce *Musée rétrospectif de l'Agriculture*, car, tous les jours, ces instruments disparaissent, remplacés par les engins mécaniques de la construction moderne ! Bientôt, on ne connaîtra plus tous ces anciens modèles, qu'il est temps de réunir au plus vite si on veut en conserver le souvenir. Un temps viendra où les labours... électriques remplaceront la charrue normande, où les faucheuses et les moissonneuses auront fait disparaître la faux et son *gavellier*, les battements, et le *buhot* que les faucheurs portent à la ceinture ; où les batteuses à vapeur et à... alcool auront tué les *batteux en grange* ; où l'on ne saura plus ce que c'est qu'un *fléau*, sa *hante*, sa *batte* et sa *chape* ; où les faneuses américaines auront remplacé les *ratèles* et les *fourques*, où les vans et les cribles s'en seront allés où sont partis les moulins à vent, dont les ailes cassées pendent lamentablement.

Déjà, le four campagnard, qui arrondissait sa panse de bauge au coin de la masure, a disparu ; on n'use plus du pétrin, on ne sort plus de la *brie*... qu'à Honfleur, où le pain *brié* est toujours en honneur. Le pressoir et sa table, son mouton et sa *faiscelle* disparaîtront également, et un temps viendra où l'on ne saura plus *piler* ! Heureusement, on saura toujours ce qu'est le bon « boire » et le *phlipp* ! Je vous le dis en vérité, encore un peu de temps, et il faudra mettre sous vitrine, dans un Carnavalet inédit, les *écouches* à broyer le lin, les *trames* et les *ros* du tisserand, les houlettes du berger, et tout le harnais de travail des chevaux : colliers à pompons, caparaçons, licols, fouets et solides « perpignans » qui claquaient si joyeusement. L'automobile est là qui nous guette : le *poids lourd* remplacera la *carette à gerbes*, et le fermier se rendra en motocycle au marché voisin !...

Avant que ces temps d'abomination n'arrivent, on s'est hâté à l'Exposition d'Honfleur de réunir les mille instruments et objets de la vie rurale, et on a bien fait. Très curieuse, par exemple, la collection des anciennes mesures de capacité normandes, les anciennes rasières, le boisseau, la barette de Caen, le *cabotel*, le pot d'Arques, le demion, la quarte, la *demoiselle*, la topette et bien d'autres ! A cette exposition de la vie rurale, on a joint toute une série spéciale sous ce titre général *La Forêt*... ne serait-ce que pour faire plaisir à M. André Theuriet, un des présidents de l'œuvre ! Une hutte de charbonnier, couverte d'ajoncs, suffira pour évoquer nos grandes forêts normandes et toutes les industries qui s'y approvisionnent : bois de construction, bois de chauffage, ouvrages en bois de toutes sortes, sabots et galoches. En plus, cette section comprend la flore et la faune forestière, c'est-à-dire tout ce qui vit, rampe, vole, court, bourdonne, sous l'abri feuillu de nos bois. Que n'a-t-on pu y faire figurer une de ces « haridelles de Saint-Gratien », si connues à Honfleur, un de ces petits chevaux d'une race très typique, qui travaillaient dans la forêt dominant toute la vallée de la Touques !...

Mais d'autres spectacles intéressants nous attendent dans la section suivante consacrée à la *Vie urbaine*, et, plus particulièrement, aux mœurs et aux traditions honfleuraises. De tous côtés, les vitrines renferment des trésors d'objets domestiques curieux : vaisselle, bijoux normands, croix et jeannettes, esclavages, chaînes d'or, bonnets et dentelles, ivoires, mille colifichets propres aux différents pays normands. Mais tout cet ensemble des costumes et des instruments domestiques se résume en quelques tableaux curieux :

L'un est la représentation d'un ancien *Ecot de veillée* honfleuraise. Dans une cuisine, meublée comme autrefois, on s'est réuni pour passer la soirée. L'aïeul est là se chauffant au feu qui rougeoie dans l'âtre, l'enfant est assis sur le *chuquet* traditionnel, un marin raccommode ses filets, une femme file au rouet, tandis qu'une autre entr'ouvre la porte, emmitouflée dans sa cape rouge, sa lanterne à la main, apportant ses *bloquets* et son coussin à dentelle, car on a fait jadis de la dentelle à Honfleur, comme dans tout le pays bas-normand. L'autre reconstitution est non moins pittoresque.

C'est le *Départ pour le baptême*, et tout un cortège de gens endimanchés s'empresse autour du nouveau-né dans la chambre, où l'on aperçoit le lit à haut baldaquin, la vieille armoire à linge, et le berceau rustique. On a, bien entendu, profité de ces deux scènes très typiques pour exposer tous les menus objets de la vie intime, recueillis non sans peine dans les campagnes environnantes.

Il s'agissait de ne pas oublier, à côté de ces reconstitutions locales, les autres contrées normandes, le Pays de Caux, la vallée d'Auge, le Bocage, le Roumois, l'Ouche, le Cotentin. On y est aisément parvenu en nous restituant la vue d'une assemblée normande sous les pommiers. Une assemblée ! Tout le monde s'y amuse, tout le monde s'y égaie. Excellent prétexte pour grouper sous une tente de guinguette champêtre tous les costumes de Haute et Basse-Normandie : la blaude bleue et l'habit de droguet du paysan et du maquignon. Et quelles jolies variétés, quelle diversité charmante dans les coiffures féminines ! Toutes y sont représentées, et il semble qu'on ait mis en action les gravures de Lanté et de Lalaisse ! Voici le haut bonnet cauchois ayant son casque de drap d'or, vrai hennin comme ceux d'Isabeau de Bavière ; voilà les grandes ailes mouvantes des bonnets des filles d'Avranches, les grandes barbes de Bayeux, le bonnet retroussé de Luc, la *calipette* de Caen, le *bavolet* de Granville. Rien n'y manque, pas même le légendaire bonnet de coton de quelque Jeanneton de Falaise ou de Lisieux ! Ce coin très amusant ne pourra manquer d'intéresser et de piquer la curiosité féminine, qui comparera ces modes d'antan, si gracieuses et si jolies, avec les fantaisies d'aujourd'hui. Ce n'est pas sans mal, du reste, que M. Louveau, collectionneur, a pu faire sortir des vieilles armoires toutes ces reliques du passé, découvertes par-ci par-là, au prix de courses nombreuses. Une certaine partie de ces costumes, d'une très grande richesse, a été acquise dernièrement à la vente de l'excellent peintre Charles Luillier, ancien directeur de l'Ecole des Beaux-Arts du Havre.

Après la vie de gaieté et de fête, vient la vie sérieuse de tous les jours, la vie de l'artisan et du marchand.

Pour nous la rendre, on a reconstitué une vieille boutique de ville maritime avec son écriteau : « Le navire les *Deux-Frères* est arrivé avec une cargaison de toiles et d'étoffes. »

Tout est en place dans la boutique, ouverte à tous venants, et qui ne fermera pas... même les dimanches ! Sur le comptoir, on aunera toutes les étoffes et on pèsera les marchandises des industries normandes traditionnelles : siamoises et cotonnades de Rouen, draps d'Elbeuf ou de Louviers, frocs d'Orbec, étoffes de Flers. On y vendra de tout et même d'autre chose... faïence de Rouen, vaissellerie d'étain, terrinets de Lison, faïenceries du Pré-d'Auge, bonneterie de Putanges, coutellerie de Saint-Lô, dinanderie de Villedieu-les-Poêles, épingles de Laigle, ivoires de Dieppe, cuirs de Pont-Audemer ou Saint-Saëns, chapeaux de Caudebec, verrerie du pays de Bray, violons et hautbois d'Ezy, couteaux de Condé-sur-Noireau. Ce sera le grand bazar du bric-à-brac normand, et si vendeur ou acheteur ont quelques péchés sur la conscience, ils pourront aller s'en délivrer... dans la chapelle voisine !

Pour fournir un cadre approprié à une exposition du mobilier religieux de nos campagnes, on a, en effet, restitué l'aspect d'une ancienne et modeste chapelle votive. Sous les arceaux bas, éclairés par de petites verrières, seront exposés tous les objets du culte : pièces d'orfèvrerie, vêtements sacerdotaux, chapes et bannières, ainsi que tous les souvenirs de pèlerinages, médailles, ex-voto, tableaux, navires, cierges, lutrins, — et ce qui sera surtout curieux — tout ce qui se rapporte aux anciennes Confréries de Charité, sur lesquelles notre concitoyen, M. Ed. Pelay, prépare en ce moment un intéressant volume. Il y aura là des spécimens très caractéristiques des anciens costumes : chaperons et toques, puis des ustensiles ordinaires, bâtons et croix de processions, tintenelles, draps mortuaires, médailles et insignes, martyrologes, livres de chants et de prières, statuettes, gravures de confrérie, images découpées au « canivet ». Toute cette section liturgique, confiée à M. l'abbé Maurisset, curé-doyen de Sainte-Catherine, ne peut manquer d'être fort remarquée.

Une autre plus particulière, plus spéciale, n'offrira pas un moindre intérêt pour le visiteur, c'est celle de la *Vie maritime* normande. On a fait des miracles pour la constituer, et elle réserve de nombreuses surprises aux visiteurs.

C'est ainsi que ceux-ci pourront admirer toute une série de modèles de nos anciens navires de guerre que, sur la demande du commandant Hamelin, l'arsenal de Cherbourg a bien voulu prêter; cette flotte minuscule de la Manche sera complétée par tous les modèles des navires, prêtés par l'éminent constructeur Augustin Normand, et sortis depuis plusieurs siècles des célèbres chantiers. Par ses origines, M. Normand est Honfleurais, et, avec une vive complaisance, il s'est mis à la disposition des organisateurs. C'est la vie du bord tout entière qui apparaîtra dans cette section avec les livres et les papiers, avec les cartes, avec les anciens instruments de navigation, sextants, boussoles, compas, longues-vues, avec les anciens costumes des marins et des pêcheurs, avec les vêtements si pittoresques du polletais, du terre-neuvier, avec les chapeaux de bois des marins honfleurais. C'est l'existence des anciens corsaires normands qui revivra avec leurs armements, canons, fusils, haches d'abordage, avec toute la série de leurs anciens pavillons, avec ses cent cinquante manières de faire un nœud marin, avec les tableaux naïfs qu'ils dessinaient pour commémorer leurs exploits.

Une des curiosités de cette Exposition sera vraisemblablement une toile inconnue, de huit mètres de long, retrouvée dans un vieux grenier d'Honfleur, qui représente un *Bombardement du Havre* au siècle dernier, avec les deux flottes en présence, minutieusement peintes et détaillées. Au milieu de tous ces agrès et de ces apparaux maritimes, les industries de la pêche n'ont pas été oubliées. Tous les modes de filets : le chalut, les appelets, les folles, y figurent, et jusqu'au bouque-chèvre, d'invention honfleuraise, qui sert à pêcher la crevette. On retrouvera là toute l'histoire des pêches à Terre-Neuve ou en Islande, les pêches baleinières sous une forme pittoresque. Du reste, la vieille marchande de poisson d'Honfleur, assise dans son traditionnel baril, abritée d'un vaste parapluie, entourée de son étal et de ses bottes, à deux pas d'un véritable bassin de rochers où frétilleront de véritables poissons de mer, symbolisera, à elle seule, de façon amusante, la pêche normande !

Ici se termine l'Exposition de la tradition française en Normandie, mais dans chacune des sections créées, en regard des souvenirs purement français, se trouveront les souvenirs correspondants de la tradition française au Canada. On se souvient des liens qui unissent Honfleur et les pays normands avec les Canadiens d'origine française. Ils ont souvent été chaleureusement rappelés par le poète Frechette, par M. Laurier, premier ministre du Canada, lors de son voyage en France, et plus particulièrement par M. Turgeon, ministre de la province de Québec, lors de sa visite à Honfleur; aussi les autorités canadiennes ont-elles fait de nombreux envois à l'Exposition normande.

D'après un proverbe, ce qu'on ne pouvait pas dire, autrefois on le chantait. Ce qu'on ne peut pas aujourd'hui envoyer dans une Exposition, on le photographie, et c'est ainsi que la section photographique qui complétera l'Exposition de la tradition, est exclusivement consacrée aux paysages, aux types, aux costumes, aux monuments, aux scènes traditionnelles, aux portraits, aux fêtes de la Normandie et du Canada. Bien entendu, comme il n'y a pas de bonne Exposition sans distribution de récompenses, médailles et diplômes viendront récompenser le mérite des concurrents. A la Normandie, également, est consacrée l'Exposition des Beaux-Arts, puisque tous les artistes normands, sans distinction, y sont conviés, et que les œuvres envoyées au Comité que préside le peintre animalier bien connu, Adolphe Marais, avec le patronage des célébrités artistiques, doivent toutes représenter des sujets normands. Ainsi que nous l'avons dit, les deux galeries de l'Exposition s'ouvrent sur un jardin intérieur, où se trouve le kiosque de la musique et où auront lieu de nombreuses auditions musicales.

Dans ce jardin, on a eu l'originale idée de réserver un coin au jardinet rustique de nos pères, où figurera toute la flore populaire d'agrément, si injustement dédaignée de nos jours. Dans les parterres, bordés de thym ou de buis, s'épanouiront toutes les fleurs que les chansons normandes aiment à célébrer : la giroflée, le romarin, la marjolaine, la lavande, les boutons-d'or, les passe-roses dont les longues quenouilles fleurissent les murs de bauge de la chaumine. Par là aussi, on verra de véritables artisans, un potier, un tisserand, un sabotier, exercer en public leur métier — véritable leçon de choses, et de choses normandes!

Telle est la vue d'ensemble de l'Exposition si originale qui va s'ouvrir prochainement. Pendant sa durée, se tiendra le *Congrès de la Tradition nationale*, organisé par la *Société d'Ethnographie nationale et d'Art populaire* que dirige si bien M. Gustave Boucher, l'érudit directeur du *Pays Poitevin*, et par la jeune Société *le Vieux-Honfleur*. De quoi n'y sera-t-il point parlé dans toute la série de conférences et de communications qui seront, pour lors, organisées? Successivement, on y passera en revue les études religieuses et sociales, l'ethnographie et l'art populaire, les traditions locales et maritimes, l'agriculture et la vie paysanne, l'influence normande au Canada. Ce qui est très ingénieusement conçu, c'est que chacune de ces « semaines » d'érudition se résumera par une fête caractéristique, sacrée ou profane. Pour le sacré, ce sera, dans la vieille église Sainte-Catherine restaurée, l'audition de la *Schola Cantorum* des *Chanteurs de Saint-Gervais*, qui interpréteront des morceaux de musique grégorienne et palestrinienne. Pour le sacré, ce sera encore les cérémonies de la *Fête de Recouvrance* et une procession de toutes les paroisses, de toutes les corporations portant leur « chef-d'œuvre » jusqu'à la célèbre Chapelle de Grâce.

Très probablement, les cérémonies se feront en plein air, sur la terrasse, le *planître*, comme on dit là-bas, en face de la mer et de l'admirable vue de l'estuaire de la Seine. Pour la circonstance, on rééditera peut-être un ancien sermon en vieux français, prononcé lors d'un pèlerinage célèbre. Le profane, ce sera l'audition du *Quatuor des Instruments anciens*, où le clavecin de Diemer et la vielle de Grillet feront merveille; ce sera l'assemblée de Genneville, le village normand qui domine la vallée de l'Orange. Danses anciennes, chants, jeux d'enfants, seront reconstitués grâce à l'intelligente et dévouée initiative de M. Artu, instituteur de la commune, un des principaux organisateurs de cette fête qui se terminera par un vrai banquet normand, servi dehors, dans la vaisselle de faïence et d'étain, et où les plats du terroir et le fameux « *trou* normand » figureront en bonne place !...

De toute cette série de fêtes et de congrès, que restera-t-il, les derniers lampions éteints? Il demeurera une œuvre solide et durable, la création du *Musée normand du Vieux-Honfleur*, qui sera, ainsi qu'on l'a dénommé, le « reliquaire des grands Honfleurais ». Il est, dès à présent, installé dans une vieille église, aujourd'hui désaffectée, Saint-Etienne, qui était la plus vieille église de la petite ville. Située au coin le plus pittoresque du Vieux-Bassin, en vue de la Lieutenance, l'église, qui servait d'entrepôt, a été restaurée, a vu son clocher et son porche de bois restitués, grâce au généreux talent de l'architecte Georges Ruel, dont l'habileté est si vivement appréciée à Rouen. A l'intérieur, aménagé très artistiquement, dans ce Carnavalet honfleurais, sera exposé tout ce qui se rapporte à l'histoire d'Honfleur, et plus particulièrement à celle de ses grands hommes.

Des plaques commémoratives, des bustes, des portraits, rappelleront la mémoire de Binot Paulmier, de Gonneville, qui aborda le premier au Brésil, ainsi qu'en font foi ses récits de voyage publiés par M. d'Avezac; du corsaire Jean Doublet, qu'a rendu célèbre la publication de son *Journal*, par M. Ch. Bréard, et auquel le poète de Raismes, déjà applaudi à l'Odéon, avait consacré un intéressant drame en vers, qui aurait mérité d'être représenté pendant la durée de ces fêtes. D'autres souvenirs rappelleront d'autres héros honfleurais : le commandant François Motard; son fils, l'amiral Motard, un des combattants d'Aboukir; le contre-amiral Hamelin; le général Chauvel; le grand économiste Le Play, le corsaire Liard; le cosmographe Pierre Berthelot; Jean de Vienne, le premier gouverneur d'Honfleur; le marquis de Matharel; le constructeur Augustin Normand; l'armateur Le Coudrais; Sauvage, qui inventa l'hélice, à Honfleur.

Là aussi, en une haute manifestation qui aura son écho de l'autre côté de l'Atlantique, on célébrera le souvenir de Samuel de Champlain, le fondateur de Québec et le créateur du Canada, qui n'a pu poursuivre son œuvre qu'avec le concours des marins et des colons d'Honfleur, où il vint maintes fois armer ses vaisseaux. Ce sera le digne couronnement de ces fêtes originales, manifestations de l'activité de notre vieille province, auxquels de nombreux Normands voudront assister, car jamais le culte de la petite patrie et de la grande n'aura été exalté avec une foi plus profonde et une conviction plus ardente !...

GEORGES DUBOSC.

Gazette Poitevine

Fêtes de charité

Les 25, 26, 27 avril, des fêtes de charité se sont déroulées dans le vaste vaisseau de l'église de Saint-Etienne-du-Port, à Niort. Signalons une audition de l'oratorio du comte de Beaufranchet, *Sainte Radegonde*, que nous avons la bonne fortune de publier dans la partie religieuse du *Pays Poitevin*, et la représentation d'une pastorale de l'abbé Gusteau, *La Nuit de Noël*, pleine de grâce archaïque et de fraîcheur. Cette représentation, organisée par notre collaborateur, M. l'abbé Mouchard, a obtenu un succès populaire considérable.

— Les dimanche 21 et lundi 22 mai, la Société des fêtes de charité niortaises a organisé sa manifestation annuelle. Elle a eu l'heureuse inspiration de faire appel aux poètes de la région : Jean Philippe, qui a fait représenter, en ombres, la *Légende de Mélusine*, et Auguste Gaud, dont les représentations patoises ont obtenu un vif succès. Un concours de costumes poitevins complétait la note ethnographique. Un grand nombre de dames vendeuses, de la kermesse étaient également costumées en Poitevines. Les chansons locales ont eu nécessairement leur place de choix. MM. Martin et Plisson se sont fait, comme d'habitude, applaudir dans leur original répertoire.

Sociétés savantes

Dans la séance d'avril, la Société de Géographie du Poitou a entendu la fin du remarquable rapport de son secrétaire, M. Audouin, sur le canal de jonction de la Loire à la Garonne, avec embranchement vers l'ouest sur Niort, et vers l'est sur Saint-Amand. Le canal de Poitiers à La Rochelle par Niort a fait l'objet des études des ingénieurs depuis plus de cent cinquante ans et on en a toujours proclamé la nécessité, aussi l'étonnement fut grand de voir l'honorable président de la Société de Géographie, M. le colonel Blanchot, se déclarer hostile à cette partie du projet, qui est peut-être la plus pratique et la plus facilement réalisable, et faire, en outre, émettre un vœu, touchant la circulation des trains sur la ligne de Poitiers à la Rochelle, nettement hostile aux intérêts niortais. Il y a eu certainement là une surprise. Il est impossible, en effet, de supposer que la Société de Géographie de Poitiers se soit constituée pour la défense d'intérêts particuliers contraires aux intérêts généraux de la région. La fortune du Bas-Poitou, en s'accroissant, ne peut qu'apporter au Haut-Poitou un surcroit de bien-être. Il n'y a pas là d'antagonisme, et, Dieu merci, le patriotisme local n'a pas à s'effacer, pour cause majeure, devant des préoccupations d'ordre matériel.

Institut

Notre éminent collaborateur, M. Boissonnade, professeur à la Faculté des Lettres de Poitiers, a obtenu de l'Académie des Sciences morales et politiques un prix de 2000 francs pour son étude sur le *Régime des manufactures royales en France avant 1789*.

Une chaire d'histoire de la Vendée

M. l'abbé Bossard est chargé d'un cours d'histoire de la Vendée à l'Université Catholique d'Angers.

Collections publiques

M. Toussaint, négociant à La Rochelle, a donné aux Archives départementales des documents inédits sur la Révolution dans l'Ouest et la Vendée, sur la liberté des cultes, des sermons par le clergé non assermenté, qui composait la « petite église », etc.

Théâtre en plein air

Cette année, comme l'année dernière, des représentations du Mystère de Dom Chauvin ont été données à Ligugé pendant le mois de juillet, à l'occasion du pèlerinage de Saint-Martin.

De son côté, M. Pierre Corneille a fait jouer à La Mothe-Saint-Héray, le 11 septembre, comme complément de la fête des Rosières, une nouvelle tragédie : *Par la clémence*, mettant en scène Clovis à la bataille de Vouillé et manifestant l'influence salutaire qu'exerça, dans cette période, un ermite poitevin, Maxence, sur le fier Sicambre.

Régionalisme politique et religieux

Le 30 avril, a été fondée à Niort une association régionale de la Jeunesse royaliste, après une conférence de M. Calla et un banquet réunissant un grand nombre d'adhérents. Nous signalons cette fondation parce qu'elle démontre une fois de plus la force du mouvement régionaliste et l'instinct qui pousse les groupements intellectuels ou politiques à obéir aux nécessités ethniques et traditionnelles. Le Comité de la Jeunesse royaliste s'est constitué en effet dans le sens le plus largement poitevin, étendant son action sur les Deux-Sèvres, la Vendée, la Vienne, la Charente et la Charente-Inférieure.

— Par ce même phénomène instinctif qui pousse les esprits vers des postulations régionalistes encore vagues, mais dont l'importance se fait de plus en plus claire, on a vu à Lourdes, au pèlerinage qui amena au pied de la grotte plus de 60.000 hommes, les pèlerins de nos cinq départements poitevins se trouver réunis en un groupe parfaitement distinct, affirmant en quelque sorte une individualité propre, mû par une âme collective parfaitement consciente. Beaucoup ont été frappés de cette reconstitution spontanée des provinces sur la terre des miracles.

Monument patriotique

Une souscription est ouverte dans toute la France pour élever à Montmorillon un monument au général de Ladmirault, mort il y a dix-huit mois, dans son château de la Fouchardière, près de Lussac-les-Châteaux, et originaire de cette partie du Poitou.

Le général de Ladmirault a laissé partout où il a vécu les preuves de son noble caractère et de ses vertus militaires : à l'armée d'Algérie, où il a passé vingt années de sa vie et conquis presque tous ses grades, à l'armée de Crimée, à l'armée du Rhin en 1870, où il commandait ce 4ᵉ corps dont un écrivain militaire de premier ordre, le lieutenant-colonel Roussel, écrivait récemment les hauts faits, enfin à la tête du gouvernement de Paris, où il a terminé son illustre carrière. Ses compatriotes, ses camarades, ses admirateurs, ont pensé qu'il importait de conserver, par un monument, le souvenir d'un des plus glorieux enfants du Poitou. La souscription s'élève jusqu'à ce jour à plus de 8000 francs (fin mai 1899).

Les souscriptions sont reçues chez M. de Monplanet, trésorier du Comité, au Crédit industriel et commercial, rue de la Victoire, à Paris, et à tous les guichets de la Société générale, tant à Paris qu'en province.

Conférences

Le 22 mars, à Paris, M. Gourraigne, agrégé de l'Université, professeur à l'Ecole coloniale, a fait, sous le patronage de l'Union coloniale, une conférence sur Samuel Champlain. Le *Journal des Débats* résume ainsi la conclusion de cette étude : « Champlain avait créé une société de braves gens qui forment un brave peuple qui se souvient de la France, laquelle s'efforce de le lui rendre, et entre le Canada et la France chaque jour se resserrent des liens anciens et nombreux. »

Palmes académiques

Par arrêté du Ministre de l'Instruction publique en date du 7 avril, M. Auguste-Mathurin Biteau ✻, membre du Conseil d'administration de la Société des Archives historiques de la Saintonge et de l'Aunis, membre de la Société de Géographie de Rochefort, a été nommé officier d'Académie.

Thèses

Au nombre des thèses soutenues à l'Ecole des Chartes, le 30 janvier et jours suivants, nous relevons celle de M. J. Machet de La Martinière : les guerres anglaises dans l'ouest et le centre de la France : Poitou, Saintonge, Angoumois, Limousin, Périgord (1403-1417).

Nominations

Dans sa séance du 26 avril / 3 mai dernier, le Syllogue littéraire de Constantinople, à la suite des démarches faites par le Patriarcat Grec, a élu, à l'unanimité, comme membre correspondant, notre collaborateur Dom Parisot, de l'abbaye de Ligugé. L'an dernier, l'érudit Bénédictin était agrégé à la Société Asiatique de Paris et nommé membre correspondant du Comité des Travaux historiques et des Sociétés savantes au Ministère de l'Instruction publique et des Beaux-Arts, à la suite de la mission scientifique en Turquie à lui confiée par le Gouvernement français. Par cette nouvelle nomination, la science orientale vient à son tour sanctionner les travaux de notre collaborateur.

— MM. Louis Audiat, bibliothécaire à Saintes, Georges Musset, bibliothécaire à La Rochelle, Louis de Richemont, archiviste de la Charente-Inférieure, sont nommés membres correspondants du Ministère de l'Instruction publique.

— M. Jules Machet de La Martinière, dont nous signalons plus haut la thèse de sortie de l'Ecole des Chartes, est nommé archiviste de la Charente en remplacement de M. Paul de Fleury, admis à faire valoir ses droits à la retraite.

NOTES ET ENQUÊTES

Les questions et réponses doivent être adressées directement au bureau du Pays Poitevin, *à Ligugé, avant le 10 de chaque mois.*

La Direction se réserve le droit de réduire les communications, ou de les présenter sous la forme qui lui semblera la meilleure.

QUESTIONS

XVIII

Chansons électorales. — Quelque abonné du *Pays Poitevin* pourrait-il me communiquer des chansons locales composées à l'occasion d'élections ?

G. B.

XIX

Lieu de naissance de Madame de Maintenon. — Une contestation s'est élevée récemment sur le lieu de naissance de Madame de Maintenon. On la croit généralement originaire de Niort. Un généalogiste paléographe anonyme déclare, dans la *Revue de l'Ouest* du 27 mai 1899, qu'elle est née en Amérique. Serait-il possible d'avoir, en faveur de l'une ou l'autre thèse, une simple affirmation documentaire, irréfutable, plus probante que des discussions ?

P. P.

RÉPONSES

V

Généalogies poitevines. — Nous publions dans le corps de la Revue la réponse de M. Beauchet-Filleau, sur la descendance d'Eléonore Desmier d'Olbreuse.

XVI

Nécrologie des vivants. — On trouvera tous les renseignements sur l'éloge funèbre prononcé par Mgr Pie, en 1861, à propos du fameux Gicquel, qui était encore vivant, dans l'histoire de l'illustre Cardinal publiée à la librairie Oudin, par Mgr Baunard, et dans les propres œuvres de l'Evêque de Poitiers (t. IV, p. 333), même librairie : *Allocution prononcée dans la conférence ecclésiastique supérieure de la ville épiscopale, au sujet d'un service funèbre célébré précédemment dans l'église de Sainte-Radégonde*, et enfin dans les journaux poitevins et les grands journaux de l'époque.

L'allocution que je signale plus haut est une réplique pleine d'esprit et de bon sens, que Mgr Pie oppose à ceux qui le raillaient de sa méprise.

A. Bleau.

L'abondance des matières nous oblige à remettre à un prochain numéro la suite de nos questions et réponses.

REVUE DES REVUES

Nous avons annoncé précédemment, d'après la très renseignée **Revue de Saintonge et d'Aunis,** la découverte à la bibliothèque Vaticane d'un manuscrit du nonce Guidi sur le siège de La Rochelle. A propos de la publication de ce document par M. Emmanuel Bodocanachi (Paris, Picard, 1899, in-8°, xx-143 pages), M. Louis Audiat en donne une analyse substantielle, dans le numéro de mai de sa revue. Nous relevons cette citation, qui intéressera les curieux : « Le Nonce... admire la piété du Monarque, son exactitude à remplir ses devoirs religieux. Le jour de la Pentecôte, le roi toucha, à Surgères, 2670 infirmes, et parmi eux une jeune fille aveugle qui avait des scrofules ; elle guérit de son mal et recouvra la vue. Elle était de La Jarne, bourg situé à deux lieues de l'armée. Le même miracle se renouvela en faveur d'un enfant paralysé des jambes. A peine fut-il touché qu'il se mit à marcher. Pareillement une enfant de douze ans, dont la langue était liée, commença à parler. L'un et l'autre étaient de Saint-Jean-d'Angély. »

Dans ce même numéro, l'érudit directeur lie une gerbe nouvelle de matériaux concernant saint Eutrope et son culte.

Le numéro de juillet rectifie une erreur de M. Foncin, l'auteur de la brochure que nous avons commencé à analyser : *Les Pays de France* : « La Normandie a André Lemoyne », déclare M. Foncin. — André Lemoyne est né à Saint-Jean-d'Angély, réplique M. Audiat. Il a bien écrit une *Idylle normande*; mais toutes ses poésies sont inspirées par la Saintonge où, quoique habitant Paris, il vient passer toutes ses vacances. » (Voir *Statues et statuettes. Le poète André Lemoyne*, par M. Gabriel Audiat.)

Signalons encore une étude de M. Jules Pellisson sur les boutons scolaires en Saintonge et une Revue des Livres, par MM. Gabriel Audiat et Louis Audiat, où nous avons relevé tant de généreux aperçus, d'idées nobles, que nous voudrions pouvoir la reproduire tout entière. Nous en ferons des extraits pour la rubrique RÉGIONALISME de notre prochain numéro.

Mgr Barbier de Montault reproduit dans la **Revue d'Archéologie poitevine (mai 1899)** des extraits d'un livre italien : *Notice historique sur la paroisse de Gignod*, par Adrasto del Pusiano, extraits relatifs au culte de saint Hilaire dans cette paroisse. Ce numéro est, exceptionnellement, entièrement consacré au Poitou, avec des notes sur Maillezais, l'abbaye des Châtelliers, l'église de Jaulnay, etc. Dans le numéro de juin, M. Girou, membre de la Société archéologique de Touraine, venge copieusement la mémoire de Léon Palustre, mise à mal par quelques réflexions « à l'eau forte » insérées dans la **Revue du Bas-Poitou**, de notre excellent ami M. René Palustre, sous la signature de M. de Rochebrune. « Le seigneur de Terre-Neuve » critique la valeur documentaire des planches qui ornent l'ouvrage de M. Palustre, *La Renaissance*, et fait le procès d'un petit objectif 13-18. M. Girou venge l'objectif. Oh! ces querelles d'archéologues! Le numéro d'août nous apporte un article de M. de La Rennerie sur un *Canon historique aux armes du Cardinal de Richelieu*. Il s'agit, on l'a deviné, de la fameuse *Marie-Jeanne*, objet de discussions sans fin, dont nous avons essayé, dans un précédent numéro, de dégager quelque lumière. M. de La Rennerie nous fait l'honneur de citer notre note *in extenso* et se range à l'avis de ceux qui refusent d'identifier *Marie-Jeanne* avec le canon du Musée d'artillerie; l'érudit collaborateur de la *Revue d'Archéologie poitevine* conclut : « *Marie-Jeanne* étant *fêlée*, il sera facile de l'identifier dès qu'elle reparaîtra, car elle a été jetée à l'eau pour la dérober aux *bleus*. Mais où se trouve-t-elle exactement? La Loire est si longue, et on ne précise pas suffisamment l'endroit où elle est cachée. Ne serait-elle pas ailleurs? M. le marquis de Villoutreys m'a assuré qu'elle est dans l'étang de son château du Plessis, commune de Chaudron (Maine-et-Loire). Il appartient à l'Anjou de rechercher les voies et moyens pour arriver à une découverte qui intéresse à un si haut point l'histoire locale. »

Nous recevons, au moment où notre Chronique est sous presse, la 3e livraison de la *Revue du Bas-Poitou*. Dans une note de son sympathique directeur, Mgr Barbier de Montault, qui n'en peut mais, puisque l'article que nous signalons ci-dessus est de M. de La Rennerie, est pris à partie pour avoir accepté la version de la présence de *Marie-Jeanne* dans l'étang du Plessis. Il résulte en effet d'une lettre de M. le marquis de Villoutreys que le canon envasé dans sa propriété est le *Missionnaire*. Cela suffit-il pour triompher? Ne reste-t-il pas toujours l'argument gênant de la brisure historique de la *Marie-Jeanne* invisible sur le canon du Musée d'artillerie? Le silence que l'on garde à ce sujet est démonstratif.

De bons esprits et de bons Français cherchent à créer un mouvement d'opinion autour d'un projet de statue de Richelieu à Luçon. L'historien des premières années épiscopales du grand Cardinal, M. l'abbé Lacroix, aumônier du lycée Michelet, a beaucoup contribué à donner corps à cette idée, que vient défendre à son tour, dans la **Revue du Bas-Poitou** (2e liv. 1899), M. Calvet, professeur d'histoire au même lycée Michelet. C'est tout une étude sur la formation ecclésiastique et politique de Richelieu que nous présente l'éminent professeur, et cette exposition a ceci d'original, que l'auteur s'attache surtout à dégager les influences locales, les influences poitevines, qui ont présidé à la culture psychologique du ministre. Il le montre synthétisant en sa personne les qualités maîtresses de la race dont il est issu, s'initiant au milieu des difficultés suscitées aussi bien par un clergé indocile et un troupeau hostile au pouvoir que par l'esprit de révolte des réformés, s'initiant, disons-nous, aux besoins d'une politique de décision, de prudence, d'impartialité et de tolérance, qui sera la sienne lorsque sa province, en l'envoyant aux Etats généraux, « aura préparé, avec la haute fortune de son glorieux fils d'adoption, la grandeur de la France ».

M. Calvet conclut à la nécessité d'un acte de justice nationale pour l'érection d'un monument, à Luçon, de celui qui fut un grand évêque, un grand politique, un grand Français... et aussi un grand Poitevin.

Relevons dans cet article la relation de ce fait qu'il est bon de rappeler : c'est en Poitou, à Luçon, que fut fondé, par Richelieu, le premier séminaire français.

Dans la **Revue Poitevine et Saumuroise** (juin 1897), M. E.-H. Tourlet publie une *Contribution à l'histoire de l'Imprimerie à Thouars au XVIIe siècle*, avec la reproduction du titre d'une *Syntaxe* publiée à Thouars, chez Pierre Pédard. Notre ami Farault, bibliothécaire-adjoint à Niort, consacre les pages qui suivent à une bio-bibliographie du poète Emile du Tiers, qu'accompagne le cliché du *Pays Poitevin*.

La belle Revue d'histoire, **Souvenirs et Mémoires**, publiée par Lucien Gougy, 5 quai Conti, Paris, sous la direction de M. Bonnefon, bibliothécaire à l'Arsenal, achève, dans son numéro d'octobre, la reproduction de la copie du manuscrit de Mercier du Rocher sur les *Guerres de Vendée*. Les éditeurs, se basant sur ce principe que tout manuscrit déposé dans une collection d'Etat tombe dans le domaine public après les délais légaux, ont voulu mettre au jour ces curieux Mémoires de « ce bourgeois aigri » dont le caractère ne se révèle pas sous un jour bien favorable. Un descendant de Mercier du Rocher, M. Brisson, juge à Fontenay-le-Comte, s'est ému de cette publication, et arguant de ce fait qu'il est possesseur de l'original, revendique la propriété entière des Mémoires. Ce qu'il y a de regrettable en la circonstance, c'est que M. Brisson n'a pas hésité à saisir du conflit le tribunal dont il est membre. Le tribunal de Fontenay s'est déclaré compétent; mais les éditeurs semblent décidés, en cas d'insuccès devant les magistrats vendéens, à épuiser toutes les juridictions.

L'Association régionale de la Jeunesse catholique française vient de fonder un **Bulletin mensuel de l'Union régionale de l'Ouest**, qui paraît à Angers (Germain et Grassin, imprimeurs-libraires, rue Saint-Laud.) Prix de l'abonnement : 1 franc. Salut cordial à notre nouveau confrère.

Le P. Brucker, S. J., dans les **Etudes religieuses** (5 avril 1899), consacre à Madame de Maintenon, à ses éditeurs, à ses biographes, un travail très documenté. Le caractère de la « reine » y est exalté avec justice.

Signalons, dans la **Revue Encyclopédique Larousse**, une étude de M. Lucien Descaves, sur l'*Image d'Epinal*, avec de nombreuses reproductions (30 septembre 1899). — De M. Elzéar Rougier, des notes sur les poètes du terroir provençal (21 octobre 1899). — Dans un article sur la *Critique dramatique*, de M. Gustave Geoffroy, quelques mots sur notre compatriote M. Emile Faguet, dont le portrait est publié (18 novembre 1899).

Les **Notes d'Art et d'Archéologie**, Revue de la Société de Saint-Jean, nous ont emprunté nos clichés sur Saint-Etienne de Niort, pour illustrer l'article de M. Lazare Garcin sur cette église (août et octobre 1899). Les éléments de cette étude sont puisés dans le travail de notre Directeur publié dans le *Pays Poitevin*.

La Revue Forézienne, toujours aimable pour nous, donne au *Pays Poitevin* l'épithète de « semeur d'idées ». Notre modestie n'ira pas jusqu'à désavouer le compliment, nous nous efforcerons au contraire de le mériter davantage.

BIBLIOGRAPHIE

La Terre qui vit, par Eug. BOSSARD. — *Le Correspondant*. (25 juin 1899). — 2 fr. 50.

Tandis que M. René Bazin, dans un livre dont j'ai parlé ici même, il n'y a pas bien longtemps [1], prétend que la Vendée c'est *la Terre qui meurt*, M. Eugène Bossard, en se plaçant à un point de vue différent, nous assure au contraire que c'est *la Terre qui vit*. Le premier est d'avis que c'est *la Terre qui meurt* parce qu'on ne l'aime plus, parce qu'on la délaisse pour

1. Voyez *Le Pays Poitevin*. — Bibliographie, LIII.

la ville ; le second dit que c'est *la Terre qui vit* parce qu'elle est la pépinière des âmes chrétiennes et qu'elle fournit à l'Eglise les meilleurs de ceux qui entrent dans les Congrégations religieuses ou dans les séminaires.

Et encore ce n'est pas toute la Vendée qui serait, d'après M. Bossard, la *Terre qui vit*, ce n'est seulement qu'une partie de la Vendée. Toutes ses sympathies vont au Bocage, alors qu'il n'a pour la Plaine que des mots plutôt injustes. La façon dont il nous explique ce fait que le Bocain est plus religieux que l'habitant de la plaine est assurément très bien trouvée. A défaut d'être convaincante, elle a au moins le mérite d'intéresser :

« Comme partout, la Plaine est déprimante pour la nature humaine : terre plate, mollement couchée dans son indolence, elle a des mouvements lents et assoupis ; jamais d'élans vers le ciel, jamais de ressauts vers en bas : c'est l'uniformité, et cette monotonie a une influence secrète sur la vue et la pensée. Les regards ne rencontrent pas d'obstacles qui les forcent à s'élever, habituellement ne montent pas vers les étoiles, et le cœur, comme fatigué et incapable d'élans, retombe lourdement sur cette terre plate où il s'attache. Comme partout aussi, le Bocage, terre difficile comme les montagnes, surexcite incessamment l'homme. Même quand le sol est plat comme dans la Plaine, il est éveillé et vif par ses haies, ses bois, ses obstacles incessants ; plus alerte encore et plus mouvementé, quand il s'élève et s'abaisse tour à tour avant d'atteindre les hauts sommets. Il sollicite à tout moment les yeux à agir, à se lever, à regarder en haut, et l'âme suit naturellement le mouvement des yeux. »

Sans nier l'influence incontestable que le sol peut avoir sur le caractère de celui qui l'habite, on ne peut que trouver excessive cette théorie que la Plaine, par son aspect, peut exclure toute pensée élevée, alors qu'en réalité sa majestueuse étendue est bien propre, il me semble, à élever l'âme et à lui faire comprendre la majesté de la puissance créatrice. Par contre, je suis absolument d'accord avec M. Bossard, lorsqu'il nous dépeint le Bocain comme un homme absolument réfractaire aux idées nouvelles, ne désirant qu'une chose : faire ce que fit son père et conserver ses habitudes sociales et religieuses. Ce qui le domine tout entier, c'est la force de l'habitude, qui, pour lui, est devenue une loi intangible : déroger à une routine est un crime pour le Bocain. Il est très difficile de lui faire admettre quelque chose, mais une fois que la chose est admise, on peut être certain qu'elle y est bien.

Vous auriez tort de croire cependant que M. Bossard en veut à tout le Marais comme il en veut à la Plaine. Là, il fait une distinction pour expliquer la grande différence qu'il y a, au point de vue religieux, entre le Marais de Challans et le Marais de Luçon. L'explication, cette fois, n'est pas si bien trouvée. D'après M. Bossard, on est plus religieux dans le Marais de Challans, parce que les canaux y sont larges et profonds, et que du côté de Luçon ils sont « plus rares, peu larges et moins profonds ». Mais je ne crois pas que la largeur, la profondeur ou la rareté des canaux puissent obliger à « regarder en haut » et forcer l'âme à suivre « le mouvement des yeux ».

Et il nous montre ensuite les rôles respectifs de la Plaine et du Bocage à travers l'histoire : la première donnant asile au protestantisme qui semait les passions devant aboutir plus tard à la Révolution, le Bocage conservant le respect de Dieu et sa foi dogmatique et morale.

Par exemple, où le distingué professeur à l'Université catholique d'Angers me paraît être tout à fait dans le vrai, c'est au sujet des prêtres qui administrèrent le Bocage et la Plaine. Tandis qu'en général, les prêtres du Bocage furent des exemples constants de vertus sacerdotales et de bonté, ceux de la Plaine donnèrent, bien souvent, hélas ! à leurs ouailles le triste spectacle de mœurs où la corruption et le scandale tenaient la plus grande place. Je ne voudrais pas être accusé de jeter la suspicion sur le clergé de la Plaine ; je parle d'une façon générale, convaincu qu'il y a d'aussi nombreuses qu'honorables exceptions. Mais je constate là un fait historique que l'on peut facilement vérifier. C'est là, à mon avis, l'unique ou plutôt la principale cause de l'affaiblissement progressif de la foi dans les populations de la Plaine. Ce n'est pas parce qu'elle est plate, que la Plaine a perdu la foi, c'est parce qu'il semble que l'on ait fait de tout temps une sélection parmi les prêtres en faveur du clergé du Bocage.

Et là aussi on trouve précisément la raison qui fit que la Plaine se jeta dans les bras du calvinisme, « qui se donnait comme réformateur des mœurs et de la discipline ». Le calvinisme n'eut point de prise sur le Bocage parce que son clergé séculier y donnait l'exemple de toutes les vertus, et qu'une réforme n'eût été là qu'une réforme de bien au profit du mal. C'est donc bien le clergé lui-même qui fit le Bocage si profondément catholique et la Plaine portée au contraire aux idées libérales, philosophiques, calvinistes et révolutionnaires.

Aussi, lorsque la Vendée se souleva, ce ne fut point certainement le résultat d'un raisonnement qui portait le peuple à mépriser les hommes et les choses provenant du régime nouveau. Ce fut parce que ses prêtres, « qui avaient mérité et obtenu sa confiance », lui dénoncèrent ceux que l'on voulait imposer « comme schismatiques, comme excommuniés, comme intrus ». C'est donc justement que M. Bossard peut s'écrier : « Mais pourquoi, hors des limites de la Vendée, dans la Plaine et dans le Marais du Sud, pourquoi pas les mêmes griefs et les mêmes rancunes, et finalement la même explosion ? C'est en vain qu'on voudrait l'expliquer sans cette foi et cette vie si intenses dans le Bocage et dans le Marais de l'Ouest, sans cette force mère que je me suis efforcé de bien mettre à la lumière, la foi et la vie catholique. Cette foi resserra les parties déjà unies des trois provinces et le sang versé pour elle les souda pour jamais. »

Plus tard, lorsque, avec des temps plus calmes, la tranquillité fut un peu revenue dans les esprits, le Vendéen vaincu n'en resta pas moins attaché à sa foi. La correspondance de Devar, commissaire du Directoire exécutif de Maine-et-Loire, est typique à ce sujet. Il écrit qu'il désespère de « faire oublier au peuple les anciennes habitudes de dévotion et faire remplacer à ses yeux, avec avantage, les institutions ridicules et absurdes de sa religion, par des spectacles agréables, raisonnables et intéressants ».

La Vendée contemporaine, elle aussi, n'a point renié ses traditions. Pour justifier son dire, M. Bossard invoque trois ordres de faits : les églises, les écoles et les vocations religieuses.

Comme ils sont nombreux en effet, les temples élevés en Vendée ! et ce qu'il y a de remarquable, c'est que, dans une paroisse, petits et grands se prodiguent à l'envi lorsqu'il faut construire ou restaurer leur église. Pour m'en convaincre, je n'ai qu'à faire appel à mes souvenirs personnels. Que de fois n'ai-je pas entendu mon père, qui fut un grand bâtisseur et restaurateur d'églises, dire à la maison : « M. de X... offre tel vitrail à telle chapelle », et il ajoutait aussi : « Le forgeron m'a dit : Faites-moi le plus vite possible les plans des serrures, car je n'ai pas beaucoup de travail en ce moment et j'aurais tout le temps de les bien faire. » Le Vendéen se trouve peint tout entier dans cette simple réminiscence. Les opulents offrent un maître-autel ou une riche verrière, le pauvre et l'artisan offrent l'un ses bœufs pour les transports, l'autre son travail et son talent pour aider à l'œuvre commune et élever un monument digne de Celui qui le doit habiter.

Pour les écoles, le même fait s'est reproduit. La Vendée, pour ces dernières, a encore prodigué son or et la sueur de ses enfants. Presque partout l'école libre s'élève en face de l'école officielle, en face de l'autorité municipale se dresse l'autorité paroissiale, et la lutte reste la même, les moyens seuls sont changés.

Mais la Vendée va même plus loin, elle donne aussi ses enfants ; nombreux sont ceux qui, chaque année, partent pour les Congrégations et les séminaires. Il est bien rare, comme le constate M. Bossard, de trouver une famille qui ne compte pas parmi ses membres un prêtre ou une religieuse.

A ce point de vue donc, au point de vue religieux, la Vendée n'est point *la Terre qui meurt*, mais bien *la Terre qui vit* dans la foi séculaire de ses ancêtres, dans le respect de Dieu et l'amour de ses « bons prêtres ».

Notes biographiques sur le général Bard, par Antoine Bard. — Paris, Noizette et Cie, 1897 [1].

La carrière du général Bard fut très courte. Il avait trente-quatre ans lorsque, le 4 octobre 1793, il fut promu général, et le 24 mars suivant, soit moins de sept mois après, il était accusé de modérantisme et emprisonné. Rendu à la liberté, il se vit contraint à renoncer à l'état militaire en raison des blessures qu'il avait reçues. Toutefois, on peut dire que son nom n'est pas déplacé auprès de ceux à qui on rapporte généralement tout le mérite de la victoire. Grâce à l'ouvrage qui nous occupe en ce moment, nous pouvons dire que le général ne fut point étranger aux succès remportés à La Tremblaye et à Cholet.

L'auteur, descendant direct du général, appartient à ce genre d'écrivains, de plus en plus rares aujourd'hui, qui ont pris l'habitude de ne pas écrire sans avoir préalablement pensé, qui ne tiennent aucun compte des opinions reçues, mais qui se préoccupent au contraire de la recherche de la vérité et qui, de plus, comme le dit si bien notre éminent et anonyme confrère de la *Revue bleue*, « tient à revendiquer pour un de ses ancêtres un honneur chèrement acquis ».

La qualité maîtresse de ce livre est assurément l'impartialité, la recherche consciencieuse de la vérité :

« L'historien, y lisons-nous, emprunte trop souvent à ses devanciers sans les contrôler. La version produite par ceux-ci est-elle conforme à telles ou telles tendances, et fait-elle mieux ressortir les personnages qu'il met en scène, il la considère volontiers comme acquise à l'histoire. Les légendes ainsi formées, et qui portent les uns au Panthéon, les autres aux gémonies, sont d'autant plus tenaces qu'elles répondent nécessairement aux instincts et aux dispositions intellectuelles du public. »

Il semble que l'auteur se soit toujours inspiré de cette formule dont beaucoup d'historiens, hélas ! ne paraissent même point soupçonner l'existence.

Un autre mérite des *Notes biographiques sur le général Bard* est la documentation sérieuse qui vient appuyer les faits, surprenants parfois, que l'on y découvre, telles par exemple les relations qui existaient entre Kléber, Marceau et le sinistre Carrier. Le premier n'écrivait-il pas, le 18 janvier 1794 : « Carrier, je te serai éternellement attaché ! » Quant à Marceau, il était plus hyperbolique encore.

Si l'on prend un si grand plaisir à la lecture de ces notes écrites sans prétention aucune, c'est qu'elles se rapportent à cette triste page de l'histoire connue sous le nom de guerre de Vendée, où tout nous intéresse et nous porte à l'admiration, parce que, dans cette lutte épique, vainqueurs et vaincus s'immolaient avec joie pour leurs idées, parce que, des deux côtés, l'enthousiasme fit des héros.

Auguste Loué.

1. L'auteur des *Notes biographiques sur le général Bard* est Antoine Bard, représentant du peuple, lequel a réuni les matériaux qui devaient plus tard être coordonnés par M. Alphonse Bard, conseiller à la Cour de cassation.

Ce livre n'a été tiré qu'à un nombre très restreint d'exemplaires qui n'ont point été mis en vente. La distribution en est depuis longtemps terminée. On ne peut, à ce sujet, que déplorer la modestie déplacée qui prive d'intéressants renseignements un grand nombre de gens qui auraient intérêt et plaisir à connaître cet ouvrage dans son entier.

Le Directeur-Gérant : GUSTAVE BOUCHER.

Ligugé (Vienne). — Imp. Saint-Martin. M. Bluté. — 11-99.

LE PAYS POITEVIN

CHRONIQUE — ÉCHOS — BIBLIOGRAPHIE

Le « Pays Poitevin »

AVEC SES MEILLEURS VŒUX POUR 1900

RÉGIONALISME

F. LE PLAY

ET LA TRADITION AUX PAYS NORMANDS

L'ŒUVRE touchante et patriotique que poursuit si heureusement la Société d'Ethnographie nationale et d'Art populaire, sous la présidence de M. André Theuriet, est maintenant connue de tous. Les deux Congrès qu'elle a tenus pour honorer et réconforter la Tradition nationale aux Pays Basques (1896), en Poitou et Charentes (1897), ont été publiés par son dévoué Secrétaire général M. Gustave Boucher, et ils ont prouvé par leur succès quels échos de tels efforts réveillent dans l'âme populaire.

Une section s'était constituée en Normandie, et la « Société du Vieux-Honfleur » a été en mesure cette année de réaliser le troisième Congrès : « La Tradition aux Pays Normands ». Le Comité régional avait pour présidents d'honneur MM. Noël du Tilly, maire; Butel, conseiller général; Ch. Bréard, et MM. Albert Sorel et André Theuriet, de l'Académie française. Il était constitué par MM. le colonel Lachèvre, président; Boudin, vice-président; Léon Le Clerc, secrétaire général; Louveau, archiviste; P. Bréard, trésorier; MM. Dumont, président du Conseil d'arrondissement, l'abbé Maurisset, curé-doyen; G. Ruel, l'habile architecte qui a restauré Saint-Etienne, le commandant Hamelin, Marais, Garcin, Jehan Soudan, le Dr Rachet, le vicomte de Ville-d'Avray, Francis Warrain.

Rien n'avait été négligé, et le succès a été complet. Les fêtes qui s'achèvent auront duré sept semaines! fêtes d'inauguration, avec messe en musique grégorienne et palestrinienne (chanteurs de Saint-Gervais); fêtes d'ancienne musique normande et conférences d'art populaire : fête des illustrations locales, et inauguration du musée Saint-Etienne; fêtes maritimes, régates et illuminations du vieux port; fêtes de « la recouvrance du païs de Normandie » (22 août 1450), avec cérémonie à Sainte-Catherine, l'église des marins, et procession au pèlerinage de Notre-Dame de Grâce, fondé en 1034; fête villageoise et assemblée de paysans à Saint-Ouen de Gonneville; fête canadienne de trois jours tout entière consacrée, sous la présidence de M. Hector Fabre, aux souvenirs de Champlain et à la Nouvelle-France, avec conférences, poésies canadiennes, etc. [1]

Une exposition ethnographique a réuni de vraies richesses de curiosité, grâce au zèle de collectionneurs émérites. On y voyait figurer *la vie urbaine* (artisans et marchands, anciennes boutiques, spécimens de fabrications traditionnelles, souvenirs de corporations, reconstitution de chapelle votive, orfèvrerie et ornements d'église, art populaire, habitation, cuisine et objets domestiques, chambres, costumes, coiffures, travaux de la femme...); *la vie rurale* (mobilier, costumes locaux, collection de coiffes normandes, quelques-unes très riches, reconstitution de chambres et de scènes, cuisine, laiterie; instruments de culture, travaux forestiers, chasse...); *la vie maritime* (collection de modèles de navires de guerre ou de pêche construits à Honfleur, notamment par MM. Normand, pêches, exposition canadienne, reconstitution d'une poissonnière...). De vastes salles étaient réservées aux photographies, parchemins, pièces historiques, portraits de famille, estampes... Enfin une fort belle exposition artistique réunissait principalement les œuvres d'artistes normands ou les tableaux relatifs à la province; au premier rang se voyaient d'intéressantes séries des œuvres d'Eugène Boudin et d'Emile Renouf.

La journée du 13 août était attribuée aux illustrations locales, dont les souvenirs commémoratifs sont placés dans le musée Saint-Etienne. C'est une ancienne église abandonnée, qui était devenue un dépôt de salaisons. La Société du Vieux-Honfleur l'a restaurée et ornée, notamment avec un ancien retable de l'église Sainte-Catherine, et elle a su y réunir déjà un grand nombre de bustes, de portraits, de documents d'histoire locale, dont l'admirable buste de Le Play, par Chapu.

A deux heures et demie, le cortège, qui s'était formé à l'Hôtel-de-Ville, et en tête duquel marchait une escouade de fusiliers de la marine, a été reçu au musée Saint-Etienne par le colonel Lachèvre, assisté des membres du Comité et de M. G. Boucher. Au premier rang MM. Noël du Tilly, maire d'Honfleur; Granger de La Marinière, sous-préfet de Pont-l'Evêque; Butel, conseiller général; Albert Sorel, de l'Académie française; A. Delaire, le capitaine de vaisseau Hamelin, dont on fêtait le grand-oncle; les commandants de deux torpilleurs envoyés par le préfet maritime; A. Normand, constructeur, dont le père était l'une des illustrations honfleuraises que l'on célébrait; de Dramard, artiste peintre; la plupart des membres du Conseil municipal avec MM. Dufay et Pinel, adjoints. Parmi les membres normands de la Société

1. Le très distingué secrétaire général du Vieux-Honfleur, M. Le Clerc, signalait deux faits qui, entre beaucoup d'autres, montrent la portée morale des fêtes de la Tradition nationale. D'abord dans l'organisation des fêtes musicales populaires, le Comité, malgré l'avis des spécialistes, a formellement exclu les chansonnettes comiques et les refrains à la mode, pour ne laisser que la musique ancienne, sérieuse, qui cependant a été fort appréciée et aux bons endroits par le nombreux et populaire auditoire. Ensuite pour la fête historique de la Recouvrance, on a dû rechercher et reproduire les bannières des corporations de métiers; cela a suffi pour que plusieurs corps d'artisans ressuscitent leurs anciennes associations, au moins comme confréries et mutualités.

d'Economie sociale, M. le baron Jules des Rotours, l'un des secrétaires, était venu s'associer aux hommages rendus à Le Play, ainsi que M. le comte de Gassart, que d'anciennes et fidèles relations unissent à l'auteur de la *Réforme sociale* et aux œuvres qui le continuent[1].

M. le colonel Lachèvre a souhaité la bienvenue aux autorités et aux hôtes du musée Saint-Etienne; il a ensuite donné lecture d'un discours de celui que l'on appelle « l'historien de Honfleur », M. Charles Bréard, empêché par un deuil de famille. C'est une revue rapide de tout le passé de ce vieux port, depuis les premières expéditions de ces hardis marins, la guerre de Cent ans et l'expulsion des Anglais, la colonisation du Canada, etc..., en saluant la mémoire des illustrations locales, le navigateur Paulmier de Gonneville, le corsaire Jean Doublet, le pilote Berthelot, le commandant Motard, et les amiraux Motard et Hamelin, le général Chauvel, F. Le Play, A. Normand, le constructeur célèbre; Sauvage, l'inventeur de l'hélice, l'armateur Lacoudrais, les peintres Boudin et Renouf, etc.

Puis le président a donné la parole au secrétaire général de la Société d'Economie sociale, qui, placé près du buste de Le Play, a prononcé le discours suivant :

« Mesdames, Messieurs,

« Appelé à l'honneur de parler dans cette cérémonie touchante, je vous demande d'abord la permission de joindre les hommages de la Société d'Économie sociale à ceux qui vous sont déjà parvenus, qui vous arrivent chaque jour, comme une félicitation et un remerciement pour l'œuvre d'amour filial et de piété patriotique que vous accomplissez en ces fêtes mémorables.

« Il en est des nations comme des familles : les livres des plus saintes traditions nous répètent : « Honorez votre père et votre mère afin que vous viviez longtemps sur la terre. » De même, il faut honorer de souvenirs ineffaçables les aïeux qui ont illustré la terre natale. C'est à ce prix que, formés par leurs exemples, les fils du même sol vivront de générations en générations.

« Par les honneurs que vous rendez à ceux qui personnifient parmi vous les gloires d'autrefois, vous affirmez la solidarité qui vous unit à eux à travers le temps, vous maintenez le culte des traditions nationales, dont la perpétuité permet seule aux peuples qui savent les garder, de grandir continuement par la superposition des efforts, au lieu de s'épuiser fatalement dans d'incessants remaniements (*Vifs applaudissements*).

« Honneur à vous qui, en fêtant la tradition aux Pays Normands, préparez, autant qu'il est est en vous, à notre patrie bien-aimée, malgré des orages d'un jour, un long avenir digne de son passé glorieux.

« Ces sentiments et ces idées étaient une part du génie de celui dont j'ai à vous rappeler brièvement la vie et les travaux. » (*Applaudissements.*)

L'orateur s'est attaché à reproduire à grands traits les phases diverses de la vie de Le Play, que tous les lecteurs de la *Réforme sociale* connaissent, insistant surtout sur les souvenirs d'enfance aux rivages d'Honfleur que Le Play a racontés lui-même en des pages charmantes des *Ouvriers Européens* (t. I). Après avoir rappelé la carrière de l'ingénieur et du commissaire général des Expositions universelles, les travaux de l'auteur des *Ouvriers Européens* et de la *Réforme sociale en France*, les efforts du créateur du nouvel ordre de récompenses en 1867 pour les ateliers qui maintiennent la paix sociale, les labeurs du fondateur des Unions après les désastres pour travailler au relèvement de la patrie, M. Delaire achève en ces termes :

« Par cette rapide esquisse de la vie laborieuse de F. Le Play et de l'œuvre dans laquelle il se survit, vous voyez, Messieurs, que ce fils de la terre normande est avant tout, comme le dit Sainte-Beuve : « d'une génération toute nouvelle, il est l'homme de la société moderne par excellence, nourri de sa vie, élevé de son progrès, dans ses sciences et dans leurs applications, dans la lignée des fils de Monge et de Berthollet ». Familier avec les sciences qui étudient, pour les dompter, les forces de la nature, et découvrent, pour s'en servir, les lois des phénomènes physiques, il a su donner le premier, aux recherches économiques et sociales, une base scientifique, une méthode rigoureuse. Ce sera son meilleur titre de gloire; mais il n'était pas de ceux qui s'en vont répéter que la science doit tout rénover et que les savants ont la mission de refaire la société sur des fondations nouvelles. Au contraire. A l'amour désintéressé du vrai, il unissait un souci constant de l'amélioration du sort des humbles et un dévouement fidèle à l'âme de la patrie. Il chérissait trop la France de l'avenir pour la séparer de la France du passé. Par l'observation directe des faits contemporains, aussi bien que les érudits par le dépouillement patient des vieilles archives, il avait montré, de même qu'un autre illustre enfant de cette province, M. Léopold Delisle, par quel sacrilège enseignement l'opinion égarée a appris à défigurer, à dénigrer, à mépriser la noble histoire de notre race. Il savait, et il aimait à le redire, qu'il n'y a qu'une puissance qui soit assez forte et assez douce à la fois pour diriger toutes les volontés et être aimée de tous les cœurs, pour créer les mœurs et l'esprit public par la force insensible de l'habitude sans les contraintes pesantes de la loi : c'est la Tradition, c'est la coutume, qu'il avait appris à respecter dès son enfance sur les rivages normands, et à laquelle il a toujours rendu hommage par sa vie et ses travaux. Sans le respect des parents et l'amour de la famille, comment pourrait-on vénérer les coutumes qu'ils ont fondées et la Tradition nationale, qui est leur survivance ? Sans la famille et la coutume, il n'est plus de patrie! (*Applaudissements.*)

« Aussi, Messieurs, vous me permettrez, en finissant, de vous redire, parce qu'il résume ces pensées, l'appel que Le Play adressait à ses contemporains et que son souvenir, aujourd'hui honoré par vous, doit faire vibrer de nouveau dans vos esprits et vos cœurs.

« Etrangers, disait-il, aux haines qui divisent trop souvent les partis, nous demandons à la vraie science sociale des solutions que la politique seule ne saurait nous donner. Nous étudions les institutions du passé, non pour en restaurer les abus, mais pour y retrouver les libres aspirations du génie national et pour apprécier ainsi les tendances de l'avenir. Nous cherchons, dans les traditions séculaires dont le sol et les esprits portent encore l'empreinte, les bases de l'ordre nouveau que nos pères ont vainement tenté de fonder sur de pures abstractions. Amis du progrès, mais redoutant le désordre et les agitations stériles, nous appelons sur le terrain de l'expérience, fécondé par l'étude et la discussion, tous ceux qui veulent rendre notre patrie libre, grande et prospère. » (*Vifs applaudissements.*)

L'impression produite par ce simple récit de la vie de Le Play a été plus grande qu'on aurait pu le penser tout d'abord; après le discours, dans la soirée, sur la promenade et dans les rues, le secrétaire général a recueilli, à maintes reprises, des témoignages d'admiration et de sympathie pour la mémoire de l'auteur de la *Réforme sociale*. Il semblait que c'eût été comme une révélation, et chacun était heureux de sentir que la Tradition nationale avait été si bien servie par un homme de génie. Nouvel exemple de ce concours « d'amis inconnus » sur lesquels Le Play fondait son espoir, parce qu'un livre inspiré par une pensée de bien public les va chercher là où l'auteur n'aurait pu les découvrir.

Après l'inauguration du musée Saint-Etienne, le cortège s'est rendu à l'Exposition artistique et, devant le buste d'Eugène Boudin, M. Albert Sorel a charmé la nombreuse assistance par la lecture d'une étude pleine de poésie et de grâce, de profondeur et de lumière, sur ce « Hollandais d'Honfleur », « le roi des ciels », ancien commis de magasin dont Millet a deviné la vocation, que Baudelaire et Courbet ont célébré. Enfin, M. de Dramard a lu une courte notice sur Renouf. Le soir, après le banquet, une éloquente conférence, faite au théâtre par un jeune et brillant professeur du lycée de Caen, a retracé la vie glorieuse des amiraux Motard et Hamelin.

Telle a été cette journée qui intéresse les amis de la *Réforme sociale* : d'abord par l'hommage rendu ainsi à la mémoire de Le Play dans sa ville natale; ensuite par l'heureuse manifestation de la vivacité des sentiments populaires qui gardent la Tradition nationale, et que les souvenirs du passé font joyeusement épanouir.

1. M. le duc d'Harcourt et M. Lepelletier, de Caen, ont bien voulu exprimer leurs regrets de ne pouvoir se rendre à Honfleur.

C'est l'un des symptômes, trop rares, qui permettent encore l'espérance dans les tristes jours que nous traversons.

H. DUBREUIL.

(La Réforme sociale.)

Le Troisième Congrès de la Tradition nationale

LA TRADITION AUX PAYS NORMANDS

(FRANCE ET CANADA)

Compte rendu sommaire

L'INAUGURATION

Comme ses devanciers, le troisième Congrès de la Tradition nationale « la Tradition aux Pays Normands » a été inauguré par une cérémonie religieuse. Le dimanche 30 juillet, les membres de la Société du *Vieux-Honfleur* ont reçu au théâtre leurs invités : MM. André Theuriet, président de la *Société d'Ethnographie nationale et d'Art populaire* ; M. Albert Sorel, de l'Académie française; M. Noël du Tilly, maire de Honfleur; M. Butel, conseiller général; M. Zévort, recteur de l'Académie de Caen, etc., etc. A dix heures, le cortège s'est rendu à l'église Sainte-Catherine pour assister à la grand-messe chantée par Mgr Méric. Les Chanteurs de Saint-Gervais, dirigés par leur chef M. Charles Bordes, toujours fidèle aux Congrès de la Société d'Ethnographie nationale, ont exécuté pendant l'office, des mélodies grégoriennes, des chœurs palestriniens et des cantiques populaires. M. l'abbé Maurisset, curé-doyen de Sainte-Catherine, a souhaité la bienvenue aux membres du Congrès, les félicitant de donner cet exemple, trop rare aujourd'hui, de l'union de l'art et de la science avec la religion.

A deux heures, les portes de l'Exposition furent ouvertes aux membres du Comité d'abord, au public ensuite, et l'empressement prodigieux de la population fit présager, dès cette première journée, le succès considérable qui devait couronner les efforts des organisateurs.

A six heures, les membres de la Société du Vieux-Honfleur et leurs invités se trouvaient réunis en un banquet servi à l'hôtel du *Cheval-Blanc*, et que présidait M. le colonel Lachèvre. Aux personnalités présentes à l'inauguration des fêtes s'étaient joints M. Duchesne-Fournet, sénateur, et M. Granger de La Marinière, sous-préfet de Pont-l'Evêque, représentant M. le Préfet du Calvados. Après quelques mots de bienvenue adressés par M. le colonel Lachèvre à M. André Theuriet, l'éminent académicien prend à son tour la parole pour dire toute la joie que lui a causée la vue des merveilles entassées dans l'Exposition, toute la gratitude qu'il éprouve devant l'accueil fait en sa personne à la Société d'Ethnographie nationale; des toasts suivent, prononcés par MM. Albert Sorel, Noël du Tilly, Duchesne-Fournet, Zévort et Gustave Boucher. Le délégué de la Société d'Ethnographie nationale déclare qu'ayant assisté aux deux premiers Congrès, il est à même d'apprécier la marche ascendante de ces manifestations régionalistes. Il proclame la supériorité considérable de l'Exposition de Honfleur sur les précédentes et pense que l'on vient d'atteindre le point culminant du succès. Il en reporte le principal mérite au dévoué secrétaire général de la Société du Vieux-Honfleur, M. Léon Le Clerc, qui, avec une énergie combative, mise au service d'une foi ardente, a su surmonter toutes les difficultés, faire s'évanouir tous les obstacles.

LES FÊTES

L'Exposition et le Congrès de la Tradition en Normandie devaient être clôturés le 10 septembre. Devant le succès de l'œuvre, le Comité a dû reculer la fermeture jusqu'au 1er octobre. Pendant cette période les fêtes se sont succédé sans interruption, réalisant au delà toutes les espérances mises dans leur réussite. Nous ne parlerons pas des concerts quotidiens qui, sous l'habile direction de M. Weingaertner, attiraient chaque soir un public dilettante dans le jardin de l'Exposition, ni des auditions musicales que les Chanteurs de Saint-Gervais et M. Garcin donnèrent à différentes dates, soit au théâtre, soit au musée Saint-Etienne; il faudrait consacrer à ces comptes rendus un espace dont nous ne disposons pas; disons seulement que pendant deux mois, grâce aux soins quotidiens apportés par M. Boudin, principal du collège et vice-président du « Vieux-Honfleur », à la confection du programme, le public honfleurais a pu s'initier aux principales œuvres de la musique ancienne et moderne. L'assiduité des auditeurs a montré à quelle heureuse inspiration on avait obéi en donnant à la musique une importance aussi considérable.

I. — INAUGURATION DU MUSÉE SAINT-ÉTIENNE

La Société du Vieux-Honfleur a eu la pieuse idée de réclamer à l'Etat une vieille église désaffectée et servant de dépôt de douane, admirablement située en bordure du vieux bassin. Mise en possession de ce monument, elle a chargé un de ses membres, un architecte de grand talent, M. Ruel, de rendre à l'édifice mutilé son ancien aspect et de l'approprier pour recevoir les bustes, portraits et souvenirs des enfants illustres de la cité normande, en même temps que pour recevoir sur ses murs, gravés dans le marbre, le memento des actions d'éclat, des entreprises navales et colonisatrices accomplies par les Honfleurais.

Restauré habilement, sa voûte en bois refaite, son clocher réédifié, son porche réinstallé sur le quai, Saint-Etienne est devenu un vrai bijou, beau spécimen d'art normand, bien digne de devenir un Panthéon non pas froid et solennel, mais intime et religieux.

Son inauguration, le dimanche 13 août, a donné lieu à une cérémonie touchante et d'un grand caractère.

Dans le chœur, s'alignent en demi-cercle les bustes de Doublet, Normand, Le Play, Motar, Lacoudrais; les portraits de l'amiral Hamelin, de Guillaume Varin, qu'accompagnent les plaques consacrées au comte de Mathenel, à Paulmier de Gonneville, au martyr Berthelot, tous illustres enfants du pays.

Les membres du Congrès, parmi lesquels on remarque deux descendants de ceux-là mêmes que l'on honore, M. le vice-amiral Hamelin et M. Normand, constructeur naval, se groupent autour du président, M. le colonel Lachèvre. Celui-ci, en un langage d'une mâle élévation, exalte les vertus des aïeux; puis, saluant chaque effigie, se fait l'interprète d'un historien honfleurais, M. Charles Bréard, qui, retenu par un deuil récent, a remis au président le travail qu'il a consacré à chacun des héros de cette journée.

La Société d'Economie sociale, invitée à cette inauguration, avait délégué son distingué secrétaire général, M. Delaire. Celui-ci a prononcé sur l'œuvre sociale de F. Le Play un discours très émouvant et très applaudi; après quoi le cortège se rendit à l'Exposition pour entendre l'éloge des peintres Boudin et Renon, le premier loué par la plume de M. Albert Sorel, le second délicatement analysé par M. de Dramard.

(D'après l'*Echo Honfleurais.*)

(A suivre.)

DISTRIBUTION DE PRIX ET RÉGIONALISME

AVANT qu'il se soit écoulé beaucoup de semaines, tous les bons élèves de France et de Navarre vont recevoir la récompense de leurs travaux : difficiles problèmes résolus en mathématiques, dissertations françaises, versions et thèmes sans barbarisme, leçons péniblement apprises en géographie, en histoire et en sciences, dictées où l'orthographe n'a pas été trop écorchée, vont se traduire en brillants volumes à tranche dorée et à couverture éclatante, que ces bons écoliers, depuis les lycéens et collégiens de toute sorte à la barbe naissante jusqu'aux tout petits bonshommes au teint brûlé et à la tête ébouriffée des écoles primaires, recevront après force discours et congratulations, sans compter la musique. Sous l'œil des parents très fiers, ils emporteront livres et lauriers ; ces livres, on les feuilletera le lendemain, pour les montrer aux parents et aux amis ; pendant les vacances, ils demeureront en évidence sur une table de salon chez les parents riches, sur le coin de la cheminée ou du buffet chez les autres, puis ils gagneront le fond de quelque placard, pour y reposer sans crainte d'être dérangés.

Le père du collégien, dans la plupart des cas, ne veut pas faire à ces ouvrages les honneurs de sa bibliothèque, et je gage qu'il n'en est pas un sur deux qui ait la chance d'être lu. Quelques-uns mériteraient meilleur sort, cependant : ce sont de savantes relations géographiques bourrées de noms et de chiffres, des études historiques estimables, des romans dont tous ne sont pas mauvais, mais combien — le plus grand nombre — ne sont que vieilles et fades histoires sans intérêt ni mérite quelconques, bonnes tout au plus à servir de pâture aux souris !

Chaque été, ces volumes se vendent par centaines de mille aux lycées et collèges particuliers, aux écoles communales ou libres.

Pendant ce temps, il est, dans nos villes grandes et petites, des passionnés d'études provinciales, historiques, architecturales et archéologiques, économiques et artistiques, qui sont tout heureux et tout aises de publier leur œuvres, fort remarquables parfois, dans le bulletin à faible tirage de quelque société, ou d'en faire à leurs frais une édition qui se vend peu ou prou. Combien de gens savent l'histoire de leur commune, de leur canton et de leur province, combien connaissent de manière approfondie les questions relatives à l'agriculture, à l'industrie, à la navigation régionale, aux améliorations à y apporter ? Fort peu. Les feuilles quotidiennes s'en occupent à la vérité, mais les questions politiques et électorales embrouillent et perdent tout.

En ces temps où l'on se plaint du dépeuplement des campagnes au profit des grandes villes et de Paris surtout, où devient évidente la nécessité de réveiller l'esprit provincial, d'attacher l'homme à sa terre, à son clocher, à sa petite ville, aux usages et aux traditions de sa province, sans que ce sentiment nuise en rien, évidemment, à son instruction et à son éducation générales, ne serait-ce pas un excellent moyen de propagande, pour intéresser enfants et jeunes gens, les hommes faits plus tard, aux intérêts politiques, commerciaux et industriels de leur province, à son histoire, à ses monuments et à ses coutumes, que de répandre, par le moyen des récompenses scolaires, les ouvrages de l'espèce que je viens de dire ? — Il ne s'agit pas, bien entendu, des livres d'érudition : on ne peut songer à faire de tout le monde des archéologues ni des linguistes. — De tels ouvrages seraient lus assurément, leurs gravures intéresseraient au plus haut point, et aucune bibliothèque familiale ne se refuserait à les admettre sur ses rayons. L'influence en serait énorme, ce me semble, sans qu'il en coûtât, pour faire œuvre utile, rien de plus aux établissements d'instruction ni aux petites écoles.

Mais il faudrait pour cela, je ne l'ignore pas, qu'inspecteurs d'Académie, que proviseurs, principaux et directeurs de collèges, les simples instituteurs eux-mêmes, s'intéressassent les premiers au sol qui les porte. Le nombre de ceux-là est restreint, par malheur, et l'on pourrait se baser là-dessus pour faire le procès de la centralisation à Paris, de la direction de toutes choses en France et de la méthode qui préside aux choix des chefs d'études comme de la plupart des fonctionnaires, envoyer sans discernement au Nord ce qui vient du Midi et réciproquement. J'aime à croire, cependant, que la plupart d'entre eux se rendraient de bonne grâce aux raisons que je viens d'exposer.

Auteurs et lecteurs, imprimeurs et libraires de la région, tout le monde y trouverait son compte, et, je le répète pour finir, l'œuvre décentralisatrice en profiterait remarquablement.

PHILIPPE DESCOUTS.

(Nous avons reçu cet article un peu avant les vacances.)

Gazette Poitevine

Prix de l'Académie

Le prix le plus considérable qui ait été décerné cette année, à l'Académie française, sur la fondation Montyon, a été attribué à la Sœur Sainte-Marguerite, des Filles de la Sagesse, à l'institution de Larnay.

Après avoir raconté le cas de deux enfants aveugles et sourds-muets, « masse informe de chair, — puissé-je, Messieurs, employer cette expression sans manquer de respect au malheur ! — où ne s'agitaient confusément que les instincts animaux de notre nature, les Sœurs réussirent, à force d'ingéniosité, de patience, de douceur, de dévouement, d'application, à faire jaillir chez eux l'étincelle divine », M. Brunetière ajoute :

« Qu'est-ce à dire, Messieurs ? sinon que les Dames de Larnay, que la Sœur Sainte-Médulle et la Sœur Sainte-Marguerite ont institué une « méthode » ? L'éducation de Marie Heurtin en fait un triomphe sur la nature. Et parce que ce triomphe sera durable, parce que la Sœur Sainte-Marguerite formera des élèves qui continueront son œuvre, parce que cette œuvre prolonge celle d'Haüy et de l'abbé de l'Epée, au delà de tout ce qu'on eût cru pouvoir espérer, c'est pour cela qu'en la récompensant, Messieurs, nous ne saurions témoigner ici trop de reconnaissance à ceux qui nous l'ont signalée. »

C'est un « triomphe sur la nature », a dit M. Brunetière, ce triomphe est dû à la foi et à la charité catholiques, sources des sublimes sacrifices et des sublimes vertus, que l'Académie vient d'honorer ; — sources que les sectaires voudraient tarir par tous les moyens, pour n'avoir plus sans doute sous leurs yeux ces œuvres incomparables qui proclament contre eux la puissance et les bienfaits de la religion.

Parmi les autres récompenses décernées par l'Académie, nous relevons celles-ci :

Prix Jules JANIN (3000 fr.), réservé aux littératures anciennes, a été divisé en trois fractions, dont l'une de 1000 fr. attribuée à M. *Chaignet* pour la traduction de l'ouvrage de Damascius : problèmes et solutions touchant les premiers principes.

Prix SAINTOUR (2000 fr.) partagé en deux parties, dont 1000 fr. à M. Louis Arnould, le très distingué professeur à la Faculté des Lettres de Poitiers pour son ouvrage sur *Racan* (1589-1670).

M. le comte de Chabot a également obtenu un prix de 500 fr. pour son magnifique ouvrage *La Chasse à travers les âges*, dont nous avons publié d'importants extraits.

Une statue à Réaumur

Le 20 septembre, à La Rochelle, dans le petit square de la rue Lanoue, a été placé le buste en bronze du célèbre naturaliste et physicien René-Antoine-Fernand de Réaumur, né à La Rochelle, le 28 février 1683, mort en 1757. Le buste est la reproduction de l'œuvre du sculpteur Jean-Baptiste Lemoque, qui est au Louvre.

Monument Vendéen

Le 19 novembre, à Bas-Briacé (Vendée), a eu lieu l'inauguration d'une nouvelle croix érigée sur le lieu où fut martyrisé un humble héros vendéen, Ripoche. C'est notre dévoué confrère, M. H. Bourgeois, directeur de la Revue *La Vendée historique*, qui avait pris l'initiative d'une souscription dont le produit a permis l'érection de ce monument.

Nomination

Par arrêté ministériel du 1er août 1899, sur l'avis du Comité des Travaux historiques et scientifiques, notre confrère et ami M. René Vallette, directeur de la *Revue du Bas-Poitou*, vient d'être nommé à nouveau « Correspondant du Ministère de l'Instruction publique en Vendée ».

Beaux-Arts

Notre compatriote le peintre Brouillet a envoyé à l'Exposition de la *Société internationale de Peinture et de Sculpture*, galerie Georges Petit, cinq toiles dont notre aimable correspondant M. Philippe Descouts nous donne la description :

I. Dans un joli effet de lumière, *Au coin du feu*, sous le large manteau hospitalier d'une cheminée devant laquelle ronronne un chat, une jeune mère donne le sein à son enfant. Son bonnet à brides et ses traits révèlent une avenante et délicate paysanne poitevine. Poitevins aussi sont les personnages des autres toiles représentant divers moments d'une journée de travail au temps des foins. — II. Un robuste paysan, au mâle visage de soldat des guerres d'autrefois, est devenu : *Le Faucheur*. Assis sur l'herbe brûlée, il aiguise sa faux pour le travail prochain. — III. Dans la toile suivante, sa fille et son gendre sont réunis à lui pour *La collation* frugale. — IV. *Fin de journée* nous remet sous les yeux la jeune épouse qu'accompagne cette fois une femme mercenaire, toutes deux glanant, tandis que le crépuscule enveloppe la campagne. — V. Le soir est venu, la lune éclaire poétiquement un chemin herbeux ; c'est l'heure du *Retour*, et le vieux faucheur s'avance d'un pas allègre vers la maison où l'attend le repos réparateur. Un grand charme se dégage de cette suite de tableaux de la vie rurale, dont l'auteur a puisé la saine inspiration au pays natal.

NOTES ET ENQUÊTES

Les questions et réponses doivent être adressées directement au bureau du Pays Poitevin, *à Ligugé, avant le 10 de chaque mois.*

La Direction se réserve le droit de réduire les communications, ou de les présenter sous la forme qui lui semblera la meilleure.

QUESTIONS

XX

Origine de l' « Angelus ». — La coutume de sonner l'*Angelus* n a-t-elle pas pris naissance en Poitou-Saintonge?

V. F.

XXI

Samuel Champlain. — Le fondateur de Québec, né à Brouage, décédé en 1635, a-t-il laissé des descendants? En existe-t-il encore aujourd'hui?

Firmin.

(Intermédiaire.)

XXII

Un neveu de Voltaire. — Un critique, rendant compte du dernier et très remarquable ouvrage d'Edouard Thiaudière, *L'Obsession du Divin*, dit : L'auteur a quelque chose de l'esprit mordant de Voltaire, auquel il est allié par sa famille. Pour ma part, je serais bien aise d'avoir quelques renseignements sur cette parenté. N'est-ce point du fait de la mère de François Arouet?

M. Thiaudière est, je crois, Poitevin, et ladite dame était native de Saint-Loup, chef-lieu de canton du département des Deux-Sèvres.

C'est même à cette circonstance que Saint-Loup dut, en 1793, de recevoir le nom de *Voltaire-sur-le-Thouet.*

Effem.

(Intermédiaire.)

XXIII

Richelieu maniaque. — On a publié à Hambourg, en 1788, 2 vol. in-12, l'ouvrage suivant : *Fragments de lettres originales*, de Madame Charlotte-Elisabeth de Bavière, veuve de Monsieur, frère unique de Louis XIV.

Je lis ce qui suit, tome Ier, page 9 :

« Le cardinal de Richelieu, avec tout son esprit, avait des violens accès de manie. Il s'imaginoit parfois être un cheval; il sautoit alors autour d'un billard, et donnoit des coups de pieds à ses domestiques, en hennissant et faisant un bruit terrible pendant une heure, après quoi ses domestiques le mettoient au lit, le couvroient bien ; il s'endormoit et suoit beaucoup. A son réveil, il ne se souvenoit pas de ce qui s'étoit passé. »

Cette manie a-t-elle été mentionnée par des historiens?

Les lettres de la mère du régent ont-elles été lues par mes collègues?

A. Dieuaide.

(Intermédiaire.)

RÉPONSES

V

Généalogies poitevines. — Un de nos abonnés nous fait observer que la généalogie Desmier d'Olbreuse dont le tableau dressé par M. Beauchet-Filleau a été publié dans le dernier numéro n'est pas complète, et nous indique quelques familles issues de cette illustre souche. Notre correspondant n'a sans doute point remarqué qu'il ne s'agissait que d'une chose : établir la descendance royale de madame Eléonore Desmier d'Olbreuse; c'est ce qui a été fait d'une manière très claire par notre éminent collaborateur.

XI

Pèlerinage de Saint-Jacques. — Feu Victor Leclerc, *Hist. litt. de la Fr.*, XXI, suite du XIIIe siècle (dep. 1296), supp., p. 272, cite le *cantique* et les itinéraires d'Aimeri Picaud, de Parthenay-le-Vieux (auj. dép. des Deux-Sèvres), d'après les ms. 1306, fonds Saint-Germain, et 3.550 de l'ancien fonds où le cantique en latin prend le nom de *Rhythmus*.

M. Léopold Delisle prouve que le *Rhythmus*, qui est jusqu'ici la plus ancienne chanson de ce pèlerinage, a été composé avant 1173. *Cab. hist.*, 2e série T. 24, 1878. *De Miraculis sancti Jacobi.*

J'ai pu faire entrer au Musée de Niort (Deux-Sèvres) un petit vase hispano-mauresque, trouvé dans un cimetière rural, qui a dû être enseveli avec un pèlerin de Saint-Jacques.

Nous avons encore en Poitou de vieux chemins qui passent pour aller en Espagne, quoique leur direction ne puisse le faire présumer. J'y vois encore un souvenir de ce pèlerinage, et il serait bien facile d'en signaler d'autres.

Leda.

(Intermédiaire.)

XV

Un ouvrage sur saint Hilaire. — Un prêtre du diocèse d'Orléans, M. l'abbé Barbier, a donné une *Vie de saint Hilaire.* C'est un travail superficiel, fait à la hâte. Le Docteur de l'Eglise de Poitiers attend encore son historien. Un prêtre distingué de la ville de Poitiers, membre actif de la Société des Antiquaires de l'Ouest, se prépare, dit-on, à remplir ce beau rôle. On a parlé encore d'un moine de Ligugé. Mais rien, que je sache, n'est prêt à paraître. En attendant, il faut recourir aux textes de saint Fortunat et de Sulpice Sévère, publiés et annotés par Bollandus au tome II des *Acta Sanctorum*, à la Vie de saint Hilaire composée d'après ses propres ouvrages et les documents anciens par les Bénédictins de Saint-Maur (Migne, P. L., 125-184), et à l'intéressant article que lui a consacré Tillemont (au tome VII de ses *Mémoires pour servir à l'hist. ecclés. des six premiers siècles*, 432-469, 745-757).

J.-M.

XVIII

Chansons électorales. — Un collectionneur de Parthenay, M. Georges Turpin, nous a adressé cinq chansons, ayant trait aux élections législatives dans l'arrondissement de Parthenay. Sont en cause : MM. Taudière, de Maussabré et Hublin. Nous prions nos correspondants de vouloir bien suivre l'exemple donné par M. Turpin, car nous ne pouvons utiliser ces documents qu'après en avoir reçu une assez grande variété. Nous tenons aussi à ce que les divers partis soient représentés dans cette collection, car nous n'avons pas l'intention, bien entendu, de nous prononcer rétrospectivement en faveur de candidats heureux ou évincés, mais seulement d'apporter une contribution au folk-lore électoral de notre région.

G. B.

XIX

Lieu de naissance de Madame de Maintenon. — M. H. Gelin veut bien nous promettre une prochaine réponse sur ce sujet. Il nous annonce même une photographie de l'acte de naissance de François d'Aubigné, que nous reproduirons dans la Revue.

P. P.

REVUE DES REVUES

La Revue de l'Art chrétien (Desclée, éditeur, à Lille) consacre, après le *Pays Poitevin* et après les *Notes d'Art et d'Archéologie*, un article illustré à l'église Saint-Etienne de Niort. « L'œuvre de M. Boutaud, écrit notre confrère, est digne d'éloges; il a fidèlement suivi les plus nobles traditions médiévales, tout en faisant œuvre neuve et personnelle. »

M. le comte Paul de Chabot a découvert, à la Bibliothèque Nationale, deux volumes manuscrits contenant des notices sur les Chevaliers de l'Ordre du Saint-Esprit, depuis la fondation dudit Ordre jusqu'au commencement du XVIIIe siècle. Il en a extrait des notices concernant des Chevaliers poitevins, et il en commence la publication dans la 3e livraison 1899 de la **Revue du Bas-Poitou.**

Dans le dernier numéro des **Etudes Religieuses**, le P. Boutié publie une esquisse ethnographique et psychologique dont nous extrayons ce passage relatif au Poitou :

« Le Poitou a été successivement envahi par les Romains, les Theifales, les Francs, les Wisigoths, les Arabes, les Anglais, occupé même par des colonies de Basques, d'Espagnols, de Hollandais.

« La population poitevine nous offre des caractères assez divers, au physique comme au moral, suivant qu'on l'étudie dans le *Bocage*, la *Plaine* ou le *Marais.*

« Le Vendéen du *Bocage*, aux cheveux noirs, au teint pâle, généralement de taille médiocre, bien prise, de tempérament robuste, se rapproche souvent du type espagnol.

« L'habitant de la *Plaine* (Deux-Sèvres), grand et fort, au teint coloré, rappelle le type anglo-saxon. Celui du *Marais*, de haute taille, blond, lymphatique, a de l'analogie avec les Scandinaves.

« Le paysan vendéen cache une grande force sous l'apparence du calme et de la douceur. Dans la lutte contre la Révolution, il a montré tout ce qu'il y avait en lui d'énergie et d'héroïsme. Dans la vie ordinaire, tranquille, un peu lent, volontiers silencieux, plus positif que rêveur, il n'a pas dans son caractère le côté poétique et enthousiaste du Breton, mais il reste attaché comme lui à la foi et aux pratiques religieuses.

« Chez les habitants de la *Plaine*, les allures sont plus vives, la gaieté plus bruyante. Dans le *Marais*, natures plus apathiques, mœurs moins sévères et moins pures.

« Au point de vue moral et religieux, Mr Pie a rendu à ses Poitevins le meilleur témoignage. Tout en avouant que, dans cet assemblage de territoires, il y a des diversités morales comme des diversités physiques, et qu'il n'y a pas partout une égale *richesse des âmes*, il dit « que la terre du Poitou est restée et restera à jamais une terre fidèle. A la différence de beaucoup d'autres contrées, ici c'est le fond qui est chrétien, l'impiété ne dispose guère que des surfaces... Les caractères sont tempérés comme le climat ; les natures semblent même froides et apathiques. Toute passion extérieure, toute excitation artificielle échouerait devant le flegme, et se briserait contre la fierté de cette race tranquille et indépendante... D'autres contrées ont des élans plus prompts et plus vifs. Nos élans, calmes et réfléchis, finissent toujours par égaler ou surpasser ceux de nos voisins ».

M. l'abbé Largeault prépare un important ouvrage sur Notre-Dame de Celles et son pèlerinage, que l'intelligente initiative de M. le Curé de Celles vient de restaurer. M. l'abbé Largeault a déjà publié dans divers recueils, des notes préparatoires, entre autres dans la **Revue d'Archéologie poitevine** de Mr Barbier de Montault. Dans le numéro de novembre de cette revue, nous trouvons encore une communication du savant abbé, communication qui fixe d'une manière certaine un point d'histoire intéressant : le pèlerinage de Louis XI au sanctuaire poitevin, et les munificences royales qui en furent le résultat.

BIBLIOGRAPHIE

Histoire de sainte Radegonde, reine de France, et des sanctuaires et pèlerinages en son honneur. — Paris et Poitiers, 1898, XVI-536 pp., in-8°. — Prix, 20 francs.

« M. l'abbé Em. Briand, curé de Sainte-Radegonde à Poitiers, vient de consacrer à la patronne de son église un splendide travail qui fait honneur à la science de l'auteur, autant qu'aux presses de M. Oudin de Poitiers, qui l'ont édité avec un grand luxe de gravures et un bon goût remarquable. Ce n'est pas seulement l'histoire de la sainte reine de France qui est racontée dans ce livre, c'est aussi celle de son culte. Placée dans son milieu historique, illustrée par les monuments de l'art consacrés à la mémoire de la sainte, la vie de Radegonde nous paraît dans un jour plus complet. Parmi les sanctuaires et pèlerinages en l'honneur de sainte Radegonde, l'auteur s'arrête avec prédilection, on le comprend, sur ceux de Sainte-Radegonde de Poitiers et sur l'abbaye de Sainte-Croix. C'est justice. Vient ensuite le signalement de plus de soixante-quinze sanctuaires ou pèlerinages consacrés à la sainte, tant en France qu'à l'étranger, sur lesquels l'auteur a réuni une foule de renseignements intéressants. Nous disions que l'ouvrage était édité avec luxe : six superbes chromolithographies, trente et une héliogravures, gravures sur bois et simili-gravures, cent deux autres illustrations dans le texte (simili-gravures et gravures sur bois), sans compter un nombre considérable de frises, culs-de-lampe et lettrines, font de ce volume un album extrêmement riche et précieux. Les éditeurs ne se sont pas bornés à des reproductions de gravures banales, à utiliser des clichés connus ; c'est du neuf qu'ils ont donné et de l'artistique. On ne saurait donc assez recommander des ouvrages de ce genre aux chefs de maisons d'enseignement, et aux familles qui ont souci des lectures utiles et sérieuses, en même temps que de la culture des arts.

(Revue Bénédictine.) « Dom Ursmer Berlière. »

Les Origines et les Responsabilités de l'Insurrection vendéenne, par Dom Chamard.

Sous ce titre, le savant Prieur de l'abbaye Saint-Martin de Ligugé, Dom Chamard, vient de publier un ouvrage des plus documentés, qui servira d'introduction à la réédition de l'œuvre historique de l'abbé Deniau.

Le principal mérite de cet ouvrage est de faire ressortir le caractère essentiellement religieux de l'insurrection vendéenne. Depuis longtemps déjà, la question ne pouvait plus faire l'ombre d'un doute : Crétineau-Joly l'avait tranchée de main de maître, et tous les esprits impartiaux, même dans le camp des révolutionnaires, avaient adopté ses conclusions. Mais il importait de répondre, une fois pour toutes, aux sectaires qui semblaient s'être donné le mot d'ordre, depuis quelques années, pour battre en brèche, à l'aide de prétendus documents nouveaux, la démonstration du grand historien. C'est cette réponse — lumineuse et péremptoire — que Dom Chamard nous apporte aujourd'hui.

(La Vendée historique.)

Les Prêtres et Religieux déportés sur les côtes et dans les îles de la Charente-Inférieure, par l'abbé Manseau, curé-doyen de Saint-Martin-de-Ré. — 2 vol. in-4° de 500 p.

Ce livre, ce monument littéraire, imprimé il y a dix ans, n'a rien perdu, et l'on peut croire qu'il ne perdra jamais rien de sa valeur historique et de son intérêt palpitant au premier chef.

Ce sont les *Acta Martyrum* de la France sacerdotale pendant la Révolution de 1793, c'est-à-dire le récit en particulier des souffrances inouïes endurées sur les pontons, en rade de Rochefort, par ceux de nos prêtres fidèles qui acceptèrent de mourir plutôt que de prêter un serment schismatique et sacrilège à la nouvelle Constitution.

Et quelle mort fut celle de nos héroïques confrères ! L'exil, la guillotine, les noyades, les massacres aux Carmes, furent de délicieux martyres en comparaison du supplice subi par ces quinze cents prêtres et religieux, entassés à fond de cale, sur ces bagnes flottants, pendant les quatorze mois du règne de la Terreur.

Aux premiers siècles des martyrs, l'Eglise confiait à des notaires apostoliques le soin de recueillir, avec les restes sacrés des victimes, les détails de leur vie et de leur mort glorieuse. Puis on en faisait lecture dans les assemblées, aux Catacombes.

M. l'abbé Manseau a été le notaire providentiellement chargé de cette mission importante et délicate. Vingt ans ont été consacrés à ces recherches scrupuleuses, véridiques. En sorte que si l'Eglise voulait un jour — pourquoi n'en garderions-nous pas l'espérance ? — préparer la béatification de ces illustres confesseurs de la foi, elle trouverait les pièces principales du procès canonique dans l'ouvrage que nous signalons.

Oh ! lisez, lisez ces pages émouvantes, et prenez garde à ne pas les maculer de vos larmes, car je vous préviens qu'elles jailliront malgré vous. Elles seront, du reste, un éloge parfait, devant lequel pâlit celui que ma plume voudrait, dans une plus longue analyse, décerner à l'auteur. ***

L'Album des Expositions, Concours et Fêtes de Poitiers en 1899, par J. Robuchon.

Notre collègue Jules Robuchon vient d'éditer un *Album des Expositions, Concours et Fêtes de Poitiers en 1899*, que nous signalons pour son intérêt véritable comme pour son élégance et son cachet artistique.

Dix-huit planches, tirées sur superbe papier, et réunies sous une couverture imprégnée d' « art nouveau », reproduisent chacune dix ou douze instantanés groupés artistement. Ce sont donc environ deux cents petites scènes prises sur le vif, souvenir précieux pour les personnes qui ont assisté aux fêtes données à Poitiers dans le cours de cette année.

Pour montrer la variété qui existe dans cette collection, il suffit de citer les titres des planches : *Les abords de la ville. — Courses hippiques. — La visite du Ministre de l'agriculture. — Le concours agricole. — Le concours hippique. — Les machines agricoles. — L'exposition canine. — Les concours de musique. — Le tir au canon. — Les fêtes nautiques. — Les concours de gymnastique. — Le village noir. — Le concours de pêche à la ligne. — Les expositions industrielles des Beaux-Arts.*

On voit tout de suite, par la netteté des clichés reproduits, que M. Jules Robuchon sait joindre des qualités de praticien consommé à la compétence hors de pair que nous lui connaissons comme éditeur d'art.

L'album est en vente à Paris, chez Emile Lechevalier, à la « Librairie des Provinces », 39, quai des Grands-Augustins, au prix de 8 francs.

Bientôt nous aurons à rendre compte de la publication du *Poitou pittoresque* ; nous savons déjà qu'il sera dans le même format que l'*Album*, mais ne contiendra que trois ou quatre images par page. Elles seront donc chacune de plus grandes dimensions et seront accompagnées d'un texte géographique historique, voire même humoristique. Nous y retrouverons tout l'intérêt documentaire et aussi toute la verve que l'on apprécie tant dans les causeries de notre collègue et ami Jules Robuchon.

(L'Ouest artistique.)

Hors-d'œuvre d'un Rond-de-Cuir, par Gérard de Martha.

Un joli livret vert-amande, signé d'un pseudonyme laissant transparaître la silhouette du plus effilé des Poitevins — l'esprit, comme l'électricité, s'écoule par les pointes, — accompagné d'un portrait qu'un Poitevin déjà de talent, M. Albert Bessé, a signé et que M. H. Reymond a fort heureusement photogravé.

Une trinité de Poitevins ! Avec cela, de l'observation — beaucoup — de la coquetterie dans le tour, c'est plus qu'il n'en faut pour intéresser les lecteurs du *Pays Poitevin*.

M. Gérard de Martha se donne modestement pour un rond-de-cuir, soit. Cela prouve que sur un rond de cuir on peut rêver très agréablement. « Rêver ! rêver encore ! rêver toujours ! » Telle est la devise répétée ailleurs, en tête de l'un de ses livres. Ce rêve, toutefois, étourdi papillon bleu, ne s'en est pas toujours allé voletant au gré du caprice et de la fantaisie. Il s'est posé quelquefois. Et le rêveur est devenu un observateur très fin ayant lui aussi sa lucarne sur un coin, ma foi, assez large, de cette pauvre humanité. C'est pendant ses loisirs, le temps parfois le plus et le mieux occupé de la vie, que l'auteur se prend à réfléchir, alors que la plume cesse de courir grinçante sur les registres officiels ou même pendant qu'elle chante sa grêle chanson de cigale. Le fonctionnaire, cheval de manège tournant sans cesse sur la même piste, ne se peut contenter du ron-ron quotidien, du sable si uni de son existence journalière. Il lui faut, à côté, un petit coin frais, constellé de fleurettes blanches et bleues, où sa vue se repose, où son esprit se détend, où il lâche la bride à cette petite folle du logis qui, trop longtemps inactive, bâillerait en lui et finirait par s'endormir... à jamais.

C'est là que M. Gérard de Martha a écrit son recueil de pensées, « strass ou diamants, selon qui regarde », dit-il, assez justement.

De quoi est donc fait ce recueil ? De beaucoup d'autobiographie. On en découvre un peu partout. La pointe aiguë de la réplique mordante ne passe-t-elle pas dans cette définition de l'original : « Qualificatif dédaigneux qu'on applique généralement à moins bête que soi » ? Ou encore dans cette pensée : « L'amour-propre blessé est la pierre sur laquelle l'esprit aiguise le mieux ses épigrammes. » Ou plus loin : « Quand vous rencontrez sur votre route un imbécile, ce qui n'est pas rare, n'allez perdre ni votre temps ni votre peine à vouloir en faire un homme d'esprit : passez. » Ne reconnaît-on pas aussi l'auteur, dont la personnalité transparaît partout où le mot femme est inscrit ?

Mais à côté de l'autobiographie, quelque intéressante qu'elle soit, il y a autre chose de plus et de mieux : cette pointe de philosophie qui est à toute œuvre littéraire ce que le sel est aux aliments, et qui est en littérature l'antiseptique par excellence.

« D'où viens-je? que suis-je? où vais-je?... Voilà les seuls mots que je vois toujours flamboyer du même éclat sur le mur noir de la science humaine. » L'auteur, toutefois, ne s'attarde pas longuement, lourdement, dans l'ombre froide de cette philosophie attristée, cherchant le mot de cette énigme aussi cruelle qu'éternelle. Vite, il bat des ailes, se souvenant qu'au dehors « resplendit le soleil rieur ».

Quant à la forme même de ces pensées, elle est variée — l'uniformité dans le tour était un écueil assez difficile à éviter, — précise, élégante, mais sans recherche affectée des curiosités de style. Deux ou trois seulement de ces définitions sont peut-être d'un peu « haulte gresse ». Je ne les voudrais pas voir sous cette couverture vert-amande dont la teinte est si délicate. Les autres sont, sinon toutes neuves, au moins joliment exprimées, d'allure légère, de forme déliée, comme celle des silhouettes qui s'envolent des médailles de Roty.

Il ne reste plus qu'à souhaiter à M. Gérard de Martha ce que l'on annonçait au moraliste : « beaucoup de lecteurs et beaucoup d'ennemis ».

JEAN DE POITIERS.

Paysages et Paysans, par Maurice ROLLINAT. Paris, Fasquelle, 1899. — 3 fr. 50.

Les cheveux rejetés en arrière, les yeux brillants, une tête d'artiste et de penseur, un visage sur lequel on dirait que la souffrance a laissé des traces, tel est, au physique, M. Maurice Rollinat.

L'auteur des *Névroses* vient de nous donner un nouveau livre, il se nomme *Paysages et Paysans*, et je m'empresse de dire qu'il exhale une délicieuse odeur de foin coupé, un parfum champêtre suave et pénétrant.

Pour connaître l'état d'âme de l'auteur, vous n'avez qu'à ouvrir ce livre. Vous y verrez de quel amour son cœur déborde pour les éternelles beautés de la nature, avec quels transports il célèbre les mouvements cadencés de la feuille doucement secouée par la brise, comme il sait admirer les nuances délicates que les fleurs des champs livrent avec coquetterie aux douceurs de la matinale rosée. Et les plus simples spectacles sont pour lui des sujets à réflexions profondes et poétiques. Il a pu, par exemple, sonder toute la joie de la vieille aveugle solitaire qui « écoute avidement la bergère chanter » et qui s'écrie, dans son extase :

...... Merci, tu m'as rendu le frisson,
La couleur et le bruit du feuillage,
Tu m'as fait r'voir l'eau claire et l' beau soleil luisant,
Mon enfanc', ma jeuness, mes amours! A présent,
J' peux bon faire le grand voyage.

Son ardent et violent amour pour les faibles et les malheureux lui a inspiré ce vers si noblement expressif que l'on prendrait pour une paraphrase évangélique, et dans lequel il exprime tout le mépris que doit inspirer l'infâme sans cœur qui lâchement torture un enfant :

« Le bourreau d'un enfant reste à jamais coupable! » Mais sa douce philosophie ne sait point oublier qu'il est aussi dans le monde, à côté des âmes viles, celles qui compatissent aux douleurs imméritées et pour lesquelles dévouement n'est pas un vain mot :

Avec tous ceux-là qui nous aiment,
On est ouverts et r'connaissants,
Comm' pour les terr', chez l' paysan,
On récolt' toujou' c' que l'on sème!

Cette pitié ne va pas seulement aux vieux aveugles, aux enfants torturés ou

Grelottants, la roupie au nez,
Le cou rentré dans les épaules;

les bêtes sont aussi ses amies. Si vous les aimez autant que lui, lisez *La bonne chienne*, ou mieux encore, la touchante histoire du *Petit loup*.

Errant dans la campagne, ne vous est-il pas arrivé d'apercevoir au loin de grands linges blancs étendus? Ecoutez le petit chef-d'œuvre que ce spectacle, banal en soi, a inspiré à notre poète :

Le magique soleil, sur les hauteurs pensives,
Fait luire et triompher tous ces grands linges blancs
Qui, chevauchant leur corde au sortir des lessives,
Y sèchent, tour à tour inertes et tremblants.

Ils apparaissent purs, ardents, frais et joyeux,
Au loin, flottant rappel des gloires printanières,
Bleutés, rosés, baignés d'azur et de lumière,
Fêtant le paysage, éblouissant les yeux.

Mais, le soir, c'est l'horreur suprême! car, alors,
On dirait, invisible, un long troupeau de morts,
Spectres rampants enfouis dans leurs grands draps funèbres.

Pendant que tout noircit, là, restant blancs eux seuls,
Ces linges ne sont plus qu'un rideau de linceuls
Barrant l'horizon vague où montent les ténèbres.

Ces dernières elles-mêmes, qui cachent si jalousement la terre, se dépouillent de tout le mystère qui cèle leurs attraits. M. Maurice Rollinat a tant de fois rêvé, sans doute, sous un ciel pur, à la clarté des étoiles, que, familiarisé avec ce solennel moment de la journée où le calme imposant du sommeil règne majestueux, il peut nous dire *A quoi pense la nuit* :

A quoi pense la Nuit, quand l'âme des marais
Monte dans les marais sur tant de voix étranges,
Et qu'avec des sanglots qui font pleurer les anges,
Le rossignol module au milieu des forêts?...

A quoi pense la Nuit, lorsque le ver luisant
Allume dans les creux des frissons d'émeraude,
Quand murmure et parfum, comme un zéphyr qui rôde,
Traversent l'ombre vague où la tiédeur descend?...

Elle songe, en mouillant la terre de ses larmes,
Qu'elle est plus belle, ayant le mystère des charmes,
Que le jour regorgeant de lumière et de bruit.

Et — ses grands yeux ouverts aux étoiles — la Nuit
Enivre de secret ses extases moroses,
Aspire avec langueur le magique des choses.

A côté de ces *paysages*, auxquels, à tort assurément, M. Charles Maurras a cru devoir attribuer l'épithète de « fades », se trouvent des *paysans* qui ne laissent point d'émouvoir et d'intéresser profondément.

La psychologie de l'homme, dont l'horizon est borné par les mêmes sinuosités de terrain que le fut celui du père, n'est certes point aisée. Il faut vivre longtemps avec les travailleurs des champs avant de comprendre, que dis-je? avant de saisir une parcelle de ce qui forme leur état d'âme. Cette âme est un perpétuel mystère, et bienheureux peut se dire celui qui est parvenu à s'assimiler une partie des nombreuses complexités morales que l'on rencontre chez les rustiques. M. Rollinat est un de ces heureux. Pour en être convaincus, vous n'aurez qu'à ouvrir le livre qui nous occupe, à peu près au hasard. Lisez *L'enjôleur*, cette pièce si gaillardement gauloise, ou *Bon frère et bon fils*, ou bien encore *Le Sourd*, ou bien enfin cette touchante esquisse intitulée *La Tristesse des bœufs*, que je crois devoir citer ici presque en entier malgré sa longueur :

Ces pauv' bêt' d'animaux n' comprenn' pas q' la parole.
T'nez! j'avais deux bœufs noirs!... Pour labourer un champ?
C'était pas d' leur causer; non! leur fallait du chant
Qui s' mêle au souffl' de l'air, aux cris de l'oiseau qui vole!

Alors, creusant l' sillon entr' buissons, chên's et viornes,
Vous les voyiez filer, ben lent'ment, dans ceux fonds,
Tels que deux gros lumas, l'un cont' l'aut', qui s'en vont,
Ayant tiré d' leu' têt' tout' la longueur des cornes.

. . . .

Par exempl', fallait pas, dam! q' la chanson les quitte!
A preuv' que quand, des fois, j'la laissais pour prend' vent,
I' s'arrêtaient d'un coup, r'tournaient l' mufle en bavant
Et beurmaient tous les deux pour en d'mander la suite.

Mais c'est pas tout encor, dans l'air de la chanson,
I v'laient d'la mêm' tristesse ayant toujou l' mêm' son,
A cell' du vent et d' l'arb' toujou ben accordée.
Mais d' la gaieté? jamais i' n'en voulion' un brin!

Ça tombait ben pour moi, qui chantais mon chagrin.
Y a donc des animaux qu' ont du choix dans l'idée
Et qu' ont l' naturel trist' puisque, jamais joyeux,
Dans la couleur des bruits, c'est l' noir qu'i's aiment le mieux.

Certes, je ne crois pas me tromper en avançant que la petite maison de Fresselines, « avec son jardinet devant et sa mare aux canards », n'a pas été sans influence sur l'auteur. Peut-être même est-ce elle qui lui fait préférer ses paysages « aux modes, aux usages d'un enfer artificiel »? Peut-être est-ce là qu'il aime le mieux

.... voir le martin-pêcheur, le papillon,
L'un raser le ruisseau, l'autre effeuiller la tige!

On ne peut que regretter qu'à côté de ces travaux, il s'en trouve d'autres — non sans mérite, je le reconnais bien volontiers — qui ne peuvent pas être lus par tous. Tels sont, par exemple, *Croissez et multipliez*, *Le grand-père* et surtout *La fille amoureuse*, pour ne citer que ceux-là.

M. Maurice Rollinat a cru devoir adopter pour beaucoup de ses vers le français estropié des rustiques. En général, ces déformations sont plutôt fâcheuses. Mais les esprits les plus prévenus ne pourront que constater avec nous que le charme n'en est que plus grand lorsque l'essai peut être considéré comme ayant parfaitement réussi et même comme ayant rallié les suffrages de ceux qui, jusqu'à ce jour, — et j'en fus — n'avaient point voulu l'admettre — à tort, on vient de le leur démontrer — comme bien propre à favoriser l'éclosion des médiocrités.

En tournant la dernière page, je me suis pris à regretter qu'il ne soit plus *smart* de lire des vers...

... Eh bien, tenez, au risque de passer pour ne pas être *smart* — oh! mais pas du tout — je vous conseille bien franchement d'accorder quelques instants à cet ouvrage.

Puissiez-vous prendre à sa lecture autant de plaisir que moi.

AUGUSTE LOUÉ.

Pages catholiques, par J.-K. HUYSMANS. — 1 vol. in-12. Paris, Stock. — 3 fr. 50.

La librairie Stock vient de publier, avec une préface de M. l'abbé Mugnier, premier vicaire de Sainte-Clotilde, un volume qui, sous le titre de *Pages catholiques*, contient de nombreux extraits d'*En route* et de *La Cathédrale* de J.-K. Huysmans, et divers autres morceaux très intéressants au point de vue de la liturgie et de la mystique. Ce volume, qui est plus spécialement réservé au public catholique, peut être mis entre toutes les mains.

Bibliothèque du « Pays Poitevin »

Brochures in-8 raisin, tirées à 100 ex., sur beau papier.

Ligugé, son Abbaye, son Pèlerinage, par Dom Basquin. — 8 p., 2 gr. 0 50
Notre-Dame de Fontaine-le-Comte, par l'abbé de Maussabert. — 16 p., 3 gr. . . . . 1 »»
Saint-Denis-de-Jaulnay, par l'abbé Métais. — 24 p., 3 gr. 1 »»
Mélusine, par C. Roy. — 20 p., 6 gr. 1 50
Le symbolisme architectural de la Cathédrale de Poitiers, par Mgr X. Barbier de Montault. — 12 p., 2 gr. 0 75
Les Conditeux, Oraison populaire notée. — 4 p. . . 0 25
Coiffes et Bijoux poitevins, par H. Gelin. — 24 p., 10 gr. 2 »»
Hymnographie poitevine. — I. Saint Hilaire, par Dom J. Parisot. — 32 p. 1 50
Légendes de sorcellerie, par H. Gelin, 11 p.; air noté. 0 75
Les Oraisons populaires en Poitou, par H. Gelin. — 16 p. . . . . 1 »»
L'Industrie du Papier en Charente et son histoire, par P. Boissonnade. — 20 p. . . . . 1 »»
Le Seuil de Poitiers, par A. Potel. — 32 p., 10 gr. . 1 50
Dom Fonteneau, historien du Poitou, par Dom Besse. — 36 p. 1 50
Saint-Etienne de Niort, par Gustave Boucher. — 20 p., 6 gr. 1 »»
Gilles de Rais, par J.-K. Huysmans. — *Epuisé.*
Eléonore Desmier d'Olbreuse, par P. Beauchet-Filleau. — 8 p., 2 gr. . . . . 1 »»
Le Marais poitevin, par H. Gelin. — 32 p., 7 g . . . 1 50

Le Directeur-Gérant : Gustave Boucher.

Ligugé (Vienne). — Imp. Saint-Martin. M. Bluté. — 12-99.

BIBLIOTHÈQUE DE LA TRADITION NATIONALE

Honorée d'une souscription du Ministère de l'Instruction publique

PUBLIÉE SOUS LES AUSPICES DE LA SOCIÉTÉ D'ETHNOGRAPHIE NATIONALE & D'ART POPULAIRE

Sous la direction de M. GUSTAVE BOUCHER

LA TRADITION EN POITOU ET CHARENTES

ART POPULAIRE, ETHNOGRAPHIE, FOLK-LORE, HAGIOGRAPHIE, HISTOIRE

Ouvrage orné de 14 gravures hors texte. *Paris*, 1897, gr. in-8 de 600 pages, broché, couverture illustrée. **10** fr.

L'ethnographie poitevine et charentaise, par H. Gelin. — Les guerres de Vendée à l'Exposition de Niort, par Baguenier-Desormeaux. — La musique populaire à l'église, par le R. P. Lhoumeau. — La liturgie en Poitou, par Dom Parisot. — Le Poitou chrétien, par Dom Augouard. — Le bienheureux Grignon de Montfort, par le R. P. Texier. — Les Noëls poitevins, par Aug. Gaud. — Mélusine, par C. Roy. — Superstitions, par C. Puichaud. — Médecine empirique, par l'abbé Noguès. — Gilles de Rais, par J.-K. Huysmans. — Urbain Grandier, par Gustave Boucher. — Les spectacles populaires, par H. Clouzot. — Les fêtes de village; la vie de l'ouvrier, par Boissonnade. — La chanson populaire, par Aug. Gaud, J. Philippe, Trébucq. — La danse, par Léo Desaivre. — Les patois, par Gelin, Lacuve, Farault.

LA TRADITION AU PAYS BASQUE

Ouvrage orné de 31 photogravures d'après les photographies de MM. Ducourcau et Lemaire. — Un superbe volume grand in-8 de 600 pages, broché, Prix . . . . **10** fr.

La race basque, étude anthropologique, par le Dr R. Collignon. — Les Basques ont-ils une histoire? par A. Planté. — Basques d'autrefois, par A. Nicolaï. Coutumes morales du Pays Basque, par Berdeco. — Les coutumes successorales du Pays Basque, par L. Etcheverry. — L'idée religieuse dans la famille basque, par Carmelo de Echagaray. — La contrebande au Pays Basque, par C. Hapet. — L'émigration, par A. Arzac. — Recherches historiques sur les corsaires de Saint-Jean-de-Luz, par Ducéré. — Les pastorales basques, par W. Webster. — Les mascarades souletines, avec airs notés, par J. Sallaberry. — Proverbes, sentences et dictons basques, par l'abbé Haristoy. — La musique populaire des Basques, par Ch. Bordes. — Quelques légendes poétiques du pays de Soule, par J. de Jaurgain. — La langue basque, par A. Campion. — Mauléon et le pays de Soule pendant la Révolution, par le Dr Larrieu. — Eléonore d'Autriche et la rançon de François Ier, par F. Habasque. — Saint François-Xavier, par le R. P. Etchebarne. — Le maréchal Harispe, par A. Dutey-Harispe. — Antoine d'Abbadie, par C. Petit, etc., etc.

EN PRÉPARATION :

LA TRADITION AUX PAYS NORMANDS (FRANCE ET CANADA)

En vente à la librairie Lucien Gougy, 5, quai Conti, Paris

N° 13. Janvier 1900.

LE PAYS POITEVIN

CHRONIQUE — ÉCHOS — BIBLIOGRAPHIE

AVIS

L'acceptation du numéro de janvier est considérée comme un avis de réabonnement pour une nouvelle année.

A partir du 10 février, nous ferons recouvrer par la poste, avec la majoration d'usage de 0 fr. 50, les abonnements dont le montant ne nous serait pas parvenu à cette date.

RÉGIONALISME

Le Troisième Congrès de la Tradition nationale

LA TRADITION AUX PAYS NORMANDS

(FRANCE ET CANADA)

Compte rendu sommaire

(*Suite et fin*)

LES FÊTES

II. — LA PROCESSION DE LA RECOUVRANCE

La fête de la *Recouvrance du Païs de Normandie* fut instituée par Charles VII en 1450, en souvenir de l'expulsion des Anglais de cette province. Jusqu'à la Révolution, des messes d'actions de grâces étaient dites dans tout le royaume pour commémorer cet événement; à Rouen, la procession solennelle fut également maintenue jusqu'à l'époque révolutionnaire.

Le comité du « Vieux-Honfleur » décida de restaurer cette solennité patriotique à l'occasion des fêtes de la Tradition aux Pays Normands, et en fixa la date au dimanche 20 août.

Mgr Amette, récemment nommé au siège épiscopal de Bayeux, voulut bien faire coïncider son entrée solennelle à Honfleur avec cette cérémonie et présider la procession.

Favorisées par un temps magnifique, les fêtes avaient attiré de toutes les contrées voisines, un concours prodigieux de peuple, à tel point que la Compagnie des bateaux du Havre dut renoncer à transporter tous les voyageurs qui se présentèrent pour effectuer la traversée.

Vers 3 h. 1/4, les corporations, reconstituées pour la circonstance, les sociétés musicales et de gymnastique, se réunirent au musée Saint-Etienne, où les attendait le Comité des fêtes, et tous se dirigèrent vers l'église Sainte-Catherine. Là, la procession se forma, avec, en tête, les suisses vêtus de rouge, et les sonneurs de tintenelles, qui, tenant une clochette dans chaque main, scandaient chacun de leurs pas d'une sonnerie; puis venaient les confréries de charité du canton. Ces confréries sont des institutions encore florissantes en Normandie; composées pour chaque paroisse de douze membres, elles ont pour mission d'enterrer les morts. Les confrères assistent aux offices revêtus chacun d'un chaperon sur lequel est brodée l'image du saint patron; d'aucuns ont conservé un costume plus ecclésiastique encore, composé d'un surplis noir, d'un rabat et d'une toque. Aux enterrements comme aux processions, ils portent des torchères monumentales, de dimensions toujours pareilles, qui sont souvent des œuvres d'art fort recherchées des amateurs. Les plus intéressantes sont en bois sculpté et point. Malheureusement, beaucoup de confréries ont vendu leurs antiques « bâtons de charité » pour acquérir des torchères de cuivre fabriquées dans le quartier Saint-Sulpice, sans caractère et sans beauté. Deux cents frères environ ouvraient la marche de la procession sur deux rangs, escortant les bannières paroissiales. Le coup d'œil était vraiment inattendu. Ce fut une vision du Moyen-Age, un spectacle inoubliable dans sa religieuse originalité.

Les corporations suivaient avec leurs bannières anciennes, reproduisant l'effigie des saints patrons et les armoiries corporatives : les charpentiers, saint Joseph; les menuisiers, sainte Anne; les serruriers et forgerons, saint Eloi; les maçons, saint Blaise; les jardiniers, saint Fiacre; les tonneliers, saint Marc; les cordonniers et sabotiers, saint Crépin; les bouchers, saint Sauveur; les boulangers, saint Honoré; les peintres saint Luc.

Les menuisiers avaient groupé au pied d'une statue de saint Joseph tous leurs outils, et les tonneliers avaient entouré de branches de pommier couvertes de fruits, trois petits tonneaux et un plus gros cerclé de cuivre, surmonté d'une figurine.

Les jardiniers portaient une civière garnie de fruits et une très jolie corbeille de fleurs. Les bouchers escortaient un agneau enrubanné, et les boulangers avaient garni une civière de pain « brié ». Le groupe des marins, voiliers et cordiers était précédé de jeunes garçons costumés en pêcheurs, soutenant sur leurs petits bras de minuscules bateaux. Le comité du « Vieux-Honfleur » et les membres du Congrès suivaient, précédant les sociétés musicales et les gymnastes; le cortège était fermé par le clergé, entourant le dais sous lequel avait pris place Mgr l'Evêque.

La procession, encadrée par la foule qui se pressait sur son passage, gravit le chemin qui conduit au plateau de Grâce. Là, devant la chapelle miraculeuse, tournant le dos à la mer, un autel avait été dressé en plein air. Mgr Amette y prit place, d'abord pour faire ressortir, dans un langage tout vibrant de patriotisme, le symbolisme de cette fête, puis pour appeler la bénédiction du ciel sur les organisateurs et les fidèles. Les deux cents confrères de charité formaient de chaque côté la garde d'honneur, avec leurs torchères étincelant au soleil, pareilles à des hallebardes, pendant que la foule s'agenouillait sous le geste de l'Evêque.

Le soir, le Comité offrit, sur cette même côte de Grâce, un banquet aux trois cent cinquante membres des corporations honfleuraises qui avaient assisté à la procession. Mgr Amette, tout ému de l'accueil qu'il avait reçu de la population et de l'attitude religieuse des artisans, se rendit sur le plateau vers la fin du banquet, accompagné du clergé de Sainte-Catherine. Il fit le tour des tables, adressant à chaque groupe un mot aimable accueilli par les acclamations des convives. M. Noël du Tilly, maire de Honfleur, M. Boudin, vice-présideent du Comité, et M. Gustave Boucher, délégué de la Société d'Ethnographie nationale, ont porté des toasts à l'union des classes si bien manifestée au cours de ces fêtes.

III. — Fête villageoise

Une fête villageoise a eu pour cadre le village de Genneville, petite commune des environs de Honfleur.

Le dimanche 27 août, les membres du Comité et les congressistes gagnèrent Genneville, où les attendait le conseil municipal. Après la réception à la mairie, tous les invités et leurs hôtes se rendirent à l'église pour assister à la messe présidée par M. l'abbé Maurisset, curé-doyen de Sainte-Catherine. Les confrères de la charité se tenaient au chœur, dans leurs stalles respectives, revêtus de leurs chaperons, et leurs bâtons de charité fixés devant eux. Pour la circonstance M. le curé de Genneville avait restauré un usage normand tombé en désuétude, « la messe chapée ». Les chantres, porteurs de lourdes chapes, exécutent tous les chants liturgiques en marchant deux par deux dans le chœur, de la sainte table à l'autel, et *vice versa*, se saluant à chaque rencontre. Chaque dimanche, à la messe paroissiale, une procession a lieu autour de l'église, à travers le cimetière, composée du clergé, des chantres, des confrères de charité portant les torchères, et des fidèles. Les congressistes, qui s'associèrent à cet acte liturgique, ont pu admirer la pompe qui, dans ces paroisses rurales, accompagne les plus simples cérémonies du culte.

Après la messe, M. Gustave Boucher fit, sur le parvis de l'église, une allocution aux paysans, les louant de leur fidélité à la terre natale et à leurs traditions, saluant en eux les gardiens des sources vives où l'âme française, défigurée par le cosmopolitisme, vient aujourd'hui se retremper et reprendre conscience de sa mission.

A midi, repas champêtre, servi dans des assiettes et plats en étain, sans oublier les vieilles faïences. La boulette de hachis traditionnelle figurait au menu ainsi que le pain *brié*, le tout arrosé de cidre du cru et du *trou normand*. Avec le dessert les vieilles chansons populaires firent leur apparition. Ensuite on se rendit sur le terrain des jeux.

Le jeu de *la quintaine* eut les honneurs de la journée. Suspendu à une potence, un géant en bois, étendant les bras, devait être touché au cœur par la lance des joûteurs montés à âne. Le but atteint, ce qui ne manquait pas de difficulté à cause de l'indocilité des montures, le géant tombait, proclamant dans sa chute l'adresse du *cavalier* à qui un prix en argent était décerné.

Un autre jeu traditionnel, la *Soule*, mit aux prises deux camps de concurrents qui se disputèrent avec acharnement la précieuse boule d'osier, lancée par une jeune fille, et contenant une assez forte prime en écus d'argent.

La règle de ce jeu, très en honneur jadis en Normandie, veut que la boule soit saisie par l'un des joueurs, qui doit la rapporter au juge sans avoir été touché par aucun des concurrents du camp adverse. Les joueurs portant la couleur du possesseur de la boule doivent donc protéger leur camarade contre le malencontreux contact, et l'on peut juger du corps à corps qui s'engage à cet effet. La victoire est, comme on pense, très difficile, et la bataille de longue durée. La boule est en effet relancée autant de fois que celui qui l'avait saisie s'est laissé atteindre; elle passe ainsi de nombreuses fois d'un camp à l'autre, avant d'être devenue la propriété du plus agile.

Les jeux terminés, les auberges où les *bolées* de cidre étaient servies par les servantes en costume traditionnel, les bals où les violoneux faisaient rage, accaparèrent une population en liesse jusqu'à l'heure du dîner, servi, comme le matin, de manière à faire apprécier l'art culinaire et les liquides normands. Pendant ce temps, le village tout pavoisé, s'illuminait par les soins de la municipalité et des habitants, et dans les *cours* des fermes, les feux de joie flambaient, éclairant les dernières rondes.

Ainsi se termina cette journée de saines et réconfortantes distractions, dont l'organisation fit le plus grand honneur au dévoué instituteur de Genneville, M. Artu, qui se donna tout entier à cette lourde tâche.

IV. — La journée canadienne

Samuel de Champlain, né en 1567 à Brouage (Saintonge), partit de Honfleur, le 15 mars 1603, pour une exploration au Canada. Cette première expédition fut suivie de nouveaux départs les 13 avril 1608, 18 avril 1610, 1er mars 1611, 6 mars 1613, avril 1615, avril 1617, mai 1620. C'est au cours de son voyage de 1608 qu'il fonda Québec et assura la définitive colonisation du Canada. La Normandie est donc véritablement la mère de la Nouvelle-France, où se sont d'ailleurs perpétués son langage, ses chants, ses mœurs. Un Congrès de la Tradition aux Pays Normands devait nécessairement comprendre une section canadienne, et M. Jehan Soudan de Pierrefitte fut chargé de son organisation.

Le dimanche 3 septembre, eut lieu, à 2 heures, l'inauguration d'une plaque en l'honneur de Samuel Champlain, fixée par les soins du Comité sur les murs de la lieutenance, en face le port d'embarquement d'où partit le hardi capitaine.

Au Comité s'étaient joints : MM. Hector Fabre, Commissaire général du Canada; Edouard Richard, ancien député et membre de la Société Royale du Canada; Rodolphe Brunet, président de la Société Canadienne de Paris, etc., etc. Après la remise de la plaque à la municipalité par M. le colonel Lachèvre, le discours du Maire, du Commissaire général du Canada, on se rendit au théâtre pour entendre une conférence sur Champlain faite par M. Gravier, président honoraire de la Société de géographie.

Le soir, la fête continua au théâtre, où M. Jehan Soudan de Pierrefitte prit la parole pour magnifier la Tradition française au Canada. Le poète-musicien Fragerolles interpréta ensuite, en s'aidant d'ombres animées, une épopée composée par lui pour la circonstance : *La Nouvelle France*. Et Mme Marcilly déclama des poésies d'auteurs canadiens, choisies de telle sorte que l'histoire de cette colonie se déroulait en ces morceaux que commentait à mesure M. Jehan Soudan. La soirée se termina par l'audition de vieux airs français et canadiens chantés par la Société chorale *Union des Travailleurs*.

V. — Fête de clôture

Repoussée du 10 septembre au 1er octobre, la cérémonie de clôture fut présidée, au nom du Ministre de l'Instruction publique, par M. Roger-Ballu, inspecteur des Beaux-Arts, membre du Comité de la Société d'Ethnographie nationale et d'Art populaire.

Après avoir visité en détail le musée Saint-Etienne, l'Exposition d'Ethnographie et le salon des Beaux-Arts, le délégué ministériel vint donner aux organisateurs, dans la séance publique organisée au théâtre, la sanction des éloges officiels.

Le nom du colonel Lachèvre, déclare l'orateur, restera attaché à l'œuvre qu'il a présidée avec tant d'éclat. Il a donné à sa province le plus réconfortant témoignage de piété filiale. Il salue en M. Léon Le Clerc, l'organisateur habile, l'artiste désintéressé, qui, au milieu de mille difficultés, a réalisé une évocation aussi touchante des mœurs normandes, puis il félicite la phalange des généreux collaborateurs, MM. Louveau, de Ville-d'Avray, Brodlay, Artu, Marais, Dr Rachet, Dumont, Soudan de Pierrefitte, qui, chacun dans leur section, ont rivalisé d'ingéniosité et de goût pour arriver à un ensemble aussi parfait.

La Société du *Vieux-Honfleur*, ajoute le délégué, qui a suscité cette admirable manifestation des Traditions Normandes, vivra, car on ne touche pas impunément aux choses du passé. De telles études deviennent pour ceux qui les abordent une passion toujours croissante, à laquelle il faut donner un aliment quotidien.

N'oublions pas, dit en terminant M. Roger-Ballu, que la Société du *Vieux-Honfleur* est la filleule de la Société d'Ethnographie nationale, dont elle a reçu les inspirations et la direction. Cette Société qui exerce en France depuis quelques années une si salutaire influence, est l'œuvre d'un homme modeste dont l'orateur va se faire un ennemi en le nommant, mais pour lequel son admiration n'a d'égale que l'affection qu'il lui porte. C'est grâce à M. Gustave Boucher que M. André Theuriet a écrit le premier article qui a sonné le premier coup de clairon rappelant à tous le culte du passé et ouvrant une voie pratique aux efforts faits en vue de la restauration de la vie provinciale.

M. Gustave Boucher, délégué de la Société d'Ethnographie nationale et d'Art populaire, très ému, décline les éloges qui lui sont adressés. Ancien collaborateur de M. Roger-Ballu au commissariat des Expositions des Beaux-Arts, ayant préparé avec lui les premiers rapports sur l'Exposition de 1900 et la participation des provinces à cette ultime manifestation du siècle, c'est à son contact, sous l'influence de ses conseils et de ses exemples, qu'il a senti se développer en lui la passion traditionnaliste. Il n'a fait que suivre l'impulsion de son maître et ami auquel revient tout le mérite de l'œuvre.

La séance fut terminée par la lecture du palmarès. M. Handressy proclama les récompenses décernées par le jury de photographie, et M. Bréard, celles accordées aux instituteurs pour leurs monographies communales.

CONGRÈS

Nous devons nous borner à l'énumération des nombreuses conférences données au cours des fêtes et dont l'ensemble constitue le Congrès de la Tradition aux Pays Normands. Ces conférences seront publiées comme il a été fait pour les assises de Niort et de Saint-Jean-de-Luz, et formeront le troisième recueil de la *Tradition nationale*.

JUILLET

Lundi 31 : La chanson populaire, par M. André Theuriet.

AOUT

Vendredi 4 : Les anciennes confréries de charité, par M. Paul Bréard.

Mercredi 9 : La confrérie de Sainte-Cécile de Caen, par M. Raulin.

Jeudi 10 : La vie normande, par M. Albert Sorel.

Dimanche 13 : Les amiraux Motard et Hamelin, par M. Prentaut.

Mercredi 16 : Le corsaire Jean Doublet, par M. Gaston de Raismes.

Samedi 18 : La vie urbaine en Normandie. — Le Vieux Honfleur et la Côte d'Afrique au XVIIIe siècle. — Les marchandises d'échange et les toileries de Rouen, par M. Charles Bréard.

Lundi 21 : Ce qu'être Normand, par M. Hugues Le Roux.

Mercredi 23 : La vie rurale en Normandie, par M. Artu.

Vendredi 25 : La poterie populaire, par M. Warin.

Lundi 28 : La Tradition, par M. Gustave Boucher.

Mardi 20 : Bernardin de Saint-Pierre en Normandie, par M. Souriau.

SEPTEMBRE

Dimanche 3 : Samuel Champlain, par M. Gravier.
La Tradition au Canada, par M. Jehan Soudan de Pierrefitte.

Lundi 4 : L'Acadie, par M. Ed. Richard.
De Honfleur à Québec, par M. Hector Fabre.

Lundi 11 : La Vie des paysans au XVIIIe siècle, par M. Artu.

Mardi 12 : Les Normands dans l'Amérique du Nord depuis la découverte du pays par les Basques, par M. Bellet.

Mardi 19 : Les parlers normands, par M. Guerlin de Guer.

Vendredi 22 : L'Apostolat du Père Eudes en Normandie.

Samedi 23 : La vie, les œuvres et la mort d'Antoine de Montchrestien Normand, par M. de La Villehervé.

Mercredi 27 : Londres fille d'un bourg normand, par M. Emile Maison.

Jeudi 28 : La Pêche à Terre-Neuve, par M. Gautier.

Samedi 30 : Noëls sagiens, par M. Louis Duval.
La Chanson populaire en Normandie, par M. Léon Le Clerc.

OCTOBRE

Dimanche 1er : Les Ecrivains honfleurais, par Mlle Lucie Delarue.

(D'après l'*Echo Honfleurais*.)

La Décentralisation Littéraire

C'est un bien gros travail que de présenter aux lecteurs de ces chroniques la troupe aimable de nos jolies provinces, chacune avec, sous le bras, le carton plein de ses tentatives intellectuelles, de ses projets, de ses espoirs. Ecolières charmantes et joueuses, elles laissent tomber derrière elles quelques feuilles volantes qu'il faut ramasser plus tard et classer dans leurs pupitres respectifs. N'importe, on les reconnaît assez bien à leur écriture... Venez, çà, mademoiselle la Poitevine, et, la première, ditesnous ce que vous faites.

La Poitevine, interrogée, nous a conté ses travaux.

Ils datent de loin, car voilà longtemps déjà que des écrivains du pays alimentent les recueils locaux périodiques tels que la *Vendée historique*, la *Revue Poitevine et Saumuroise*, l'*Ouest artistique et littéraire*, le *Vendéen de Paris*, la *Revue d'Archéologie poitevine*, la *Revue de Bretagne*, *Vendée et Anjou* (dirigée par notre sympathique collaborateur O. de Gourcuff), le *Pays Poitevin* (dirigé par M. Gustave Boucher), le *Mercure Poitevin* (dirigé par M. Pierre Corneille), à qui nous devons la plupart de nos documents sur le mouvement littéraire de ce coin de France, la *Revue de Saintonge et d'Aunis*, j'en oublie certes... Oui, j'en oublie : l'*Hirondelle*, l'*Ageasse*, le *Mémorial des Deux-Sèvres*, la *Revue du Bas-Poitou*... Ouf, je ferais mieux de citer des vers que des titres... Il faut bien satisfaire les curieux et les collectionneurs.

Ces collaborateurs souvent s'ignoraient. Avant la commune levée d'armes, chacun travaillait en son coin, à la poursuite d'un rêve individuel, continuant la tradition de cet esprit poitevin plus narquois et moins poétique que son voisin de Bretagne. Celui-ci peut-être est mieux inspiré par la mélancolie sauvage des landes sans fin, des rochers que bat l'écume de l'Océan tempêtueux, des brumes où dansent les folles imaginations des paysans craintifs et têtus. Les Poitevins sont plus gaulois, témoin ce Canqueteau, pianiste et chansonnier, qui fit la joie des soirées mortes de *la Plume*, et Marcel Baillot, qui, après avoir amusé Paris, s'en est retourné chez lui soigner les malades, médecin toujours, ici du spleen, là-bas de la douleur...

Ils travaillaient donc, s'ignorant entre eux, fils de Renaudot et de Rapin : Numa d'Angely oubliait la politique en peignant ses *Cent petites toiles champêtres* ; Adrien Dézamy (mort en 1891) composait des sonnets et Gustave Boisson des piécettes réalistes. Aristide Rochefort se singularisait en un mélange de philosophie et d'égrillardise. Barreau, dans ses *Fleurs d'enfer*, était hanté par les *Fleurs du mal*, et pourtant trouvait des accents larges et des émotions superbes, à côté des plus intimes frissons et des tristesses les plus délicates.

Grimaud, plus provincial, cueillait une à une ses *Fleurs de Vendée*; Edme Paz trouvait des charmes à la poésie verlainienne, et Luis de Ito à la prose exotique de Loti. Mme Pelletier tissait des poèmes bleu de ciel, et Fraye enbrodait de coppéelions. Strada planait, puissant aigle, aux cieux, où il entrevoyait l'universelle genèse.

Qui nommer encore ? Philippe, Thebault, Tremblay, Langlade, Mons et Gaud, disciple de Cladel et Lamontagne, qui buvait aux eaux de La Fontaine, Jean-Jacques Rousseau et Pierre Corneille, noms qui font rêver, et la légion des abbés versificateurs sortis du petit séminaire de Montmorillon.

Ils travaillaient, ne se lisant pas même toujours les uns les autres, quand un beau jour, en 1896, la Société d'Ethnographie imagina de les appeler en un congrès, sous la présidence d'André Theuriet, le doux académicien qu'émeuvent tant les chants de l'air et les parfums du sol.

A ce congrès de Niort, en 1896, se rencontrèrent ainsi nombre d'intellectuels, plusieurs cités plus haut, et encore Gelin, Clouzot, Lacuve, Desaivre. M. Corneille, souffrant, n'y était pas, non plus que M. E. du Tiers, un poète niortais de réelle valeur, qui devait peu après devenir la cause d'une nouvelle et curieuse manifestation littéraire[1].

Le congrès étant clos, en effet, M. Gustave Boucher (directeur du *Pays Poitevin*, plus haut cité) pensa fêter la cinquantaine de M. du Tiers un peu moins banalement qu'en vidant des bouteilles pour porter toasts sur toasts à celui qui arrivait au sommet de la colline de vie.

Du Tiers avait chanté la terre poitevine en vers émus dans divers recueils dont le principal, *Visions rustiques*, restera sans doute. Poète des paysans, il fallait donner en son honneur quelque chose qui sentît la campagne et la poésie : Pierre Corneille fut invité à écrire une pastorale, *Bonne Fée*, qu'on résolut de jouer dans les ruines de Salbart, vieux château sis à douze kilomètres de Niort, sur la Sèvre, et non loin du lieu de naissance de l'ami qu'on fêtait.

---

1. Notre confrère fait là une erreur : du Tiers honora plusieurs séances de la récitation de ses vers.

« Tout ce que Niort compte de mondains se rendit à Salbart en un pittoresque exode, pour applaudir chaleureusement la saynette et les modestes artistes qui l'interprétaient : des paysans auxquels prêta son concours une jeune fille nortaise, une idéale beauté, Mlle Ducret, qui, naturellement, remplit le rôle de la fée.

« Lorsqu'elle se présenta au sommet de la vieille courtine coiffée du hennin et dans un nuage de dentelle, il faut reconnaître, dit un témoin, que ce fut une inoubliable vision. »

Il n'y eut pas là que des citadins. On vint de cinq lieues, du fond des villages et des hameaux pour écouter *Bonne Fée*. Les remparts et les versants des douves étaient noirs de monde, l'herbe partout envahie, l'enthousiasme énorme et pourtant maîtrisé quand il fallait ouïr et la pièce et les vers inscrits à la suite, au programme. Divers poètes, entre lesquels MM. Philippe, Gaud, Giraudias, Caillon, se distinguèrent en ce tournoi d'harmonie.

Le peuple écoutait religieusement et applaudissait avec entrain. L'expérience était faite, le théâtre populaire était né.

∴

Comprenait-il, ce peuple rustique, à peine dégrossi, sommairement éduqué, mal préparé à ces joies dont nous frissonnons si facilement comme des lyres aux cordes tendues peu à peu par la civilisation raffinée des villes ? En tout cas il sentait. Il sentait comme les vieux soldats des Gaules ou les brutaux Northmans sentaient le rude chant de guerre. Cela frappait ses oreilles d'une cadence aimable et par les oreilles gagnait le cœur. C'était de la musique. Personne ne résiste à la musique. Voilà pourquoi les simples sont plus sensibles aux vers qu'aux proses même lumineuses. D'abord la poésie dramatisée, puis la poésie simplement lue ; c'est par là qu'il faudra toujours commencer pour dompter l'esprit inculte des braves gens qu'on veut enlever au terre-à-terre, reste de la bestialité des anciens âges.

∴

Cette concluante expérience de Salbart, qui dut tant réjouir nos congressistes de Niort, fut renouvelée à la première occasion.

Tous les septembres, parmi la somptuosité de l'automne qui en avive l'éclat avec la pompe des ardents feuillages, on célèbre à La Mothe-Saint-Héray la *fête des Rosières*. Cette coutume date de 1810, année où mourut un avocat nommé Chameau, brave homme malgré son nom, la preuve est qu'il laissa par testament à sa ville natale une rente perpétuelle pour doter annuellement trois rosières, des vraies... Et ce prix de sagesse est l'occasion de réjouissances d'autant plus sincères que les jeunes filles sont jolies en ce bourg fortuné.

Cette année-là, M. Pierre Corneille, qui justement, je crois, compte le bon Chameau parmi les ancêtres de sa femme, offrit à la municipalité d'organiser une représentation en plein air.

La proposition fut agréée, le jardin public de Saint-Héray choisi comme emplacement. M. Corneille écrivit *Chambrille*. Ce fut un nouveau succès remporté par les décentralisateurs. La preuve était faite. Le théâtre populaire poitevin était fondé.

Je ne m'étends pas davantage sur *Chambrille* et son auteur, ayant à traiter spécialement la question du théâtre populaire.

Le spectacle était précédé d'une saynète champêtre de M. Gaud. Le succès fut si grand de cette représentation éclairée aux torches de pétrole et aux feux de bengale, avec le simple décor des bois et des rochers, que, sollicité par de nombreuses personnes, M. Corneille la redonna quelque temps après au Puy-d'Enfer, près de Saint-Maixent, où quatre mille personnes au moins se rendirent, immense cohue qui sut écouter avec plus d'attention que certains mondains dans les salons où l'on chante les vers marqués au bon coin de l'auteur de *Par la clémence*.

L'année suivante, quand on fêta de nouveau le sage trio des rosières de La Mothe, le même Corneille, d'une activité si brillante, organisa plus solennellement encore la représentation populaire, perfectionna la scène, agrandit l'amphithéâtre, remplaça le pétrole par l'acétylène, et écrivit *Erinna*, tragédie.

La presse parisienne et régionale accourut écouter les vers sonores sous lesquels, dans les chœurs et les chansons, M. Giraudias mit une bonne musique. Les interprètes étaient plus nombreux et mieux exercés, mais pris toujours dans différentes classes de la société. L'effort, plus considérable, fut couronné d'un succès plus retentissant. De grands journaux, tels que *Le Gaulois*, en rendirent compte. Des articles furent écrits. L'élan était définitivement donné.

Cette année-ci, M. Corneille a donné, dans les mêmes conditions, sa tragédie cornélienne : *Par la clémence*. Il a dû refuser du monde. M. Huot, l'aimable directeur des *Veillées de Plaisance*, avait réglé une mise en scène compliquée et prêté le concours de son talent d'acteur (il tenait le rôle d'Amaury). Tout cela, l'an prochain, va prendre une extension plus grande et appeler l'attention, non seulement des décentralisateurs, mais de tous ceux qu'intéresse l'histoire littéraire de la France.

Telle est l'évolution intellectuelle de La Mothe-Saint-Héray. Je m'y suis appesanti pour la citer surtout à titre d'exemple. Aussi me faudra-t-il revenir sur le Poitou, car M. P. Corneille n'est pas seul à travailler. Il serait injuste d'oublier ceux qui tentent à ses côtés des efforts parallèles : MM. Clouzot, Gaud, Philippe, déjà nommés, et la légion aussi des jeunes qui marchent vers la lumière.

M.-C. Poinsot.

(L'Estafette, 30 novembre 1899.)

CORRESPONDANCE

M. le Comte de B., *Toulouse*. — Il est évident qu'en écrivant « Mgr de La Bouillerie » pour « Mgr de Bouillé », notre collaborateur M. Jacques Verteuil a commis un lapsus qu'explique suffisamment la similitude des noms confondus sous sa plume. Nous publierons, avec la table du premier volume, les errata nécessités par nos *erreurs* ou nos *distractions*.

M. L. D., *Valence*. — *Le Pays Poitevin* n'est pas en tutelle, inutile donc d'adresser vos réclamations à d'autres qu'à son Directeur.

M. P. J., *Paris*. — Relisez le numéro 6 du *Pays Poitevin*, vous verrez que vos informations retardent. — Parfaitement, l'œuvre se développera dans ce sens. — La brochure dont vous me parlez est de M. de Bruijn, directeur du *Spectateur catholique*; M. de Bruijn, et bien d'autres, changeront d'avis devant l'évidence des faits.

M. P. B., *Paris*. — Nous vous signalons l'ouvrage que prépare M. Robert-Yves Plessis, *Essai d'une bibliographie française méthodique et raisonnée de la sorcellerie et de la possession démoniaque*. Cet ouvrage, en souscription chez Chacornac, 11, quai Saint-Michel, Paris, sera accompagné d'un album reproduisant des estampes de la Bibliothèque Nationale. Prix, 10 fr.

Gazette Poitevine

Sociétés poitevines

Le *Chabichou* de Tours a réuni ses membres en un banquet, le 18 décembre dernier, salle Lamy, rue Marignan. M. Maurice, président d'honneur, a fait spirituellement l'éloge en prose du fromage national que M. le docteur Bailliot a chanté en vers :

Ah ! Messieurs, voilà du bon fromage,
Il nous vient tout droit de Montbernage,
Ça, c'est du vrai, du pur chabichou,
Il est du pays, du pays du Poitou.
Chabichou, chabichou,
Bouquet de nos repas,
Que deviendrions-nous
Si l'on ne l'avait pas ?

Après les chansons, la charité. Une quête faite parmi les convives a produit 30 francs pour les pauvres.

— Les originaires du Poitou habitant Alger se sont groupés en une association sous ce titre : *Les Enfants du Poitou*. La Société avait organisé, le dimanche 22 octobre, une *ballade* de famille aux environs d'Alger, qui s'est effectuée aux chants des mélopées et rondes en patois poitevin. L'association a surtout pour but de secourir nos compatriotes malheureux; elle voudrait aussi servir de lien entre les commerçants et industriels poitevins et leurs compatriotes d'Algérie. Le siège de la Société est à Alger, café de la Concorde.

Nécrologie

Un saint prêtre, qui s'était fait une réputation de thérapeute par les nombreuses cures qu'il opéra durant sa vie de charité et de dévouement, M. l'abbé Granier, curé de Pioussay, est mort le 20 décembre en son presbytère. La reconnaissance populaire lui avait décerné un titre curieux : les humbles ne l'appelaient que le bon Dieu de Pioussay.

— Le sculpteur Baptiste Banjault est décédé, le 20 octobre, à La Crèche (Deux-Sèvres), à l'âge de 72 ans. L'Etat conserve dans le dépôt du Louvre son chef-d'œuvre : *Premier Miroir*, et a dressé dans le jardin des Tuileries une œuvre gracieuse : *Au Gui l'An Neuf*, qui représente un adolescent brandissant une branche de gui. Après un été fécond, l'automne de l'artiste ne vit plus éclore que des œuvres médiocres, dont le monument de Ricard, à Niort, est le plus désolant spécimen.

— M. Edouard Lacuve, le vieil imprimeur mellois, bien connu dans toute la région, est décédé le 19 décembre dernier, après une courte maladie. Ses obsèques ont eu lieu en l'église Saint-Pierre, à Melle. Une foule nombreuse est venue accompagner à sa dernière demeure cet excellent homme qui fut en même temps un écrivain d'une rare originalité.

Directeur du *Mellois* depuis de longues années, il a publié chaque semaine dans ce journal des articles en patois dans lesquels une verve malicieuse et spirituelle s'allie à une bonhomie charmante.

Il fit paraître en 1876 et en 1877 une petite publication aussi en patois : *Le Canard poitevin*, qui contient des nouvelles et des contes très amusants.

Il écrivait en maître ce dialecte poitevin qui est si expressif et si pittoresque. Nul ne le surpassa en ce genre.

Son œuvre la plus remarquable et qui lui donne une place à part parmi les écrivains patoisants, ce sont ses *Fables*, publiées sous le pseudonyme de *Jacquett*.

Dans ce livre qui ne périra pas et qu'on peut mettre en parallèle avec ceux des poètes provençaux, M. Lacuve a montré que notre patois a toutes les qualités d'une véritable langue littéraire, et c'est à juste titre qu'on a dit de lui qu'il était le *Doyen des Félibres poitevins*.

Il a également composé dans un bon français, clair et pur, des sonnets spirituels, plusieurs articles de journaux et un *Guide de l'archéologue dans la ville de Melle et les environs*, qui est plein de renseignements intéressants.

Il avait une mémoire étonnante et il connaissait sur l'histoire du Pays Mellois une foule de détails curieux que son excessive modestie l'a empêché de publier.

Il fut pendant plusieurs années l'imprimeur de la *Revue Poitevine et Saintongeaise*, qui avait, pour directeur M. Berthelé, le savant archiviste du département, et il sortit de ses presses plusieurs ouvrages dont l'exécution typographique ferait honneur à de grands éditeurs.

Cet homme de bien, qui était la bonté même, est mort chrétiennement, comme il avait vécu, emportant les regrets de tous ceux qui le connaissaient.

Nous espérons que d'ici peu, dans nos revues poitevines, on analysera son œuvre d'une façon complète; il se fâchait contre ceux qui voulaient faire son éloge; il est juste qu'on rende maintenant à sa mémoire les hommages qu'il méritait.

X.

(La Revue de l'Ouest.)

Prix de l'Académie

Le poète charentais M. Léonce Depont, de Surgères, qui déjà l'an dernier fut couronné par l'Académie française pour son volume en vers : *Déclin*, a obtenu cette année le prix Capuran (1600 francs) pour son volume : *Affinités*.

— L'Académie des Inscriptions et Belles-Lettres a également accordé des mentions honorables à M. Emile Garnault, pour ses trois ouvrages sur le *Commerce rochelais au XVIIIe siècle*.

Musées

Le R. P. Lhoumeau annonce qu'il fonde à Saint-Laurent-sur-Sèvre (Vendée) un musée-bibliothèque destiné à recueillir tous les documents se rapportant au Bienheureux Grignion de Montfort et à ses œuvres. Il fait appel aux personnes qui, possédant des volumes, gravures, etc., de l'apôtre poitevin, voudraient en enrichir la collection en formation.

Théâtre

Notre confrère M. Pierre Corneille, directeur du *Mercure poitevin*, vient de faire représenter, au théâtre des Arts de Bordeaux, une pièce sociale : *Le Bonheur des autres*, à laquelle le public bordelais a fait le meilleur accueil.

Monument Ladmirault

L'exécution de la statue du général Ladmirault vient d'être confiée à M. Octobre, ancien prix de Rome, et celle du piédestal à M. Joseph Carré, architecte, tous deux jeunes artistes poitevins de talent. Le Comité a fait là un choix de Mécène intelligent et patriote.

NOTES ET ENQUÊTES

Les questions et réponses doivent être adressées directement au bureau du Pays Poitevin, à Ligugé, avant le 10 de chaque mois.

La Direction se réserve le droit de réduire les communications, ou de les présenter sous la forme qui lui semblera la meilleure.

QUESTIONS

XXIV

Lieu de naissance de Descartes. — La question est-elle définitivement résolue par le mémoire de M. de Grandmaison que notre collaborateur M. Beauchet-Filleau analyse plus loin? Nous ne le pensons pas. La thèse de M. Barbier ne nous semble pas le moins du monde confondue par les arguments qui lui sont opposés. Il demeure certain qu'une tradition orale s'est perpétuée dans la maison Milan d'Astis, établissant que « la mère de Descartes, se rendant de Châtellerault à La Haye pour y faire ses couches, aurait été surprise par les douleurs de l'enfantement, près d'un champ dit le Pré-Falot, proche le fief de la Sybillière, commune d'Ingrandes (Vienne), et que le futur philosophe serait venu au monde dans un fossé ».

Cette tradition explique les contradictions touchant le lieu de naissance de Descartes. Il devait être pénible pour sa mère d'avouer l'accident survenu en route, et les contemporains, partageant la réserve naturelle de Jeanne Brochard, la font accoucher soit à Châtellerault, d'où elle partit, soit à La Haye, où elle se dirigeait. Il était logique que la famille consacrât la version de La Haye, puisque c'est en cette ville que l'on avait désiré voir se produire la naissance de l'enfant et que celui-ci avait été baptisé. Descartes n'avait aucun motif, par la suite, de ne pas souscrire à cet état-civil; un romantique se fût accommodé d'une naissance au milieu des champs, mais le XVIe siècle était plus sévère sur la question du décorum. La Haye a donc le droit de revendiquer *officiellement* Descartes comme un de ses enfants, comme nous avons le droit de nous faire une opinion *intime* contraire, opinion dont les Tourangeaux auraient tort de prendre ombrage.

La question reste ouverte.

G. B.

XXV

Une fabrique d'armes. — « Les frères Girard, forgerons, à La Brufflère, canton de Montaigu, fabriquèrent des sabres qui furent admirés, lors des conférences de La Jaunaie, par les représentants du peuple, à raison de leur beauté et de leur fini dans les parties. » (Dans les notes inédites de La Fontenelle de Vaudoré, carton relatif à la guerre de Vendée.) Connaît-on des propriétaires de ces armes?

C. Puichaud.

XXVI

Champ de bataille de Maupertuis. — Dans son étude : *Le Seuil de Poitiers*, publiée par le *Pays Poitevin*, M. Potel écrit : « La ferme de la *Cardinalerie*, jadis appelée Maupertuis... » Or la carte de l'état-major, d'accord avec les habitants du pays, disent *Cardinerie*. M. Potel a-t-il eu une raison pour adopter la première dénomination, ou n'y a-t-il là qu'un lapsus?

Joseph Fragnaud.

XXVII

Guerre de la Vendée : Campagne de 1793 (l'auteur?) — Quel est l'auteur de l'ouvrage intitulé : *Guerre de la Vendée : Campagne de 1793*, avec cette épigraphe : *Fiat Lux*, et l'adresse : *A Londres : de l'imprimerie W. Spilsburg, 57 Snowhill*, 1803? Vol. in-8°, de XIV-168 pages? Il y est surtout question du jeune Henri Forestier, qui commanda la cavalerie vendéenne après la mort de Dommagné, tué à Saumur le 9 juin 1793. Malgré des erreurs grossières sur une partie des débuts de l'insurrection, erreurs que je serais tenté de croire volontaires, cet ouvrage fort intéressant me paraît écrit par quelque personnage de l'intimité de Henri Forestier, sinon par lui-même. A la fin du volume, l'auteur annonce qu'il publiera une suite à son récit, sur les campagnes suivantes. Cette suite a-t-elle été publiée et où ?

H. BAGUENIER-DESORMEAUX.

(L'Intermédiaire.)

XXVIII

« La terre qui meurt. » — Quelque obligeant lecteur pourrait-il fournir la clef de ce roman de M. René Bazin, roman dont l'action a la Vendée pour théâtre ?

R. D.

XXIX

Le général Joubert. — On a parlé de l'origine poitevine du général Joubert, généralissime de l'armée transvaalienne. Le *Pays Poitevin* pourrait-il en fournir une démonstration ?

T.

RÉPONSES

XI

Pèlerinages à Saint-Jacques de Compostelle. — Le dernier numéro du *Pays Poitevin* parle des chemins de Saint-Jacques. — Voici une série de noms qui authentiquent celui de Poitiers au célèbre pèlerinage.

En sortant de Poitiers par la porte de la Tranchée, en prenant la route de Bordeaux, on trouve, à l'endroit même où une tranchée factice réunit la vallée du Clain à celle de la Boivre, une auberge dont l'enseigne figure encore un pèlerin de Saint-Jacques-de-Compostelle. L'auberge porte le nom du Saint.

En poursuivant la même route, à la bifurcation du chemin de Sanxais, le carrefour porte le nom de : La Chapelle-Saint-Jacques, et celui où s'arrêtent les tramways est dénommé : Les Trois-Bourdons, rappelant l'insigne des pèlerins. Enfin, tout près de là, on trouve une vieille seigneurie : Beljouanne, dont le nom et la prononciation indique une origine espagnole, qu'avec un peu d'imagination on peut rattacher au célèbre pèlerinage.

Cte DE CLISSON.

XIV

Le rôle du Poitou dans les pèlerinages de Lourdes. — En octobre dernier, M. l'abbé Andrault, alors vicaire à Notre-Dame de Poitiers, a publié une brochure sur ce sujet. Titre : *Le Poitou à Notre-Dame-de-Lourdes (Notes sur les pèlerinages diocésains, 1872-1898)*. En vente au Comité des Pèlerinages, place Sainte-Croix, 0 fr. 50.

X.

XVIII

Chansons électorales. — Nous avons reçu de M. Beauchet-Filleau deux chansons électorales datant du règne de Louis XVIII, et une autre contemporaine ayant trait à l'élection de M. Goirand, dans le canton de Melle. En outre, M. le comte de Clisson nous a adressé une chanson en l'honneur du succès électoral de M. de Beauchamp. « Elle doit, nous dit notre honorable correspondant, dater de la fin de l'Empire et se rapporter au plébiscite. Je n'ai point à la juger au point de vue littéraire, mais elle nous rappelle un honnête homme, un administrateur intègre et un travailleur infatigable. A ce point de vue, je crois qu'elle doit intéresser le public ».

Que nos lecteurs veuillent bien nous continuer ces envois ; nous ferons une publication de ces curieux documents lorsque notre moisson sera suffisante.

P. P.

XIX

Lieu de naissance de Mme de Maintenon. — L'article de notre collaborateur M. Gelin, annoncé dans notre dernier numéro, paraît aujourd'hui dans le corps de la Revue.

P. P.

XXII

Un neveu de Voltaire. — Je suis à même de répondre très exactement à la question posée par le *Pays Poitevin* sur la parenté d'Edmond Thiaudière avec Voltaire : j'ai en effet l'honneur d'être le neveu de l'auteur de l'*Obsession du Divin*.

L'*Intermédiaire* ne se trompe pas. En ouvrant la cinquième édition du *Dictionnaire des Contemporains* de M. Vapereau, à l'article Thiaudière, on trouve en effet que la famille d'Edmond Thiaudière a été alliée à celle de Voltaire.

Comment la réalité de cette alliance des deux familles est-elle établie ? C'est ce que ne nous apprend pas le Vapereau, et ce que je suis à même de vous dire.

Il y avait au XVIIIe siècle un homme de lettres, nommé Charles Sablier, très lié avec La Chaussée, dont il a été le collaborateur et le préfacier, mais ayant moins marqué que lui, car malgré plusieurs ouvrages qui n'étaient dépourvus ni de talent ni d'esprit, il est tout à fait inconnu de notre temps.

Des notices sur Charles Sablier se trouvent dans deux recueils au moins : dans le *Journal encyclopédique*, publié en 1786, et dans la *Biographie Michaud*.

La notice publiée dans le *Journal encyclopédique*, après la mort de Sablier, avait été rédigée par Sablier lui-même, sur la prière de M. Cochu, docteur-régent de la Faculté de Médecine en l'Université de Paris, et c'était M. Cochu qui l'avait communiquée aux auteurs du *Journal encyclopédique*.

Or, voici ce qu'on y lit textuellement :

« Charles Sablier, mon père, était contrôleur des trésoriers de la maison du roi. Ma mère se nommait Elisabeth Thiaudière ; elle était fille de Pierre Thiaudière, secrétaire de la reine-mère (Anne d'Autriche) et fils d'un procureur au présidial de Poitiers.

« Il s'est trouvé dans la famille de mon père un homme qui s'est rendu célèbre en son temps : je veux dire Dagoumer, qui a été recteur de l'Université. Du côté de ma mère, nous tenions aux Arouet et, par conséquent, à Voltaire, mais dans un degré fort éloigné... »

De ce passage il résulte bien qu'Edmond Thiaudière a l'honneur de tenir, lui aussi, aux Arouet et à Voltaire, car l'identité de la famille maternelle de Sablier et de la famille paternelle d'Edmond Thiaudière est parfaitement établie par un document qui porte que le grand-père de Sablier, Pierre Thiaudière, secrétaire des finances de la reine Anne d'Autriche, était propriétaire à Gençay (Vienne), au berceau même des ascendants d'Edmond Thiaudière, desquels l'ancienneté dans cette bourgade remonte très certainement à près de trois siècles, et probablement à plus.

L'oncle maternel de Charles Sablier, Jean-Baptiste Thiaudière, abbé de Boissy, était aussi lui littérateur et membre de l'Académie des Inscriptions et Belles-Lettres, ainsi qu'on peut le voir dans la notice que lui consacre la *Biographie Michaud*.

Mais cette parenté provient-elle de la mère de François Arouet ? C'est fort probable, mais je ne puis le dire sûrement.

Quoi qu'il en soit, Edmond Thiaudière (et non Edouard) est un pur Poitevin : il est né au berceau de ses ancêtres, à Gençay, le 17 mars 1837 ; il y a conservé une petite propriété, où il vient souvent se reposer de la vie de Paris.

A. THOUILLARD.

REVUE DES REVUES

Mgr Barbier de Montault reproduit (**Revue d'Archéologie poitevine**, décembre 1899), d'après un volume du Père Clément Blume S. J. : *Pia dictamina*, Leipzig, 1897, une hymne au Saint-Sacrement, généralement attribuée à Frère Jean de Poitiers, archevêque de Cantorbéry.

Des indulgences étaient autrefois attachées à la récitation de cette hymne, et Mgr Barbier de Montault désirerait que, pour faire honneur à son origine poitevine, les séminaires régionaux l'adoptassent et que l'Ordinaire fît renouveler par le Saint-Siège les indulgences de jadis.

Plus loin, M. Beck, recteur de Rotherhitte (Angleterre), fait la description d'une histoire anglaise de sainte Radegonde, dont un précieux exemplaire, imprimé à Londres, en caractères gothiques, par Richard Pynson, vers 1521, est conservé au *Jesus College* dans l'Université de Cambridge.

Une nouvelle revue poitevine vient de paraître : **Le Règne de Jésus par Marie**, organe de la doctrine spirituelle et des œuvres du Bienheureux Louis-Marie Grignion de Montfort. Elle se présente sous une couverture artistique signée R. Beauclair. L'image du Père de Montfort se détache en une ravissante miniature sur un fond délicatement nuancé. Ce premier numéro contient une préface du R. P. Lhoumeau et de savantes études du Père Texier sur les missions et les fondations du Bienheureux de Montfort en Poitou. Nous avons été aimablement autorisés à reproduire l'*Histoire du sanctuaire de Montbernage* que nos lecteurs trouveront dans un de nos prochains numéros. *Le Règne de Jésus* est imprimé sur les presses bénédictines de Ligugé avec le soin et le goût que les amis du *Pays Poitevin* ont depuis longtemps appréciés. Elle sera trimestrielle, le prix d'abonnement est de 3 fr. On souscrit à la librairie Oudin, à Poitiers, ou à Saint-Laurent-sur-Sèvre, en s'adressant au R. P. Lhoumeau.

Nos notes et enquêtes contiennent une question relative à l'origine poitevine et saintongeaise du généralissime Joubert. Nous trouvons tous les renseignements utiles dans la **Revue de Saintonge et d'Aunis** du 1er janvier. L'abondance des matières nous oblige à retarder la reproduction de ces notes. Dans ce même numéro, un article de M. Gabriel Audiat, sur la jeune Saintonge poétique, où les idées qui nous sont chères sont développées avec émotion et force. Nous adressons nos plus vifs remerciements à notre excellent doyen, M. Louis Audiat, directeur de cette revue, qui a bien voulu nous autoriser à reproduire son travail sur saint Eutrope. Nous sommes heureux d'annoncer que l'érudit bibliothécaire de Saintes devient notre collaborateur. Nous publierons de lui, très prochainement, une étude inédite sur les apparitions en Poitou.

Mgr l'Evêque de Luçon rappelait récemment à ses prêtres le désir qu'il leur avait exprimé déjà de les voir rechercher avec soin « tous les titres de gloire de sa chère église de Luçon ». Sa Grandeur leur demandait de vouloir bien lui adresser tous les renseignements qu'ils auront pu recueillir sur les habitants de leur paroisse qui ont subi la mort en haine de la foi, durant la Révolution. **La Vendée historique** répond à cet appel en commençant, dans son numéro du 5 janvier 1900, la publication d'une liste de quatre cents personnes, envoyées à la Commission militaire par le Comité de surveillance de Cholet, dont le plus grand nombre périt par la fusillade ou l'échafaud. Cette liste est recueillie par M. l'abbé Uzureau, aumônier du Champ-des-Martyrs, à Angers.

BIBLIOGRAPHIE

Nouvelles recherches sur l'origine et le lieu de naissance de Descartes, par Louis de Grandmaison. Brochure in-8° de 34 pages. — Bibliothèque de l'Ecole des Chartes. Paris, 1899.

En réponse au travail de M. A. Barbier : « *Sur le lieu où est né Descartes* », publié dans les *Mémoires de la Société des Antiquaires de l'Ouest* en 1898, travail signalé dans le n° 10 du *Pays Poitevin*, M. Louis de Grandmaison, l'érudit archiviste d'Indre-et-Loire, vient de faire paraître, dans le tome LX de la *Bibliothèque de l'Ecole des Chartes*, une étude intitulée : *Nouvelles recherches sur l'origine et sur le lieu de naissance de Descartes*, dans laquelle il combat la thèse soutenue par M. Barbier et arrive à une conclusion toute différente de celle de son devancier. En effet, tout en reconnaissant que l'illustre philosophe avait des attaches certaines avec le Poitou, il nous prouve que si l'origine tourangelle de Descartes n'est pas établie avec une certitude absolue, sa naissance à La Haye est incontestable.

Pour nous faire admettre cette conclusion, M. de Grandmaison ne se contente pas de formuler son opinion personnelle (il n'en a pas de préconçue), mais il s'appuie sur des documents nouveaux ou peu connus, et discute la valeur scientifique des arguments de M. Barbier par des arguments fournis par M. Barbier lui-même.

Ce dernier avait publié, en effet, dans les *Mémoires de la Société des Antiquaires de l'Ouest*, une première étude sur les origines du grand philosophe, où il mettait en relief tout ce qui militait en faveur du Poitou dans l'origine de ce dernier, tout en reconnaissant qu'il était né en Touraine.

Le contradicteur de M. Barbier s'est donc demandé la raison déterminante de ce changement subit d'opinion et a cherché les preuves sur lesquelles il s'appuie pour arriver à une conclusion diamétralement opposée à celle de son premier travail.

Or, son principal et unique argument repose sur une tradition orale (ignorée de l'auteur en 1897) « tradition qui serait appuyée sur des documents écrits et qui tendrait à établir que Descartes, baptisé à La Haye, n'y serait pas né. Sa mère, se rendant de Châtellerault à La Haye pour y faire ses couches, aurait été prise par les douleurs de l'enfantement près d'un champ dit le Pré-Falot, proche le fief de la Sybillière, commune d'In grandes (Vienne), et le futur philosophe serait venu au monde dans un fossé ».

Tout le monde sait qu'avant d'admettre l'authenticité d'une tradition, surtout au point de vue généalogique, il faut qu'elle s'appuie, sinon sur des faits précis, tout au moins qu'elle soit rapportée par des auteurs contemporains dignes de foi; et encore on en a tellement abusé à une certaine époque que le plus souvent on reste sceptique. Cependant il en est de respectables et qui méritent qu'on s'y arrête. Il importait donc de savoir si celle exhumée par M. Barbier devait être classée parmi ces dernières, et c'est ce qu'a fait M. de Grandmaison.

Nous allons analyser le plus rapidement possible cette partie, la plus importante du travail du savant archiviste d'Indre-et-Loire.

Les documents écrits qui viennent corroborer la thèse de M. Barbier sont au nombre de trois.

Le premier est tiré d'un texte de Pierre Borel [1], publié en 1653, qui fixe la naissance de Descartes, non pas à la Sybillière, mais à Châtellerault.

Le deuxième est extrait du travail de Roffay des Pallus, qui écrivait en 1738, et qui, lui, admet que Descartes est né à La Haye, mais dans le faubourg Saint-Jacques, situé sur la rive gauche de la Creuse qui fait partie du Poitou.

Enfin le troisième et dernier témoignage écrit, tiré d'une brochure publiée en 1854 par M. l'abbé Lalanne, qui rapporte cette tradition, mais s'empresse de la rejeter.

De ce qui précède, le contradicteur de M. Barbier fait ressortir le peu de valeur des documents mis en avant par ce dernier, car, en admettant que Borel et Roffay des Pallus méritent qu'on s'arrête à leurs opinions, ni l'un ni l'autre n'indiquent le Pré-Falot comme lieu de naissance de Descartes.

Quant à l'abbé Lalanne, il ne peut pas non plus s'appuyer sur son autorité, puisqu'il n'admet pas lui-même l'authenticité de cette tradition. M. de Grandmaison se demande donc, à juste raison, comment son devancier peut faire état des témoignages des trois auteurs qu'il cite.

Cependant, il lui reste comme dernière ressource quatre lettres de M. J. Milan d'Astis, des mois de juin et mai 1897, dans lesquelles ce dernier rapporte tenir cette tradition de son père, qui lui-même la tenait du sien, à qui elle aurait été transmise avec la propriété de la Sybillière, achetée de M. de Belcastel en 1790.

Pour montrer le peu de créance que l'on doit avoir en cette tradition, M. de Grandmaison s'étonne à juste titre que MM. Milan d'Astis n'aient jamais mentionné cette tradition qu'on invoque aujourd'hui.

1. Il faut remarquer que, dans son premier travail, M. Barbier n'avait pas voulu se servir du témoignage de Borel, reconnaissant l'inexactitude de la notice écrite par ce dernier.

Il nous rappelle, en effet, que c'est à l'époque révolutionnaire que la ville de La Haye prit officiellement le nom de La Haye-Descartes, et que M. J. G. de Milan d'Astis ne fit entendre aucune protestation. De même, le 2 octobre 1802, lorsque le préfet d'Indre-et-Loire inaugura à La Haye un buste de Descartes dans la maison où il est né, le même Milan d'Astis n'éleva pas la voix pour protester, et cependant il ne pouvait ignorer ce fait, puisqu'à cette époque il était Directeur des Contributions directes du département d'Indre-et-Loire. Enfin, en 1849 et 1852, lors des inaugurations des statues de Descartes à La Haye et à Tours, M. Romain d'Astis, pas plus que son père, n'éleva la voix et a continué à garder un silence obstiné.

M. de Grandmaison examine ensuite les preuves qui militent en faveur de sa thèse et il trouve, en premier lieu, l'acte de baptême de Descartes, qui eut lieu à La Haye; le témoignage de Descartes lui-même, qui, écrivant à Chanut en 1646, dit qu'il « est né dans les jardins de la Touraine ».

Il cite ensuite l'abbé de Marolles, qui écrivait six ans seulement après la mort de Descartes, et qui le cite parmi les hommes illustres de la Touraine. Il signale également les témoignages de Baillet et de Catherine Descartes, la propre nièce du philosophe, les inscriptions qui se trouvent sur les portraits anciens de Descartes et qui se trouvent sur la médaille frappée en son honneur par les Hollandais.

Enfin, une curieuse note inscrite au XVIIIe siècle à la fin des registres de l'état civil de La Haye, et relevée par M. l'abbé Chevalier, où il est dit « que pendant les troubles des guerres de religion, beaucoup des enfants de la paroisse Notre-Dame de La Haye ont été baptisés en celle de Saint-Georges, notamment René Descartes, qui était né paroisse Notre-Dame dans la maison de Mme de La Ferrandière ».

Comme pièces justificatives, M. de Grandmaison nous donne : 1° la succession de Gilles Descartes en 1531 ; 2° l'acte de baptême de Pierre Descartes en 1589 ; 3° actes de l'état civil de La Haye concernant les familles Descartes, Brochard, etc., 1564-1618 ; 4° document concernant les familles Sain et Brochard.

La rapide analyse que nous venons de faire suffira, croyons-nous, pour faire admettre par les lecteurs du *Pays Poitevin* la conclusion de M. de Grandmaison, qui, toute douloureuse qu'elle puisse être pour nous Poitevins, ne doit pas moins être acceptée comme telle.

Pour traiter cette question avec impartialité, nul mieux que M. de Grandmaison n'était indiqué, car, comme il le dit lui-même, s'il est né en Touraine, sa famille est poitevine; il pouvait donc tenir la balance égale entre les prétentions contradictoires de la Touraine et du Poitou, et nous devons lui rendre cette justice, c'est qu'il a jugé sans parti pris les divers points litigieux entre ces deux provinces également chères à son cœur.

Paul Beauchet-Filleau.

Les Potevins de d'Aut'fait, grande scène comique en 4 actes, par Adolphe Métivier. — Représentée pour la première fois à Melle, et plusieurs fois à Niort, à l'occasion des fêtes de la Société d'Ethnographie, en mai 1896. — Melle, imp. Lacuve, 1 vol. in-4°, avec 6 photographies, 5 fr.

Cette pièce, écrite en grande partie en patois poitevin, comprend :

I. *Une veillée chez le père Chauvinet.*
II. *Suzon Chauvinette* (l'ensorcelée).
III. *Le Voyage du père Salmont à Paris.*
IV. *La Noce* (mariage de Suzon avec Jacquet).

Il ressort de ces actes réunis, une œuvre naïve et néanmoins spirituelle qui fait revivre, dans toute leur réalité, les costumes, les usages et les croyances superstitieuses du vieux Poitou.

Toutes les scènes sont prises sur le vif et vécues ; elles sont frappantes de vérité : le comique des situations, l'authenticité du langage plein de cet esprit gaulois du vieux paysan, font du « Potevin de d'Aut'fait » la pièce la plus divertissante qu'il soit possible d'imaginer en ce genre : l'intrigue en est très gaie, les détails et l'action ont des qualités de franchise et de vivacité des plus captivantes.

Plusieurs chansons poitevines (paroles et musique), pleines de gaieté et d'entrain, la plupart composées par l'auteur, sont intercalées dans le cours des actes.

Nous donnons ci-dessous quelques-uns des titres :

Je roule et je déroule ; — Le Garçan Couturale ; — J'me suit engageai ; — La Belle Clliérambeaue ; — Trempe la soupe ; — Tire la couvarte au pied du lit ; — La noce dau bia Jacquet ; — Quant o faut se mariale, etc., etc.

Toutes les chansons, vieilles danses, bals, chasse-à-quatre, etc., sont accompagnés de leur musique.

L'œuvre d'Adolphe Métivier est une étude ethnographique et un essai de décentralisation artistique qui méritent d'être encouragés. Les amateurs de patoiseries et de gaieté de bon aloi trouveront là une occasion sans pareille de satisfaire leur goût.

Le Directeur-Gérant : Gustave Boucher.

Ligugé (Vienne). — Imp. Saint-Martin. M. Bluté. — 1-00.

Nº 14. Février 1900.

LE PAYS POITEVIN

CHRONIQUE — ÉCHOS — BIBLIOGRAPHIE

LES OBLATS DE SAINT-BENOIT

et la « Familia sacra » de Ligugé

La presse boulevardière, avec le sens de l'exagération qui lui est propre, a récemment, et à nouveau, attiré l'attention publique sur les Oblats Bénédictins.

Aux questions qui nous sont posées à ce sujet, nous répondons par la reproduction du document ci-dessous, emprunté au dernier numéro du *Bulletin de saint Martin*, revue qui se publie à Ligugé, sous la direction du R. P. Besse.

Nous renseignerons nos lecteurs sur les progrès de l'œuvre, d'après ce guide autorisé. Nous confirmons d'ailleurs notre information du mois de décembre 1898 : Ligugé devient le centre d'une « Familia sacra », recrutée parmi les Oblats séculiers, résidents ou dispersés, et ayant pour devoir de seconder les moines Bénédictins dans leur mission de restauration de l'art religieux.

Nos lecteurs se rappellent le Bref de Léon XIII relatif aux Oblats Bénédictins. Nous promîmes, en le publiant, de revenir sur cette question. Il nous fallait attendre pour cela la publication d'un manuel. Ce livre vient de paraître, et nous nous empressons de le signaler à tous ceux qui sont unis à la famille de saint Benoît par l'oblature ou qui désirent contracter ce lien. Le R. Père Prieur de Sainte-Marie de Paris a condensé, en quelques pages pieusement écrites, les renseignements que les Oblats ont besoin de posséder sur saint Benoît, sur son Ordre, sur les Oblats et sur leurs devoirs. Le supplément contient le cérémonial de la vêture et de la profession, la formule de l'absolution générale, le calendrier et la liste des indulgences.

Nous empruntons au manuel le texte officiel des *statuts des associations d'Oblats séculiers de la Congrégation bénédictine de France*, approuvé par le Rme P. Dom Delatte, Abbé de Solesmes et Supérieur Général de la Congrégation.

On attendait la publication du manuel et des statuts pour organiser en plusieurs lieux les associations d'Oblats séculiers. L'heure est donc venue pour nous de mettre à profit, pour la gloire de Dieu et le bien des âmes, les faveurs spirituelles accordées par le bref du 17 juin 1898. Nous commencerons, dès notre prochain numéro, la publication d'une série d'articles sur cet intéressant sujet.

STATUTS DES ASSOCIATIONS D'OBLATS SÉCULIERS DE LA CONGRÉGATION BÉNÉDICTINE DE FRANCE

I

Les Oblats sont des fidèles des deux sexes qui, vivant dans le monde, s'agrègent à l'Ordre de Saint-Benoît pour opérer, par ce moyen, avec plus de sûreté leur salut éternel et rendre à Dieu une plus grande gloire.

II

Tout monastère canoniquement érigé, abbaye ou prieuré, peut admettre des Oblats qui, par leur promesse solennelle, en deviennent comme les membres.

III

Pour être admis dans l'Association, il faut être âgé d'au moins dix-huit ans, mener une vie sérieusement chrétienne et être présenté au Père Directeur par un Oblat ou une personne légitimement qualifiée pour le faire.

IV

Après trois mois de probation, les postulants reçoivent à la vêture, comme signe distinctif de leur agrégation à l'Ordre de Saint-Benoît, un scapulaire de drap noir qu'ils doivent porter désormais sous leurs habits séculiers.

V

Un an après la prise d'habit, le Supérieur du monastère (Abbé ou Prieur) peut admettre les novices à la profession des Oblats. Par cet acte, qui s'accomplit suivant le cérémonial du rituel monastique, les Oblats se consacrent à Dieu et à notre bienheureux Père saint Benoît, pour tendre à la perfection en s'inspirant de l'esprit bénédictin. On leur impose le nom du patron qu'ils ont choisi, et qu'ils joignent à leur nom de baptême. Les engagements de la profession des Oblats ne sont que de simples promesses qui ne sauraient obliger sous peine de péché.

VI

Le monastère qui a reçu les Oblats dans sa confrérie les considérera comme faisant partie de la famille bénédictine et les fera participer à tous ses biens spirituels, grâces, prières et mortifications. Les Oblats trouveront auprès des religieux les conseils, les appuis et la direction pour leur vie spirituelle. S'il ne peut l'exercer lui-même, le Supérieur du monastère confiera à un de ses moines la charge de Directeur de l'Association.

VII

Il y aura des réunions mensuelles auxquelles tous les Oblats devront assister, à moins d'empêchements qu'ils doivent faire connaître au Père Directeur. La réunion s'ouvrira par le chant (ou la récitation) du psaume *Laudate Dominum*, suivi d'une conférence spirituelle, et se terminera par le *Magnificat* et l'oraison de saint Benoît.

VIII

Les Oblats devront toujours porter sur eux le scapulaire noir et une médaille de notre bienheureux Père saint Benoît. D'après les instructions de N. S. Père le Pape, ils devront faire chaque jour une demi-heure d'oraison, obligation à laquelle ils pourront satisfaire en assistant au saint sacrifice de la messe. Pour participer le plus possible au service divin, qui forme la base essentielle de la vie bénédictine, les Oblats qui en auront la facilité sont engagés à réciter l'Office de la sainte Vierge ; ceux qui n'en auraient pas la possibilité diront le psaume 116 et le *Magnificat* avec le verset et l'oraison de saint Benoît. Les prêtres ou autres fidèles astreints à la récitation quotidienne de l'office se contenteront d'y ajouter ces dernières prières.

IX

Tous les ans, au jour de la fête de saint Benoît (21 mars) ou au jour de la réunion la plus rapprochée de cette fête, les Oblats renouvelleront l'acte de leur consécration et profession.

Ils célébreront aussi avec grande dévotion les fêtes des deux patrons des Oblats, saint Henri (15 juillet) et sainte Françoise Romaine (9 mars).

Dans chaque réunion, le Père Directeur annoncera les fêtes de Saints de l'Ordre qui auront lieu dans le courant du mois, afin que les Oblats puissent prendre leurs dispositions pour les célébrer avec la dévotion qu'elles comportent. Les Oblats n'oublieront pas qu'ils appartiennent à la famille du monastère dans lequel ils ont fait leur profession ; ils tiendront à cœur de venir assister en son église, autant qu'ils le pourront, à ses offices et célébrer ses fêtes particulières.

X

A la mort de chaque confrère, les Oblats devront assister, s'ils le peuvent, à ses obsèques. Une messe sera dite, pour le repos de son âme, dans l'église du monastère. Le jour en sera notifié à tous les Oblats pour qu'ils puissent s'acquitter de ce dernier devoir envers leur frère. Chacun est invité à faire, le plus tôt qu'il le pourra, une communion à son intention.

XI

Dès que le développement de l'Association le permettra et l'exigera, le Père Directeur pourra se faire assister dans sa tâche par un conseil dont il déterminera le nombre des membres, ces derniers devant être élus par les Oblats.

Les frais des impressions, convocations, messes, etc., seront couverts par les cotisations des confrères; un tronc sera disposé, pour les recueillir, dans la chapelle des réunions.

XII

Les personnes trop éloignées du centre des réunions de l'association pour pouvoir y assister pourront en faire partie sous le nom d'Oblats isolés. Ils rempliront dans leur particulier les obligations prescrites et s'uniront par la pensée et l'intention aux prières et aux œuvres de l'Association.

(Bulletin de saint Martin et de saint Benoit.)

De ce qu'ils viennent de lire, nos correspondants tireront cette conclusion que l'oblature n'impose aux associés d'autre obligation que la réforme des mœurs, facilitée par des pratiques religieuses à la portée de tous. L'Oblat n'abdique en aucune manière sa liberté individuelle, et reste attaché à tous les devoirs familiaux ou sociaux que son état laïque peut comporter ou faire naître.

Pour nous, en dehors de toute considération intime, nous nous réjouissons de ce que le Poitou, si souvent choisi pour jouer un rôle providentiel, soit aujourd'hui, grâce au monastère de Ligugé, désigné comme la terre de promission d'un tiers-ordre renaissant, dont l'influence est appelée à devenir considérable dans le domaine de l'art religieux. Nous saluons fraternellement les membres présents et à venir de la « Familia sacra ».

" P. P. "

Régionalisme et Traditions populaires

DOCUMENTS

pour servir à l'histoire du théâtre populaire

Nous publions ci-dessous un extrait des débats de la Chambre des députés, du 22 janvier dernier, et un article du journal *La France*, commentant cette discussion.

La Chambre a eu le bon esprit de repousser les crédits qui lui étaient demandés au profit de l'Exposition; mais dans une séance du mercredi suivant, elle a voté un crédit de 30.000 fr. en faveur du théâtre provincial dont les manifestations auraient lieu sur place. En acceptant la mission que lui confia le ministre de l'Instruction publique et des Beaux-Arts, notre Directeur avait pour unique objectif d'être utile à la cause régionaliste, sans se préoccuper des préjugés de ceux qui le mettaient à l'œuvre. L'Exposition de 1900, qui fut le prétexte de son « pèlerinage », ne pouvant que nuire à cette cause, tous les collaborateurs du *Théâtre rustique* se réjouiront avec lui d'une solution si heureusement conforme au but poursuivi. Grâce aux crédits du Parlement, ils pourront honorer les traditions locales en organisant, chacun dans leurs régions respectives, les représentations du *Théâtre rustique*. Il sera piquant de voir les initiatives provinciales réaliser une manifestation d'une telle ampleur et si féconde en résultats prévus, l'année même où Paris se flattait d'absorber l'universalité des efforts.

EXTRAIT DU PROCÈS-VERBAL DE LA CHAMBRE DES DÉPUTÉS

(Séance du 22 janvier 1900)

M. Lafferre. — Messieurs, le comité de la classe 71 de l'Exposition universelle de 1900 a eu l'idée fort ingénieuse de chercher dans les fêtes et les traditions de chacune de nos provinces les éléments qui pourraient servir à réunir sur un terrain particulier de l'Exposition ce qu'il y a de plus caractéristique, de plus typique dans les fêtes, les mœurs, les traditions de nos provinces.

Il s'agit, en définitive, de réunir sous les arbres de l'esplanade des Invalides toutes nos populations de provinces avec leurs costumes, leurs chants, leurs danses, leurs théâtres en particulier. Ce serait là une des attractions les plus originales, les plus ingénieuses, les plus instructives aussi de notre Exposition de 1900; de sorte qu'à côté de la fête parisienne, qui constituerait le morceau principal de cette partie de l'Exposition, trouverait place la fête provinciale.

Pour réaliser un tel programme, il a fallu procéder à une enquête. Cette enquête a été confiée à un des hommes les plus compétents, M. Gustave Boucher, secrétaire général de la Société nationale d'Ethnographie. M. Boucher a commencé en province un pèlerinage très intéressant et très fructueux, et, muni d'une subvention du ministère des Beaux-Arts, armé d'un dossier très complet, il a parcouru la province afin de stimuler les initiatives, afin de faire paraître au grand jour, sur tout le sol de notre pays, des sociétés locales qui viendraient à Paris jouer devant les Parisiens et devant les habitants des diverses provinces des pièces absolument locales, d'un caractère tout à fait original et naïf, et qui constitueraient un des attraits principaux de l'Exposition.

Pour vous prouver à quel point la mission de M. Gustave Boucher a été féconde, il me suffira de vous faire connaître la liste des sociétés provinciales qui viendraient à Paris. Quinze régions de la France ont déjà répondu; des costumes ont été commandés, les répétitions ont lieu depuis deux ou trois mois. Il suffira de vous dire que les Picards d'Amiens viendront à Paris avec les Lorrains de Bussang, les Poitevins de Chef-Boutonne s'y rencontreront avec les Bretons bretonnants, les Normands de Honfleur avec les Limousins d'Argental, les Francs-Comtois de Besançon avec les Dauphinois de Chabrillant, les Provençaux de Marseille avec les Languedociens de Béziers, les Flamands de Tourcoing avec les Berrichons de Châteauroux. Enfin les cadets de Cascogne viendront aussi. *(Ah! Ah!)* Ils viendront d'Agen saluer leur président, qui siège, comme vous le savez, avec une bonne humeur si sympathique, sur les bancs du Gouvernement. *(Rires et applaudissements.)*

M. Augé. — Vous ne pouvez pas refuser, monsieur le ministre.

M. Lafferre. — En un mot, Messieurs, c'est une véritable exode artistique de la province à Paris. C'est un essai de décentralisation au cœur même de la capitale.

Ce projet est digne d'attirer et de retenir l'attention de la Chambre. Cependant je dois dire qu'on peut lui opposer deux objections principales, auxquelles je veux répondre immédiatement, avant qu'elles se produisent ici.

On a attaqué d'abord l'idée même qui a présidé à ce projet élaboré par le comité de la classe 71; on a dit que l'art provincial ne peut garder toute sa fraîcheur, toute son originalité que dans le cadre qui l'a vu naître; que cette forme d'art ne produit tout son effet que dans le milieu où on a l'habitude de l'apprécier.

Certes, il serait très difficile à la classe 71 de nous faire voir sous les arbres des Invalides quelque chose qui donnât l'illusion de la Canebière ou du Plateau des poètes de Béziers; mais enfin le Comité a prévu cette objection et y a pourvu en se préoccupant précisément de suppléer à l'absence du décor original par la suppression voulue de tout décor artificiel. En un mot, on donnerait à nos provinciaux une place déterminée, avec une clôture suffisante pour ne laisser passer que les curieux d'art, ceux qui viendront chercher une émotion profonde et durable et pour en écarter ces railleurs, comme il y en tant, qui ne sont après tout que des esprits étroits et incomplets, puisqu'ils ne peuvent concevoir autre chose que le grand art, l'art classique, et qu'ils sont incapables de se laisser prendre par le cœur aux manifestations de l'art provincial, qui, en somme, est l'aîné de l'art parisien. *(Très bien! très bien!)*

La seconde objection, beaucoup plus sérieuse et qui est de nature à impressionner davantage la Chambre, est une considération budgétaire. On nous a dit que le crédit de 810.000 fr. porté au budget des Beaux-Arts pour participation à l'Exposition devait être consacré intégralement aux auditions musicales; en un mot, c'est Paris qui a tout absorbé.

M. le commissaire du Gouvernement. — C'est une erreur profonde: les auditions musicales sont une des sections de ce chapitre, mais non une des plus importantes.

M. Lafferre. — Je serai tout à l'heure très heureux de profiter de l'observation que vous me faites, monsieur le Directeur des Beaux-Arts.

Dans tous les cas, il est absolument certain que l'argent manque, et l'on nous a dit qu'il faudrait laisser à des entrepreneurs de spectacles, à l'initiative privée, le soin de couvrir les frais des représentations du théâtre rustique. Il est certain que des entrepreneurs pourraient très bien s'en charger. Mais telle n'a pas été l'idée du comité de la classe 71 : sa pensée était bien plus sérieuse et bien plus élevée. Les entrepreneurs de spectacles sont surtout épris de spéculation et pas toujours assez d'art, et s'ils étaient chargés d'assurer le succès de cette partie de l'Exposition, qu'arriverait-il? C'est que les Provençaux ou les Bretons qu'on nous montrerait seraient probablement nés presque tous sur la butte Montmartre, et c'est ce que nous voulons éviter.

Il faut donc que l'Etat, ou que les conseils généraux ou municipaux favorisent ce mouvement artistique. Il faut, en un mot, que la Chambre commence à augmenter ce crédit tout à fait insuffisant. Je ne peux évidemment pas lui demander de voter tous les crédits nécessaires, car il s'agirait d'une dépense de 250.000 fr. à 300.000 fr., m'a-t-on dit; mais je crois qu'il n'est pas exagéré de réclamer une augmentation assez peu importante de 40.000 fr. du crédit destiné à subventionner spécialement les représentations du théâtre rustique.

Ce vote sera d'ailleurs une indication pour les départements et les communes. Il ne faut pas laisser croire que vous voulez favoriser exclusivement les œuvres et les fêtes parisiennes; il ne faut pas que les députés de Paris laissent dire qu'ils n'ont de préférence que pour l'art parisien ; ils doivent être aussi un peu provinciaux par certains côtés.

Les députés de la province, d'autre part, ne doivent pas laisser croire à leurs compatriotes que les splendeurs de la musique classique leur ont fait oublier les chansons du pays natal.

J'insiste donc, Messieurs, m'appuyant sur toutes ces raisons, pour que vous vouliez bien, malgré l'opposition de M. le rapporteur général de la commission du budget, adopter mon amendement. Je maintiens qu'il est absolument nécessaire de voter ce chiffre de 40.000 fr., qui porterait le crédit à 850.000 fr. (*Applaudissements sur divers bancs.*)

M. le rapporteur. — M. Lafferre soulève une question absolument intéressante ; nous aurions été heureux de pouvoir discuter avec lui et demander, peut-être le vote de son amendement. Mais je me borne à faire observer que si la Chambre entrait dans la voie qu'il indique, il faudrait augmenter le crédit de près de deux millions ; c'est à ce chiffre que s'élèvent les demandes adressées au ministère des Beaux-Arts pour des destinations analogues.

Dans ces conditions, nous avons le regret de prier la Chambre de repousser l'amendement.

M. Lafferre. — Messieurs, permettez-moi d'insister d'un mot.

Il ne s'agit pas de tenir compte de toutes les demandes adressées à la Direction des Beaux-Arts, mais simplement de savoir si la Direction de l'Exposition universelle et le ministère de l'Instruction publique ont subventionné M. Gustave Boucher pour ses études, si le comité de la classe 71 qui représente la Direction veut ou non, je n'ose pas dire faire faillite à ses engagements, mais enfin dire à ces provinciaux, qui depuis deux mois...

M. le commissaire du Gouvernement. — Il n'y a eu ni promesse ni engagement quelconque.

M. Lafferre. — Il y a un engagement moral de par la mission que vous avez confiée à M. Boucher. Il est allé un peu partout, à Béziers comme à Marseille, et dans tous les pays dont j'ai parlé, solliciter l'initiative de toutes ces sociétés, qui doivent venir à Paris, non pas à leurs frais, mais aux frais de l'Exposition. Il s'agit de savoir si, au dernier moment, vous voulez leur enlever le moyen de venir à Paris ou si vous ne voulez pas les y aider : voilà la question à trancher.

Ce qui est certain, c'est que vous vous êtes engagés moralement à subventionner ces sociétés. Il est très facile de dire que la Direction des Beaux-Arts n'a pas pris d'engagement personnellement et effectivement. Mais la Direction de l'Exposition universelle l'a pris, cet engagement, et c'est pour le remplir que je vous demande de l'argent. Il s'agit de savoir si vous allez dire à ces provinciaux : Vous resterez chez vous, vous ne viendrez pas à l'Exposition, même en train de plaisir. (*Mouvements divers.*)

M. le commissaire du Gouvernement. — Jamais le ministre des Beaux-Arts n'a pris d'engagement vis-à-vis de la Société d'Ethnographie nationale au point de vue de l'Exposition universelle.

Cette Société, qui est très intéressante d'ailleurs, s'est toujours présentée à nous comme une œuvre d'initiative privée, et je ne puis m'empêcher d'être un peu étonné aujourd'hui que cette initiative se traduise par une demande de subvention[1].

M. Augé. — Je demande la parole.

M. le président. — La parole est à M. Augé.

M. Augé. — Messieurs, je n'ai pas besoin de vous dire que je m'associe absolument aux très justes observations qui ont été présentées par mon collègue, M. Lafferre. Ce que l'honorable M. Lafferre vous demande de ressusciter dans la capitale, c'est le souvenir de vieilles coutumes très intéressantes : il l'a bien indiqué. Pourquoi, au moment de l'Exposition universelle, les étrangers, les Français, les Parisiens eux-mêmes n'entendraient-ils pas sonner agréablement à leurs oreilles les vieilles chansons du pays?

M. le rapporteur. — Il y faut le cadre du pays, mon cher collègue.

M. Augé. — Pourquoi ne pas subventionner certains spectacles fort intéressants, — et présentant un caractère tout à fait particulier? Pourquoi, par exemple, puisque mon collègue a cité des noms de villes, ne feriez-vous pas passer sous vos yeux ces admirables danses catalanes ou la magnifique danse des treilles, toutes fêtes d'art, de poésie et de goût? J'imagine que ces danses, que je ne veux pas détailler ici, mais que vous connaissez, pourraient être aussi suggestives au point de vue de l'esthétique et du goût que la danse du ventre, par exemple. (*On rit.*)

M. le rapporteur. — Mais on ne subventionne pas les danses du ventre !

M. Augé. — Je m'excuse de parler avec cette rondeur, mais je veux me faire comprendre.

J'espère qu'après meilleure réflexion, le cadet de Gascogne qui est en même temps notre excellent ministre de l'Instruction publique et des Beaux-Arts ne restera pas sourd plus longtemps à l'invitation qui lui est adressée par M. Lafferre. J'ai la confiance que la Chambre votera quelque crédit et qu'elle donnera au moins satisfaction à l'idée qu'il a émise.

Peut-être, M. le ministre nous demandera-t-il de réduire le crédit à moins de 40.000 fr., bien que mon collègue, M. Lafferre, lui ait indiqué qu'il était déjà insuffisant ; mais il tiendra parole et il souscrira ainsi à l'engagement moral que l'on a pris à défaut d'un plus positif. Cet engagement vous honorera vis-à-vis des populations provinciales, Monsieur le Directeur des Beaux-Arts. Vous pouvez décider, par exemple, qu'une subvention, si petite soit-elle, ne sera donnée qu'aux villes qui, de leur côté, auront consenti des subventions importantes pour les associations qui viendront à Paris donner des spectacles intéressants. Si, dans ces conditions, vous acceptiez l'amendement réduit à 20.000 fr., par exemple... (*Exclamations.*)

M. Marcial Sicard. — Demandez à vos agriculteurs qui vendent leur blé 18 fr. s'ils sont disposés à payer de semblables subventions.

M. Augé. — Les agriculteurs qui viendront à Paris ne vivent pas seulement de blé ; ils seront peut-être heureux d'entendre et d'applaudir quelque jolie pastorale qui les dédommagera des soucis matériaux de la vie de tous les jours. (*Rires.*)

Si nous discutions un à un tous les crédits votés par la Chambre, nous trouverions beaucoup à dire et nous pourrions sans doute proposer d'affecter à l'agriculture beaucoup des crédits qu'on dépense ailleurs. Est-ce que, par exemple, les 810.000 fr. inscrits à ce chapitre ne seraient pas mieux employés en encouragements à l'agriculture !

M. Marcial Sicard. — Dites donc ce que la province paye pour Paris?

M. Augé. — J'estime que l'Etat, qui a donné, sans marchander, 20 millions à la ville de Paris — car enfin, c'est la ville de Paris qui va bénéficier de cette Exposition, — pourrait faire quelque chose pour la province.

M. Alexis Muzet. — La ville de Paris donne 20 millions.

M. Augé. — J'ai déjà dit que, dans l'hypothèse où je me place, l'Etat ne devrait subventionner que les associations envoyées à Paris par des municipalités de province qui auraient elles-mêmes très largement subventionné ces sociétés.

Si M. le ministre accepte l'amendement dans les conditions que j'indique, nous sommes prêts à réduire notre demande à 20.000 fr. (*Très bien ! très bien ! sur divers bancs.*)

M. le président. — La parole est à M. le rapporteur général.

M. le rapporteur général. — La commission du budget ne peut

1. La Société d'Ethnographie nationale n'est pour rien dans cette demande, faite par la classe 71. (G. B.)

pas accepter l'amendement. Ainsi que l'a très bien fait observer tout à l'heure M. le rapporteur spécial, si nous entrions dans cette voie, ce n'est pas seulement une société qu'il nous faudrait subventionner, mais quarante ou cinquante, et c'est plus de 1 million qu'on nous demanderait ! Après les *Cadets de Cascogne* viendraient les *Amis de Normandie*, puis les *Rosati* de l'Artois, puis les *Vieux amis de la Flandre*, et ainsi de suite. (*On rit.*) La commission repousse l'amendement. (*Très bien ! très bien !*)

M. le président. — La parole est à M. le ministre des Finances.

M. Joseph Caillaux, ministre des Finances. — Je me permets de faire observer qu'il y a une raison de comptabilité budgétaire qui fait que le crédit proposé ne peut être inscrit au chapitre en discussion. Celui-ci concerne uniquement la participation des Beaux-Arts, c'est-à-dire du ministère des Beaux-Arts, à l'Exposition. Si on voulait subventionner certaines entreprises telles que le théâtre javanais ou la rue du Caire, c'était au budget du ministère du Commerce qu'il fallait inscrire la subvention (1). (*Très bien ! très bien !*)

M. le président. — Je mets aux voix l'amendement de M. Lafferre.

(L'amendement, mis aux voix, n'est pas adopté.)

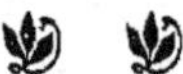

L'art provincial

« Le développement des classes populaires doit être entrepris en restituant aux arts leur rôle primitif, en s'efforçant de rendre les demeures, les habits, les ustensiles, les meubles, tous les outils de la vie à la fois utiles et beaux pour tous. » Ce que disait, je ne sais plus où, le critique anglais William Morris, le disciple préféré du grand John Ruskin, qui vient de disparaître, reprenons-le pour notre compte : il n'est peut-être pas impossible de l'appliquer à l'art provincial.

Il semble qu'il y ait un grand moyen d'éducation pour le peuple dans l'application de l'art à tous les objets de la vie usuelle, et que le paysan, l'ouvrier, l'artisan, ainsi familiarisé avec la vue du beau, prenne goût à sa contemplation, s'accoutume plus volontiers à se trouver en communion de pensée avec les artistes et les penseurs, se rapproche davantage du vrai et du bien, qui voisinent avec le beau, et complète ainsi, autant que possible, son développement moral.

C'est pour cela qu'un certain nombre d'artistes, et non des moindres, ont créé et poursuivi, avec une ardeur et un courage dignes d'éloges, ce mouvement artistique dont le résultat fut l'établissement des nouvelles doctrines d'art décoratif qui viennent d'être mises pratiquement à la portée du public à l'exposition de la Société d'art moderne, dans l'orangerie du Jardin-Public de Bordeaux. Mais on conçoit aisément que ce mouvement soit incomplet et que cela ne suffise pas à atteindre le but proposé. Outre que cet art nouveau procède trop — encore à l'heure actuelle — de ses origines anglaises, il demeure et doit demeurer général pour répondre à la conception esthétique de la nation entière pour synthétiser le goût artistique de tout un peuple.

Or, dans une nation, surtout dans notre France, la province entre en ligne de compte : elle constitue une force dans la force, une petite patrie dans la patrie, une nation dans la nation ; elle a ses mœurs et ses coutumes, son langage propre, son droit même, son art aussi — qu'il s'applique à l'architecture, au meuble, au vêtement, au bijou même — et c'est justement cet art propre à chacune de nos provinces qu'il semble nécessaire de replacer dans son ancienne splendeur.

⁂

Certes, ce ne sont pas les documents qui manqueront à qui voudra se consacrer à cette œuvre, et tout le Midi de la France, depuis notre Sud-Ouest jusqu'aux extrêmes limites de la Provence, constitue à cet égard une mine inépuisable. Depuis des siècles, depuis la civilisation gallo-romaine, depuis toujours, notre Languedoc, notre Béarn, notre Gascogne, notre Saintonge, ont montré un goût raffiné pour l'art que je pourrais qualifier de « domestique ». En laissant de côté les édifices publics — et ils sont nombreux — qui témoignent de l'intelligence artistique de nos ancêtres locaux, il est facile de retrouver des maisons, des meubles, des objets usuels qui montrent que les vieux Gascons se plaisaient à embellir, à rendre, par l'art, plus joyeux et plus agréables, les moindres phénomènes de leur vie domestique : le costume même de leurs femmes s'appropriait admirablement au type de la race, et encore aujourd'hui le gracieux vêtement de la « cadichonne », lorsqu'il veut bien apparaître dans la rue, ne dépare pas — au contraire — la femme qui se plaît à le porter.

Et cependant, il jure avec nos vêtements modernes, taillés selon la mode imposée par la capitale, d'après des patrons répandus à profusion dans tous les recoins de la France par les journaux de modes parisiens ; il jure comme jurent avec l'esprit particulier à chaque province cette uniformité dans l'architecture, cette monotonie dans l'ameublement, cette répétition du nord au midi, de l'est à l'ouest, du même goût qui sont une des plus fâcheuses conséquences de l'industrialisme moderne.

C'est contre cette monotonie que l'on voudrait voir s'opérer une réaction ; c'est contre cette généralisation d'un type que l'on se propose d'opposer des conceptions particulières.

M. Boucher, secrétaire général de la Société nationale d'Ethnographie, a donné le branle. Il a fait le tour de la France, muni d'une subvention du ministère des Beaux-Arts, et il a, dans chaque province, stimulé les initiatives, pour faire jaillir, précisément, de leur sol natal toutes les notes d'art caractéristiques de chaque province et les grouper, en un faisceau des plus intéressants, à l'Exposition.

⁂

Un crédit avait même été demandé à la Chambre, au cours de la discussion du budget des Beaux-Arts, pour permettre au Comité de la classe 71 d'organiser cette décentralisation au cœur même de la capitale. M. Lafferre, député de Béziers, qui soutenait brillamment la proposition avec l'aide de son compatriote, M. Augé, s'est heurté à une fin de non-recevoir du ministre Georges Leygues, qui déclarait n'avoir plus de crédits. La Chambre a repoussé l'amendement de M. Lafferre. Mais le rapporteur général du budget a indiqué qu'il était possible de présenter de nouveau cette demande et, peut-être même, de la faire accepter lorsque viendra en discussion le projet de loi comportant l'ouverture de divers crédits spécialement affectés à l'Exposition de 1900. Il y a donc encore de la ressource, et il n'est pas impossible que l'art provincial soit brillamment représenté à Paris.

Il est question d'établir, dans un coin réservé de l'immense Exposition, un « théâtre rustique » où sera réuni tout ce qu'il y a de plus caractéristique, de plus typique dans les fêtes, les mœurs, les traditions de chacune de nos provinces ; avec ces éléments on constituera un ensemble qui sera des plus attachants. Les costumes, les chants, les danses locales, du Nord, du Midi — du Midi surtout, qui est plus « en dehors » que les populations septentrionales — seront évoqués, reconstitués et proposés à l'admiration de tous. Les Cadets de Gascogne y brilleront au premier rang, l'art provincial s'épanouira dans toute sa floraison, et ce ne sera pas, semble-t-il, le moindre fleuron de cette immense couronne du génie français que sera l'Exposition.

⁂

L'idée a été combattue, et l'on a prétendu que l'art provincial doit être vu et étudié en province, qu'il ne peut garder sa fraîcheur et son originalité que dans le cadre qui l'a vu naître, qu'il ne frappe et ne plaît que dans le milieu seul où il a dû se développer. De même, a dit un humoristique, le pôle nord doit être visité en hiver et le Sahara en été.

C'est possible, et l'objection mérite d'être tenue pour sérieuse, d'autant plus qu'à bien l'examiner, elle devient un argument pour la thèse qu'elle prétend détruire. Il faut considérer que l'Exposition sera le rendez-vous d'une foule de provinciaux et d'un nombre considérable d'étrangers, de gens qui sont habitués à ne regarder l'art français que dans ses manifestations parisiennes. Si ces visiteurs voient se rappeler ou se révéler à eux d'autres formes d'art français que celui qu'ils étaient accoutumés de connaître ;

1. Les paroles malheureuses du ministre des Finances, si injurieuses pour nos traditions nationales, montrent bien le danger qu'il y aurait eu à donner à Paris, devant un public de bourgeois sceptiques, un spectacle dont il est incapable d'apprécier la noblesse. L'honorable M. Lafferre se fait sur ce point des illusions que nous n'avons jamais partagées. (G. B.)

s'ils sont intéressés par ces synthèses caractéristiques de notre art provincial, ils prendront — cela ne fait pas de doute — le goût de nos provinces, ils voudront voir de plus près, étudier sur place, *dans leur milieu*, précisément, ces nouvelles formes du beau qui leur avaient échappé, et ils apprendront à mieux connaître, à mieux apprécier, à aimer aussi ce qui constitue le cœur même, la force vitale de notre patrie.

Le provincial lui-même reviendra chez lui, comme le disait un député artiste, non pas seulement avec l'amour du théâtre local, non pas seulement avec les oreilles ouvertes aux doux chants d'autrefois, non pas seulement avec l'estime de tout ce qui est le domaine princier de l'art, mais encore en sentant se réveiller l'initiative particulière, la vie personnelle de l'art, le désir de mettre au premier rang, en avant des autres, l'art propre à sa province chérie.

Et lorsque, ainsi, les énergies particulières de nos provinces auront repris conscience d'elles-mêmes, lorsque l'amour de la petite patrie se sera fortifié, l'ensemble de ces forces contribuera puissamment à accroître l'amour de la grande patrie, de la France.

VALÈRE.

(*La France de Bordeaux*, 6 février 1900.)

JEUX FLORAUX DE 1900 A TOULOUSE

Les jeux floraux ouverts pour l'année 1900, par l'Escolo Moundino, comprendront quatre sections :

Première section. — Poésie.

Deuxième section. — Prose (contes, légendes, etc.).

Troisième section. — Glossaires et recueils de traditions populaires.

Quatrième section. — Théâtre populaire.

Les compositions en poésie ne devront pas dépasser quatre-vingts vers; celles en prose, deux cents lignes; elles devront être écrites en langue d'oc (dialecte des haut et bas Languedoc, de l'Agenais, du Quercy, de l'Albigeois et des pays de Foix).

Des fleurs et des médailles seront décernées aux lauréats.

Adresser les œuvres à trois exemplaires, avant le 31 mars 1900, à M. Danton Cazelles, secrétaire adjoint de l'Escolo, à Castanet, près Toulouse.

Conditions du concours : les pièces ne seront pas signées, elles porteront une dédicace reproduite sur une enveloppe fermée contenant les nom et adresse de l'auteur.

ACTION FÉDÉRALISTE

Un groupe de *Fédéralistes*, habitant Paris, prend l'initiative d'un banquet, destiné à promouvoir et organiser l'action fédéraliste en France.

Ce banquet aura lieu le samedi 10 mars, à 7 h. 1/2, au café Voltaire (place de l'Odéon). La cotisation est de 5 fr. 50.

Les adhésions doivent être adressées à M. L. Xavier de Ricard, 59, rue Caulaincourt.

Pour le Groupe d'initiative :

JEAN BAFFIER, ANTIDE BOYER, CHARLES BRUN, JEAN CARRÈRE, CHARLES LE GOFFIC, L. XAVIER DE RICARD, EDMOND THIAUDIÈRE.

CORRESPONDANCE

M. R. B., Niort. — Procurez-vous les deux excellentes brochures du Pr Burger, 35, rue Tronchet, Paris : 1° *Les mots français d'origine allemande*; 2° *Les mots-racines les plus usuels de la langue allemande*, prix 1 franc. Ces deux recueils sont présentés par Jules Lemaître dans les termes les plus élogieux; nul doute qu'ils ne répondent aux desiderata que vous nous exprimez.

Gazette Poitevine

Réunions et conférences

La Société internationale d'Economie sociale, répondant à l'invitation qui lui avait été faite par MM. Hilaire de Curzon, Henry Savatier et Arnold Mascarel, avait envoyé, le lundi 12 février, à Poitiers, son ancien président, M. Jules Michel, ingénieur en chef, pour traiter *Des conditions de la Paix sociale au temps présent*.

Cette réunion a eu pour résultat la reconstitution, à Poitiers, de l'ancien groupe de l'*Union sociale*, fondée par M. de Curzon, père, ami intime de Le Play, et qui eut sur les idées du grand sociologue, en même temps que sur l'orientation de la Société d'Economie sociale, une influence que nous nous plairons à faire ressortir quelque jour.

⁂ Le P. Pacheu, de la Compagnie de Jésus, religieux d'une haute valeur intellectuelle, a réussi à organiser à Poitiers des séries de conférences très suivies. A la salle Durocher, se réunissent les curieux des grands problèmes philosophiques, des littératures décadentes, occultistes, etc., dont l'éminent conférencier sait faire une captivante exposition en même temps qu'une réfutation intelligente. Un auditoire de dames va entendre, au Gesu, traiter des sujets moins transcendants, mais d'une connaissance à l'heure actuelle nécessaire. Enfin à la salle des Jacobins, les commerçants, les patrons et les ouvriers viennent s'instruire sur leurs devoirs sociaux réciproques.

L'éminent Jésuite fait passer sur la vieille ville universitaire et cléricale, un puissant souffle de modernisme et de rajeunissement intellectuel, à l'influence duquel les différentes classes de la société semblent heureuses de se soumettre.

Musées et bibliothèques

Dans le courant de l'exercice 1899, la Bibliothèque municipale de Poitiers s'est enrichie de 784 volumes, dont 351 acquis à titre onéreux, 323 envoyés par les différents départements ministériels à titre de dépôt, et 110 offerts par des particuliers.

Les donateurs sont : MM. Advielle, Anquetin, Bailly, Bessonnet-Favre, Bourgeon, Carré, Chaignet, Clappier, Claudin, Clément, Coran, Desaivre, Druet, du Chastel, Ducondray, Farcinet, l'abbé Frémont, Ginot, de Grandmaison, Grimaud, Guéritaud, Guillemm, Jablonski, de la Bouralière, R. P. de la Croix, de la Roulière, Le Courtois, D. Lièvre, Loquin, Morillon, capitaine Nogué, Piette et de la Porterie, Dr Poirand, Ravé, Robuchon, Dr Rondeau, Schellaut, Tieullen, Tollaire, Tourlet; famille Kleffler, la République de l'Urugay, la Société des Antiquaires de l'Ouest, la Volta Bureau, les villes de Boulogne, Reims et Tours.

22.000 volumes environ ont été communiqués sur place aux travailleurs, 1915 ont été prêtés au dehors à 297 emprunteurs autorisés. En outre, 5 volumes ont été envoyés en communication à la Bibliothèque de Rochefort, et 5 incunables à la Bibliothèque Nationale.

Sociétés savantes

La Société de Géographie de Poitiers traverse une crise : dans sa dernière séance, le Président a reçu la démission de M. Hild, doyen de la Faculté des Lettres, et de M. Ardouin, secrétaire de la Société. Souhaitons que ce soit là un malaise passager, et qu'en comprenant mieux les intérêts régionaux dont elle devrait prendre la défense, la Société fondée par le colonel Blanchot devienne une association utile, et d'esprit indépendant.

Sociétés amicales

L'assemblée générale de la Société amicale de la Vienne (*Le Chabichou*), composée des Poitevins habitant Paris vient de procéder au renouvellement de son bureau.

Ont été élus : MM. Paul Rougnon, professeur au Conservatoire, Président; de Montjou et Dupré, vice-présidents; René Piault, avocat à la Cour d'appel, secrétaire; Bonnin, secrétaire-adjoint; Mattabon, sous-inspecteur de l'enregistrement, trésorier; Duverger, secrétaire-adjoint; René Brouillet, Mermilliod, Brothier de Rollière, René Aubert, Chasseloup de Châtillon, assesseurs.

Le prochain dîner, suivi de concert et de bal, aura lieu le lundi 12 mars, dans la grande salle du restaurant Marguery. Les adhésions devront être envoyées à M. René Piault, secrétaire, 7, rue Mogador, Paris.

Académie française

L'Académie française vient d'élire membre de la Compagnie notre compatriote, M. Emile Faguet. Voici les appréciations et les renseignements biographiques que l'*Eclair* fournit sur le nouvel immortel :

Le successeur de Cherbuliez à l'Académie française, M. Emile Faguet, est un critique admirable. L'abondance et la facilité de son érudition, l'agrément de son style ingénieux, l'impartialité de son esprit avisé, le plaisir qu'il prend à juger les hommes, leurs idées et leurs œuvres, font de lui l'écrivain le plus nourri et le guide le plus sûr. Professeur et critique, comme Sarcey il aime par-dessus tout l'histoire littéraire, dont il a écrit nombre de chapitres d'une plume magistrale. Il est quelque peu parent de Rivarol et de Taine et il se distingue par un dédain proclamé pour l'œuvre de Balzac, qui, cependant, nous a légué le plus riche magasin de documents que nous possédions sur l'humanité.

M. Emile Faguet est né à La Roche-sur-Yon le 17 décembre 1847. Il entra à l'Ecole normale supérieure à vingt ans, et après avoir obtenu ses degrés d'agrégé des lettres et de docteur ès lettres, il professa pendant longtemps, en province d'abord, à La Rochelle et à Bordeaux, à Paris ensuite, à Charlemagne, à Janson et à Condorcet, à la Sorbonne enfin, où il a succédé à Lenient dans la chaire de la littérature française. Chroniqueur dans plusieurs journaux boulevardiers, essayiste dans plusieurs revues graves, directeur d'une publication de classiques populaires, il a écrit, avec une fécondité surprenante, une longue suite de volumes sur les *Politiques* et les *Moralistes*, sur la *Tragédie classique* et le *Drame romantique*, sur l'histoire littéraire des quatre derniers siècles. Il a remplacé M. Jules Lemaître dans le feuilleton dramatique du *Journal des Débats*. Le rez-de-chaussée des *Débats* a une porte de communication avec l'Institut; il n'y a que le pont à traverser.

Beaux-Arts

Au cercle artistique et littéraire de la rue Volney, M. Henri Foreau expose un petit panneau plein de poésie, *Le Soir à Château-Larcher*, tandis qu'à la galerie Georges-Petit, M. Johannes Son, de la Société Paris-Province, présente *Brumes du matin à Chauvigny*, où M. Vaysou, l'an passé, avait déjà découvert motif à jolies peintures.

Palmes académiques

Nous avons relevé, dans la dernière promotion de palmes académiques, deux noms intéressant le monde des lettres en Pays Poitevin : MM. Henri Clouzot, de Niort, et M. Lavigerie, de Royan. — Nos compliments à tous deux.

Notre Directeur a été promu Officier de l'Instruction Publique.

NOTES ET ENQUÊTES

Les questions et réponses doivent être adressées directement au bureau du Pays Poitevin, *à Ligugé, avant le 10 de chaque mois.*

La Direction se réserve le droit de réduire les communications, ou de les présenter sous la forme qui lui semblera la meilleure.

QUESTIONS

XXX

Une abbaye à Saint-Mars-des-Prés. — Dans un article signé par M. l'abbé Teillet, curé d'Antigny, et inséré dans l'*Annuaire de la Société d'Emulation de la Vendée*, page 167, on lit :

« Les vieillards racontent, comme un souvenir légué par leurs ancêtres, qu'il y avait autrefois à *Saint-Mars-des-Prés* (Vendée) un couvent de religieux. Ce monastère, d'après eux, devait être dans la partie du bourg qui touche au jardin du presbytère et qui a retenu le nom de *jardin de saint Thomas*.»

Un aimable collègue pourrait-il nous dire à quel Ordre appartenaient ces anciens moines de *Saint-Mars-des-Prés*?

L. DE LA GODRIE.

(L'Intermédiaire.)

XXXI

Légendes du Pas de saint Martin. — Je prépare pour le *Pays Poitevin* un travail sur les légendes des pas de saint Martin en Poitou et ailleurs, et serais heureux si on pouvait me signaler des traditions à ce sujet.

BROTHIER DE ROLLIÈRE.

XXXII

Chevaux de Jeanne d'Arc. — *L'Intermédiaire* pose sous ce titre une question qui intéresse le Poitou, puisque Jeanne d'Arc commença sa merveilleuse chevauchée en quittant Poitiers, accompagnant le roi Charles VII, le 24 mars 1429. Voici le texte de la question de notre confrère :

« Un collègue pourrait-il indiquer des documents inédits ou des traditions concernant les chevaux possédés et montés par Jeanne d'Arc? Ce sujet des chevaux de Jeanne d'Arc a-t-il été traité, et par qui ?

RÉPONSES

XI

Pèlerinages de Saint-Jacques de Compostelle. — Il y avait un passage à Morthemer (Vienne) où un pèlerin remontant de Saint-Jacques fut enterré au Moyen-Age. Il y a une vingtaine d'années, on retrouva ses deux coquilles Saint-Jacques dans son tombeau, dans l'église.

BROTHIER DE ROLLIÈRE.

XVIII

Chansons électorales. — Grâce à l'obligeance de nos abonnés, notre moisson se continue. M. Léonce Cathelineau, des Granges-Ratieux, commune de Surin, nous a adressé une chanson électorale, signée « Un ami du notaire », composée dans le canton de Mazières-en-Gâtine, à l'occasion de l'élection d'un conseiller général, en 1886. Elle vise un candidat nommé Jamain, notaire; elle n'est pas sans mérite littéraire, et, chose rare, la méchanceté en est absente.

M. le comte de Saint-Sand nous a fait parvenir une feuille, imprimée à Niort chez Depierris, soit avant, soit un peu après les Cent-Jours, reproduisant des *Couplets* patriotiques « pour le jour de la Réception et Bénédiction des Drapeaux et Etendarts (sic) de la Légion des Deux-Sèvres et des Chasseurs de la Corrèze ».

Cette pièce n'a rien d'électoral, mais nous sommes infiniment reconnaissant à notre aimable correspondant de son envoi, qui va nous permettre d'étendre nos recherches, en y ajoutant une série concernant les chants de circonstance et de commémoration.

P. P.

XXIII

Richelieu maniaque. — J'ai lu quelque part, mais il y a longtemps, et ma mémoire ne me permet pas de préciser l'origine ni la valeur des documents, que le cardinal de Richelieu était épileptique. Ce qui est certain, c'est que Guy Patin parle dans ses lettres des « accès de bile noire » du ministre : traduction des mots grecs Μέλας χολή, dont notre français a fait mélancolie, terme autrefois synonyme de *folie, frénésie*.

B. D.

XXIX

Le général Joubert. — Les Joubert, gentilhommes huguenots, étaient anciennement seigneurs des Jarriges et de la Siraye, en Puy-du-Lac, qui relevait alors de Tonnay-Boutonne. En 1652, Léon Joubert, juge sénéchal de la baronnie de Tonnay-Boutonne, épousa Dorothée de Beaucorps, fille de Pierre, écuyer, seigneur de la Grange, en Saint-Crespin. De cette union naquirent Henri et Pierre Joubert.

Henri, seigneur de la Siraye, succéda à la magistrature de son père et reçut de Louis XIV, malgré ses opinions réformistes, le collier de l'ordre de Saint-Michel (20 juin 1659). Jeanne, sa fille unique, épousa Jacques Lambert, sénéchal de Vendée, dont : Honoré-Henri, lieutenant-général au siège de Rochefort, marié à Marie Daniaud, fille d'un maire de cette ville: et Jacques, seigneur de la Siraye et de la Tricherie, en Genouillé, président trésorier de France à La Rochelle, et qui obtint des lettres d'anoblissement de Louis XV.

Pierre, second fils de Léon, suivit l'émigration calviniste, conduite par Abraham Duquesne, son voisin de Bélébat, et petit-fils, par sa mère, Suzanne Guiton, du célèbre Guiton, qui résida lui-même à Tonnay-Boutonne, après le siège de La Rochelle. Les Duquesne possédaient aussi La Bourelle.

Les exilés s'établirent d'abord en Hollande, puis passèrent au Cap; et, plus tard, reculant devant l'envahissement des Anglais, ils plantèrent définitivement leurs tentes dans le Transvaal.

Abbé BRODUT,
Curé-doyen de Tonnay-Charente.

— Dans son numéro de novembre, la *Revue* (XIX, p. 341) mentionnait, sur la foi d'un journal parisien, le *Petit Parisien*, l'origine française et tourangelle du général Joubert, qui commande avec tant de maëstria, malgré son grand âge, et jusqu'à présent avec tant de succès, la vaillante armée de l'héroïque petit peuple dont la cause réunit l'universelle sympathie. Le *Figaro* du 7 décembre nous apprend, d'après « l'extrait d'une correspondance de Londres publiée dans le *Soleil* en 1896 », que le glorieux général est notre compatriote, étant originaire de La Rochelle. Ce nom là, est, d'ailleurs, fréquent dans notre province. Les Saintongeais ont donc le droit d'être fiers de ce Boër (on prononce *Bour*) que son courage et le bonheur de ses armes ont déjà rendu illustre entre tous. Le correspondant du *Soleil* croit même que le général Joubert doit parler le français dont on se servait dans le Poitou au dix-septième siècle...

(Revue de Saintonge et d'Aunis.)

REVUE DES REVUES

L'Ordre des Carmes s'établit à Loudun en 1334. L'église du couvent renfermait une statue de la Vierge, très vénérée, et visitée par un grand nombre de pèlerins. Vers 1450, l'église s'accrut d'une chapelle dédiée à *Notre-Dame-de-Recouvrance* ou de *Recoupère*, et les religieux y transportèrent la statue miraculeuse. Rien n'indique qu'avant cette date l'image fût vénérée sous son vocable actuel, qu'elle dut plutôt emprunter au titre dédicatoire de la chapelle. La statue a disparu, et une belle peinture du XVe siècle perpétue le culte de Notre-Dame. Dans le numéro de la **Revue d'Archéologie poitevine**, Mgr Barbier de Montault commence une monographie de cette œuvre d'art. D'après l'éminent prélat, la dévotion à Notre-Dame-de-Recouvrance serait toute locale, car le *Dictionnaire des Pèlerinages* de Migne, et la *Summa aurea* du chanoine Bourrassé, ne mentionnent aucun sanctuaire, dans le monde chrétien, portant le nom de *Recouvrance*. Le savant hagiologue confesse ignorer la date à laquelle se célébrait la fête, absente du *Calendrier majeur de Notre-Dame*. Cherchant ensuite à donner une définition exacte du vocable, Mgr Barbier de Montault repousse le sens étymologique qui, d'après Quicherat, fournirait: « tirer des mains de l'ennemi, délivrer, sauver », et se réduirait, pour la Vierge, en le titre de *Libératrice*. Il préfère le sens « recouvrir » qui s'adapte aux images de la Vierge dites de *Bon-Secours*, parce que quelques-unes de ces images représentent Marie, « debout, couronnée, et étendant son manteau, pour les abriter, sur ses dévots agenouillés autour d'elle ».

Nous nous permettrons de dire, très respectueusement, qu'en cette circonstance la sagacité de notre érudit collaborateur nous paraît en défaut.

La chapelle de Notre-Dame-de-Recouvrance fut bâtie l'année même où Charles VII, par lettres du 22 août 1450, datée de Maillé, institua le 14 octobre suivant, et dans l'avenir pour le 12 août de chaque année, une fête *de la Recouvrance du pais de Normandie*. Des processions et messes, avec « les solennités qui y appartiennent », devaient être faites par toutes les églises métropolitaines et canoniales du *royaume*. Il est présumable que la dévotion du roi et des fidèles ne s'en tint pas là, et que de tous côtés surgirent des sanctuaires à la Vierge, en actions de grâces de la *libération* du territoire. Telle doit être l'origine de la chapelle loudunoise. C'était bien sous le nom de Marie *libératrice* qu'allait être désormais vénérée son image, et c'est vraisemblablement à la date du 12 août que se célébrait sa fête.

Sous ce titre : *La Saintonge poétique*, M. Gabriel Audiat consacre, dans la **Revue de Saintonge et d'Aunis**, des pages de pénétrante critique à trois poètes saintongeais : Pierre Ardoin, un fidèle au sol natal ; Léonce Depont, en route vers la gloire, couronné par l'Académie française ; Léon Bouyer, un intimiste, un discret, qui œuvre, pour de rares amis, des sonnets à la mémoire des *Tailleurs d'images*, dont les rêves de pierre enveloppent nos cathédrales. Cette étude se poursuit par une énumération des « chanteurs » du pays ; par un appel à la solidarité intellectuelle ; par une critique très justifiée de l'indifférence pratiquée par les bibliothèques publiques et les bibliophiles à l'égard des productions d'auteurs originaires de nos régions.

Nous avons annoncé la reproduction prochaine de judicieuses et nobles réflexions émises par M. Gabriel Audiat dans l'avant-dernier numéro de la *Revue de Saintonge et d'Aunis ;* l'abondance des matières nous a fait reculer l'exécution de cette promesse, mais nous nous en réjouissons, car nous pourrons, au plus grand profit de nos lecteurs, compléter nos citations par quelques extraits de ce dernier travail.

La **Semaine religieuse** du diocèse de Poitiers continue la série de ses monographies sur les *Madones et les sanctuaires de Marie dans le Poitou*. Le numéro du 4 février contient une étude sur Notre-Dame-de-Grâce, près Saint-Maixent.

L'Initiation de décembre 1899 contenait la curieuse chanson ci-dessous :

LA FEMME DE MONTSERRIGNE

« Depuis bien longtemps, je cherchais à retrouver une vieille chanson que je croyais *bretonne*, lorsqu'un de mes amis me la communiqua dernièrement ; elle était *en patois du Bas-Poitou* et, selon moi, doit évidemment provenir de souvenirs ou d'enseignements *druidiques*, transmis oralement de bouche en bouche.

« Cette antique chanson est un véritable exposé *d'évolution terrestre et cosmique*. Les changements indiqués entre chaque couplet sont ceux qui ont lieu entre chaque grand cataclysme cosmique.

I

In jou de Montsereigne,
Fassis le haut dau tré
Qui s'accote à la plaine,
Car j'y fus *roche* mé.
La corne du diable est chête en mou pener.

II

In jou dans la prairie,
Allis au bas dau tré,
Dresser tête fleurie
Car y fus *rose* mé.
La corne du diable est chête en mon pener.

III

In jou de la Gaudine [1],
Y trouvis le grener,
Et mangis sa farine
Car y fus *souris* mé.
La corne du diable est chête en mon pener.

IV

In jou de la grand'lande,
Y gravis le senter
En picottant la brande,
Car y fus *bique* mé.
La corne du diable est chête en mon pener.

V

Au jou de mon mariage,
Prenis homme à mon gré ;
Puis végnit le veuvage
Car y sais *femme* mé.
La corne du diable est chête en mon pener.

VI

In jou su qu'elle terre
Sans soffri m'en irai
Et lairai robe nère
Car *esprit* y serai.
La corne du diable chéra de mon pener.

On connaît l'intéressante fondation de M. Pierre Lelong « Les Veillées de Plaisance », réunions où se rencontrent, en pleine capitale, les artistes et les poètes amoureux de la tradition. Ces réunions avaient besoin d'un organe, et une revue d'Art et de Traditions françaises. **La Veillée** vient d'être créée, pour en tenir lieu, sous la direction du poète Hugue Lapeire et de l'écrivain Pierre Lelong. Les trois premiers numéros de ce recueil (administration, 10, rue Perceval, abonnement annuel 15 francs), édités avec un goût exquis, composés de poésies et de proses fleurant bon le terroir de nos provinces, illustrés de dessins remarquables, accompagnés des délicieux programmes-invitations aux « Veillées », donnent l'impression d'une œuvre de force et de foi. Les traditionalistes et les bibliophiles se disputeront cette revue, qui ne tire qu'à trois cent exemplaires.

La presse régionaliste vient de s'enrichir d'un nouvel organe : **Le Pays Normand**, fondé à Honfleur par notre ami Léon Le Clerc, le récent triomphateur des fêtes de la Tradition. La nouvelle revue reproduit sur sa couverture des motifs de décoration empruntés aux meubles locaux. De bons articles sur les traditions populaires, la vie maritime, l'hagiographie, etc., en composent le texte joliment illustré de dessins de son Directeur. *Le Pays Normand*, dont M. Gustave Boucher a écrit la préface-manifeste, adopte le programme actif du *Pays Poitevin*.

Puisque nous parlons du *Pays Normand*, félicitons cordialement son Directeur, à qui viennent d'être conférées les palmes académiques.

Les deux clichés photographiques accompagnant l'article de M. H. Gelin, publié dans la première partie du présent numéro, reproduisent des intérieurs reconstitués à la dernière exposition ethnographique de Niort. Les éléments de ces reconstitutions, et en particulier les costumes et les mannequins, appartiennent à la Société du Costume Poitevin.

Les trois clichés illustrant le travail du R. P. Texier ont été mis gracieusement à notre disposition par la librairie Oudin.

---

1. La Gaudine, femme de Gaudin.

Le Directeur-Gérant : Gustave Boucher.

Ligugé (Vienne). — Imp. Saint-Martin. M. Bluté. — 2-00.

N° 15. Mars 1900.

LE PAYS POITEVIN

CHRONIQUE — ÉCHOS — BIBLIOGRAPHIE

RÉGIONALISME

Le Banquet Fédéraliste

Samedi 11 mars, au café Voltaire, un banquet de cinquante couverts réunissait des fédéralistes, des régionalistes et des décentralisateurs. La plupart des provinces étaient représentées, et, parmi les représentants, se trouvaient des gens hautement qualifiés.

Voici les noms des convives :

Emile Blémont, Léon Bazalgette, Paul-Emile, Pierre de Nouvion (Ile-de-France) ;

Léon Verleye (Flandre) ;

Lantoine (Artois) ;

Charles Longuet, Fabius de Champville (Normandie) ;

Charles Le Goffic, Félix Hamon, Léon Durocher, René Grivart, Lionel Radiguet (Bretagne) ;

Edmond Thiaudière, Gustave Boucher (Poitou) ;

Jean Baffler, Hubert Falshero (Berry) ;

Jean Dutrech, de Nussac (Limousin) ;

Boyer-d'Agen, Paul Biers, Henri Escande (Agénois) ;

Jules Kinceler, de Beaurepaire-Froment (Caorsin) ;

Jean Carrère, René Baurens (Gascogne) ;

Han Ryner (Catalogne) ;

Louis-Xavier de Ricard, Charles Brun, Paul Redonnel, Cavalié, Maurice Magre, Ernest Gaubert, docteur Salut, Jules Viguier (Languedoc) ;

Antide Boyer, Eugène Garcin, Henri Chabrier, Joseph Loubet, Roux-Renard, Martin-Ginouvier, Henri Blache (Provence).

Les gens qui se trouvaient là n'étaient pas venus histoire de banqueter. Il s'agissait de se mettre en relations, de se connaître entre hommes animés de la même foi. Du banquet devait sortir une organisation pratique.

Dès le début des discours, la question a été nettement placée sur ce terrain par L.-X. de Ricard, qui présidait. Après avoir déclaré que le rôle du groupe d'initiative se bornait à avoir fait des convocations dans tous les camps avec la plus grande impartialité, le fédéralisme ou la décentralisation n'ayant rien à voir avec la politique de parti, étant en dehors de toute coterie politique ou religieuse, de Ricard a continué :

« Ce que nous voulons tous, c'est desserrer, défaire ou rompre les liens douloureux dont la centralisation administrative et politique paralyse, engourdit et meurtrit le corps de la nation.

« Ce que nous voulons tous, c'est que le droit à la vie et à toutes les initiatives que comporte une vie bien constituée soit rendu à l'individu, aux groupes, aux communes, aux régions ; et qu'au lieu d'être la compression de tous les efforts du peuple entre les mains du pouvoir central, l'existence nationale en soit, au contraire, la libre et harmonique expansion. Seule, la liberté est harmonie.

« Jusqu'ici, il faut bien l'avouer, nos revendications ont été éparses et intermittentes. Il s'agit de les concentrer, afin de leur imprimer une activité continue et croissante. On ne saurait évidemment imposer, à un parti de liberté comme le nôtre, l'unité d'action ; mais nous pouvons au moins nous concerter pour une entente dans l'action. C'est l'œuvre, Messieurs, à laquelle nous vous convions... »

Les orateurs qui ont suivi ont parlé en ce sens : Edmond Thiaudière, Charles Le Goffic, Antide Boyer, Charles Brun, Gustave Boucher, Eugène Garcin. La parole châtiée, ferme et précise de Charles Brun a particulièrement impressionné.

Le but que poursuivaient les initiateurs du banquet a été pleinement atteint. Les assistants se sont constitués en *Groupe régionaliste*, avec L.-X. de Ricard comme président, Charles Brun comme secrétaire général, et des délégués régionaux dont voici la liste :

Ile-de-France. — Eugène-Paul Emile, 33, passage de l'Opéra.

Flandre. — Léon Verleye, 33, rue Lamarck.

Artois. — Lantoine, 4, rue de Custine.

Franche-Comté. — (Provisoirement) Lionel Radiguet, 3, rue Herschell.

Normandie. — Charles Longuet, 22, rue Berthollet.

Bretagne. — Charles Le Goffic, 15, rue Friant ; Félix Hamon, 3, rue Berthier.

Poitou. — Edmond Thiaudière, 7, rue Lehot, Asnières ; Gustave Boucher, à Ligugé (Vienne).

Berry. — Jean Baffler, 6 *bis*, rue Lebouis.

Limousin. — Louis de Nussac, 2 *bis*, boulevard Raspail.

Agénois. — Boyer-d'Agen, 69, rue des Dames.

Caorsin. — De Beaurepaire-Froment, 8, quai des Orfèvres.

Gascogne. — Jean Carrère, 45, rue Condorcet.

Catalogne. — Han Ryner, 31, rue Tournefort.

Languedoc. — Louis-Xavier de Ricard, 59, rue Caulaincourt ; J.-Charles Brun, 9, rue Blainville.

Provence. — Eugène Garcin, villa de la Providence, Antony (Seine).

Voilà donc le parti *régionaliste* organisé. Les *régionalistes* font appel à tous les penseurs et à tous les hommes d'action nettement, non déconcentrateurs, mais décentralisateurs ; ceci, comme toujours, sans distinction de parti politique ou confessionnel, et de l'extrême-droite à l'extrême-gauche de la Décentralisation.

Il faut espérer que le Comité ne prendra pas modèle sur les commissions parlementaires, autrement dites commissions d'enterrement. Les cadres se compléteront.

L'action du Comité ne sera, sans doute, pas très puissante au début. Mais patience ! Si Paris ne s'est pas bâti en un jour, il n'est pas non plus devenu centre unique et pléthorique en un seul jour.

Pour remédier à cela, il faudra du temps ; la nature ne procède pas par bonds, et l'humanité fait partie de la nature.

Il n'y a de durable que ce qui se fait, non par une révolution, mais par l'évolution. L'essentiel, dans cette question capitale et vitale du régionalisme, c'est que le Comité agisse.

De Beaurepaire-Froment.

(Le National.)

LES CONGRÈS A L'EXPOSITION DE 1900

Le Congrès des Traditions populaires

Depuis la tenue du premier Congrès en 1899, on a réuni de nombreux matériaux nouveaux, principalement dans l'Afrique centrale et dans diverses autres contrées non civilisées ou sauvages. Bien qu'il reste encore beaucoup à trouver et que certains points du folk-lore soient à peine effleurés, il semble que, dès maintenant, on peut essayer, en réunissant et en comparant les matériaux de provenances variées, de tirer quelques conclusions générales.

Dans la pensée de la Commission d'organisation, le Congrès devra plutôt être synthétique et comparatif que documentaire et analytique. C'est à des études d'ensemble, ou à des études d'un caractère international sur un sujet spécial, que seront réservées les séances plénières.

Le Congrès se divisera en deux sections générales :

I. — Littérature orale et art populaire.

II. — Ethnographie traditionnelle.

I. — *Littérature orale et Art populaire*

a) Origine, évolution et transmission des contes et des légendes. Exposition et discussion des systèmes en présence.

b) Origine, évolution et transmission des chansons populaires, soit au point de vue de la poésie, soit au point de vue musical. Influence réciproque de la poésie et de la musique savantes et de la poésie et de la musique populaires.

Le théâtre populaire : ses rapports, anciens et modernes, avec le théâtre littéraire.

c) Origine et évolution de l'iconographie traditionnelle (imagerie, sculpture, etc.); ses rapports avec l'art classique; emprunts mutuels.

d) Origine et évolution du costume populaire. Recherche dans les monuments et documents des parties du costume plus ou moins bien conservées jusqu'à nos jours. — Origine et évolution des bijoux et des parures.

II. — *Ethnographie traditionnelle*

a) Les survivances des coutumes relatives à la naissance, au mariage, à la mort (mariage par capture, couvade, offrandes funéraires, etc.).

b) Survivances du culte des animaux dans les coutumes des peuples modernes. — Survivance des cultes des pierres, des arbres et des fontaines.

c) Vestiges des anciens cultes locaux dans le culte des Saints. L'hagiographie populaire (rites et traditions).

d) La médecine populaire et la magie (amulettes, rites de préservation, envoûtement, fascination et mauvais œil, etc.).

Tableau du mouvement traditionniste de 1889 à 1900.

Le Congrès se tiendra à Paris les 10, 11 et 12 septembre 1900.

La cotisation est fixée à 12 francs.

La Commission d'organisation est ainsi composée :

Président d'honneur : M. Gaston Paris.

Président : M. Charles Beauquier.

Vice-Présidents : MM. J.-F. Bladé, Loys, Brueyre, Eugène Müntz.

Secrétaire général : M. Paul Sébillot, 80, boulevard Saint-Marcel.

Secrétaires : MM. Em. Blémont, George Doncieux, Raoul Rosières.

Trésorier : M. A. Certeux, 13, rue Vauquelin.

Congrès international d'histoire des Religions

Voici les parties du programme de ce Congrès qui se rattachent le plus aux traditions populaires.

Religion des non-civilisés. — Le totémisme. — Les fonctions du sacrifice. — Condition des âmes après la mort.

Histoire des religions de l'Egypte. — Les cultes et les religions populaires de l'Egypte, plus spécialement ceux de Thèbes. Les dieux animaux, les dieux oiseaux (l'hirondelle, l'oie, le héron, etc.); les dieux serpents (Ramouit, Maritsokhou). Les ex-voto après guérison ou bienfait reçu; les amulettes contre les serpents, contre les crocodiles, contre le mauvais œil.

Histoire des religions dites sémitiques. — Le totémisme dans le paganisme arabe. — Les dieux du Yémen d'après les inscriptions sabéennes et himyarites. Equivalences des objets et des phénomènes naturels. Histoire des croyances et du culte. — La légende d'Alexandre le Grand chez les Arabes.

Histoire des religions de la Grèce et de Rome. — Les poèmes homériques comme sources de mythes, de légendes et de cultes. — Le culte d'Apollon à Delphes. — De la survivance et de l'adaptation des mythes, rites, traditions et lieux de culte du paganisme italique et grec dans les usages et lieux de culte actuels de l'Italie et de la Grèce.

Religion des Germains, des Celtes et des Slaves. — *Archéologie préhistorique de l'Europe.* — L'eschatologie celtique. — Origines de l'Eglise celtique en Irlande, en Ecosse, dans le pays de Galles et en Gaule. — La combinaison d'éléments mythiques historiques et poétiques dans les légendes héroïques des Germains, à étudier dans une légende en particulier. — De l'origine des principales divinités germaniques : Wodan, Donar, Tiu, etc. Proviennent-elles du panthéon indo-germanique, ou sont-elles le développement de démons de la nature? — Du caractère originel ou dérivé des principaux mythes de l'Edda. — Le dieu de la foudre chez les peuples germains et slaves. — Quels sont, dans l'Allemagne du Nord, les monuments encore existants du paganisme slave?

Ce Congrès aura lieu à Paris en septembre, à quelques jours de distance de celui des traditions populaires.

La cotisation est de 10 francs.

Les adhésions sont reçues chez M. A. Marillier, 7, rue Michelet, ou chez M. J. Réville, 7, villa de la Réunion, Paris, secrétaires généraux du Congrès.

Les Chanteurs de Saint-Gervais

Les Chanteurs de Saint-Gervais donneront pendant la durée de l'Exposition de 1900, dans l'église Saint-Julien-des-Ménétriers (Vieux-Paris), des auditions musicales religieuses, sans caractère rituel, sous la direction de leur chef, M. Charles Bordes, et comprenant des mélodies grégoriennes, des exécutions de musique polyphonique des XVe, XVIe et XVIIe siècles; des sélections d'oratorios ou de cantates d'église; des noëls et cantiques populaires, etc.

Le soir, les séances seront consacrées à la représentation par ombres ou projections de documents ethnographiques de caractère religieux : la tradition religieuse dans la vie populaire, processions, fêtes, pardons, danses, etc.

Le Musée rétrospectif des Fêtes publiques

Le Comité de la classe 71 (décoration pour fêtes publiques et privées) a décidé de constituer un musée rétrospectif des fêtes publiques.

Ce musée, exclusivement national, doit surtout comprendre ce qui se rapporte aux fêtes populaires célébrées en France depuis un siècle; il pourra aussi accueillir, par exception, les documents remontant à des époques bien antérieures qui offriraient un réel intérêt historique ou artistique.

Le musée rétrospectif réunira, depuis l'estampe et le costume jusqu'au livre et à la médaille, les pièces intéressantes destinées à perpétuer le souvenir des revues, banquets, cavalcades, carrousels, inaugurations, réjouissances populaires, représentations théâtrales, fêtes officielles, cortèges et pompes funèbres, manifestations de la vie en plein air.

Le comité de la classe 71 fait appel aux collectionneurs, en les assurant que des mesures toutes spéciales seront prises pour garantir les objets exposés. Un questionnaire et des bulletins d'admission seront mis à la disposition de tous les collectionneurs qui voudraient apporter leur participation à ce musée.

Des diplômes commémoratifs pourront être décernés aux personnes dont les noms prendront place au catalogue. Les adhésions devront être adressées à M. Paul Eudel, délégué du Comité, 4, rue Gustave-Planche.

Enquête sur la valeur de la baguette divinatoire employée dans l'art de découvrir les sources d'eau souterraines

La Société magnétique de France vient de nommer une commission chargée de faire une enquête sur la baguette divinatoire et les *sourciers*. Notre compatriote, M. Brothier de Rollière, ingénieur agricole, qui s'est fait une spécialité des questions d'élévation des eaux, est nommé président de cette commission, avec mission d'étudier d'une façon précise, scientifique et technique, tous les moyens employés par les sourciers, voyeurs d'eau, rabdomantes, bacillogires et autres spécialistes occultes, pour découvrir les sources autrement que par les moyens classiques de la géologie et de l'hydroscopie, c'est-à-dire par : la baguette divinatoire; les pendules explorateurs; les boussoles hydroscopiques; les barreaux aimantés; les appareils magnétiques, électriques, électro-magnétiques, fluidiques, microphoniques, etc., employés de nos jours dans le monde entier pour la recherche des mines et eaux souterraines.

Dans ce but, M. de Rollière devra s'organiser, se procurer, rechercher et collectionner tous les appareils, ouvrages, revues, journaux, expériences, dires et observations, pour et contre la baguette divinatoire et autres appareils analogues, avec noms et adresses des auteurs et inventeurs de tous les pays; se mettre en rapport avec toutes les personnes qui ont fait des expériences, qui ont écrit, même de la façon la plus contradictoire, principalement sur les voyeurs d'eau, afin de traiter publiquement ces questions au cours d'un congrès, en 1900.

Pour mener à bien cette enquête, d'où peut sortir une science nouvelle, servant à indiquer le passage exact des eaux souterraines, leur profondeur et leur débit, science dont l'agriculture pourrait tirer le plus grand profit, prière de centraliser toutes communications, rapports, noms et adresses de sourciers français et étrangers, soit à la Société magnétique de France, soit à M. B. de Rollière, 26, boulevard d'Argenson, à Neuilly-Paris.

Congrès d'art public

Un Congrès international d'Art public, patronné par la ville de Paris, se réunira le 8 août 1900. Le but de ce Congrès est de « rendre à l'Art sa mission sociale d'autrefois, en l'appliquant à l'idée moderne dans tous les domaines régis par les pouvoirs publics; revêtir d'une forme artistique tout ce qui se rattache à la vie publique contemporaine; créer une émulation entre les artistes en traçant une voie pratique où leurs travaux s'inspirent de l'intérêt général ». Le premier Congrès de ce genre s'est tenu à Bruxelles en 1898. Le programme du Congrès de 1900 comprend trois séries de questions : 1° questions d'ordre historique; 2° questions d'ordre technique ou des applications; 3° questions d'ordre administratif.

Le comité d'administration a décidé qu'une exposition spéciale, matérialisant ce programme, serait annexée au Congrès; chaque pays y aura son exposition particulière.

CORRESPONDANCE

Nous avons reçu la lettre suivante :

Monsieur le Directeur du *Pays Poitevin*,

Dans votre dernier numéro, vous publiez une chanson patoise : *Le goret écourtiné*, recueillie par M. Maurice Robin, et vous ajoutez : « Cette chanson nous semble de facture toute moderne, et peut-être M. Robin pourrait-il, en cherchant un peu, nous indiquer le nom de l'auteur ? »

Cette chanson, effectivement, est moderne et n'a jamais été chantée par nos paysans; elle est du célèbre Ch. Paillot, de Fontenay-le-Comte, — le même qui composa le *Dialogue* en bas-poitevin, l'*Ode* à Mécène d'Horace, etc. — qui la composa en février 1863. J'ai sous les yeux l'original écrit par lui-même; il l'a intitulée « Le petit Goret »; et en sous-titre : « La bonne femme Matuchet raconte sa mésaventure à la foire de Bourneau. »

J'ajoute que l'original en ma possession diffère, par quelques légères variantes, du texte imprimé dans votre journal.

Je n'ai ni la patience ni le temps de faire des recherches, mais je crois bien que cette chanson fut imprimée et publiée, vers 1865, par l'*Indicateur*, journal de Fontenay-le-Comte.

Veuillez croire, Monsieur le Directeur, à mes meilleurs sentiments.

Amédée Trouillard.

Gazette Poitevine

Conférences

Il y a quelques années, un conseiller municipal de Niort eut la triste gloire de se signaler par quelques actes de vandalisme. Il obtint de l'ignorance de la majorité de ses collègues que les noms glorieux de Madame de Maintenon et de Fontanes fussent arrachés à deux rues de la cité. Voici que, pour la fondatrice de Saint-Cyr, l'heure de la réhabilitation publique semble s'approcher. Dernièrement, l'*Union des Femmes de France* invitait M. Picard, inspecteur primaire, à faire une conférence devant le public niortais, au milieu duquel se remarquaient précisément quelques-uns des conseillers iconoclastes. M. Picard exalta pieusement Madame de Maintenon, dont il exposa la vie, l'œuvre, le rôle comme éducatrice, et termina en souhaitant que, dans le nouvel Hôtel-de-Ville, une salle fût réservée aux gloires locales, au premier rang desquelles brillerait l'illustre marquise.

Nous ne voyons pas bien M. Martin-Bastard inaugurant le buste de celle qu'il jugea naguère indigne de donner son nom à une rue de Niort.

Projet patriotique

M. Arthur Bounault, architecte des monuments historiques, a formé le projet d'ériger à Chizé (Deux-Sèvres), non loin des ruines du château, une colonne monumentale tendant à perpétuer le souvenir de la défaite que Duguesclin y infligea aux Anglais en 1370.

Selon le dessin exposé chez M. Laiguillon, tapissier, rue Saint-Jean, à Niort, cette colonne, de fort diamètre, surmontera un socle de granit. Une épée y sera sculptée, avec légende rappelant le succès des armes françaises sur l'Anglais envahisseur.

Projet essentiellement patriotique dont il y a lieu de souhaiter la prompte réalisation.

Le Poitou à Paris

Le 17 février dernier, en plein centre artistique, sur les hauteurs du Mont-Parnasse, les félibres poitevins Gaud et Métivier, invités par notre confrère Pierre Lelong, le fondateur des *Veillées artistiques de Plaisance*, ont fait entendre à un public choisi, artistes, littérateurs, musiciens, etc., nos tant belles chansons du Poitou, conservées traditionnellement depuis les temps les plus reculés.

Tour à tour émue et charmée, l'assemblée n'a cessé d'applaudir nos deux compatriotes qui lui faisaient goûter la saveur exquise de ces vieux airs qui traduisent si bien les joies, les douleurs et les peines de l'âme poitevine.

Auguste Gaud, avec une émotion compréhensible, fit tout d'abord l'éloge de cette chanson populaire qui n'a pas encore été gâtée par la pseudo-littérature des décadents montmartrois. Et notre cœur vibra délicieusement lorsque le poète nous clama son amour pour ces mélodies joyeuses ou mélancoliques, tendres ou belliqueuses, qui fleurent bon les parfums du terroir et l'arome des forêts millénaires, celles qui, à travers les âges, sont parvenues jusqu'à nous, s'enrichissant de termes expressifs et originaux, se colorant d'images naïves ou fortes, véritables trésors où les poètes et les érudits peuvent retrouver le lyrisme de notre épopée nationale.

Quand apparut Métivier, en costume de paysanne *peleboise* maniant dextrement la quenouille, il se fit dans la salle un silence quasi religieux. Qui oubliera la maîtrise avec laquelle il interpréta *Je file ma quenouille*, puis *Trempe la soupe*, *La Belle Bridaie*, etc.?

Auguste Gaud, vêtu d'une blouse de cotonnade soutachée aux épaules, serrant dans son poing robuste un bâton de cormier, apparut ensuite, et sa voix mâle modula une théorie de vieux airs poitevins, parmi lesquels : le *Chant du Laboureur*, la *Ronde de la Quenouille*, *le Soldat et la Bergère*, la *Ronde du Déserteur*, etc.

Nos deux félibres terminèrent la veillée en disant quelques-unes de leurs œuvres consacrées à la gloire du sol natal. Une chaleureuse ovation leur fut faite, et les veilleurs, impressionnés profondément par cette soirée inoubliable, se séparèrent en fredonnant ces jolis refrains qui firent la gloire de nos aïeux et sont une des plus sincères émanations de la terre celtique.

La salle, admirablement décorée par Pierre Lelong et Hugues Lapaire, rappelait un intérieur de ferme poitevine. D'un côté, vis-à-vis l'antique cheminée à hotte, l'horloge à gaine de bois faisait entendre son tic-tac mélancolique; aux murs, disposés avec art, des piches, des mogues, des rouets, des assiettes peintes, des cuivres, des faucilles, des chareuils et tant d'autres objets familiers, attiraient les regards émerveillés par cette reconstitution locale.

Le programme, un dessin à la plume de Julien, représentait une veillée poitevine du plus heureux effet.

Parmi les assistants : M. le député Richard et sa famille, nos compatriotes Giraudias, Brun, Gaston Deschamps, nos amis Jean Baffier, Johannès Plantadis, J.-M. Simon, etc., etc.

Un gas de Parthenay.

⁂ Près de quatre cents personnes ont pris part à la fête que « La Fouace » donnait samedi dernier à Paris dans la salle Charras. C'est dire que cette réunion n'a rien eu à envier à ses devancières; son succès a été, du reste, des plus brillants.

L'un des morceaux chantés dans la revue, celui de « La Fouace », a, est-il utile de l'écrire? été particulièrement applaudi. Nous sommes heureux d'en donner les couplets.

CHANSON DE LA « FOUACE »

(Air : *Cadet-Rousselle*)

I

Des Deux-Sèvres l'département
S'assemble cordialement
En société franche et vivace
Que l'on appelle « La Fouace ».
Ah ! ah ! qu'ils sont charmants
Des Deux-Sèvres les bons enfants !

II

Cett' société, en des repas
Où l'on mange des « p'tits lumas »,

De « la fouace » et des « gross's mojettes »,
Un'fois par an est en goguette.
Ah ! qu'ils sont gais vraiment
Les enfants de c'département !

III

Après les « fromages mothais »
Et le café, liqueurs ou thé,
Un concert bientôt s'organise,
Puis au bal chacun s'électrise.
Ah ! que c'est amusant
D'être enfant de c'département !

IV

Ces amis si calmes, si doux,
Avec bonheur reçoiv'nt *Descoust*,
Mais vite à leur secours vol' *Taire*,
Leur capitonné secrétaire.
Dans c'comité charmant
Tout se passe amicalement.

V

Avec *Barbaud* au *Châtelet*,
Du cham *Bertin* boit *Bossuet*
Dedans le *Brault de Saint-Etienne*
En disant : « *Saillard*, à la tienne ! »
Ah ! qu'ils sont amusants
Des Deux-Sèvres les bons enfants !

VI

Rangés en ordre d'alphabet,
Clouzot, *Gelin*, *Goguet*, *Paillet*,
Telle une gerbe de fleurettes,
Forment un bouquet de *Violettes*.
On voudrait êtr' vraiment
Enfant de c'département !

*** Le Poitou sera représenté à l'Exposition universelle par l'Hôtellerie de la Mélusine, dont les murailles s'élèvent avec rapidité sur l'Esplanade des Invalides. Le concessionnaire est M. Georges Oble, le chanteur poitevin bien connu ; le plan est dû à M. Joseph Carré, un jeune architecte de talent, qui, en un très élégant édifice, comprenant un corps central de bâtiment et deux ailes embrassant une vaste cour, a rassemblé fort harmonieusement un certain nombre d'éléments architecturaux empruntés aux monuments du Poitou.

Nous prisons peu ce genre de régionalisme, et l'ethnographie foraine nous a toujours paru condamnable ; mais la sympathie que nous ressentons pour les auteurs de ce projet nous oblige à en souhaiter la réussite.

Palmes académiques

En signalant, dans le dernier numéro, les promotions universitaires intéressant le monde des lettres, nous avons omis le nom de M. Julien, de Poitiers, qui, sous le pseudonyme de Gérard de Martha, a publié de nombreux volumes de vers et de prose. Tous nos compliments.

Candidat régionaliste

Une élection législative va avoir lieu prochainement dans le 2e arrondissement de Poitiers. L'un des candidats, M. de Coursac, est partisan des doctrines régionalistes. Nous faisons des vœux pour son succès.

Une nouvelle industrie vendéenne

Le Comité départemental de la Vendée à l'Exposition de 1900 a chargé M. Charier-Fillon, maire de Fontenay, de procéder à des recherches en vue de retrouver des gisements d'ocre jaune et noir situés sur le territoire de La Vérie. L'ocre jaune est retrouvé, et des échantillons figureront en bonne place à l'Exposition. Souhaitons que l'industrie locale trouve dans cette exploitation un nouvel élément d'activité.

NOTES ET ENQUÊTES

Les questions et réponses doivent être adressées directement au bureau du Pays Poitevin, à Ligugé, avant le 10 de chaque mois.

La Direction se réserve le droit de réduire les communications, ou de les présenter sous la forme qui lui semblera la meilleure.

QUESTIONS

XXXIII

Le Poitou et le Denier de Saint-Pierre. — Le Cardinal Pie ne fut-il pas l'inventeur du Denier de Saint-Pierre ? Un érudit correspondant pourrait peut-être fournir sur ce sujet des détails intéressants ?

XXXIV

Un auteur poitevin peu connu. — Quels sont les ouvrages publiés par M. Bouchard ? Ce ne sont, je crois, que des romans.

M. Bouchard (Henri-Edme), né à Poitiers le 23 avril 1814, y mourut le 9 juillet 1884. Etait avoué à la Cour impériale de Poitiers en 1865, et habitait une propriété appelée La Bancelière, commune de Vivonne (Vienne).

Ses ouvrages ont été publiés, je crois, à Poitiers ; la biographie de cet auteur existe-t-elle ? Si non, un intermédiairiste pourrait-il la faire en quelques lignes pour les érudits poitevins ? Bouchard avait beaucoup voyagé en France et en Algérie, et en a donné des descriptions dans un roman.

René de La Resnerie.

(L'Intermédiaire.)

XXXV

Saint Bernard en Poitou. — Dans quel ouvrage pourrait-on trouver des détails circonstanciés sur les deux séjours de saint Bernard en Poitou ?

R. D.

XXXVI

Saint Martial en Poitou. — Existe-t-il un travail spécial sur l'évangélisation du Poitou par son premier apôtre saint Martial ?

R. D.

RÉPONSES

XXVIII

La Terre qui meurt. — La clé que nous allons donner n'est que partielle ; mais nous croyons qu'elle est complète, car l'auteur de cette note est originaire du pays même qu'a décrit M. Bazin dans la *Terre qui meurt*. Lumineau, fermier de la Fromentière, paraît être M. Thibaud, fermier de Le Manny, ferme située près de la route de Challans à Saint-Gervais et près de la station du tramway qui dessert Sallertaine, les Quatre-Moulins ; M. le marquis Henri, M. Armand Baudry-d'Asson, fils du député de la Vendée ; Mlle Ambroisine, Mlle Anne Baudry-d'Asson ; M. Jules Meffray, M. le docteur Lucien Dodin, maire de Challans ; les tantes Michelonne, Mlles Michelot, tailleuses, maraîchères de Sallertaine, connues dans tout le Marais. — M. Bazin a écrit la *Terre qui meurt* pendant un séjour de quelques mois à Sallertaine même, dans ce triste îlot de maisons blanches qui tranche au soleil levant avec tant d'éclat, tandis que la fraîche brise de terre ondule mollement les vigoureux foins de la côte vendéenne. On nous a même dit que le roman était né à la cure de Sallertaine. En tout cas, c'est la première fois que ce coin de Vendée se trouve décrit dans une œuvre d'imagination.

Ell.

(L'Intermédiaire.)

XXIX

Le général Joubert. — La descendance poitevine du général Joubert n'est rien moins que prouvée. Dans un long article de l'*Echo Rochelais* du 11 janvier, M. Georges Musset, le savant bibliothécaire de La Rochelle, réfute péremptoirement la thèse de M. l'abbé Brodut, lequel objecte des preuves morales dans les *Tablettes* du 23 et l'*Echo Rochelais* du 24. Dans le tome IV du *Recueil de la Commission des Arts*, M. Georges Musset riposte, sur un ton légèrement railleur, au brave curé saintongeais. Enfin, dans la *Charente-Inférieure* du 27 janvier et la *Gazette de l'Ouest* du 10 février, une note de M. Richemond rappelle un mémoire lu, le 9 janvier 1895, à la Société huguenote de Londres, par M. Hinde, d'où il résulte que Pierre Joubert, natif de La Motte-d'Aigues, en Provence, embarqué avec sa femme, partit, le 20 mars 1688, de Rotterdam pour le cap de Bonne-Espérance. Le mémoire se termine ainsi : « De nombreux descendants existent encore, notamment P. Joubert, le célèbre commandant général de la République Sud-Africaine du Transvaal. »

Voir aussi dans la *Revue des Questions héraldiques* du 25 février : *L'élément français dans l'Afrique australe*.

En présence de ces affirmations contraires, qui ne s'appuient jusqu'à présent sur aucun document authentique, nous penchons, après examen des différentes thèses, pour l'hypothèse provençale. Nous renonçons donc, à notre grand regret, à utiliser un travail de M. Brothier de Rollière, dont les proportions d'ailleurs dépassent les limites de ces notes et enquêtes.

G. B.

XIX

Lieu de naissance de Madame de Maintenon. — L'article si clair de notre collaborateur H. Gelin, commentant l'acte de baptême de Madame de Maintenon, n'a pas convaincu le mystérieux anonyme qui, sous la signature : *Un généalogiste paléographe*, a engagé une polémique dans la *Revue de l'Ouest*. Le généalogiste tient à faire naître, d'après l'autorité si sujette à caution de Saint-Simon, Madame de Maintenon en Amérique. De preuve, il n'en donne pas... mais il promet des RÉVÉLATIONS prochaines. En attendant, comme la date de naissance de la grande éducatrice se trouverait (si elle était réellement née en 1639) trop rapprochée de son mariage (1652), le facétieux paléographe découvre que, dans la famille de Noailles, les mariages précoces étaient d'usage, à preuve celui du duc de Fronsac, épousant à l'âge de sept ans une demoiselle de Noailles âgée de onze ans !

Nous pensions que ces mariages précoces n'étaient que des unions de convenance, sortes de fiançailles que des intérêts de famille obligeaient à faire contracter aux enfants, en attendant l'âge de la vie commune. Or, de telles considérations n'entrèrent pour rien dans le mariage de Françoise d'Aubigné avec Scarron ; nous savons, au contraire, qu'elle l'épousa par raison, pour se soustraire elle-même aux dangers que sa beauté et son esprit lui faisaient courir dans le monde. Il serait tout de même surprenant qu'à l'âge de treize ans elle eût été en butte à l'admiration gênante de ses contemporains, et qu'elle eût été si précocement douée de sagesse, qu'elle consentît, étant encore enfant, à devenir par protection la compagne d'un cul-de-jatte !

G. B.

REVUE DES REVUES

Sous la signature de son directeur, M. Henri Bourgeois, **La Vendée Historique** (20 janvier 1900) commence un travail sur les *Etymologies Vendéennes*. C'est le mot *Vendée* qui inaugure la série. Le département de la Vendée devait emprunter son nom aux deux principaux cours d'eaux qui le traversent, et s'appeler les *Deux-Lays*. Le député Bouron et son compatriote Mercier du Rocher, dont la laideur était, paraît-il, peu commune, craignant des interprétations malignes, obtinrent le changement de ce nom à double sens en celui de *Vendée*. Quand à l'étymologie du nom même de la rivière fontenaisienne, M. l'abbé Simonneau, cité par la Revue, l'attribue au passage ou à l'installation d'une tribu de *Vendes* ou Venètes, en Bas-Poitou.

Il est rare de rencontrer dans la **Revue Poitevine et Saumuroise** des études intéressant le Poitou. Le numéro de décembre 1899 commence la publication d'un travail de M. Henri Bodin, *Le siège de Thouars par Duguesclin*. Un archéologue relève aussi dans les œuvres de Rabelais les passages où le curé de Meudon mentionne les villes de Thouars et de Saumur.

L'Ouest artistique et littéraire change de direction. M. Ch. Herbinet remplace M. Albert Clairouin dans les fonctions de rédacteur en chef. Le numéro de décembre accueille la prose de M. Pierre de Chancelée, un intime ami de M. Aug. Gaud, qui consacre au « bon poète » des lignes ultra-élogieuses. Elles ne peuvent d'ailleurs manquer de précision, étant donné la source d'information de l'auteur. Même remarque, mais cette fois concernant notre excellent collaborateur, M. J. Robuchon, au sujet de l'article suivant signé : I. V.

Mgr Barbier de Montault reproduit, d'après le *Bulletin de la Commission archéologique de Narbonne*, dans le numéro de février de la **Revue d'Archéologie poitevine**, d'intéressants détails sur un fondeur poitevin, Jean Largoys, qui fabriqua et répara la cloche *feriat* de la cathédrale de Narbonne.

Dom André Basquin, dans sa notice sur l'abbaye de Fontenelle, en Normandie (**Bulletin de Saint-Martin et de Saint-Benoît**, 1899, p. 43 et suivantes), mentionne l'intervention, au XVIIe siècle, d'un architecte poitevin, Emmanuel Boguet, de Loudun, dans les agrandissements de l'abbaye. « Cet homme était un protestant opiniâtre. Les religieux entreprirent sa conversion et eurent la joie de voir leurs efforts couronnés de succès. Emmanuel Boguet se convertit avec les siens, en 1657. »

Notre confrère et ami M. René Vallette a la bonne fortune de publier, dans le numéro de décembre de son excellente revue **La Revue du Bas-Poitou**, une délicieuse eau-forte de M. O. de Rochebrune, qu'accompagne une notice du maître sur l'église de Fenioux. « Les superbes colonnes qui encadrent à Solesmes la Pâmoison de la Vierge, écrit l'artiste fontenaisien, ne sauraient lutter avec l'incomparable perfection de celles de l'Enfer de Fenioux. C'est de 1520 à 1525 que ce beau travail a dû être exécuté. Pourrait-on l'attribuer à Jacques Coirand de Montaigu, qui, dans une chapelle absidiale de Notre-Dame de Fontenay, a laissé un retable d'une donnée identique ? Je n'oserais l'affirmer. Il ne saurait non plus être l'œuvre des artistes qui ont élevé le château de Coulanges de 1542 à 1568 ; ce n'est ni le même faire, ni le même style. Dans tous les cas, le peu qui reste de ce beau monument funéraire fait le plus grand honneur à celui qui l'a composé et exécuté. »

Dans la même livraison, M. Maurice Prouteaux traite de la psychologie des guerres de Vendée, et, laissant de côté les textes pour n'étudier que les circonstances historiques et les mœurs des Vendéens au moment de l'insurrection, arrive aux mêmes conclusions que le savant Prieur de Ligugé : les guerres de Vendée furent l'œuvre des paysans, non des nobles et des prêtres, qui en firent que suivre l'impulsion populaire.

Lou Felibrige (décembre-janvier) mentionne l'article de notre Directeur sur le Félibrige poitevin, et en reproduit le début-manifeste qu'il fait suivre de cette exclamation : « Zou ! que n'en vingue au brande ! » Prière à notre aimable confrère de nous envoyer la traduction.

BIBLIOGRAPHIE

Croquis de France et d'Orient, par René Bazin. Paris, Calmann-Lévy, 1899. — 3 fr. 50.

Il m'a semblé, en lisant ce nouvel ouvrage de l'auteur de *La terre qui meurt*, qu'il y avait entre lui et Alphonse Daudet au moins un point de ressemblance.

Croquis de France et d'Orient, cela rappelle un peu les *Notes sur la vie*. On y retrouve ces mêmes pensées et ces mêmes descriptions à la fois rapides et complètes, exactes et sincères.

Alphonse Daudet notait avec soin les différents spectacles qui avaient attiré ses regards, et il cherchait ensuite à « caser » dans un livre ces hétéroclites morceaux et à les recoudre ensemble. On oserait presque affirmer que ces « croquis » que M. René Bazin offre aujourd'hui au public ne sont que des « notes » non utilisées, des instantanés dont il n'a pu trouver la place dans ses romans et qu'il a glanés et recueillis, ne voulant laisser sans emploi aucune de ces feuilles éparses.

Je m'empresse d'ajouter qu'il aurait eu tort de nous les laisser ignorer. Il y a dans ce nouveau livre beaucoup de jolies pages, et dans le nombre il en est qui se rapportent directement au Poitou et même à notre chère Vendée, dont un ouvrage récent du même auteur célébrait le charme exquis et l'enchanteresse beauté.

Je ne puis ici qu'apprécier seulement cette partie de l'ouvrage.

Une assez singulière et bien touchante anecdote, c'est ce *Second jour de pluie*, auquel M. René Bazin a donné pour cadre l'île d'Yeu solitaire et sauvage, au sujet de laquelle il a pu dire avec justesse : « Il n'y a là que l'Océan, des écueils et du ciel... nul n'y demeurera plus de huit jours, s'il n'est retenu par quelque affaire, ou poète, ce qui dispense de toute raison. »

Dans cette solitude, « où la mer, plus furieuse qu'ailleurs, ne fait cependant aucun progrès », se rencontrèrent dans le même hôtel quatre personnes : un peintre et sa femme, un juge d'instruction et son fils, jeune garçon faible et auquel une interruption dans ses études était imposée par les médecins.

Soit en raison de sa profession de juge d'instruction, soit pour toute autre cause, M. de Montmagne se défiait de l'artiste et de sa compagne. Il avait toujours soin d'éviter cette familiarité rapide qui ne manque jamais de s'établir entre des gens que le hasard de l'existence oblige à manger à la même table et qui, d'inconnus, fait parfois de bons amis. Contrairement à son père, l'enfant se sentait invinciblement attiré, lui, vers la femme qui lui rappelait vaguement la tendresse maternelle dont il était momentanément privé ; ce je ne sais quoi de divinement doux qui passe dans l'âme de l'enfant caressé et choyé lui manquait.

Un jour, il plut, et le lendemain nos voyageurs attristés purent « retrouver le ciel pesant et bas de la veille, les mêmes demi-ténèbres, le même ennui des choses » ; la tristesse envahissait peut-être davantage pour cette raison l'enfant du magistrat. Il s'approcha de la dame occupée à un ouvrage de couture dans l'attitude de celui qui s'attend à être « attiré, embrassé ». Elle eut « au contraire un petit frémissement d'épaules, comme une peur rapide ; elle laissa retomber son ouvrage sur ses genoux, ne leva pas les yeux, et, d'un mouvement lent et presque dissimulé de ses doigts, ramena les plis de sa robe qui auraient pu toucher le petit ».

Cette scène, surprise par M. de Montmagne, l'éloigna davantage encore de ceux dont il s'était méfié instinctivement dès le premier jour.

Bientôt il se disposa à partir, et il se promenait déjà en compagnie de son fils sur la jetée, « le long de laquelle chauffait le vapeur de Fromentine » lorsque soudainement le peintre se trouva devant lui :

« — Voulez-vous me permettre de vous dire un mot, à vous seul ? fit-il.

M. de Montmagne s'écarta de quelques pas de son fils, sans répondre autrement.

« — Monsieur, continua le jeune homme, elle m'a supplié de ne pas vous laisser partir sans vous expliquer une chose qui vous a certainement froissé. Lorsque votre fils lui a dit bonjour, la semaine dernière, elle l'a repoussé. Et elle a bien compris qu'elle vous offensait. Mais c'est qu'elle avait peur de vous offenser davantage en embrassant le petit. »

Il hésita un instant, et ajouta :

« — Nous ne sommes pas mariés. »

M. de Montmagne comprit de suite tout ce qu'il y avait de noble dans ce sentiment de respect scrupuleux pour l'innocence enfantine.

« — Laissez-moi vous répondre librement, fit-il. J'ai une quinzaine d'années de plus que vous. Je puis vous donner un avis sans trop peser mes mots. Eh bien ! ce que vous venez de dire là, ce recul devant la pureté d'un enfant, ce soin de l'expliquer ensuite en s'accusant, ce sont de jolis sentiments. Celle qui les a eus mérite mieux que l'abandon. Vous avez dû la séduire. Elle souffre. Pourquoi ne l'épousez-vous pas ? »

Quelques mois plus tard, le magistrat recevait une carte de visite sur laquelle il y avait : « Emilie Montreux, mariée, merci. »

Pourquoi M. René Bazin, qui, d'après ce qu'on vient de lire, semble se complaire à rechercher ce qu'il peut y avoir de noble dans une âme, se laisse-t-il par ailleurs envahir par un pessimisme excessif ? Rien n'est plus saisissant, après l'histoire de l'île d'Yeu que je viens de raconter, que les réflexions suggérées à notre auteur par une promenade à l'île de Ré.

Là il a visité le pénitencier où l'on réunit les condamnés aux travaux forcés qui doivent être transportés à la Guyane ou à la Nouvelle-Calédonie. Voici comment il nous décrit lui-même le spectacle qu'il a eu sous les yeux :

« Un à un, les forçats défilaient devant moi et devant le gardien-chef qui m'accompagnait. Plusieurs achevaient de manger leur pain; plusieurs lisaient des livres soigneusement choisis par des employés de ministère, parmi les lectures amusantes, anodines et inféondes : Fenimore Cooper, Dickens, Walter Scott, Jules Verne. Tous, ils me regardaient en passant. Quelques-uns une seconde, comme si j'avais été l'un de leurs juges ou l'une de leurs victimes possibles, et d'autres, tout lentement, comme si j'avais été la liberté. Je reconnaissais les fureurs aiguës ou contenues, les hypocrisies, les cruautés froides observées dans l'œil des bêtes de ménageries, et le souvenir de sang et l'appétit qui flambe. Mais la volonté en mouvement, le projet qui s'élabore et annonce une vie supérieure, mais une espérance, mais un repentir qui bouleverse l'âme et rend la douleur émouvante, je ne les rencontrais pas. Il n'y avait que de la détresse, que du malheur et que du crime scellés l'un avec l'autre. »

Un peu plus loin, une conversation avec un gardien reproduit les mêmes pensées, mais d'une manière plus rude encore :

« — Dans votre carrière, vous avez rencontré des innocents?

« — Des gens qui disaient l'être, oui, mais qui ne l'étaient pas : ils mentent.

« — Des repentants?

« — La même chose, ils mentent. »

Je passe cette idée extraordinaire de classer Dickens et Walter Scott parmi les auteurs « anodins et inféconds », mais je constate, chose étrange! qu'il n'a pas vu ou cru voir ce qui frappe tous ceux qui visitent des forçats. Dans le nombre de ces physionomies de criminels sur lesquelles se lisent toutes les tares et tous les vices, il y en a toujours au moins une qui semble étonnée d'être là, une qui inspire la pitié, qui crie l'innocence, magique illusion issue de ce généreux sentiment de pardon qui est au fond de nous-mêmes, qui sommeille dans notre cœur et se réveille si facilement. Pareil fait m'est arrivé vingt fois, et à chaque visite que je fais dans un pénitencier, je pars toujours hanté par la pensée que parmi tous ces vauriens, il y a au moins une victime, qu'au nombre de ces définitivement perdus, il y en a qui, coupables peut-être, reviendraient à une meilleure vie, si on les retirait du milieu déprimant dans lequel ils se trouvent. Dans un bagne, Monsieur René Bazin ne voit que « les cruautés froides », « les fureurs aiguës » ; à côté de celles-ci, je vois toujours au contraire les repentirs qui semblent sincères, les désirs de retour au bien qui ne sont point favorisés.

Avec la *Reinette grise*, nous revenons à la psychologie délicate, à l'étude des âmes simples, naïves et bonnes.

Deux Vendéens, un jeune homme et une jeune fille, se rencontrent dans la grande ville sur le banc d'un square, et la conversation s'engage :

« — Je suis de Luçon.

« — Moi de Fontenay-le-Comte.

« — Alors prenez ma pomme, puisque nous sommes pays. »

Et en disant cela, le Luçonnais offre à sa compatriote une reinette grise, une pomme mûrie sous la tiédeur bénie du bon soleil de là-bas.

Rien d'aussi touchant que les mutuelles confidences de ces deux enfants, l'une, la demoiselle qui a ses brevets, l'autre, le fils qui soutient sa mère suivant ses faibles ressources, qui s'ingénie pour la secourir et qui « chaque jour, à l'heure de la journée finie, où le souvenir monte, comme une étoile, s'imagine voir la vieille maman de Luçon, assise au frais, tranquille, causant avec les voisins de la rue, prise par tout le monde pour une rentière».

Ailleurs, une telle rencontre aurait pu avoir des suites, qui sait? Là, au milieu de cette foule, elle ne servit qu'à rendre plus cuisantes les douleurs de l'exil, plus immense la tristesse vague qui envahit les âmes des dépaysés, des « déracinés », pour employer l'énergique et adéquate expression de Maurice Barrès.

Je m'arrête, car j'ai déjà dépassé les bornes qui me sont assignées. D'autres pages de *Croquis de France et d'Orient* ne sont pas moins intéressantes que celles que je viens d'analyser. Telle, par exemple, cette navrante histoire d'un vieux serviteur délaissé qui a pour titre *Monsieur Joanni*, ou encore *Le poulain*. C'est un volume qui fera passer de charmants et trop courts instants.

L'œuvre de René Bazin est caractérisée, en effet, par ce fait qu'elle procure toujours des émotions saines, des pensées généreuses, un idéal élevé. C'est en vain que l'on y chercherait le contraire, là tout est beau, tout est noble. Les héros sont toujours les mêmes : amoureux sincères, serviteurs fidèles, paysans attachés au sol, mères dévouées, enfants respectueux et aimants. C'est l'art dans le sens le plus pur et le plus élevé du mot. Cette œuvre déjà étendue pourrait être comparée à un jardin sans ronces, sans épines, sans parasites, un jardin où l'on ne verrait que des fleurs rares, fleurs blanches comme des lys et parfumées comme des violettes.

AUGUSTE LOUÉ.

L'Abbaye de la Sainte-Trinité de Mauléon, aujourd'hui Châtillon-sur-Sèvre, par le R. P. Dom FOURIER BONNARD, Chanoine régulier de l'abbaye de Beauchêne.

Depuis longtemps, des personnages autorisés appellent de leurs vœux la publication de monographies locales, retraçant le passé de chaque province, de chaque ville, de chaque abbaye. C'est seulement quand on aura écrit *en détail*, pour ainsi parler, les annales de la patrie, que seront acquises les données suffisantes pour dégager la physionomie réelle des siècles écoulés, et pour faire leur véritable histoire.

Cette affirmation s'applique peut-être davantage encore à l'histoire religieuse. Jamais on n'aura une idée nette du rôle de l'Église si l'on se contente de sommaires ou de tableaux synoptiques. Il faudrait pénétrer dans la vie de chacun de ses personnages, dans l'organisation de chacune de ses institutions. Pour ce qui concerne en particulier les Ordres canonique et monastique, leurs hommes et leurs œuvres, il reste encore, même après qu'ont parlé les maîtres de l'histoire, beaucoup à apprendre, beaucoup à préciser.

L'étude que nous présentons au public apportera sa part, sans aucun doute bien minime, au trésor déjà riche des annales de nos provinces.

Mais, en outre de cet objectif, l'auteur s'est proposé un but plus immédiat.

L'abbaye de la Trinité de Mauléon (nous disons depuis cent cinquante ans : Châtillon-sur-Sèvre) — de l'Ordre de Saint-Augustin, — a tenu parmi les abbayes poitevines un rang assez honorable, et, de plus, exercé sur les contrées du Bocage vendéen qui lui étaient plus voisines une influence civilisatrice assez considérable pour exciter le désir de connaître mieux cette longue existence de sept cents ans.

C'est pour répondre à ce désir que l'auteur a extrait, des documents légués par le passé, tout ce qu'il y a rencontré pouvant aider à la reconstitution dans ses grandes lignes. Il s'est, de plus, attaché à donner à son travail une forme littéraire qui ne nuit à jamais à l'intérêt des études historiques, même les plus documentées.

Nous osons donc espérer que cette œuvre trouvera en Poitou et ailleurs l'accueil qu'elle mérite de la part de MM. les membres des Sociétés savantes, de la part de MM. les ecclésiastiques, spécialement de tous ceux qui ont eu le berceau de leur vie cléricale à l'ombre de la vieille abbaye de Châtillon, de la part des nombreuses familles du pays dont les aïeux se trouvèrent mêlés de près ou de loin à sa vie.

Enfin elle ne peut manquer d'intéresser ceux qui seraient curieux d'avoir quelques données sur l'histoire de nombre de paroisses des diocèses actuels de Poitiers, de Luçon, d'Angers et de Tours, qui étaient des prieurés dépendants de l'abbaye. Citons parmi les principales : Les Aubiers, Nueil, Moulins, Montigny, Rorthais, La Tessouale, Voultegon, La Petite-Boissière, Breuil-Chaussée, Mallièvre, Bagneux, La Flocellière, Réaumur, Chanteloup, etc.

La publication d'un ouvrage de ce genre étant toujours sujette à plusieurs difficultés, nous n'avons cru pouvoir l'aborder qu'en sollicitant à l'avance le concours de généreux souscripteurs. Dans le but de reconnaître ce concours, nécessaire dans l'espèce, nous offrirons le volume à raison de 3 fr. 50 aux deux cents premiers inscrits. Aussitôt ce chiffre atteint, le prix sera élevé à 5 francs.

Le tirage d'ailleurs sera restreint, et l'exécution typographique ne laissera rien à désirer.

L'histoire de l'*Abbaye de Mauléon* étant, pour beaucoup de points, l'histoire de ses prieurés, nous osons compter tout particulièrement sur les souscriptions de messieurs les Curés actuels des paroisses qui dépendaient de l'abbaye avant la Révolution.

Nous accepterons également avec reconnaissance tous les renseignements qui pourraient nous être fournis, touchant les souvenirs encore possédés par les églises ou les familles du pays, tels que papiers, registres anciens, tombeaux, sceaux, armoiries, etc., intéressant l'histoire de l'abbaye et de ses prieurés.

Prieurés-cures de l'Abbaye

Les Aubiers, Nueil, La Petite-Boissière, Breuil-Chaussée, Etusson, Mallièvre, La Trinité et Saint-Pierre de Mauléon, Montigny, Moulins, Rorthais, Trancoignet, La Tessouale, Voultegon, Châteaumur, Les Châtelliers, La Coudre, La Flocellière, Fort-du-Lay, Saint-Ouin-du Gast, Saint-Michel-Mont-Malchus, Montournais, Réaumur, Saint-Jacques-du-Teil, Brezé, Cœaux, Grazay, Ranton, Chanteloup (XIIe siècle), Les Trois-Moutiers, Ulcot, Artane, Bagneux, Chassais, Faye-la-Vineuse, Verneuil, Beaumont, Chelly.

Bénéfices simples

Boisbrémaut (Noirterre), Chapelles de Saint-Laurent-sur-Sèvre, Saint-Jacques-de-Mortagne, La Vacheresse (Les Aubiers), Sainte-Eulalie (La Flotte-Ile-de-Ré), La Chanoinie (Mouilleron-le-Captif), Sainte-Radegonde de Cagouilles (La Bretonnerie), Saint-Léonard-de-Ranton, Vaon (Trois-Moutiers), La Magdeleine-de-Faye, Saint-Sauveur-du-Latté (Faye), Saint-Jacques de Souigné (Donée), Notre-Dame-d'Azay (Azay-le-Brûlé), Saint-Lazare-de-Vaunoir, Bangnerie, Panreux, Saint-Jean-de-Châteaumur, Puymain (Bazoches-en-Pareds), Parnay (Verneuil), Saint-André-de-Sourches (Ambillon).

La Poésie du Bréviaire, essai d'histoire critique et littéraire sur les hymnes, par l'abbé C. ALBIN. — Un fort vol. in-8° oblong, xxx-512 pages, format très élégant, papier teinté, elzévirs, filets rouges. — Texte ancien et texte nouveau, variantes, traduction en vers d'après les auteurs classiques et les Heures du Moyen-Age, versions en prose rythmique, notes grammaticales et philologiques. — Introduction par M. U. CHEVALIER, membre correspondant de l'Institut. — Broché, couv. parchem. blanc et or, 5 fr.; relié, couvert. souple imit. cuir, 7 fr.; maroquin poli, 10 fr.; veau parfumé, 15 fr.

Voici un ouvrage qui se recommande à tous ceux qui ont un bréviaire entre les mains. Cet ouvrage, « le plus beau livre d'études liturgiques paru depuis les publications de Dom Guéranger », dit la *Revue du Clergé*, s'adresse, en même temps, aux savants et aux amateurs, aux érudits et aux délicats. Il sera pour beaucoup une révélation.

Le Bréviaire est peut-être, dans le monde entier, le livre le plus lu — et le moins étudié. Les premiers éléments de travail manquent, en effet, au grand nombre des lecteurs. Peu d'ouvrages, qui soient à la portée de tous, ont été publiés sur la matière, et il n'est pas toujours facile de recourir aux bibliothèques. C'est pour combler cette lacune que ce travail a été entrepris. Le titre en indique l'objet et le but.

Une préface magistrale donne l'histoire de la poésie dans le Bréviaire. Elle est signée d'un nom qui est à lui seul une recommandation et une garantie.

Vient ensuite une introduction contenant les règles précises de la métrique et de la syntonie avec la notation musicale des rythmes d'après les nouvelles découvertes, enfin l'étude détaillée de chacune des Hymnes du Bréviaire et du Supplément — y compris les plus récentes — 160.

Aucune publication de ce genre n'avait encore paru aussi complète. A peine quelques essais avaient-ils été tentés en Allemagne et en Italie. C'est un travail qui a demandé plus de dix années de recherches. Publié par M. Célestin Albin, sous la haute direction de M. Ulysse Chevalier, membre correspondant de l'Institut, l'ouvrage présente à la fois un caractère d'étude scientifique et d'art littéraire qui le feront apprécier des hommes de goût. Il devrait figurer dans toutes les bibliothèques, non seulement au rayon des sciences ecclésiastiques, mais au catalogue des ouvrages lit.

téraires et poétiques que les jeunes gens étudient et que les jeunes filles emportent dans leur corbeille à ouvrage.

La disposition typographique et le format élégant ont été heureusement combinés de manière à faciliter la lecture et à favoriser les recherches. Il semble difficile, à première vue, d'avoir fait entrer tant de matières spéciales et variées dans un volume à la fois si documenté et si gracieux. Il est vraiment le *Breviarium* dont parle Alcuin, « un petit livre à porter à la ceinture, avec un anneau d'ivoire ».

C'est un écrin enluminé d'or vierge et serti de mosaïques. Il renferme, avec la sublime poésie du ciel, une prose lapidaire aux cadences latines, ravissante : — c'est un petit livre vaste!

APPROBATIONS DE L'OUVRAGE

De S. Em. le Cardinal Parocchi, Vicaire de S. S. Léon XIII.

« Le Bréviaire est vraiment le livre qui, selon l'expression du grammairien Phocas, *parvo pondere multa vehit.* Votre *Poésie du Bréviaire* n'étudie qu'une partie de ce grand livre : il le fait avec une science sûre et un art consommé.

« Je l'ai dit moi-même dans un discours sur la *Haute portée des études de Liturgie*, à l'Académie romaine, les sciences liturgiques sont les plus importantes pour les prêtres. Et notre immortel Léon XIII le confirme de son autorité dans ses dernières encycliques, la liturgie doit être le première des études dans les Séminaires. Votre livre aidera à réaliser ce vœu... »

De S. G. Mgr H. Chapon, Evêque de Nice.

« A votre beau livre sur la *Poésie du Bréviaire*, vous avez donné comme épigraphe le conseil même de Dieu à ceux qui chantent ses louanges : *Psallite sapienter.* Vous ne pouviez choisir une sentence qui mît plus en lumière le but de votre ouvrage.

« Vous avez fait, à la fois, œuvre d'érudition et de haute piété, c'est un livre de prière et d'étude.

« Les fins connaisseurs apprécient votre travail : travail de recherches patientes pour lesquelles se passionne notre époque; travail de goût artistique auquel vous avez heureusement associé les poètes du grand siècle, les saints et les hymnaires du Moyen-Age.

« Grâce à l'impulsion savante et onctueuse de Dom Guéranger, le clergé et les fidèles eux-mêmes ont appris à goûter la prière liturgique. Votre ouvrage continuera cet apostolat si utile. De tout cœur je bénis votre livre et je souhaite qu'il ait de nombreux lecteurs, non seulement parmi ceux qui sont voués d'office à la louange divine, mais encore parmi les pieux fidèles .. »

De Frédéric Mistral, le poète de *Mireille.*

« Il y avait un livre à faire sur la *Poésie du Bréviaire.* Vous venez de l'exécuter en scoliaste compétent et en charmant érudit. Vous avez, pour les lettrés, montré le lien prosodique qui rattache aux chefs-d'œuvre des vieilles lettres latines ceux de l'hymnaire catholique.

« Les traductions que vous juxtaposez aux textes sacrés m'ont rappelé un des péchés de ma prime jeunesse. Un jour que nous étions aux vêpres, à Avignon, dans l'église des Carmes, le poète Roumanille, alors maître d'études au pensionnat où j'étudiais, ne me surprit-il pas, traduisant au crayon et en provençal, dans mon paroissien, les psaumes que chantait la maîtrise! De là naquit notre amitié et notre communion de lutte pour le relèvement de la langue provençale. Vous travaillez aussi pour l'Art.

« Votre livre fera naître d'autres vocations dans les Séminaires et fleurir d'autres rêves parmi les lecteurs et les lectrices, qui seront nombreuses... »

De François Coppée, le poète des *Humbles.*

Breviarium,
Breve ærarium.

Bréviaire divin, Poésie immortelle,
Tes pages sont de sang et tes lettres sont d'or!
Instrument angélique, angélique kinnor,
Le cantique du ciel en tes chants se révèle.

J'aime ta majesté, qui dans ses flancs recèle
La douceur de la lyre et la force du cor,
Le charme de l'amour et la peur de la mort.
Tu m'apparais plus beau dans ta *splendeur nouvelle.*

Les mains du prêtre seul ont pouvoir de t'ouvrir,
Et les doigts du lévite et les lèvres des vierges,
Au milieu des parfums de l'encens et des cierges.

Près de toi je veux vivre et près de toi mourir.
Je t'aime et je t'adore, ô mon vivant Cénacle,
Pareil à l'Ostensoir, pareil au Tabernacle!

De Karl-J. Huysmans.

« C'est un travail absolument unique qui devrait être dans tous les Séminaires.

« Si j'étais prêtre, ce serait mon livre de chevet. »

Par faveur spéciale, nos abonnés peuvent l'avoir à nos Bureaux à 3 fr. 50 au lieu de 5 fr.

Frédéric Le Play, *sa méthode, sa doctrine, son œuvre, son esprit,* d'après ses écrits et sa correspondance, par Emmanuel de Curzon. Paris et Poitiers, Oudin. In-12, pp. XLVIII-334.

Beaucoup ont cru que Frédéric Le Play était un économiste : c'était une erreur, et, encore, entendons-nous : économiste, il l'était, en ce sens, qu'il connaissait parfaitement la science économique; il ne l'était pas, dans le rôle public qu'il s'est donné de réformateur social, ni dans ses ouvrages, où il vise quelque chose de plus haut, de plus large et de plus important que la science économique, à savoir : la paix sociale, la prospérité sociale.

Le Play était un sociologue. La science qu'il a étudiée de préférence et dont il a été un des plus brillants et des plus profonds initiateurs, c'est la science sociale, qui comprend et la morale, et la science politique, la science du gouvernement du peuple et la science économique.

Le Play avait de vastes connaissances en science économique, mais il n'a jamais eu l'intention de s'y cantonner, et il ne voulait faire appel à son témoignage que comme instrument de prospérité sociale.

Aussi bien la société qu'il a fondée n'est-elle pas une société de science économique, mais une société d'économie sociale. Peut-être eût-il été plus exact de l'appeler une société de science sociale, puisqu'elle fait au droit naturel et à la politique une très grande place; mais, en choisissant ce titre d'économie sociale, Le Play affirmait ce qui lui importait le plus de dire, qu'il ne voulait pas être simplement un économiste et prétendait n'envisager dans la science économique que son côté social.

L'œuvre postume de M. de Curzon est due à la plume d'un des amis les plus intimes de Le Play.

Détail intéressant, M. de Curzon était arrivé sur la science sociale aux mêmes conclusions que Le Play, mais par un autre chemin, éclat des déductions. L'amitié intime de ces deux hommes et leur accord parfait sont la meilleure preuve que Le Play n'a jamais prétendu supplanter les anciennes méthodes, mais simplement se faire leur respectueux auxiliaire, comme il aimait à le dire. M. de Curzon et Le Play pouvaient tous les deux signer ce résumé, simple et saisissant, tracé par Le Play dans ses derniers jours, d'une main défaillante : « Affirmer la *vérité essentielle,* c'est-à-dire, *le Décalogue éternel, avec les coutumes qui en assurent la pratique,* la religion, *les traditions de la Patrie, la famille stable, l'autorité du père, la propriété, l'autorité sociale.* » M. de Curzon proclamait, comme Le Play, que, en fait de science sociale, c'était là les vérités fondamentales, les vérités mères; mais il le faisait, avant de devenir disciple de son ami, en philosophe de la vieille école, qui partait de principes et de faits évidents, pour suivre les conséquences jusqu'au bout.

Sans nier, en reconnaissant même très formellement la valeur intrinsèque de cette méthode, Le Play la jugeait stérile, vu l'état maladif des esprits.

Ne défendons pas la vérité, disait-il, et ne poursuivons pas l'erreur au nom de systèmes absolus et d'après les théories philosophiques; car, à notre époque si tourmentée et traversée par des courants si opposés, l'accord des intelligences, dans cette controverse des principes, est impossible à obtenir, et l'esprit moderne ne baissera pavillon que devant les procédés rigoureux de la science. Faisons donc de la science et *offrons des faits aux idées préconçues.*

Nous avons mieux à faire que d'écrire des dissertations : « *C'est dans le domaine des faits rigoureusement constatés,* c'est autour des *résultats de l'expérience et de l'observation, qu'il faut grouper les hommes de bonne foi,* car *ils ne sauraient en récuser les enseignements.* » Voilà le terrain nouveau sur lequel Le Play appelait tous ceux qui veulent rendre la France libre, grande et prospère.

Le Play a donc inauguré ce qu'on peut appeler une vaste enquête sociale, conduite d'une façon scientifique, suivant une méthode à lui pour se faire écouter des gens engoués de science, et il a formulé la conclusion de ce grand travail en disant : « *Les peuples qui observent le Décalogue prospèrent; ceux qui le violent déclinent;* ceux qui le *renient disparaissent.* » Et dans son beau livre, *la Constitution essentielle de l'humanité,* il a montré quels sont en tout temps et en tous pays les éléments indispensables à toute race qui veut prospérer : *Dieu, le Décalogue, l'autorité paternelle,* qui seule, *peut dresser les jeunes générations à obéir à la loi morale, la religion, les traditions de la Patrie, la propriété avec ses devoirs, et l'autorité sociale.*

Voilà les grandes vérités à mettre en lumière, les points fixes à défendre : la France périt parce que chaque jour détruit les éléments de la constitution essentielle qui entraient dans sa constitution aux bonnes époques; on ne conjurera pas ce mal en faisant aux ouvriers des avances souvent entachées de socialisme, ou en cherchant des remèdes à la crise sociale, comme l'a trop fait l'école allemande catholique, dans des utopies qui ne sont pas sans danger.

James Forbes, S. J.

(Les Études.)

Jeanne d'Arc et les Dominicains de Poitiers, (1429-1456), par le R. P. M.-B. Ducoudray, O. P., Ligugé (Vienne), imprimerie Saint-Martin, 1899, in-8°, 48 p.

Dans les pages de cette intéressante plaquette, le R. P. Ducoudray étudie le rôle joué par les Dominicains à Poitiers dans l'histoire de Jeanne d'Arc. Des travaux importants et spéciaux ont déjà été exécutés pour établir le rôle des Dominicains dans cette page étonnante de l'histoire nationale de la France que domine la figure de Jeanne d'Arc. Il restait cependant quelque chose à glaner. Le R. P. Ducoudray s'est acquitté de ce pieux devoir avec la conscience d'un véritable érudit. Grâce à ses recherches, trois notabilités de l'Ordre des Frères Prêcheurs intervenues à Poitiers dans les affaires de la Pucelle nous sont maintenant connues avec plus de détails et de précision, ce sont: Pierre Turelur, plus tard évêque de Digne, Guillaume Aimeri, professeur de théologie à la nouvelle Université de Poitiers, et Séguin de Séguin, dont la silhouette demeure toujours incertaine, mais dont on peut moins que jamais, semble-t-il, nier la qualité de Frère Prêcheur.

P. M.

(Revue Thomiste.)

Le Directeur-Gérant : Gustave Boucher.

Ligugé (Vienne). — Imp. Saint-Martin. M. Bluté. — 3-00.

N° 16. Avril 1900.

LE PAYS POITEVIN

CHRONIQUE — ÉCHOS — BIBLIOGRAPHIE

SOMMAIRE DU N° 16. — AVRIL 1900

ETHNOGRAPHIE ET ART POPULAIRE

Monsieur Gaston Paris ne se méprenait certes pas sur l'importance du mouvement régionaliste lorsque, présidant à la Sorbonne la séance de fondation de la *Société d'Ethnographie nationale et d'Art populaire*, il disait : « C'est un grand honneur pour moi d'avoir été appelé à présider cette réunion, qui marquera peut-être une date importante et féconde dans l'histoire morale de notre pays. »

Si l'on récapitule aujourd'hui les résultats acquis depuis cette époque, c'est-à-dire depuis cinq ans, on est obligé de convenir que l'éminent écrivain ne s'était pas trop avancé.

Partant d'initiatives diverses, mais obéissant à la même idée, nous avons vu se produire des actes, se fonder des œuvres dont la simple énumération est pleine d'éloquence. Citons :

En Poitou. — Fondation d'un Comité d'Ethnographie et d'Art populaire; création à Niort d'un Musée poitevin d'Ethnographie; tenue à Niort d'un Congrès et d'une Exposition de la Tradition en Poitou et Charentes; création du Théâtre en plein air.

En Bretagne. — Fondation à Quimper de l'*Union régionaliste Bretonne*; tenue d'un Congrès régionaliste et création Théâtre en plein air.

Au Pays Basque. — Tenue d'un Congrès et d'une Exposition d'Ethnographie et d'Art populaire avec Théâtre en plein air.

En Lorraine. — Création du Théâtre du peuple.

En Provence. — Fondation à Arles d'un Musée d'Ethnographie et d'Art populaire.

En Picardie. — Réorganisation des *Rosati Picards*.

En Normandie. — Fondation de la Société Normande d'Ethnographie et d'Art populaire *Le Vieux Honfleur*; tenue à Honfleur d'un Congrès et d'une Exposition de la Tradition aux Pays Normands; fondation de la Société *Le Vieux Lisieux* et création à Honfleur d'un Musée d'Ethnographie et d'Art populaire.

A Paris. — Création du groupe de l'*Action Fédéraliste*.

Le régionalisme a maintenant sa presse spéciale, dont font partie : la *Revue des Traditions populaires*; la *Tradition*; la *Veillée*; *Mélusine*; le *Pays Poitevin*; *Lemouzi*; la *Cigale*; le *Clocher Breton*; le *Pays Normand*; le *Feu follet*; la *Targo*; la *Terre d'Oc*; la *Revue de Provence*; le *Réveil Bourguignon*; la *Revue du Languedoc*; la *Revue Forézienne*; *Velay-Revue*; la *Revue du Nivernais*, etc., etc.

Et le mouvement ne cesse pas de s'étendre.

De Tulle, on nous annonce la fondation d'une Société d'Ethnographie et d'Art populaire, qui a adopté un programme identique à celui de ses aînées. Nous copions textuellement dans ses statuts :

« La Société a pour but d'inciter au respect pour les vestiges du passé ayant un caractère d'originalité; de protéger les monuments et les sites; de rechercher, de recueillir les traditions, les légendes, les chants, le parler local; de mettre en relief les gloires inconnues ou oubliées; d'aider à la création de fêtes locales destinées à rappeler sous une forme populaire les éléments pittoresques de l'ancienne vie des Bas-Limousins; de former à Tulle une bibliothèque exclusivement limousine; de fonder à Tulle un Musée d'Ethnographie et d'Art populaire du Bas-Limousin où seront réunis les objets anciens et modernes se rapportant à la vie rurale et urbaine, à l'habitation, au mobilier, aux vêtements, à l'alimentation, aux corps de métiers, etc. »

Ce Musée va être établi dans les anciens cloîtres de l'abbaye de Tulle, abandonnés par l'Etat à la Société.

D'autres Musées du même genre sont projetés à Lisieux, à Quillebœuf, à Amiens, à Reims.

Au mois de septembre de cette année aura lieu à Paris un Congrès des Traditions populaires.

On prépare à Quimper pour l'année prochaine un Congrès et une Exposition d'Ethnographie.

Enfin voici que s'organise, sous la forte impulsion de MM. Gustave Boucher et Pierre Lelong, le Théâtre rustique des Provinces.

De tous ces efforts sortira une œuvre féconde, grandiose, qui réconfortera la Patrie et jettera sur elle un vif éclat.

(Le Pays Normand.)

Au Musée Ethnographique Arlésien

Me trouvant à Arles pendant les fêtes de Pâques, j'étais entré au Musée provençal d'Ethnographie pour juger des progrès accomplis depuis l'inauguration. Une foule compacte, très mêlée, où les gens du peuple coudoyaient des touristes et quelques Anglais, emplissait les couloirs et les salles, pourtant agrandis.

Dans la galerie principale, j'aperçus le poète Mistral, accompagné de deux des principaux organisateurs, le sculpteur Férigoule et le publiciste H. Dauphin.

Arrêtée devant une antique *panetière* aux ferrures brillantes et aux parois admirablement goujonnées, une vieille Arlésienne venait de dire en hochant tristement la tête :

— Moi aussi, j'en avais une semblable!

— Et qu'en avez-vous fait? gronda Mistral, qu'elle n'avait pas vu. Qu'en avez-vous fait, pauvre femme?

— Je l'ai vendue, balbutia la vieille, intimidée. Et comme le poète, les bras croisés, la regardait d'un air de reproche :

— C'est qu'alors, expliqua la vieille, comme pour s'excuser, *il n'y avait pas de musée arlésien.* Ah! si c'était maintenant!

— Vous voyez, me dit Mistral, vous voyez bien : voilà notre œuvre! Les Arlésiens s'attachent maintenant à leurs vieux meubles, à leurs souvenirs, à leurs usages. La Provence, comme les autres provinces, était en train de périr, absorbée, dévorée par Paris. Et maintenant elle se réveille. Cette foule vient revivre ici son passé, reprendre conscience d'elle-même. Ceux qui affectaient le plus de mépriser leur idiome, sont fiers de pouvoir lire et d'expliquer à d'autres les inscriptions en provençal. Chaque jour de nouveaux donateurs m'arrivent, qui me disent : « Monsieur Mistral, je vous offre ce bijou, ce tableau, ce meuble pour votre muséum : il y sera plus en sûreté que chez moi. » Chacun veut avoir contribué pour une part, si légère soit-elle, à ce musée, qu'il considère comme sien, où il se trouve chez lui, non sans raison d'ailleurs.

Comme on faisait déjà cercle autour de lui pour écouter sa parole enthousiaste et communicative, Mistral nous entraîna dans une autre salle, où notre conversation continua sur le même sujet. Mistral nous dit son but, ses efforts, sa joie en présence du succès. Ce qu'il fait à Arles, pour la Provence, ou plus spécialement pour le Pays Arlésien, on pourrait le faire partout. Sans doute toutes les régions n'ont pas la même originalité, la même richesse : mais on ne saurait nier que chaque province possède une individualité plus ou moins accusée, qu'il serait utile — et facile — de sauver alors qu'il en est temps encore. « Chaque race, chaque coin de terre, a dit le Belge Léon Hennebicz, porte son droit, son art, sa religion. » Et Barrès a bien montré, toutes les fois qu'il en a eu l'occasion, qu'il y aurait lieu de fortifier en France le sens du relatif, plutôt que de poursuivre on ne sait quel idéal absolu, et qu'il fallait chercher dans le culte de la terre et des morts les vraies sources du patriotisme.

Pendant que Mistral parlait, je me rappelais le réquisitoire — si sévère, mais si juste — de J. Case contre Balzac. « Provincial, mais parricide, Balzac tua la province. Il dit qu'elle n'avait point d'âme, que son cœur était froid, son âme vide... On l'entendit... les émigrations intérieures se succédèrent, la France se porta à Paris. Elle y est encore, elle y étouffe, elle s'y anémie, elle peut en mourir. »

« Mais, ajoutait J. Case, si elle ressuscitait, cette province réputée morte, si elle offrait toute son histoire intime et féconde à la curiosité de ses enfants... alors bien des choses seraient modifiées. Il se pourrait, sans que nous nous en doutions, que la pensée de la France fût, par ces voies obscures et modestes, à la veille d'une réfection totale. »

Ainsi avait parlé J. Case, et Mistral ne disait pas autre chose : et tandis qu'à la nuit tombante la foule s'écoulait lentement, comme à regrets, par le large escalier pavoisé de vieilles bannières, le grand poète me parlait encore du musée d'ethnographie que le savant professeur N. Clerc organise à Marseille; et il ajoutait :

— Si je voyais suivre dans toute la France l'exemple que nous donnons ici, je me croirais le plus heureux des hommes et j'envisagerais sans inquiétude aucune l'avenir de notre cher pays[1].

(*La Tradition*, juin 1900.) ARMAND DAUPHIN.

Musée d'Ethnographie bretonne

Un amateur breton, M. Le Brigand, après avoir réuni dans sa maison de Pontivy une précieuse collection ethnographique, a dû proposer à la municipalité l'acquisition de son musée. Les édiles n'ayant pas compris l'intérêt de cette collection, M. Le Brigand l'a transportée à Saint-Malo, où le Casino en fait une exposition publique, en attendant l'installation définitive.

1. Nous pensons que le chroniqueur a mal interprété les paroles de Mistral. Le poète provençal sait mieux que personne qu'en fondant le Musée d'Arles il n'a fait que suivre l'exemple donné par Niort. Il a même emprunté à la *Tradition nationale*, où nous l'avons publié, le questionnaire que nos collègues, et les siens, de la Société d'Ethnographie nationale, MM. Landrin et Paul Sébillot, avaient bien voulu nous confier.

Musée départemental ethnographique de Tulle

M. le Préfet de la Corrèze vient d'adresser aux maires du département la circulaire suivante :

« Un Comité s'est constitué à Tulle en vue de créer dans cette ville un Musée d'Ethnographie et d'Art populaire du Bas-Limousin.

« Vous avez dû recevoir une circulaire indiquant le but poursuivi par les organisateurs.

« Notre œuvre, *disent-ils*, essentiellement limousine et des « plus instructives, fournira à tous l'occasion de constater, « d'une manière attrayante, ce que, par la marche incessante « du progrès, fut jadis notre chère Corrèze, ce qu'elle est « aujourd'hui et ce qu'elle sera dans les temps à venir. »

« Cette tâche est vraiment méritoire; elle est digne de tous les encouragements, de toutes les sympathies, et je ne doute pas que l'appel qui vous a été adressé ne trouve un accueil bienveillant auprès de chacun de vous.

« Votre concours sera surtout précieux dans la recherche des objets qui formeront les collections du Musée. Je vous saurai gré, personnellement, de signaler au Comité ceux de ces objets rentrant dans le cadre du plan tracé par ses soins, et de vous employer à obtenir des donations gracieuses dans la plus large mesure possible.

« Je tiens à vous remercier par avance de votre collaboration dévouée à cette œuvre d'histoire locale, et je vous prie de recevoir, Messieurs, l'assurance de ma considération très distinguée. »

Gazette poitevine

Légion d'honneur

Notre compatriote, M. Gilles de La Tourette, médecin en chef de l'Exposition Universelle, vient d'être promu officier de la Légion d'honneur.

Récompenses

M. Pierre Corneille a reçu de la Société d'Encouragement au bien une médaille d'honneur, pour son beau drame *Le Bonheur des autres*, représenté avec tant de succès sur les théâtres de Bordeaux et de Toulouse.

Nos cordiales félicitations.

Monument patriotique

La *Vendée historique* a eu la patriotique idée d'un monument à élever en Vendée à la mémoire du général de Villebois-Mareuil, le héros de la guerre Sud-Africaine.

Les souscripteurs répondent avec empressement à l'appel de M. H.-Bourgeois.

Découverte de reliques

Un important événement vient de combler de joie les catholiques poitevins : la découverte, dans la crypte accidentellement mise à jour de l'église Saint-Porchaire, des reliques du saint Patron, abbé de Saint-Hilaire, mort vers l'an 600.

L'église ne possédait qu'un fragment de côte, exposé à la vénération des fidèles, seul reste, pensait-on, des ossements que l'on supposait avoir été jetés au vent par les huguenots. Grâce à Dieu, la piété de nos ancêtres avait su mettre à l'abri des sacrilèges ces précieux restes, et la Providence a permis leur invention au moment où l'on se prépare à agrandir l'antique sanctuaire. Il sera donc facile à l'architecte de prévoir dans ses plans une installation honorable pour la châsse qui contiendra le corps du Saint poitevin.

L'imprimerie à Poitiers

Dans sa dernière séance, l'Académie des Inscriptions et Belles-Lettres a décerné une récompense de 500 francs à M. de La Bouralière, pour son « Histoire de l'Imprimerie à Poitiers au XVIe siècle ».

Ajoutons que l'ouvrage de M. de La Bouralière figure à l'Exposition Universelle dans la vitrine de MM. Blais et Roy (section de l'imprimerie).

Beaux-Arts

Nous sommes heureux d'apprendre que la Compagnie du chemin de fer de Lyon vient de charger le maître paysagiste Carl-Rosa, de Loudun, d'une partie de la décoration de la nouvelle gare de Paris. Elle ne pouvait certainement faire un meilleur choix.

NOTES ET ENQUÊTES

Les questions et réponses doivent être adressées directement au bureau du Pays Poitevin, *à Ligugé, avant le 10 de chaque mois.*

La Direction se réserve le droit de réduire les communications, ou de les présenter sous la forme qui lui semblera la meilleure.

QUESTIONS

XXXVII

Angélique. — Depuis quelle époque fabrique-t-on cette confiserie, qui fait la réputation de Niort et de Châteaubriant, et comment la prépare-t-on?

K. S. T.

(Le Chercheur des Provinces de l'Ouest.)

XXXVIII

Le peintre-poète poitevin Delarue de Strada. — Dans le *Gaulois* du 25 avril 1899 parut sur Strada un article dont j'extrais les passages typiques : « Combien sommes-nous qui connaissons son nom? A peine une douzaine[1], et cet homme-là passe pour une manière de Victor Hugo. Son nom, Gabriel-Jules Delarue de Strada. Son âge, 70 ans bientôt. Vendéen de Vouillé, il agonise dans une chambre de son silencieux hôtel de la Muette. Vouillé, voilà le cadre où se développa la jeune intelligence de Strada. Adolescent, notre poète vint à Paris, où il fréquenta le Muséum, le Collège de France, la Sorbonne, suivit tous les cours, même ceux de droit et de médecine. On peut dire qu'il se gava de science et de philosophie. Il y paraît bien dans son œuvre singulière, mouvementée, ténébreuse et folle, d'une folie qui confine au génie. Le premier livre de M. de Strada remonte à 1861. Il avait alors 30 ans, et jusqu'à 1874 il ne cessa de produire. Seulement, devant l'indifférence du public, l'âme du poète se contracta, et désormais il vécut, plus de vingt ans, seul avec lui-même, dans cet hôtel de mystère dont les volets extérieurs s'ouvraient rarement. Vieilli, mais toujours d'une belle sénérité d'âme, M. de Strada distribuait en ses dernières années le pain de l'esprit à quelques jeunes écrivains qui le venaient visiter. Strada n'est pas seulement un poète, c'est aussi un peintre, et quel peintre! Il s'était fait construire, en annexe de son hôtel, un atelier plus vaste que celui de Roll. J'ai pu examiner à loisir les toiles que peignit naguère notre ermite : c'est formidable. Il y a là des toiles de dix mètres de haut sur vingt de large : batailles qui laissent loin derrière elles Gros lui-même; sujets philosophiques : *Dieu et le Fait, Intuition, Raisonnement*, et rien n'y manque. Le cerveau de cet homme doit être la chose du monde la plus curieuse à étudier. Entendez l'Ermite de la Muette, le solitaire de l'*Epopée humaine*, quand il s'adresse à ceux qui ne comprennent pas : « Le Fait et l'Etre parleront pour moi qui parle pour eux. Je n'ai pas besoin de soutien si la Vérité est avec moi. Si elle n'y est pas, je bénis Dieu qu'on ne me soutienne point. »

Quelque lecteur poitevin aurait-il des renseignements particuliers sur ce personnage extraordinaire?

C. Y.

(Le Chercheur des Provinces de l'Ouest.)

XXXIX

Enfants de Mme de Maintenon. — Est-il bien certain que Louis XIV n'eut pas d'enfants de Mme de Maintenon? S'il en eut, quels sont-ils et que sont devenus leurs descendants? En tout cas, comment pourraient-ils prouver le mariage de Mme de Maintenon avec Louis XIV? Existe-t-il des pièces ou des preuves authentiques à ce sujet?

E. Rudit.

(L'Intermédiaire.)

1. Le rédacteur du *Gaulois* exagère. Les ouvrages poétiques de Strada, répandus à profusion par son auteur, échouent en grand nombre, et fréquemment, sur les quais de Paris. Il se trouve toujours quelques curieux de métaphysique pour les acheter, et depuis vingt ans le nom de Strada est familier à un grand nombre de curieux, peut-être disciples inconnus du poète.

RÉPONSES

XXXIII

Le Denier de Saint-Pierre. — Un lecteur du *Pays Poitevin* a tout simplement transporté notre question dans le numéro du 22 avril 1900 de l'*Intermédiaire des chercheurs et curieux*, en omettant de l'indiquer comme émanant d'un confrère.

Mgr Barbier de Montault a répondu dans ce même recueil par les lignes suivantes :

« Il (le Denier de Saint-Pierre) fut établi pour la première fois en France par Mgr Angebault, évêque d'Angers, qui prêcha, à cette occasion, un sermon, le jour de Pâques, à l'issue des vêpres, dans la cathédrale.

« A Poitiers, l'initiateur fut un vaillant chrétien, M. Emmanuel de Curzon; Mgr Pie ne vint qu'ensuite pour en faire une œuvre diocésaine. »

ERRATUM. — L'article sur les faïences rochelaises que nous publions plus loin a été par erreur signé du nom de M. Georges Musset. C'est notre ami M. Constant Roy qui a rédigé cette analyse d'après l'ouvrage du savant bibliothécaire de La Rochelle.

REVUE DES REVUES

La Tradition et **Les Veillées de Plaisance** (mai 1900) consacrent des notes bibliographiques aux ouvrages publiés par la Société d'Ethnographie nationale sous la direction de M. Gustave Boucher, dont elles analysaient sympathiquement l'œuvre régionaliste. Remerciements à nos aimables confrères au nom de la cause commune.

Nous recevons le premier numéro de l'**Écho Régional**, bulletin de l'Association catholique de la Jeunesse française (Union régionale de l'Ouest). Angers, 3, rue Rabelais. — Abonnement annuel : 2 francs.

Souhaits de bienvenue.

Notre collaborateur M. R-M. Lacuve publie dans le numéro d'avril de la **Revue des Traditions populaires** une **Légende de saint Honoré** de Thénezay (Deux-Sèvres), présentant des variantes à la notice publiée par le **Pays Poitevin** de janvier 1899.

M. Georges Musset publie dans la **Revue Larousse** des 21 et 28 avril un copieux et vivant article, éclairé de nombreuses illustrations sur La Rochelle.

M. Henri Tausin, le distingué héraldiste, vient de faire, sur la prière de Mgr Barbier de Montault, le relevé des *cris et devises héraldiques et nobiliaires*, en Poitou. Ce travail a paru dans la *Revue d'Archéologie poitevine* de mai 1900.

De M. Tourlet, dans la **Revue Poitevine et Saumuroise** (mars 1900) : Les premières pages d'une *Contribution à l'Histoire de l'Imprimerie à Loudun et à Châtellerault.*

BIBLIOGRAPHIE

Mémoires du Général d'Andigné (1765-1857). Introduction et notes par M. Edmond Biré. — Paris, Plon, Nourrit et Cie, 1900. — 7 fr. 50.

Le général d'Andigné naquit à Angers en 1765. Ce fut un royaliste fidèle. Sous le nom de Sainte-Gemmes, il fit ses premières armes en qualité d'officier de vaisseau. Il se trouva mêlé aux événements d'Amérique, puis émigra en Angleterre. De là il revint en Bretagne et en Vendée, où il joua le rôle que l'on va voir, puis séjourna en Allemagne et retourna en France avec les Bourbons. Il mourut à Fontainebleau en 1857.

M. Edmond Biré vient de faire paraître le premier volume des Mémoires du général, qui se termine avec l'année 1799 et constitue « un document de premier ordre, animé et vivant, sur les guerres de la Vendée et sur la chouannerie ».

En septembre 1795 — un mois après la paix de Mabilais — d'Andigné est envoyé en Anjou vers M. de Scépeaux, commandant sur la rive droite de la Loire. A ce moment-là, la situation n'est pas brillante pour les royalistes, en raison de la rivalité entre Charette et Stofflet. Ce dernier a sous ses ordres des forces nombreuses, les meilleurs des Vendéens ; Charette, dans le Bas-Poitou, ne résiste qu'avec peine aux ennemis. Il s'agit de décider Stofflet à aider Charette, et pour arriver à ce résultat, M. de Scépeaux envoie d'Andigné vers celui que les Vendéens appelaient « Mistoufflet ».

D'Andigné — hélas ! — n'arriva pas à modifier l'état d'esprit de Stofflet : « Que la tête de Charette tombe, disait l'ancien garde-chasse du comte de Maulévrier, et tout ira bien. » C'est en vain qu'on insiste auprès de lui que d'Andigné s'efforce de lui démontrer que le salut dépend de l'union : rien n'y fait, et Stofflet désigne l'envoyé de M. de Scépeaux par ces mots, où perce une petite pointe d'ironie : « Le Monsieur qui veut m'adoucir ! » D'Andigné n'est pas plus heureux auprès de l'abbé Bernier, conseil de Stofflet, depuis évêque d'Orléans, et il s'en va sans avoir obtenu quoi que ce soit.

Bientôt après cette infructueuse démarche, il se rend une seconde fois vers Stofflet, et cette fois il le trouve « un peu calmé ». Cet état d'esprit ne devait pas persister. Stofflet reçoit de l'île d'Yeu[1] un brevet de maréchal de camp, tandis que Charette en reçoit un de lieutenant général, le voici aussitôt en fureur. Pour le calmer « les officiers généraux des armées royales lui garantirent un brevet de lieutenant général et ils écrivirent à Son Altesse Royale en conséquence ».

Finalement Stofflet acquiesce aux supplications pressantes que l'on ne cesse de lui adresser, mais pour les réaliser il s'y prend d'une manière déplorable. Il commence par ordonner un rassemblement général avant les rassemblements partiels, et, faute plus lourde encore, cette ordonnance se fait au moyen d'une proclamation imprimée. Qu'arrive-t-il ? Le général Hoche ne tarde pas à en être informé, il arrête 6000 hommes qui devaient partir pour Segré et les dirige vers Neuvy[2], où se trouve le quartier général de Stofflet. Celui-ci, au lieu de faire la petite guerre en attendant le rassemblement complet, préfère se dissimuler, se cacher de maison en maison. Mais là comme partout se trouvent des dénonciateurs ; il est pris, ainsi que plusieurs officiers. On les conduit tous à Angers, et le lendemain même de leur arrivée, soit le 23 février 1796, ils sont fusillés.

Pendant ce temps, Charette, en raison du manque de subsistances, n'avait avec lui que peu d'hommes. Les ennemis l'entouraient. Le maximum de ce qu'il pouvait faire « était d'essayer de se soustraire aux recherches des républicains ». Hoche, de son côté, avait reçu des reproches violents et on l'accusait de vouloir épargner la personne du chef vendéen. Il sentait qu'il lui fallait Charette à tout prix. C'est ainsi qu'il fut amené à charger Travot — dont la statue s'élève maintenant sur une des places de Cholet — de cette délicate et périlleuse mission. Celui-ci parvint à former un corps de 600 cavaliers d'élite, et, là encore, il se trouve des dénonciateurs :

« Charette avait autour de lui environ 40 officiers ou cavaliers. Leurs chevaux étaient exténués, en très mauvais état ; le sien était totalement déferré des quatre pieds. Il fut néanmoins poursuivi huit lieues avant d'être atteint ; la plupart de ceux qui l'accompagnaient furent culbutés sans qu'on cherchât à s'en saisir ; c'était à Charette seul qu'on en voulait. Un déserteur, qui lui était attaché depuis longtemps, voulut attirer sur lui l'attention ; il lui prit sur la tête le chapeau brodé d'or et orné d'un énorme panache blanc qu'il portait habituellement, le mit sur la sienne et prit une autre direction que lui. Un moment, en effet, il attira tous les républicains à sa poursuite ; mais bientôt il fut joint, reconnu pour ce qu'il était et abandonné sans qu'on lui eût fait aucun mal. Charette fut enfin atteint, démonté, fait prisonnier après avoir été grièvement blessé, et conduit à Nantes, où il fut fusillé (29 mars 1796). »

Peu après ces quelques lignes se trouve une petite esquisse du caractère de Charette, d'où j'extrais ce qui suit :

« C'était un homme d'un grand courage, très dévoué à la cause royale. Personne, parmi les Vendéens, n'entendit mieux la petite guerre. On lui a reproché de trop sacrifier à ses plaisirs ; mais, une fois à la besogne, il y était tout entier, il déployait alors une activité extraordinaire. Doué d'une grande force de corps, d'une santé robuste qui lui faisait un jeu des plus grandes fatigues, il était toujours le premier sur pied et encourageait sa troupe par son exemple. Malheureusement, après avoir obtenu des succès brillants, il s'abandonnait trop facilement à son indolence naturelle, et négligeait ainsi d'en obtenir de nouveaux. S'il eût été aussi habile politique que guerrier valeureux, il eût joué un rôle beaucoup plus grand. »

Désormais les Vendéens sont vaincus. Les têtes des chefs tombées, les courages sont abattus. La défaite est suivie du découragement et de la résignation. La rive gauche de la Loire cesse d'être le théâtre des luttes fratricides et sanguinaires, les républicains commandés par Hoche passent sur la rive droite.

Entre la Loire et la Vilaine, c'est-à-dire dans les limites du commandement de M. de Scépeaux, il y avait environ de 6 à 7000 hommes armés. Ce dernier était entouré d'un petit nombre d'hommes, quelques centaines en tout. Par contre, les troupes républicaines de l'Ouest s'élevaient à 180.000 hommes, dont une partie n'allait pas tarder à être rappelée, car l'armistice avec l'Autriche était terminé depuis peu. Le général Hoche proposa alors la paix à M. de Scépeaux, qui ne crut pas devoir accepter sans en référer à M. de Puisaye, qui se trouvait dans les environs de Fougères et auquel il envoya M. de Châtillon et d'Andigné.

M. de Puisaye ne semblait pas désirer beaucoup la paix, quoiqu'il ne donnât point les moyens de continuer une guerre où il n'y aurait bientôt plus le moindre espoir de succès et qui entraînerait un inutile sacrifice d'existences humaines. Soudain M. de Scépeaux se ravisa, et, sans attendre le retour de ses deux envoyés, il signa la paix à Angers avec le général Hoche le 14 mai 1796.

M. de Châtillon et d'Andigné retrouvèrent M. de Scépeaux dans une ferme de la commune de la Cornuaille[1]. Là d'Andigné fut chargé de porter l'état de paix à la connaissance des troupes au moyen d'une proclamation. Mais pendant la nuit la ferme se trouva entourée de républicains ignorant complètement le traité qui venait d'être signé. Néanmoins ils ne se livrèrent à aucune violence. M. de Scépeaux exhiba son passe-port, signé du général Hoche, pour lui et ceux qui l'accompagnaient. Ce fut donc au milieu des républicains que d'Andigné rédigea sa proclamation, laquelle fut signée par M. de Scépeaux et les officiers généraux de la division.

Mais si la paix était sur le papier, elle ne l'était assurément pas dans les esprits. Dans certaines compagnies on l'acceptait sans trop de difficultés ; dans d'autres, celle de *Monte-à-l'assaut* par exemple, on n'en voulait pas entendre parler. Cette dernière compagnie faisait partie de la division à laquelle appartenait d'Andigné. Plus que toute autre elle fut réfractaire au désarmement rendu obligatoire par suite du traité signé à Angers.

Le général Hoche désigna le général Gratien pour procéder à cette opération. Le choix fait par le jeune général républicain pour ce poste, où il fallait un homme de tact, ne fut pas heureux. Gratien, en effet, se trouvant à Segré, fit mander d'Andigné et lui déclara, dans des termes d'une malhonnêteté remarquable, qu'il le tenait pour personnellement responsable de la lenteur avec laquelle les Chouans se soumettaient et que sa tête répondrait désormais à la pacification. D'Andigné, qui s'attendait à être fusillé d'un moment à l'autre, jugea inutile l'emploi de termes polis, et voici ce qu'il répondit à l'irascible général : « Vous trouvez, Monsieur, que vous avez beau jeu vis-à-vis de moi, parce que je suis seul et désarmé au milieu de 1200 hommes. Mais, dans quelque situation que je sois, je ne me sens nullement disposé à m'entendre traiter comme vous croyez avoir le droit de le faire. C'est probablement la force qui vous entoure qui vous donne cette audace : si vous étiez seul avec moi, je vous ferais prendre un ton mille fois plus bas... »

Le général Gratien fut plus étonné que courroucé et ne donna aucune suite à l'affaire. Il agit ainsi d'ailleurs sur les instances de M. de Baucelin, agent national à Segré, qui lui fit comprendre qu'une arrestation remettrait le pays en feu et qu'on ne pouvait prévoir les conséquences d'un tel acte.

D'Andigné resta quelques temps encore à Segré. Puis le général Gratien, l'ayant fait appeler pour lui rendre son revolver laissé en signe de soumission, lui déclarer qu'il était libre de s'en aller et lui faire un discours pour l'engager à faire tout ce qu'il pourrait pour empêcher un nouveau soulèvement, d'Andigné l'interrompit dans ses périodes oratoires et lui fit la fière déclaration que voici : « Peut-être la manière dont je me suis exprimé avec vous vous aura donné des doutes sur mes intentions à cet égard ; mais je vous prie d'observer qu'elle était commandée par le ton que vous avez pris avec moi, ton auquel je n'ai jamais été accoutumé, et que je me sens disposé à ne souffrir de personne, dans quelque condition que je me trouve. »

C'est ainsi que se terminèrent les rapports plutôt secs qu'eurent entre eux les généraux Gratien et d'Andigné.

Comme on peut le voir par les notes qui précèdent, ces mémoires ne manquent pas d'intérêt, et nous devons savoir gré de leur publication à ceux — commentateur et éditeurs — qui nous les ont révélés.

Auguste Loué.

1. De la part de M. de Rivière (plus tard pair de France, ambassadeur à Constantinople et duc héréditaire), aide de camp de S. A. R. le comte d'Artois (plus tard Charles X).

2. Canton de Chemillé, arrondissement de Cholet, à six lieues et demie de cette ville.

1. Canton du Louroux-Béconnais, arrondissement d'Angers.

A Travers la Vendée. — Sainte-Hermine et son canton, par René Vallette.

Sous ce titre, notre excellent confrère et collaborateur M. René Vallette, vient de réunir en une élégante brochure de 80 pages (Fontenay, Cormeau, 1899), les savantes notices historiques et archéologiques publiées par lui sur les différentes communes du canton, dans les *Paysages et Monuments du Poitou* d'abord, et plus récemment dans le *Patriote de la Vendée*.

Le Directeur-Gérant : Gustave Boucher.

Ligugé (Vienne). — Imp. Saint-Martin. M. Bluté. — 4-00.

Nos 17-18. Mai-Juin 1900.

LE PAYS POITEVIN

CHRONIQUE — ÉCHOS — BIBLIOGRAPHIE

SOMMAIRE DU No 17-18. — MAI-JUIN 1900

RÉGIONALISME

Congrès Régionaliste

La *Fédération régionaliste française* nous communique la circulaire suivante, que nous nous faisons un devoir d'insérer.

Paris, le ..... 1900.

M

Il est peu de problèmes qui soient aussi agités et qui aient préoccupé autant de bons esprits que celui de la décentralisation. On semble bien disposé aujourd'hui à reconnaître, dans les sphères et dans les partis les plus différents, le tort que cause au pays un régime centraliste, qui enlève à l'individu et à la région toute initiative, et qui anémie la périphérie tout en hypertrophiant le centre. Là-dessus on est d'accord, et aussi sur ce point de fait que, en beaucoup d'endroits, on a tenté avec générosité et intelligence la rénovation de la vie régionale, politique, économique, littéraire, artistique et scientifique.

Cependant les efforts sont restés un peu vains, parce qu'ils étaient isolés. Nous vous proposons, M , non point de les centraliser, ce qui serait un démenti à nos principes, mais de les coordonner, de chercher ensemble les moyens les plus propres à guérir le mal dont nous souffrons. C'est dans cette vue que nous vous offrons, à vous, M , et à vos amis, d'adhérer à la *Fédération régionaliste française.*

Le but de cette Fédération, qui s'élève au-dessus des partis politiques, comme la composition de son Comité le montre éloquemment, est de mettre en rapports toutes les sociétés et toutes les personnalités que cette grande cause intéresse. C'est ensuite, avec leur concours, d'organiser, en province et à Paris, des campagnes de presse et de conférences pour la propagande des idées régionalistes et la défense des intérêts locaux.

La *Fédération régionaliste française*, profitant des facilités que fournit l'Exposition universelle, prépare à Paris, pour la fin du mois de juin, un grand Congrès, qui réunira les décentralisateurs, les provincialistes, les régionalistes et les fédéralistes, et d'où sortira l'organisation définitive propre à promouvoir et à étendre son action.

Dans l'espoir que vous voudrez adhérer à ce Congrès et y prendre une part effective, nous vous prions, M , de retourner le plus tôt possible au Secrétariat de la *Fédération régionaliste française* (9, rue Blainville, Paris) la formule d'adhésion ci-jointe, pour que nous puissions vous adresser les communications ultérieures [1].

Veuillez agréer, M , l'assurance de nos sentiments le plus distingués.

Le Président,	*Le Secrétaire,*
L. Xavier de Ricard.	J. Charles-Brun.

1. P.-S. — Nous vous prions de nous faire savoir le plus tôt possible :
1° Si vous pourrez assister au Congrès;
2° Si vous désirez y traiter une question;
3° Quelle serait cette question.

COMITÉ D'ORGANISATION

MM. Jean Baffier, Berry; — De Beaurepaire-Froment, Cahorsin; — X. de Boissat, Champagne; — Gustave Boucher, Poitou; — Boyer d'Agen, Agénois; — Jean Carrère, Gascogne; — J. Charles-Brun, Languedoc; — Eugène Garcin, Provence; — A. Hamon, Bretagne; — A. Lantoine, Artois; — Charles Le Goffic, Bretagne; — Charles Longuet, Normandie; — Pierre de Nouvion, Ile-de-France; — Louis de Nussac, Limousin; — Eugène Paul-Emile, Ile-de-France; — Lionel Radiguet, Franche-Comté; — L. Xavier de Ricard, Languedoc; — Han Ryner, Catalogne; — Edmond Thiaudière, Poitou; — L. Verleye, Flandre.

Nous croyons savoir que la date arrêtée pour le Congrès est celle du 12 juillet.

THÉATRE POPULAIRE

Théâtre rustique des provinces

La revue *Lemouzi* (avril 1900) commence la publication de *Lou Drac*, pièce limousine de M. Eusèbe Bombal, laquelle devait être représentée au *Théâtre rustique des Provinces*, pendant l'Exposition.

L'auteur fait précéder sa pièce d'une introduction que nous reproduisons à titre de document pour l'histoire du mouvement régionaliste.

Le *Théâtre rustique des Provinces* aura en effet sa réalisation dans des conditions plus propices que celles que pouvait offrir la grande foire du Monde. Nous l'avons déjà dit, et nous le répétons volontiers, l'échec prévu par nous auprès des Chambres a été un événement heureux, et pour la cause régionaliste, et pour l'œuvre du *Théâtre rustique*. C'est l'avis de Jean Baffier, le maître sculpteur berrichon, et de tous les régionalistes conscients. Ce projet, de mettre en scène successivement les mœurs et costumes des différentes provinces, en des œuvres écrites par des originaires du pays et inspirées des traditions locales, que nous avions conçu dès 1894, était subordonné, dans notre esprit, à la possibilité de faire une manifestation grandiose, méthodique et intégrale en l'honneur des provinces, et dans une enceinte considérable, appropriée pour l'œuvre. En acceptant, sans enthousiasme et avec le vague espoir d'un échec final, la mission qui nous fut *imposée*, nous savions cependant ne pas travailler en vain. Nous avions en effet en mains les éléments d'une propagande efficace, dont les fruits, pour n'être pas immédiats, n'en seront que plus savoureux; nous barrions en outre, pendant ce temps, la route à des projets similaires, qui

eussent déshonoré les traditions provinciales, et nous avons la satisfaction de les avoir ainsi définitivement écartés.

Les pseudo-villages breton, poitevin, berrichon, provençal, et autres boîtes à musique, où d'équivoques paysannes versent la bière allemande aux consommateurs faciles, montrent assez de quelle manière les provinciaux de Montmartre savent exploiter l'idée régionaliste. Tant que Paris se laissera prendre à ces grossières parodies, le temps ne sera pas venu de l'abreuver aux sources pures de l'inspiration française.

GUSTAVE BOUCHER.

Une explication est due aux lecteurs de *Lemouzi*, qui, dans son bulletin de décembre 1899, a annoncé, trop prématurément, l'ouverture d'un *Théâtre rustique des provinces* à l'Exposition universelle de 1900, et la représentation, par des interprètes limousins, de la pièce limousine *Le Drac*.

Voici, brièvement, les circonstances qui ont donné lieu à la composition du *Drac* et les causes qui ont obligé les promoteurs du projet de ce théâtre à en abandonner la réalisation.

La Société d'Ethnographie nationale et d'Art populaire, dès le mois de juin 1899, sous l'initiative de M. Gustave Boucher, son secrétaire général, projetait l'organisation du théâtre rustique, où les mœurs, traditions, chants et danses populaires de chaque principale région de la France seraient synthétisées au moyen de pièces écrites en la langue locale, par des auteurs du cru, et interprétées par des habitants de ces mêmes régions. C'était, comme l'a dit à la Chambre M. Lafferre, député de l'Hérault, « un véritable exode artistique de la province à Paris ».

Pour atteindre ce but, la France fut divisée en quinze régions, et, dans chacune d'elles, un auteur fut désigné pour écrire la pièce.

Je dus à la bonne confraternité de M. Johannès Plantadis, secrétaire adjoint de cette Société, d'être chargé de la pièce limousine. L'honneur était considérable, mais la tâche bien ardue. Il fallait, d'après le programme, une intrigue légère qui permît l'introduction de tableaux de mœurs. L'auteur devait recruter et former ses interprètes.

Des conditions qui devaient encourager les auteurs et faciliter leur tâche étaient posées. Mille francs leur étaient annoncés en échange de la propriété de leur manuscrit. Les auteurs et les interprètes, outre les frais de répétition et de costumes, devaient avoir libre parcours pour le voyage à Paris et vingt francs d'indemnité par journée de séjour dans cette ville durant le temps des répétitions générales et des représentations.

Nous étions à la fin de juin 1899. Un mois s'écoula sans que j'eusse pris une détermination. Outre la difficulté d'écrire une pièce conforme au programme indiqué, je prévoyais celle de recruter, dans de bonnes conditions de sûreté morale, le personnel de jeunes gens nécessaires, et surtout le personnel féminin.

Le 25 juillet, j'eus une courte entrevue à Argentat avec M. Plantadis. Je lui présentai mes objections, ajoutant que je ne voyais, quant à moi, la possibilité d'écrire la pièce que si l'on permettait de faire choix d'une intrigue quelconque dans laquelle on introduirait seulement les traits de mœurs qu'elle pourrait comporter, mais non des tableaux déterminés à l'avance. M. Plantadis me dit que le Comité d'admission, réflexion faite, laissait sur ce point une plus grande liberté aux auteurs. Nous nous séparâmes.

M. G. Boucher, qui avait reçu mission de parcourir les diverses régions pour y procéder à une enquête, muni d'une subvention du Ministre des Beaux-Arts, était en ce moment à Servières. Par Argentat il devait se rendre à Beaulieu.

Le soir du même jour, il me revint à la mémoire certain conte limousin, *Le Drac*, écrit par moi et publié en 1856, dans le journal *L'Union Corrézienne*. Je pensai que je pouvais tirer de là une pièce qui remplirait à peu près les conditions du programme.

Je me mis aussitôt à l'œuvre. Le 25 août, j'expédiais à M. Plantadis les trois actes du *Drac*.

Sur quelques bienveillantes critiques de M. Plantadis, ce premier travail subit de légères retouches. Enfin, le 6 novembre, je lui retournais la pièce mise au net, avec traduction française en regard [1].

Le 8 décembre, je recevais de M. Frantz Jourdain, Président de la Classe 71 de l'Exposition universelle, une circulaire demandant des renseignements destinés à établir le budget du Théâtre rustique des provinces. Chaque région ayant fourni ses renseignements, le Comité fit présenter à la Chambre des députés un crédit de 40.000 francs, qui lui était nécessaire pour faire face à la dépense, que devaient compléter, dans l'esprit des organisateurs, des subventions des Conseils généraux et municipaux. — Attendre des Conseils généraux et municipaux des subventions efficaces, n'était-ce pas s'illusionner ?

« L'œuvre avait les sympathies de MM. Deschanel et Maurice Faure, Président et Vice-Président de la Chambre, Guieysse, Beauquier, de L'Estourbeillon et Henri Cochin, députés. » (Lettre-circulaire du 9 mars, de M. Pierre Roche, sculpteur, membre du Comité d'installation de la Classe 71, aux auteurs qui ont fourni des pièces.)

Le 23 janvier, au cours de la discussion du budget des Beaux-Arts, M. le Président de la Chambre annonce : « Chapitre 62 *bis*. — Participation à l'Exposition universelle de 1900, 810.000 francs. » Il ajoute qu'il y a un amendement de M. Lafferre, député de l'Hérault, tendant à augmenter ce crédit de 40.000 francs pour subventionner les représentations provinciales (Théâtre rustique) à l'Exposition de 1900.

M. Lafferre défend son amendement avec chaleur. Il dit à un moment : « Pour vous prouver à quel point la mission de M. Boucher a été féconde, il me suffira de vous faire connaître la liste des Sociétés provinciales qui viendraient à Paris. Quinze régions de la France ont déjà répondu ; des costumes ont été commandés, les répétitions ont lieu depuis deux ou trois mois. Il suffira de vous dire que les Picards d'Amiens viendront à Paris avec les Lorrains de Bussang, les Poitevins de Chef-Boutonne s'y rencontreront avec les Bretons bretonnants, les Normands de Honfleur avec les Limousins d'Argentat, les Francs-Comtois de Besançon avec les Dauphinois de Chabrillant, les Provençaux de Marseille avec les Languedociens de Béziers, les Flamands de Tourcoing avec les Berrichons de Châteauroux. Enfin les Cadets de Gascogne viendront aussi. *(Ah ! ah !)* Ils viendront aussi saluer leur Président, qui siège, comme vous le savez, avec une bonne humeur si sympathique, sur les bancs du Gouvernement. » *(Rires et applaudissements.)* »

M. Augé vient à la rescousse. Mais, après les observations du Ministre des Finances, l'amendement n'a pas été adopté.

Il fallait de 250.000 francs à 300.000 francs. Le Comité a dû renoncer au projet.

Pour clore cet exposé, voici la liste des auteurs qui ont collaboré à l'œuvre du Théâtre rustique :

Picardie, M. David ;
Lorraine, M. Pottécher ;
Poitou, M. Aug. Gaud ;
Bretagne, M. Paul Sébillot ;
Normandie, M. Le Clerc ;
Limousin, M. Eusèbe Bombal ;
Franche-Comté, M. Beauquier ;
Dauphiné, M. Almoric ;
Provence, { M. Louis Foucard ; M. Elzéar Rougier ;
Languedoc, M. Balso ;
Pays Basques, M. le Docteur Larrieu ;
Flandre, M. Watteuw ;
Berry, M. Augras ;
Gascogne, M. Bladé d'Agen.

Le Mystère de Jeanne d'Arc

Depuis que fut joué à Orléans, six ans après la délivrance de cette ville et aux frais de Gilles de Rais, le *Mystère du Siège d'Orléans*, pièce qui ne comptait pas moins de quatre-

1. Depuis, j'ai appris que George Sand avait déjà publié, dans la *Revue des Deux-Mondes*, 1860, sous le titre *Le Drac*, une « fantaisie » en trois actes. Mon *Drac* est antérieur de quatre années. Du reste, le point de vue de George Sand et le mien n'ont rien de commun. Elle fait de son Drac une sorte d'ange qui s'incarne par amour pour une jeune fille. Lamartine semble s'être inspiré de cette idée dans la *Chute d'un Ange*, 1862. Pour moi, j'ai présenté le Drac selon la conception limousine.

vingt-dix mille vers, qui était récitée par plus de cent acteurs, avec accompagnement d'orgues et de canons, on n'avait pas représenté de « mystères » rappelant les faits et gestes de Jeanne d'Arc.

Cette lacune vient d'être comblée. Au Mesnil-en-Xaintois, dans les Vosges, on joue le *Mystère de Jeanne d'Arc*.

Sans doute la pièce n'a pas l'envergure de celle que nous avons citée plus haut. On n'a pas tous les jours pour impresario un maréchal de Paris, qui commanda la compagnie dans laquelle se trouvait Jeanne d'Arc et dont la prodigalité est demeurée célèbre.

Mais les auteurs du *Mystère de Jeanne d'Arc* ont beaucoup de bonne volonté, et, avec de petites ressources, avec l'aide d'un jeune artiste de dix-sept ans, Albert Minenx, doué d'un talent merveilleux pour les décors et la peinture, ils ont fait merveille.

Le *Mystère de Jeanne d'Arc* se compose de dix tableaux, retraçant les principaux événements de la vie de Jeanne : la ronde autour de l'arbre des Dames Fées, l'arrivée à Chinon, la délivrance d'Orléans, le procès de Jeanne devant l'évêque Cauchon, le supplice, etc.

Ce sont là des pages vivantes de notre histoire nationale, représentées dans les Vosges, près de l'endroit où eut lieu, au Bois-Chenu, la vocation de l'héroïne française.

Gazette Poitevine

Nécrologie

Notre région peut revendiquer comme sien le savant éminent qu'était M. Edouard Grimaux, qui vient de mourir à Paris. Il était, en effet, né à Rochefort, et s'était, au début de sa brillante carrière de chimiste, établi comme pharmacien à Sainte-Hermine (Vendée).

Voici un bref aperçu de l'existence si active et si noblement remplie de notre compatriote :

Louis-Edouard Grimaux est né à Rochefort-sur-Mer, le 3 juillet 1835 ; il fit ses études classiques dans sa ville natale et à Saintes et, dès qu'il les eut terminées, il suivit les cours de son père, professeur à l'école de médecine de Rochefort, avec la pensée de se diriger vers la carrière de la pharmacie. A seize ans et demi il entra dans le service de la pharmacie de marine, qu'il quitta en 1854 ; il épousa à cette époque Mlle Boutet et vint se fixer comme pharmacien à Sainte-Hermine (Vendée), qu'habitait la famille de sa femme.

C'est dans cette officine de petite ville qu'il commença sérieusement l'étude de la chimie ; à la lecture des ouvrages de Charles Gerhardt, il fut pris d'enthousiasme pour les théories du maître et se passionna pour ses idées nouvelles, qui allaient bouleverser la science.

Mais un si petit théâtre ne suffisait pas à sa nature débordante. Il se sentait capable de faire de grandes choses et Paris l'appelait ; en 1861, il y prit son grade de pharmacien, puis il commença ses études de médecine et y soutint en 1865 sa thèse de docteur ; dès l'année suivante il fut, après un brillant concours, nommé agrégé de chimie à la Faculté de Paris. Son but était atteint ; il avait un laboratoire et pouvait enfin se livrer aux recherches dont la pensée hantait son imagination.

Au laboratoire de Wurtz, où les faits et les théories étaient chaque jour discutés, à ce foyer ardent où se remuaient tant d'idées, il devint le partisan convaincu, le défenseur acharné des théories nouvelles, toujours prêt à lutter pour elles, par les travaux de laboratoire, par la plume, par la parole. Ses brillantes recherches ne tardèrent pas à attirer l'attention sur lui et lui firent attribuer par son maître et ami Wurtz le cours complémentaire de chimie à la Faculté de Médecine.

La guerre de 1870 interrompit le cours de ses travaux. Grimaux rentra à Paris à l'heure des désastres ; il y remplit courageusement son devoir de soldat et de patriote.

La guerre terminée, Grimaux reprit ses études avec un succès croissant ; son autorité grandissait.

En 1873, il fut nommé sous-directeur du laboratoire des hautes études à la Sorbonne et il y resta quatre ans. En 1876, il devient répétiteur à l'Ecole Polytechnique ; la même année il est nommé, au concours, professeur de chimie générale de l'Institut agronomique, poste dont il est mort titulaire ; enfin il conquiert la chaire de chimie à l'Ecole Polytechnique.

En outre de ses innombrables communications, disséminées dans les comptes rendus de l'Académie des Sciences, dans les Annales de Chimie et dans le Dictionnaire de chimie de Wurtz, Grimaux était l'auteur de nombreux travaux, tous de grande valeur scientifique.

(Mémorial des Deux-Sèvres.)

Les Poitevins à Paris

La soirée donnée le mois dernier dans les salons Marguery par l'association amicale « le Dîner du Poitou » a été particulièrement remarquable.

Le dîner était présidé par M. Périvier, premier président honoraire à la Cour d'appel, qui a prononcé au dessert une allocution très applaudie, à laquelle a répondu le secrétaire de l'Association, Ernest Chebroux.

Dans la partie artistique et littéraire qui a suivi le dîner, citons parmi les artistes qui se sont fait le plus souvent applaudir :

Mme Amel, de la Comédie-Française, a dit, avec le talent exquis qu'on lui connaît, quatre chansons, dont une : *Mon cœur a rêvé*, d'Ernest Chebroux et Delmet ; M. Manoury, de l'Opéra ; Mme Manoury, très applaudie dans le duo de *Roméo et Juliette*, chanté avec le ténor Fustemberg, et dans une romance de Boisard ; M. Davrigny, de la Comédie-Française, qui a interprété plusieurs poésies ; le maëstro Weingaertner, dont le violon a charmé tous les auditeurs ; Mlle Jeanne Duet d'Arbel, charmante dans l'air du *Barbier de Séville* et dans *Au bord de la rivière*, d'Ernest Chebroux, et Mlle Hirribéry.

Cette belle soirée s'est terminée par le quatuor de *Rigoletto*, magistralement enlevé par MM. Manoury, Fustemberg, Mmes Manoury et Hirribéry.

(Figaro.)

Les Poitevins à La Rochelle

La Société amicale des Poitevins habitant l'arrondissement de La Rochelle : *le Déjeuner du Chabichou*, a donné son premier banquet le 27 mai dernier. La fête a eu lieu à Esnandes, joli bourg, à quelques kilomètres de La Rochelle, au bord de la mer, tout près de la pointe de l'Aiguillon.

Servi à une heure de l'après-midi, le banquet, présidé par M. Guionnet Constant, doyen d'âge, quatre-vingt-deux ans, n'a pris fin qu'à six heures du soir, tellement Poitevins de la Vienne et leurs invités se trouvaient aises de se voir groupés en ces fraternelles agapes.

Au cours de cette journée mémorable dans les annales de la jeune Société, deux discours ont été prononcés : l'un par M. Debaste, président, lequel a pris la parole à l'arrivée sur la table de celui que l'on fêtait en ce jour : le « chabichou ».

M. le vice-président s'acquitta non moins agréablement de la seconde allocution, sur la formation de la Société, ainsi que les conséquences si appréciables qui résultent de ce rapprochement entre compatriotes.

Pour être complet, nous devons ajouter que différents toasts ont été portés par nos amis : au beau pays de la Vienne et à nos compatriotes ; à MM. les membres de la presse poitevine pour l'amabilité qu'ils mettent à penser à nous et pour leurs gracieuses insertions ; aux Sociétés sœurs : Tours, Paris, Alger, Limoges, où les Poitevins se sont également groupés.

Après les toasts, vinrent les chansonnettes, ainsi que les vieux refrains du Poitou.

Au total, journée des plus aimables, dont chacun a emporté un durable souvenir.

NOTES ET ENQUÊTES

Les questions et réponses doivent être adressées directement au bureau du Pays Poitevin, à Ligugé, avant le 10 de chaque mois.

La Direction se réserve le droit de réduire les communications, ou de les présenter sous la forme qui lui semblera la meilleure.

QUESTIONS

XL

Barbier de Montault. — Quels sont les ouvrages publiés par l'auteur poitevin Charles Barbier de Montault, ancien bibliothécaire de la ville de Poitiers et membre des Antiquaires de l'Ouest, né à Loudun en 1845, mort en 1892?

Cet auteur a publié différents ouvrages de valeur :

1° *Inventaire des Archives de la ville de Poitiers ;* 2° *Urbain Grandier et les possédés de Loudun.*

Je suis très surpris de ne trouver sa bibliographie nulle part, pas même dans les *Mémoires des Antiquaires de l'Ouest*, où il avait cependant fourni de nombreux travaux. Est-ce par oubli? Est-ce par ingratitude de la part de ses compatriotes? Je l'ignore. Je voudrais bien savoir où je pourrais trouver la biographie de cet archéologue et historien poitevin et la liste des ouvrages qu'il a publiés.

C. Folard.

(*L'Intermédiaire.*)

XLI

Manuscrits de la famille de Montault à retrouver. — Je possède un petit manuscrit de 15 à 20 centimètres, reliure ancienne, veau plein, contenant 180 pages, et intitulé : *Mémoires des amours du Sr de Montault. A Loudun chez monsieur XXX. MDCCXXVIII.*

Cet ouvrage est en plusieurs volumes, mais je n'ai que le tome premier. Je voudrais bien savoir où je trouverai les autres? Ils doivent être enfouis dans quelque bibliothèque des environs de Loudun (Vienne), soit en Anjou, soit en Poitou.

Voici quelques détails sur l'histoire de ce manuscrit. L'auteur en est Daniel de Montault, procureur du roi, notaire royal, receveur général des consignations, du bailliage, siège royal, prévôté, élection, grenier à sel, maréchaussée, justice royale et justice seigneuriale de Loudun, né à Loudun en 1709, de Daniel de Montault et de Marie Sébillan. En 1728, il dédia son ouvrage à sa future, Mlle Suzanne Briant de La Garenne, fille de François Briant de La Garenne, conseiller du roi, conseiller aux montres de la maréchaussée du Loudunais, et de Suzanne Maurat.

Dans le premier volume, le seul connu, Daniel de Montault relate ses chastes amours, depuis mars 1727 jusqu'au 31 décembre 1728, soit pendant 22 mois; il offrit son premier manuscrit à sa future le 1er janvier 1729, et ne l'épousa qu'après une cour assidue, qui dura sept ans. Le mariage fut célébré à Loudun, le 3 août 1733.

Daniel de Montault a aussi laissé en manuscrit l'ouvrage suivant, que l'on recherche : *Histoire généalogique de la maison de Montault, depuis l'an 1351 jusqu'à l'an 1755, faicte par Daniel de Montault, notaire, procureur et receveur des consignations sur les pièces y énoncées.*

C. Folard, *Loudunais.*

RÉPONSES

XXXIV

Un auteur poitevin peu connu. — Tous les ouvrages de bibliographie consultés ne donnent à l'auteur poitevin Bouchard (Henry-Edme) que les deux volumes suivants :

1° *Double chaîne ou les deux captives d'Alger*, in-12, 1866; Paris, librairie Douniol;

2° *Annette Taudet ou les Sorciers du Poitou au XIXe siècle*, croquis de mœurs d'après nature, in-12, 1867; même librairie.

Les biographes contemporains ont oublié cet auteur.

A. Dieuaide.

(L'Intermédiaire.)

XXXVII

Angélique. — « Voici la méthode à employer pour préparer et confire l'angélique, qui est d'un usage si général sur nos tables et dans la pâtisserie. On choisit les tiges les plus tendres, on les coupe sur une longueur de 15 centimètres, on les jette dans l'eau froide, puis dans une eau prête à bouillir, où elles restent à peu près une heure. On les retire de l'eau pour enlever la peau et les filandres; ensuite, on les fait baigner dans une bassine et bouillir jusqu'à ce qu'elles fléchissent sous les doigts. Une demi-poignée de sel fait reverdir les tiges; quand elles sont suffisament égouttées, on les fait macérer dans un sirop où le sucre entre pour un poids égal à celui de l'angélique.

« On prépare aussi une liqueur de table, nommée *ratafia d'angélique*, en faisant macérer des tiges fraîches d'angélique et des amandes amères dans de l'eau-de-vie, mélant au produit du sirop de sucre, et filtrant après quelques heures de repos. » (Larousse, *Dictionnaire universel.*)

C. C. R.

(*Le Chercheur des provinces de l'Ouest.*)

REVUE DES REVUES

La Veillée, organe des Veillées de Plaisance, fondées par nos distingués confrères Pierre Lelong et Hugues Lapeire, continue à fournir une carrière des plus artistiques. Peu de recueils peuvent lutter avec cette publication, que le goût dirige et que la foi soutient.

M. Georges Turpin, de Parthenay, a su réunir une collection des plus précieuses pour l'histoire des métiers et des arts en Poitou. Dans son numéro de juin 1900, la **Revue d'Archéologie poitevine**, sous la signature de son directeur, étudie les poinçons des orfèvres de Parthenay d'après les matériaux mis à sa disposition par l'avisé collectionneur.

Puisque le nom de M. Turpin est amené dans cette note, nous en profiterons pour lui adresser nos plus vifs remerciements au sujet du généreux envoi de livres qu'il nous a fait. Nous avons pu remettre en son nom, à la bibliothèque monastique de Ligugé, une cinquantaine de volumes précieux pour l'histoire ecclésiastique, volumes provenant d'une bibliothèque bénédictine.

Nous recommandons tout particulièrement à nos lecteurs les **Souvenirs et Mémoires**, recueil mensuel de documents autobiographiques, souvenirs, mémoires, correspondances, que l'érudit bibliothécaire de l'arsenal, M. Paul Bonnefon, publie à la librairie Lucien Gougy, 5, quai Conti, Paris. — Abonnement : Paris, 20 francs; départements, 22 francs.

Nos souhaits de bienvenue à un nouveau périodique, **L'Anjou historique**, que va publier le savant aumônier du Champ-des-Martyrs, M. l'abbé Uzureau. Comme son nom l'indique, cette revue a pour but de faire connaître l'histoire de l'ancienne province d'Anjou et du département de Maine-et-Loire. Elle ne sortira pas de ce cadre en publiant des articles étrangers aux annales angevines. La périodicité est bimestrielle. — Abonnement : par an, 6 francs; un numéro 1 fr. 25. S'adresser aux éditeurs, 4, chaussée Saint-Pierre, Angers.

Signalons l'apparition du premier numéro du **Chercheur des provinces de l'Ouest**, un *Intermédiaire* surtout breton que le baron G. de Wismes a fondé à Nantes et qui, comprenant une première partie d'articles sur la vie provinciale, une deuxième de *Questions* et de *Réponses*, est appelé à rendre de sérieux services. La tentative de M. le baron de Wismes mérite le succès : elle l'obtiendra sans doute.

BIBLIOGRAPHIE

Félix Ménétrier, agrégé de l'Université : **Vers le Crucifix**, poème. — Chez Alphonse Lemerre, Paris, et chez tous les libraires. In-18 jésus, 3 francs.

Le poème de M. Ménétrier comprend trois parties : *la Faute originelle*, *l'Humanité déchue*, *la Rédemption*. En de rapides tableaux c'est l'histoire du monde, déchu et coupable, s'acheminant vers le Golgotha où expire le Dieu-Homme qui doit le racheter. L'auteur pense en philosophe, et décrit en poète, — poète et philosophe chrétien. Et parce qu'il est chrétien, il est en même temps apôtre. Son but est de pousser *vers le Crucifix* ceux qui ne croient pas ou qui doutent. Il dit à l'incroyant :

> Viens avec moi, bravant sarcasmes et défis,
> Courber ton front humain devant le crucifix.

Poètes Vendéens. (1re série), par Emile Robin. — Paris, Victor Retaux, éditeur, 1899.

Je ne suis pas très à l'aise pour parler ici de l'abbé Emile Robin, car je fus son élève il n'y a pas très longtemps. Vous concevez mon embarras extrême. On ne manquerait pas de trouver dans mes critiques la revanche de querelles enfantines et il ne serait pas impossible que mes louanges ne me fissent appeler : courtisan. Je n'aurais certes pas cru le prophète qui m'eût annoncé il y a cinq ans que j'aurais à apprécier aujourd'hui un ouvrage de M. l'abbé Emile Robin. La vie a de ces hasards. Celui-ci me permettra de dire ce que je pense d'un homme qui ne me fut point sympathique parce que je ne le connaissais pas, et qui, pour la même raison, n'eut pour votre serviteur aucune affection particulière.

M. l'abbé Emile Robin m'a toujours semblé — à tort ou à raison — n'avoir pour le professorat que des goûts plutôt médiocres. Sur sa chaire il était dépaysé. Derrière ses lunettes, ses yeux rêvaient souvent, et probablement à des choses bien différentes de ce qui était devant eux. Les cours sur Boileau étaient interminables, et notre rêveur n'avait point l'air de s'en apercevoir. D'ailleurs le professeur ne tenait aucun compte des aptitudes particulières à chacun de ses élèves. Il était lui-même une victime de cet enseignement contemporain déprimant et niveleur dont M. Jules Lemaître a pu appeler le produit « un monstre, un prodige de néant ».

Esprit perpétuellement préoccupé, l'abbé E. Robin sentait parfois le danger occasionné par cette pensée en continuer vagabondage et il éprouvait le besoin de s'arracher à ses rêveries par les exercices violents, en se mêlant avec ardeur à nos jeux les plus mouvementés. Son rêve d'alors, qui lui faisait oublier où il était, c'était, j'en suis certain, celui qu'il a commencé à réaliser. Il songeait déjà à se faire l'historien des gloires poétiques vendéennes, à fixer définitivement les traits des hommes de valeur restés obscurs ou méconnus de leurs compatriotes eux-mêmes. C'était une belle tâche. L'abbé Emile Robin l'a commencée brillamment; les amoureux de la Vendée, ceux qui se complaisent à méditer sur les hommes de leur petite patrie, ne peuvent que lui en être très reconnaissants.

Quatre portraits de poètes se trouvent dans ce volume: trois modernes: Crétineau-Joly, Eugène Gouet, Adrien Dézamy, et un plus ancien: André de Rivaudeau. Nous allons successivement et rapidement parler de chacun d'eux.

Enfant de Fontenay-le-Comte, *Crétineau-Joly* est toute sa vie le serviteur de Dieu et du roi. C'est au service de cette double affection qu'il met son double talent d'écrivain et de lutteur. Sa haine profonde pour la Révolution sanguinaire mais néanmoins émancipatrice est le résultat de cet état d'esprit.

Dès le début de son étude sur Crétineau-Joly, M. l'abbé Emile Robin émet une assertion pour le moins étonnante. Il écrit : « Il (Crétineau) reconnut qu'il était né historien, mais il ne cessa jamais d'être polémiste. » L'aveu de lui annihile l'affirmation du début. Cette dualité : l'histoire et le polémiste, ne peut coexister réellement et entièrement dans un même individu. L'une des deux qualités arrive toujours à supprimer l'autre, leur existence simultanée est impossible. Michelet est une preuve manifeste de ce que j'avance, et il est certain que ce n'est pas à lui que vont les esprits impartiaux. Si l'historien dépasse le polémiste, celui-ci devient sans ardeur dans la lutte; si le phénomène contraire se produit, l'historien devient suspect. Il n'y a pas à sortir de là. Qu'avant d'écrire Crétineau-Joly ait fouillé partout, c'est possible, mais que M. l'abbé Emile Robin me permette de lui dire, ou plutôt de lui rappeler ce qu'il nous disait jadis : « L'historien doit être avant tout impartial ; de plus, autant que possible, il faut qu'il soit impassible et il ne peut avoir d'opinion préconçue. » D'ailleurs, à la page suivante, M. l'abbé Robin laisse échapper un demi-aveu au sujet de la valeur documentaire de Crétineau-Joly ; il a soin de le dissimuler d'une façon fort habile en jetant quelques petites pierres chez le voisin, mais il n'en subsiste pas moins. Crétineau-Joly a constamment cherché des documents; soit, il avait un rare bonheur pour découvrir les témoignages écrits; j'y consens, mais s'est-il toujours servi de ses découvertes ? Je compléterai tout à l'heure mon opinion sur ce point.

Quoi qu'il en soit, on peut affirmer qu'il fut un brillant champion des idées qu'il servait. Fortement trempé pour la lutte, entièrement dévoué, il mérite le mot de son biographe : « Cet homme était vraiment un fort. »

Avant d'être historien, notre Fontenaisien fit des vers, et de ceux-ci s'échappe cet immense pessimisme de la génération qui vit éclore « René ». A côté du pessimisme, le doute aussi prit place en lui, mais ce fut pendant peu de temps, et il ne tarda pas à s'écrier :

Epuisé, haletant, comme un cerf aux abois
Demande une onde pure et la fraîcheur des bois,
J'appelais le sommeil qui désertait ma couche.
Par instinct tout à coup, sur ma mourante bouche,
Le doux nom du Sauveur expira lentement,
Et sa divine main, abrégeant mon tourment,
Enchanta mes douleurs, versa sur mes paupières
Le baume précieux qu'imploraient mes prières.

(*Les Songes*.)

La foi religieuse qui sommeille dans son cœur n'est jamais longtemps sans se manifester avec vigueur, mais il aurait voulu — beau rêve de jeunesse ! — voir impeccables et sans tache les ministres de la religion. Il avait oublié que la perfection n'est point de ce monde et que dans un même jardin l'ortie peut n'être pas loin du lis.

Crétineau-Joly est à la fois poète dramatique, satirique, élégiaque et narratif. Poète dramatique il écrit à quatorze ans — stupéfiante précocité ! — une tragédie en cinq actes : « Le duc d'Albe », qui, tel quel, écrit à cet âge, reste un tour de force. Malheureusement pour lui le théâtre est une tribune, peu d'action, d'interminables discours ! Dans le genre satirique il a parfois des inspirations heureuses :

Voyez nos modernes Tartuffes,
Qu'ils parlent bien éloquemment !
Ils font des lois entre les truffes
Que nous payons légalement.
Fiers de leur broderie,
Par d'assommants débats
Ils sauvent la Patrie,
Qui ne s'en doute pas.

(*Le Temps présent*.)

Ce serait d'actualité encore aujourd'hui. Elégiaque, Crétineau-Joly se laisse aller aux accents les plus mélancoliques. Sa lyre exprime le regret des bonheurs perdus pour lui :

Oh ! qu'il m'eût été doux sous les frais aliziers
De voir monter du soir les parfums printaniers,
Ou sur les bords fleuris de l'onde vaporeuse
De recueillir les sons de la lyre amoureuse,
On ne l'a pas voulu, j'eusse été trop heureux,
Et le bonheur pour moi n'était pas sous les cieux [1].

(*Le Jeune Sous-Diacre*.)

Il faut signaler également la pièce intitulée « l'Automne », qui rappelle Lamartine et dans laquelle « on sent une âme tourmentée, qui, bien loin de se reposer dans le calme du spectacle qui l'environne, hésite, gémit, cherche un autre bonheur ». Enfin de son séjour en Italie, naît « Béatrix Cenci », œuvre dramatique d'un haut intérêt et que M. l'abbé Emile Robin estime absolument remarquable. Il n'en met pas moins Crétineau-Joly prosateur avant Crétineau-Joly poète, c'est-à-dire l'auteur de « la Vendée militaire » avant celui de « l'Automne » et de « Béatrix Cenci ».

J'ai suivi avec un grand intérêt la longue discussion au cours de laquelle l'abbé Emile Robin fait tout son possible pour arriver à nous convaincre que Crétineau-Joly fut un documentaire, ou mieux, pour bien traduire sa pensée, un Hérodote qui aurait besoin d'un Thucydide. Il accuse ses adversaires de vouloir détruire par des métaphores l'œuvre de son protégé, tout en s'en servant plus que de raison pour défendre celui qu'il nomme « le père de l'histoire vendéenne ».

Tout en rendant hommage à l'honnêteté de Crétineau-Joly et en admirant le courage et l'habileté avec lesquels M. l'abbé Robin a pris sa défense, il est permis de prévoir que ses efforts resteront vains. Le nom de Crétineau-Joly fera plutôt souvenir de l'auteur des « Girondins », il rappellera plutôt Michelet que des documentaires — comme par exemple M. Henri Houssaye — dont le mérite n'est pas seulement, quoi qu'on en dise, de mettre « un petit chiffre au bout de la phrase, pour conduire l'œil au bas de la page ». Crétineau-Joly fut plus polémiste que poète, plus poète qu'historien, c'est pourquoi on ne peut admettre ce qu'il dit sans contrôle sévère. Il idéalise, il poétise sans s'en douter peut-être, sans s'apercevoir de la métamorphose qu'il produit. L'honnêteté reste, l'exactitude disparaît.

Eugène Gonet est également un enfant de Fontenay, dont la principale qualité est, au dire de M. l'abbé Emile Robin, la facilité. Pour rimer, le recueillement et la solitude ne lui étaient pas indispensables, puisqu'il faisait des vers « sur le fond d'une assiette ».

M. Gonet est l'auteur de grands poèmes sur saint Martin et le Père de Montfort, ainsi que de chansons.

La facilité la plupart du temps mène à un danger, « celui de ne pas travailler son œuvre et de se contenter du premier jet ». Voilà pourquoi M. Gonet fut plus heureux dans ses chansons que dans ses poèmes; « son esprit jovial le portait vers les sujets légers, de courte haleine, où la pensée a plus de place que les sentiments ». M. l'abbé Emile Robin nous assure que les poèmes ne sont guère que des « chroniques en vers », tandis que les chansons restent pleines de clarté en même temps que de concision. Véritablement j'ai constaté, en lisant le chapitre des chansons, combien Eugène Gonet était né pour elles. Il aborde les genres les plus divers et s'en tire toujours habilement et souvent de façon charmante. Il savait plier sa muse à des obligations excessives ou surmonter de grandes difficultés, comme dans l'« Angélus ». J'ai goûté tout particulièrement — le mot n'est peut-être pas juste, je devrais dire savouré — celle de ses chansons si débordante d'amour pour sa chère Vendée.

M. Gonet s'adresse « aux contrées nouvelles qu'il traverse, emporté par la vapeur vers Lourdes, but des pèlerinages vendéens » :

Fuyez, ô plaines jaunissantes,
Défilez vite devant nous :
Mieux valent nos glèbes riantes
Disparaissant sous nos grands choux.
Ici point de coteaux,
Point d'antiques ormeaux,
Point de chênes altiers croissant au bord des eaux.
Tout est muet dans vos parages,
Point de bergers, point de chansons;
Point de grands bœufs lambins, mais sages,
Jaunes comme l'or des moissons.
Chez nous, chaque matin,
S'étend dans le lointain
La chanson du bouvier « boirant » au doux refrain.

Notre poète rimait aussi en patois ; le lecteur me saura gré de mettre sous ses yeux la gracieuse idylle que voici éclose sous la douce tiédeur d'un soleil « raisonnable », pour employer la pittoresque expression de M. Gonet lui-même :

Th'iétait un jour d'empresse,
Com o serait demain,
Y alla à la messe,
Lo long do grand chemin.

Y rencontri Jeannette
Belle comme un matin.
Y l'y disi : « Fillette,
Baille ta bianche main.

Nenni, dit la mignoûne,
Ma mère n'o veu pa :
Et thio qui fait le proûne
N'aime poué to thiò gas. »

Y réponni de maime :
Belle qu'a tant d'houneur,
Cent foués pus mon thieor t'aime,
Y te baille mon thieur. »

Si to veu, chez ta mère,
Dès qu'o sera de ser,
Yrai avec mon père,
Demander à te voner. »

O l'arsit [1] comme in'flamme;
To fut dit en deux sers ;
Y chang'ra poué ma femme,
Por tot in univers.

Ainsi la muse de celui « qui sut se concilier l'affection d'un grand nombre et l'estime de tous ici-bas » possède le double pouvoir de nous charmer et de faire battre nos cœurs. Qualités inappréciables et si rares aujourd'hui !

André de Rivaudeau nous entraîne quelques siècles en arrière, au temps de Marot, Ronsard, Rabelais, Montaigne... etc... On croit qu'il est né à Fontenay en 1538 et sa vie est entourée d'un mystère impénétrable. Lui qui s'était écrié un jour :

Et par tout l'univers mon renom volera,

n'a point vu son vœu exaucé. La Fortune injuste l'a plongé dans l'oubli le plus complet et le plus immérité.

Disciple de Ronsard, il eut pour le chef de la Pléiade, pour celui qu'il appelait « le grand Vendômois », un culte, une admiration sans bornes. Il le défendit avec force et constance contre les attaques nées de l'imitation maladroite et des « folles exagérations » :

1. Crétineau-Joly ne fit point toujours entendre des chants aussi lamentables; je n'en veux pour preuve que l'« Attente », d'où j'extrais la strophe que voici :

C'est là que je la vis sourire
A mes rêves pleins de bonheur ;
C'est là que sa bouche osa dire
Le mot qu'avait pensé son cœur.

1. De *ardeo*, brûler, être consumé.

Or le grand Vendomois
Avoit fait pour les siens les plus gardables lois
De nostre poésie, et sur nostre frontière
Avoit comme servi de l'ongle fontenière.
Mais cent pourceaux bourbeux ont de leurs groins fouillé
Ceste source sacrée, et le saint lieu souillé,
Singes imitateurs de ces obscures oracles,
Ont vomi, furieux, des vers démoniacles,
Horribles, inouis, et tel qu'il les faudroit
Quand réveiller des morts les âmes on voudroit,
Ou bien tuer les vifs.

Tel est le langage plus énergique que choisi qu'il tient dans son épître à Babinot. André de Rivaudeau nous enseigne aussi qu'il ne faut pas confondre, comme le fit Boileau, les écrivains de la Pléiade, les renaissants, avec ceux dont « la muse en français parlait grec ou latin ».

« La science du poète a tué son cœur ! » s'écrie M. l'abbé Emile Robin, en examinant les « complaintes et les épistres ». C'est un fait que Rivaudau s'échauffe à froid, il n'a pas cette faculté d'identification que possédèrent si bien certains poètes et, pour ne citer qu'un exemple, en nous racontant les malheurs de la comtesse de la basse Allemaigne, il appelle à son secours une telle quantité de personnages étrangers que nous sommes plus ennuyés qu'intéressés, plus abasourdis qu'émus. Dans les épîtres, où plus de place est laissé à l'esprit et où il n'est pas indispensable d'avoir une sensibilité très développée, Rivaudeau devait réussir davantage. Je relève en passant cette pensée destinée à « la beauté rare », au véritable « trésor » qui est Marie de Tiraqueau :

Car la beauté n'est rien qu'une légère fleur
Qui de soi cherra bas quand le fruit sera meur.

Ailleurs on trouvera des fragments non moins remarquables, tels sont l'épître à Daunis et surtout celle à Remy Belleau, le délicat poète des « Bergeries ».

Adrien Dézamy, un Luçonnais, celui-là, nous ramène à la période contemporaine. Cet homme, comme les abeilles, prend son bien où il le trouve, il butine.

J'ai remarqué d'une manière toute spéciale « la Nuit d'hiver », extraite d'une plaquette, « Bijoux et fleurettes », dédiée au peintre Luc-Olivier Herson :

Il pleut! viens, mignonne, entre vite!
Vois, pour toi j'ai fait un bon feu;
Dans la chambrette que j'habite,
Viens-t'en, ce soir, jaser un peu.

Viens! pour toi, j'ai là sur ma table,
— Boiteuse d'un pied, par ma foi! —
Un service aussi délectable
Que les soupers fins du grand roi.

Pour nappe, j'ai choisi, ma chère,
— Au lieu d'un linge damassé —
Ce beau papier blanc que naguère
Nous aimions tant... papier glacé!

Jusqu'à ma plume des dimanches
Qu'en ton honneur j'ai mise au vent,
Ma plume dont les barbes blanches,
Semblent un panache mouvant.

Vrai Dieu! la belle nuit de fête!
Viens! c'est l'heure du rendez-vous!
La belle nuit pour un poète!
De Banville en sera jaloux...

On frappe à ma porte, c'est elle!
Hélas, non, ce n'est que le vent.
— Va-t'en, maraud, qui, d'un coup d'aile,
Me donne un espoir décevant.

Elle ne vient pas... la coquette
Aime à se faire désirer;
Tandis qu'ailleurs elle banquète,
Il faut attendre et soupirer.

De ses adorateurs la suite
Serait impossible à nombrer.
Combien sont morts à sa poursuite
Qui pourtant devaient espérer!

Tout en attendant l'inspiration, il n'en manquait certes pas!

Ici je cède la parole à M. l'abbé Emile Robin : « Volontiers, dit-il, on croirait qu'Adrien Dézamy, dans ses sonnets, n'a pas su penser par lui-même. A-t-il fait autre chose que de traduire, en belle et bonne langue, il est vrai, les chefs-d'œuvre exposés au salon de peinture et de sculpture? »

Mais ne croyez-vous pas, mon cher monsieur Robin, qu'on pourrait appliquer à Dézamy le mot de Taine sur La Fontaine? N'a-t-il pas « repensé » l'œuvre des autres, celle des peintres et des sculpteurs, en leur donnant un tour original et nouveau? L'œuvre des grands auteurs du XVIIe siècle n'est pas différente de celle-ci : Boileau a « repensé » l'Art poétique d'Horace, Corneille s'est inspiré des Espagnols, de Guilhem de Castro notamment, Euripide et surtout Sophocle n'ont point été sans influence sur Racine, et La Fontaine a pris beaucoup à Esope, à Phèdre et même à Babrius. Mais les uns et les autres ont distillé les ouvrages de leurs devanciers, ils en ont exprimé tout le suc et l'ont fait repasser par le creuset de leur intelligence. Telle la bouture détachée du tronc vigoureux ne tarde pas à produire elle-même un végétal indépendant et vivace, parfois même plus touffu, plus vivant et plus beau que celui dont elle est issue.

C'est de cet ordre d'idées que procède « le Lever de soleil » sur les côtes hollandaises :

Çà! qu'on se dépêche!
Marins, vite, on pêche!
Le temps est certain,

Et le Zuiderzée,
Comme une épousée,
Sourit au matin.

Désamy excella dans la guerre du sonnet. Il fut harmonieux souvent, captivant toujours, monotone jamais.

Si mes félicitations avaient quelque valeur, je m'empresserais de les offrir à M. l'abbé Emile Robin. Au lieu de valeur, elles auront du moins le mérite de la sincérité. L'auteur de « Poètes Vendéens » s'est tiré de sa tâche laborieuse avec vaillance, avec érudition et amour. On sent qu'il n'a pas fait seulement œuvre littéraire, mais qu'il s'est aussi laissé guider par la piété filiale envers ceux qu'un oubli aussi injuste que profond a rejetés loin de la mémoire des hommes, de cette mémoire qui a parfois mis en honneur des noms moins dignes d'être célébrés et des œuvres moins méritoires.

Sur la couverture du livre j'ai lu : *Première Série*, et je sais qu'en ce moment même M. l'abbé Emile Robin poursuit dans la « Vendée historique » son œuvre de justice et d'art; qu'il me permette donc de lui dire en terminant le mot de Bébé reconduisant à la porte l'habituel visiteur aux friandises : « Dis, Monsieur, quand c'est-y qu'tu reviens... avec des gâteaux ? »

AUGUSTE LOUÉ.

R.-YVES PLESSIS. — Essai d'une bibliographie française de la sorcellerie et de la possession démoniaque, préface d'Albert Rochas, avec un album de sept gravures; Paris, bibliothèque Chacornac. In-8°, 10 francs.

Le meilleur compte rendu que l'on puisse faire de l'ouvrage important de M. Yves Plessis est d'en transcrire la table des matières :

I. *Généralités.* — Encyclopédies; Dictionnaires spéciaux; Traités généraux sur les sciences occultes; Histoire de la magie.

II. *L'enfer et le Diable.* — L'enfer; Histoire du Diable; la personne du Diable; Varia sur le Diable; le Palladisme.

III. *État-major du Diable : les Démons.* — Des Démons et de leur nature; le Magnétisme démoniaque; le Spiritisme démoniaque; Rapports des démons avec les humains; Obsession; Apparitions en général; Apparitions particulières; Chasse fantastique; Maisons hantées; Esprits familiers; Farfadets, Lutins, Génies; Vampires, Fantômes; Traditions locales sur les Démons; Rapports des Démons avec les humains, Possession; le Incubes et les Succubes; Théorie sur les Énergumènes; Faits de possession; La possession épidémique : Auxonne; Toulouse; Les Camisards; Saint-Médard; Les Filles des Landes; Secouristes et Aboyeuses; Morzine; Les démoniaques et la médecine.

IV. *Milice du Diable : les Sorciers.* — Théories sur la Sorcellerie; Histoire de la Sorcellerie; Les exploits de la Magie noire; Le Sabbat; Lycanthropie; Envoûtement; Mauvais œil; Nœuds de l'aiguillette; Charmes, Sortilèges, Enchantements, Talismans et Amulettes; Les formulaires du Sorcier, enchiridions, grimoires, clavicules, secrets et recettes magiques; Almanachs magiques.

V. *La Chasse aux Sorciers.* — Jurisprudence contre les sorciers, l'Inquisition; Lois et arrêts contre les sorciers; De la procédure en matière de sorcellerie; Grands procès de sorcellerie : Généralités; les Templiers; Jeanne d'Arc; Gilles de Rays; Louis Gauffridy; Léonora Galigaï; Urbain Grandier; Madeleine Bavent; La Voisin et consorts; La Bucaille; La Cadière; Petits procès par provinces; Biographies de quelques magiciens et démonologues célèbres : Simon le Magicien; Apollonius de Tyane; Virgile; Merlin; Faust; Cagliostro; Bodin; De Lancre.

VI. *Œuvres d'imagination*: — Romans, facéties; nouvelles; Théâtre; Poésie.

VII. *Bibliographie.*— Travaux partiels sur la démonologie.

On voit que ce catalogue méthodique est strictement limité aux matières de son titre. Il comprend 1793 numéros. Comme l'auteur annonce un supplément, il est inutile de relever les quelques lacunes que nous avons pu constater à une première lecture. Il s'agit moins, en un tel travail, d'être complet, ce qui est bien difficile, que d'être exact. Il y aurait quelques critiques à faire touchant le chapitre *Œuvres d'imagination*. Des livres y figurent qui, le titre enlevé, n'ont aucun rapport avec ce sujet. Ainsi le *Fantôme* de M. Remy de Gourmont; tandis que dans les *Histoires magiques*, du même, il y a un conte qui est un récit de possession démoniaque. Dans la division *Théâtre*, il faudrait mentionner un grand nombre de « miracles » et notamment le *Miracle de Théophile*, de Rutebeuf, dont l'*Ymagier* a donné récemment une version modernisée. Une plus grave absence, c'est celle de l'ouvrage d'Antonio Rusca, qui a fourni bien des sottises aux théologiens : *De Inferno et statu dæmonum ante mundi exitium libri quinque;* orné de figures; Milan, 1621, in-4. Ce livre baroque, de ceux qu'on nomme ambroisiens *(Ex collegii Ambrosiani typographia)* est excessivement rare.

(Mercure de France.)

ANDRÉ GODARD, **Brigandes.** — 1 vol. in-18; Paris, Calmann Lévy éditeur; 3 fr. 50.

La mode est aux études féministes, aux évocations historiques. M. André Godard vient de reconstituer dans *Brigandes* la physique et aussi la psychologie de cette tragique guerre de Vendée, qui semble un abrégé de tous les soubresauts de la vie sociale moderne. Tout en étudiant de préférence le rôle des femmes, rôle si important dans une guerre civile et religieuse, le jeune auteur a su mettre en suffisante lumière chacun des types masculins qui caractérisent les divers partis en lutte : marquis ou gas de l'insurrection, gardes-nationaux ou soldats mayençais. Il a surtout réalisé le programme qu'il annonçait, il y a deux ans, dans sa préface de *Chantegrolle* : « *Brigandes*, ce seraient les sources de la guerre, vengeances personnelles, haines de cantons, et les causes plus hautes. Ce seraient les tocsins, les rassemblements, puis les armées; l'insurrection suprêmement victorieuse dans les halliers et dans le chemin creux de Torfou, tombeau de l'avant-garde de Kléber. » M. Godard ne nous évoque pas seulement la Vendée militaire; des scènes de noces d'auberges, de veillées, de « missions catholiques », nous révèlent une vie rurale fort curieuse, des mœurs spéciales dans lesquelles il faudrait peut-être rechercher la véritable cause de l'insurrection formidable qui terrifia durant plusieurs mois la Convention, victorieuse de l'Europe. A plus forte raison encore que *Chantegrolle*, *Brigandes* mérite d'être appelé, selon le mot de M. Paul Perret, « une large peinture d'histoire, en même temps qu'un roman très dramatique ».

Ajoutons à ces lignes empruntées à la *Revue du Bas-Poitou* que l'œuvre de M. Godard, parue d'abord dans le *Journal des Débats*, et publiée, ainsi que *Chanterolle*, par la librairie Calmann Lévy, a été couronnée par l'Académie française.

Les lecteurs du *Pays Poitevin* qui s'intéressent à la période révolutionnaire ont intérêt à posséder un ouvrage qui, sous la forme du roman, apporte en réalité une contribution originale, documentée, et d'une psychologie vraiment supérieure à l'histoire de l'Épopée vendéenne.

Comte ÉDOUARD FRÉMY. — **Un Curé poitevin : J.-B. Chauvin.** Paris, 8, rue François Ier, 1 vol. in-12.

En 1897 s'éteignait dans le presbytère de Persac (Vienne) le saint curé J.-B. Chauvin qui, pendant trente ans, avait administré cette importante paroisse. Cousin du célèbre missionnaire Chicard, il descendait comme ce dernier d'une famille de Canadiens ramenés en France par les Des Cars. Poète et musicien, d'une gaîté pieuse, d'un dévouement sans bornes il savait plaire aux gens du monde, qui recherchaient sa compagnie, et se faire adorer des humbles, dont il était la providence.

Un ami du défunt, M. le comte Édouard Frémy, vient de publier, à la mémoire du curé poitevin, un poème en vingt-cinq chants faisant revivre cette physionomie si attrayante.

Le cœur, plus encore que l'esprit, a tracé cette peinture si poétique et si vraie de M. l'abbé Chauvin, surpris, comme par l'instantané, dans les plus touchantes manifestations de son zèle sacerdotal et de sa vie toujours si bonne, aux phases si visiblement saintes.

Ce livre est écrit « pour les bons Poitevins demeurés fidèles à la foi des anciens jours et aux enseignements que leur a prodigués, pendant trente-trois ans, leur pasteur bien-aimé ». Ceux-ci tiendront à répondre au vœu de M. le comte de Fremy en s'associant à l'hommage rendu au vénéré prêtre.

Le Directeur-Gérant : Gustave Boucher.

Ligugé (Vienne). — Imp. Saint-Martin. M. Bluté. — 6-00.

Bibliothèque du « Pays Poitevin »

Brochures in-8 raisin, tirées à 100 ex., sur beau papier.

Ligugé, son Abbaye, son Pèlerinage, par Dom Basquin. — 8 p., 2 gr. 0 50
Notre-Dame de Fontaine-le-Comte, par l'abbé de Maussabert. — 16 p., 3 gr. . . . . 1 »»
Saint-Denis-de-Jaulnay, par l'abbé Métais. — 24 p., 3 gr. . . . . 1 »»
Mélusine, par C. Roy. — 20 p., 6 gr. 1 50
Le symbolisme architectural de la Cathédrale de Poitiers, par Mgr X. Barbier de Montault. — 12 p., 2 gr. 0 75
Les Conditeux, Oraison populaire notée. — 4 p. . . 0 25
Coiffes et Bijoux poitevins, par H. Gelin. — 24 p., 10 gr. . . . . 2 »»
Hymnographie poitevine. — I. SAINT HILAIRE, par Dom J. Parisot. — 32 p. 1 50
Légendes de sorcellerie, par H. Gelin, 11 p.; air noté. 0 75
Les Oraisons populaires en Poitou, par H. Gelin. — 16 p. . . . . 1 »»
L'Industrie du Papier en Charente et son histoire, par P. Boissonnade. — 20 p. . . . . 1 »»
Le Seuil de Poitiers, par A. Potel. — 32 p., 10 gr. . 1 50
Dom Fonteneau, historien du Poitou, par Dom Besse. — 36 p. 1 50
Saint-Etienne de Niort, par Gustave Boucher. — 20 p., 6 gr. . . . . 1 »»
Gilles de Rais, par J.-K. Huysmans . . . . *Epuisé.*
Eléonore Desmier d'Olbreuse, par P. Beauchet-Filleau. — 8 p., 2 gr. . . . . 1 »»
Le Marais poitevin, par H. Gelin. — 32 p., 7 g . . . 1 50

COMITÉ POITOU-CHARENTES D'ETHNOGRAPHIE & D'ART POPULAIRE

ACTES DU COMITÉ & ŒUVRES PATRONNÉES

ANNÉE 1896

Musée Poitevin d'Ethnographie et d'Art populaire, fondé à Niort.

Exposition d'Ethnographie et d'Art populaire, tenue à Niort en mai-juin 1896.

Congrès de la Tradition en Poitou et Charentes, tenu à Niort en mai-juin 1896.

Création d'une **Société régionale de la « Schola Cantorum ».**

Restauration de la **fête corporative de la Saint-Jean,** *à Niort.*

ANNÉE 1897

Publication du volume : **La Tradition en Poitou et Charentes.**

Fête du jubilé du poète **Émile du Tiers,** *à Ternenteuil.*

Concours de **Costumes** à Ternenteuil et à Chef-Boutonne.

Exposition des Œuvres du peintre **De Parny,** *à Niort.*

Création du **Théâtre en plein air** (légendes, mystères, moralités, pastorales, empruntés à l'histoire du Poitou et joués sur les lieux mêmes de l'action).

Répertoire du Théâtre en plein air. — Du Dr PIERRE CORNEILLE : *Bonne Fée*, pastorale jouée dans les ruines du château Salbart, à l'occasion du jubilé Emile du Tiers ; — *La Légende de Chambrille*, représentée dans le parc de La Mothe-Saint-Héray, à l'occasion de la fête des Rosières.

De M. AUGUSTE GAUD : *La Dame de Chambrille*, à-propos, représenté à l'occasion de la fête susmentionnée ; — *Un Pésan de chez nous*, moralité patoise, jouée dans le parc municipal de Chef-Boutonne, à l'occasion de l'inauguration de l'Hôtel de Ville.

Création du **Musée du Poitou chrétien,** *à Ligugé.*

Contribution à la célébration du **quinzième centenaire de saint Martin,** *à Ligugé.*

ANNÉE 1898

PUBLICATIONS

Le Pays Poitevin, revue mensuelle illustrée.

Visions rustiques, poésies d'Émile DU TIERS.

THÉATRE EN PLEIN AIR

Saint Martin, mystère en deux tableaux avec chœurs, du R. P. CHAUVIN, Bénédictin. — A été joué à Ligugé le 14 juillet 1898.

Une Merienne chez Jacquiet-Labertuche, pièce patoise de M. Aug. GAUD. — Jouée à Chef-Boutonne le 23 septembre.

FÊTE LITTÉRAIRE ET ETHNOGRAPHIQUE

Pose d'un médaillon d'Émile du Tiers; fête littéraire; concours de costumes. — A Échiré, le 16 octobre 1898.

ANNÉE 1899

THÉATRE EN PLEIN AIR

Les idaies dau bounhoume Savenot, pièce patoise de M. Aug. GAUD. — Jouée à Niort les 21 et 22 mai.

FÊTES LITTÉRAIRES ET ETHNOGRAPHIQUES

Bi-centenaire de l'abbé Gusteau, poète patoisant, à Fontenay-le-Comte et à Doix (Vendée). — Le 16 mars.

La Nuit de Noël, pastorale de l'abbé GUSTEAU. — Jouée à Niort le 27 avril.

Concours de costumes, organisé à Niort le 21 mai par la Société des fêtes de charité. — Prix offerts par le " Pays Poitevin ".

N° 8 — FÉVRIER 1899

LE PAYS POITEVIN

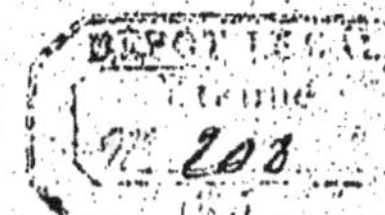

REVUE MENSUELLE ILLUSTRÉE

50 cent

LE PAYS POITEVIN

Vienne, Deux-Sèvres, Vendée, Charente, Charente-Inférieure

REVUE MENSUELLE ILLUSTRÉE

PUBLIÉE SOUS LE PATRONAGE DU COMITÉ POITOU-CHARENTES D'ETHNOGRAPHIE & D'ART POPULAIRE

SOUS LA DIRECTION DE

GUSTAVE BOUCHER — *Délégué régional de la Société d'Ethnographie nationale et d'Art populaire.*

CONSTANT ROY — *Agrégé de l'Université, Professeur au Lycée de Poitiers.*

Administration et Rédaction : LIGUGÉ (Vienne)

Abonnement annuel : Province, 5 fr.; — Paris, 6 fr.; — Étranger : 8 fr.

Par recouvrement, 50 centimes en plus

Les abonnés peuvent recevoir la revue roulée en tube moyennant un supplément de 10 centimes par numéro

COMITÉ POITOU-CHARENTES D'ETHNOGRAPHIE & D'ART POPULAIRE

Fondé en 1895

PRÉSIDENTS

POUR LA SECTION RELIGIEUSE — Dom CHAMARD, *Prieur de l'Abbaye de Ligugé*

POUR LA SECTION PROFANE — M. Th. LÉAUD, *Conservateur du Musée de Niort*

SECRÉTAIRES

M. Gustave BOUCHER, à *LIGUGÉ (Vienne)* — M. Constant ROY, *1, rue Saint-Savin, POITIERS*

Programme.

Le Comité Poitou-Charentes d'Ethnographie et d'Art populaire, et le *Pays Poitevin* qui en est l'organe indépendant, ont pour but :

De provoquer la création de musées d'ethnographie, d'histoire, d'art populaire, d'art religieux et profane, d'industrie, de commerce, destinés à assurer la conservation des objets de bibliographie et d'iconographie, de beaux-arts, d'art domestique (meubles, poteries, costumes, bijoux), propres à fournir aux artistes et aux historiens des documents sur l'histoire, la tradition, les idées, les mœurs et l'art en Poitou;

De patronner les musées de ce genre déjà existants ;

D'organiser annuellement des congrès et des expositions, sur un point déterminé de l'histoire ou des traditions locales, religieuses ou profanes ;

De restaurer ou de soutenir les fêtes corporatives, patronales, commémoratives, etc.

D'encourager par des concours le port des costumes locaux ;

De mettre en lumière les industries d'art local, les œuvres originales des artisans ;

De patronner les productions de l'art dramatique local, la publication et la diffusion d'œuvres des artistes, littérateurs et musiciens poitevins ;

De poursuivre, dans les écoles d'art et dans les écoles professionnelles régionales, la création d'un enseignement de dessin basé sur la tradition, l'étude de la faune et de la flore locales ; et dans les facultés, la création d'une chaire d'ethnologie et de philologie poitevines ;

De poursuivre, dans les séminaires, la création de cours d'esthétique et d'archéologie, également basés sur les traditions locales ;

De favoriser la restauration du chant grégorien dans les paroisses ;

De favoriser la restauration de l'art religieux (décoratif, pictural et sculptural), par le groupement d'artistes s'inspirant dans leurs œuvres de la tradition, de la théologie et de la liturgie, et ayant pour mission de remplacer, dans les églises du Poitou, les productions actuelles du commerce par des œuvres d'art originales.

SOMMAIRE DU N° 8. — FÉVRIER 1899

12 gravures

COMITÉ POITOU-CHARENTES D'ETHNOGRAPHIE ET D'ART POPULAIRE

ACTES DU COMITÉ & ŒUVRES PATRONNÉES

ANNÉE 1896

Musée Poitevin d'Ethnographie et d'Art populaire, fondé à Niort.

Exposition d'Ethnographie et d'Art populaire, tenue à Niort en mai-juin 1896.

Premier Congrès de la Tradition en Poitou et Charentes, tenu à Niort en mai-juin 1896.

Création d'une **Société régionale de la « Schola Cantorum ».**

Restauration de la **fête corporative de la Saint-Jean,** *à Niort.*

ANNÉE 1897

Publication du volume : **La Tradition en Poitou et Charentes.**

Fête du jubilé du poète **Émile du Tiers,** *à Ternenteuil.*

Concours de **Costumes** à Ternenteuil et à Chef-Boutonne.

Exposition des Œuvres du peintre **De Parny,** *à Niort.*

Création du **Théâtre en plein air** (légendes, mystères, moralités, pastorales, empruntés à l'histoire du Poitou et joués sur les lieux mêmes de l'action).

Répertoire du Théâtre en plein air. — Du Dr PIERRE CORNEILLE : *Bonne Fée,* pastorale jouée dans les ruines du château Salbart, à l'occasion du jubilé Emile du Tiers ; — *La Légende de Chambrille,* représentée dans le parc de La Mothe-Saint-Héray, à l'occasion de la fête des Rosières.

De M. AUGUSTE GAUD : *La Dame de Chambrille,* à-propos, représenté à l'occasion de la fête susmentionnée ; — *Un Pésan de chez nous,* moralité patoise, jouée dans le parc municipal de Chef-Boutonne, à l'occasion de l'inauguration de l'Hôtel de Ville.

Création du **Musée du Poitou chrétien,** *à Ligugé.*

Contribution à la célébration du **quinzième centenaire de saint Martin,** *à Ligugé.*

ANNÉE 1898

PUBLICATIONS

Le Pays Poitevin, revue mensuelle illustrée.

Visions rustiques, poésies d'Émile DU TIERS.

THÉATRE EN PLEIN AIR

Saint Martin, mystère en deux tableaux avec chœurs, du R. P. CHAUVIN, bénédictin. — A été joué à Ligugé le 14 juillet 1898.

Une Merienne chez Jacquiet-Labertuche, pièce patoise de M. Aug. GAUD. — Jouée à Chef-Boutonne le 23 septembre.

FÊTE LITTÉRAIRE ET ETHNOGRAPHIQUE

Pose d'un médaillon d'Émile du Tiers ; fête littéraire ; concours de costumes. — A Échiré, le 16 octobre 1898.

PROJETS

ANNÉE 1899

CONGRÈS

Troisième Congrès de la Tradition en Poitou et Charentes.

Exposition des documents envoyés au Comité. — Se tiendra à Poitiers.

THÉATRE EN PLEIN AIR

Mélusine, drame légendaire de M. Constant ROY. — Sera joué à Lusignan.

PUBLICATIONS

Le deuxième recueil de la **Tradition en Poitou et Charentes.**

Mélusine, drame légendaire de M. Constant ROY.

N° 9 — MARS 1899

LE PAYS POITEVIN

REVUE MENSUELLE

ILLUSTRÉE

50 cent.

LE PAYS POITEVIN

Vienne, Deux-Sèvres, Vendée, Charente, Charente-Inférieure

REVUE MENSUELLE ILLUSTRÉE

PUBLIÉE SOUS LE PATRONAGE DU COMITÉ POITOU-CHARENTES D'ETHNOGRAPHIE & D'ART POPULAIRE

SOUS LA DIRECTION DE

Gustave BOUCHER	Constant ROY
Délégué régional de la Société d'Ethnographie nationale et d'Art populaire.	*Agrégé de l'Université, Professeur au Lycée de Poitiers.*

Administration et Rédaction : LIGUGÉ (Vienne)

Abonnement annuel : Province, 5 fr. ; — Paris, 6 fr. ; — Étranger : 8 fr.

Par recouvrement, 50 centimes en plus

Les abonnés peuvent recevoir la revue roulée en tube moyennant un supplément de 10 centimes par numéro

COMITÉ POITOU-CHARENTES D'ETHNOGRAPHIE & D'ART POPULAIRE

Fondé en 1895

PRÉSIDENTS

POUR LA SECTION RELIGIEUSE — **Dom CHAMARD**, *Prieur de l'Abbaye de Ligugé*

POUR LA SECTION PROFANE — **M. Th. LÉAUD**, *Conservateur du Musée de Niort*

SECRÉTAIRES

M. Gustave **BOUCHER**, à *LIGUGÉ (Vienne)* — M. Constant **ROY**, *1, rue Saint-Savin, POITIERS*

Programme.

Le Comité Poitou-Charentes d'Ethnographie et d'Art populaire, et le *Pays Poitevin* qui en est l'organe indépendant, ont pour but :

De provoquer la création de musées d'ethnographie, d'histoire, d'art populaire, d'art religieux et profane, d'industrie, de commerce, destinés à assurer la conservation des objets de bibliographie et d'iconographie, de beaux-arts, d'art domestique (meubles, poteries, costumes, bijoux), propres à fournir aux artistes et aux historiens des documents sur l'histoire, la tradition, les idées, les mœurs et l'art en Poitou ;

De patronner les musées de ce genre déjà existants ;

D'organiser annuellement des congrès et des expositions, sur un point déterminé de l'histoire ou des traditions locales, religieuses ou profanes ;

De restaurer ou de soutenir les fêtes corporatives, patronales, commémoratives, etc.

D'encourager par des concours le port des costumes locaux ;

De mettre en lumière les industries d'art local, les œuvres originales des artisans ;

De patronner les productions de l'art dramatique local, la publication et la diffusion d'œuvres des artistes, littérateurs et musiciens poitevins ;

De poursuivre, dans les écoles d'art et dans les écoles professionnelles régionales, la création d'un enseignement de dessin basé sur la tradition, l'étude de la faune et de la flore locales ; et dans les facultés, la création d'une chaire d'ethnologie et de philologie poitevines ;

De poursuivre, dans les séminaires, la création de cours d'esthétique et d'archéologie, également basés sur les traditions locales ;

De favoriser la restauration du chant grégorien dans les paroisses ;

De favoriser la restauration de l'art religieux (décoratif, pictural et sculptural), par le groupement d'artistes s'inspirant dans leurs œuvres de la tradition, de la théologie et de la liturgie, et ayant pour mission de remplacer, dans les églises du Poitou, les productions actuelles du commerce par des œuvres d'art originales.

SOMMAIRE DU N° 9. — MARS 1899

COMITÉ POITOU-CHARENTES D'ETHNOGRAPHIE ET D'ART POPULAIRE

ACTES DU COMITÉ & ŒUVRES PATRONNÉES

ANNÉE 1896

Musée Poitevin d'Ethnographie et d'Art populaire, fondé à Niort.

Exposition d'Ethnographie et d'Art populaire, tenue à Niort en mai-juin 1896.

Premier Congrès de la Tradition en Poitou et Charentes, tenu à Niort en mai-juin 1896.

Création d'une **Société régionale de la « Schola Cantorum ».**

Restauration de la **fête corporative de la Saint-Jean,** *à Niort.*

ANNÉE 1897

Publication du volume : **La Tradition en Poitou et Charentes.**

Fête du jubilé du poète **Émile du Tiers,** *à Ternenteuil.*

Concours de **Costumes** à Ternenteuil et à Chef-Boutonne.

Exposition des Œuvres du peintre **De Parny,** *à Niort.*

Création du **Théâtre en plein air** (légendes, mystères, moralités, pastorales, empruntés à l'histoire du Poitou et joués sur les lieux mêmes de l'action).

Répertoire du Théâtre en plein air. — Du Dr Pierre Corneille : *Bonne Fée,* pastorale jouée dans les ruines du château Salbart, à l'occasion du jubilé Emile du Tiers; — *La Légende de Chambrille,* représentée dans le parc de La Mothe-Saint-Héray, à l'occasion de la fête des Rosières.

De M. Auguste Gaud : *La Dame de Chambrille,* à-propos, représenté à l'occasion de la fête susmentionnée; — *Un Pésan de chez nous,* moralité patoise, jouée dans le parc municipal de Chef-Boutonne, à l'occasion de l'inauguration de l'Hôtel de Ville.

Création du **Musée du Poitou chrétien,** *à Ligugé.*

Contribution à la célébration du **quinzième centenaire de saint Martin,** *à Ligugé.*

ANNÉE 1898

PUBLICATIONS

Le Pays Poitevin, revue mensuelle illustrée.

Visions rustiques, poésies d'Émile du Tiers.

THÉATRE EN PLEIN AIR

Saint Martin, mystère en deux tableaux avec chœurs, du R. P. Chauvin, bénédictin. — A été joué à Ligugé le 14 juillet 1898.

Une Merienne chez Jacquiet-Labertuche, pièce patoise de M. Aug. Gaud. — Jouée à Chef-Boutonne le 23 septembre.

FÊTE LITTÉRAIRE ET ETHNOGRAPHIQUE

Pose d'un médaillon d'Émile du Tiers; fête littéraire; concours de costumes. — A Échiré, le 16 octobre 1898.

◆ PROJETS ◆

ANNÉE 1899

CONGRÈS

Troisième Congrès de la Tradition en Poitou et Charentes.

Exposition des documents envoyés au Comité. — Se tiendra à Poitiers.

THÉATRE EN PLEIN AIR

Mélusine, drame légendaire de M. Constant Roy. — Sera joué à Lusignan.

PUBLICATIONS

Le deuxième recueil de la **Tradition en Poitou et Charentes.**

Mélusine, drame légendaire de M. Constant Roy.

N° 11. — MAI-NOVEMBRE 1899.

LE PAYS POITEVIN

REVUE MENSUELLE

ILLUSTRÉE

ROY

50 cent.

LE PAYS POITEVIN

Vienne, Deux-Sèvres, Vendée, Charente, Charente-Inférieure

REVUE MENSUELLE ILLUSTRÉE

PUBLIÉE SOUS LE PATRONAGE DU COMITÉ POITOU-CHARENTES D'ETHNOGRAPHIE & D'ART POPULAIRE

Directeur : GUSTAVE BOUCHER

Délégué régional de la Société d'Ethnographie nationale et d'Art populaire.

Administration et Rédaction : LIGUGÉ (Vienne)

Abonnement annuel : Province, 5 fr.; — Paris, 6 fr.; — Étranger : 8 fr.

Par recouvrement, 50 centimes en plus

Les abonnés peuvent recevoir la revue roulée en tube moyennant un supplément de 10 centimes par numéro

---

COMITÉ POITOU-CHARENTES D'ETHNOGRAPHIE & D'ART POPULAIRE

Fondé en 1895

PRÉSIDENTS

POUR LA SECTION RELIGIEUSE — Dom CHAMARD, *Prieur de l'Abbaye de Ligugé*

POUR LA SECTION PROFANE — M. Th. LÉAUD, *Conservateur du Musée de Niort*

SECRÉTAIRES

M. Gustave BOUCHER, *à LIGUGÉ (Vienne)* — M. Constant ROY, *1, rue Saint-Savin, POITIERS*

Programme.

Le Comité Poitou-Charentes d'Ethnographie et d'Art populaire, et le *Pays Poitevin* qui en est l'organe indépendant, ont pour but :

De provoquer la création de musées d'ethnographie, d'histoire, d'art populaire, d'art religieux et profane, d'industrie, de commerce, destinés à assurer la conservation des objets de bibliographie et d'iconographie, de beaux-arts, d'art domestique (meubles, poteries, costumes, bijoux), propres à fournir aux artistes et aux historiens des documents sur l'histoire, la tradition, les idées, les mœurs et l'art en Poitou ;

De patronner les musées de ce genre déjà existants ;

D'organiser périodiquement des congrès et des expositions, sur un point déterminé de l'histoire ou des traditions locales, religieuses ou profanes ;

De restaurer ou de soutenir les fêtes corporatives, patronales, commémoratives, etc.

D'encourager par des concours le port des costumes locaux ;

De mettre en lumière les industries d'art local, les œuvres originales des artisans ;

De patronner les productions de l'art dramatique local, la publication et la diffusion d'œuvres des artistes, littérateurs et musiciens poitevins ;

De poursuivre, dans les écoles d'art et dans les écoles professionnelles régionales, la création d'un enseignement de dessin basé sur la tradition, l'étude de la faune et de la flore locales ; et dans les facultés, la création d'une chaire d'ethnologie et de philologie poitevines ;

De poursuivre, dans les séminaires, la création de cours d'esthétique et d'archéologie, également basés sur les traditions locales ;

De favoriser la restauration du chant grégorien dans les paroisses ;

De favoriser la restauration de l'art religieux (décoratif, pictural et sculptural), par le groupement d'artistes s'inspirant dans leurs œuvres de la tradition, de la théologie et de la liturgie, et ayant pour mission de remplacer, dans les églises du Poitou, les productions actuelles du commerce par des œuvres d'art originales.

SOMMAIRE DU Nº 11. — MAI-NOVEMBRE 1899

8 gravures

COMITÉ POITOU-CHARENTES D'ETHNOGRAPHIE ET D'ART POPULAIRE

ACTES DU COMITÉ & ŒUVRES PATRONNÉES

ANNÉE 1896

Musée Poitevin d'Ethnographie et d'Art populaire, fondé à Niort.

Exposition d'Ethnographie et d'Art populaire, tenue à Niort en mai-juin 1896.

Congrès de la Tradition en Poitou et Charentes, tenu à Niort en mai-juin 1896.

Création d'une **Société régionale de la « Schola Cantorum ».**

Restauration de la **fête corporative de la Saint-Jean,** *à Niort.*

ANNÉE 1897

Publication du volume : **La Tradition en Poitou et Charentes.**

Fête du jubilé du poète **Émile du Tiers,** *à Ternenteuil.*

Concours de **Costumes** à Ternenteuil et à Chef-Boutonne.

Exposition des Œuvres du peintre **De Parny,** *à Niort.*

Création du **Théâtre en plein air** (légendes, mystères, moralités, pastorales, empruntés à l'histoire du Poitou et joués sur les lieux mêmes de l'action).

Répertoire du Théâtre en plein air. — Du Dr Pierre Corneille : *Bonne Fée,* pastorale jouée dans les ruines du château Salbart, à l'occasion du jubilé Emile du Tiers ; — *La Légende de Chambrille,* représentée dans le parc de La Mothe-Saint-Héray, à l'occasion de la fête des Rosières.

De M. Auguste Gaud : *La Dame de Chambrille,* à-propos, représenté à l'occasion de la fête susmentionnée ; — *Un Pésan de chez nous,* moralité patoise, jouée dans le parc municipal de Chef-Boutonne, à l'occasion de l'inauguration de l'Hôtel de Ville.

Création du **Musée du Poitou chrétien,** *à Ligugé.*

Contribution à la célébration du **quinzième centenaire de saint Martin,** *à Ligugé.*

ANNÉE 1898

PUBLICATIONS

Le Pays Poitevin, revue mensuelle illustrée.

Visions rustiques, poésies d'Émile du Tiers.

THÉATRE EN PLEIN AIR

Saint Martin, mystère en deux tableaux avec chœurs, du R. P. Chauvin, Bénédictin. — A été joué à Ligugé le 14 juillet 1898.

Une Merienne chez Jacquiet-Labertuche, pièce patoise de M. Aug. Gaud. — Jouée à Chef-Boutonne le 23 septembre.

FÊTE LITTÉRAIRE ET ETHNOGRAPHIQUE

Pose d'un médaillon d'Émile du Tiers ; fête littéraire ; concours de costumes. — A Échiré, le 16 octobre 1898.

ANNÉE 1899

THÉATRE EN PLEIN AIR

Les idaies dau bounhoume Savenot, pièce patoise de M. Aug. Gaud. — Jouée à Niort les 21 et 22 mai.

FÊTES LITTÉRAIRES ET ETHNOGRAPHIQUES

Bi-centenaire de l'abbé Gusteau, poète patoisant, à Fontenay-le-Comte et à Doix (Vendée). — Le 16 mars.

La Nuit de Noël, pastorale de l'abbé Gusteau. — Jouée à Niort le 27 avril.

Concours de costumes, organisé à Niort le 21 mai par la Société des fêtes de charité. — Prix offerts par le " Pays Poitevin ".

N° 12. — DÉCEMBRE 1899.

LE PAYS POITEVIN

REVUE MENSUELLE ILLUSTRÉE

ROY

50 cent.

LE PAYS POITEVIN

Vienne, Deux-Sèvres, Vendée, Charente, Charente-Inférieure

REVUE MENSUELLE ILLUSTRÉE

PUBLIÉE SOUS LE PATRONAGE DU COMITÉ POITOU-CHARENTES D'ETHNOGRAPHIE & D'ART POPULAIRE

Directeur : GUSTAVE BOUCHER

Délégué régional de la Société d'Ethnographie nationale et d'Art populaire.

Administration et Rédaction : LIGUGÉ (Vienne)

Abonnement annuel : Province, 5 fr. ; — Paris, 6 fr. ; — Étranger : 8 fr.

Par recouvrement, 50 centimes en plus

Les abonnés peuvent recevoir la revue roulée en tube moyennant un supplément de 10 centimes par numéro

---

COMITÉ POITOU-CHARENTES D'ETHNOGRAPHIE & D'ART POPULAIRE

Fondé en 1895

PRÉSIDENTS

POUR LA SECTION RELIGIEUSE — **Dom CHAMARD**, *Prieur de l'Abbaye de Ligugé*

POUR LA SECTION PROFANE — **M. Th. LÉAUD**, *Conservateur du Musée de Niort*

SECRÉTAIRES

M. Gustave BOUCHER, *à LIGUGÉ (Vienne)* — **M. Constant ROY**, *1, rue Saint-Savin, POITIERS*

Programme.

Le Comité Poitou-Charentes d'Ethnographie et d'Art populaire, et le *Pays Poitevin* qui en est l'organe indépendant, ont pour but :

De provoquer la création de musées d'ethnographie, d'histoire, d'art populaire, d'art religieux et profane, d'industrie, de commerce, destinés à assurer la conservation des objets de bibliographie et d'iconographie, de beaux-arts, d'art domestique (meubles, poteries, costumes, bijoux), propres à fournir aux artistes et aux historiens des documents sur l'histoire, la tradition, les idées, les mœurs et l'art en Poitou ;

De patronner les musées de ce genre déjà existants ;

D'organiser périodiquement des congrès et des expositions, sur un point déterminé de l'histoire ou des traditions locales, religieuses ou profanes ;

De restaurer ou de soutenir les fêtes corporatives, patronales, commémoratives, etc.

D'encourager par des concours le port des costumes locaux ;

De mettre en lumière les industries d'art local, les œuvres originales des artisans ;

De patronner les productions de l'art dramatique local, la publication et la diffusion d'œuvres des artistes, littérateurs et musiciens poitevins ;

De poursuivre, dans les écoles d'art et dans les écoles professionnelles régionales, la création d'un enseignement de dessin basé sur la tradition, l'étude de la faune et de la flore locales ; et dans les facultés, la création d'une chaire d'ethnologie et de philologie poitevines ;

De poursuivre, dans les séminaires, la création de cours d'esthétique et d'archéologie, également basés sur les traditions locales ;

De favoriser la restauration du chant grégorien dans les paroisses ;

De favoriser la restauration de l'art religieux (décoratif, pictural et sculptural), par le groupement d'artistes s'inspirant dans leurs œuvres de la tradition, de la théologie et de la liturgie, et ayant pour mission de remplacer, dans les églises du Poitou, les productions actuelles du commerce par des œuvres d'art originales.

LA VIVONNAISE

Roue de pleine eau

à godets siphoïdes de contenance variable

SYSTÈME PASCAULT & DE COURSAC

Breveté s. g. d. g. en France et à l'Étranger

pour la destruction du ver blanc, du phylloxera, l'arrosage économique des prairies et jardins, et tous les usages industriels

Vue photographique d'une « Vivonnaise » fonctionnant dans la propriété de M. de Gennes, à Iteuil (Vienne).

La « Vivonnaise », mue par le **courant seul,** ne nécessite aucun barrage ni chute d'eau.
Débit considérable.
Très grande solidité.
Meilleur marché que toute autre machine similaire.

NOMBREUSES RÉFÉRENCES

S'adresser, pour tous renseignements et prix, à M. DE COURSAC, au château de la Planche, par Vivonne (Vienne).

AUX ARMES DU POITOU

GRANDE CORDONNERIE
P. GILBERT

POITIERS, 33, rue Gambetta, POITIERS

CHAUSSURES
POUR HOMMES, DAMES ET ENFANTS

Articles fantaisie pour Bals, Soirées et Mariages

MULES DE CHAMBRE

CHAUSSURES DE CHASSE ET DE FATIGUE

DÉPOT DE CAOUTCHOUCS

Dépôt des Maisons PINET et FERRY, de PARIS

MESURES ET RÉPARATIONS

PRIX FIXE

ATELIER DE CHAUDRONNERIE
FER ET CUIVRE

H. CHÊNEAUX Fils

Ex-ouvrier des principales Maisons de Paris

12, Boulevard de la Préfecture, Poitiers

Alambics et Appareils de Distillerie

FABRIQUE DE POMPES INCONGELABLES EN TOUS GENRES

Manèges et Béliers

POMPES D'ÉPUISEMENT DE TOUTES FORCES

Fonderie de Cuivre et Bronze

ZINGUERIE ET PLOMBERIE

Installation, dans les Châteaux ou Villas, de l'Éclairage par le gaz Acétylène

GAZ ET EAU

CANALISATION EN FONTE ET EN PLOMB

INSTALLATION D'HYDROTHÉRAPIE

SALLES DE BAINS

Chauffage intérieur à eau chaude ou vapeur dans les Appartements et Serres

Appareils sanitaires, Filtres Chamberland (système Pasteur)

RÉSERVOIRS, FILTRES A AIR COMPRIMÉ

Distribution d'Eau complète pour Châteaux et Villas, etc.

VINS

DES

RR. PP. BÉNÉDICTINS DE SILOS
(Espagne)

CHAILLOU-BOUTIN

POITIERS, 14, rue de la Regratterie, 14, POITIERS

DÉPOSITAIRE UNIQUE POUR LA RÉGION

Éclairage par l'Acétylène

ÉCLAIRAGE PARTICULIER
DES MAISONS, USINES, CHATEAUX, ETC.

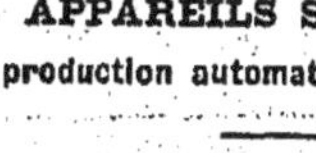

APPAREILS SPÉCIAUX
pour la production automatique du gaz acétylène

Pour tous renseignements, s'adresser à **M. E. HÉLIE**, Agent Général pour les Deux-Sèvres, 40, rue Saint-Jean, à NIORT.

ON DEMANDE DES AGENTS CANTONAUX

MAISON FONDÉE EN 1859

Photographie
Alfred Perlat

TREIZE MÉDAILLES AUX EXPOSITIONS
OR, ARGENT ET BRONZE

5, rue du Puygarreau, POITIERS

VICTOR MERKEN, Successeur

Premier Prix de Peinture
à l'Académie des Beaux-Arts

Spécialité de Charbons en couleurs de toutes dimensions
PAR CLICHÉS DIRECTS

PORTRAITS A L'HUILE D'APRÈS NATURE

AQUARELLES, PAYSAGES, VUES & MONUMENTS

AGRANDISSEMENTS
au charbon, au platine et au gélatino-bromure d'argent

On opère par tous les temps.
Les clichés sont conservés.

SOMMAIRE DU N° 12. — DÉCEMBRE 1899

COMITÉ POITOU-CHARENTES D'ETHNOGRAPHIE ET D'ART POPULAIRE

ACTES DU COMITÉ & ŒUVRES PATRONNÉES

ANNÉE 1896

Musée Poitevin d'Ethnographie et d'Art populaire, fondé à Niort.

Exposition d'Ethnographie et d'Art populaire, tenue à Niort en mai-juin 1896.

Congrès de la Tradition en Poitou et Charentes, tenu à Niort en mai-juin 1896.

Création d'une **Société régionale de la « Schola Cantorum ».**

Restauration de la **fête corporative de la Saint-Jean,** *à Niort.*

ANNÉE 1897

Publication du volume : **La Tradition en Poitou et Charentes.**

Fête du jubilé du poète **Émile du Tiers,** *à Ternenteuil.*

Concours de **Costumes** à Ternenteuil et à Chef-Boutonne.

Exposition des Œuvres du peintre **De Parny,** *à Niort.*

Création du **Théâtre en plein air** (légendes, mystères, moralités, pastorales, empruntés à l'histoire du Poitou et joués sur les lieux mêmes de l'action).

Répertoire du Théâtre en plein air. — Du Dr PIERRE CORNEILLE : *Bonne Fée*, pastorale jouée dans les ruines du château Salbart, à l'occasion du jubilé Emile du Tiers ; — *La Légende de Chambrille*, représentée dans le parc de La Mothe-Saint-Héray, à l'occasion de la fête des Rosières.

De M. AUGUSTE GAUD : *La Dame de Chambrille*, à-propos, représenté à l'occasion de la fête susmentionnée ; — *Un Pésan de chez nous*, moralité patoise, jouée dans le parc municipal de Chef-Boutonne, à l'occasion de l'inauguration de l'Hôtel de Ville.

Création du **Musée du Poitou chrétien,** *à Ligugé.*

Contribution à la célébration du **quinzième centenaire de saint Martin,** *à Ligugé.*

ANNÉE 1898

PUBLICATIONS

Le Pays Poitevin, revue mensuelle illustrée.

Visions rustiques, poésies d'Émile DU TIERS.

THÉATRE EN PLEIN AIR

Saint Martin, mystère en deux tableaux avec chœurs, du R. P. CHAUVIN, Bénédictin. — A été joué à Ligugé le 14 juillet 1898.

Une Merienne chez Jacquiet-Labertuche, pièce patoise de M. Aug. GAUD. — Jouée à Chef-Boutonne le 23 septembre.

FÊTE LITTÉRAIRE ET ETHNOGRAPHIQUE

Pose d'un médaillon d'Émile du Tiers ; fête littéraire ; concours de costumes. — A Échiré, le 16 octobre 1898.

ANNÉE 1899

THÉATRE EN PLEIN AIR

Les idaies dau bounhoume Savenot, pièce patoise de M. Aug. GAUD. — Jouée à Niort les 21 et 22 mai.

FÊTES LITTÉRAIRES ET ETHNOGRAPHIQUES

Bi-centenaire de l'abbé Gusteau, poète patoisant, à Fontenay-le-Comte et à Doix (Vendée). — Le 16 mars.

La Nuit de Noël, pastorale de l'abbé GUSTEAU. — Jouée à Niort le 27 avril.

Concours de costumes, organisé à Niort le 21 mai par la Société des fêtes de charité. — Prix offerts par le " Pays Poitevin ".

DEUXIÈME ANNÉE.
N° 13. — JANVIER 1900.

LE PAYS POITEVIN

REVUE MENSUELLE ILLUSTRÉE

ROY

50 cent.

LE PAYS POITEVIN

Vienne, Deux-Sèvres, Vendée, Charente, Charente-Inférieure

REVUE MENSUELLE ILLUSTRÉE

PUBLIÉE SOUS LE PATRONAGE DU COMITÉ POITOU-CHARENTES D'ETHNOGRAPHIE & D'ART POPULAIRE

Directeur : GUSTAVE BOUCHER

Délégué régional de la Société d'Ethnographie nationale et d'Art populaire.

Administration et Rédaction : LIGUGÉ (Vienne)

Abonnement annuel : Province, 5 fr.; — Paris, 6 fr.; — Étranger : 8 fr.

Par recouvrement, 50 centimes en plus

Programme.

Le Comité Poitou-Charentes d'Ethnographie et d'Art populaire, et le *Pays Poitevin* qui en est l'organe indépendant, ont pour but :

De provoquer la création de musées d'ethnographie, d'histoire, d'art populaire, d'art religieux et profane, d'industrie, de commerce, destinés à assurer la conservation des objets de bibliographie et d'iconographie, de beaux-arts, d'art domestique (meubles, poteries, costumes, bijoux), propres à fournir aux artistes et aux historiens des documents sur l'histoire, la tradition, les idées, les mœurs et l'art en Poitou ;

De patronner les musées de ce genre déjà existants ;

D'organiser périodiquement des congrès et des expositions, sur un point déterminé de l'histoire ou des traditions locales, religieuses ou profanes ;

De restaurer ou de soutenir les fêtes corporatives, patronales, commémoratives, etc.

D'encourager par des concours le port des costumes locaux ;

De mettre en lumière les industries d'art local, les œuvres originales des artisans ;

De patronner les productions de l'art dramatique local, la publication et la diffusion d'œuvres des artistes, littérateurs et musiciens poitevins ;

De poursuivre, dans les écoles d'art et dans les écoles professionnelles régionales, la création d'un enseignement de dessin basé sur la tradition, l'étude de la faune et de la flore locales ; et dans les facultés, la création d'une chaire d'ethnologie et de philologie poitevines ;

De poursuivre, dans les séminaires, la création de cours d'esthétique et d'archéologie, également basés sur les traditions locales ;

De favoriser la restauration du chant grégorien dans les paroisses ;

De favoriser la restauration de l'art religieux (décoratif, pictural et sculptural), par le groupement d'artistes s'inspirant dans leurs œuvres de la tradition, de la théologie et de la liturgie, et ayant pour mission de remplacer, dans les églises du Poitou, les productions actuelles du commerce par des œuvres d'art originales.

Les abonnements ne se prennent que pour une année et partent de janvier.

Il ne reste que quelques collections complètes de la première année (juillet 1898 à décembre 1899 inclus), au prix de 6 francs.

Les numéros de l'année écoulée se vendent 1 franc. Le numéro 1 ne se vend plus séparément.

Paysages et Monuments
du Poitou

Photographiés par **JULES ROBUCHON**

Publiés sous les auspices de la Société des Antiquaires de l'Ouest, avec notices rédigées par plusieurs de ses membres, honorés de plusieurs souscriptions du Ministère de l'Instruction publique et des Beaux-Arts.

MAGNIFIQUE PUBLICATION IN-FOLIO

IMPRIMÉE PAR MOTTEROZ

Photoglyptie de GOUPIL, Héliogravure de DUJARDIN

Chaque arrondissement fait un volume composé de livraisons à 4 francs.
Chaque héliogravure se vend séparément 1 franc.

Grandes facilités de paiement pour l'ouvrage complet

Demander le Catalogue à

M. Jules ROBUCHON

3, rue du Moulin-à-Vent, **Poitiers**

EXPOSITION PERMANENTE

DE BIBLIOGRAPHIE POITEVINE

ET D'ŒUVRES D'ARTISTES POITEVINS

Entrée libre

CHAILLOU-BOUTIN

POITIERS, rue de la Regratterie, 14, POITIERS

SPÉCIALITÉ DE BOUGIES D'AUTEL

ET BOUGIES DE SOUCHE

Veilleuses du Sacré-Cœur, brûlant 8 jours

MACHINES A COUDRE DE TOUS SYSTÈMES

FRANÇAIS ET ÉTRANGERS

Machines pour la Famille
pour Tailleurs, Couturières, Cordonniers, etc.

MACHINES POUR SPÉCIALITÉS

Demander le Catalogue spécial, adressé franco

HÉLIE, 40, RUE SAINT-JEAN, NIORT

Acétylène, Système G. TROUVÉ

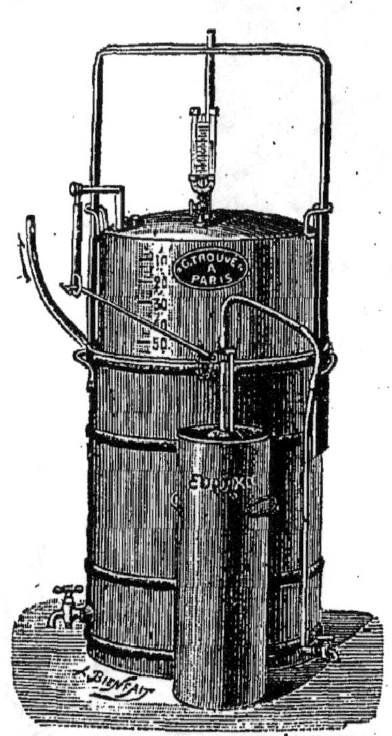

AGENT GÉNÉRAL POUR LA VIENNE

 **JACQUEMIN** 

68, rue Gambetta, POITIERS

ÉCLAIRAGE POUR LA CAMPAGNE

ÉGLISES, CHATEAUX, USINES, COLLÈGES, PENSIONNATS, HOTELS, CAFÉS
et tous les établissements publics et particuliers

LAMPES PORTATIVES — APPAREILS DE PROJECTIONS

LANTERNES POUR VOITURES ET BICYCLETTES

Becs spéciaux pour l'acétylène — Carbure de Calcium

BRONZES ET OBJETS D'ART

PORCELAINES — FAIENCES — CRISTAUX — VERRERIES

COUTELLERIE — ORFÈVRERIE — BRONZES D'ÉGLISE

Spécialité d'articles d'éclairage

Seul dépositaire de la PYROLÉINE, huile nouvelle, inexplosible, sans odeur

RENSEIGNEMENTS GRATUITS

SOMMAIRE DU N° 13. — JANVIER 1900

COMITÉ POITOU-CHARENTES D'ETHNOGRAPHIE ET D'ART POPULAIRE

ACTES DU COMITÉ & ŒUVRES PATRONNÉES

ANNÉE 1896

Musée Poitevin d'Ethnographie et d'Art populaire, fondé à Niort.

Exposition d'Ethnographie et d'Art populaire, tenue à Niort en mai-juin 1896.

Congrès de la Tradition en Poitou et Charentes, tenu à Niort en mai-juin 1896.

Création d'une **Société régionale de la « Schola Cantorum ».**

Restauration de la **fête corporative de la Saint-Jean,** *à Niort.*

ANNÉE 1897

Publication du volume: **La Tradition en Poitou et Charentes.**

Fête du jubilé du poète **Émile du Tiers,** *à Ternenteuil.*

Concours de **Costumes** à Ternenteuil et à Chef-Boutonne.

Exposition des Œuvres du peintre **De Parny,** *à Niort.*

Création du **Théâtre en plein air** (légendes, mystères, moralités, pastorales, empruntés à l'histoire du Poitou et joués sur les lieux mêmes de l'action).

Répertoire du Théâtre en plein air. — Du Dr PIERRE CORNEILLE: *Bonne Fée*, pastorale jouée dans les ruines du château Salbart, à l'occasion du jubilé Emile du Tiers; — *La Légende de Chambrille*, représentée dans le parc de La Mothe-Saint-Héray, à l'occasion de la fête des Rosières.

De M. AUGUSTE GAUD: *La Dame de Chambrille*, à-propos, représenté à l'occasion de la fête susmentionnée; — *Un Pésan de chez nous*, moralité patoise, jouée dans le parc municipal de Chef-Boutonne, à l'occasion de l'inauguration de l'Hôtel de Ville.

Création du **Musée du Poitou chrétien,** *à Ligugé.*

Contribution à la célébration du **quinzième centenaire de saint Martin,** *à Ligugé.*

ANNÉE 1898

PUBLICATIONS

Le Pays Poitevin, revue mensuelle illustrée.

Visions rustiques, poésies d'Émile DU TIERS.

THÉATRE EN PLEIN AIR

Saint Martin, mystère en deux tableaux avec chœurs, du R. P. CHAUVIN, Bénédictin. — A été joué à Ligugé le 14 juillet 1898.

Une Merienne chez Jacquiet-Labertuche, pièce patoise de M. Aug. GAUD. — Jouée à Chef-Boutonne le 23 septembre.

FÊTE LITTÉRAIRE ET ETHNOGRAPHIQUE

Pose d'un médaillon d'Émile du Tiers; fête littéraire; concours de costumes. — A Échiré, le 16 octobre 1898.

ANNÉE 1899

THÉATRE EN PLEIN AIR

Les idales dau bounhoume Savenot, pièce patoise de M. Aug. GAUD. — Jouée à Niort les 21 et 22 mai.

FÊTES LITTÉRAIRES ET ETHNOGRAPHIQUES

Bi-centenaire de l'abbé Gusteau, poète patoisant, à Fontenay-le-Comte et à Doix (Vendée). — Le 16 mars.

La Nuit de Noël, pastorale de l'abbé GUSTEAU. — Jouée à Niort le 27 avril.

Concours de costumes, organisé à Niort le 21 mai par la Société des fêtes de charité. — Prix offerts par le " Pays Poitevin ".

DEUXIÈME ANNÉE.
N° 14. — FÉVRIER 1900.

LE PAYS POITEVIN

REVUE MENSUELLE ILLUSTRÉE

50 cent.

LE PAYS POITEVIN

Vienne, Deux-Sèvres, Vendée, Charente, Charente-Inférieure

REVUE MENSUELLE ILLUSTRÉE

PUBLIÉE SOUS LE PATRONAGE DU COMITÉ POITOU-CHARENTES D'ETHNOGRAPHIE & D'ART POPULAIRE

Directeur : GUSTAVE BOUCHER

Délégué régional de la Société d'Ethnographie nationale et d'Art populaire.

Administration et Rédaction : LIGUGÉ (Vienne)

Abonnement annuel : Province, 5 fr.; — Paris, 6 fr.; — Étranger : 8 fr.

Par recouvrement, 50 centimes en plus

Programme.

Le Comité Poitou-Charentes d'Ethnographie et d'Art populaire, et le *Pays Poitevin* qui en est l'organe indépendant, ont pour but :

De provoquer la création de musées d'ethnographie, d'histoire, d'art populaire, d'art religieux et profane, d'industrie, de commerce, destinés à assurer la conservation des objets de bibliographie et d'iconographie, de beaux-arts, d'art domestique (meubles, poteries, costumes, bijoux), propres à fournir aux artistes et aux historiens des documents sur l'histoire, la tradition, les idées, les mœurs et l'art en Poitou ;

De patronner les musées de ce genre déjà existants ;

D'organiser périodiquement des congrès et des expositions, sur un point déterminé de l'histoire ou des traditions locales, religieuses ou profanes ;

De restaurer ou de soutenir les fêtes corporatives, patronales, commémoratives, etc.

D'encourager par des concours le port des costumes locaux ;

De mettre en lumière les industries d'art local, les œuvres originales des artisans ;

De patronner les productions de l'art dramatique local, la publication et la diffusion d'œuvres des artistes, littérateurs et musiciens poitevins ;

De poursuivre, dans les écoles d'art et dans les écoles professionnelles régionales, la création d'un enseignement de dessin basé sur la tradition, l'étude de la faune et de la flore locales ; et dans les facultés, la création d'une chaire d'ethnologie et de philologie poitevines ;

De poursuivre, dans les séminaires, la création de cours d'esthétique et d'archéologie, également basés sur les traditions locales ;

De favoriser la restauration du chant grégorien dans les paroisses ;

De favoriser la restauration de l'art religieux (décoratif, pictural et sculptural), par le groupement d'artistes s'inspirant dans leurs œuvres de la tradition, de la théologie et de la liturgie, et ayant pour mission de remplacer, dans les églises du Poitou, les productions actuelles du commerce par des œuvres d'art originales.

Les abonnements ne se prennent que pour une année et partent de janvier et juillet.

Il ne reste que quelques collections complètes de la première année (juillet 1898 à décembre 1899 inclus), au prix de 6 francs.

Les numéros de l'année écoulée se vendent 1 franc. Le numéro 1 ne se vend plus séparément.

LA VIVONNAISE
Roue de pleine eau
à godets siphoïdes de contenance variable
SYSTÈME PASCAULT & DE COURSAC
Breveté s. g. d. g. en France et à l'Étranger
pour la destruction du ver blanc, du phylloxera, l'arrosage économique des prairies et jardins, et tous les usages industriels
Vue photographique d'une « Vivonnaise » fonctionnant dans la propriété de M. de Gennes, à Iteuil (Vienne).
La « Vivonnaise », mue par le courant seul, ne nécessite aucun barrage ni chute d'eau.
Débit considérable.
Très grande solidité.
Meilleur marché que toute autre machine similaire.
NOMBREUSES RÉFÉRENCES
S'adresser, pour tous renseignements et prix, à M. DE COURSAC, au château de la Planche, par Vivonne (Vienne).

SOMMAIRE DU N° 14. — FÉVRIER 1900

COMITÉ POITOU-CHARENTES D'ETHNOGRAPHIE ET D'ART POPULAIRE

ACTES DU COMITÉ & ŒUVRES PATRONNÉES

ANNÉE 1896

Musée Poitevin d'Ethnographie et d'Art populaire, fondé à Niort.

Exposition d'Ethnographie et d'Art populaire, tenue à Niort en mai-juin 1896.

Congrès de la Tradition en Poitou et Charentes, tenu à Niort en mai-juin 1896.

Création d'une **Société régionale de la « Schola Cantorum ».**

Restauration de la **fête corporative de la Saint-Jean,** *à Niort.*

ANNÉE 1897

Publication du volume : **La Tradition en Poitou et Charentes.**

Fête du jubilé du poète **Émile du Tiers,** *à Ternenteuil.*

Concours de **Costumes** à Ternenteuil et à Chef-Boutonne.

Exposition des Œuvres du peintre **De Parny,** *à Niort.*

Création du **Théâtre en plein air** (légendes, mystères, moralités, pastorales, empruntés à l'histoire du Poitou et joués sur les lieux mêmes de l'action).

Répertoire du Théâtre en plein air. — Du Dr PIERRE CORNEILLE : *Bonne Fée*, pastorale jouée dans les ruines du château Salbart, à l'occasion du jubilé Emile du Tiers ; — *La Légende de Chambrille*, représentée dans le parc de La Mothe-Saint-Héray, à l'occasion de la fête des Rosières.

De M. AUGUSTE GAUD : *La Dame de Chambrille*, à-propos, représenté à l'occasion de la fête susmentionnée ; — *Un Pésan de chez nous*, moralité patoise, jouée dans le parc municipal de Chef-Boutonne, à l'occasion de l'inauguration de l'Hôtel de Ville.

Création du **Musée du Poitou chrétien,** *à Ligugé.*

Contribution à la célébration du **quinzième centenaire de saint Martin,** *à Ligugé.*

ANNÉE 1898

PUBLICATIONS

Le Pays Poitevin, revue mensuelle illustrée.

Visions rustiques, poésies d'Émile DU TIERS.

THÉATRE EN PLEIN AIR

Saint Martin, mystère en deux tableaux avec chœurs, du R. P. CHAUVIN, Bénédictin. — A été joué à Ligugé le 14 juillet 1898.

Une Merienne chez Jacquiet-Labertuche, pièce patoise de M. Aug. GAUD. — Jouée à Chef-Boutonne le 23 septembre.

FÊTE LITTÉRAIRE ET ETHNOGRAPHIQUE

Pose d'un médaillon d'Émile du Tiers ; fête littéraire ; concours de costumes. — A Échiré, le 16 octobre 1898.

ANNÉE 1899

THÉATRE EN PLEIN AIR

Les idaies dau bounhoume Savenot, pièce patoise de M. Aug. GAUD. — Jouée à Niort les 21 et 22 mai.

FÊTES LITTÉRAIRES ET ETHNOGRAPHIQUES

Bi-centenaire de l'abbé Gusteau, poète patoisant, à Fontenay-le-Comte et à Doix (Vendée). — Le 16 mars.

La Nuit de Noël, pastorale de l'abbé GUSTEAU. — Jouée à Niort le 27 avril.

Concours de costumes, organisé à Niort le 21 mai par la Société des fêtes de charité. — Prix offerts par le " Pays Poitevin ".

DEUXIÈME ANNÉE.
Nº 15. — MARS 1900.

LE PAYS POITEVIN

REVUE MENSUELLE ILLUSTRÉE

50 cent.

LE PAYS POITEVIN

Vienne, Deux-Sèvres, Vendée, Charente, Charente-Inférieure

REVUE MENSUELLE ILLUSTRÉE

PUBLIÉE SOUS LE PATRONAGE DU COMITÉ POITOU-CHARENTES D'ETHNOGRAPHIE & D'ART POPULAIRE

Directeur : GUSTAVE BOUCHER

Délégué régional de la Société d'Ethnographie nationale et d'Art populaire.

Administration et Rédaction : LIGUGÉ (Vienne)

Abonnement annuel : Province, 5 fr.; — Paris, 6 fr.; — Étranger : 8 fr.

Par recouvrement, 50 centimes en plus

SOMMAIRE DU N° 15. — MARS 1900

Les abonnements ne se prennent que pour une année et partent de janvier et juillet.

Il ne reste que quelques collections complètes de la première année (juillet 1898 à décembre 1899 inclus), au prix de 6 francs.

Les numéros de l'année écoulée se vendent 1 franc. Le numéro 1 ne se vend plus séparément.

DEUXIÈME ANNÉE.
N° 16. — AVRIL 1900.

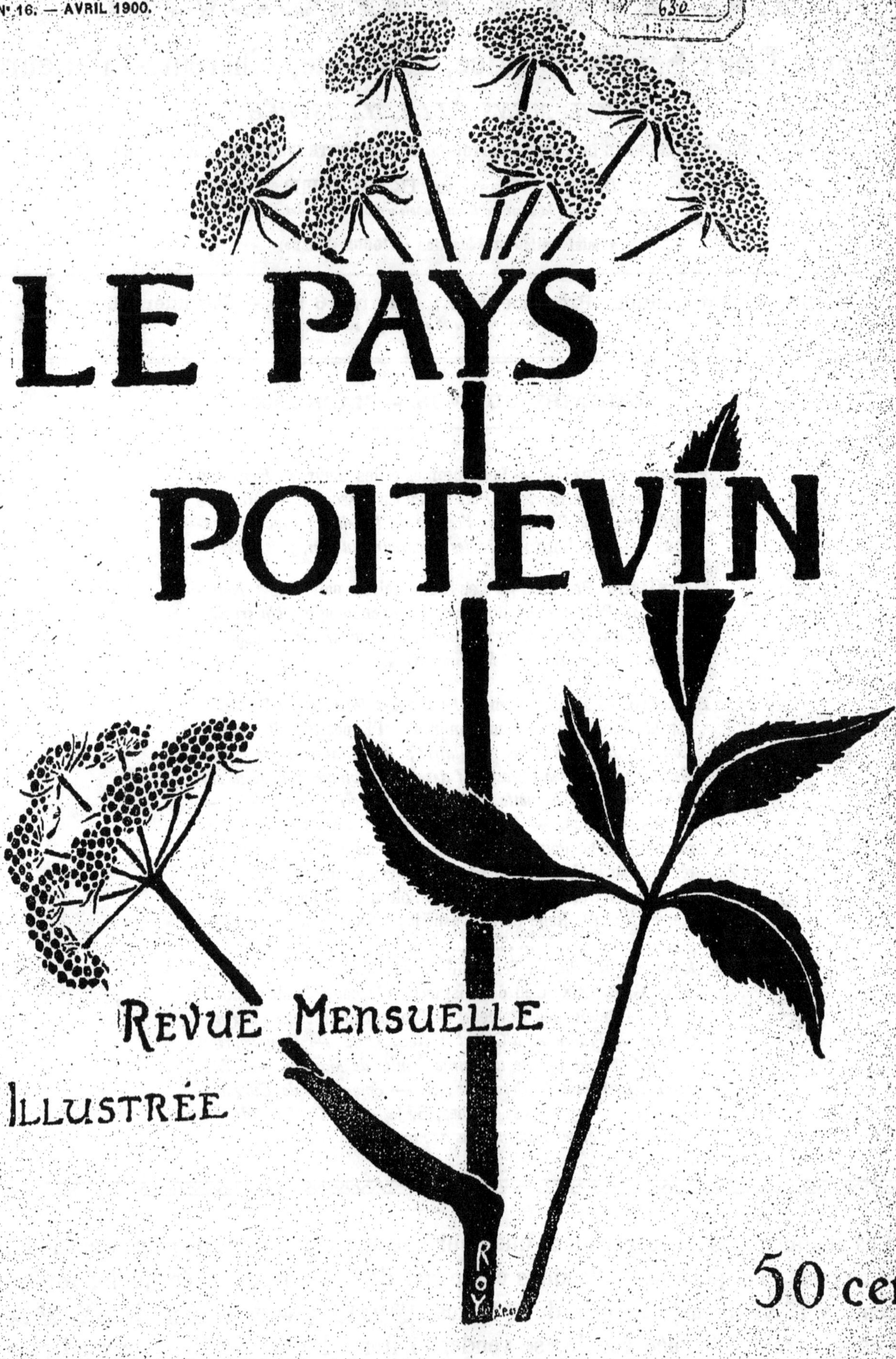

LE PAYS POITEVIN

REVUE MENSUELLE

ILLUSTRÉE

ROY

50 cent.

LE PAYS POITEVIN

Vienne, Deux-Sèvres, Vendée, Charente, Charente-Inférieure

REVUE MENSUELLE ILLUSTRÉE

PUBLIÉE SOUS LE PATRONAGE DU COMITÉ POITOU-CHARENTES D'ETHNOGRAPHIE & D'ART POPULAIRE

Directeur : GUSTAVE BOUCHER

Délégué régional de la Société d'Ethnographie nationale et d'Art populaire.

Administration et Rédaction : LIGUGÉ (Vienne)

Abonnement annuel : Province, 5 fr.; — Paris, 6 fr.; — Étranger : 8 fr.

Par recouvrement, 50 centimes en plus

Programme.

Le Comité Poitou-Charentes d'Ethnographie et d'Art populaire, et le *Pays Poitevin* qui en est l'organe indépendant, ont pour but :

De provoquer la création de musées d'ethnographie, d'histoire, d'art populaire, d'art religieux et profane, d'industrie, de commerce, destinés à assurer la conservation des objets de bibliographie et d'iconographie, de beaux-arts, d'art domestique (meubles, poteries, costumes, bijoux), propres à fournir aux artistes et aux historiens des documents sur l'histoire, la tradition, les idées, les mœurs et l'art en Poitou ;

De patronner les musées de ce genre déjà existants ;

D'organiser périodiquement des congrès et des expositions, sur un point déterminé de l'histoire ou des traditions locales, religieuses ou profanes ;

De restaurer ou de soutenir les fêtes corporatives, patronales, commémoratives, etc.

D'encourager par des concours le port des costumes locaux ;

De mettre en lumière les industries d'art local, les œuvres originales des artisans ;

De patronner les productions de l'art dramatique local, la publication et la diffusion d'œuvres des artistes, littérateurs et musiciens poitevins ;

De poursuivre, dans les écoles d'art et dans les écoles professionnelles régionales, la création d'un enseignement de dessin basé sur la tradition, l'étude de la faune et de la flore locales ; et dans les facultés, la création d'une chaire d'ethnologie et de philologie poitevines ;

De poursuivre, dans les séminaires, la création de cours d'esthétique et d'archéologie, également basés sur les traditions locales ;

De favoriser la restauration du chant grégorien dans les paroisses ;

De favoriser la restauration de l'art religieux (décoratif, pictural et sculptural), par le groupement d'artistes s'inspirant dans leurs œuvres de la tradition, de la théologie et de la liturgie, et ayant pour mission de remplacer, dans les églises du Poitou, les productions actuelles du commerce par des œuvres d'art originales.

Les abonnements ne se prennent que pour une année et partent de janvier et juillet.

Il ne reste que quelques collections complètes de la première année (juillet 1898 à décembre 1899 inclus), au prix de 6 francs.

Les numéros de l'année écoulée se vendent 1 franc. Le numéro 1 ne se vend plus séparément.

DEUXIÈME ANNÉE.
N°s 17-18. — MAI-JUIN 1900.

LE PAYS POITEVIN

REVUE MENSUELLE

ILLUSTRÉE

ROY

50 cent.

LE PAYS POITEVIN

Vienne, Deux-Sèvres, Vendée, Charente, Charente-Inférieure

REVUE MENSUELLE ILLUSTRÉE

PUBLIÉE SOUS LE PATRONAGE DU COMITÉ POITOU-CHARENTES D'ETHNOGRAPHIE & D'ART POPULAIRE

Directeur : Gustave BOUCHER

Délégué régional de la Société d'Ethnographie nationale et d'Art populaire.

Administration et Rédaction : LIGUGÉ (Vienne)

Abonnement annuel : Province, 5 fr.; — Paris, 6 fr.; — Étranger : 8 fr.

Par recouvrement, 50 centimes en plus

Programme.

Le Comité Poitou-Charentes d'Ethnographie et d'Art populaire, et le *Pays Poitevin* qui en est l'organe indépendant, ont pour but :

De provoquer la création de musées d'ethnographie, d'histoire, d'art populaire, d'art religieux et profane, d'industrie, de commerce, destinés à assurer la conservation des objets de bibliographie et d'iconographie, de beaux-arts, d'art domestique (meubles, poteries, costumes, bijoux), propres à fournir aux artistes et aux historiens des documents sur l'histoire, la tradition, les idées, les mœurs et l'art en Poitou ;

De patronner les musées de ce genre déjà existants ;

D'organiser périodiquement des congrès et des expositions, sur un point déterminé de l'histoire ou des traditions locales, religieuses ou profanes ;

De restaurer ou de soutenir les fêtes corporatives, patronales, commémoratives, etc.

D'encourager par des concours le port des costumes locaux ;

De mettre en lumière les industries d'art local, les œuvres originales des artisans ;

De patronner les productions de l'art dramatique local, la publication et la diffusion d'œuvres des artistes, littérateurs et musiciens poitevins ;

De poursuivre, dans les écoles d'art et dans les écoles professionnelles régionales, la création d'un enseignement de dessin basé sur la tradition, l'étude de la faune et de la flore locales ; et dans les facultés, la création d'une chaire d'ethnologie et de philologie poitevines ;

De poursuivre, dans les séminaires, la création de cours d'esthétique et d'archéologie, également basés sur les traditions locales ;

De favoriser la restauration du chant grégorien dans les paroisses ;

De favoriser la restauration de l'art religieux (décoratif, pictural et sculptural), par le groupement d'artistes s'inspirant dans leurs œuvres de la tradition, de la théologie et de la liturgie, et ayant pour mission de remplacer, dans les églises du Poitou, les productions actuelles du commerce par des œuvres d'art originales.

Les abonnements ne se prennent que pour une année et partent de janvier et juillet.

Il ne reste que quelques collections complètes de la première année (juillet 1898 à décembre 1899 inclus), au prix de 6 francs.

Les numéros de l'année écoulée se vendent 1 franc. Le numéro 1 ne se vend plus séparément.

www.ingramcontent.com/pod-product-compliance
Lightning Source LLC
LaVergne TN
LVHW080953230826
846091LV00012B/4084

* 9 7 8 2 3 2 9 7 0 3 9 6 1 *